国家社科基金
后期资助项目

美国企业史：
从技术创新和产业迭代出发

巫云仙　著

社会科学文献出版社
SOCIAL SCIENCES ACADEMIC PRESS (CHINA)

图书在版编目(CIP)数据

美国企业史：从技术创新和产业迭代出发 / 巫云仙著 . --北京：社会科学文献出版社，2025.3
国家社科基金后期资助项目
ISBN 978-7-5228-3158-9

Ⅰ.①美… Ⅱ.①巫… Ⅲ.①企业史-美国 Ⅳ. ①F279.712.9

中国国家版本馆 CIP 数据核字（2024）第 023738 号

国家社科基金后期资助项目
美国企业史：从技术创新和产业迭代出发

著　　者 / 巫云仙

出 版 人 / 冀祥德
责任编辑 / 陈凤玲
文稿编辑 / 许文文
责任印制 / 岳　阳

出　　版 / 社会科学文献出版社·经济与管理分社（010）59367226
　　　　　地址：北京市北三环中路甲29号院华龙大厦　邮编：100029
　　　　　网址：www.ssap.com.cn
发　　行 / 社会科学文献出版社（010）59367028
印　　装 / 三河市龙林印务有限公司

规　　格 / 开 本：787mm×1092mm　1/16
　　　　　印 张：33.75　字 数：532千字
版　　次 / 2025年3月第1版　2025年3月第1次印刷
书　　号 / ISBN 978-7-5228-3158-9
定　　价 / 128.00元

读者服务电话：4008918866

▲ 版权所有 翻印必究

国家社科基金后期资助项目
出版说明

后期资助项目是国家社科基金设立的一类重要项目,旨在鼓励广大社科研究者潜心治学,支持基础研究多出优秀成果。它是经过严格评审,从接近完成的科研成果中遴选立项的。为扩大后期资助项目的影响,更好地推动学术发展,促进成果转化,全国哲学社会科学工作办公室按照"统一设计、统一标识、统一版式、形成系列"的总体要求,组织出版国家社科基金后期资助项目成果。

全国哲学社会科学工作办公室

序 一

巫云仙教授经过多年的深耕研究,最终完成了国家社科基金后期资助项目"美国企业发展的历史演进:技术创新和产业迭代的视角"的研究工作,研究成果以专著形式由社会科学文献出版社出版。作者秉持马克思主义的思想立场,以跨学科的研究方法,对美国企业500多年来的演变发展过程进行了深入的探讨分析,构建了国内学界关于美国企业史的解释框架和自主知识体系,具有重要的学术价值和实践意义。该著作具有以下突出特点。

第一,该著作的选题具有独创性。美国企业不仅是美国经济史研究的核心内容,同时也是世界企业发展史、世界经济史的重要组成部分。作者基于技术创新和产业迭代视角对美国企业史展开研究,抓住了这一研究领域的关键要素。技术创新与企业的起源和发展、产业的兴起和更替之间具有内在的直接影响机制,以此为抓手的研究,起到纲举目张的效果,打通了企业、技术创新、产业迭代、经济增长、国家现代化和社会进步的内在逻辑。从美国企业史可以观察到世界企业发展在美国区域的独特性和规律性,以及美国融入世界历史进程后世界经济发展的变化特征。

第二,该著作构建了国内学界关于美国企业演进发展的解释框架。企业史研究是近年来学术研究的热点领域,美国企业史是国外学界较为成熟且形成多个研究范式和理论体系的新兴交叉学科,而国内的相关研究相对滞后且不成体系,到目前为止,尚未有关于美国企业史的相关专著出版。该书从历史、实践、制度和理论四个维度,构建了以技术创新、非技术因素、产业迭代为主要解释变量的美国企业发展演进及其对美国经济社会影响的理论框架,特别是在非技术因素中,探讨了金融、消费、政府、企业家精神等因素与美国企业演进发展的交互性影响,兼顾微观企业主体、中观产业和宏观经济三个层面,这是国内学者搭建关于美国企业史研究领域自主知识体系的可贵尝试,在一定程度上填补了国内研究的空白。

第三，该著作的研究内容丰富翔实，有助于从技术、企业微观主体和中观产业领域了解和认识美国的国家发展史。全书正文共有12章，对美国企业发展的历史演进做了五个阶段的划分，勾勒了技术创新的不同特点与企业兴起发展的交互影响关系，梳理了美国企业从殖民地的蛮荒时代、工业化早期的自由发展、第二次工业革命时期的垄断发展，直到第三和第四次工业革命时期的引领式发展的脉络，厘清了美国从技术引进和模仿创新，到自主创新、突破性创新、颠覆性创新和引领式创新的发展路径；阐明了技术创新是如何从个人发明，到企业内部技术研究实验室，再到国家创新体系的技术研发驱动的演进过程；解读了美国产业是如何从农业、商业向工业制造业和服务业转型升级的。技术、企业和产业这三条主线编织了美国从殖民地企业的探险拓荒，到殖民地社会的形成，再到独立国家创建和成为工业制造强国的逆袭成长发展的故事。这使读者能够从多个角度对美国企业、美国工业化、美国制造强国崛起等方面的史实获得立体化的了解和认知。

第四，案例研究方法的运用为该著作增添了大量引人入胜的企业和企业家的故事。该著作列入目录的经典企业案例有26个，在文中提到的企业、企业家案例更是不在少数。这些企业案例涉及商业、制造业、金融服务业等多个领域，特别是制造业的企业案例，包括早期的制造业企业如纺织领域的波士顿制造公司、缝纫机制造领域的胜家公司，第二、第三次工业革命时期的福特公司、波音公司、通用电气公司、杜邦公司、美国电报电话公司、斯威夫特公司、标准石油公司、柯达公司、IBM公司、英特尔公司、苹果公司等，作者以技术创新为核心主线，对这些企业案例进行了"解剖麻雀"式的条分缕析，有助于读者形成关于美国企业史较为具象化的认知和理解；从美国运输企业，如伊利铁路公司、宾夕法尼亚铁路公司的案例中，读者可以从历史维度了解美国企业经营管理制度变迁、管理思想起源和发展，以及职业经理人推动的美国管理革命。

第五，该著作提供了企业技术创新和产业迭代发展经验的"他山之石"。当今世界面临百年未有之大变局，企业的技术创新，尤其是关键核心技术创新，并不仅仅是企业的事情，涉及全球产业链和供应链的"卡脖子"技术和生产环节，涉及大国之间的竞争和博弈，在如此复杂的国际环境下，我们不仅要了解自身的情况，还要"读懂"竞争对手的详细情况。美国是当今唯一的超级大国和西方发达资本主义的代表性国家，而我们是世界上最大的发展中国家，竞争与合作将是未来中美之间的重要主题。"知彼知己，百战不殆"，我们需要"读懂美国"，技术创新、企业的发展、产业的迭代更替、经济发展的趋势等都是我们应该"读懂"的主要方面，该著作在上述这些方面进行了深入的探索性分析，为读者"读懂美国"提供了有关企业、技术创新和产业发展等方面的经验启示。

该著作是作者在经济史研究领域开拓创新的重要成果，体现了历史学、经济学和管理学等多学科理论知识的交叉融合。作者长期坚守在经济史研究领域，甘愿坐冷板凳，在中国政法大学商学院工作期间，能够结合工作实际开辟企业史研究的新园地，并辛勤耕耘，2013年出版了《德国企业史》，发表了不少企业史研究相关论文成果；同时与李晓教授共同主编的集刊《企业史评论》已出版至第6期，在业内产生了良好的影响。本书是作者十年磨一剑的成果，也是国内企业史研究领域出版的佳作。

作为作者的博士论文指导老师，当我读到50多万字的《美国企业史：从技术创新和产业迭代出发》这本专著的书稿时，我感到非常欣慰，欣然为该书作序，并希望她继续在经济史、企业史等研究领域潜心钻研，产出更多高质量的研究成果。

高德步

2024年12月

序 二

党的二十大报告强调："完善中国特色现代企业制度，弘扬企业家精神，加快建设世界一流企业。"① 世界历史的无数事实早已雄辩地证明，在市场经济体系中，任何国家，如果不造就成千上万富有国际竞争力的企业，就绝对谈不上国力强盛、民族振兴、民生改善、社会进步乃至国际领先地位。18 世纪开始英国称雄天下，依托的是众多企业；19 世纪至今美国经济独步全球，凭恃的也是一批又一批世界级公司。

当今，中国特色社会主义市场经济的健康发展，中国式现代化的阔步前行，中华民族的伟大复兴，同样离不开雨后春笋般茁壮成长的优秀企业的奋发图强、锐意进取。

企业是市场经济体系中最基本的商品生产经营单位。诚然，企业是社会的产物，有什么样的社会结构就会有什么样的企业组织形态；企业还是文化的结晶，有什么样的文化传统就会有什么样的企业治理模式。但在充分认识企业制度的国别特性或民族特色的同时，也必须高度尊重市场经济的普遍规律，不能否认与市场经济普遍规律相适应的企业的本质规定和共性特征。

习近平总书记指出："中国式现代化，深深植根于中华优秀传统文化，体现科学社会主义的先进本质，借鉴吸收一切人类优秀文明成果。"② 中国企业的发展历程亦复如是。近代史上，传统企业在欧风美雨吹打下进行了现代化转型。改革开放以来，我国非公经济成长、国有企业改革、中国特色现代企业制度的建立和完善，也得益于向西方先进制度的学习。可以说，没有放眼全球、融入世界，就不会有中国企业的改

---

① 习近平：《高举中国特色社会主义伟大旗帜　为全面建设社会主义现代化国家而团结奋斗——在中国共产党第二十次全国代表大会上的报告》，人民出版社，2022，第 29 页。

② 《习近平在学习贯彻党的二十大精神研讨班开班式上发表重要讲话　强调正确理解和大力推进中国式现代化》，《人民日报》2023 年 2 月 8 日。

革发展。

其中，无论是作为仿效榜样、合作伙伴，还是交易一方、竞争对手，美国企业一直都是当代中国企业最为重视、高度关注、深入研究、积极借鉴的他山之石。

巫云仙教授的这部新书，就是从历史视角剖析美国企业的一部力作。

巫云仙教授从1999年起致力于企业史研究，精研覃思，笔耕不辍，推出了一系列富有开拓性的学术成果。她最初在高德步教授指导下以《汇丰银行与中国金融研究》为题撰写博士学位论文，并于2007年出版。2013年付梓的《德国企业史》代表了中国学者研究此课题的最新水平。2009~2010年她还和我一起参与国务院发展研究中心年度招标课题"工业化中期阶段美国、日本、英国工业化历程、企业经营方式的历史经验比较及对中国的借鉴意义"的研究工作并按时结题。2020年，由巫云仙教授和我共同主编、社会科学文献出版社出版的《企业史评论》正式创刊，迄今仍是国内唯一的企业史研究学术集刊。近几年巫云仙教授进行的国外国有企业研究也颇具开创性。

从事研究团队建设和相关教学工作是巫云仙教授在企业史研究领域可圈可点的又一贡献。2017年，中国政法大学商学院经济史研究所正式更名为企业史研究所，研究所迄今仍是我国高校唯一的专门从事企业史研究教学的在编机构，巫云仙教授担任所长，现有专任教师6人。巫云仙教授面向本科生、研究生、MBA等讲授的"企业史通论""创新与企业家精神"课程，在国内亦属首创。

读者面前的这部新作，是巫云仙教授主持的国家社科基金后期资助项目的结项成果。通览书稿，我认为该书基于马克思主义立场、观点和方法，综合运用经济学、管理学和历史学等相关理论，以技术创新和产业迭代为主线，沿着技术创新、企业发展、产业发展、经济增长和国家强盛的内在逻辑，从历史、制度、实践和理论三个维度，全面研究美国企业发展的历史和现状、发展特点和经验，在四个方面颇有新意。

一是研究思路新。作者力图把宏观层面的经济增长、微观层面的企业发展、中观层面的产业结构演进等结合起来，在美国经济和社会发展大背景下，通过技术和产业变迁过程，阐述企业的兴起和发展演变，既有对美国企业发展史的整体性、阶段性把握，也有对企业经营管理过程中的制度变迁、组织变革、经营管理模式创新以及典型企业案例（专门分析者达26个之多）的深入探讨，使论述更加系统，观点表达更为充分，很好地呈现了美国企业发展全貌、个性特点和历史脉络。

二是研究资料新。作者不仅广泛搜求关于美国企业史的既有研究成果，而且注重搜集美国最新的与企业相关的统计数据，如美国政府小企业管理局（SBA）、美国经济分析局（BEA）、美国能源信息署（EIA）等的有关数据，以及大量查阅有关企业最新财务报表资料等，使该书在数据资料的新颖性方面远超以往研究论著。

三是研究视角独特。作者透过技术创新和产业迭代的研究视角，厘清美国企业从技术引进和模仿创新，到自主创新、突破性创新、颠覆性创新和引领式创新的发展路径；技术创新从个人发明，到企业内部技术研究实验室，再到国家创新体系的技术研发驱动等演进路径；美国产业从农业、商业，向机械化、电气化、信息化和电子化、人工智能和数字化制造业的演变过程，以及从制造业向服务业和高端制造业演进的方向，阐明了技术创新与企业发展、产业迭代之间的交互关系。

四是提出了具有原创性的分析和解释框架。该书构建的关于美国企业发展演进的解释框架，重点是以美国经济发展史为背景，以企业为支点，以技术创新和产业迭代为路径，研究不同历史时期的技术创新、产业更替与各行业企业演进发展的交互性，及其对经济增长和社会进步影响的正反馈机制；通过历史实践阐述企业是经济增长和国强民富背后的重要基础性力量，大国经济的兴衰与制造业企业的兴替密切相关，制造业企业是国之重器，是强国之基；在理论上阐述创新是企业基业长青的秘诀，是国家长盛不衰的不二法宝，以创新为内涵的企业家精神是从文化价值观层面诠释企业持续发展的力量，指出美国企业发展是系统化因素演进的结果，既包括技术创新和产业迭代因素，也包括非技术性的金融、消费、政府以及宏观经济环境和技术人才等多种因素。

该书的付梓，不仅具有学术理论意义，把中国学界关于美国企业史的研究推进到了一个崭新高度，为理论研究者、政策制定者、企业经营管理者等了解美国企业开启了一扇新窗，而且具有实践借鉴价值，为完善中国特色现代企业制度、弘扬优秀企业家精神、加快建设世界一流企业添砖加瓦。

作为在企业史研究园地与巫云仙教授并肩耕耘近二十载的老同事，我由衷地为该书的问世额手称庆！期待巫云仙教授再接再厉，推出更多高质量的新成果！

是为序。

中国政法大学商学院教授、博士生导师 李晓

2024 年 12 月 12 日

目 录

绪 论 ·· 1
  一 研究背景和选题目的 ·· 1
  二 研究综述和主要创新 ·· 3
  三 研究价值和实践意义 ··· 15
  四 研究涉及的主要理论 ··· 18
  五 研究思路和主要方法 ··· 29

第1章 美国企业历史发展演进的五个主要阶段 ······················· 33
  一 欧洲商业公司的殖民开拓与企业的缘起 ······················· 33
  二 模仿性技术创新与各类企业的自由发展 ······················· 37
  三 突破性技术创新与大型垄断企业的形成 ······················· 41
  四 颠覆性技术创新与高新技术企业的探索 ······················· 49
  五 引领性技术创新与新兴工业企业的崛起 ······················· 52

第2章 传统商业技术创新与殖民地的商贸企业 ······················ 56
  一 欧洲各国探险北美与殖民地社会的创建 ······················· 56
  二 英国特许经营企业对北美殖民地的开拓 ······················· 64
  三 重商主义政策与特许企业殖民方式创新 ······················· 74
  四 北美农商企业的经营技术和管理新方式 ······················· 78
  五 独立战争改变企业管理制度和经营环境 ······················· 85
  六 典型企业案例 ··· 90

第3章 模仿性技术创新与企业发展和产业更替 ···················· 106
  一 全新营商环境催生新一代的商人和企业 ····················· 106
  二 专业化的商业组织与企业的内生性成长 ····················· 108
  三 借鉴英国经验创新发展本国金融服务业 ····················· 113

四　技术引进与纺织企业生产经营模式创新 …………… 122
　　五　仿制和技术发明与美国制造体系的建立 …………… 127
　　六　内部改进与交通运输行业和企业的勃兴 …………… 131
　　七　典型企业案例 ……………………………………… 134

第 4 章　铁路技术的应用与企业创新和管理革命 ………… 146
　　一　铁路技术的传入与铁路企业的技术创新 …………… 146
　　二　大型铁路企业与美国铁路运输网络构建 …………… 151
　　三　交通技术交替发展背景下铁路企业重组 …………… 154
　　四　铁路建设投融资与资本市场的繁荣发展 …………… 159
　　五　铁路时代发明的电报技术与通信业兴起 …………… 162
　　六　铁路公司与企业的制度创新与管理变革 …………… 165
　　七　典型企业案例 ……………………………………… 170

第 5 章　交通技术创新与汽车和航空企业的发展 ………… 186
　　一　汽车技术与美国汽车制造企业异军突起 …………… 186
　　二　汽车制造的相关销售和服务产业的发展 …………… 193
　　三　飞机技术与商用飞机制造企业和航空业 …………… 199
　　四　航空运输业发展背景下航空公司的竞争 …………… 206
　　五　典型企业案例 ……………………………………… 211

第 6 章　电力新技术引发的产业开拓和企业竞争 ………… 228
　　一　电力技术发明与电气和电器制造业兴起 …………… 228
　　二　通信技术创新与电话产业和企业的发展 …………… 233
　　三　石化和制药技术创新与新创企业的挑战 …………… 238
　　四　无线电技术及其应用与广播和文化产业 …………… 244
　　五　典型企业案例 ……………………………………… 246

第 7 章　新技术新能源与大规模生产和销售企业 ………… 263
　　一　新技术新能源背景下的规模销售和生产 …………… 263
　　二　大规模分销导致大型商业性组织的出现 …………… 266

三　大规模生产模式与各类垄断型企业创建 …………… 273
　　四　产销一体化与大型垂直型综合经营企业 …………… 280
　　五　横向联合与企业的兼并重组和托拉斯化 …………… 283
　　六　典型企业案例 ………………………………………… 287

第 8 章　颠覆性技术创新与高科技企业引领发展 ………… 303
　　一　科技革命时代背景下颠覆性的技术创新 …………… 303
　　二　电子技术创新与电子化时代的通信企业 …………… 313
　　三　计算机和半导体技术与高科技企业创新 …………… 318
　　四　软件产业技术创新与新型科技垄断企业 …………… 325
　　五　信息化时代的技术创新与智力密集企业 …………… 330
　　六　典型企业案例 ………………………………………… 334

第 9 章　产业技术创新与企业发展中的金融因素 ………… 350
　　一　金融与产业技术创新和企业发展的实践 …………… 350
　　二　货币托拉斯与大型垄断制造企业的形成 …………… 354
　　三　风险投资机制与高科技新创企业的发展 …………… 356
　　四　金融背离实体经济与金融危机多重效应 …………… 359
　　五　典型企业案例 ………………………………………… 371

第 10 章　企业技术创新和产业迭代中的消费因素 ………… 399
　　一　大众消费推动社会经济转型和技术创新 …………… 399
　　二　中产阶级的消费文化对产业发展的影响 …………… 405
　　三　耐用消费品革命与商业企业的繁荣发展 …………… 409
　　四　消费需求与文化和服务产业的创新发展 …………… 413
　　五　典型企业案例 ………………………………………… 416

第 11 章　产业技术创新与企业发展中的政府因素 ………… 427
　　一　政府的战略急需与政企互动和企业发展 …………… 427
　　二　政府涉足市场领域并经营各类国有企业 …………… 431
　　三　政府多策并举培育和发展高新技术产业 …………… 438

四　政府的引导政策与关键技术产业的发展 …………… 445

第12章　技术创新和产业迭代与企业发展的思考 ………… 453
　　一　创新和企业家精神是企业发展基本底色 …………… 453
　　二　企业创新发展与产业迭代变化主要特点 …………… 468
　　三　技术创新和产业迭代与企业发展的经验 …………… 482
　　四　企业演进发展的历史借鉴与政策性启示 …………… 491

结　论 …………………………………………………………… 499

参考文献 ………………………………………………………… 501

后　记 …………………………………………………………… 522

绪 论

人类经济发展的历史表明，现代企业是国民经济、科技进步和技术创新的重要微观主体，是从事经济活动的主要市场主体。企业既是市场主要参与者，又是计划执行者，是计划与市场结合的中心环节，是科技创新与经济发展结合的主要领域。企业的核心技术和竞争力不仅是企业实力的表现，更是国家核心竞争力的基础和重要支撑。创新是企业发展的动力，也是引领经济发展的主要驱动力；企业创新是建设创新型国家和科技强国的必然要求。

现代企业的兴替与经济发展演变是互为因果的历史过程，其中技术创新和产业迭代是关键因素，二者之间的交互影响是揭示企业发展演进、技术与产业更替，以及企业与产业互动及其对经济增长影响的主要因素。企业兴，则产业兴；产业强，则国家强；创新富国，科技立国。

一 研究背景和选题目的

党的二十大报告明确指出，从现在起，中国共产党的中心任务就是团结带领全国各族人民全面建成社会主义现代化强国、实现第二个百年奋斗目标，以中国式现代化全面推进中华民族伟大复兴。全面建设社会主义现代化国家，是一项伟大而艰巨的事业，高质量发展是全面建设社会主义现代化国家的首要任务，而企业必将成为我国高质量发展和现代化建设的主力军，是强化国家战略科技力量建设、推进我国新型工业化、实施创新驱动发展战略和形成新质生产力的核心力量。那么在中国式现代化进程中如何谱写企业强国、创新富国和科技立国的故事呢？善于借鉴和吸收国外企业发展的有益经验不失为一种积极方式。

总览全球各国企业发展史，美国企业演进发展的故事更引人入胜和发人深思。从企业发展历程来看，美国企业缘起于欧洲特许经营的殖民公司和个人对北美殖民地的探险开发。伴随殖民地社会的逐步形成和发展，企业逐步成为政府与市场、组织与个人相互博弈的领域。在从公司到殖民地社会的转变，以及独立国家的建设过程中，企业是美国社会和文化的塑造者，是经济发展的驱动力量，美国仅公司数量就超过600万家（1万家是上市公司），素有"公司国家"之称①，企业也是产业迭代和技术更新换代的推动者和引领者，以及创新型经济和高端科技产业的开创者。无论从企业和产业视角看，抑或从国家经济增长和社会发展视角看，美国企业史都是值得研究的国家案例。

目前我国企业发展处于关键时期，面临不少内外挑战。由于特殊历史背景和国情，我国现代企业起步于19世纪晚期的洋务运动，但由于种种原因企业发展的连续性被中断。改革开放以来我国兴起一波又一波民营企业创业潮，国有企业也经历曲折的改革发展过程。如今我国企业已经逐步成长起来，在2023年《财富》世界500强企业中，我国有142家企业上榜，在数量上已超过美国（136家）。在技术创新和高端制造领域我国虽具有一定竞争优势，但与美国相比，企业综合竞争力仍有一定差距。因此，对美国企业发展演变的历史经验和规律的研究，不仅可以丰富美国经济和社会发展的研究内容，而且可以为我国企业如何可持续经营发展，如何创造新质生产力，以及如何服务于国家重大发展战略等方面提供借鉴和启示。

中美两国是当今最大的发展中国家和发达国家。但2018年美国政府挑起的中美贸易和科技等方面的争端至今都尚未结束，我国企业在国际市场上频遭不公平竞争待遇，技术上"卡脖子"问题在短期内很难得到彻底改变。由于中美经济和企业发展阶段的差异性，我们需要重新审视中美两国高新技术和高端制造领域企业的真正实力，只有知己知彼，才能百战不殆。全面了解美国企业兴起发展的全貌、企业对产业更替和经济社会发展的推动作用、技术创新和产业迭代与企业形成怎样的关系等问题，既是经济史和企业史研究的重要内容，也是面向现实问题答疑解惑的需要。

本研究关注技术创新和产业迭代与美国企业发展演进的内在逻辑和

---

① Richard Sylla, "How the American Corporation Evolved Over Two Centuries", *Proceedings of the American Philosophical Society*, Dec., 2014, Vol. 158, No. 4, pp. 354-363.

历史经验，旨在为我国企业在全面建设社会主义现代化和推进中华民族伟大复兴过程中提供历史镜鉴。

二 研究综述和主要创新

恩格斯认为，历史从哪里开始，思想进程也应当从哪里开始①。美国历史发展的重要特点是先有企业，后有社会，企业发展历史长于国家发展历史。在国家尚未建立之前，伴随各类企业的出现，北美殖民地人对商业活动、企业家行为和经济主体就给予多方关注，相关著述、企业档案、时闻和个人传记等是对美国企业最早的鲜活记载。

笔者搜寻到散落于18世纪和19世纪一些文献著述中的商业活动和企业家踪迹，如富兰克林在1730年收购和经营的《宾夕法尼亚报》就报道费城等地企业的一些商业活动，并评论政务和针砭时弊②；亚当·斯密在其《国民财富的性质和原因的研究》中分析了英属北美殖民地商人为了垄断贸易而设立的专营公司，以及制造业和贸易领域实行的许可证制度等③；法国人托克维尔认为，在自由环境下，相对于法国人，美国人办报相对容易，但竞争非常激烈，任何报纸都无法获得巨大收益，因而精明强干的实业家在这类事业面前却步④；佛蒙特中央铁路公司董事和财务主管为1851年8月27日召开的股东大会所做的年度报告就详细记录了该企业的资产、负债和股东权益等情况⑤；美国拉特兰铁路公司经理和高管们于1872年向股东们所做的报告，列出了较为规范的企业资产负债表，详细说明了资金来源、资金使用和经营绩效情况⑥；塞缪尔·威

---

① 《马克思恩格斯文集》第2卷，人民出版社，2009，第603页。
② 〔美〕富兰克林：《富兰克林经济论文选集》，刘学黎、耿全民译，商务印书馆，2007，译者序，第ⅱ页。
③ 〔英〕亚当·斯密：《国民财富的性质和原因的研究》（下），郭大力、王亚南译，商务印书馆，2004，第147—149页。
④ 〔法〕托克维尔：《论美国的民主》（上卷），董果良译，商务印书馆，1997，第209页。
⑤ Vermont Central Railroad Co., "Sixth Annual Report of the Directors and Treasurer of the Vermont Central Railroad Company", Prepared for the Stockholders Meeting, August 27, 1851, Middlebury College, 08-27-1851.
⑥ Rutland Railroad Co., "Reports of the Managers of the Rutland Railroad Co. to the Stockholders with the Official", Proceeding of the Meeting at Rutland, January 30th and 31st, 1872, Middlebury College, 01-01-1872.

利斯顿从公司法视角研究美国企业制度，认为股份公司的构成与之前早期企业组织形式的根本区别在于股份资本，认为购买公司股份而获得的财产是组成公司股东所有权利和义务的小部分，股东是信托人，是公司财产的股权共有人①；约翰·刘易斯在《美国铁路和企业报告》（800多页）中，把1891年美国法院判决的重要公司案件汇集成书供业界参考②。

20世纪后美国企业史研究成为各领域学者的重要研究主题。如爱德华·舍伍德·米德研究了联邦钢铁公司、美国钢铁和电线公司等6家企业合并及成为托拉斯垄断组织的情况，认为1898年至1900年，美国中西部钢铁工业的合并是一场工业试验，钢铁托拉斯巨头的资金头寸基本上是投机性的，主要通过分配红利和建立大量储备来消除投资者疑虑③。西蒙·E.鲍德温以1789年之前6家商业公司为基础，研究了美国公司制企业发展特点，认为在美国联邦宪法通过之前，在宗主国英国、殖民地政府特许授权下成立的6家商业性公司，因其垄断性使企业所有人不愿意放弃特权，而公众对垄断的敌视使这些机构难以成为普遍的企业组织形式。1781年由罗伯特·莫里斯成立的北美银行应是美国作为独立国家后颁发的第一个商业公司特许经营权的获得者，而1791年后给商业公司颁发营业执照是各州政府的特权④。

历史学家查尔斯·A.比尔德在讨论美国宪法经济观时，详细分析了制造业和航运业利益集团的构成，认为大量资本已投放在各工业部门，美国国会的部分议员代表与工业界直接关联⑤，他们中有不少知名商人和企业家，如富兰克林、汉密尔顿和华盛顿等。约瑟夫·斯坦克利夫·戴维斯从法律视角对美国18世纪前的特许经营公司进行了梳理，认为公

---

① Samuel Williston, "History of the Law of Business Corporations before 1800. II.", *Harvard Law Review*, Nov. 15, 1888, Vol. 2, No. 4, pp. 149-166.
② John Lewis, "American Railroad and Corporation Reports, Vol. IV", *The American Law Register and Review*, Aug., 1892, Vol. 40, No. 8, pp. 553-556.
③ Edward Sherwood Meade, "The Genesis of the United States Steel Corporation", *The Quarterly Journal of Economics*, Aug., 1901, Vol. 15, No. 4, pp. 517-555.
④ Simeon E. Baldwin, "American Business Corporations before 1789", *The American Historical Review*, Apr., 1903, Vol. 8, No. 3, pp. 449-465.
⑤ 〔美〕查尔斯·A.比尔德：《美国宪法的经济观》，何希齐译，商务印书馆，2012，第41—42页。

司制企业在17世纪和18世纪就传入北美殖民地，引发创建特许经营公司的热潮，并取得极大商业成功，对美国金融、公共事业、交通运输和制造业的发展产生积极影响①。其编撰的两卷本《美国早期公司史论集》借助当事人大量书信、商业记录、报纸杂志、小册子和地方史材料等，分三个时期追踪1800年之前500多家美国公司（市政、公共事业、慈善事业、金融和商业公司等）的设立和运营情况，并对早期美国金融家和企业家（如威廉·杜尔和莫里斯）进行研究分析②。时至今日其著作仍被视为研究美国商业组织的权威资料，被众多研究论著引用③。

与上述关于美国商业组织和企业史研究不同的是，在19世纪晚期美国政府反垄断和美国社会揭露社会黑幕思潮影响下，20世纪初期美国出版了不少介绍大企业早期发展过程中诸多"丛林法则"故事的论著，政治色彩较浓，更多关注企业的消极影响，没有考虑技术创新对美国企业发展演变的影响，真正有组织进行的学术探讨始于20世纪20年代哈佛大学商学院企业史研究所的开创性学术研究。

在哈佛大学商学院院长华莱士·多纳姆等人推动下，N.B.S.格拉斯与H.拉森等于1925年9月26日决定成立企业史学会，1926年6月创办《企业史协会通报》，同时组建企业史研究机构，正式启动有组织的企业史研究工作，重点是搜集美国企业的原始档案资料，积极推动企业史研究，改变之前企业史研究的无组织状态，力图从专业视角客观评价美国企业和企业家的贡献。1928年格拉斯创办《经济史与企业史》杂志，开创了不同于历史学范式的全新企业史研究。企业史学会出版的第一本著作是由亚瑟·H.科尔编撰的《亚历山大·汉密尔顿的工商业书信集》，该书提供了美国联邦政府建立初期有关工商业政策和活动的信息。随着1939年企业史学会最终被美国经济学会承认，随后又被美国历史学会接纳为分会，企业史研究终于成为经济史学领域中相对独立的新学科，不

---

① Joseph S. Davis, "Charters for American Business Corporations in the Eighteenth Century", Publications of the American Statistical Association, Dec., 1916, Vol. 15, No. 116, pp. 426-435.

② Joseph S. Davis, "Essays in the Earlier History of American Corporations", The American Political Science Review, Aug., 1917, Vol. 11, No. 3, pp. 589-590.

③ 董瑜:《美国史学界关于美国建国初期商业组织的研究》,《史学月刊》2010年第8期,第5—14页。

同领域学者对美国企业史展开多维度研究,成绩斐然。

20世纪20年代至50年代,哈佛大学商学院几乎引领美国企业史乃至全球范围企业史研究前沿,但因为研究方法和着重点不同出现不同研究派别,如以格拉斯和H.拉森为代表的派别倾向于管理学的研究范式,以科尔为代表的派别主张在经济史范围内采用跨学科方法开展企业史研究①,以熊彼特创新理论为基础,弗利泽·雷德利希等人聚焦于企业家和企业家精神方面研究。但无论是哪个研究派别,都在试图深入研究美国企业发展史上的重要问题,涌现出不少有代表性的研究成果。

如加德纳·C.米恩斯研究美国大企业问题,认为总资产超过8000万美元的超大公司占据着美国经济主导地位,其所能控制的组织已远远超出私营企业的范畴,几乎成为社会机构。人们应该把控制这些企业的少数人视为谋求私利的人,还是为公共利益服务的政治经济家?② 肖·利弗莫尔研究美国早期公司的无限责任问题,特别关注政府发放特许经营执照行业的企业情况,如银行、收费公路公司、运河公司和保险公司等,在一些州政府并没有为制造业企业发放营业执照,人们可以用无限责任形式组建企业③。

罗伯特·A.伊斯特搜集和运用大量未发表的资料研究1774年至1792年间美国企业发展情况,针对公司和其他大企业的起源及在美国经济中的突出地位进行解释。认为捍卫美国宪法的运动不仅是为了保护财产而采取的防御性行为,也是为了维持一个促进各种商业活动的政府而采取的积极举措,一个强大的中央政府是必不可少的,既是企业的后援,也是企业的监管者④。

格拉斯于1939年编写的《企业与资本主义》成为企业史和经济史研

---

① Arthur H. Cole, "Aggregative Business History", *The Business History Review*, Autumn, 1965, Vol. 39, No. 3, pp. 287-300.

② Gardiner C. Means, "The Growth in the Relative Importance of the Large Corporation in American Economic Life", *The American Economic Review*, Mar., 1931, Vol. 21, No. 1, pp. 10-42. 该作者还与阿道夫·A.伯利合著《现代公司与私有财产》一书,中译本由商务印书馆2005年翻译出版。

③ Shaw Livermore, "Unlimited Liability in Early American Corporations", *Journal of Political Economy*, Oct., 1935, Vol. 43, No. 5, pp. 674-687.

④ Robert A. East, "Business Enterprise in the American Revolutionary Era", Review by: Chester W. Wright, *Journal of Political Economy*, Apr., 1939, Vol. 47, No. 2., pp. 285-287.

究文献的重要里程碑，填补了长期以来美国学者对研究现代企业参考框架的需求，概念和框架是原创的，旨在展示企业史总体发展情况，解释企业在各个阶段的基本结构、政策和服务，但该书否定了马克思关于资本主义分析的理论，研究方法没有太多创新①。同年格拉斯又与 H. 拉森合编了《美国企业史案例集》，这是为企业史新研究领域提供案例材料的第一本著作，更关注美国企业发展经验，致力于研究单个企业和商人，涉及不少著名企业家和企业，如第一个来到北美殖民地的伦敦商人托马斯·斯迈思爵士，以及约翰·汉考克、约翰·雅各布·阿斯特、杰伊·库克、J. P. 摩根、马萨诸塞州波士顿第一国家银行、丹尼森制造公司、芝加哥-密尔沃基-圣保罗-太平洋铁路公司、美国钢铁公司②。这两部著作长期以来都是美国大学有关企业史课程的主要教材和必读书目。

威廉·米勒基于宾夕法尼亚州议会的法律文献，对 1800 年至 1860 年间宾夕法尼亚商业公司的普遍性特点进行研究，认为该州立法机构通过特别法案总共特许了 23209 家公司，这些所谓的商业公司被国家法案伪装成"公司"，其实是寻求金钱利益的私营企业③。H. 拉森于 1948 年出版的《企业史指南》引介了 5000 多部有关美国经济和企业史的论著，涉及美国企业发展的历史背景、个体企业和特定行业发展史，特别强调传记材料的价值，揭示了个体商人和企业管理人员在漫长历史发展过程中扮演的重要角色，为该领域研究者构建了基本思路框架④。

在格拉斯和 H. 拉森影响下，从 20 世纪 30 年代开始美国各大学增设企业史课程，相继出版了一批有关美国企业史和企业家传记的专著，如约翰·T. 弗莱恩的《上帝的黄金：洛克菲勒生平及其时代》(1932)、伯顿·T. 亨德里克的《安德鲁·卡内基的一生》(1932)，以及 A. 内文斯

---

① Gras, "Business and Capitalism", *Bulletin of the Business Historical Society*, June 1939, Vol. 13, Issue 3, p. 43.
② 参见 "The Society Presents a Casebook in Business History", *Bulletin of the Business Historical Society*, June 1939, Vol. 13, Issue 6, pp. 93-94。
③ William Miller, "A Note on the History of Business Corporations in Pennsylvania, 1800-1860", *The Quarterly Journal of Economics*, Nov., 1940, Vol. 55, No. 1, pp. 150-160.
④ 参见 "Members of the Society Will Receive a Critical Guide to Business History", *Bulletin of the Business Historical Society*, June 1948, Vol. 22, Issue 3, pp. 68-69。该文提到的 H. 拉森的著作全名为：*Guide to Business History*：*Materials for the Study of American Business History and Suggestions for Their Use*。

的《纽约银行和信托公司史：1884—1934年》（1934）和《约翰·洛克菲勒：美国企业的英雄时代》（1940）等。1931年哈佛大学商学院筹集专项资金，组织人力编辑多卷本《哈佛企业史研究丛书》，到60年代，共出版近20卷企业史著作，涉及美国早期的商人、企业家，以及金融和制造业领域典型企业的发展史。

第二次世界大战结束后，随着美国经济的繁荣、保守主义思潮的抬头，企业史研究发生重大转向，绝大多数著述都在颂扬美国企业和大资本家，企业史研究由此进入所谓"黄金时代"。有人认为一部美国企业史基本上就是一部美国史，企业制度对美国社会进步至关重要，是美国历史上最光辉的一页，美国文明是企业家的天才和智慧创造出来的；还有人认为不应该把大企业家称为"强盗大王"，而应称其为"工业政治家""物质财富的创造者""识时务的英雄"等。因此，一系列关于洛克菲勒、福特汽车公司等的著述不断翻新出版，但过于彰显学术研究为政治服务的目的。

60年代至70年代，美国企业史研究进入新企业史学发展时期，其特点是从研究少数企业发展史和为少数大企业家立传，转向考察企业内部组织结构和管理方式演变过程，特别是注重研究科技进步与美国现代企业制度的建立和发展，以及大型垄断企业职业经理人阶层的出现及在组织、协调公司内部生产经营和财富分配方面的作用，重要代表人物是哈佛大学商学院的小艾尔弗雷德·D.钱德勒。正是他把该领域的研究推进到无人可及的境界，他先后出版了《战略与结构：美国工商企业成长的若干篇章》（1962）、《看得见的手：美国企业的管理革命》（1977）和《规模与范围：工业资本主义的原动力》（1990）等系列成果，形成了企业史研究的"钱德勒范式"，即从企业经营管理视角研究大企业的特点、作用和管理变革[①]。

钱德勒以历史学家特有的眼光，对美国历史上的铁路、食品、烟草、

---

① 美国学者小艾尔弗雷德·D.钱德勒所著的关于企业史研究的一系列著作国内都出版有中文译本，如《战略与结构：美国工商企业成长的若干篇章》（2002）、《大企业和国民财富》（2004）、《透视动态企业：技术、战略、组织和区域的作用》（2005）、《规模与范围：工业资本主义的原动力》（2006）、《现代化学工业和制药工业的非凡历程》（2006）、《信息改变了美国：驱动国家转型的力量》（2008）等。

钢铁、橡胶、化学、石油、机器制造、肉类加工、信息和电子等工业部门的兴起，以及这些行业的企业发展史进行系统性研究，重点研究和剖析杜邦公司、通用汽车公司、新泽西美孚石油公司和西尔斯·罗巴克公司等垄断企业的组织管理结构，认为现代大型工商联合企业的出现是市场和科技发展的必然结果，其中科技是大型企业发展的原动力，当技术进步和不断增长的国内市场使大规模生产成为可能时，传统企业被取代，由职业经理人管理的多部门大企业推动了美国的管理革命①。

钱德勒的大企业研究范式也称为新企业史学范式，在西方学界产生广泛影响，同时受到业界广泛赞誉，认为技术变革及相关人力资本创新是美国现代企业发展的主要特征。不少学者强调技术在美国现代企业经济中的特殊作用，而技术本身也被政治、文化和经济环境所改变②。但该研究范式把职业经理人作用抬得很高，忽视了广大工人在发展生产和推动美国企业进步中的作用，回避了资本主义国家所发生的经济衰退和危机源于资本主义基本矛盾等要害问题。

80年代后，由于日本企业崛起，并对美国企业形成挑战，美国企业史研究开始出现关于文化价值观、美日企业比较分析、企业并购和企业制度变革等的研究。如托马斯·迪巴科所著《美国造：美国企业的进取和创新精神》(1989)，对美国企业350年来的发展史进行全面介绍，缕述美国经济领域中的著名人物、事件和技术发明，认为锐意创新的美国精神是企业成功的重要原因。

与钱德勒大企业研究范式不同的是，本·巴鲁克·塞利格曼1971年出版《当权者：美国历史上的企业和商人》一书，试图融合J. T. 亚当斯、T. C. 科克伦、H. 拉森等人的相关成果，同时受到钱德勒等学者的影响，其目标是用所研究的特定时期的习俗和惯例来评价企业家的商业活动和影响，既不模仿揭发丑闻的写法，也不想过分颂扬过去，而是把美国商业活动和企业发展史分为个人主义者、企业主、制造商和代理人

---

① Alfred D. Chandler, Jr., "The Beginnings of 'Big Business' in American Industry", *The Business History Review*, Spring, 1959, Vol. 33, No. 1, pp. 1–31.

② Louis Galambos, "Technology, Political Economy, and Professionalization: Central Themes of the Organizational Synthesis", *The Business History Review*, Winter, 1983, Vol. 57, No. 4, pp. 471–493.

四个阶段，力求用一种平衡的评价历史的观点来分析企业发展的前因后果①。

美国学者曼塞尔·G. 布莱克福德关注和研究美国小企业群体，认为根据1953年美国政府设立小企业管理局的法律规定，小企业是指雇员少于250人②的所有工业企业、年销售额不超过500万美元的批发商，以及年销售额不超过100万美元的零售和服务企业，且在其业务领域并不占优势地位。大约在1850年以前，小型企业是美国企业的常态，在美国经济发展中一直扮演重要角色③。2003年布莱克福德的《美国小企业史》追溯了小企业在美国的发展历程及对美国经济的重要意义，认为小企业是美国经济、政治和文化发展的整体代表。

美国管理学家彼得·德鲁克则从管理学、社会学和政治学相结合的视角研究美国企业发展特点，其《公司的概念》(1946)、《管理的实践》(1954)、《创新与企业家精神》(1985) 和《21世纪管理的挑战》(1999) 涉及美国企业发展史、理论和典型企业案例（如通用汽车公司和其他美国企业），强调企业的创新。

日裔美国学者威廉·大内所著《Z理论——美国企业界怎样迎接日本的挑战》一书，研究了日美企业各自优缺点和取长补短之后形成的Z型企业模式。美国学者拉里·施韦卡特和莱恩·皮尔森·多蒂所著《美国企业家：三百年传奇商业史》把美国经济发展史与企业史相结合，通过讲述美国历史上商业奇才的传奇故事，如殖民地时期商人代表托马斯·汉考克，工业革命时期轧棉机发明者伊利·惠特尼、钢铁巨头安德鲁·卡内基、石油大亨约翰·D. 洛克菲勒，计算机和互联网发展时期的史蒂夫·乔布斯、比尔·盖茨和杰夫·贝佐斯等明星企业家，揭示了创

---

① Ben B. Seligman, "The Potentates: Business and Businessmen in American History", Review by: William T. Doherty, *The Journal of Southern History*, Vol. 37, No. 4, Nov., 1971, pp. 676-677. 该书中文译本名为《美国企业史》，复旦大学资本主义国家经济研究所译，上海人民出版社，1975。
② 由于美国企业规模的不断扩大，20世纪80年代，美国小企业管理局（SBA）把雇员人数不超过500人的公司定义为小公司，尽管可接受的最大人数是500人。
③ Mansel G. Blackford, "Small Business in America: A Historiographic Survey", *The Business History Review*, Spring, 1991, Vol. 65, No. 1, pp. 1-26.

业和企业家精神在美国近 300 年经济增长奇迹中的关键性作用①。

90 年代以来美国学者从各个角度和层面研究和总结企业史，出版较多研究成果②。目前企业史研究发生较大变化，研究边界不断拓展，研究主题趋于多样化，全球企业史研究和比较日趋成为当今企业史研究的重点和发展趋势③。特别是 21 世纪以来，美国企业史研究主要围绕资本主义、民主，以及创新与发展三个主题进行，美国学界对长期以来主导和影响美国企业史研究的钱德勒新企业史学范式进行了反思和总结，开始了后钱德勒时代美国企业史研究更具包容性和全球化视野的发展进程④。

美国学者本杰明·沃特豪斯所著《美国企业简史》（2017）研究了从殖民时期到 21 世纪美国企业、商业活动的发展历程，深入探讨美国不同类型企业的兴衰、劳动力和生产技术以怎样的方式和代价迭代更替，以及各行业美国人如何应对混乱的商业环境，进而审视美国经济、社会和政治等方面发展成就，认为一部美国历史就是一部企业发展史⑤。该著作研究方法和目的与本研究有相似之处，作者所提到的企业家和典型企业相关资料为本研究提供了较好研究基础。

国内关于美国企业史的研究起步较晚，全面深入的研究成果屈指可数，大致可以分为以下三种类型。

一是译介国外学者的著述成果。黄奋翻译的美国企业史学家海迪的《企业史》（1983）认为企业史是研究个人对通过商品生产和劳务赢利所做出决定的文字记载。其他如复旦大学资本主义国家经济研究翻译的美国学者本·巴鲁克·塞利格曼撰写的《美国企业史》（1975）、戴彬翻译

---

① 〔美〕拉里·施韦卡特、莱恩·皮尔森·多蒂：《美国企业家：三百年传奇商业史》，王吉美译，译林出版社，2013，第 20—70 页。
② Daniel Nelson, "The History of Business in America", *OAH Magazine of History*, Fall, 1996, Vol. 11, No. 1, pp. 5-10; Brad Lookingbill, "Making Business History: An Annotated Bibliography", *American Studies International*, October 1997, Vol. 35, No. 3, pp. 4-22.
③ 〔美〕杰弗里·琼斯、黄蕾：《全球企业史研究综论》，徐淑云译，《东南学术》2017 年第 3 期，第 2—13、246、249 页。
④ 〔美〕沃尔特·弗里德曼：《当代美国企业史研究的三大主题》，郑舒翔译，《东南学术》2017 年第 3 期，第 14—24 页。
⑤ Benjamin Waterhouse, *The Land of Enterprises, A Business History of the United States*, Simon & Schuster, 2017. 该书中译本为《美国企业简史》，由中信出版社 2018 年出版。

的美国学者托马斯·迪巴科所著的《美国造：美国企业的进取和创新精神》（1989）、刘鹰等人翻译的布莱克福德所著的《美国小企业史》（2003）、王吉美翻译的《美国企业家：三百年传奇商业史》（2013），以及张亚光和吕昊天翻译的《美国企业简史》（2018）等。

二是关于美国企业史研究的学术史梳理。陈振汉是我国最早介绍美国企业史学的经济史学家，在《经济史学概论讲义初稿》（1982）（详见陈振汉《步履集：陈振汉文集》）中，他对美国企业史研究的主要代表人物进行了初步介绍；王锦瑭的《钱德勒与美国企业史研究》（1996）一文把美国企业史学的发展分为早期企业史研究、企业史学派的产生、新企业史学派的崛起和企业文化形成四个阶段，并对美国企业史研究演进及意义做了初步归纳和评述；林立强等人的相关研究综述，对美国企业史研究方法论进行了系统梳理，重点分析了钱德勒范式以外的其他企业史方法论，并结合历史学与管理学方法，将美国企业史研究中的管理学范式进行详细比较①；等等。

三是对美国企业史相关内容的研究。20世纪90年代前国内关于美国企业史的介绍性研究居多，如时惠荣等主编的《当代社会科学新学科览要》（1996）对作为独立研究领域的美国企业史相关理论进行了介绍。有的著述多少会带有政治色彩和时代痕迹。90年代后开始逐步客观介绍美国企业发展的历史经验和企业管理理论，所涉及的话题与美国学界的研究关切有相似性，如关注企业文化、中美企业比较和美国中小企业等。近20年来，关于美国企业史研究的成果逐渐增多，如以《美国企业史》为名的教材、畅销书《一本书读懂美国商业史》②，以及若干美国著名企业传记类著述③等，福建师范大学4篇硕士学位论文重点梳理了美国企业

---

① 林立强：《美国企业史方法论研究：缘起、现状与趋势》，《福州大学学报》（哲学社会科学版）2019年第5期，第46—54页；林立强、陈守明：《中西比较视域下的中国企业史管理学范式研究》，《东南学术》2020年第1期，第184—200、248页。
② 如张隆高、张晖、张农编著《美国企业史》，东北财经大学出版社，2005；邓鹏《一本书读懂美国商业史》，浙江大学出版社，2013；等等。
③ 彭剑锋等主编的系列著作2013年由机械工业出版社出版，如《辉瑞：为世界健康护航》《艾默生：技术与收购的双冕王》《波音：全球整合，集成飞翔》《IBM：变革之舞》《苹果：贩卖高科技的美学体验》等。

史研究的学术史和相关问题,是聚焦性较强的研究成果①。

上述国内外学界不同历史时期关于美国企业史的研究成果,从不同角度对美国企业发展演变的重点问题进行研究,如钱德勒关于美国大企业以及典型企业案例的研究等,对本研究切入点的选择具有重要的借鉴意义。一些学者关于美国企业史的长时段研究成果为笔者的深入研究提供了文献资料和研究基础。

总的来说,国内关于美国企业史的研究出现热点话题"冷"现象,也就是说对于越是熟悉的事物,越易出现认识中的"灯下黑",人们似乎对美国经济、美国企业发展情况关注较多。长期以来不少人觉得美国对我们来说并不陌生,无论如何我们多多少少都是了解美国的,而社会各界和理论界对美国的关注度也相当高,对其研究也深入到军事、政治、经济、文化和教育等方面,研究成果看起来相当丰富,仅就美国企业研究来看,国内外学者从不同视角的研究成果也不在少数,但实际上我们对美国企业发展历史演进的了解还是不够的,鲜有针对性的深度研究成果,在学术研究方面仍存在不足和局限性。

一是研究不平衡性。美国学界有组织的研究差不多有100年时间,著述比较丰富,研究较为充分,而其他各国的相关研究,由于语言和他者视野的局限而难以获取研究信息和准确判断。国内学界的相关研究,无论是从全面性和深入性来看都还是较为欠缺的。

二是研究中重现实,而轻历史。多数研究都是选择时下关心的问题及感兴趣的企业案例进行研究,并不重视对美国企业史的整体发展趋势和特点或者单个企业发展历史的全方位研究。即使是长时段通史类的研究成果,也会因为不同研究者的不同阶段划分和企业分类而失之偏颇。

三是综合性研究和原创性成果不多。国内研究成果中一般性介绍、翻译和综述类较多,但综合性和规律性的理论分析著述少;国外学者特

---

① 郭艺娟:《"钱德勒后"美国企业史研究的发展——以哈佛商学院企业史研究中心为个案》,福建师范大学硕士学位论文,2017年;董开星:《美国企业史学家与企业档案相互关系研究(1927—1962)》,福建师范大学硕士学位论文,2020年;吴凤妹:《格拉斯与美国早期企业史研究(1927—1956)》,福建师范大学硕士学位论文,2020年;江雨洋:《美国哈佛企业史学会研究(1915—1953)》,福建师范大学硕士学位论文,2021年。

别是美国学者积累的近100年研究成果在国内还是鲜为人知的,学界对文献资料的搜集、整理和数据处理还有待加强,在占有第一手资料基础上才能更好地开展原创研究。

四是没有解决课题研究的方法论问题。目前国内一些研究成果是为了研究而研究,没有解决为什么要研究、要研究什么问题、如何研究,以及研究要达到的效果等问题。正如美国学者所言,一部美国历史其实就是一部企业发展史,美国企业发展壮大的历史经验和规律对他者来说就是一面最好的历史之镜,是经济发展史最好的社会实验室,对后来者具有重要的镜鉴意义。因此,在研究过程中要确定研究主体性,以历史唯物主义和辩证法解决"洋为中用"问题。

有鉴于此,笔者怀着抛砖引玉的态度,基于马克思主义立场、观点和方法,运用历史学、经济学和管理学等的相关理论,通过技术创新和产业迭代的视角,沿着技术创新、企业发展、产业发展、经济增长和国家强盛的内在逻辑,从历史、实践、制度和理论四个维度撰写一部汲取前人研究精华,同时具有原创性且能全面反映美国企业发展历史和现状、发展特点和经验的论著。

本书在现有研究成果的基础上争取在以下四个方面有所创新。

一是研究思路创新。力图把宏观经济增长和微观企业史与中观产业发展研究结合起来,在美国经济和社会发展大背景下,通过技术和产业变迁过程,阐述企业的兴起和发展演变,既有对整体美国企业发展史的阶段性和脉络性把握,也有对企业经营管理过程中的制度变迁、组织变革、经营管理模式创新,以及典型企业案例(专门分析的有26个)的深入研究,使论述更加系统,观点表达更为充分,以期更好体现美国企业发展全貌、个性特点和历史连续性。

二是研究资料创新。一方面,查找美国最新的与企业相关的统计数据,如美国政府小企业管理局(SBA)、美国经济分析局(BEA)、美国能源信息署等的有关数据;另一方面,查阅有关企业最新财务报表资料和相关资讯,既要了解案例企业的过去,也要了解企业最新发展情况;此外,还对美国企业史研究的既有成果资料,包括各个时期发布的资讯和重要期刊刊发的文献进行搜集和解读,以便能够搜集和利用最核心和最前沿的文献资料。

三是研究视角的独特性。通过技术创新和产业迭代的研究视角，厘清美国企业从技术引进和模仿创新，到自主创新、突破性创新、颠覆性创新和引领式创新的发展路径，技术创新从个人发明，到企业内部技术研究实验室，再到国家创新体系的技术研发驱动等演进路径，美国产业从农业、商业，向机械化、电气化、信息化和电子化、人工智能和数字化制造业的演变过程，以及从制造业向服务业和高端制造业演进的方向，阐述技术创新与企业发展、产业迭代之间的交互关系。

四是提出原创性分析和解释框架。本书构建的关于美国企业发展演进的解释框架，重点是以美国经济发展史为背景，以企业为支点，以技术创新和产业迭代为路径，研究不同历史时期的技术创新、产业更替与各行业企业演进发展的交互性，及其对经济增长和社会进步影响的正反馈机制；通过历史实践阐述企业是经济增长和国强民富背后的重要基础性力量，大国经济的兴衰与制造企业的兴替密切相关，制造企业是国之重器，是强国之基；在理论上阐述创新是企业基业长青的秘诀，是国家长盛不衰的不二法宝，以创新为特征的企业家精神从文化价值观层面诠释企业基业长青的力量，美国企业发展是系统化因素演进的结果，既包括技术创新和产业迭代因素，也包括非技术性的金融、消费、政府，以及宏观经济环境和技术人才等多种因素。

美国企业发展的历史演进既具有美国特色的规律和经验，也反映了企业兴衰和产业更替发展的一般性特征，值得全面深入总结和借鉴。

三 研究价值和实践意义

美国是目前世界上的超级大国，然而其自身发展的历史却很短，甚至都没有中国文明发展过程中某个朝代的历史长。在人类历史的漫漫长河中，在时间上更是没有任何存在感。但就是如此年轻的国家，却在建国后的240多年间创造了人类文明发展史上的奇迹，建立起辉煌的工业文明，成为世界经济和金融中心。这是如何做到的？推动美国这艘大船不断前进的动力是什么？曾经是殖民地、技术模仿和追随国的美国是怎样成为技术发明创造的国度，以及不同历史时期高新技术产业发展的引领者的？

对上述这些问题的探讨，每个人都会有不同的答案，可谓仁者见仁，智者见智。有人认为美国具有区位和资源禀赋的优势，处于两大洋之间的巨大空间使美国人享受到人间天堂般的和平生活；有人认为美国是个自由的国度，人人都可以实现其梦想和追求；有人认为不断进行技术、制度和管理创新，使美国经济处于良性发展的循环之中，各行各业的充分发展，特别是强大的制造业造就了美国的国强民富；还有人认为美国人天生就是企业家，敢于冒险，富于创新的企业和企业家精神成为美国国强民富背后的恒久性支撑力量。

本书试图通过企业这一经济和市场主体，探讨技术创新、产业迭代更替、经济增长，以及国家现代化、经济和社会发展的内在逻辑。研究美国企业演进发展的成败得失具有重要的理论价值和实践意义。

一是有助于丰富学界有关企业起源和成长，以及企业史的研究。现有经济学理论主要从内生性视角研究企业兴起的原因，但美国企业却是外生性因素（欧洲殖民公司）的产物，其成长和发展又是外生性与内生性因素相互作用的结果。殖民者通过特许经营公司与北美产生联系后，不仅带来了人员和资本，而且带来了欧洲各种各样的技术。殖民地商人和后来的美国人，不仅创造了一个新国家，而且建立了与欧洲不一样的美国制造体系。美国企业消化吸收当时的技术成果，并对其进行模仿创新，最后成为技术创新的引领国家。在创新基础上，企业和企业家不断推动不同时代主导产业的发展，各行各业一茬又一茬的企业先后成长起来，基本遵循内外多种因素相结合的发展规律。关于企业发展史的研究发现，可以进一步拓宽和丰富经济史的研究范围和内涵，推动企业史研究向特定国别和纵深发展，同时为开展中国企业史，特别是改革开放以来的企业史研究提供框架。

二是提供以史为鉴的解读和思考。以史为鉴可以知兴替，美国文明的兴起得益于技术和创新的力量，得益于商人和企业的开拓进取，得益于制度变革和管理革命所释放的能量，特别是企业组织创造的财富效应。企业在美国政治、经济和社会生活中居于主体地位，其中高科技企业不仅是科技成果的重要发源地和物质产品的生产者，而且是推动科学技术由潜在生产力向现实生产力转化的主要力量，是美国现代化和工业文明的主要创造者，是创新强国的建设者。

美国历史的发展特点是先有企业后有社会，一部美国史就是一部企业发展演变的历史。正是早期欧洲企业的殖民开拓，奠定了北美殖民地的地理和人文版图。通过若干代殖民者、商人和企业家长期不懈的拓荒和垦殖，北美大陆才逐步建成一个欧洲人似曾相识，却又超越欧洲旧世界的新社会。正是企业和企业家塑造了一个不同于欧洲的现代美国工业文明。

除却对殖民地的征服和掠夺的消极影响外，美国企业和企业家提供了如何实现个人和国家梦想的历史经验，以及边干边学的智慧。在北美大陆上，美国人因地制宜，把他们从欧洲和其他地方带来的技术、制度和文化价值观与当地资源禀赋相结合，通过创新和开拓，创建各类企业组织，成功复制了一个尽量规避不利影响的欧洲社会，并在模仿英国工业化过程中逐步脱颖而出，成为经济强国。

本书试图从方法论角度对某些重要问题进行解答，如美国企业何以引领技术创新潮流，助推美国成为创新型国家？美国企业发展的动力机制和终极目标是什么？在第四次工业革命中，美国企业又是如何开拓新技术领域的？

三是总结"洋为中用"的经验和启示。本书的写作旨在帮助正在追梦的中国企业和企业家从美国企业发展演进中获取灵感和智慧。在全面建设中国式现代化伟大征程中，各类企业要成为创新的主力军，成为新质生产力发展的推动者，既要保持中国特色，也要借鉴别国企业的成功经验，以期少走弯路。

美国企业发展背后的技术发明、创新和企业家精神等核心要素对我国企业和制造业发展，以及创新型国家建设具有重要的参考价值和借鉴意义，尤其是在工业发展战略、技术创新路径、企业发展方向和产业迭代更替等方面提供了丰富的历史经验。我们可以从美国企业发展演进的历史经验中找到技术创新取得成功的钥匙，以便为我国企业下一步引领式的技术创新寻找努力方向，以突破目前我国面临的关键技术"卡脖子"问题，为我国创新型国家和中国式现代化建设贡献企业和企业家的力量。

四 研究涉及的主要理论

本书的理论基础和分析工具主要涉及企业理论、技术创新、企业家精神、产业发展和经济增长等内容。

（一）关于企业及其起源发展的理论

众多经济学家和管理学家对企业的起源、发展和演变，企业生存和经营发展之道，企业存在的意义和价值等提出过不少经典理论观点。如亚当·斯密以劳动分工为源头对工厂进行了深入研究，认为企业（工厂）是劳动分工的集合，是从事生产制造的一个组织[①]。马克思虽然没有使用"企业"概念，但他更加注重工厂的生产环节，论述了带有资本主义性质的生产组织演化的三种形式，即简单协作的手工工场、以分工为基础的手工工场和以机器大工业为基础的工厂。工厂（企业）就是生产和劳动的具体组织形式，体现劳动过程与生产过程的结合，是一个协作性组织，最终生产出剩余价值[②]。马歇尔则将企业作为组织分工的重要手段，重点研究企业组织的作用，不仅注重企业内部分工和协作，还关注企业与外部市场环境的联系，认为企业不仅是劳动者的集合，还是一个有机整体，企业发展涉及劳动力和生产资料，以及企业家的关键作用[③]。

彼得·德鲁克认为不能简单地以利润来界定和解释企业，想知道什么是企业，必须从理解企业的目的开始。企业的目的必须存在于企业本身之外，必须存在于社会之中，因为企业是社会的一部分，因此企业的目的只有一个适当定义，那就是创造顾客[④]。罗纳德·科斯的现代企业理论，以契约理论和交易成本分析为核心，把企业视为"一系列契约的联结"，并对企业存在的原因、边界和企业所有权结构等进行研究，从而

---

① 〔英〕亚当·斯密：《国民财富的性质和原因的研究》（上卷），郭大力、王亚南译，商务印书馆，2004，第5页。
② 〔德〕马克思：《资本论》第一卷，人民出版社，1975，第340—395页。
③ 〔英〕马歇尔：《经济学原理》（上卷），朱志泰译，商务印书馆，1964，第290—320页。
④ 〔美〕彼得·德鲁克：《管理的实践》，齐若兰译，机械工业出版社，2022，第32、62页。

逐步破译企业这个"黑箱",认为市场通过价格机制来组织生产,而企业是通过组织权威来组织生产。企业之所以产生,是因为它将交易转移到企业内部,可避免一部分通过市场交易的费用①。

弗兰克·奈特认为企业之所以存在是因为现实经济环境中存在不确定性(风险)。在不确定经济环境中,决定生产什么以及如何生产要优先于生产本身,企业生产首先需要的是内部组织。风险承担与组织需要,催生了具有管理和冒险能力的企业家。企业家是那些有能力的风险偏好者,愿意通过承担风险损失来识别不确定因素中所隐藏的潜在机遇,并整合资源,把这些机遇变成现实的利益②。迈克尔·詹森和麦考林基于委托代理理论,认为企业的本质是契约关系,企业是一种法律虚构组织,是个人之间一组契约关系的连接点,包括劳动所有者、物质投入和资本投入提供者、产品消费者三方之间的契约关系③。

伊迪丝·彭罗斯的企业成长理论认为,企业的经济职能可以简单设定为通过获得并组织人力和企业资源,以营利为目的向市场供给产品和服务;企业被定义为管理框架下的资源集合体,管理框架的边界则取决于"管理协调"和"权威沟通"的范围;在一个有目标的企业中,企业的成长实质上是一个演化过程,并以集体知识的累积为基础;企业成长速度受到企业内部知识增长速度的限制,但在一定程度的企业规模上,监督管理的效益可以继续达到其扩张性边界④。

纳尔逊和温特在其提出的经济演化理论中,认为企业是由利润推动的,并寻求有效途径增加其利润,但其行动却不被假定为在明确界定的和外在给定的选择集合上使利润最大化;他们强调最赢利的企业将较不赢利的企业逐出商业领域;随着时间的流逝,与自然选择相似的经济情况在起作用,市场决定哪些企业是赢利的,哪些是不赢利的,并倾向于

---

① 〔美〕奥利弗·E.威廉姆森、西德尼·G.温特编《企业的性质》,姚海鑫、邢源源译,商务印书馆,2010,第22—30页。
② 〔美〕弗兰克·H.奈特:《风险、不确定性与利润》,安佳译,商务印书馆,2010,第45—48页。
③ M. C. Jensen and W. H. Meckling, "Theory of the Firm: Managerial Behavior, Agency Costs and Ownership Structure", *Journal of Financial Economics*, 1976, Vol. 3, No. 4, pp. 305-360.
④ 〔英〕伊迪丝·彭罗斯:《企业成长理论》,赵晓译,上海三联出版社、上海人民出版社,2007,第三版前言,第16页。

将后者筛选掉;市场环境提供企业成功的界限,这一界限与企业存活及增长的能力有密切关系;资本主义的生产组织界定一种动态的演化体系,企业规模和利润分布也必须从演化体系的角度来理解①。

上述众多学者的论述表明,企业是从事生产、流通与服务等活动的经济组织,通过各种生产经营活动创造物质财富,提供满足社会公众物质和文化生活需要的产品服务,在市场经济中占有非常重要的地位。作为人类经济社会中生产资料、生活资料,以及各类服务的提供者,企业组织是人类经济生活中不可或缺的组成部分;企业是最为重要的市场主体,其健康发展是国家经济发展,乃至世界经济发展的前提。

(二)关于技术创新的理论

企业是现代文明中基本的经济单元之一,企业家是现代经济市场主体中非常重要的组成部分,企业家通常与创新连在一起。

熊彼特所谓"创新",就是打破企业没有发展的生产"循环运行"的均衡,建立一种新的生产函数(新组合),不断地从内部革新经济结构,即不断破坏旧的结构,不断创造新的结构,实现生产要素和生产条件的重新组合,使企业获得不断发展的过程。生产要素和生产条件不断重新组合,从而突破原来没有发展、没有变化的内部经济结构和管理结构,使企业获得新的发展。

熊彼特所说的创新包括五种情况:采用一种新的产品,也就是消费者还不熟悉的产品,或产品的一种新的特性;采用一种新的生产方法,也就是在有关制造部门中尚未被经验验证的方法,这种新的方法不需要建立在科学上新的发现基础之上,且可以存在于商业上处理一种产品的新方式中;开辟一个新市场,也就是有关国家的某一制造部门以前不曾进入的市场,不管这个市场以前是否存在过;掠夺或控制原材料或半制成品的一种新供应来源,不管这种来源是已经存在的,还是第一次创造出来的;实现任何一种工业的新的组织,如形成一种垄断地位(如通过

---

① 〔美〕理查德·R. 纳尔逊、悉尼·G. 温特:《经济变迁的演化理论》,胡世凯译,商务印书馆,1997,第 8、14、52 页。

"托拉斯化"），或打破一种垄断地位①。

熊彼特认为创新是企业获得发展的基本动因。如果没有创新，就没有技术创新和管理方法的创新，企业处于因循守旧的循环状态，就必然要衰败和落后，要被淘汰。而企业要创新就必须依靠推动技术发明和商业化应用的企业家。企业家是开拓者和创新者，但必须有眼光，有胆量，有组织能力；企业家精神具有创造性，破坏才是创新的来源，而创新是经济发展的根本动力，是企业家精神的灵魂，是企业家活动的典型特征。马克斯·韦伯认为企业家所具有的创新精神，就是不安于现状，具有确定不移且高度发展的伦理品质，以及洞若观火的远见和行动的能力②。

彼得·德鲁克系统论述了创新与企业家精神的关系，认为创新是企业家精神的本质，没有创新，企业就不能称为企业，创新是企业有系统、有组织的活动，而不是灵感一现的结果。创新与企业生命周期紧密相关，企业的任何持续发展都与企业创新有关。企业家精神理论是创新理论的核心概念和重要部分，创新是展现企业家精神的特殊手段，创新和承担风险是企业家精神的重要品质；创新与企业家精神是一种实践，也是一门学科，且这种精神需要在实践中不断提升③。德鲁克的创新理论基本上是围绕创新的意义和企业家精神来探讨创新和企业家精神的实践，以及企业家战略等。

克莱顿·克里斯坦森在他所著的《创新者的窘境》中具体分析了计算机、汽车和钢铁等多个行业的创新模式，发现正是那些暂时遭到主流客户拒绝的关键的、突破性技术，逐渐演变成主导新市场的"破坏性创新"，该理论弥补和丰富了熊彼特的创新理论。克莱顿·克里斯坦森认为破坏就是找到一种新路径，这是一个过程，要找到一种新的生产函数和模式，破坏性创新具有相对性，破坏与突破是有区别的，突破是在原有的基础上进行创新，而突破性的技术通常是维持型的技术。

---

① 〔美〕约瑟夫·熊彼特：《经济发展理论》，何畏、易家详等译，商务印书馆，1991，第73—74页。
② 〔德〕马克斯·韦伯：《韦伯作品集Ⅻ：新教伦理与资本主义精神》，康乐、简惠美译，广西师范大学出版社，2007，第25—40页。
③ 〔美〕彼得·德鲁克：《创新与企业家精神》，蔡文燕译，机械工业出版社，2021，第23—35页。

破坏性创新包括低级市场的破坏性创新、新市场的破坏性创新。低级市场的破坏性创新主要是事业模式与产品创新。低端破坏是指在现有的市场和价值网络内，以低成本商业模式，通过吸引主流企业不看重的低端顾客的消费而发展壮大。新市场的破坏式创新主要体现在简易性与价格上的创新。新市场的破坏并不会正面侵犯主流市场，而是与非主流消费者竞争，这些非主流消费者有对某类产品的需求，但市场上此类产品的价格往往超出其承受能力。随着产品性能改进，对产品性能比较挑剔的主流消费者也逐渐脱离原来的价值网络，进入这个从最不挑剔的市场层级发展起来的新网络，因为这个新市场的产品更加便利和便宜[①]。

（三）关于企业家和企业家精神的理论

企业家（entrepreneur）本是一个出现于15世纪的法文词，最初和最普遍的含义是"做某事的人"；17世纪，企业家一般特指为皇室或政府提供大型工程服务或货物而与政府订立契约的人，并不适用于制造商或商人。

法国经济学家理查德·坎蒂隆在其法文版《商业性质概论》（1755）中最早把"企业家"一词引入经济分析中，他首次提出企业家的概念，将从事经济活动的人，如商人、农民和手工艺者等都看作企业家，在他看来，连"乞丐和强盗"都被视为企业家。企业家是风险承担者，是以确定的价格购买，并以不确定价格卖出的人。企业家使经济资源效率由低转高。理查德·坎蒂隆关于企业家的定义，与亚当·斯密用雇主、资本家（undertaker）来取代企业家角色是不同的[②]。

法国经济学家萨伊认为企业家是把各种科学的知识应用于创造有用的产品的人，或是农场主，或是工厂主，或是商人。企业家的工作是应用既得的知识去发展产业，创造供人类消费的有用产品。他界定的企业家就是冒险家，是把土地、劳动力、资本这三个生产要素结合在一起进行活动的第四个生产要素，承担着可能破产的风险。萨伊第一次把企业

---

① 〔美〕克莱顿·克里斯坦森：《创新者的窘境》，胡建桥译，中信出版社，2014，第 XVI—XXVIII 页。

② 〔爱尔兰〕理查德·坎蒂隆：《商业性质概论》，余永定、徐寿冠译，商务印书馆，1986，第 27—29 页。

家看作生产要素，赋予企业家生产的指挥协调者角色。企业家能够把经济资源从生产率和产出较低的领域，转移到生产率和产出较高的领域，从另一种意义上来说，企业家是一种生产力①。

新古典经济学家马歇尔认为，企业家是企业组织的协调者、中间商、创新者和不确定性的承担者，承担多方面职能，并将"企业家才能"作为第四个生产要素引入生产函数中；企业家对资源的重新配置是在修正市场的非均衡状态；利润不是企业家个人偶然的"新组合"，而是来自企业组织的力量，但他强调企业家在提高企业组织效率过程中的重要作用②。美国学者罗伯特·F. 埃贝尔和阿尔伯特·N. 林克提炼出三大企业家精神传统和12种企业家形象，如承担不确定性风险的人、创新者、资源的组织者和协调者等③。

总括而言，学界关于企业家的界定，一类强调风险，如理查德·坎蒂隆将社会分成被雇用人员和企业家，认为企业家获取不固定且不确定收益。奈特区分了风险与不确定性，认为风险是可度量的，不确定性是不可度量的，企业家是不确定性的决策者，企业仅相当于一种装置，通过企业，勇于冒险者承担起风险，并保证犹豫不决者或怯懦者得到一笔既定收入。奈特将企业家对工人的权威视为前者对后者提供保障的一种补偿，企业家是一个综合角色，不仅要做出决策和承担决策后果，预见未来和勇于冒风险，还要监督和指挥他人工作。

另一类强调创新，如马克斯·韦伯在《新教伦理与资本主义精神》（1905）中认为，并不是所有经理都有资格称为企业家，企业家具有创新、冒险、实干、开拓、拼搏、奉献等特殊品质，企业家是从事"创造性破坏"的创新者，企业家就是"创新的人"，其功能是进行"新的综合"，他进而直接把这种企业家的创新精神与经济发展联系在一起。鲍莫尔认为，企业家是资本主义机制下产生的一个英雄形象，涵盖具有标新立异、富有想象力、勇敢、机灵、富有领导力、富有毅力和决心等特征

---

① 〔法〕萨伊：《政治经济学概论》，陈福生、陈振骅译，商务印书馆，1963，第58—61、408—424页。
② 〔英〕马歇尔：《经济学原理》（上卷），朱志泰译，商务印书馆，1964，第303—316页。
③ 〔美〕罗伯特·F. 埃贝尔、阿尔伯特·N. 林克：《企业家精神理论史》，熊越译，广西师范大学出版社，2023，第7页。

的一些人，指挥团体或组织内所有非常规性活动，是资源配置者。

企业家精神理论经过三个发展阶段，最后形成三个主要流派。

一是以萨伊为代表的古典企业家理论（法国传统），以企业家在价值生产中的作用为核心。认为企业家精神是企业家特殊技能（包括精神和技巧）的集合，是企业家组织建立和经营管理企业的综合才能的表述方式，是一种重要而特殊的无形生产要素。

二是以马歇尔为代表的新古典企业家理论（英国传统），以企业家在供求均衡中的作用为核心。这一派企业家精神理论受到法国经济学家的影响，基本上也是从风险承担这个角度来理解企业家和企业家精神的。

三是以熊彼特为代表的现代企业家理论（德国传统），以企业家在创新和经济发展中的作用为核心。熊彼特是最早完整论述企业家精神的经济学家，提出创造性破坏理论。他认为企业家是"经济发展的带头人"，是能够"实现生产要素的重新组合"的创新者，是创新的主体；企业家的作用在于创造性地破坏市场的均衡，即"创造性破坏"，以找到获取超额利润的机会；市场经济活力的根本在于创新，而创新则来源于企业家精神；经济结构的"创造性破坏"主要不是通过价格竞争，而是依靠创新的竞争实现的。每一次大规模的创新都淘汰旧的技术和生产体系，并建立起新的生产体系。

熊彼特开创的企业家精神研究沿着经济学和管理学的路径发展，形成四大学派，即以熊彼特和鲍莫尔为代表的德国学派；以奈特和舒尔茨为代表的芝加哥学派；以米塞斯和科兹纳为代表的奥地利学派；以德鲁克为代表的管理学派。

鲍莫尔认为企业家精神是企业家特殊技能的集合，是企业家组织建立和经营管理企业的综合才能的表述方式，是一种重要而特殊的无形生产要素。生产型企业家会进行高效率生产活动，如技术创新；非生产型企业家会进行寻租和非法组织等活动；而社会对这些活动的报酬决定企业家会从事哪类活动，如果生产性活动报酬高，生产型企业家数量就会高①。鲍莫尔把企业家精神分为创新型、模仿型、非生产型和寻租型四

---

① William J. Baumol, "Entrepreneurship: Productive, Unproductive, and Destructive", *Journal of Political Economy*, Oct., 1990, Vol. 98, No. 5, Part 1, pp. 893-921.

种，只有创新型、模仿型企业家精神才会推动经济增长和生产率提高，非生产型和寻租型企业家精神对经济贡献不多，甚至会抑制经济产出，但有时会有助于企业家提升社会地位。

鲍莫尔集中论证了创新型企业家精神的积极作用，认为企业家精神本身又被视为生产过程的一种投入品，根据不同用途和预期变化从一种用途转移到另一种用途；企业家精神也会在不同经济部门和不同活动方式之间被重新配置；企业家在发明创新和新技术应用方面具有重要作用，尤其是在创新传播中扮演重要角色①。

芝加哥学派则强调勇于承担风险的精神。如奈特认为在充满不确定性的社会里，应对和承担风险都需要专业化，而履行企业组织和企业家职能则是承担风险的有效方式，企业家职能是专门承担不确定性或改善经济管制的一种有效方式，企业家是处理未来不确定性的重要主体②。舒尔茨认为长期的经济增长并不是均衡的，而是有着各类型失衡并向均衡方向运动的一个过程，企业家要具有处理这种非均衡的能力③。

奥地利学派注重企业家对市场机会的识别能力，强调职业套利。如米塞斯指出企业家要努力消除人们行为的不确定性，企业家的工作不仅是尝试新的技术方法，还是从一系列技术上可行的方法中进行选择。科兹纳认为，市场的非均衡状态给企业家功能提供了发挥空间，企业家精神的本质是对感知到的利润机会的警觉，而警觉的最著名例子就是套利，企业家会寻找投机套利机会，以追逐利润，这会使社会中现有资源被充分利用④。

德鲁克从管理学视角研究企业家精神，系统论述创新与企业家精神的关系。认为企业家精神是在经营管理企业的特殊环境中产生的一种体现企业家职业特点的思想意识、思维活动和心理状态，其形成主要受多

---

① William J. Baumol, "The Microtheory of Innovative Entrepreneurship", Review by Gail L. Cramer, *American Journal of Agricultural Economics*, October 2011, Vol. 93, No. 5, pp. 1410-1412.

② 〔美〕弗兰克·H. 奈特：《风险、不确定性与利润》，安佳译，商务印书馆，2010，第258—260页。

③ 〔美〕罗伯特·F. 埃贝尔、阿尔伯特·N. 林克：《企业家精神理论史》，熊越译，广西师范大学出版社，2023，第149—151页。

④ 〔美〕罗伯特·F. 埃贝尔、阿尔伯特·N. 林克：《企业家精神理论史》，熊越译，广西师范大学出版社，2023，第154—161页。

方面因素影响。仅有技术创新不能构成企业家精神,创新是企业有系统、有组织的活动,而不是灵感一现的结果;没有企业家,企业就不能够成为企业,企业创新与企业生命周期紧密相关①。

加拿大学者丹尼·米勒将企业家精神定义为有助于推动组织成长和利润率增长的冒险、预见性和产品创新活动,包括诚信、守法、创新与创造、社会责任感和合作进取等内涵。个人在经济、社会文化、认知、身体状况和情感等方面的不利因素会对企业家成长发挥关键作用②。

国内学者钱颖一认为企业家精神不是一种职业,也不是一种职务,而是一种取向、一种态度,并非所有管理者、创业者、企业家都具有企业家精神。企业家精神是一种时常以新方式整合资源以提高生产力的心态③。

总之,企业家精神应包括创新和冒险精神、风险承担能力,以及对市场机会的识别能力;创新是企业家精神的灵魂,冒险是企业家精神的天性,市场机会的识别是企业家精神的关键。每个国家的企业家都有个性化特征,离不开特殊经营环境,企业家精神内涵和表现既有共性,也有差异性,同时具有鲜明的时代特征。

改革开放以来,由于我国不同类型企业都获得不同程度发展,有关企业家精神的问题也被提到党和政府议事日程中。党的十八大以来,"企业家精神"和"创新发展"已成为治国理政的两个重要关键词。2014年至2017年习近平总书记多次强调激励和保护企业家精神的重要性。党和政府就如何激励和保护企业家精神发布多个针对性政策文件,特别是2017年9月8日,中共中央和国务院印发《关于营造企业家健康成长环境弘扬优秀企业家精神更好发挥企业家作用的意见》,强调企业家和企业家精神是基础性和战略思维,要营造发挥企业家精神的营商环境,弘扬和保护企业家精神。党的十九大报告再次强调要激发和保护企业家精神,鼓励更多社会主体投身于创新创业。

---

① 〔美〕彼得·德鲁克:《创新与企业家精神》,蔡文燕译,机械工业出版社,2021,第23—35页。
② Danny Miller, "The Correlates of Entrepreneurship in Three Types of Firms", *Management Science*, Jul., 1983, Vol. 29, No. 7, pp. 770-791.
③ 钱颖一:《创新源于企业家精神》,《新经济导刊》2010年第11期,第12—13页。

马克思主义历史唯物论认为，经济基础决定上层建筑，上层建筑对经济基础具有反作用；创新和企业家精神，以及如何激励和保护企业家精神属于上层建筑的文化和制度内容，可以为人们提供从事经济活动的动因、一套从事经济活动的伦理规范（如重契约诚信、公平交易及正确的取财之道等），以及个人生活的伦理准则（如节俭节制和创业奋斗的价值观）。这些软性约束与现有经济法律制度相辅相成，有助于促进经济发展。

（四）关于产业发展和经济增长的理论

产业发展理论主要是研究产业从低级向高级不断演进、具有内在逻辑、不以人们意志为转移的客观历史过程和规律性，这一过程既是产业产生、成长和进化过程，也是产业总体（即整个国民经济）进化过程，核心是产业结构变化过程。每个产业都有产生、发展和衰退的过程，即产业生命周期。

在产业生命周期中，处于成长阶段的产业称为新兴产业或先导产业，对整个产业结构变动起到关键作用，代表着市场新需求、产业结构转换的新方向，以及现代科学技术产业化的新水平；处于成熟阶段的产业称为主导产业，其产出或收入在整个产业系统中所占比重较大，对其他产业发展影响较大，且维持整个国民经济增长，但其地位也不是一成不变的；处于衰退阶段的产业称为夕阳产业或衰退产业，市场需求逐渐萎缩，在整个产业结构中的地位和作用持续下降。

对产业与整个国民经济的进化过程，可以运用二元经济模型、经济发展阶段论，以及经济增长理论来解释。

如英国经济学家威廉·阿瑟·刘易斯运用二元经济模型解释发展中国家传统部门和现代部门这两个不同的经济部门。传统部门包括自给自足的农业、简单和零星的商业及服务业，劳动生产率低，容纳着发展中国家的绝大部分劳动力，是一个维持生计的产业；现代部门是指技术较为先进的工矿业、建筑业、商业和服务业，劳动生产率较高，使用再生产性资本谋取利润的生产方式，具有典型资本主义特征[1]。现代部门处

---

[1] W. Arthur Lewis, "Economic Development with Unlimited Supplies of Labour", *The Manchester School*, 1954, Vol. 22, pp. 139-191.

于不断扩张发展态势，传统部门不断萎缩，不断为现代部门输送剩余劳动力，推动工业化进程。

罗斯托于1960年提出五阶段经济发展理论，把人类社会发展划分为传统社会、为起飞创造前提、起飞、向成熟推进和大规模高消费五阶段，1971年又补充第六个阶段，即追求生活质量阶段。其中第三、第六阶段是社会发展的两次"突变"，也是最有意义的阶段[①]。特别是起飞阶段，是指一种产业革命，直接关系到生产方法的剧烈变革，意味着工业化的开始或经济发展的开端，是一国经济从落后向发达过渡的重要转折点，而判断经济是否起飞的主要标志就是技术创新及其应用程度，起飞的重要特征是一国开始实施工业化发展战略，走上工业化道路。较高的资本积累、建立能带动整个经济增长的主导产业，以及制度和社会政治变革是一国经济实现起飞的三个相互关联的条件。不同经济增长阶段的依次更替源于主导产业更替、人类欲望无穷，以及技术不断创新和新技术的不断运用。因此，技术进步和创新是经济增长的重要源泉。

赫希曼提出的不平衡增长理论认为，发展中国家应集中有限资本与资源重点发展部分产业，逐步扩大和带动其他产业投资和发展，使投资最大化，并优先发展"进口替代工业"[②]。该理论提出的打破经济发展旧平衡，选择特定产业作为优先发展产业的思想与本研究产业迭代更替的主题相关。

经济增长通常是指一个国家或地区在一定时期内产品和劳务产出的增加，可以用国内生产总值的增加和人均国内生产总值的增加来表示，哈罗德-多马经济增长模型、新古典经济增长理论具有代表性和较强解释力。

哈罗德-多马经济增长模型中有四个外生变量，包括储蓄率（储蓄占总产出比例）、"资本系数"或资本-产出比（资本增量与产出增量之比）、劳动力增长率（人口增长率），以及技术进步速度（劳动生产率增长率）。其中，技术因素与本研究的主题密切相关。美国经济学家罗伯

---

① 〔美〕W. W. 罗斯托：《经济增长的阶段：非共产党宣言》，郭熙保、王松茂译，中国社会科学出版社，2001，第30—45页。
② 〔美〕艾伯特·赫希曼：《经济发展战略》，潘照东、曹征海译，经济科学出版社，1991，第55—63页。

特·索洛，英国经济学家斯旺、米德等人构建的新古典经济增长模型（1956）和外生经济增长模型（1960）中，包括三个外生变量（储蓄率、人口增长率和技术进步率）、一个内生变量（投资）。其中的重要变量"技术进步率"与本研究相关。

上述经济增长理论都对技术因素进行了不同程度的处理，而技术创新是经济增长的重要动力，本研究所强调的技术创新与企业发展演进的互动影响，可以通过这些理论逻辑找到其中的影响机制。

五　研究思路和主要方法

本研究主要基于历史唯物主义的立场，运用定性研究、比较研究和案例研究相结合的方法，从技术创新和产业迭代的视角，将美国企业发展的历史演进作为研究对象，按历史纵向维度，对殖民地时期以来美国企业的起源、发展路径和特点等进行阶段性划分，突出技术、企业、产业之间的互动影响关系，研究重要技术创新及其溢出效应、特色产业更新换代的历史逻辑、产业与企业的创新兴替，从而构建美国企业发展历史演进影响因素的解释框架（见图0-1）。

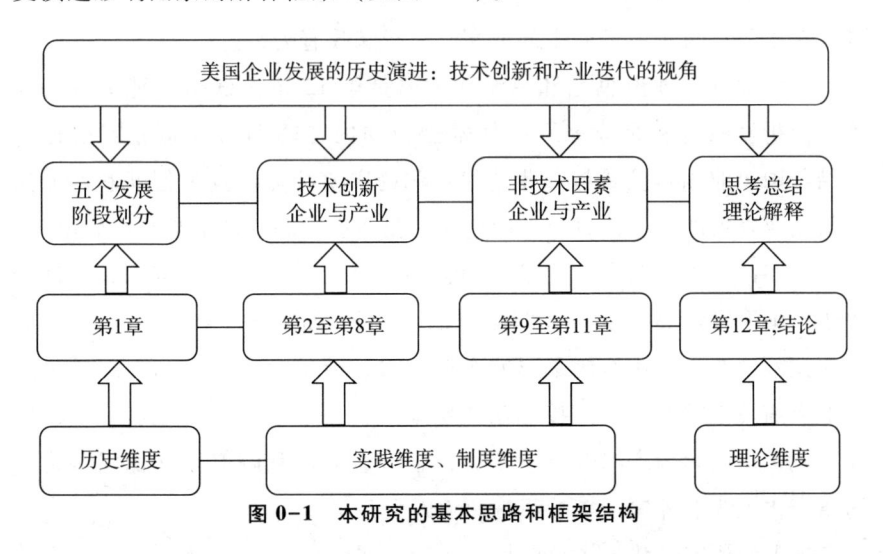

图0-1　本研究的基本思路和框架结构

除绪论、结论和参考文献外，本研究正文内容以如下四部分、共12章的研究框架进行呈现。

第一部分：划分美国企业兴起和发展演进的五个阶段（第1章）。第一至第五阶段依次为：殖民地时期美国社会和企业的缘起（15世纪末—1773）、早期工业化时期美国企业的技术引进和模仿创新（1774—1865）、大规模工业化时期美国企业的创造和开拓（1866—1945）、电子化和信息化时期美国企业的颠覆性技术创新（1946—2000）、人工智能和数字化时期美国企业的引领性技术创新（2001—）。

第二部分：重点研究技术创新因素对美国企业发展和产业迭代更替的影响。共有7章，包括第2、3、4、5、6、7、8章。其中，第2、3、8章主要阐述传统商业技术创新与殖民地的商贸企业、模仿性技术创新与企业发展和产业更替，以及颠覆性技术与高科技企业的引领式发展；第4、5、6、7章分别论述铁路技术的应用与企业创新和管理革命、交通技术创新与汽车和航空企业的发展、电力新技术引发的产业开拓和企业竞争，以及新技术新能源与大规模生产和销售企业，既有对技术创新的纵向发展变化的梳理，也有对重大创新技术及其对企业、产业和经济发展影响的深入分析。

第三部分：着重研讨非技术因素对美国企业演进发展、产业迭代和结构转型的间接影响。共有3章内容，包括第9、10、11章，分别探讨产业技术创新与企业发展中的金融、消费和政府因素。

第四部分：理论思考和总结。主要是第12章，试图从理论思考角度，分析发明者和企业家开展技术创新的内在驱动力（企业家精神），总结美国企业创新发展与产业迭代变化的主要特点、技术创新和产业迭代与企业发展的经验，以及美国企业历史演进发展的借鉴与政策启示。

这四部分内容蕴含着技术发明创新、企业、产业、经济增长、社会进步和国家富强等变量之间的内在作用机制，如图0-2所示。

技术创新、产业迭代是影响企业演进、劳动生产率提高、新质生产力形成的关键因素，并直接和间接影响经济增长、就业、社会发展，以及工业化建设和国家综合竞争实力，金融、消费和政府等其他因素构成这条变化主线的外围环境的间接影响因素。

本书的研究方法，主要包括以下四个方面。

一是遵循唯物辩证法、辩证唯物主义和历史唯物主义的研究方法。唯物辩证法认为物质世界是普遍联系和不断运动变化的统一整体，包含

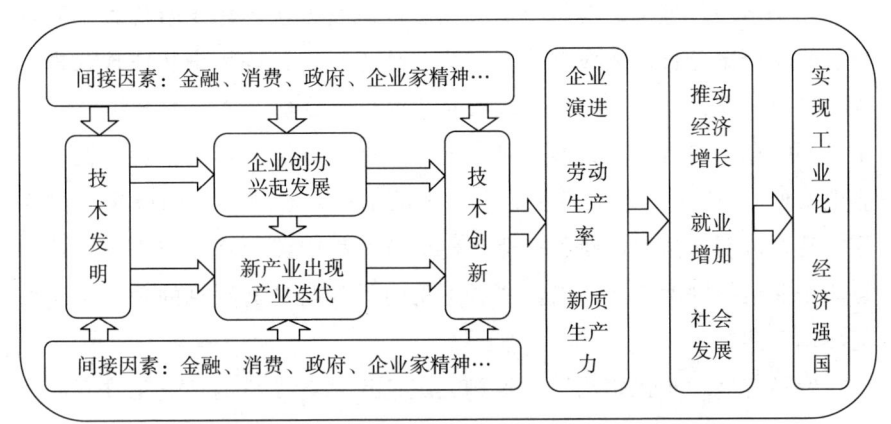

图 0-2 技术创新、企业、产业、经济增长与国家间的交互影响关系

对立统一、质量互变、否定之否定三个基本规律,以及现象与本质、原因与结果、必然与偶然、可能与现实、形式与内容等系列基本范畴,这是科学研究中最为基本的认识论和方法论;辩证唯物主义认为,在本质上世界是物质的,物质世界又是按照其本身所固有的规律运动、变化和发展的,事物发展的根本原因在于其内部的矛盾性,矛盾双方既统一又斗争,促使事物不断地由低级向高级发展;历史唯物主义又称为唯物史观,认为社会历史发展具有自身固有的客观规律,生产力和生产关系、经济基础和上层建筑之间的矛盾是推动社会发展的动力。本书的研究对象是美国企业发展史,但是他者视角的研究要想得出客观的观点就必须遵循这些基本方法论,用马克思主义立场、方法和价值观分析美国企业发展中的理论和实践问题。

二是定性研究和实证研究的方法。定性研究是指通过发掘事物内在逻辑关系来分析事物本质规律的一种研究方法,又称为质化研究,其特征是发现问题、分析问题并深入事物本质以研究事物的属性,通过说理和论证方式来揭示事物现象与本质的联系,以深化人们对事物本质的认知;实证研究是指在价值中立条件下,以对经验事实的观察为基础来建立和检验知识性命题的各种方法的总称,当然也包括历史实证研究。这些方法可运用于美国企业发展演变的研究,既有纵向历史脉络的梳理,也有横切面的解剖和比较,以揭示技术创新与美国企业、产业与现代化和经济增长的本质联系,以及美国企业发展演进的一般规律性。

三是运用管理学的案例分析方法。该研究方法起源于哈佛大学商学院,又称个案分析法或典型分析方法,是指对有代表性事物或现象进行深入细致研究,从而获得总体认识的一种科学分析方法。本书共选取 26 个不同时期不同行业的典型美国企业进行重点分析(行文中还涉及大量企业案例),尝试通过对微观企业个案的剖析,起到"解剖麻雀"的作用,旨在说明在技术创新和产业迭代更替过程中美国企业演进发展的特点、企业组织制度变迁,以及"看不见的手"与"看得见的手"机制如何协调等问题。

四是遵循"史无定法"的原则,灵活运用各学科的理论工具开展原创性研究。一切理论皆为方法,著名经济史学家吴承明先生认为,任何伟大的经济学说,在历史的长河中都会变成经济分析的一种方法,在经济史研究中,一切经济学理论都应视为方法论[①]。本书关于美国企业发展历史演进的研究,属于美国经济史的重要内容,因此,经济学、历史学、管理学和其他社会科学的相关理论都可以作为有效的研究工具和方法,以便更为全面和深入地研究美国企业的发展演变及其对美国现代化和经济增长的影响。

---

① 吴承明:《经济学理论与经济史研究》,《经济研究》1995 年第 4 期,第 3—9 页。

第1章 美国企业历史发展演进的五个主要阶段

本章内容主要勾勒美国企业演进发展的整体脉络。从15世纪末欧洲殖民者登上北美大陆伊始至今，美国企业经历500多年发展历程，大致分为五个主要发展阶段，即欧洲商业公司的殖民开拓与企业的缘起（15世纪末—1773）、模仿性技术创新与各类企业的自由发展（1774—1865）、突破性技术创新与大型垄断企业的形成（1866—1945）、颠覆性技术创新与高新技术企业的探索（1946—2000）、引领性技术创新与新兴工业企业的崛起（2001年至今）。

一 欧洲商业公司的殖民开拓与企业的缘起

作为独立民族国家，美国的历史始于1774年的独立战争；美国文明则起源于欧洲各国在北美开拓的殖民地，特别是英国在北美建立的殖民地。美国企业的历史起点，要追溯到欧洲创建的特许股份公司，正是这些由欧洲国家特许授权的垄断经营企业，拉开美国历史发展的序幕，探险者、殖民者、商人和移民是这一时期的主角。

（一）欧洲特许公司的探险开拓和商业经营

在欧洲特许商业性公司前往北美殖民探险之前，15世纪末期西班牙、法国和荷兰就已经有不少殖民探险者前往北美大陆进行殖民开拓，但大多是个人冒险行为。16世纪中期以后，欧洲各国在北美的殖民行为基本上属于国家的集体行为。欧洲各国在北美实施的殖民政策、发展方略，以及从事殖民探险的特许公司的不同经营模式，奠定了美国国家整合和经济发展的历史基础和路径，同时影响了美国早期商业公司和农业生产组织的结构和面貌。

1552年至1698年，欧洲国家先后组建了70多家政府特许经营的股份公司开展对外殖民和探险活动，如英国商人冒险家公司（1552）被特许经营远东贸易，利凡特公司（1581）被授权在地中海地区进行垄断性贸易，英国皇家非洲贸易公司（1662）被授权在非洲经营奴隶买卖业务。1552年伦敦商人理查德·钱塞勒、塞巴斯蒂安·卡伯特和休·威洛比爵士[①]组建商人冒险家公司，当时有240人购买该公司的股份，1553年该公司获得英国爱德华国王的特许授权[②]。该公司第一次航行开始于1553年4月，由威洛比率领船队，目的是寻找一条从北部地区通往中国和印尼香料群岛的新贸易通道。钱塞勒完成了这一使命，但到达的目的地不是远东而是俄国，并获得俄国沙皇伊凡四世许可，英格兰商人可以在俄国范围内从事贸易活动，1554年3月回到伦敦，由此建立英国与俄国的贸易联系和往来。1555年商人冒险家公司被英国玛丽女王授权改名为莫斯科公司，其贸易特权在1556年的国会法案中得到确认，该公司得以用很低的投入就获得俄英贸易垄断权，后来加入到北美的殖民探险中。

在这些特许经营公司中，有不少与北美新大陆建立某种联系。如荷兰东印度公司（1602）虽然被授权在远东地区专门从事贸易活动，但也资助亨利·哈德逊到北美殖民；荷兰西印度公司（1621）在北美建立新阿姆斯特丹殖民地，与西班牙和葡萄牙争夺美洲殖民地的势力范围，并长期从事黑三角奴隶贸易，为荷兰建立商业霸权奠定基础。英国国王查理二世于1670年授权组建哈德逊湾股份公司，并任命公司总裁，对殖民和开发加拿大地区发挥重要作用。该企业最初有18名所有者，经过300多年发展后，如今已转型为一家现代化商贸企业，拥有1.2万名股东。

上述这些政府授权的特许经营股份制企业是北美殖民地贸易、探险和殖民开发的主要组织者，其组织形式被后来的殖民地政府所复制。北美殖民地的开拓要归功于欧洲的这些贸易公司。正是通过这些特许经营的贸易公司渠道，越来越多的欧洲人，如西班牙人、法国人、荷兰人和

---

① 钱塞勒是英国著名探险家和航海家，他率领的探险队第一次穿越北极附近的北海，与俄国建立贸易联系；塞巴斯蒂安·卡伯特是意大利航海家，是约翰·卡伯特的儿子，参加了穿越北海的探险活动；威洛比是英国到北极探险的航海家。

② Jerry W. Markham, *A Financial History of the United States*, *From Christopher Columbus to the Robber Barons* (1492-1900), M. E. Sharpe, 2002, pp. 21-24.

英国人先后来到北美大陆，当然也带来股份公司制和个人投资者发财致富的梦想，由此改变了北美大陆的地缘政治格局。

正是这些特许经营企业和商人在市场、产品和组织等方面的创新推动了商业、农业和对外贸易的发展，这些产业成为当时的主导产业，由此孕育了北美殖民地社会，是美国企业兴起和发展之源。特别是英国人在北美大陆定居的最初几年，首批具有普遍创业价值观的移民创造了早期殖民地社会和制度框架，大多数的职业群体具有创业倾向，大部分的职业类别（印第安人、水手、黑人和农民被排除在外）有资格成为19世纪企业家的合法前身①。

从创新视角来看，欧洲国家实施的重商主义、殖民开拓和掠夺政策是美国文明产生和发展的重要因素，而企业、商人和殖民者等承担了开拓新市场、寻找新的财富来源、创新商业模式，甚至创造新社会的重要任务。各国政府设立的特许经营的股份制商业公司和殖民探险者建立的业主制企业，从事跨大西洋的远距离贸易，从外部人角度孕育北美殖民地社会，成为美国企业发展之源。

（二）英国特许公司奠定美国企业发展根基

在探险开发北美过程中，英国人及其组建的特许经营企业，如伦敦公司（1606）、弗吉尼亚公司（1607）和马萨诸塞湾公司（1630），不仅为美国企业发展奠定了重要基础，还建立了英属北美13个殖民地。荷兰西印度公司于1624年在北美建立的新荷兰殖民地，在40年后被英国人占领；瑞典授权成立的西印度公司在特拉华河岸开辟了一片瑞典人的领地，但后来也成为美国领土。

这些商贸公司所开拓的殖民地，既是公司股东的风险投资事业，也是殖民地社会重构的基础。用于商业活动的特许经营公司是成功建立第一批殖民地并使其在宗教、政治和经济方面形成最初国家体制的机构。而英国人及其建立的商贸企业，在美国经济和企业发展中具有奠基者的效应。

---

① Edwin J. Perkins, "The Entrepreneurial Spirit in Colonial America: The Foundations of Modern Business History", *The Business History Review*, Spring, 1989, Vol. 63, No. 1, pp. 160-186.

在英属殖民地时期，殖民地政府有何权力并不明确，能否效仿宗主国，或代替宗主国政府颁发特许经营执照都没有法律依据，殖民者只能各自解读他们的权限范围，尝试着给非商业性组织颁发执照，一些殖民地政府效仿英国陆续给商人颁发特许经营执照，但数量有限，不到10个，如纽约渔业公司（1675）、宾夕法尼亚自由贸易协会（1682）、康涅狄格州辛姆斯伯里铜业公司（1709）和新伦敦商贸协会（I732）、纽黑文联合码头公司（1731）、费城房屋火灾保险公司（1768）、罗得岛菲尔德公司（1772）和罗森喷泉供水公司（1773）等。但很多企业主在经营中其实并没有得到政府的特许经营权，商人们普遍采取无限责任形式开展商业活动，家族企业和合伙制企业占多数。

为了生存和繁衍，殖民者把十八般武艺都派上用场，建立大大小小的作坊、店铺、农场、渔场、矿场、伐木场和种植园等经营主体。他们在非常恶劣的环境下摸索着能够活下去的营生，努力寻找在殖民地的生存和发展之道。

1607年至1773年，英属北美殖民地的发展与英国实行的重商主义政策密切相关。在重商主义政策下，北美殖民地的出产物是为了补充宗主国产物之不足，而不是与宗主国产物进行竞争。某些法令还规定诸如食糖、烟草、棉花、羊毛和蓝靛，以及其他一些产品只能卖给英国商人；殖民地是宗主国所需商品的生产者，同时是宗主国货物和劳务的购买者，不能发展制造业，特别是与宗主国具有同类竞争的行业。

殖民地时期的万能商人成为北美殖民地市场的开拓者。特别是英国商人，他们采用特许经营公司打通欧洲资本与北美市场和原料来源的联系，在茫茫荒野中，敢于冒险的殖民地商人对现代企业的经营管理进行实践，如成长于荒原之中的哈德逊湾公司成为至今都还在经营的现代百货企业，同时企业也在殖民社会塑造中发挥重要作用。

经过长期的殖民探险和开拓，欧洲各国政府、殖民者和探险者通过特许公司的组织形式，在北美开拓"新大陆"，打破印第安人传统社会的平衡状态，强势带来全新的生产和生活方式，以及文化和社会秩序，开启美国殖民地时期企业发展的洪荒时代。

这时的技术创新还在起步阶段，技术本身比较简单，主要是商业模式、企业经营方式、市场开拓和寻找原料新来源等方面的创新，远距离贸易和农业耕种是人们赖以生存的主要产业，南方种植园主和工匠是企业的所有者和管理者。在独立战争前夕自费前往殖民地的数以千计的英国移民，其动机基本上是理性地寻求个人状态的改善，希望成为家庭规模的企业家。

二 模仿性技术创新与各类企业的自由发展

独立战争（1774—1776）翻开了美国历史新的一页，美国从殖民地时期过渡到独立国家发展时期。在联邦主义者主导下，美国联邦政府于1789年成立，并积极推动美国早期工业化进程，企业经营的社会制度环境发生重大变化。1789年至1865年，美国企业和企业家在组织创设、产业开拓和技术创新、产品制造和生产方式创新，以及管理模式革新等方面进入全新发展轨道。

（一）美国政府授权成立各类商业经营机构

美国新政府成立后，获得新宪法授予的征税、举债、发行货币和调控货币价格的权力。联邦政府据此以新铸的金属币为基础建立全国统一货币标准，确立金银复本位制度；发行联邦政府债券，制定以新债偿还旧债的财政机制。同时新政府也继承殖民地宗主国政府给商业性企业颁发特许经营执照的权力。1781年美国政府授权成立第一家特许经营企业——北美银行，然后于1791年和1816年先后建立第一美国银行、第二美国银行（被认为是准中央银行）。

根据美国宪法规定，不仅美国联邦政府有权颁发特许经营执照，而且各州政府也拥有给商人颁发特许经营执照的权力。1774年至1790年，联邦政府和州政府颁发的特许经营商业性公司有28家，其中10家是银行机构，主要分布在纽约、马萨诸塞州和马里兰州。到1800年有328家商业公司获得特许经营执照。其中，最为重要的是银行企业，在29家特许经营的银行企业中，没有破产倒闭的银行，且大多数银行都有分红；有不少保险公司获准设立，经营算是比较成功的，成立于18世纪的保险公司中，至今仍有25家公司还在经营。

州政府放弃发行货币的权力，但其授权经营的私人银行和州立银行获得较快发展,可以发行银行券代替货币流通。在南方地区,从棉花金融,到投资银行,再到伦敦市场,最后汇入由英国主导的国际金融体系之中。

在政府许可下,商业银行、储蓄机构、信贷协会、保险公司和证券市场得以建立和繁荣发展。金融企业引领一系列的制度创新,如实行自由银行制度和单一银行制度、部分准备金制度等,而私人主导的金融风险调控制度创新,主要是1819年由波士顿银行建立的萨福克体系、1842年路易斯安那州建立的福斯托体系,以及纽约市要求银行家购买的强制性存款保险——纽约安全基金。

1790年至1860年,美国各州根据特许经营法案共设立2.2万家股份公司,同时估计还有7000—8000家根据一般公司法设立的企业[①]。新设企业主要集中于交通运输业,包括运河公司、桥梁公司和收费公路公司等。交通运输业获得迅速发展,如1806年坎伯兰大道的修建;1807年美国企业家富尔顿实现蒸汽动力的"富尔顿航行";1825年伊利运河通航;1830年从巴尔的摩到俄亥俄的铁路通车等。1850年美国铁路建设里程为9021英里(14518千米);1860年美国铁路建设里程达到30626英里(49288千米),伊利铁路公司和宾夕法尼亚铁路公司是高效运营的代表性铁路企业。但美国早期企业的规模都比较小,最大的企业就是银行、保险公司和铁路公司。

(二) 工业制造领域技术引进和模仿性创新

美国企业在工业制造领域充分体现了技术扩散、技术引进和模仿性创新的特点。先是在新英格兰地区仿照英国设立了机械化纺织工厂,在玻璃、钢铁、煤炭和土地开发等领域设立新企业。

18世纪90年代后加大了模仿力度,如1790年英国移民斯莱特在罗得岛州建立第一座棉纺织厂,引领不少企业主跟随,1809年美国共设有50家棉纺织厂,后来棉纺织业发展成为美国早期工业化的主导产业,形成纺织业的罗得岛制造体系。毕业于哈佛大学的弗朗西斯·卡波特·洛

---

① Richard Sylla, "How the American Corporation Evolved Over Two Centuries", *Proceedings of the American Philosophical Society*, Dec., 2014, Vol. 158, No. 4, pp. 354-363.

厄尔，在美国发展大规模制造的纺织业，建立了现代化的垂直一体化纺织工厂，形成洛厄尔制造体系。1792年新泽西州的帕特森市成为美国第一个规划建设的工业城市，并以棉纺织业和造纸业闻名于世。

苏格兰来的工程师亨利·伯登不仅为马萨诸塞州的春田兵工厂带来英国的制造技术，还在仿制基础上进行技术革新，并说服移民机械师在那里工作，使该工厂成为美国制造技术的摇篮；来自英国威尔士的大卫·托马斯是第一个将无烟煤炼铁技术引进宾夕法尼亚炼铁业的技术人员，推动了该地区钢铁工业的发展。

1815年后美国企业家在棉毛纺织和机械制造等行业引进英国工厂制度，接着在采矿、抽水、航运、木材加工、食品加工、服装加工、制鞋、炼铁、皮革、马车和火车制造等领域仿照英国建立机械化加工厂。

在长达几十年的技术引进和模仿后，1830年美国企业开始探索具有美国特色的技术和工业制造模式。根据资源禀赋特点和劳动力供给情况，企业家更关注的是如何才能发明出可利用机械节省劳动力，且可以自由使用原材料的技术和设备。如枪支机械制造领域的企业家非常重视生产过程分工体系的创新，强化标准化和零部件的可互换性，由此形成分工协作的大规模生产方式。后来这种新的生产方式被广泛运用到锁、钟表、缝纫机、鞋类、马具和服装制造等行业，并最终形成美国特色的零部件可互换、标准化和大规模生产的制造体系。后来这种制造模式从轻工业进入到重工业、机械制造业，几乎主导整个美国经济体系。

以上发展历程说明，随着欧洲工业技术不断扩散，独立后的美国企业积极引进和利用英国的纺织、机械制造、运河和铁路等技术，模仿发展纺织业、机械制造业、交通运输业和金融服务业。通过"干中学"，企业家和技术人员消化吸收了欧洲当时最新的技术成果，在产品、原材料、生产方法和组织管理等方面实现创新，开拓出不少新产业，制造出适合新国家内部市场需求的新产品，开发了新的国内市场，依次推动商业、农业、纺织、金融、机械制造和交通运输等主导产业的发展。在机械制造业形成独具美国特色的制造体系，在金融业出现企业组织、业务和经营方式的创新。企业的技术创新从模仿开始，但非常注意进行技术改造，加入有特色的自主创新成分。

（三）企业促进美国早期工业化和经济发展

企业的创新变革对美国工业化初期的产业发展、现代公司制企业的创建和美国制造体系的形成具有积极作用，促进了美国经济的发展进程。

在早期工业化进程中，企业的创新促进了美国三大经济区域和两种社会经济制度的形成。北部的新英格兰地区（共6个州）发展成为美国的核心经济区域，主要发展制造业和畜牧业，实行自由竞争的资本主义制度；南部地区形成棉花生产王国，普遍采取奴隶制种植园制度，棉花取代烟草成为南部地区的主要种植作物；1783年至1860年的西进运动把美国边界向西扩展到太平洋沿岸，广大中西部地区形成专业化的农牧业种养区，发展成为美国小麦王国、玉米种植地区和畜牧业地区，普遍采用大农场制的耕种模式。

南部地区的棉花种植区是美国农业耕种模式和社会经济制度的创新区。早在18世纪，美国南部的圣地河和圣约翰河之间的潮水地带及附近岛屿就逐步发展成为"海岛棉"主要产地，1800年后棉花种植从海边扩展到高地山岭，形成彼得蒙特高地棉产区，1835年亚拉巴马州成为南部棉花王国重要组成部分，棉花产量居美国首位。1835年后南部棉花种植业又开拓了三个新产区，即佐治亚州以西的库萨河谷、密西西比州的中东部，以及密西西比河谷冲击地，最后又扩展到得克萨斯州，使整个产棉区跨过密西西比河，直抵格兰特河一线，所覆盖地区约有35万平方英里（91万平方千米）。

与棉花种植有关的创新，包括1793年伊莱·惠特尼发明的轧棉机，极大地影响了美国南方地区的棉花种植业；新型生产组织形式主要有边疆垦殖者、小商品农场、劳动密集型的奴隶制种植园制度。奴隶制和种植园是美国南部棉花种植园制度创新的两个重要元素，是美国历史和文明发展的重要组成部分。围绕种植园制度，美国南部地区的商业与金融服务业、机械制造业、交通运输业和棉纺织业等都出现了与美国北部和西部地区完全不同的制度创新。

南北之间不同的经济制度给美国经济和社会造成巨大矛盾和裂痕，最终通过战争手段来解决国家分裂问题。持续4年的南北战争（1861—1865，也称为美国内战）以北方胜利而结束，奴隶制被废除，美国得以重新统一。

南北战争最终结束了在南方地区盛行250多年的动产奴隶制，推动了美国工业化进程，许多重要企业家和金融家，如卡内基、摩根等获得了相当可观的收入；战争还扩大了对军鞋、枪炮、制服、货车和食物的需求，相关产业和企业获得较快发展，农业以较快速度进入工业化进程中，但南方地区的经济发展相对落后，在美国资本主义的动态和梯度发展中保留了一个落后农业的巨大孤岛。虽然黑人奴隶被解放了，但是他们没有得到任何补偿，这就使得美国社会滋生了后来长期难以彻底解决的种族主义问题。

南北战争后美国企业推动美国经济形成鲜明的地域分工和专业化。1865年以前重要工业区主要集中在大西洋中部和新英格兰地区，食品工业、纺织业、金属加工业和木材工业等构成美国重要工业基础；南方地区建立了以木材加工和纺织业为主的工业部门；西部地区是农牧产品产区。由于不同地理分工，美国逐步形成有效国内大循环市场，即东部地区把制成品运到西部地区，西部地区把粮食卖给南部和东北部地区，南部地区再把棉花卖给北部地区。19世纪中叶后美国国内形成由五大湖区、密西西比河沿岸地区和西部大平原区构成的三大区际贸易区。

在美国早期工业化过程中，美国农业企业的发展保证了农业经济的基础性和商业性角色。鉴于土地资源极度丰富，农业企业家仍然继续致力于农业开发和种植，使农业部门得到改造和发展。19世纪末期，与蓬勃发展的制造业相比，美国农业虽然相对较弱，逐渐被快速发展的工业化体系和商业所吞噬，但相对而言，北部地区的技术创新和技术应用较为突出，各类企业数量较多，最先发展起来的工业制造业是与农业有密切联系的面粉业、肉食罐头业，其次是纺织业、金属加工业和机械制造业等，奠定了农业的基础性地位。

三　突破性技术创新与大型垄断企业的形成

内战结束后美国再次统一并完成国家的重新整合，进入全面工业化建设和经济起飞时期。1866年至1945年，美国经济发展恰好与第二次科技革命和第二次工业革命发展进程相吻合，美国企业逐步摆脱模仿痕迹，获得突飞猛进的发展，在新技术、生产方式、组织管理制度和管理理论等方面都表现出非同凡响的创造性和突破性创新。

（一）科技革命背景下企业突破性技术创新

1866年德国人西门子成功研制发电机，从此电力开始成为影响人们生产和生活的一种新能源，强电能够提供绝大部分生产和生活的能源，而弱电能够支持主要的通信手段（电报、电话等）。1870年开启的第二次科技革命，核心就是内燃机和电力等技术的发明和广泛应用。

1870年开始的第二次工业革命①，形成由电力、炼钢、合成化学、热力机、汽轮机、电话、电视和导弹等组成的第二次技术体系，从而使工业革命进入电气化时代②。在电力技术的大规模应用中，电灯的发明、内燃机的研制和使用是其主要标志。19世纪七八十年代后，以煤气、汽油为燃料的内燃机相继问世，不久以柴油为燃料的内燃机也研制成功。内燃机的工作效率远远高于蒸汽机，大大提高了工业部门的生产力，特别是迅速推动了交通运输领域的革新。

在这个科技革命与工业革命深度融合的历史发展进程中，美国企业开始突破性技术创新的探索和实践。如在电力技术领域，虽然美国企业没有原创性技术发明，但在基于电力的许多技术发明和应用方面，美国企业和发明家功不可没。重要突破性技术创新包括电灯、电话、留声机、无线电通信和电力系统，以及飞机、摄影、制药（如链霉素和可的松）和化学制品（如尼龙）等；铁路技术应用和铁路网建设、汽车技术革新与大规模流水线生产模式的创建；新能源——石油的发现、开采和应用，石油成为工业新能源。爱迪生、贝尔、柯达和特斯拉等人成为重要的发明家和企业家。美国企业逐步摆脱技术创新初始阶段模仿创新的局限性，在技术创新道路上开始突破性创新。

20世纪后，美国企业在化工、汽车、动力机械、橡胶和石油工业领域引领新工艺、新产品、新内部组织方式和新外部竞争技术。这些行业

---

① 第二次工业革命是指1870年至1914年间西方国家（包括英国、德国、法国、丹麦、美国、日本，以及低地国家）所进行的工业革命，是18世纪末英国引领的第一次工业革命的加强版。

② 王春良、王钢：《论第二次科学技术革命》，《山东师范大学学报》（社会科学版）1987年第5期，第23—28页。

的领先企业成为美国最早设立内部技术研发部门的企业，以系统化和制度化研发为企业发展的驱动因素，取代之前依赖全国性城市市场的发展模式。从 1903 年开始，新的发电设备和新技术已经成为美国工业创新的主要刺激因素，而组织方法和营销技巧的变化在很大程度上是对技术进步的反映。电力第一次成为工业动力的重要来源，而汽车刚刚开始给美国交通业带来革命性变化，各行各业富有创新性的企业成为经济发展的驱动力量，到 1910 年，世界上估计有 45 万家公司，其中 27 万家（占总数的 60%）是美国公司[①]。

在两次世界大战期间，由于战争因素的推动，美国企业技术创新主要聚焦在飞机制造、航空运输和军需品制造上，由此催生与飞机制造、航空运输和为战争服务有关的一系列新产业。这是全新的技术和生产领域，美国企业走在技术创新的最前沿，为二战后美国国防工业、计算机、生物技术、民用航空和航空航天等领域的发展打下雄厚的技术和物质基础。

（二）新兴产业崛起与主导产业的迭代更替

19 世纪 60 年代，美国五大产业分别是面粉加工、棉纺织、木材加工、制鞋与机器制造，轻工业在美国工业中占有绝对优势地位；南北战争后重工业得到迅速发展，1900 年美国五大产业分别是钢铁、肉食加工、铸造与机器制造、木材加工和面粉加工，1900 年后开始进入以重工业为主导的工业革命发展时期。

在 19 世纪末 20 世纪初，美国企业和企业家不断开发新技术，形成电力、石油、化学、制药和汽车等多个新兴工业部门，由此推动电力和电气化技术及相关产业的发展，以及化学和制药等高新技术的广泛应用。其中，钢铁、石油、电力机械、石油化工和制药替代原来的农业、纺织和轻型机械制造，成为这一时期美国经济的主导产业；电信、广播和电影等新兴产业得到迅速发展。

20 世纪后美国企业在传统机械制造业获得更好发展，技术上可达

---

① Richard Sylla, "How the American Corporation Evolved Over Two Centuries", *Proceedings of the American Philosophical Society*, Dec., 2014, Vol. 158, No. 4, pp. 354-363.

到精密测量、标准化、可互换零件；在电力电气、交通运输和重化高科技驱动下，电气和汽车制造业形成新的发展格局，钢铁制造业出现卡内基创建的大型钢铁企业；新工业、新技术和新产品不断涌现。在这些新兴产业中，企业得到迅速发展，成长起不少技术和资本密集型的"百年老店"。

在第一次世界大战期间，美国利用中立国地位大力发展与军事生产有关的钢铁、汽车、化学、造船和飞机制造等产业。同时小麦生产得到发展，在金融领域，纽约逐步取代伦敦成为国际金融中心。第一次世界大战后，美国更是进入经济繁荣发展和大众消费时代。第二次世界大战期间，由于战争的大量需求，军事物资、耐用消费品、运输设备等制造业繁荣发展。其中发展最快的是飞机制造、造船和合成橡胶工业，以及航空汽油、炸药和炸弹等生产部门。特别是汽车制造业成为美国经济再次腾飞的明星产业，福特汽车公司开启了汽车时代，发挥了类似19世纪铁路产业的龙头和牵引作用。

（三）技术创新与企业生产经营模式的变革

19世纪初以来出现的铁路和电报通信等技术创新，以及无烟煤的开采和使用，促进了企业生产和经营模式的变革，大规模分销和生产方式得以形成。

商品分销方式的变革，主要表现在商业组织者的更替变化。殖民地时期的万能商人和传统小规模零售店，开始向大规模批发商和分销商转变。新兴的百货商店主要面向城市市场，如1858年在纽约开设的罗兰·梅西百货公司就成为大型卖场；连锁店和邮购商行则针对乡村市场的需求，如1886年成立的西尔斯·罗巴克公司；铁路公司则成为大型代理商和货运组织者，芝加哥不仅是铁路中心，也是制成品分销中心，以及小麦、肉类和其他农产品的转运中心。职业经理人逐步成为资源的主要配置者。

商品分销方式的变化，还体现在企业对商品营销方式的创新上，不少企业（如胜家缝纫机、麦考密克收割机、通用汽车公司）推出分期付款服务和周到的售后服务，由此推动美国"耐用消费品革命"，企业制造的耐用消费品和家用电器走进寻常百姓家。消费市场和销售方式的变化，反过来又推动企业不断探索生产经营技术的创新，使美国制造企业得到可持续发展。

大规模生产方式最早出现在纺织业和机械制造业，后来由于工厂制度不断发展和成熟，以及动力机器的改进，机械化程度较高和连续加工行业的企业，如烟草加工厂商、谷物加工厂商、罐装食品厂商、肥皂制造厂商和胶卷生产厂商等，普遍采取大规模生产模式。如杜克建立的美国烟草公司（1890），由于采用大规模机械化生产，生产效率大为提高，卷烟产量占美国90%以上份额；在石油工业领域，标准石油公司带头运用大规模生产模式；在钢铁制造和金属加工业，卡内基钢铁公司也成为大规模生产的代表性企业。

汽车制造业是把大规模生产模式发展到极致的行业。虽然汽车技术不是美国人发明的，但美国企业家在应用汽车技术、普及汽车使用，以及构建现代汽车生产方式方面，走出一条不同寻常的发展之路，流水线生产的福特制和分权管理的通用制代表两种不同的大规模生产和企业经营模式。

第一次世界大战开始后，由于战争对军需物资的大量需求，大规模生产方式在工业生产中得到广泛应用，使资金、能源、原料和管理密集化，企业获得规模经济和速度经济效应，容易成为资本密集型、技术密集型和管理密集型的企业。

（四）企业开展组织制度和管理领域的创新

企业组织制度变革主要体现在大型企业的组建并成为引领经济发展的主要组织形式。19世纪70年代，由于技术和交通运输速度、能源和资本，以及物流、人流和资金流等诸多因素的相互影响，美国大企业发展趋势初见端倪。

80年代，通过纵向一体化、内部融资，以及管理创新等途径，美国出现除铁路和通信公司之外最早的一批大型工商企业，如生鲜肉类加工方面的斯威夫特公司和阿莫尔公司，为了更好地销售而组成从养殖、屠宰，到冷链运输，再到销售的一体化畜牧企业；再如有特殊专业售后服务要求的缝纫机、机械收割机和办公机械等行业企业，如麦考密克收割机公司和国际商用计算机公司（IBM公司）等，趋于建立纵向一体化经营组织。

企业采用纵向一体化组织形式，主要出于商业防御性，目的是抑制竞争者，从而控制原料供应，设置行业准入障碍；同时为了获得生产中稳定的原料供应，防止生产波动甚至停工造成的成本大量增加，减少存货储存成本和其他的储存成本，降低供应商不能执行契约协议的交易风险，生产设施、供应来源越来越集中，单一企业的纵向一体化成为可能。

在实施纵向一体化组织和经营模式的同时，不少美国工商企业采取横向一体化水平联合组织形式，主要目的是控制价格和产量。19世纪70年代，企业先是组织价格联盟，即卡特尔，主要通过贸易协会的组织进行；80年代在食糖加工、植物油精炼、威士忌酒酿制，以及涂料生产领域出现第一批横向联合公司；90年代后企业横向联合的主要组织方式是控股公司和托拉斯，不少美国工商企业通过横向合并和集中化整合，组成颇具争议的托拉斯垄断组织，以及各行各业超大型的多部门综合控股公司。如以标准石油托拉斯和美国棉油公司托拉斯为代表的托拉斯垄断组织，以及以卡内基、洛克菲勒和J.P.摩根为代表的垄断企业巨头，通过控股公司组织形式控制美国铁路、钢铁、石油、金融和其他制造业。

通过纵向一体化和横向一体化方式，企业尽可能地利用规模经济和范围经济效应，建立联合化和大型化的企业组织，实现组织和管理创新，以及生产和经营模式创新。1917年，近300家大型垄断企业主宰和控制着美国主要产业的生产和销售活动。20世纪20年代美国企业在完成纵向一体化和横向一体化合并整合基础上，再次进行纵向一体化的优化整合，建立起众多关系美国经济发展的大型综合性垄断企业。其中一些具有竞争优势的大型企业普遍实行多样化经营，产业发展趋于集中化和多元化，不少企业开始国际化扩张经营。

虽然企业之间的并购和整合经常发生，大企业不断组建，小企业随时都有被大企业兼并收购的可能，但小企业也有不断成长的可能。1919年美国小企业数量是170万家，到1929年增加到302万家，它们活跃在文化娱乐、广播和耐用消费品行业，找到了企业发展扩张的机遇。

企业组织制度和管理领域创新的动机和主导力量主要是投资银行，其他推动企业联合的因素包括资本密集型投资、更加科学的管理和指挥系统，以及泰勒科学管理思想的推广等。

（五）技术创新和企业发展中政府规制的变化

美国政府对经济活动的规制变化，尤其是国家治理理念和法律制度的调整，也影响到技术创新和企业的托拉斯化。

在这一时期美国政府对农业和金融业的干预政策影响了产业发展。如1862年，美国成立联邦政府农业部，推动和指导农业生产技术创新，以及农业的专业化、商业化和机械化。广大农场主积极响应政府的政策，推动农业机械化以节省相对稀缺的劳动力资源，提高劳动生产率。当西部"边疆消失"后，为了保证土地生产效率，土地耕作者开始开展灌溉和水土保持工作。

在政府规制和市场作用下，19世纪后期，美国农业逐步实现专业化、商业化和机械化。东北部地区成为乳品专业化生产区，农牧业和乳品生产成为资本密集型、劳动密集型和高回报率行业，同时保留多样化；中部和西部地区成为种植小麦和玉米的地带，西部平原地区成为谷物和肉猪生产带；南部地区由奴隶制种植园经济模式中单一作物（如甘蔗、水稻、棉花和烟草）种植，向混合经济转变。美国农业生产各部门已从一种自给自足的生活方式，向一种商业化的生意转型。

1863年美国颁布《国家银行法》，联邦政府再度进入银行业。通过发行绿背美钞统一全国货币，积极发展独立投资银行制度，以及以华尔街为中心的资本市场；1900年实行金本位制度；1907年金融危机后，美国银行业进行改革，结束了长期流行的自由银行制度，最终建立美国联邦储备体系（1913）的央行制度。通过国家银行、统一的国家货币和中央银行等金融基础性制度，美国政府实现对金融和经济活动的全面规制。同时政府对金融业规制的创新也提升了其服务实体经济的能力，对美国实现工业化和经济起飞产生重要的推动作用。

1890年通过的《谢尔曼法》是美国第一部反垄断法，旨在抑制和拆分那些刚刚组建起来的大型垄断企业。1911年洛克菲勒的标准石油托拉斯就被联邦法院裁定为垄断，遂被强行拆分为7家独立企业，J.P.摩根财团控股的企业被指控为货币托拉斯，美国国内反对大企业的声音一直没有停止过。

20世纪30年代后，由于罗斯福新政的影响，美国政府加大对经济和社会生活的干预力度，同时实施对大企业的严格规制。为了适应这一变化，美国大企业开始进行管理变革，职业经理人成为企业经营管理的主要力量，分权式管理成为新的发展趋势。因此，由职业经理人管理的多部门大型企业，以及事业部制的组织管理模式成为20世纪企业组织的标配模式，改变了企业组织和经营模式，以及财富创造和分配方式，这对美国经济、政治、社会和企业管理理论产生深远影响。

（六）企业技术创新与美国强国地位的确立

1865年至1945年，企业的突破性技术创新贯穿于美国经济发展周期中几个波澜起伏的重要时期。由于这一时期美国政治上相对稳定，国内统一大市场逐步形成，美国经济相继进入发展的"镀金年代"（1865—1890）和"进步年代"（1890—1920）。

1860年美国工业总产值占世界工业总产值的15%，居第四位；到1894年跃居世界第一位。其中，电气、汽车、石化和橡胶等新兴工业部门居世界首位，钢铁和机器制造等产业跃居世界前列。19世纪90年代，无论是工业总值，还是主要部门产值，无论是新兴工业部门，还是传统工业部门，美国都已超过英、法、德等国，成为世界头号工业强国。1914年美国已经成为世界上最大的产品和服务提供国，年总产值大于英、法、德这三个主要工业化国家的总和，相当于全部西欧发达国家国内生产总值总和的2/3①。美国从欧洲工业化的边缘区域和技术模仿者成为电气化工业革命阶段的领先国家，从农业社会转变为工业巨人，高质量完成工业革命的任务。在新兴技术领域，美国企业实现赶超和突围，不断开展突破性技术创新，引领美国经济新的发展方向。

在狂奔怒吼和经济繁荣年代（1920—1928），美国经济出现令美国人引以为豪的"柯立芝繁荣"，综合国力进一步增强，成为西方资本主义世界中经济最发达的国家。1920年平均每1000个美国家庭拥有61台电话，到1928年上升到92台，电话逐步成为中产阶级家庭的标志。

在经济危机和大萧条年代（1928—1941），以及战争年代（1941—

---

① 〔美〕斯坦利·L.恩格尔曼、罗伯特·E.高尔曼主编《剑桥美国经济史》第二卷，王珏、李淑清主译，中国人民大学出版社，2008，第5页。

1945），美国经济发展和治理模式发生重大转型。20世纪30年代发生的经济大危机暴露出美国经济发展中的结构性失衡，以及资本主义社会的基本矛盾。在处理经济危机过程中，1933年美国总统罗斯福实施新政改革①，使美国形成混合经济体制，政府开始大规模地全面干预资本主义经济的运行，开启国家垄断资本主义的新时代，从而带来二战后美国资本主义的新发展。

两次世界大战时期是美国工业化发展的非常时期。美国经历从战争、繁荣到萧条，又从萧条到复苏，再到战争和繁荣的发展过程，各行各业的企业在技术创新方面既面临挑战，也获得发展机遇。二战结束后，美国成为世界头号经济强国。

四 颠覆性技术创新与高新技术企业的探索

1946年至2000年，美国进入工业革命的电子化和信息化阶段。经过第二次世界大战的洗礼，美国不但经受住战争和经济大萧条的考验，而且壮大了自身力量，美国不仅是世界经济强国，还主导构建了布雷顿森林体系、世界银行和关贸总协定等一系列国际经济秩序，极大地提高了国际话语权。在此时代背景下，美国企业开始在多个新兴技术领域展开颠覆性创新，推动高新技术产业的迅速发展。

（一）美国企业主导的颠覆性技术创新潮流

由于战争和冷战的影响，在美国兴起以电子计算机、原子能利用和空间技术等为标志的第三次科技革命，然后扩展到欧洲和日本，在20世纪50年代中期至70年代初期达到高潮，到80年代呈现出更为迅猛的发展势头。美国企业尤其是新兴科技企业恰逢其时地置身于第三次科技革命浪潮之中，开始在电子和信息化的技术创新中发挥引领作用，引领了第三次工业革命发展进程，不断创造新产品，发明新技术，孕育新产业，开发新消费市场，主导世界范围内科技领域的颠覆性创新浪潮。

---

① 复兴（Recovery）、救济（Relief）、改革（Reform）的英文单词开头都是R，所以人们称罗斯福新政为"三R计划"。

在科技创新和科研成果转化过程中，大量科技型企业参与其中，率先探索和发展诸如原子能、电子计算机、半导体、航空和宇航、激光和高分子合成材料等新兴产业，特别是消费电子领域的计算机、半导体和软件产业成为美国新的主导产业。50年代半导体产业兴起，60年代初半导体产业逐步形成集开发、制造、营销和技术改进于一体的完整产业链。同时工业化时代的"旧经济"也得以恢复发展，积极进行产业转型升级，推动美国经济在50年代至70年代进入高度发展和繁荣阶段。

随着微电子技术的迅速发展，60年代中期以来美国逐步形成产业集群和科技创新中心，其特点是以附近一些具有雄厚科研力量的美国一流大学如斯坦福大学、加利福尼亚大学伯克利分校等为依托的进行高科技研发的硅谷地区，以高技术中小企业群体为基础，涌现出诸如惠普、IBM、微软、英特尔、苹果、谷歌、思科和甲骨文等大型高科技企业，融科学、技术与生产为一体①。

在70年代至80年代，马萨诸塞州波士顿附近128号公路②高科技园区开启微型计算机时代，高科技产业的集群效应显现。1975年至1980年，该地区共创造22.5万个新的就业机会，其中大部分集中在高科技行业，波士顿发展成为微型计算机革命的中心，催生一大批新的高新技术龙头企业，如数字设备公司、王安电脑公司、通用数据公司和阿波罗公司等。1990年马萨诸塞州共拥有3000多家高科技公司。从90年代至今，128号公路高科技园区出现多元化发展特点。与生物技术、制药和医疗设备有关的研究、开发和制造企业发展迅猛，互联网行业也涌现出一批独角兽企业。

---

① 唐俊德：《美国"硅谷"的由来和发展》，《科学学与科学技术管理》1983年第8期，第44—46页。
② 128号公路是美国马萨诸塞州波士顿市的一条半环形公路，修建于1951年，距波士顿市区约16千米。1950年至1957年128号公路吸引了总计近1亿美元的资本投资，1955年128号公路沿线有53家企业，1967年突破至729家，共计雇用66000名工人。60年代128号公路已成为美国主要技术中心之一。参见李靖华、韩莹、刘树龙《科创走廊的特点及建设机制研究——以"128号公路"创新廊道和广深科创走廊为例》，《创新科技》2022年第1期，第37—47页。

（二）政府的干预支持政策与企业技术创新

美国企业之所以能够在这一时期实现颠覆性的技术创新，是多种因素相互作用的结果，包括政府的干预支持、军转民的新技术储备和积累、科技人才充足和市场需求大等。其中政府制定的一系列干预支持政策是关键。

第二次世界大战结束后，美国政府积极干预经济发展和科技创新活动。1946年通过的《就业法案》成为美国政府干预经济事务的重要法律依据，而国会通过的援助欧洲的马歇尔计划（1947—1952），以及朝鲜战争（1950—1953）对美国的国际地位，以及企业、产业和经济发展都产生深远影响。

战争激发了美国科学技术、工业化和经济发展，而战争结束又为将军事技术民用化提供了重要契机。1945年万尼瓦尔·布什发布《科学：无尽的前沿》报告[1]，以及发展高科技的相关原则和政策建议，它们成为美国政府干预科技创新活动的基本遵循，并确立了以基础研究为核心，政府引导、企业和高校等多方协同参与的国家创新体系。美国政府将主要研发经费投向国防建设和军事研究，开展有关空间发展、阿波罗登月、人类基因组等国家重大科研计划的研究，半导体、电子计算机、软件和因特网等前沿技术因此实现颠覆性创新，创造和转化了大量的科技成果。

在美国国家创新体系中，企业尤其是高科技企业成为重要的创新主体，它们聚集在美国的东西海岸，逐步形成以硅谷和波士顿128号公路为中心的科技创新区，吸引大量的科技精英创立科技企业。其中半导体产业1/3以上的新创企业都聚集在加利福尼亚州北部的硅谷一带，以及康涅狄格州、马萨诸塞州和得克萨斯州。

为了应对来自日本和德国等国家在科技领域的迅速崛起，1980年美国政府颁布《拜杜法案》《史蒂文森-怀德勒技术创新法》，赋予高校和联邦实验室科技成果转化收益权，同时实施企业研发税收抵免政策，极

---

[1] 为了纪念布什报告（Science, the Endless Frontier: A Report to the President）发表75周年，2020年12月17日美国国家科学院出版《无尽的前沿——科学的未来75年》（The Endless Frontier: The Next 75 Years in Science）报告，倡议美国政府支持有组织的科研活动，投资关键技术领域，开展战略性研究。

大地激发了各类创新主体开展科技创新和科技成果转化的热情。

20世纪90年代后美国政府更是把科技创新聚焦于信息化技术领域，把技术创新和优先发展先进技术作为国家重大战略。1990年美国政府实施《先进技术计划》，1993年制定《技术为美国经济增长服务：增强经济实力的新方针》，1994年发布《科学与国家利益》，开始将科学技术发展的重心从军事国防领域转向民用和军民两用领域，实施更全面的创新发展策略，把有限的资源集中投入到需要重点突破的技术领域中，推动实施生物技术战略、信息高速公路计划、新一代因特网计划、国家纳米技术计划等科技创新战略，以科技创新引领经济社会发展。

在美国政府推动下，20世纪90年代后美国企业创新信息技术并将其产业化，开创新经济发展时代，同时在生物技术、生命科学、光电技术、计算机及通信技术、电子技术、计算机集成制造技术、材料设计技术、航天技术、武器技术和核技术等十大类高技术领域中，美国企业也取得突出技术领先优势，颠覆性的技术、产品、生产和生活方式不断涌现出来，至今都还在深刻影响着人类社会的未来发展方向，彻底改变了人们的生产和生活方式。

五 引领性技术创新与新兴工业企业的崛起

2001年后，世界各国尤其是发达国家率先进入新一轮工业化发展轨道，即我们目前热议的以智能化和数字化为核心的第四次科技革命和工业革命（也称为工业4.0）。美国科技精英和科技企业开始专注于未知领域的技术创新，研发新产品，创造新需求，试图改造我们目前的生产和生活方式。美国政府出于维护自身安全和绝对竞争优势的考虑，也加入到这一轮的技术创新大潮中。

（一）企业引领创新与新型工业化技术研发

工业4.0是新型工业化的未来发展方向，也是目前各国设法要抢占的经济发展新赛道，而美国企业始终走在工业4.0的引领性技术创新道路上。

到目前为止，美国高科技企业已经在物联网（IoT）、大数据与分析、人工智能（AI）和机器人、云计算、5G 通信、增强现实（AR）和虚拟现实（VR）等前沿科技的研发和应用领域形成竞争优势，形成新的技术领域和应用市场。

以通用电气、IBM、英特尔、微软、苹果、谷歌、元宇宙（脸书）、英伟达、特斯拉和 Open AI 公司等为代表的高科技企业早已投身其中，成为技术研发的先锋队。

其中，英伟达公司（NVIDIA，1993）是计算机图形和 AI 技术领域的重要创新者。1999 年该公司发明 GPU，重新定义计算机的图形技术，并开创 AI 新时代。目前英伟达公司已成长为一家全栈计算公司，致力于开发 CPU、DPU、GPU 和 AI 软件，为数据中心规模的计算解决方案提供技术支持。在 50 多个国家或地区拥有 2.25 万名员工，2022 年营业收入为 269 亿美元，在全球拥有 7500 余项已经获得的专利和正在申请的专利，可提供价值 1 万亿美元的可用市场机会，该企业计划拥有 300 万名开发者，在全球已有 1 万家初创公司加入其初创加速计划[①]。

号称"硅谷钢铁侠"的创客和极客企业家马斯克致力于改变世界，正在布局卫星互联网、自动驾驶，以及太空探索战略。他参与创办并领导创办了 5 家高科技企业，包括新能源汽车公司特斯拉（Tesla，2003 年创办，2010 年上市）、星际探索和太空旅行公司 SpaceX、光伏系统和太阳能发电领域的太阳城公司，以及美国神经科技和脑机接口公司（Neuralink），分别成为各自技术创新领域的领导者。马斯克负责引领特斯拉公司的电动汽车、电池和太阳能产品的设计、工程和全球制造工作，其公司使命就是要促进可持续能源的使用。作为 SpaceX 的首席设计师，马斯克负责火箭和航天器的开发，以最终完成向地球轨道以及其他行星的飞行任务。

由山姆·奥特曼与马斯克、彼得·蒂尔等人于 2015 年联合创办的 Open AI 公司，在近两年更是引领和带火了整个人工智能技术领域，该公司于 2022 年和 2024 年先后开发的 ChatGPT 和 Sora 成为世界性话题和 AI 投资热点。

---

① NVIDIA：《关于 NVIDIA·企业概述》，2022，https：//www.nvidia.cn/content/dam/en-zz/Solutions/about-us/corporate-nvidia-in-brief-one-pager-pdf-2292213-r12-CN.pdf。

相对于德国工业4.0，美国侧重于"工业互联网"。这一概念是由美国制造业龙头企业通用电气公司于2012年率先提出的，旨在依靠机器以及设备间的互联互通和分析软件，改变以前以单体智能设备为主的模式，通过高性能设备、低成本传感器、互联网、大数据收集及分析技术等的组合，大幅提高现有产业的效率并创造新产业。为此通用电气公司于2011年在硅谷建立工业互联网研发中心，2016年其研发团队已达上千人[1]。

基于信息和数据技术的软硬件服务、通信硬件设施和通信服务等信息和数据产业的高科技企业将会有更大的发展空间，基于信息和数据技术的智力密集型新兴产业迅速成长，美国企业继续发挥高新技术的探索作用，引领式创新成为这一阶段企业发展的重要特征。

（二）政府助推引领性技术创新和产业发展

21世纪以来美国政府实施一系列相关政策推动新兴科技企业一波又一波的创新和创业潮，在此期间，尽管美国遭遇2001年网络泡沫、2008年金融危机，但美国政府制定和实施的助推政策更加密集，千方百计要为企业在高科技领域继续进行引领式技术创新提供激励和保障。

借助于国家创新体系，美国政府于2006年推出《美国竞争力计划》，为培养科学、技术、工程和数学人才（STEM）提供财政支持。2008年金融危机后，美国政府通过反思意识到实体经济对于国家经济发展的重要性，以及工业制造对国家竞争力的重要性，连续出台《重振美国制造业框架》《先进制造业伙伴计划》《先进制造业国家战略计划》等一系列国家战略计划，以实现美国的"再工业化"国家战略。2009年、2011年、2015年连续出台的《美国国家创新战略》系列报告，决定在先进制造、精准医疗、大脑计划、清洁能源和节能技术、太空探索和计算机新领域等九大战略领域发力进行资源配置。

近年来，为了应对全球新兴经济体的崛起以及自身科技力量的相对下降，美国政府先后出台《出口管制改革法案》（2018）、《外国投资风

---

[1] 新华网：《工业互联网：制造巨头的"苹果"梦》，2016年5月13日，https://www.gov.cn/zhuanti/2016-05/13/content_5072990.htm。

险审查现代化法案》（2018）、《无尽前沿法案》（2021）、《美国创新与竞争法案》（2021）、《美国竞争法案》（2022）、《芯片和科学法案》（2022）等限制性竞争法案，构建排他性的科技联盟，以实施"逆全球化"的科技发展策略。

但在国家创新生态体系中，美国高科技企业仍然是创新活动的核心主体，主导着从研发投入到科技成果产业化的全过程。《2022年美国科学与工程状况》报告显示，2019年企业研发投入在全美国研发总投入中的占比高达72.2%，在基础研发总投入中的占比也高达32.8%，企业在创新活动中的主体地位得到充分体现，能够敏锐地找到技术的商业用途，把握创新市场方向，把高校和科研院所的基础研究成果推向市场，实现科技成果的产业化。

大量高科技初创企业则充分利用美国风险投资机制，获得融资渠道和战略咨询。斯坦福大学相关研究报告显示，近50年上市的1500多家企业中，约43%的企业起源于风险资本投资，谷歌、微软、亚马逊、苹果、元宇宙（脸书）和英特尔等企业在初创期都接受了风投。正是风险资金的保障和管理决策，助推新创企业发展，加速科技成果转化，实现创新型企业的成长，由此推动关键性战略新兴产业形成，从而把美国经济不断推向基于高科技的增长和发展轨道。

21世纪以来关键战略性新兴产业逐步取代传统制造业和服务业，成为美国国民经济的重要部门和潜在的主导产业，将推动美国经济完成从后工业化社会向智能化和数字化社会的转型。

在上述五个不同的企业发展阶段中，技术创新基本上遵循熊彼特所说的"创新"路径，即打破旧的均衡，建立新的生产函数，实现破坏性创新，研发新产品和新生产方法，开拓新市场，开辟原材料新供应源，创新组织管理制度等；新产业不断涌现，主导产业动态更替，传统产业转型升级，在保证原有成熟产业发展的同时，开拓新产业，提高劳动生产效率，推动经济发展和社会进步。

第2章 传统商业技术创新与殖民地的商贸企业

本章内容主要从综合视角阐述美国企业的外生起源和演进发展问题。时间范围大致是15世纪末至1773年美国殖民地时期，整个北美大陆处于前工业革命时代。欧洲特许经营公司的商业性殖民开拓，强行打破北美印第安人的社会均衡状态，建立新的殖民地社会，开拓新的原料来源，打开新的市场，为"新大陆"带来新的生产和生活方式，所有的产业、社会秩序、制度建构、经济发展和企业都从新的起点开始。

一 欧洲各国探险北美与殖民地社会的创建

北美殖民地和美国早期社会是由欧洲各国前来探险的殖民者建立的，其中既有个人的冒险行为，也有国王特许的股份制商业公司行为，但更多的是民族国家的集体行动。在当地环境和各种需求条件下，商人们勇于冒险，敢于挑战各种困难，尝试运用新的经营方式，异常艰辛地开发一个他们不曾了解的"新大陆"，由此谱写了美国企业和产业初兴的篇章。

（一）欧洲人对北美大陆的早期探险和殖民

在1492年哥伦布发现美洲大陆之前，就已经有欧洲人零星地踏上这片被称为"新大陆"的土地，如英国人[①]就经常在纽芬兰岛附近的大岸滩捕鱼。1492年之后，欧洲的一些探险家接踵而至，如1497年意大利航海家和探险家约翰·卡伯特（1450—1500）就在英国国王亨利七世的资

---

① 1707年之前，英格兰、苏格兰、爱尔兰和威尔士是4个独立的王国，1603年后苏格兰的国王共治英伦三岛。1707年英格兰与苏格兰合并后，称为"大不列颠联合王国"，为方便起见，本书都用"英国"这一名称。

助下,率领欧洲第一个探险队来到纽芬兰的博纳维斯塔①。从伊比利亚半岛和法国来的渔民、捕鲸者和探险者经常出没于从纽芬兰岛到缅因海湾的广大地区,他们与当地人进行毛皮贸易,建立殖民居住地点,并搜捕印第安人做奴隶。

西班牙在北美大陆的殖民探险活动主要在南部地区。1513年西班牙探险家胡安·庞塞·德·李昂(1474—1521)发现并宣布占有佛罗里达半岛;1519年至1521年,西班牙贵族费尔南多·科尔蒂斯征服墨西哥;1527年由征服者潘菲洛·德·纳瓦埃斯率领的一支探险队试图在今佛罗里达登陆,但失败了,有4名幸存者,阿尔瓦·尼兹·卡贝萨·德瓦卡是其中之一。德瓦卡带着他们继续探险,花了8年时间横跨北美西南部,终于在1536年到达太平洋沿岸的墨西哥,最后德瓦卡成为一名商人和传教者。1539年至1543年,西班牙人在资本家操纵和经费支持下又在北美西南部地区进行了两次探险活动,主要目的是寻找黄金。

法国人先后多次来到北美地区探险和殖民。1524年1月法国国王弗朗西斯一世雇用意大利探险家乔瓦尼·达·韦拉扎诺(1485—1528)到北美探险,目的是探索出一条通往太平洋的航线。该探险队到达北美大西洋沿岸(从北至南)的纳拉干赛特湾、纽约湾,以及菲尔海角一带②。

乔瓦尼·达·韦拉扎诺在这些地方待了2周时间,然后沿着海岸北上到达今美国缅因州,以及新斯科舍东南部和纽芬兰,1524年7月回到欧洲。他把发现的地区命名为弗兰西斯科,但他兄弟则在地图上标注为新法兰西,这就是法国在北美地区新法兰西殖民地的由来。

1534年5月,法国探险家雅克·卡特尔(1491—1557)等人在法国国王授权下率领探险队前往北美大陆。目的是寻找通往亚洲市场的路径,

---

① Evan T. Jones, "Alwyn Ruddock: 'John Cabot and the Discovery of America' ", *Historical Research*, May 2008, Vol. 81, No. 212, pp. 224 – 254;参见 H. B. Biggar (ed.), *First Letters Patent Granted by Henry VII to John Cabot*, 5 March 1496, The Precursors of Jacques Cartier, 1497–1534 (Ottawa, 1911), pp. 8–10。

② James Carson Brevoort, "Notes on Giovanni da Verrazano and on a Planisphere of 1529, Illustrating His American Voyage in 1524, with a Reduced Copy of the Map", *Journal of the American Geographical Society of New York*, 1873, Vol. 4, pp. 145–297.

以及发现金银等贵重金属矿藏①。该探险队到达纽芬兰、现加拿大的大西洋省,以及圣劳伦斯海湾一带②。在1535—1536年和1542—1543年,雅克·卡特尔又先后两次到北美大陆进行探险活动,并深入内陆地区。其中1535—1536年,雅克·卡特尔已深入到圣劳伦斯河上游的大湖区附近,并把他所发现的地区命名为加拿大。他为欧洲人打开了通往圣劳伦斯河的水路大通道,初步估算了加拿大的自然资源和人力资源情况。他在所到之处遇到了不太友好的印第安人,但是他设法与他们友好相处,为后来法国人在北美地区的探险和殖民奠定了重要基础,同时他也是第一个对北美大陆的独特地理和自然资源情况有清楚认知的人。

除探险家外,法国还派出传教士到北美进行传教和殖民开拓。如1534年法国国王就派出一队传教士到达今天的加拿大,并声称拥有该地区的主权,但他们被印第安人赶走了。1535年以后的60多年间,虽然法国国王对北美殖民已不感兴趣,但仍有少数法国人到北美海岸打猎、钓鱼,或与印第安人做毛皮生意。

总的来说,在1550年之前,到北美大陆开拓殖民的欧洲人大多数是以商业方式来到"新大陆"的,可以把他们视为北美地区最早的商人和企业家,因为他们要说服投资人资助其漫长而又冒险的航行。当时北美地区印第安人还处于原始的狩猎和游牧阶段,处于物物交换时代。因此,他们到达北美后要在非常艰苦的环境中与众多印第安部族接触交往,进行各种贸易交换活动,最后回到欧洲卖掉货物获得利润。

(二) 欧洲特许经营公司对殖民地区的开拓

16世纪中期后,欧洲人前往北美大陆的路径,以及与土著人接触的方式与之前相比稍有改变。殖民者了解到大规模的探险征服是不切实际的,因为北美大陆有着操各种语言的印第安人,各地气候和自然资源也大不相同。而到达北美的殖民者和探险家都来自欧洲具有一定实力的国

---

① John L. Allen, "From Cabot to Cartier: The Early Exploration of Eastern North America, 1497-1543", *Annals of the Association of American Geographers*, Sept., 1992, Vol. 82, No. 3, pp. 500-521.

② Donald Cahill, Martin Ouellet, "An Analysis of Jacques Cartier's Exploration of the Gaspé Coast, 1534", *Acadiensis*, Summer/Autumn, 2015, Vol. 44, No. 2, pp. 75-94.

家，每个国家都有自己的竞争对手，西班牙人暂时占据优势地位，但英国和法国正在发起挑战。

1565年西班牙人压服法国在卡罗来纳海岸一个胡格诺派教徒的殖民定居点后，便在今美国得克萨斯的圣奥古斯汀建立了一个永久性殖民地，并在此基础上沿着大西洋海岸向北延伸到北部的切萨皮克湾一带建立贸易站和教区。之后，西班牙人通过与印第安人的结盟合作，在北美东南部的内陆地区开辟了若干个殖民地。尽管如此，还是有印第安人反对西班牙人的殖民活动。16世纪后期，切萨皮克地区的印第安人发动武装暴乱，由此结束了西班牙在圣奥古斯汀北部地区的殖民开拓。

在北美东北部地区，没有欧洲强国建立的大型殖民定居点。从西班牙和葡萄牙来的移民大多数是小规模的渔民、捕鲸者、探险者、殖民者和贸易者，英国人则经常出入由法国人占据的从哈德逊河到纽芬兰一带。直到16世纪80年代，法国人与印第安人交易的主要产品还是河狸及其毛皮，还有少量的鹿皮，他们将这一交易活动延伸到内陆地区，法国因此加强了其在北美地区的殖民地位。

17世纪初欧洲人开启了在北美建立大型殖民定居点的进程。由于西班牙的衰落，英国、法国以及刚刚独立不久的荷兰联省共和国兴起，这些国家的大量殖民者、商人、传教士，以及政府官员涌入北美大陆。

为了更好地开展在北美地区的海外贸易、殖民和探险活动，欧洲各国对殖民开拓方式进行改革，纷纷采取股份公司形式，这可以说是当时一个重要的商业模式创新，解决了独资企业和合伙企业的无限债务责任问题，以及海外探险面临的筹资和保证组织稳定性的问题。在民族国家的支持和鼓励下，各国都成立了一系列前往北美地区的特许经营股份公司，如荷兰西印度公司（1621—1792）、丹麦西印度公司（1670—1776）、法国西印度公司（1664—1674）等。

在17世纪以后近一个世纪的探险活动中，前往探险和殖民的欧洲企业遍布北美各地，特许经营的商贸企业可以视为殖民地时期美国的早期企业组织，是美国企业史的直接起源。从某种意义上来说，殖民地就是殖民宗主国特许授权的一个持续经营的企业。这一起源方式与其他国家的内生性起源有所不同，这完全是由外生性因素导致的，但企业成长和可持续经营更多地依赖于企业内部的资源和竞争能力。

(三) 北美殖民地与美国企业和国家的起源

投资者资助的探险和殖民活动一直都没有中断,如1602年在法国国王亨利四世授权下,法国派出一队商人在圣劳伦斯河下游沿岸建立商贸中心;1608年7月有加拿大"新法兰西之父"之称的法国人尚普兰(1567—1635)及其探险队在印第安部落的休伦村建立贸易站,名为"法国人的居住地魁北克",这是法国人在北美建立的第一个永久性定居点;1608年和1613年,法国又先后在魁北克和罗亚尔港建立驿站,并在圣劳伦斯河流域一带与印第安部族从事毛皮贸易。1609年至1615年,尚普兰继续在这一带进行殖民开拓活动。

1627年法国成立了由100位合伙人组成的新法兰西公司(1627—1663),旨在对北美殖民地进行投资建设,把加拿大变成重要的商业和农业殖民地,并许诺给予100位殖民者土地,但法国国王却希望在北美建立一个天主教的殖民地社会。探险家尚普兰被任命为新法兰西的总督,但只允许天主教徒在新法兰西殖民居住。当时大多数来北美的欧洲人都信奉新教而不愿再受天主教的压迫,因此,欧洲新教徒不愿去新法兰西定居。直到1700年,新法兰西的人口还不到2万人,且多聚居在今天的新斯科舍及圣劳伦斯河沿岸。

17世纪中期后法国越来越重视其在北美地区的殖民和探险活动。1663年法国国王再次鼓励法国人深入北美内陆进行探险和殖民,并派兵保护。同时开始将"发现"的土地特许给贵族,建立起半封建性庄园,这一特点一直延续到19世纪。法国的这种殖民政策被证明是不成功的,但也为后续殖民开拓奠定了一定基础。

在法国开拓北美殖民地的过程中,天主教传教士发挥了重要作用。1666年,29岁的传教士马凯特(1637—1675)被教会派往北美洲传教。他以极快的速度掌握了印第安人多种语言。在其努力下,北美诸多印第安部族逐渐接受法国人的存在,并开始与法国人进行贸易。1668年马凯特在苏必利尔湖的东岸建立苏圣玛丽商贸据点,1670年又在连接密歇根湖和休伦湖的麦基诺水道旁建立圣伊尼亚斯殖民居住点。1673年马凯特和另一位传教士路易·朱丽叶特(1645—1700)横渡苏必利尔湖,然后继续向北美西南方大平原前进，最后发现密西西比河①。后来法国传教士和探险家前仆后继，继续在密西西比河两岸的平原地区进行殖民探险和开拓。

1682年法国探险家罗伯特·拉塞尔（1643—1687）沿着密西西比河南下探险，最后到达墨西哥湾。拉塞尔将密西西比河两岸的广阔地区以路易十四之名命名为路易斯安那，这里成为法国在北美最大的殖民地。1699年法国人在今路易斯安那的圣路易斯附近的加霍齐亚建立第一个永久定居点，随后又在密西西比河下游的巴吞鲁日建立定居点。

1524年至1750年，经过200多年艰苦殖民、探险和开拓，法国人从哈德逊湾到墨西哥湾，沿五大湖及密西西比河两岸，在北美大陆中部建立起一个"纵贯线"式②的辽阔的新法兰西殖民地③。至1750年，在西欧各国的北美殖民地建设中，法国殖民地的规模是最大的，西班牙占有北美西南和东南部分地区，与法国有更替易手和争夺部分，英国主要占据大西洋沿岸部分④。

荷兰谱写了其中的一段插曲，其在北美的殖民地主要在哈德逊河谷一带。1609年荷兰政府雇用英国水手亨利·哈德逊去寻找一条从东北方向通往印度的航线。航行到大西洋的科德角海岸后，哈德逊最终抵达今美国纽约附近的哈德逊河。回到欧洲后他声称所发现的地方归其雇主荷兰所有，荷兰国会授权国家控股的西印度公司组织和监督其在西半球的殖民事业。

在荷兰西印度公司接管后，1610年荷兰人开始云集哈德逊河谷，并与该地区的阿尔冈琴语系和易洛魁语系的印第安人进行频繁的贸易活动。1622年荷兰人发现对印第安人来说价值连城的贝壳念珠，并利用独特的加工技术控制海贝珍珠贸易。为保证新荷兰殖民地的毛皮和玉米供应，

---

① Paul A. Demers, "The French Colonial Legacy of the Canada-United States Border in Eastern North America, 1650-1783", *French Colonial History*, 2009, Vol. 10, pp. 35-54.

② W. J. Eccles, "The History of New France According to Francis Parkman", *The William and Mary Quarterly*, Apr., 1961, Vol. 18, No. 2, pp. 163-175.

③ 法国在北美建立的新法兰西殖民帝国，开始于1524年，英法七年战争后，于1763年被瓦解。

④ W. J. Eccles, "The History of New France According to Francis Parkman", *The William and Mary Quarterly*, Apr., 1961, Vol. 18, No. 2, pp. 163-175.

荷兰军队经常驱赶和杀戮当地的印第安人。

在荷兰西印度公司的赞助下，1624年30个荷兰移民家庭来到北美殖民，在今纽约的曼哈顿建立殖民定居点。荷兰殖民者并不像英国人那样热衷于农业殖民，而是对毛皮生意感兴趣。1626年荷兰西印度公司董事长彼得·米纽伊特来到曼哈顿主持公司在北美的殖民活动。米纽伊特从印第安人那里买下曼哈顿岛，命名为新阿姆斯特丹（今纽约市）。

荷兰在北美的殖民进程发展缓慢，但也不可避免地与印第安人和英国人发生矛盾和冲突。如1630—1640年，新荷兰殖民地总督沃特·万·特威勒就为此领导了一系列对抗印第安人的战斗。17世纪30年代，北美东北部地区兴起由法国人与休伦人、荷兰人与易洛魁族人组成的两个主要毛皮贸易联盟。每个联盟都是当地殖民地经济的主要支持者，同时加强了具有影响力的土著人盟友的地位。

1640年新荷兰殖民地的发展出现转折。当时荷兰西印度公司放弃贸易垄断权，使其他商人可以在新荷兰殖民地进行投资，并鼓励进行食品和木材加工，以及烟草种植和奴隶贸易等经济活动。1647年荷兰西印度公司的董事长彼得·施泰福森特来到新阿姆斯特丹，对殖民地管理进行整治。他雷厉风行地发布政令，管理小酒馆，控制走私等，最后把眼光放在金斯顿这一殖民城镇建设上。1657年他派出士兵帮助殖民者建造40间房子，以及有围栏的市镇来安置他们，并与印第安人签订和平协议。

新荷兰殖民地的经营被证明是相当赢利的，新阿姆斯特丹很快就发展到1500名居民。1655年居民有2000人，1664年发展到9000人。稳定的殖民者家庭逐步代替只对快速获利感兴趣的单个冒险家。新荷兰殖民地为荷兰创造了大量财富，富庶的哈德逊河谷被其他国家羡慕，也被其他国家觊觎。英国人看上了这块富裕的殖民地，开始挑战荷兰人的既有利益。1664年在第二次英荷战争中，荷兰战败，新荷兰殖民地被英国人占领，新阿姆斯特丹被改名为纽约，由英国国王的弟弟约克公爵全权统治。

英国接管新荷兰殖民地后，很快就将其并入英国在北美的殖民地版图，同时继承荷兰人在该地区的贸易利益，并取代荷兰成为法国在该地区的强劲竞争对手。1670年英国组建哈德逊湾公司，打入新法兰西殖民地的后院，直接冲击了法国人的毛皮贸易利益。从此，以法国为代表的圣劳伦斯体系与以英国为代表的哈德逊湾体系围绕各自贸易和政治利益展开长期斗争。这两个复杂贸易体系的远交近攻，以及彼此间的矛盾和争斗，贯穿此后欧洲在北美殖民发展过程的始终[1]。

到1702年，西班牙、法国和英国已经在北美建立起各自的殖民地和势力范围，其所占地域分布已经非常明确。其中，西班牙占领和统治北美西南和东南大部分地区，其占领的墨西哥称为新西班牙，其他部分包括现美国加利福尼亚、亚利桑那、新墨西哥和佛罗里达等地，这在英国人出版的地图中已经有明显标注[2]。

法国人在占领路易斯安那后继续开拓殖民，1711年建立莫比尔殖民居住点，1718年在密西西比河口三角洲上建立新奥尔良港口，1720年在距离莫比尔不远处建设路易斯安那的临时首府比洛西，1723年路易斯安那首府正式迁到新奥尔良。18世纪后英国和法国在北美地区争夺殖民地权益的斗争愈演愈烈，最后以1763年的法印战争画上句号[3]，西班牙则趁机于1762年收回路易斯安那[4]。

英国人守住大西洋沿岸的13个殖民地，并夺取荷兰在北美的殖民地，建立较为稳定的殖民地，开拓殖民地的商业公司最终先后退出历史舞台。

到达北美地区的欧洲人和特许经营企业就要在这尚未开发的"新大陆"上建设一个新的殖民地社会。欧洲各宗主国实施殖民政策的共识是，

---

[1] 付成双：《哈德逊湾体系与圣劳伦斯体系争夺北美毛皮资源的斗争》，《史学月刊》2015年第2期，第112—122页。

[2] Matthew H. Edney, "John Mitchell's Map of North America (1755): A Study of the Use and Publication of Official Maps in Eighteenth-Century Britain", *Imago Mundi*, 2008, Vol. 60, No. 1, pp. 63-85.

[3] 英法之间的争夺在1763年的法印战争（即英法七年战争的北美版）中宣告结束。法国先胜后败，元气大伤。战后法国在北美洲的统治力急剧下滑，失去对加拿大、伊利诺伊、阿卡迪亚等区域的控制。英国军队占领魁北克和蒙特利尔，夺取加拿大和密西西比河以东地区的控制权，法国退出这一区域。1803年，急需战争经费的拿破仑把路易斯安那低价（1500万美元）卖给新成立的美国。从此法国势力便淡出北美大陆，其北美殖民地只保留加拿大东侧的几个小岛。

[4] 进入19世纪后，西班牙殖民势力在整个美洲地区日渐衰微。先是被处于巅峰时期的拿破仑在1800年夺走收回不久的路易斯安那，接着从1810年至1819年，美国通过先强占后购买办法抢走佛罗里达半岛，西班牙殖民帝国在北美地区的殖民势力荡然无存。1816年至1826年的拉美独立革命和1898年美西战争，最后清除了西班牙在美洲地区的殖民统治。

殖民地能够自我维持，投资者能从贸易中得到利润。

在重商主义政策下，各国都把战争、掠夺、商业和殖民开发等活动带到"新大陆"，也把各自在欧洲的社会和文化习俗带到"新大陆"，同时"新大陆"也成为这些国家及其特许经营企业的财富新来源。各国开发殖民地的具体政策有差异，造就了北美地区不同的殖民地社会。其中，英属北美殖民地及其与其他国家复杂的政治、经济和商业关系成为美国企业和国家起源的重要组成部分。

二 英国特许经营企业对北美殖民地的开拓

17世纪后英国先后在北美东海岸建立13个殖民地，为后来美国经济发展、产业选择和企业兴起起到主要奠基者的作用。

（一）英国特许垄断经营公司对北美的殖民

刚成立且享有国王垄断贸易特许权的商业公司，以及获得国王特许权的众多业主是北美殖民地的主要开拓者。在授权成立商业公司之前，英国政府曾尝试过鼓励一些冒险家以个人名义到北美进行殖民开拓。如1584年4月伊丽莎白一世就授权瓦尔特·罗利爵士（1554—1618）从事北美的殖民事业，但罗利并没有到过北美地区，只是在地图上给英国在北美尚未开拓的领土起了一个弗吉尼亚的名字，就没有下文了。

针对海外殖民和探险活动，英国在1600年至1630年间先后成立11家股份公司，其中大多数以在加拿大和北美东北部开展毛皮和渔业贸易为首要目的，如哈德逊湾公司[1]、弗吉尼亚公司（1607—1624）和马萨诸塞湾公司（1629—1691）等。这些特许经营企业带有浓厚的政治性和垄断性，成为英国推行重商主义政策的主要工具。它们既是北美殖民地的开拓者，也是北美殖民地时期重要的企业组织[2]。

除商业活动和征掠外，商业公司主导建立的殖民地还掺杂着其他因

---

[1] 哈德逊湾公司于1670年创立，至今仍是加拿大的一个跨国企业集团，详见本章经典案例。

[2] Jerry W. Markham, *A Financial History of the United States*, *From Christopher Columbus to the Robber Barons*（*1492-1900*）, M. E. Sharpe, 2002, pp. 21-27.

素，如"爱冒险的心理、对未知世界的好奇、使用暴力的奴隶贩卖、从文明边疆发出召唤的自由精神、法律的惩罚，以及使不同寻常的人物不甘心于过千篇一律，一成不变的庸碌生活的那种强烈的好动本性"① 等。

（二）弗吉尼亚公司对殖民地的创建和经营

1607年成立的弗吉尼亚公司，首先开始在北美地区有组织的殖民探险活动。该公司成立的目的是与西班牙争夺美洲殖民地，建立殖民据点，同时寻找经美洲大陆到中国和印度的航路，以及美洲的金银财富。它旗下有伦敦公司和普利茅斯公司两家分公司，英国政府任命了一个皇家委员会进行管理。

在未出发之前，英国国王就授予伦敦公司在北美大西洋沿岸北纬30至41度一带进行殖民的权利，而普利茅斯公司则被授予在北纬38至45度区域殖民的权利。根据规定，北纬38至41度之间区域由两家公司共同拥有，其移民区相距不得少于100英里（160.93千米）②。

1607年4月伦敦公司首先组织殖民远征船队，由约翰·史密斯船长率领。第一批移民是144名"契约奴"（包括乡绅、自耕农和商人）。4月26日伦敦公司的船队到达切萨皮克湾，5月4日建立詹姆斯敦营地，后来以此为基础建立第一个殖民定居点③。1609年弗吉尼亚公司重新获得英国国王特许状，其预设的殖民地实际上覆盖北美东海岸的大片地区，与后来实际建立的殖民地在地理范围上有较大差别④。

第一批移民到达弗吉尼亚的詹姆斯敦后发现，这里根本不适合做贸易殖民地，他们虽然建立了定居点，但与原来的设想相差了十万八千里。定居点既没有黄金白银可挖掘，也没有可以供交易的任何值钱的货物，

---

① 〔美〕查尔斯·A. 比尔德、玛丽·R. 比尔德：《美国文明的兴起》（上），许亚芬译，商务印书馆，2010，第22页。
② Wesley Frank Craven, "The Dissolution of the London Company for Virginia", *The American Historical Review*, Oct., 1931, Vol. 37, No. 1, pp. 14–24.
③ 后来伦敦公司的特许状被调整，获得"从海到海"的大片区域；1612年伦敦公司的授权再次被修正，被授予百慕大群岛地区。1624年伦敦公司的特许状被停止，改为皇家殖民地，而其分公司——百慕大群岛的伦敦萨姆斯·埃尔斯群岛公司一直运行到1684年。
④ Samuel Eliot Morison, "The Plymouth Colony and Virginia", *The Virginia Magazine of History and Biography*, Apr., 1954, Vol. 62, No. 2, pp. 147–165.

甚至连移民们的性命都难以保障。只有不到40名移民活到第二年冬天，这些人大多是淘金者和士兵，他们不愿意从事农业种植活动。面对"活人几乎无法埋葬死人"的情况，史密斯船长只好请求伦敦公司尽可能地再运送30名木匠、农夫、渔夫、铁匠、石匠和伐木工等来到定居点。

作为发起人和资助者，伦敦公司不得不物色能工巧匠和女性移民，并把他们运往弗吉尼亚。这些新移民可以获得伦敦公司给予的股份，并以7年契约的形式被运送到殖民定居点。后来公司更是放宽条件，任何一个愿意移民到美洲的自由民，都可以从公司获得150英亩（0.607平方千米）土地。之后公司不断地运来一批又一批的殖民者，在公司存续的近20年时间里，总共运来5649名移民，但到后来只存活下来1095人①。

伦敦公司建立殖民定居点之后，殖民地的政治和经济控制权都授予公司在弗吉尼亚的殖民者，他们成为当地的长官。1611年至1618年，弗吉尼亚殖民地是在铁的纪律下进行军事化管理的，所有运作都有着详细计划，所有土地都归公司所有，由集体耕种。但后来情况发生较大变化，殖民地移民不仅要从事农业生产，还要应付当地印第安人的侵扰。

公司不得不对殖民地管理方式进行调整和修正，鼓励管理者将边学边干的经验引入其中。1609年公司在管理方面进行了一次改革，把公司改为合资形式，降低投资者对于殖民一夜暴富的预期，把注意力集中于劳动力的需求上，以生产在英国或欧洲市场上有大量需求的产品，最后获得盈利。

这一改革政策使殖民地越来越趋向种植园，而不是海盗巢穴，契约劳工成为主要劳动力。但以契约奴方式来的殖民者太少，不足以进行大规模大宗农产品生产。特别是1614年后原来签订7年合同的契约奴期满后，纷纷离开公司开始自己的独立生活。

为了建设一个能为投资人不断带来盈利的农业殖民地，弗吉尼亚殖民地的企业家尝试了很多方法让公司赢利，但没有结果。1612年殖民者约翰·罗尔夫从百慕大群岛获得烟草种子，并在殖民地试种。几年后发现烟草在欧洲市场上很受欢迎，能卖到好价钱，有利可图，而切萨皮克

---

① Brent Tarter, "Making History in Virginia", *The Virginia Magazine of History and Biography*, 2007, Vol. 115, No. 1, pp. 2-55.

湾的潮湿低洼海岸非常适合烟草生长。

为了鼓励移民继续种植烟草，弗吉尼亚殖民地实行了一套新的土地政策。公司不仅按照人头分配土地，即每个家庭的男主人都可以得到50英亩（202343平方米）的土地，而且为每个与男主人一同移民的成年家庭成员和仆人也都提供额外的50英亩土地。这种以土地吸引移民的激励政策产生巨大效应，不仅解决了劳动力短缺的问题，也为后来美国最初的发展刻上了地方主义烙印。

大面积的烟草种植需要源源不断的劳动力，而种植烟草又是非常辛苦的体力活，欧洲白人几乎都很难忍受北美南部地区潮湿闷热的气候，最后的劳作大多是由从非洲贩卖来的黑人奴隶完成，奴隶制种植园成为当时最有效的农业生产组织，这可以视为北美殖民地最初的农业企业。沿着弗吉尼亚河一带，殖民者建立大大小小的烟草种植园，移民陆陆续续地都成为大大小小的种植园主。这种单一种植园生产方式被后来的马里兰和卡罗来纳等南部殖民地所效仿，经济作物涵盖稻米、蓝靛和棉花等。

烟草种植和贸易成为伦敦公司在弗吉尼亚开拓殖民地的主要产业。如果没有烟草，詹姆斯敦殖民据点很可能也会消失。通过移民的辛苦劳作，终于可以把烟草运到欧洲出售，获得殖民探险后的真实回报。除烟草之外，殖民者还大量种植稻米、蓝靛、棉花、亚麻等经济作物，以供商业贸易。

除种植经济作物外，特许经营公司在殖民地还开展商业贸易活动，通过船只把在弗吉尼亚生产的农产品运到欧洲，以及北美其他地区销售，同时与印第安人开展贸易，与其他地区开展进出口贸易，以及跨洋从事奴隶贸易。有的种植园主后来又成为土地投机商，如我们所熟悉的乔治·华盛顿，他既是农场主，又是土地投机商，还是一名烟草中间商，他出口面粉，进口并销售制成品，还经营一家渔业公司，当然也买卖西部的土地，有时他还经营渡船生意和酿酒厂①。

北美殖民者因为种植烟草等经济作物而致富，但弗吉尼亚公司的实力却大受损害，在10多年时间里，公司都未能给投资者提供高额的回

---

① 〔美〕拉里·施韦卡特、莱恩·皮尔森·多蒂：《美国企业家——三百年传奇商业史》，王吉美译，译林出版社，2013，第28页。

报。拼命挣扎近20年后弗吉尼亚公司还是打了败仗。1624年公司的特许经营权被宣布无效，弗吉尼亚殖民地改为国王直辖殖民地，其管理权由公司直接转移给国王，国王则委派殖民地的总督和总督辖下的参事会负责管理，殖民地议会仍保留，但其决议须经总督批准才能生效。

弗吉尼亚公司的殖民实践虽以失败告终，但公司若干制度创新和经营模式创新却为后来北美殖民地的发展提供了可以借鉴的经验，如合资公司组织形式、按人头分配土地的制度、小型殖民定居点建设、私人商业性农业种植园模式、殖民地自治管理方式，以及大宗农产品烟草的种植和出口欧洲创汇等，都对英国殖民者、北美殖民地商人和企业家起到示范性作用，而且弗吉尼亚公司完成了从殖民地特许公司组织到社会的重大转变[1]。

（三）伦敦公司开创新英格兰地区的殖民事业

鉴于弗吉尼亚公司在弗吉尼亚相对成功的殖民经验，更多殖民者前往北美地区开拓探险。1620年前后英国人掀起一轮到北美殖民的小高潮。

1620年伦敦公司又组织一小队清教徒分乘"顺利"号和"五月花"号船前往弗吉尼亚殖民地。但在航行出发后发现"顺利"号不适合远航，于是有一些人就挤上"五月花"号。在拥挤的船上，这些人经历近3个月的长途航行终于到达北美大陆，但没有抵达弗吉尼亚，而是到达弗吉尼亚殖民地以北的陆地——普利茅斯殖民地[2]，这是现今马萨诸塞州的一部分。到达这里的移民的身份不是"契约奴"，而是清教徒自由民，主要有小农、劳工和手艺工人等。这些清教徒移民在下船之前就在"五月花"号船上组织签订了一项"公民团体"公约，即"'五月花'号公约"，它不仅涉及宗教事宜，还涉及殖民地政治安排的基本原则，成为后来美国人引以为豪的东西。

这批殖民者所到达的北部沿海地区的气候和土壤不适宜开辟大型种

---

[1] Sigmund Diamond, "From Organization to Society: Virginia in the Seventeenth Century", American Journal of Sociology, Mar., 1958, Vol. 63, No. 5, pp. 457–475.

[2] Samuel Eliot Morison, "The Plymouth Colony and Virginia", The Virginia Magazine of History and Biography, Apr., 1954, Vol. 62, No. 2, pp. 147–165.

植园，也不出产任何一种能够借以迅速致富的农作物。他们不得不在自己的新住处学习各种赖以糊口的行业，同时把学到的农业和手艺知识与他们严谨的生活方式，以及强烈的宗教信仰结合起来。由于这些原因，普利茅斯殖民地发展相对缓慢，到1691年被并入马萨诸塞湾公司殖民地时只有7000名居民。

弗吉尼亚的另一家分公司，即普利茅斯公司则于1607年在北美建立波帕姆殖民地，但于1608年放弃了。1620年普利茅斯公司被詹姆斯一世授权改为新英格兰普利茅斯委员会，有40名所有人，负责新英格兰地区的殖民事业，公司的特许权于1624年被取消，其预设的殖民地理范围[①]与伦敦公司所拥有的地区有部分是重叠的。从这可以看出，1620年英国在北美地区的预设殖民地范围基本上是由弗吉尼亚公司的两家分公司所瓜分的。

（四）马萨诸塞湾公司的殖民开发及早期产业

1629年马萨诸塞湾公司（1629—1691）获得英国国王颁发的公司特许状，招募一批英国社会的中间阶层参与移民。1630年以约翰·温斯罗普为首的一大批清教徒乡绅和自耕农，以及白人契约雇工队伍，随同一支船队一起驶向"新世界"，从而开始英国持续约20年的大批移民出国运动[②]。

与弗吉尼亚公司不同的是，马萨诸塞湾公司确定以家庭为单位移民新英格兰地区的方针；与其他公司不同，马萨诸塞湾公司在追求利润之外，更有着在美洲建立清教徒"山巅之城"的意图。因此，来到马萨诸塞的移民基本上都是清教徒，而且大多是整个家庭，甚至是整个教区搬迁而来的。

与前几个特许经营公司经营殖民地不同的是，马萨诸塞湾公司不是坐在英国办公室隔海指挥拓殖和管理殖民地的，而是干脆把公司本部都搬到殖民地来，管理者就地指挥殖民者的工作，直接参与殖民地一切事

[①] Wesley Frank Craven, "The Dissolution of the London Company for Virginia", *The American Historical Review*, Oct., 1931, Vol. 37, No. 1, pp. 14-24.

[②] Francis J. Bremer, "John Winthrop and the Shaping of New England History", *Massachusetts Historical Review*, 2016, Vol. 18, pp. 1-17.

务。马萨诸塞湾公司的总部、大多数股东和合法特许状都转移到新英格兰殖民地。

这批移民所到达的地方就是后来美国的新英格兰地区，这里气候寒冷，土壤贫瘠，当充裕的土地与劳动力不足相结合，任何类似封建主义的东西都不可能存在。从某种意义上来说，它就是英国在北美"新大陆"建立的一个事实上的自治政府。马萨诸塞湾殖民地和后来的马萨诸塞州的地理范围并不一致，只是其中的一小部分，与之前普利茅斯委员会被授予的地区也有重叠部分。

马萨诸塞湾公司的业绩关系到每位移民的经济利益。尽管清教徒移民来"新大陆"是为了寻求宗教自由，但同时他们也要维持基本生活，因此要开展生产商品的活动。清教徒一来到当地便开始用自我劳作来繁荣当地经济。他们不仅是移民，也是自己的股东，某种意义上就是当时的小企业家。他们利用当地木材、渔业和毛皮资源开始进行商业贸易并从事农耕，但殖民地最大的产业应是渔业和造船业。

其中捕鲸业很快发展起来，鲸油成为照明用的资源。移民因渔业而致富，同时开拓其他制造业。如移民托马斯·汉考克从1731年开始经营鲸骨和鲸油生意，其获得的财富足以使子孙可以不用从事这样的生意；奥巴代亚·布朗用鲸蜡制作上等蜡烛。1760年新英格兰地区8家最大的蜡烛制造商组建了一个托拉斯组织，1761年成功的捕鲸业富商罗奇家族开始涉足蜡烛制造业，也加入这个当时已有24个成员的托拉斯组织①。

渔业发展使造船业得以兴起和繁荣。1631年殖民者制造的第一艘渔船成功下水。之后以马萨诸塞湾殖民地的波士顿和纽波利为中心，发展造船业，造船厂成为当地成功的企业。经过100多年的发展，该地区成为船舶制造和航运中心。仅1769年该地区就建造了113艘带有上桅帆的船，274艘单桅帆船。到1776年美国海上商船队的规模已居世界第三位。

随着造船业的发展，北美殖民地的航海贸易不断扩展，这为新英格

---

① Paul R. Lucas, "Colony or Commonwealth: Massachusetts Bay, 1661-1666", *The William and Mary Quarterly*, Jan., 1967, Vol. 24, No. 1, pp. 88-107.

兰人创造了新的有利可图的早期商业机会。木材制品成为该地区第四大出口产品，殖民地商人逐渐精于木制品、铁制品、铜制品、锡制品和其他制成品的国际贸易。

马萨诸塞湾殖民地土地贫瘠，人们生活艰难，而清教徒的教规非常严厉，这驱使人们不断向外迁移，于是出现"殖民地的殖民地"现象，由殖民地个人先后建立罗得岛、康涅狄格和新罕布什尔3个新的殖民地。

英国的两家商业企业不仅建设了其在北美最为重要的殖民定居点，以及南北地区殖民地不同社会和经济发展模式，而且奠定了北美殖民地商业活动的基础，英国商业企业在北美殖民地发展路径的分野产生了极其深远的影响。

（五）个人业主的冒险投资与殖民地的建设

1660年英国斯图亚特王朝复辟后，英属北美殖民地迎来第二波殖民高潮。除特许经营公司在北美进行殖民开拓外，英国贵族、富人，以及各种有条件的个人都把殖民视为个人的投资事业，他们以各种方式在北美建立众多的殖民定居点。英国国王授权一些个人先后建成纽约、宾夕法尼亚、特拉华、新泽西、南卡罗来纳和北卡罗来纳等6个殖民地。

英国约克郡新晋贵族巴尔的摩勋爵，设法从英国国王查理一世那里获得弗吉尼亚附近的一大片赐地，并将其命名为马里兰殖民地。根据特许状，巴尔的摩勋爵及其继承人和受让人成为这块钦赐土地"合法的和绝对的领主和业主"，条件是每年把两个印第安人箭头镞，以及在殖民地发现的金银矿砂的1/5上缴给国王。

1670年一批英格兰业主自己筹集资金，装备一支移民远征船队来到北美地区，建立查尔斯顿殖民定居点，后来发展成为卡罗来纳殖民地。为尽快出售殖民地的土地，业主们向移民保证实施宗教自由政策，吸引在北美各殖民地不满现状和受到迫害的各国移民。该殖民地引进水稻和蓝靛等农作物，大量使用黑人奴隶劳动，建立起大型农业种植园。不久业主们就发现，不同宗教信仰的人组合在一起，分裂和矛盾在所难免。1710年该殖民地分裂为南北卡罗来纳两个殖民地。1729年业主们把这两个殖民地出售给英国国王作为皇家殖民地。

在最初一批卡罗来纳业主中，伯克利勋爵和乔治·卡特雷特爵士决心自己承担风险进行殖民冒险。1664年他们设法让好友约克公爵赠予他们介于哈德逊河和特拉华河之间的一片土地，并根据这类事例的惯常条件予以占有，他们把该区域命名为新泽西殖民地，然后开始以优厚条件吸引殖民者前来开发这片地产。1702年该殖民地移交给英国国王，成为皇家殖民地。

1670年年轻的贵格会教徒威廉·佩恩从家族借给英国国王的一笔债权中，获得北美一大块土地的赏赐，这就是宾夕法尼亚殖民地。遵照英国国王特许状，佩恩被封为这块领地合法和绝对的领主，被授予包括作战、招募军队，以及政府的统治权在内的权力，但必须服从自由人的意见和征得他们的同意，后来约克公爵又把南面的特拉华地区转让给他①。

1664年英国国王查理二世接管新荷兰殖民地后，把哈德逊河和特拉华河之间的整个地区赐予其兄弟约克公爵，这就是纽约殖民地，并让他作为最高业主进行统治，直到1685年他登上英国王位时为止。

在那些由公司和业主们作为经济事业和宗教避难所而开发的殖民地中，佐治亚是非常特别的一个，它来源于慈善家詹姆斯·奥格尔索普的一个梦想。为了改变英国监狱犯人的悲惨命运和状况，奥格尔索普提出建立一个殖民地以解决这些人的问题，让他们有一个生活出路。

1732年根据奥格尔索普的动议，英国国王乔治二世把南卡罗来纳以南一片土地授予一个理事会，责成他们"作为一个政治实体和法人团体"来管理他们的产业。1733年奥格尔索普在萨凡纳建立第一个定居点，这就是佐治亚殖民地。1752年佐治亚殖民地移交给英国国王管辖，成为由国王直接管辖的一个殖民地。

（六）英属北美殖民社会孕育美国早期企业

在1774年独立战争之前由英国商业公司、探险者个人和殖民者建立的英属北美13个殖民地已基本成形，集中在大西洋沿岸的狭长地区（约

---

① 这个地区先是由荷兰人从瑞典人手里夺走，然后是英国人从荷兰人手里夺取来的。虽然这些低洼地区的县是按照原来赐地的同样条件转让给佩恩的，但这些县在1702年变成一个单独的特拉华殖民地。在美国宣告独立之前一直在佩恩家族的掌管下。参见〔美〕查尔斯·A. 比尔德、玛丽·R. 比尔德《美国文明的兴起》（上），许亚芬译，商务印书馆，2010，第87页。

第 2 章 传统商业技术创新与殖民地的商贸企业

80万平方千米），既是后来美国历史发展的最初舞台，也是美国企业得以孕育的基础。

英属北美殖民地既是弗吉尼亚公司和马萨诸塞湾公司这两家英国商业公司殖民开拓的结果，也是殖民探险者个人冒险投资的结果①。这些殖民地都有意无意地按照这两大公司占领的地理格局分布。南部殖民地以种植业和奴隶制为基础，北部殖民地以马萨诸塞湾殖民地为蓝本进行一些调整，采取自治殖民地模式，中部殖民地采取一种混合型的发展模式。

从表面上来看，英属北美殖民地是由商业公司开拓的，但毫无疑问，国际政治、大国争霸和宗教动机都是在大西洋沿岸开拓殖民地的主要动力。如在英国旗帜下拓殖弗吉尼亚的活动，就意味着把矛头指向西班牙和葡萄牙国王的挑衅行为。英法在北美地区的冲突主要在哈德逊河、密西西比河流域的大平原地区和俄亥俄河流域，争夺焦点是毛皮贸易的控制权和土地的占有权。为此英法之间发生多次冲突和战争，最终以英国战胜而告终，法国退出北美大部分殖民地区②。

英国商业公司在开拓殖民地和建设新社会的过程中，之所以能取得成功，形成独特的农业殖民模式，得益于17世纪时英国所具备的国际和国内条件。在国际上，不断发展和巩固民族国家，英国利用当时欧洲大陆各国之间的敌对和猜忌，灵活运用"均衡博弈"的策略，逐步成为不受外敌侵扰的国度；在国内，英国建立强大海军力量，进行宗教改革，长期开展"圈地运动"，新贵阶层逐渐主导英国的各项内外事务，新兴"资产阶级可以安稳地坐在他们的钱袋上，衣衫褴褛的劳动者能够到远方去寻求职业"③。这里所说的"远方"就是海外殖民地。海外殖民探险和开拓对个人和商贸企业来说都是一项重大的冒险事业，需要承担风险，面对各种挑战和不确定性。

---

① Marc Egnal, "The Economic Development of the Thirteen Continental Colonies, 1720 to 1775", *The William and Mary Quarterly*, Apr., 1975, Vol. 32, No. 2, pp. 191-222.
② J. McAllister, "Colonial America, 1607-1776", *The Economic History Review*, May 1989, Vol. 42, No. 2, pp. 245-259.
③〔美〕查尔斯·A. 比尔德、玛丽·R. 比尔德：《美国文明的兴起》（上），许亚芬译，商务印书馆，2010，第31页。

三 重商主义政策与特许企业殖民方式创新

正如我们上文所分析的，英国针对新大陆殖民地制定的政策，几乎自始至终都带有浓厚的重商主义色彩，出发点是以民族国家利益为中心，尽可能地确保增加国家收入。为了这一最终目标而制定的政策措施，以及对英国经济发展有利的控制手段都是必要的，这对商业企业的殖民活动产生了直接影响。

（一）重商主义与英国北美殖民地开发价值

重商主义是15世纪至18世纪西班牙、葡萄牙、荷兰、英国、法国和德国流行的经济思潮，是在资本主义制度尚未建立之前对经济问题和各国经济政策的一种解释。该理论主张社会财富的主要形式是货币，财富的源泉是不断获取金银货币，保持贸易顺差的手段是少买多卖，国王和资产阶级通过对外掠夺拥有财富，该理论强调国家对经济的干预，用各种办法增加人口，限制人口外流。不过在推行重商主义政策时，各国侧重点有相同之处。与西班牙和葡萄牙主张控制金银，以及法国柯尔贝尔主张由政府出资创办工场手工业的发展模式不同，英国主要是加强对外扩张，为此制定了一系列航海法令控制海外贸易，表现为对商业利益、海上霸权和海外殖民地的集中争夺。

但是当英国人按照重商主义政策在北美建立殖民地时，他们发现其殖民地与西班牙和葡萄牙的殖民地差异太大。后者开拓的殖民地是美洲古老的文明国家，且矿藏资源非常丰富，是可以直接在土地上挖掘到黄金和白银的，而英国人所到达的美洲殖民地既不是文明发达之地，也不是出产贵重金属之地。他们所到之处都是未经开发的土地和莽莽森林，其中散落定居着一些宁死不屈的原始印第安部落。英国殖民者首先要把自己的人民、经济制度和文化输送到这个新发现之地，在很大程度上要再现"祖国的文明"，或再建一个新的世界。

1607年至1773年，英国重商主义政策和手段随时间推移有所变化，但所要达到的最终目标没有太大变化。对重商主义者来说，为了从殖民地获得最大利益，就要制定恰当的殖民政策。核心是：英国要成为其殖民地进出口产品贸易、殖民地货物运输贸易的唯一受益者。其中的关键是贸易本身，而且要在所有这些贸易中占据垄断地位，以保证国家关税收入最大化，同时要使英国商人所获利益最大化[1]，通过贸易攫取更多财富。

英国政府视殖民地为其自身领土的简单延伸，英国人也把殖民者看作生活在远方的英国公民，殖民者也是这么看的，他们既是重商主义政策的执行者，也是受益者。1607年至1660年，殖民者与宗主国居民对于重商主义问题的看法没有本质差别。如1651年英国议会通过的"航海条例"，是针对荷兰海上霸权而制定的。该法案规定：凡从欧洲运往英国的货物，必须由英国船只或商品生产国的船只运送；凡从亚洲、非洲、美洲运往英国或爱尔兰，以及英国各殖民地的货物，必须由英国船只或英属殖民地的船只运送；英国各港口的渔业进出口货物，以及英国国境沿海贸易的货物，完全由英国船只运送。1660年修改后的"航海条例"规定，货物运输船3/4的船员必须是英国人，外国货物如烟叶、棉花、糖必须运往英国或英国的殖民地，这对殖民地来说也还是有利的。

1660年后，英国重商主义政策有较大调整，如1663年修改后的"航海条例"就规定所有欧洲运往美洲的货物必须经过英格兰或威尔士。1670年、1671年、1673年、1696年和1733年对"航海条例"进行了多次修改，但它们都主张通过英国港口进行海外贸易，建立更多的英国公司，以控制在殖民地的主要贸易活动，并努力指导更多的贸易行为，规定对北美西部地区法国殖民地出产的糖征以高关税。这些法案的实施，充实了英国皇家政府的金库和富商们的钱柜。

（二）英国重商主义政策与不同类型殖民地

英国重商主义政策造就了北美地区13个情况各异的殖民地，英国国王权力和权威通过特许经营公司，以及享受特权而又富有的业主们扩散到北美殖民地。英国人在海外开拓的殖民地必须是隶属于英国国王的海外领地，对这些殖民地的占领和殖民原则上都必须得到英国国王特许，

---

[1] S. D. Smith, "The Market for Manufactures in the Thirteen Continental Colonies, 1698-1776", *The Economic History Review*, New Series, Nov., 1998, Vol. 51, No. 4, pp. 676-708.

且都是以个案方式处理。在殖民地区，殖民制度也逐步发生变化，包括殖民目标的变化，即由最初的商业殖民转向农业殖民，以及组织形式的变化，即由合股公司取代商人个体。最后殖民地变成"聚群而居的演习，一场社会秩序的实验"。

英属北美殖民地有三种类型，包括公司殖民地、业主殖民地和自治殖民地。英格兰人、不列颠人及其他欧洲人是殖民地所移植的经济组织的"直接生产者"，他们是美国经济发展的必要条件。但英国人在美国经济发展中具有奠基者效应。英格兰人或者至少是英国人，几乎用他们所有的热情通过商业公司等方式建立一系列英国式海外殖民居住点，这些殖民居住点与国内进行贸易，并与国内的贸易、宗教、科学和政府组织保持一致。

北美殖民地普遍经历由公司到社会的转变，其中的关键是土地制度的变化。如1614年弗吉尼亚殖民地开始进行土地制度改革，实施公司土地私有化和农业殖民制度，这对北美殖民地社会发展产生重要影响。在殖民地发展过程中，印白关系恶化、管理问题突出，以及对劳动力的大量需求加速了殖民地社会的转变。

殖民者建设了其居住的小城市和城镇，并在殖民地发展了农业、渔业、矿业、伐木业、农产品加工业等。其中农业、农产品加工业是殖民地生存和发展的基础，商业和手工业是殖民地经济的重要组成部分。各个拥有不同资源禀赋的殖民地，必须寻找市场和比较竞争优势，由此形成专业化的地域分工。

北部新英格兰地区，由于土地贫瘠，适合发展畜牧养殖、奶制品、渔业、制造业、造船和航运服务业，但要进口粮食。由于有城镇和海港支持，该地区市场较发达，贸易设施相对便利。中部殖民地区包括纽约、宾夕法尼亚、新泽西、特拉华等，土地肥沃，农业用地充足，适合大型多元化农业，此外造船、炼铁、小麦生产、畜牧养殖和加工等产业发达。南部殖民地包括马里兰、弗吉尼亚、北卡罗来纳、南卡罗来纳、佐治亚等，地广人稀，适合建立农业种植园，发挥规模经济效应，开发种植诸如烟草、稻米、棉花、蓝靛等主要经济作物，作为贸易的大宗农产品。

在英属北美殖民地，普遍采用英国习惯法传统来处理个人与政府之间的关系,以及私人之间的纷争。各殖民地逐步建立自由市场体系,规则是购者自慎;政府则负责营业执照的颁发和制定其他管制措施,对自由贸易加以规制,如对垄断权、质量、商业道德、税收和公共事业的管制。

殖民地的人口来源于世界各地,其最初人口主要由自由人、契约劳工、出卖劳力来抵偿船资的移民、犯人和奴隶等组成。1700年殖民地人口约有25万人,1760年约有159.3万人。其中,白人占总人口的80%,而在白人中,78.9%来自英格兰,非白人占总人口的20%,形成典型的移民社会。农场主、种植园主、商人、技工、契约奴和黑奴等成为殖民地社会的主要阶层。

经过两家特许经营公司长期的殖民开拓,英国最终建立13个英属北美殖民地,大致可分为四个区域,即:北部新英格兰地区,包括马萨诸塞、康涅狄格、罗得岛、新罕布什尔;大西洋沿岸中部地区,包括纽约、宾夕法尼亚、新泽西、特拉华;切萨皮克地区,包括马里兰和弗吉尼亚;南部地区,包括北卡罗来纳、南卡罗来纳、佐治亚。

(三) 殖民地社会多种商业创新与发展方向

在英国商业公司建立的北美殖民地社会,殖民者不仅从事商业活动,还要承担较多的政治控制和社会管理功能,发挥英国王室在北美驻地管理当局的作用[①]。但随着时间推移和不断开发,北美殖民地社会又与英国本土有着较大差异。

本土主义学派认为,北美特殊的社会环境,特别是边疆的环境,塑造了"一个新的人,即美国人";边疆学派认为,美国边疆的资源禀赋创造了一个整体的大西洋资本主义体系,把美国与欧洲联系起来;持改造旧世界观点的学派认为,移民的目的是要在跨越大西洋的北美殖民地重建一个欧洲社会;理想主义学派认为,在欧洲受到压抑的新社会形式以及潜意识的东西,可以从欧洲社会带到北美殖民地的新环境,进行试验并开花结果;美国多数学者则认为,1790年之后边疆运动时期美国经

---

① 刘天骄:《英国与其北美殖民地关系的法理分析——从特许状切入》,《江淮论坛》2016年第5期,第129—134页。

济的发展过程，可以用本土主义理论进行解释。因为在 1790 年后美国经济生活更加多样化，这说明一个更大的和更加独立的新市场出现了，更多非英国移民涌入北美殖民地区，各种欧洲文化来源的影响趋于均衡。虽然人们很容易会把 17 世纪和 18 世纪北美东部沿海地区的经济看作欧洲经济的组成部分，但北美殖民地已经逐渐从英国重商主义，以及欧洲古老和复杂的社会生活中脱颖而出，成为文化界限模糊的新社会。

经营模式各异的特许经营公司建立的北美殖民地社会，因地区差异存在内部矛盾。如马萨诸塞与康涅狄格不时发生纠纷；宾夕法尼亚的家庭农场与纽约租佃制农场形成鲜明对比；马里兰殖民地是业主所有，而弗吉尼亚是最早的皇家殖民地；北卡罗来纳居民普遍贫穷，南卡罗来纳社会则存在鲜明两极化[1]。宾夕法尼亚、康涅狄格和罗得岛殖民地的特许经营权一直保留到美国独立战争时期。

从创新视角来看，在整个殖民地时期，北美殖民地是作为世界市场的一部分而成长起来的，市场需求决定了殖民地的成长道路。同时，英国实施重商主义政策，对殖民地的海外贸易有诸多限制，使殖民地贸易地域主要局限于英国本土，以及欧洲和英属加勒比海地区。因此，殖民地商业企业主要聚焦于产品和市场创新。如新英格兰的主要出口地区是西印度群岛，渔业产品、小型手工制品、船只、木材、松脂制品的市场需求很大，同时出口粮食，提供航运服务；中部殖民地区主要向欧洲和西印度群岛出口谷物、皮革、牲畜和小商品；南方地区则向欧洲和北美其他地区出口烟草、大米、蓝靛、林木产品和工业产品。这样就成功加入到环大西洋-欧洲的商业大循环中，形成外向型经济发展模式。

四 北美农商企业的经营技术和管理新方式

在这些殖民地出现的由第一批殖民者建立的各种企业，以及后来在殖民地出生的个人所建立的企业一般都是个人和家庭合伙制的小型商业

---

[1] 李剑鸣：《殖民地时期美国史研究中的若干重要问题》，《史学月刊》2001 年第 4 期，第 75—80、90 页。

企业，虽然沿袭着欧洲人的传统生产方式，但在产品、市场和经营方式方面已经开始了因地制宜的技术和管理创新。

（一）新英格兰地区的产业结构和商业组织

在整个殖民地时期，作为第一产业的核心部分，农业经济占据着英属北美殖民地的主导地位。家庭是基本的经济单元，最为流行的经济组织就是家庭农场，即农业小企业。在农业基础上，各地还发展农产品加工业，以及与当地人的生活和生产活动密切相关的手工制造业和商贸服务业等，主要解决衣食住行问题。

由于气候条件和自然资源禀赋与欧洲相似，与欧洲的贸易是同质性竞争，殖民地很难有获胜的机会和优势。但该地区主要是家庭式移民，由此建立了以家庭农场和家庭生产为基础的混合型农业生产体系，逐步形成了比较竞争优势。由于性别相对平衡，该地区充分利用女性劳动力生产各种原材料并进行工艺加工，如手工艺服务和奶酪制作等；同时遵循经济多样化原则，发展畜牧业、渔业、木材加工业，并种植小麦和大麦等。

伴随着商贸活动的开展，新英格兰殖民地建立了各种商业组织，如威廉·平琼就是当地著名的毛皮商，成立了从事毛皮贸易的商号。同时，发展城镇和港口经济，波士顿、纽波特和塞勒姆是北部殖民地的主要港口城镇。商人群体迅速成长起来，他们发挥企业家精神，积累大量商业资本和商业技能，为促进当地经济发展发挥重要作用。其中以波士顿为中心的商人资本，发展造船业、钢铁工业，以及其他与造船业相关的行业，如马车、船舶储备品、酿造和蒸馏制造，使该地区成为重要的制造业基地。

通过经营模式创新和市场开拓，新英格兰地区在手工制造、船舶制造、海运和商业服务方面取得领先地位，成功地模仿了英国的社会和经济特征，并完成经济一体化过程，成为加入资本主义经济体系最为成功的殖民地区。

（二）中南部地区的多元化农业生产经营活动

中南部地区土地肥沃、资源充足，纽约、新泽西、宾夕法尼亚和特拉华殖民地普遍建立 100 英亩（0.4047 平方千米）左右规模的大型商业性家庭农场，小麦和大麦是大宗出口农产品，形成以谷物生产闻名的多元化家庭农场生产模式，为商业和工业发展提供了内部市场。同时该地区还大规模放牧牛羊、伐木加工、煮碱、腌制肉产品，发展农牧加工业。中部偏南的切萨皮克地区，则发展烟草、稻米、甘蔗等种植园经济，普遍使用奴隶和契约奴。该地区的纽约和费城成为繁华的经济中心和海港城市，兴起制鞋、制陶、玻璃制造、木材加工和制革等行业，兼具商业批发和零售的商业企业由此发展起来。如一名来自西印度群岛的贵格会教派商人塞缪尔·卡彭特（1649—1714）于 1683 年来到宾夕法尼亚后就成立了一家公司，然后组织建设费城的第一个码头，为几个谷物磨粉厂提供金融服务，开展石灰窑的生产，并从事对西印度群岛的贸易活动。所有这些生意都取得了成功，以至于到 17 世纪 90 年代，卡彭特成为这个州最富有的商人①；又如费城的威林和莫里斯成立大型商业公司，力求摆脱对波士顿商业群体的依赖，最后都成为美国早期著名的金融家。

南部地区的弗吉尼亚、马里兰、南北卡罗来纳和佐治亚殖民地普遍以烟草、稻米、甘蔗和棉花的奴隶制种植园为主，更多的是与海外消费者和供应商做生意。农场主和种植园主是一群特殊生产者和商人，农场和种植园可视为综合型的农业商贸企业。

除家庭农场外，殖民地还建立了一些小作坊，由手工匠人负责进行少量制造活动。在小城镇，手工匠人一般会雇用 1 至 2 名被视为家庭成员的学徒和熟练工完成制造工作；在港口城市，会有规模稍大一些的船坞码头、制绳所、蜡烛制造商和朗姆酒酿造商等。直到美国独立战争时，城镇经济的核心要素还是这些个人单打独斗的作坊，费城的私人企业雇用的工人也就是 1 至 2 人②。

在殖民地农业经济中，除土地资源开发外，其他资源也会被当作副业利用起来，但规模是有限的。如伐木业在缅因州和北卡罗来纳州是比较普遍的，这两个地方经常给英国皇家海军提供木材，也与西印度群岛

---

① 〔美〕斯坦利·L. 恩格尔曼、罗伯特·E. 高尔曼主编《剑桥美国经济史》第一卷，巫云仙、邱竞主译，中国人民大学出版社，2008，第 180 页。
② Alfred D. Chandler, Jr., *The Visible Hand: The Managerial Revolution in American Business*, Harvard University Press, Thirteen Printing, 1995, p. 17.

做木材生意,当地农场主提供了大量造船和建筑等用途的木材。当时南方地区只有弗吉尼亚开采了一个煤矿,年产量只有 1000 吨。除生铁之外,所有金属制品都需要进口;在采矿和制造业中,最大的企业组织就是制铁厂,通常建立在农村,工作也是季节性的,像南方的种植园一样,它们会雇用契约奴,有时候会雇用奴隶进行生产。

(三) 全能型商人的商业模式及角色功能

殖民地有一个特殊的群体——全能型商人(或称万能商人),他们通常居住在港口和临河城镇,其创新主要体现在商业模式和角色功能上,可以有效协调商业组织的生产活动。

全能型商人要同时完成生产和销售两个环节,他们一边分销,在市场上出售制造品,一边给生产者提供原材料、工具和设备;既是出口商和进口商,也是零售商和批发商;既对从老主顾那里购买的货物有所有权,也充当其他港口商人的代理人,从中获取佣金。全能型商人还是当地社区的金融家,需要负责交通运输,以及货物的分销工作;当大宗农产品和制造品需要运输时,他们可以提供短期借贷;当种植园主、农场主和工匠有资金需求时,他们可以提供长期贷款;与其他商人合作时,他们要经营管理好运输船队,保管好货物,还要与其他人一起为当地建设、朗姆酒酿造厂、蜡烛厂、制绳所,以及码头和船坞等融资。在开展这些活动时,殖民地的全能型商人与涉足其中的所有人都是非常熟悉的,他们也尽可能地让其家庭成员参与这些商业活动。

在南方地区的巴尔的摩和查尔斯顿等城镇,全能型商人还是不多见的,因此,农业种植园主发挥了全能型商人的作用。在马里兰和弗吉尼亚殖民地以南地区,种植园主直接从英国商人那里购买货品,在伦敦的代理商负责买卖他们生产的棉花和稻米,同时购回其所需的供应品。种植园主对其附近的邻居则提供类似伦敦代理商的服务。在 18 世纪中期,当烟草种植推广到更远的内陆地区后,苏格兰商人开始派出代理商或代理人在那里建立永久性商店,以收集烟草并向山地地区的农场主和种植园主销售制成品。在更加遥远的南方城市,如萨凡纳等,居住在城镇的商人开始掌控该地区的贸易事宜,其作用类似北方地区的全能型商人。

（四）土地投资公司的组织制度和经营创新

在北美殖民地从事土地投机买卖的企业创新组织制度。合伙形式的土地投资公司是美国企业发展中的重要组成部分。从某种意义上来看，这类公司也是美国早期金融业的组成部分。

独立战争前，阿巴拉契亚山以西地区土地投机就非常活跃，如1748年成立的俄亥俄公司，从英国国王那里获得约809.4平方千米的土地（但也被法国声称有主权），在这个地区与印第安人进行土地买卖，并从事土地投机事业，曾在1763年的法印战争中发挥重要作用。该企业就是一个合伙制企业，合伙人是由一大群种植园主构成的，其中就包括美国开国元勋乔治·华盛顿。1785年后俄亥俄公司可以用大陆币在西部购买土地。

弗吉尼亚皇家公司（1749—1776）是弗吉尼亚最大的投机性土地公司，在肯塔基被国王授予80万英亩（3238平方千米）的土地，也是俄亥俄公司的竞争对手。该企业的成员之一就是美国开国元勋托马斯·杰斐逊。印第安纳公司是另一家土地投机公司，公司成员之一是托马斯·潘恩，但其声称要获得的土地已经被弗吉尼亚皇家公司所有。另外还有密西西比公司，该公司取得在1763年《巴黎和约》下由法国让与英国的2500万英亩（101171平方千米）土地[①]。

在北美殖民地还有很多类似的土地投机公司，如詹姆斯河公司、西部泽西协会、开普菲尔公司、宾夕法尼亚法兰克福公司、宾夕法尼亚土地公司，以及军人冒险家公司和伊利诺伊-沃巴什公司等。这些土地投机公司的规模都很大，基本上都是合伙制企业，不少美国开国元勋、早期金融家、大商人等都涉足其中。如华盛顿是密西西比公司的成员，也是1762年成立的大沼泽公司的投资者。

1700年之前，投机性成为获得财富的基础，在北方和西部地区有大量土地投机公司，在南部殖民地区出现大型种植园。直到南北战争结束后很长时间，种植园都是南部殖民地经济和政治的统治组织。威廉·伯

---

① Jerry W. Markham, *A Financial History of the United States, From Christopher Columbus to the Robber Barons (1492-1900)*, M. E. Sharpe, 2002, pp. 102-104.

德、威廉·菲茨休和罗伯特·贝弗利是其中三个主要种植园主；约翰·华盛顿是后来美国开国元勋乔治·华盛顿的父亲，1657年从英格兰来到弗吉尼亚，也是种植园主。

种植园是古老的大规模生产形式，主要集中在南部殖民地的棉花、烟草、甘蔗种植园中，其中与棉花有关的三种生产组织形式包括边疆垦殖者、自耕的小商品农场和奴隶制种植园①。种植园主雇用监工帮助其管理种植园，虽然种植园对劳动进行了分工，对各项工作进行了协调，但没有对管理的发展产生多大影响。

（五）合伙制和法人股份制商业组织创新

商业性公司是殖民地企业的重要组成部分，基本上也是合伙制企业，如1642年在马萨诸塞成立的殡葬与玻璃公司，以及由小约翰·温斯罗普和罗伯特·布里奇斯成立的钢铁公司。1645年成立的林恩制铁坊，获得21年铁矿开采的垄断权。另一家采矿企业是1682年由威廉·潘恩建立的，名为贸易者自由协会。

非法人公司的企业在渔业、捕鲸业和道路桥梁建设行业比较常见，如1675年成立的纽约公司就是一家合伙制渔业企业；1700年在宾夕法尼亚成立的一家道桥修建企业也是合伙制企业。

英国国王特许权的存在使殖民地商业企业的发展受到限制。法人股份制企业要得到英国国王授权才能建立，殖民地的业主们认为，只有在英国国王授权下建立殖民地的人才有这样的特权，若没有国王特殊指令，任何公司都是不被承认的。在英属北美殖民地，到底谁有权给企业发放执照？是当地立法机构，还是英国的皇室统治者？这个问题长期困扰着殖民地的商人们，因为殖民地政府只能给市政、慈善和教育机构发放营业执照许可，很少有商业性公司得到授权。

1665年至1686年，纽约殖民地授权成立商业性股份公司；1652年马萨诸塞湾殖民地政府授权成立一些个人组建的商业性公司，以提供水灾和火灾保护，但殖民地业主要派人专门监管这些企业。1769年成立的

---

① 南北战争结束后，美国南部地区逐步形成棉花生产基地。不过在发展棉花专业种植的同时，南部地区也发展了木材和纺织业，后又发展冶铁业，到19世纪90年代，该地区基本完成电气化时代的工业化任务。

美洲英格兰国教神职人员寡妇和儿童救济会,名义上是个教会救济机构,实际上是一家保险公司。

在美国独立战争前,有9家教育机构是在政府特许状下运营的,包括:1636年创建的哈佛学院(现哈佛大学,1650年成立公司,特许经营期限结束后还引起不少争论,直到1707年重新获得特许权);1693年被授予英国皇家特许权的玛丽和威廉学院;1701年获得最初经营特许权,1745年被重新颁发营业执照的耶鲁学院(现耶鲁大学);1748年被授予特许权的新泽西学院;1766年获得授权的女王学院(后来成为美国罗格斯大学);1769年被授权成立的达德茅斯学院(现达德茅斯大学)[①]。

1731年成立殖民地第一个图书馆的法人企业组织(费城图书馆公司)。当时成立的俱乐部和社会团体也是法人组织,如1754年成立的海员协会,为航海搜集情报,以及为海员的孤儿寡母提供救济。1770年纽约商会获特许权成立。

北美殖民地第一家法人商业企业是1682年在宾夕法尼亚州成立的贸易者自由协会,这是由宾夕法尼亚殖民地政府授权成立的。接着是1686年在波士顿成立的伦巴德信贷银行、1707年在康涅狄格州成立的一家采矿公司、1715年马里兰州运营的一家制铁企业、1731年在巴尔的摩附近营业的制铁企业、1732年在康涅狄格州授权成立的新伦敦商贸协会、1739年在马萨诸塞湾殖民地成立的土地银行等。

1750年马萨诸塞州成立的制造商和进口联合会是一家亚麻制造公司,目的是鼓励亚麻制造;1764年在纽约成立艺术、农业和经济促进会,以鼓励制造业,抑制奢侈消费;1772年波士顿码头业主公司成立,被当地政府授予特许经营权;1772年至1773年,罗得岛州殖民地政府授权成立3家供水企业;为了促进制造业的发展,1775年成立费城联合公司[②]。

美国的产业发展格局从殖民地时期形成以后就一直延续下来,至美国独立以后也没有太大改变,美国经济发展是在农业和种植园经济的基

---

① Jerry W. Markham, *A Financial History of the United States*, *From Christopher Columbus to the Robber Barons*(1492–1900), M. E. Sharpe, 2002, p. 105.

② Jerry W. Markham, *A Financial History of the United States*, *From Christopher Columbus to the Robber Barons*(1492–1900), M. E. Sharpe, 2002, pp. 105–106.

础上发展起来的。商业性企业的技术创新要考虑美国土地资源相对丰富，而劳动力资源严重不足的情况，一切有利于提高农业生产力的技术都有可能被运用于生产之中，人们对节约劳动力的生产工具的需求，刺激了与农业有关的机械设备和技术创新，如拖拉机、播种机、打谷机、收割机和挤奶器等。

五 独立战争改变企业管理制度和经营环境

独立战争是美国历史上的划时代事件，不仅改变了美国的历史发展方向，而且从微观层面改变了企业的管理制度和经营环境。

（一）英国与北美殖民地的利益冲突和矛盾

17世纪以来英属北美殖民地为促进英国繁荣富强发挥了重要作用。在一个半世纪的殖民时期，英国实施的重商主义政策是成功的，但也使人们在分享成功的方法等方面产生诸多不满，从这个意义上来看，英国重商主义也种下和培植了导致其自身毁灭的种子。

1760年后英国商人阶层逐步被新兴工业资产阶级所取代，英国议会为了满足不同利益集团的要求，对"航海条例"进行多次修改[①]。这让殖民地居民清楚地感受到他们美好的生活已经面临威胁。因此，各种抵制和反抗宗主国的活动不断出现，殖民地与宗主国的分裂趋势越来越明显。

特别是1760年后英国的国策已逐渐转变为支持制造业阶层。对于在之前的制度安排下成长起来的北美殖民者和商人阶层来说，这样的形势令他们感到非常不舒服。因为无论他们做出多大的贸易和金融贡献，他们在英国经济中已经变得没有那么重要，北美殖民地的提案经常在议会里被忽视，而殖民地又没有有力代言人为其发声。为了偿还国债，英国政府对本土和殖民地采取不同的政策。在本土的税收动议受到抵制后，英国议会决定将税负从宗主国转移到殖民地，如1765年通过的《印花税法案》就是如此。

---

① 1849年，英国"航海条例"最终被废止，英国随后即宣布实施自由贸易政策。

长期在重商主义政策下成长起来的殖民地商人，通过各种商业性创新逐步壮大起来，独立意识越来越强。作为宗主国，英国还一直沿用重商主义思维习惯来看待殖民地的地位和作用，根本没有考虑到殖民地人的不同利益诉求。

英属北美殖民地为什么会反抗宗主国的统治而要求独立？其中的社会原因包括欧洲启蒙运动中富有民主性的哲学和政治思想，如洛克和孟德斯鸠等人的思想传到北美，殖民者开始用独立观察和理性思考取代那些传统的权威观点；一些美国开创者的自然神论，以及他们认为合适的政府体系，都来自启蒙运动中关于政教分离与自由的观点；科学革命带来的成就开始对每个人的日常生活与观念产生重大影响；出版品数量和传播速度的增加，让思想相近的人可以在各种议题上面展开全新的交流与讨论；宗教改革的潮流使北美开始"大觉醒"，个人意识和经验成为宗教经验中最有价值的地方。

北美殖民地反抗宗主国有着深刻的经济原因。1760年后，英国国王乔治三世决定全面检讨政府对北美殖民地的政策。为了让国家更加稳固和获得更多利益，英国颁布了一系列新的经济和土地分配政策，用来从殖民地获取更多财源。而这些政策往往被认为是正当的，因为殖民地人享受了英国对外战争胜利带来的成果；理论上，英国已经通过"航海条例"的规定管理殖民地的经济事务，不过长久以来普遍的逃税行为是被政府宽容的。

英国与北美殖民地的经济矛盾主要体现在英国税收政策上，1764年英国首相乔治·葛兰维尔颁布的几项法案使殖民地陷入经济困难，激化了北美殖民地与宗主国之间的矛盾；如《蔗糖法案》（1764）是为了对西印度群岛殖民地进行征税和管理，《货币法案》（1764）旨在限制殖民地独立的货币发行权，《印花税法案》（1765）的颁布是为了向殖民地征税，等等。

殖民地人的诉求之一是"谁有权可以向殖民地征税"，由此引发了各种抗议行动，包括对英国商品的联合抵制。而殖民地居民也认为只有他们自己的殖民地议会，而非英国国会才有权向他们课税，于是提出"没有代表权不能征税"的口号。

对此英国国会的回应是撤销《印花税法案》，通过《宣示法案》

(1766),声明无论在何种事务上英国国会都对殖民地拥有合法权力。1767年英国国会通过的《汤申法案》对一些进口到殖民地的日常用品课税,包括玻璃、颜料、铅、纸和茶等,此举遭到殖民地领导人的联合抵制。

1770年《汤申法案》被撤销,在北美殖民地发生流血冲突的可能性在理论上是可以避免的,但英国政府却把《汤申法案》中对茶叶的课税保留下来,作为某种象征性的政治宣示,表示英国还拥有殖民地的课税权。对革命者来说,只有殖民地代表才可以对他们课税,在这个原则下就算是一种税也足以使其揭竿而起。

殖民地人的另一个重要诉求是关于西部土地的,这些争议成为独立战争爆发的直接动因。英国的土地政策体现在《1763年皇家宣言》中,主要是限制殖民者在阿巴拉契亚山脉以西进行殖民开拓,以减少英国开拓者与印第安人之间的冲突。然而像丹尼尔·布恩这些人所领导的拓荒团还是继续越过分界线前往西部地区开垦,且与住在该地区的肖尼族等部落爆发冲突。1774年英国颁布的《魁北克法案》将魁北克的疆界延伸到俄亥俄河一带,重新采用法国式的民法规则,而且对该区域的天主教徒施以宽容政策。这一法案是当时英国人为了安抚加拿大魁北克的法裔人口所做的妥协,却激怒了正在闹独立的北美13州殖民地。

根据《魁北克法案》,魁北克辖区应当包括密西西比河流域以西地区和今天的俄亥俄州,这阻碍了北美13州人民的"西进",而且殖民者进入这个区域不但要受英国管制,还要受法国民法的限制。另外,《魁北克法案》还赋予天主教特权,这也是北美殖民地的清教徒难以容忍的。在西部要塞设置英国正规军的提议,也让那些想要前往西部地区开拓的殖民地人感到不满。

(二)殖民地利益诉求与独立战争解决方案

殖民地人的种种诉求,引发了关于宗主国在殖民地的作用问题的争论。英国人是如何影响北美殖民地经济增长的?到底是帮助,还是阻碍?英国人提供部分必需的补给,送来必要的人员,提供管理和军事上的保护,并希望从这项投资中得到回报。殖民地开始时采用英国制度,但被允许在不触犯英国法律的前提下进行调整以适应当地需要。但后来这两个系统发生巨大分歧，最终导致独立战争的爆发。

独立战争是英国与其北美13个殖民地的革命者，以及几个欧洲强国之间的一场战争。战争导火索是1773年发生的"波士顿倾茶事件"，即北美殖民地波士顿人民反对英国东印度公司垄断茶叶贸易的事件。独立战争的主要原因，包括对土地定居点的争夺、人口增长对土地的压力、官僚机构的成本，以及英国对殖民地贸易的限制等。

英国对殖民地实行的不公平税收政策吹响了独立战争的号角。1774年6月，殖民代表召开第一届大陆会议，通过不再允许进口英国货的决议。为贯彻这一决议，殖民地政府还组织成立了民兵队。殖民地的反抗及其对英国国王权威的蔑视行为引起英国的强烈反对，宗主国与殖民地之间的关系日渐紧张。

1775年4月马萨诸塞的"莱克星顿枪声"拉开了美国独立战争的帷幕。英国政府一直采取比较强硬的政策，声称要镇压和惩罚反叛者。1775年5月殖民地代表在费城召开第二届大陆会议，拒绝英国的和平建议，毅然决定走向革命道路。参加大陆会议的代表大部分是后来美国的缔造者，如华盛顿、杰斐逊、约翰·亚当斯、富兰克林和莫里斯等，他们都曾是有资产者和参与政务的英国公民。

1776年7月4日大陆会议通过《独立宣言》，宣告美利坚合众国的诞生。独立的美利坚合众国展开与宗主国英国的长期斗争。但新国家既没有国库，也没有全国性存款，更没有有效运行的政府机构，只能借助于发行货币、征用物资和举债来供应军需。在异常艰苦环境下，大陆会议领导了这场独立革命。经过多年艰苦抗争，1783年终于迫使英国签订《巴黎条约》，承认美国独立的政治地位。

（三）联邦制和国有土地政策助推企业发展

1774年至1789年联邦政府成立之前（大陆会议时期），美国初步建立三权分立的民主政治制度，实行邦联制的政治体制。但在这种体制下，中央政府处于松散状态，无力进行社会管理，实际上美国处于无政府状态。为了改变这一无力和无效的政府治理状态，需要建立一个强有力的联邦政府，美国开始制宪历程。

1789年3月美国制宪会议通过1787年制定的《联邦宪法》，决定实行联邦制。新宪法赋予联邦政府四个重大权力：征税权，公债可以得到充分清偿，海陆军可以依靠政府支持而得到维持；建立和维持海陆军权，可以平息内乱，抵御别国的商业和领土野心；全权统制对外贸易与州际贸易；全权处理西部的土地资源。

联邦制度确定了美国由商业资本主义向工业资本主义转变的基本路线。美国宪法确立了市场经济制度；宪法从私有财产出发，强调个人对财产的权利、经济个人主义和市场的自发作用，主张社会经济生活都由市场的供给和需求来自发调节，无须国家和政府的计划和干预；国家经济职能仅在于对产权的清晰界定和保护，以确保交换在当事人共同利益的边界内发生，这就明确界定了政府的职能是扮演"守夜人"的角色，制定规则并保证规则的实施，此外的一切都由市场来决定。在这样的政治制度背景下，企业获得了自由发展的有利外部环境。

美国联邦政府实行的国有土地政策及对企业的土地"捐赠"促进了特定企业（如铁路公司）的发展。根据1783年《巴黎条约》，美国从英国手里获得88.9万平方千米土地。那么如何处置如此丰富的土地资源呢？到底谁可以拥有西部土地？是私人还是国家？最后以杰斐逊为代表的"土地捐赠"观点得到普遍认同。

杰斐逊认为"捐赠"土地是最合适的方式。因为各州土地的所有权原则上都是来源于英国国王的授权，殖民地独立和成立统一政府后，联邦政府自然要从英国国王那里继承对北美土地的控制权，各州应该让渡土地所有权，联邦政府是这个权力的受馈赠者。杰斐逊建议土地"捐赠"从全国开始，这些土地应该成为全国政府的一次性财政收入来源，成为共和国政府和民主制度的基础，成为私人所有者的安全财产。从英国获得的西部土地应该成为美国民主边界的延伸，而不是政府、社会，或经济政策与实践分离的基础。政府可以对公共土地有无限继承权，然后通过销售将权利转移给私人购买者。

根据美国政府通过的1784年、1785年和1787年土地法令，实行土地国有政策，并由联邦政府处理土地问题，从事西部土地投机买卖的商业公司相继成立，参与了国有土地的处理。除一般土地投机家、普通农场主和奴隶主这三大社会力量外，政府官员也大都涉足其中，如本杰明·富兰克林、华盛顿、汉密尔顿、亨利·诺克斯（美国大将军，第一任国防部长)、亚历山大·马克姆、威廉·杜尔和罗伯特·莫里斯等人都曾是大土地投机商。

美国政府对公共土地的处理方式大致有四种。一是政府购买方式，政府对土地的处理开始于1787年，以每英亩10美分的价格将100万英亩（4047平方千米）的土地卖给俄亥俄联合公司；二是市场购买，分为现金购买和投机性买卖；三是非法"擅占者"，确定优先购买权与划分等级；四是根据1862年的《宅地法案》进行处理。根据定居和劳役授予土地，在有争议土地上建设产权。

从历史来看，美国联邦政府之所以能够实行国有土地政策，与其获得大量土地资源有关。如1803年美国从法国购买路易斯安那（约1500万美元成本）；1819年通过与西班牙签订条约获得佛罗里达；1845年得克萨斯州加入美国联邦；1846年美国从英国人手里得到俄勒冈州；1846年与墨西哥的战争结束后，美国获得加利福尼亚、内华达、犹他、怀俄明、科罗拉多和新墨西哥等州。至1853年美国土地面积已经达到19亿英亩（7689027平方千米）。

国有土地资源的处置是美国土地投资公司兴起的法律和制度基础，也是西进运动的开始。有了这些政治和经济基础后，美国在第二次英美战争（1812—1815）后获得经济上的真正独立，最终把英国军事力量推进到五大湖以北地区，并清除英国在西部的存在，这样美国才有可能向广阔的西部地区开拓，同时实行关税保护、保护民族工业的发展、鼓励制造业等一系列政策，美国企业和个人获得有利的发展环境。

19世纪初面对拿破仑的大陆封锁政策，美国不得不把更多的商业资本投入国内制造业，从而使美国走上"工业革命"道路。在此大背景下，在制造业、金融业和交通运输等行业，美国各类企业均获得迅速发展。

六 典型企业案例

殖民地时期的美国企业以特许经营的商贸企业为主，当然也有农业公司、土地公司，以及少量法人股份制企业等，因此在这部分特选择哈德逊湾公司和西北公司这两家经营方式和发展结局截然不同的企业作为典型案例。

(一) 哈德逊湾公司：善于创新与走出荒野

创建于1670年的哈德逊湾公司是北美大陆历史最悠久的企业，至今已连续经营350多年。目前是加拿大一家上市的多元化全球零售商业集团，总部位于多伦多。2016年底总资产为134.81亿加元，股东权益为26.02亿加元①。近几年由于新冠疫情的影响，该企业面临经营困境，但在全球仍拥有近250家门店、3.9万名员工，业态形式包括奢侈品商店、高档百货店和折扣时尚购物中心，是如今北美地区仅存的尚在持续运营的殖民地时期建立的特许经营企业②。

从最初从事野蛮的毛皮贸易，到血雨腥风的殖民探险开发，从贸易站到实体店，到现代时尚百货店，从北美荒野的丛林式竞争，到扎根于欧美现代大都市的百货商场和购物中心，哈德逊湾公司不断进行经营创新，最终完成转型发展，成为现代百货企业，在纽约和多伦多等地拥有4家实体店、1家时尚和奢侈品折扣电商平台。

1. 北美荒野中亦政亦商的毛皮贸易公司

自从1492年哥伦布发现美洲新大陆后，欧洲各国殖民者接踵而至，但在北美地区并没有发现金银财宝，资源相对丰富的毛皮遂成为主要的大宗贸易商品。恰巧从16世纪后期开始，海狸皮制作的毡帽成为欧洲上流社会追逐的时尚品。因此，以海狸皮为主的毛皮贸易成为当时牟利丰厚的行当，这是早期殖民探险者在北美殖民开发的主要业务。哈德逊湾公司起源于英法两国争夺北美地区的皮货资源和毛皮贸易权益。当时可供贸易交换的毛皮主要是海狸皮，另外还有狐狸皮、熊皮、白尾鹿皮、驯鹿皮、麋鹿皮和野牛皮等。

毛皮贸易不仅是早期北美地区的一种殖民开发模式，也是欧洲列强争夺殖民利益的重要领域。为了争夺更多和更优质的毛皮资源，各国派到该地区的贸易公司和殖民探险者直接参与彼此间血雨腥风的斗争。为

---

① Hudson's Bay Company, *Management's Discussion and Analysis of Financial Condition and Results of Operations for the Thirteen and Thirty-nine Weeks Ended*, October 29, 2016, p. 17.
② 巫云仙:《毛皮贸易·殖民探险·并购 现代大型百货集团——哈德逊湾公司是这样炼成的》,《清华管理评论》2017年第9期, 第67—75页。

了控制圣劳伦斯河流域的毛皮资源，法国曾多次派出殖民探险队。如1608年在殖民探险者尚普兰领导下，法国在北美地区创建了新法兰西殖民地。而荷兰商人也来到这一地区，并于1614年在哈德逊河口建立新阿姆斯特丹（今纽约市）殖民居住点，插手毛皮贸易活动。1620年英国人也开始在普利茅斯建立殖民定居点。虽然俄国、西班牙、瑞典和荷兰都曾经染指过北美的毛皮贸易，但真正的争夺是在英法两国之间展开。法国人以蒙特利尔和圣劳伦斯河为中心，依靠独木舟、河流系统、印第安人，以及散落各地的被称为"森林客"的毛皮动物游猎者，在北美大陆创建了一个庞大的毛皮贸易帝国，垄断了加拿大和新法兰西殖民地的毛皮生意；而英国人活动范围基本上是在新英格兰和哈德逊湾一带，在竞争中处于劣势。

17世纪70年代这一局面得到扭转，主要是源于两个法国人的探险经历和游说使哈德逊湾公司成立的建议得以落实。

1659年法国商人雷迪森和戈瑟利尔来到北美上大湖盆地探险。一年后他们带回上等海狸皮，以此证明哈德逊湾地区具有潜在的毛皮贸易优势。他们了解到克里族印第安人所在地区出产毛皮，为了方便捕猎毛皮，减少成本，他们建议法国政府在哈德逊湾附近建设贸易站，但这些建议不仅没有得到法国官员的认可和批准，还以其擅自捕猎并进行毛皮贸易的行为，遭到法国政府没收货品和罚款。

在法国遇到挫折的雷迪森和戈瑟利尔，不甘心就此失去在北美的毛皮贸易机会。为了能够到哈德逊湾地区进行毛皮贸易，他们前往马萨诸塞州的波士顿，与当地一些商人接触，希望能得到资金帮助。波士顿商人同意这两个法国商人到哈德逊湾地区猎捕海狸的计划，并给予一定资金支持，但此次探险活动于1663年失败了。出生于波士顿的殖民地长官乔治·卡特莱特了解到这一情况后，建议他们到伦敦去募集资金。

1665年雷迪森和戈瑟利尔来到伦敦，当时正值伦敦发生瘟疫，他们难以筹集到所需资金。经朋友引荐他们与英国王子鲁伯特见面，商谈毛皮贸易的计划，王子又引荐他们去拜访查理二世国王。最后法国商人的计划得到英国皇室支持和资助。英国之所以会支持法国商人，主要是因为他们嗅到北美毛皮贸易的大好商机。1668年英国人筹集到2艘船，并组织探险队，目的是到北美寻找毛皮贸易机会。一年后探险队满载而归，得到价值1380英镑的上等海狸皮。此次探险的成功极大地鼓励了英国国王到北美从事毛皮贸易和开拓殖民地的野心。

1670年5月在英国国王查理二世的授权下,在伦敦组建了哈德逊湾公司,英国国王任命的首任长官就是鲁伯特王子,总部设在哈德逊湾的约克费托里。这一举动使英国不仅控制了毛皮贸易的价格和货源,而且控制了英国和英属北美殖民地之间的毛皮贸易,也改变了英法多年来在北美地区的争霸格局[1]。哈德逊湾公司后来探险开发的这一地区就命名为鲁伯特领地[2],位于今加拿大境内的哈德逊湾盆地地区,面积约150万平方千米,覆盖今加拿大1/3的国土面积,并延伸到今美国中北部一些地区[3]。

自从获得英国国王授权成立后,哈德逊湾公司获得在加拿大流入哈德逊湾的所有河流流经地区的贸易垄断特权,同时享有在哈德逊湾一带进行殖民的垄断权,一跃成为当时世界上最大的地主。一家商业公司俨然成为事实上的殖民地政府机构,公司有权制定法律、定罪和处罚,依照英国法律审理所有刑事和民事案件,可以拥有军队,任命指挥官和建立堡垒。

在北美的茫茫荒野中,1670年至1717年哈德逊湾公司开始企业经营的实践,先后建立6个贸易站。这是与法国人深入北部地区采取游猎模式不同的一种贸易方式,即工厂式贸易站毛皮经营模式,英国人由此沿着詹姆斯河和哈德逊湾一带建立了更多堡垒和贸易站,1731年后就把毛皮贸易的地域范围推进到温尼伯湖西部很远的地方[4]。

---

[1] 哈德逊湾周围不仅是北美洲最优质的毛皮资源所在地,而且比法国人控制的圣劳伦斯河—五大湖流域更靠近毛皮产地,因而具有更大的竞争优势。公司成立后,英法双方由原来沿圣劳伦斯河—五大湖—密西西比河一线的对峙,变成英国人从北面的哈德逊湾与东面的13个殖民地两个方向上向内陆推进,切断圣劳伦斯河与五大湖之间的联系,夺取整个加拿大和路易斯安那;而法国人则力图把英国人向北赶进哈德逊湾,向东把13个殖民地的势力控制在阿巴拉契亚山以东。

[2] 从1670年至1870年,鲁伯特领地一直由哈德逊湾公司管辖。1821年哈德逊湾公司的垄断权从鲁伯特领地扩展到太平洋沿岸一带。

[3] H. Robert Baker, "Creating Order in the Wilderness: Transplanting the English Law to Rupert's Land, 1835-51", *Law and History Review*, Summer, 1999, Vol. 17, No. 2, pp. 209-246.

[4] Alvin C. Gluek, Jr., "Industrial Experiments in the Wilderness: A Sidelight in the Business History of the Hudson's Bay Company", *The Business History Review*, Winter, 1958, Vol. 32, No. 4, pp. 423-433.

法国人的森林游猎模式注重与印第安人的合作，而英国人的贸易站模式侧重于长期相对固定的贸易伙伴。经营公司的人员既是商人，也是官员，体现了其亦官亦商的身份特点。公司的商人和狩猎者与当地许多印第安人建立了贸易联系。印第安人每年都会到这些贸易站用毛皮交换公司的商品，如刀具、水壶、玻璃珠子、针线和毛毯等。

为了与英国的哈德逊湾公司相抗衡，1681年法国在北美的新法兰西殖民地政府支持新法兰西商人谢奈组建"北方商业公司"，也计划到哈德逊湾周边地区建立贸易站，同英国人争夺这一地区的毛皮资源①。英法之间甚至发生多次战争，1697年英法军队在北极地区发生了一次历时长达9年且规模最大的一次海战，结果是法国获胜，法国商人因此占领哈德逊湾公司建立的贸易站，致使哈德逊湾公司在20年时间里都发不出红利来。

英法海战后不久，1713年发生西班牙王位继承战争，战后签订《乌特勒支条约》，法国人承认英国人对纽芬兰、新斯科舍和哈德逊湾周围的占有权，放弃所有对哈德逊湾公司的侵占。哈德逊湾公司因此获得重新发展，而法国人越来越处于劣势。在1740—1748年奥地利王位继承战争中，法国在北美的重镇路易斯堡被英国人攻下；在1755—1763年英法七年战争中，法国战败，并于1763年签订《巴黎和约》。法国在北美的殖民地，除两个小岛外全部易手，从此法国退出北美地区毛皮争夺战，原来法国人管辖地区的毛皮贸易站都被讲英语的商人接管。

七年战争期间，由于面对来自蒙特利尔毛皮商人的竞争压力，哈德逊湾公司被迫改变经营模式，不再守着贸易站等着别人送货上门，而是主动走出贸易站，深入北美内陆地区寻找上好的海狸皮和其他毛皮资源②。为此哈德逊湾公司先后进行了3次大规模的探险活动。一是1690—1692年由亨利·凯尔西率领的从哈德逊湾向西南方向的探险活动；二是1754—1755年由安东尼·亨迪沿着凯尔西的方向到更远的西部

---

① W. L. Morton, "The North West Company: Pedlars Extraordinary", *Minnesota History*, Winter, 1966, Vol. 40, No. 4, pp. 157–165.

② Ann M. Carlos and Frank D. Lewis, "Indians, the Beaver, and the Bay: The Economics of Depletion in the Lands of the Hudson's Bay Company, 1700–1763", *The Journal of Economic History*, Sep., 1993, Vol. 53, No. 3, pp. 465–494.

地区的探险活动；三是 1770—1772 年由塞缪尔·赫恩开展的从哈德逊湾向北的探险活动。这些探险路线说明，英国人的活动范围已经超越贸易站的狭窄范围，到达更为广阔的内陆西部和北部地区[①]。

随着不断探险和开拓，北美地区的未知地域逐步被开发出来，哈德逊湾公司的足迹也向西到达太平洋沿岸一带，一连串的贸易站沿着河流网络建立起来，这就是后来加拿大城市温伯尼、加尔加里、埃德蒙顿和温哥华的雏形[②]。

在企业经营的第一个 100 年，哈德逊湾公司制定严格等级制度，包括官员和服务人员两个等级。官员等级包括代理商、师傅、首席交易商、职员和外科人员；服务人员等级包括商人、船夫和劳工。公司官员主要经营毛皮贸易站，其责任包括监管贸易站的工人，给毛皮估值，以及保管毛皮贸易站的交易记录档案等。

公司总裁常驻英国伦敦，他们需要这些可以信赖的官员去打理世界范围的毛皮交易活动。毛皮交易市场是一个动态市场，在处理价格，以及与交易商打交道时，哈德逊湾公司需要采用灵活的方式。价格调整是由贸易站的负责官员确定的，总部办公室只负责记录价格标准与单个官员所定价格的差异。剩余部分或官员所得的任何额外收入都会严格记录在册，以确保公司利润不被私吞。

尽管公司的中央总部与设在各地的贸易站相距千里，但这种严格而又灵活的等级制度是哈德逊湾公司成功控制企业经营活动的主要制度保障。

2. 经营模式创新：与法国西北公司的竞争与合作

在运营 100 多年后，哈德逊湾公司遇到一个强劲对手——西北公司（North West Company，NWC）。这是一家总部设在蒙特利尔的毛皮贸易公司，1779 年由法国毛皮商人成立，公司采取合伙制形式。1783 年西北公司成为一家永久性股份公司，这是加拿大以及北美地区第一家股份制企业。18 世纪八九十年代，西北公司进行了两次横跨北美大陆的探险活

[①] George E. Ellis, "Hudson Bay Company, 1670-1870", *Journal of the American Geographical Society of New York*, 1886, Vol. 18, pp. 127-136.

[②] Hudson's Bay Company, *The Growth of the Fur Trade*, 2013, pp. 1-2.

动，随之把贸易范围推进到落基山脉的大荒野和太平洋沿岸一带。1784年西北公司已经对哈德逊湾公司的利润构成实质性威胁。

在西北公司成立初期，其最大优势是公司法裔员工生气勃勃的探险精神，以及公司管理层对毛皮贸易形势的快速反应和决策能力；劣势是贸易线路越来越长。而哈德逊湾公司的最大优势是其贸易路线，劣势则在于其员工缺乏探险的热情和海外决策系统不灵活，因此往往在竞争中处于不利地位。

1795—1802年西北公司进行内部重组和整合，但在组织和资本方面比较依赖于盎格鲁-魁北克人，以及越来越多的法裔加拿大人。他们在贸易站建设、管理、股权控制，以及对散落各地与土著进行毛皮贸易的"森林客"的编号管理等方面发挥了重要作用。1796年为了在全球毛皮贸易中占据有利地位，西北公司在纽约市设立代理处。

在长期贸易竞争中，西北公司还是暴露了一些制度的弱点。如哈德逊湾公司的特许权可以使其在鲁伯特领地具有垂直的垄断权，容易获得上等毛皮。为此西北公司游说英国改变公司特许权的行动失败了。后来西北公司决定铤而走险，组织两次横跨北美大陆的探险活动，获得富产毛皮的西北地区的占有权，由此斩断哈德逊湾公司部分利润来源。1800年，哈德逊湾公司的利润是3.8万英镑，而西北公司的利润却是14.4万英镑。19世纪初期西北公司不断向西和内陆扩展，并继续获得较大利润，但与哈德逊湾公司的关系非常紧张，利润空间越来越小。

为了改变这一状况，西北公司采取了一些措施。如纽约分公司允许加拿大人设法冲破英属西印度公司的贸易垄断权，试图把毛皮商品运到中国市场出售。同时西北公司货船挂的是美国国旗，这就意味着公司必须一直与美国商人约翰·雅各布·阿斯特合作，但这一合作关系维持的时间不长，后来就变为竞争关系，特别是在东方市场和西部尚未开发地区。1806年拿破仑封锁欧洲大陆后，加拿大毛皮贸易市场发生较大变化，英法和英美之间的关系非常紧张，这是西北公司在短期内无法改变的外部环境，公司经营陷入困境。

1810年后，对海狸的过度捕杀引起整个毛皮贸易行业的危机，加拿大和美国边界地区的毛皮贸易几乎停顿，西北公司濒临破产解散境地。1820年，西北公司发行铸币以缓解资金不足，但也积累了大量债务。公

第 2 章 传统商业技术创新与殖民地的商贸企业

司股东拿不出任何有效措施,唯一的出路是与曾经憎恨的对手哈德逊湾公司合作。

1821年在英国政府干预和授权下,哈德逊湾公司(共97个贸易站)与西北公司(共76个贸易站)进行合并,结束了两家公司的恶意竞争,合并后的哈德逊湾公司重新进行机构调整和贸易区域整合。

合并后哈德逊湾公司的长官是原西北公司的主管乔治·辛普森爵士,还有一队军官、25名首席成员、28名首席交易官等共同分享利润。公司贸易活动区域超过700万平方千米,跨越整个北美大陆的北部地区,延伸到太平洋沿岸的西北地区,包括今俄勒冈、华盛顿和英属哥伦比亚地区,以及北部的阿拉斯加、育空、努勒维特等地,拥有1500名签约雇员①。

为了方便货物运输,哈德逊湾公司于1821年建立了一条以哈德逊湾的约克费托里总部为起点,经挪威豪斯、埃德蒙顿、阿西堡、柯林斯堡和内兹佩尔塞堡,可直接到达太平洋海岸的温哥华贸易站的"快速毛皮贸易"通道②。

公司合并后等级制度更为严格,官员和服务人员等级几乎是不可能跨越的。官员负责单个贸易站的事务,责任更大,因为他们是直接执行公司最高领导和董事会决策的人。责任之一就是要确定一些特定毛皮和商品的价格,称为官方价格或标准价格。

与西北公司合并后直到19世纪50年代,哈德逊湾公司垄断着北美地区的毛皮贸易。在当时政府治理缺位的北美殖民地区,哈德逊湾公司不仅垄断毛皮贸易,还主导当地的社会经济活动,甚至履行政府管理的主要职能,俨然成为殖民地的"利维坦"③。但也面临红河殖民地独立毛皮商人和美国毛皮贸易商的威胁。哈德逊湾公司虽声称对俄勒冈拥有主

---

① Aaron Newell, "North West and Hudson's Bay Companies", *The Washington Historical Quarterly*, Jul., 1924, Vol. 15, No. 3, pp. 199-204.

② Ann M. Carlos and Frank D. Lewis, "Trade, Consumption, and the Native Economy: Lessons from York Factory, Hudson Bay", *The Journal of Economic History*, Dec., 2001, Vol. 61, No. 4, pp. 1037-1064.

③ William R. Swagerty, "The Leviathan of the North: American Perceptions of the Hudson's Bay Company, 1816-1846", *Oregon Historical Quarterly*, Winter, 2003, Vol. 104, No. 4, pp. 478-517.

权,但1846年美国商人阿斯特控制了西北海岸北纬49度以南地区的毛皮贸易活动。

在激烈的同行竞争和疯狂猎捕下海狸数量锐减,毛皮资源逐渐枯竭。更重要的是欧洲市场上海狸皮时尚浪潮开始消退,人们开始改用其他原料代替海狸皮制毡,北美地区海狸皮贸易走到尽头,哈德逊湾公司面临艰难抉择。

3. 经营模式创新:从贸易站到实体店的转型

促使哈德逊湾公司转型的因素是多方面的。上述同行竞争和市场供求变化只是其中一些原因。除此之外,还有以下四个对公司传统经营不利的因素。

一是1849年的吉约姆·萨耶尔审判(The Guillaume Sayer Trial)结束了哈德逊湾公司的垄断经营权。萨耶尔是著名的捕猎者和毛皮商人,他被指控非法进行毛皮贸易,加拿大的阿西尼博亚法庭把萨耶尔带到由哈德逊湾公司官员和支持者组成的陪审团前听证。尽管萨耶尔被指控非法进行毛皮贸易,侵犯了哈德逊湾公司的垄断权,但是大法官托姆·亚当并没有对他进行罚款和惩戒。法庭外聚集了大量抗议的武装人群,最后是一阵贸易自由的呼喊声。

二是1857—1860年的一次远征探险打破了哈德逊湾公司宣传的加拿大西部地区不适合农业殖民的说法。在北美地区殖民开发中,普遍存在农业殖民和毛皮贸易殖民的模式。通过农业殖民拓展边疆一定会砍伐森林,破坏各种动物生存的环境,随着移民增加和经济发展,会影响动物的生存;通过毛皮贸易殖民开拓边疆则一定要保护原始森林,这样才能保证不断有野生动物可以猎杀。因此这两种殖民模式是互相矛盾的。长期以来为了垄断毛皮贸易,并使其可持续下去,哈德逊湾公司是不希望在其垄断经营的区域开展农业殖民的。但此次远征探险的结果告诉人们,加拿大西部地区是适合农业殖民的。

三是土地占有情况的改变。根据原来的特许状,哈德逊湾公司具有对所在地区进行土地占有的垄断权,然而这种对大片土地的垄断占有是不可能永远持续下去的。19世纪中叶英国与美国达成协议,划定美加边界,哈德逊湾公司就得退出已经划给美国的土地。1867年加拿大作为自治领建国，英国政府开始与哈德逊湾公司商讨其"鲁伯特领地"归属问题。

1869年拒绝美国政府提供的1000万美元后，哈德逊湾公司遵从英国政府命令，与政府签署《土地交还契约》，放弃关于北美土地的产权，把鲁伯特领地归还给英国，然后由英国转给加拿大，同时获得30万英镑，以及西部贸易站周围的土地。哈德逊湾公司原来所占领的大片土地变成新成立的加拿大自治领的最大一部分。1870年鲁伯特领地成为加拿大的第五个省——曼尼托巴省，哈德逊湾公司的活动范围由此大为缩小。

四是需求方的变化。19世纪60年代后欧洲大陆的时尚风气已变，海狸皮渐渐失去价值，皮货贸易开始走向衰落，如果还坚持传统贸易站式的毛皮贸易，势必死路一条。

面对殖民地的成长、英国政府施加的压力、时尚的变化，以及西部地区无法控制的局面，加上当时北美西部发现金矿后，公司销售和支付方式也发生重大变化，购买商品的人基本上是使用现金，而不是毛皮，这预示着新消费时代的开始。哈德逊湾公司不得不进行重大转型，迅速抓住新的发展机遇，把经营方向逐渐从贸易站的毛皮贸易，向建立实体店转型。

早在1857年哈德逊湾公司就在兰利贸易站建立了实体店，后来又在其他贸易站纷纷建立实体店，如维多利亚（1859）、温尼伯（1881）、卡尔加里（1884）、温哥华（1887）、弗农（1887）、埃德蒙顿（1890）、约克顿（1898）和尼尔森（1902）等。实体店是当时刚出现的新零售业态，比贸易站提供了更多的商品选择。

在内外压力下，哈德逊湾公司逐步从毛皮贸易商演变为一家普通的商业零售企业，在加拿大各地普遍设立大大小小的实体店，完成第一次华丽转身。其所销售的商品，也从毛皮商品发展到各种家居用品等。

4. 从实体店到现代百货公司的改革重组

19世纪末至20世纪初期，伴随着北美地区工业革命的迅速推进，与大规模生产相对应，兴起大规模商品分销模式。美国企业家先后建立了不少大型百货商店，这股"美国风"也吹到了加拿大。20世纪初期哈德逊湾公司也把实体店改造成百货公司，同时对新建百货店进行现代化改革和重组。

在 1910 年的重组和调整中，哈德逊湾公司重点突出土地买卖、零售和毛皮贸易三大业务部分。1912 年哈德逊湾公司启动更为激进的公司现代化改造计划。1913 年在卡尔加里兴建第一个现代化百货店，至 1926 年已经在加拿大的维多利亚、温哥华、埃德蒙顿、卡尔加里、萨斯卡通和温尼伯先后建立 6 家大型现代百货商店。其他方面的改革包括 1925 年在伦敦成立世界最大的毛皮拍卖所；1932 年公司开始使用飞机运输商品和货物；1950 年在温哥华建立第一个购物中心；1959 年把公司毛皮部门改为北方百货商店；1961 年公司关闭土地销售部门等。

零售业的改造和扩张最终是以并购方式完成的。如 1922 年收购开恩兹百货店；1960 年收购 J. P. 摩根在蒙特利尔、汉密尔顿、渥太华和多伦多的百货店。1965 年公司把所有的百货店重新命名为 The Bay。

1970 年当哈德逊湾公司迎来其成立 300 周年纪念时，为了规避英国税法，遂把公司迁到加拿大，并根据加拿大法律改为加拿大企业，公司总部职能也从伦敦转移到加拿大的温尼伯。1974 年当业务扩展到加拿大东部地区时，公司总部办公室也随之转移到多伦多市。

20 世纪 70 年代后哈德逊湾公司继续将收购和合并进行到底。1972 年收购弗莱曼百货店，同时把之前所收购的 J. P. 摩根公司拥有的企业 Logo 都改为 Bay Stores，同年又收购 4 家邮购连锁店，1978 年收购策勒斯折扣连锁店，以及辛普森百货店，1991 年这些收购的店铺都并入 Bay Stores。

1990 年哈德逊湾公司收购古塔百货店，1993 年把它与策勒斯连锁店和伍德沃德百货店合并，组成策勒斯百货店；1998 年收购加拿大的凯马特百货店，并与策勒斯百货店合并。1991 年同意停售毛皮，作为对人们反对杀戮动物的积极回应。

具有讽刺意味的是，大量收购其他公司的企业也被别的企业收购了。2008 年 7 月哈德逊湾公司被美国的国家房地产和发展公司（NRDC）的股权合作伙伴收购，成为其中一家控股公司。2013 年哈德逊湾公司宣布收购萨克斯百货公司，进军纽约第五大道的高档百货市场；2015 年 9 月哈德逊湾公司又并购德国百货连锁企业古洛迷亚公司，以及麦德龙集团在比利时的分公司；2016 年又宣布将于 2017 年通过收购面临破产的欧洲最古老的连锁百货企业之一的 V&D 公司，并在荷兰开设 20 个分公司进行扩张;2016年1月公司宣布深入进军电子商务领域,收购线上限时抢购网站吉尔特集团。

通过上述一系列的大规模并购活动,哈德逊湾公司最终完成第二次甚至多次转型,最终摆脱了荒野中的野蛮企业形象,融入现代大都市的商业洪流,成为一家全球性多业态和多层次的大型现代百货公司。

5. 建立归核化与相关多样化现代百货集团

在20世纪寻求转型成为现代百货公司的同时,哈德逊湾公司尝试进行多样化经营发展模式。除主打毛皮产品外,不仅经营服装、家居用品、酒类、渔产品、咖啡、茶叶和烟草等产品,还涉足房地产、造船、石油和天然气等业务领域。

1926年公司与马兰德石油公司合作成立哈德逊湾石油和天然气公司(HBOG);在四五十年代,HBOG进行扩张,1960年开始通过输油管道运送石油到加拿大蒙大拿省的比林斯炼油厂,1967年HBOG成为加拿大第六大石油生产商;1973年HBOG又收购西本斯石油和燃气公司35%的股份;1980年买入罗克西石油公司的控股权;1981年石油价格下降后,公司债务迅速增加,才不得不把公司52.9%的股权卖给多姆石油公司。

1979年加拿大亿万富翁肯尼迪·汤普森赢得公司75%的控股权,共4亿美元。后来为了使公司更关注主营业务,哈德逊湾公司对企业进行大瘦身改革,出售石油、天然气、金融服务和酿酒等业务。由于经济不景气,80年代后哈德逊湾公司也遭遇债务困扰,不得不考虑业务的归核化问题,1987年把非战略性商业资产如毛皮贸易、批发业务和北部的百货店都出售给罗克西石油公司。

聚焦性战略性扩张是1990年收购古塔博尼马特百货店,1993年收购伍德沃德百货店,1998年收购加拿大凯马特百货店,加强百货店的地位。1999年开始专业化销售,开设家居和旅行用品商店,2000年引入线上购物网络,涉足电子商务领域。

21世纪以来,公司股权几经更迭。2006年美国富商杰里·朱克收购哈德逊湾公司,使其成为美国的一家私人企业。2008年7月公司又被卖给国家房地产和发展公司的股权合作伙伴,该企业已经拥有美国历史最为悠久的奢侈百货连锁店——罗德泰勒百货(老太百货)。2012年11月哈德逊湾公司启动 IPO 正式上市，成为一家加拿大上市公司，但哈德逊湾公司实际上是由美国商人掌控的国际商业集团。

通过收购整合和归核化，哈德逊湾公司采取合资企业的方式，实行相关多样化经营战略，主要围绕现代百货店做文章。把有形实体店与无形电子商务相结合，突出全方位、全渠道和全品牌的特点，开设高档、时尚和折扣等各种档次百货店，经营多样化的商品，并围绕消费者提供多种服务业务，如发放信用卡和按揭贷款，设立个人保险分支机构等，使顾客无论何时何地都可以便捷购物。

目前，哈德逊湾公司旗下拥有 7 家分布在北美和欧洲大陆的旗舰店，包括哈德逊湾、罗德泰勒百货（老太百货）、萨克斯第五大道精品百货店、吉尔特精品折扣店、萨克斯第五大道折扣店、古洛迷亚百货店，以及 Galeria Inno（比利时唯一一家百货集团），同时在房地产领域也有重大投资。

经历 350 多年风雨历程，哈德逊湾公司经历北美荒野中的企业实践，成为北美地区的毛皮贸易王国，后来进行多次转型和改革创新得以幸存下来，成为唯一持续经营的欧洲特许经营商业公司，最终蜕变为一家现代化的、线上与线下结合的大型国际零售百货集团。

（二）西北公司：创新乏力与败于丛林竞争

这是一家总部设在蒙特利尔的毛皮贸易公司，1779 年由法国毛皮商人成立。作为北美殖民地时期的一家商业公司，西北公司（1779—1821）参与了当时基于丛林法则的商业竞争，但它是一家经营失败的企业[①]。

1608 年法国人来到魁北克后，在北美的圣劳伦斯河盆地，"森林客"建立了一个毛皮贸易帝国。法国人与纽约的荷兰人和英国人，以及哈德逊湾的英国人展开激烈的竞争。与法国人深入北部地区游猎不同的是，英国人在哈德逊湾地区建立了大大小小的贸易站。1731 年后法国商人把毛皮贸易推进到温尼伯湖西部很远的地方。

1763 年英国占领这一地区后，毛皮贸易站都是由讲英语的人接管

---

① W. L. Morton, "The North West Company: Pedlars Extraordinary", *Minnesota History*, Winter, 1966, Vol. 40, No. 4, pp. 157–165.

的。这些所谓的"小贩"开始合并，因为竞争成本以及装备独木船到遥远西部的成本都很高。为了对抗英国商人，1779年蒙特利尔的法国商人联合成立了西北公司。但公司是被本杰明·弗罗比舍及其兄弟约瑟夫、西蒙·马克塔维什，以及多个实力较强的投资合伙人和大商人所控制的。

1787年西北公司与竞争对手格里高利·麦克劳德公司合并后带来更多的合伙人，包括约翰·格里高利、亚历山大·麦肯齐和罗德里克·麦肯齐等。公司股份由此分为21股，一部分由蒙特利尔的代理商控制，另一部分由合并后加入毛皮贸易的合伙人控制。每年的7月这两部分人都会在公司设在苏必利尔湖附近的大波里奇会面，后来转到安大略威廉贸易站会面。

在公司支持和保护下，公司职员亚历山大·麦肯齐进行了两次重要的探险活动。1789年他顺着麦肯齐河到达北冰洋；1793年他横跨北美大陆，从东部的皮斯河到达太平洋。1797年在大卫·汤普森和西门菲莎等人领导下进行的探险活动，把公司探险范围扩大到落基山脉的荒野，以及太平洋的佐治亚海湾地区。

公司领导人本杰明·弗罗比舍的去世为西蒙·马克塔维什接管西北公司提供了机会。西蒙·马克塔维什与本杰明的兄弟约瑟夫联手于1787年成立马克塔维什-弗罗比舍公司，由此有效控制了公司21股中的11股。当时公司有23位合伙人，但是代理商、职员、向导、翻译、船夫和游猎者等差不多有2000人。除麦肯齐外，这一公司团队的美国人还有彼得·庞德和老亚历山大·亨利，人员结构复杂，利益冲突在所难免。

1795年至1802年，公司进行再次重组后，股份细分给更多的在冬天参与狩猎的合伙人。1792年当西蒙·马克塔维什和约翰·弗雷泽在伦敦建立供销所后，公司完成垂直性整合，但其组织化管理和资本化改革创新都来自盎格鲁-魁北克人。越来越多的法裔加拿大人在贸易站的建设、管理、股权控制，以及对散落各地与土著进行毛皮贸易的"森林客"编号管理方面发挥了重要作用。

西北公司尽可能地将其业务活动范围扩展到北美西北地区的大熊湖（Great Bear Lake）以北和落基山脉一带，甚至还把贸易活动拓展到美国西部地区（今美国中西部的俄亥俄、密歇根、伊利诺伊和威斯康星）。为了避免与英属西印度公司的垄断经营相冲突，西北公司尽量用美国船只运输商品,并试图与中国进行直接的交易,但都没有成功。1796年为了在全球毛皮贸易中占据有利地位,西北公司发挥政治权力的重要作用,很快在纽约市设立代理处。

在与英国哈德逊湾公司的毛皮贸易竞争中,西北公司一直处于不利地位。哈德逊湾公司的特许经营权使其在鲁伯特兰德一带具有垂直的垄断权,可以获得上等毛皮货源。在游说英国政府改变哈德逊湾公司特许权失败后,西北公司决定铤而走险,组织了两次横跨北美大陆的探险活动。1803年9月横跨大陆的探险者与位于查尔顿岛的公司船队会合,并以西北公司的名义对因纽特人居住的地方声称主权,以此获得富产毛皮地区的占有权。这一次横跨大陆的探险活动确实斩断了哈德逊湾公司的利润来源。1800年哈德逊湾公司的利润是3.8万英镑,而西北公司的利润是14.4万英镑。

但西北公司经营管理的创新有限,内耗严重。在西蒙·马克塔维什掌管西北公司期间,他大搞裙带关系,致使一些合伙人纷纷开办公司,他们团结起来组成一个非正式的XY公司,在贸易时还使用西北公司的标志,削弱了公司力量。1799年亚历山大·麦肯齐加入西北公司后,情况稍有改观。1804年西蒙·马克塔维什去世,威廉·麦克吉尔瑞成为公司总裁后,才最终平定公司内部的恶意竞争。

在威廉·麦克吉尔瑞领导下,西北公司得以继续扩展,在19世纪初期获得较大的盈利,但与哈德逊湾公司的竞争关系非常紧张。在与美国商人约翰·雅各布·阿斯特合作过程中,由于阿斯特性格好斗,合作关系遂变为竞争关系。阿斯特的太平洋毛皮公司的目标是要打败西北公司,在西部的哥伦比亚河建立阿斯特里亚贸易站,西北公司面临更大困难和挑战。

1806年拿破仑封锁大陆后,加拿大的毛皮贸易形势发生重大变化,导致加拿大和美国边界地区的毛皮贸易几乎停顿;1809年美国通过《终止关系法案》,导致英美之间的贸易关系全面中断,英国转而进口加拿大的木材,使毛皮贸易退居次要地位。1810年后对河狸的过度捕杀引起毛皮贸易行业的整体危机,西北公司的运营愈发困难,几乎到濒临破产解散的境地。到1820年,西北公司已经积累大量债务,唯一的出路是与曾经的对手哈德逊湾公司合作。

1821年在英国政府的压力下,西北公司并入哈德逊湾公司,公司名字不再使用,乔治·辛普森(1787—1860)成为新合并公司负责人,独立经营40多年的企业由于缺乏创新而被竞争对手合并,败给丛林竞争法则。

1987年,哈德逊湾公司的北方贸易站卖给原来公司的一帮职员,他们于1990年重新启用西北公司名称。新西北公司是在温尼伯设立的食品杂货和日用商品连锁店,在加拿大北部、美国阿拉斯加、太平洋地区,以及加勒比海地区开设门店。

这家由法国商人在美国独立后成立的商业企业,仍然遗留着殖民地时期欧洲特许经营公司,以及欧美大国贸易竞争和政治博弈的痕迹。

第3章 模仿性技术创新与企业发展和产业更替

本章内容涉及的事件范围，大致是1774年至1865年美国从独立建国到早期工业化发展时期。主要从时间横切面角度，阐述美国技术创新、产业和企业发展的"新"的方面。新独立的美国在技术原始创新方面，尚未有突出建树，商人和企业家更多的是模仿性创新，但在向欧洲尤其是英国企业的学习中，吸收已有科学技术成果，并在此基础上创新推动企业成功运营，以及新产业的发展更替。

一 全新营商环境催生新一代的商人和企业

营商环境是指市场主体从开办、运营到注销退出的全生命周期中的各种外部条件的总和，包括政务、市场、法治、人文和国际经贸等因素，是一项涉及经济社会改革和对外开放众多领域的系统工程，核心就是商业环境、创业环境、投资环境和贸易环境。独立战争的胜利，不仅改变了英属殖民地的国家地位和政治面貌，而且在营商环境方面对美国企业的成长发展产生了直接影响。

（一）新创国家制度与良好营商环境的创造

通过独立战争和英美签订的《巴黎和约》（1763），美国国家主权独立地位获得国际社会承认，开始一系列制度建构。1776年至1790年，美国在政治上经历了从大陆会议到邦联制，到最后建立联邦制的国家制度转型。特别是1789年通过的美国联邦宪法对联邦制和国家政治制度进行了精心设计，最后建立了三权分立的代议民主制，明确了宪法赋予联邦政府的基本职能。

在宪法基础上，美国政府确定由商业资本主义向工业资本主义转变的基本路线，指明美国经济和工业化的发展方向。1790年至1808年，新成立的联邦政府采取各种措施促进经济发展,如实施关税保护政策,对美国民族工业和幼稚工业的发展起到极大促进作用。联邦政府的第一任财政部长亚历山大·汉密尔顿先后提交关于国债、银行和制造业的三个报告。主张政府应承担独立战争中各州对大陆会议的债务,建议成立美国国家银行和金融体系。特别是关于制造业的报告,促进了美国多元化经济的发展,释放了私营经济的巨大发展能量。

(二) 企业获得有利发展的国内外市场环境

1790年之前,美国经济基本上从属于宗主国英国的经济发展,从1790年至第二次英美战争结束的1815年,美国才真正从英国附属经济中获得独立的经济地位,而且把英国的军事力量推到五大湖以北地区,基本上清除了西部地区的英国势力,使美国可以向广阔的西部地区开疆拓土,美国工业化得以真正起步。但在面对法国拿破仑政府实行的大陆封锁政策时,美国政府不得不把更多的商业资本投入国内制造业中来,从而使美国走上美国式的"工业革命"道路。在此过程中,各类企业既有挑战,也获得发展机遇。

美国独立后,英国长期实施的重商主义政策无法继续,美国商人不仅要改变目标贸易地区,还要到在传统贸易区域之外的一些新的地区从事贸易活动,如波罗的海、地中海、印度和远东地区,而且要改变流行几百年的商业和贸易方式。同时19世纪初期法国大革命结束的政治形势,也促进了美国与欧洲贸易的复兴,美国成为欧洲国家原材料的主要供应国和机器纺织品的主要供给来源,巨大的国际需求为商人和企业的发展提供了外部市场条件。

企业的扩大再生产不仅要依靠外部销售市场,还要有稳定的国内市场需求。1776年至1783年,美国迅速走上向西扩张领土的道路,国土面积不断扩大。同时人口迅速增加,形成一个庞大的内需市场。1790年美国人口数量约为393万人,其中只有20.2万人住在人口超过2500人的村镇;劳动人口为288.1万人,其中206.9万人的工作与农业有关[①]。

---

① Alfred D. Chandler, Jr., *The Visible Hand: The Managerial Revolution in American Business*, Harvard University Press, Thirteen Printing, 1995, p.17.

当美国边疆向西开拓到肯塔基和田纳西，向北延伸到缅因州，向南拓展到佐治亚一带时，人口与空间的结合为美国企业发展提供了新的机会和国内市场，这对美国经济和工业化建设产生了极为深远的影响。

总之，美国企业的良好营商环境，包括国家独立及制定的适合美国国情的政治和经济制度、政府对于企业的支持和鼓励、外部市场的需求、美国领土的扩张，以及国内统一市场的形成等。

二 专业化的商业组织与企业的内生性成长

独立战争后，美国百废待兴。企业的成长发展转为内生性驱动，大量专业化和多样化的企业涌现出来。在商业活动中，人脉资源不再那么重要，全能型商人已完成其历史使命，新一代商人和企业家涌现出来。

（一）专业化的多种农业生产和商业性组织

18世纪80年代后，在大量棉花出口和新机器制成品进口中，美国人创新商业模式，对商业进行重新定位，重点是市场扩张，更加专业化的工商企业如雨后春笋般地迅速发展起来。传统商业企业的专业化体现在多个领域，如在新英格兰和中部的一些州，制造业开始专业化。在原来家庭作坊和分包制基础上，开始采用简单机械来加工制造鞋靴和家具用品，然后出售到西印度群岛和远距离市场。

农业中棉花生产的专业化表现得较为突出。1786年美国首次明确棉花生产的商业性。1793年伊莱·惠特尼发明轧棉机后，棉花加工效率大为提高，每年棉花出口量达到48.8万磅，1801年提高到2090万磅，1807年达到6620万磅，1810年是8380万磅。棉花的出口总值，1815年为1750万美元，1825年提高到3700万美元，1840年是6400万美元。从1821年至1850年，美国为英国提供了70%的棉花原料①。

南部地区农业生产的专业化提升了东部地区商业企业的专业化水平。空前增加的棉花产量和贸易量，使纽约成为美国第一大城市，殖民地时

---

① Alfred D. Chandler, Jr., *The Visible Hand*: *The Managerial Revolution in American Business*, Harvard University Press, Thirteen Printing, 1995, p.20.

期的全能型商人地位下降，一系列新型的中间商网络出现，如棉花销售中间商（包括委托贸易商和代理商）、港口城市的经纪行、西部边疆地区的零售店，以及专做国内贸易的经销商等。通过这些新型中间商网络，内陆地区的每个种植园、农场和村庄都可以连接到东部各城市，以及欧洲的制造业中心。

在农产品进出口贸易中，出现新型专业化进口商。如1789年成立于纽约的南森特罗特公司就是专门做进口业务的新型商业企业[①]，1816年该公司专门进口铁、铜和其他金属制品；1821年成立的菲尔普斯-佩克公司专门进口金属制品。

随着专业化商店的发展，大规模专业批发商也开始出现。他们通过竞拍方式或直接从厂商那里获得批量产品，然后分批卖给零售商、乡村店主和种植园主的代理人。连接种植园主与生产者的是中间商，如进口商、代理商、经纪商和代理贸易商等，其分销系统同时是信贷网络。

19世纪初期，借助于各种新型的交通运输手段（如运河、收费公路、铁路）和通信业的发展，这些专业的分销商都有同样的管理组织和结构，控制所有的进出口贸易网络，而这一商业网络完全是由市场机制来协调的。

专业化商业公司在谷物和棉花产品的分销领域开始了一场大变革。如1837年在圣路易斯出现期货交易，之后成立期货交易所；1848年芝加哥商品交易所（CBOT）成立。后来类似的集中式商品交易组织陆续建立，如在密尔沃顿（1851）、纽约（1852）和费城（1854）等地都成立了规范的商品期货交易所。1864年成立纽约黄金交易所，1868年成立纽约棉花交易商理事会，1870年该理事会成为纽约棉花商品交易所，1871年成立法人股份企业，成为美国棉花交易中心。19世纪70年代，在新奥尔良、莫比尔、查尔斯顿、萨凡纳和休斯敦等地都设立了棉花商品和期货交易所。

---

① 该企业（英文名为 Nathan Trotter & Co. lnc）成立于1789年，曾经是北美地区最大的锡制品和锡合金的生产商，已经有200多年的历史，是美国至今仍然持续营业的金属制品生产和销售商，以及铝合金和其他有色金属供应商，还关注金属循环利用项目。

(二)法人股份制企业与企业组织形式创新

18世纪80年代后,美国联邦政府和州政府仿照英国政府的特许经营模式,授权成立各种商业企业。1787年联邦宪法通过之前,有40家法人股份制企业被授权成立。1787年后,联邦宪法把授权发执照组建企业的事情大都留给州政府和地方政府,而州政府是鼓励企业发展的,不少州政府都通过相应法令,首先承认宗教、图书馆、火灾保险公司、慈善机构,以及文化企业机构的法人地位。

1783年马里兰州授权成立萨斯奎哈纳运河业主公司;1785年马萨诸塞州授权成立查尔斯河桥梁领主公司,特许经营期限是40年,公司主要负责修建查尔斯河上的桥梁;1792年纽约授权成立两家运河公司(西部内陆船闸航运公司和北部内陆船闸航运公司);同年,费城和兰卡斯特收费公路公司通过出售股票筹资成立,认购资金超额完成,股本达到100万美元;1795年南北卡罗来纳州政府承认运河公司的法人地位;纽约州是第一个根据普通法成立公司的州政府,1811年确认公司债务的有限责任;1822年纽约州通过有限合伙法案,承认企业合伙人的有限责任。

到1800年时,美国授权成立的营利性法人股份制商业企业超过350家,覆盖农业、运河修建、银行、码头、收费路桥、保险、土地买卖、供水和采矿等各领域。马萨诸塞州最为积极,授权成立60家商业企业,其中一些企业持续经营至今。一些州政府在企业持有股份,同时提供税收优惠,给予贷款便利,给企业创造垄断地位,甚至把权利给予有权势的个人。

19世纪后政府授权成立的法人股份制公司最终成为美国企业的核心部分。第二次英美战争结束后,美国加快收费公路、运河、铁路等基础设施建设和内部改进的步伐,政府组建了不少法人股份制企业。如1827年马里兰州政府授权成立巴尔的摩-俄亥俄铁路公司;1830年纽约州政府授权成立莫霍克-哈德逊铁路公司[1];1833年康涅狄格州政府授权成立

---

[1] Jerry W. Markham, *A Financial History of the United States, From Christopher Columbus to the Robber Barons (1492–1900)*, M. E. Sharpe, 2002, pp.102–104.

哈特福德-纽黑文铁路公司①等。

传统综合性家族企业的变化从分销领域开始。随着城市市场的发展，零售商店日趋专业化，出现专门销售食品、纺织品、五金用具和家具的专业商店，如销售公司、现代商业零售商、百货商店，以及全产品线和提供全面服务的批发商等。

（三）商业中心的形成与地区经济繁荣发展

商业繁荣使美国一些中心城市和港口发展起来，逐步成为繁荣的商业中心。1790年全美国人口超过2500人的城市有24个，发展较快和规模较大的城市，包括波士顿、费城、查尔斯顿、巴尔的摩和纽约，但人口都还没有达到2万人②，其中纽约市发展较快。

作为代表性的商业中心，纽约市在独立战争后很快发展成为美国大商贸中心，人口数量迅速增长。1790年人口有33131人；1800年人口有6万人；1820年发展到12.3万人；1840年有31.2万人；1860年达到81.3万人，比费城（56.5万人）和巴尔的摩（21.2万人）人口总数还多3.6万人。1860年在纽约市注册的船舶吨位总和达到146.4万吨，占全美总量的27%；进口量占全美进口量的2/3以上；美国1/3的出口量是通过纽约港的码头运输出去的③。通过发展和吸引诸如保险、银行、证券交易、贷款融资和产品市场等各专门业务，纽约市成为美国的商业中心。

纽约之所以成为商业中心，原因是多方面的，包括：纽约港良好的地理位置，流经纽约的哈德逊河成为连接广大内陆地区的重要纽带；美国工业革命的推进、移民增加、技术创新和国际贸易迅速发展等环境因素；纽约具有的特殊比较优势，如高度的社会流动性能够为所有天才提供机会的良好声誉，定期邮轮航线和伊利运河开通带来的经济活力，在

---

① 该铁路公司于1872年被合并为纽约、纽黑文和哈特福德铁路公司，1968年停止营业，1969年被潘恩中央运输公司收购，1976年成为美国联合铁路公司的组成部分，一直运营至今。
② 〔美〕小阿尔弗雷德·D.钱德勒、托马斯·K.麦克劳、理查德·S.特德洛：《管理的历史与现状》，郭斌主译，东北财经大学出版社，2001，第54页。
③ 〔美〕小阿尔弗雷德·D.钱德勒、托马斯·K.麦克劳、理查德·S.特德洛：《管理的历史与现状》，郭斌主译，东北财经大学出版社，2001，第49页。

美国棉花对外贸易中的主导地位,以及拥有发达的保险业、银行业、证券市场、货币兑换中介和成熟的拍卖行体系等专业化商业服务机构。

纽约市的商业中心地位及专业化比较优势,可以辐射到美国东中部地区,起到主导和引领区域经济发展的作用。

(四)土地公司投机与西部和农业地区开发

美国独立后,在殖民地时期出现的从事投机买卖的土地公司,在美国西部领土扩张和政府土地政策支持下,通过各种方式占有和经营土地。

如亚历山大·马克姆于1791年从纽约州政府购买360多万英亩(14569平方千米)土地,史称"马克姆购买";种植园主威廉·杜尔在纽约州买下奥尔巴尼附近大片土地加以经营,同时是1787年成立的赛欧托土地公司的核心成员,秘密地在西北地区买入500万英亩(20234平方千米)土地。1795年马克姆和杜尔把其手中1500多万英亩(60703平方千米)土地卖给荷兰的土地公司,该公司为此发行两次股票,1796年还在荷兰阿姆斯特丹交易所挂牌上市。到1826年其股价为126美元,1830年上升到200美元,1832年飞涨到1240美元,后又下跌到460美元。荷兰土地公司虽买下这大片土地,但土地所有者从未来过,而是委派代理人处理土地买卖和经营事宜。1840年荷兰土地公司的土地大部分卖给当地投资者,1848年该公司解散,其土地就成为美国领土[①]。

诺克斯和威廉·杜尔组建东部土地协会来进行土地投机买卖。1791年他们在缅因州获得400万英亩(16187平方千米)土地的所有权。1781年罗伯特·莫里斯买入伊利诺伊和沃巴什土地公司的股份,本杰明·富兰克林也是该公司的股东。1790年买入在上纽约州地区100万英亩(4047平方千米)的土地,1794年成为弗吉尼亚亚祖河土地公司的所有者。北美土地公司是罗伯特·莫里斯、詹姆斯·格林利夫和约翰·尼克尔森所有的企业,他们在肯塔基和其他地方拥有100万英亩(4046.86平方千米)土地。1797年梅利韦瑟·刘易斯在肯塔基以每英亩20美分的价格买入2600英亩(11平方千米)土地。这些人基本上都是大型种植园主。

---

① Jerry W. Markham, *A Financial History of the United States*, *From Christopher Columbus to the Robber Barons*(*1492-1900*), M. E. Sharpe, 2002, pp. 102-104.

从 1800 年开始，美国联邦土地办公室鼓励个人到西部扩张、买卖和开发土地。华盛顿总统执政期间，弗吉尼亚亚祖河土地公司的土地投机买卖是公开进行的，所交易土地包括从佐治亚到密西西比河流域的大片西部领土。佐治亚州立法机构授予南卡罗来纳亚祖河土地公司 1000 万英亩（40470 平方千米）土地，其他公司被授予的土地更多。

上述所说的土地投机公司都不是小企业，都与政府官员有着紧密联系，如华盛顿和本杰明·富兰克林在萨斯奎哈纳和肯尼贝克的土地销售公司拥有股份，华盛顿在沿海低洼地区和皮埃蒙特地区拥有数万英亩土地，还在跨阿巴拉契亚山地区拥有 6.3 万英亩（255 平方千米）土地。

美国南部地区则延续殖民地时期的商业性农业和种植园经营模式，成为烟草、大米和蓝靛的产地，种植园是美国早期工业化时期南方地区的主要商业企业。南部地区的农业从一开始就是在商品生产基础上进行的，普遍建立了奴隶制种植园。当铁路发展起来后，快速交通运输工具就会把这些农产品加工、屠宰中心和各地市场连接起来，农业就不再是美国农民的一种生活方式，而是需要发挥企业家精神和管理技巧的主要产业。因此，农业种植园实际上也是美国的一种企业形式，企业家精神在农业生产领域同样得到了体现。

三　借鉴英国经验创新发展本国金融服务业

18 世纪末，美国政治家和企业家们被英国发达的金融业、伦敦金融市场中心地位和英格兰银行的特许经营模式所吸引。美国首任财政部长汉密尔顿就一直把英格兰银行作为美国效仿的榜样，希望美国也建立类似金融机构，为国家经济发展服务。随着商业发展和繁荣，在借鉴英国金融发展经验的基础上，美国逐步建立各类金融机构，创新发展现代金融服务产业的各个细分领域。

（一）政府仿照英国授权成立特许银行机构

1781 年罗伯特·莫里斯在费城成立的北美银行是美国独立后联邦政府颁发执照的第一家商业银行，类似英国设立的特许经营金融机构，是由联邦政府授权成立的。1790 年该银行已经在纽约、费城、波士顿、巴尔的摩、查尔斯顿先后成立6家分行,获得迅速发展。

在汉密尔顿倡议下,1791年美国国会授权设立第一美国银行,这家仿照英格兰银行做法成立的特许经营金融机构采取公私联合方式,银行股份的1/5为政府所有,银行扮演政府财政代理的角色,发行的纸币可以在全国流通。汉密尔顿希望它成为美国的中央银行,对各州银行及其纸币发行具有一定调控能力。这是当时美国最大的金融企业,在波士顿、查尔斯顿、纽约、萨凡纳、华盛顿和新奥尔良等城市开设了8家分支机构,但国会只授予其20年的经营期限[1]。

后来该银行的执照续期问题,引发美国国会的跨党派政治斗争。当1811年该银行执照到期时,没有获得联邦政府特许经营授权,遂以宾夕法尼亚州政府颁发执照的美国银行之名运营,但也招致经营授权许可的政治斗争,宾夕法尼亚州立法机构两次拒绝授予该银行经营许可权,最后该银行只好辗转到纽约州才获得经营授权,改名为美国银行才得以继续营业。但由于没有获得联邦政府授权,资金问题无法解决,最后该银行只能解散。这就为私人和州立银行提供了绝好发展机会,1811年至1813年,各州政府增加银行机构的经营授权,超过120家私人和州立银行获准设立,迅速填补了第一美国银行关闭后的金融机构真空。

为了解决第一美国银行关闭后出现的财政金融问题,1816年美国国会通过建立第二美国银行法案,以建立健全统一的全国货币体系,这是美国内战爆发前国会授权成立的最大一家特许经营企业。

与第一美国银行相似,第二美国银行也只有20年经营授权期限。作为国家级金融企业,第二美国银行迅速有效地建立遍布全美的分行体系,1832年已经设立25家分行,并配备专业管理人员,不仅发挥准中央银行作用,也是一家赢利的金融企业,但其经营特权被私人和州立银行所抵制,也招致房地产商、各种金融机构和政治团体不满,最终没能摆脱政治斗争的羁绊。围绕该银行经营权续期问题,19世纪20年代末至30年代发生了一场旷日持久的"银行战争"[2]。1832年总统安德鲁·杰克逊行

---

[1] Jerry W. Markham, *A Financial History of the United States*, *From Christopher Columbus to the Robber Barons (1492—1900)*, M. E. Sharpe, 2002, pp. 126—127.

[2] 巫云仙:《美国银行制度变迁中联邦政府与地方势力的博弈探析——以银行业的数量变化为中心》,《政治经济学评论》2015年第2期,第81—106页。

使对第二美国银行特许授权的否决权,存放在该银行的财政部存款也被提前转移到私人和州立银行那里,导致该银行发展势头被迫中断。

1836 年第二美国银行营业期限到期后被迫改为宾夕法尼亚州政府授权的美国银行,转为私人投资银行机构,联邦政府颁发执照的金融企业暂时退出历史舞台。直到 1863 年美国联邦政府颁布《国家银行法》,才重新颁发国家银行执照,组建由联邦政府授权成立和监管的国家商业银行体系。

1863 年杰伊·库克响应政府政策组建了华盛顿第一国家银行,同时纽约第一国家银行也获得经营授权,成为销售美国国债的最大银行机构。1864 年至 1879 年,美国国家银行数量从 500 家,增加到 2000 家,资产从 8600 万美元上升到 4.54 亿美元。但大多数国家银行规模都很小,也有一些大型私人和州立银行转型成为国家银行,如 1865 年花旗银行的前身纽约城市银行,接受联邦政府经营授权,改名为城市国家银行。联邦政府授权的银行机构也难逃破产命运,从 1865 年至 19 世纪末共有 352 家国家银行破产,银行客户的损失并没有得到政府的切实保障。

(二)州政府授权设立私人和州立银行机构

根据美国联邦宪法,各州政府获得特许经营公司的权力,1801 年至 1811 年,州政府授权设立的州立银行数量从 30 家增加到 88 家。其中纽约的银行力量较强,如:1803 年在汉密尔顿支持下建立的纽约商人银行,就带有官方色彩[1];1812 年纽约市有 19 家新银行成立,包括从第一美国银行转型而来的美国银行和凤凰银行;同年塞缪尔·奥斯古德等人组建现花旗银行前身纽约城市银行,并帮助阿龙·伯尔组建曼哈顿公司[2]。花旗银行大部分股东是原第一美国银行的股东,他们通过交换股票方式完成股权转移,并自称是第一美国银行继承者。1813 年和 1814 年花旗银行先后认购 50 万美元美国政府发行的战争债券和国债。

1815 年私人和州立银行数量上升到 206 家。仅 1816 年就有 40 家州

---

[1] 该银行是后来成立的曼哈顿公司主要的竞争对手。阿龙·伯尔和汉密尔顿最终卷入非常复杂的政治和个人争斗,引发 1804 年两人之间的决斗,汉密尔顿死于这次决斗的枪伤中。

[2] 在这些私人银行中,纽约城市银行获得垄断地位,州立银行之间的竞争十分激烈。如为了打破纽约银行的垄断地位,阿龙·伯尔宣布组建曼哈顿公司。直到 1840 年,曼哈顿公司都主要控制着纽约水的供应,直到 20 世纪还保留"水务委员会"机构。该公司在 150 年后被大通曼哈顿银行收购。

政府特许的私人和州立银行成立，1820年全美有307家这样的银行，到19世纪30年代美国各州政府基本上都授权设立和拥有部分银行。这些银行可以自由发行纸币，纸币发行量大大超过金银货币储备量，使美国国家货币体系陷入混乱，不得不终止硬通货兑换。

1836年第二美国银行经营权的终止使美国进入所谓的金融业自由发展时期，导致私人和州立银行数量急剧增加。州政府特许银行数量从1836年的506家，发展到1840年的901家。北部地区是银行发展的中心地区，仅费城就有20家银行，聚集在纽约市的美国银行机构处于行业主导地位。中西部地区也开设了许多私人银行，如1853年印第安纳州通过普通银行法案后，100家新银行先后成立，并发行大量纸币，1853年至1857年该州有51家银行破产。但南部地区的银行业发展相对缓慢，主要是利用纽约市的金融机构为企业融资，直到19世纪30年代，纽约都是美国南部地区的贸易和信贷中心。1850年田纳西州只有22家银行。田纳西银行虽然是州政府拥有的银行，但最后也破产倒闭被清算；新奥尔良埃德蒙·简·福斯特尔银行是南部地区经营得最好的金融机构，与巴黎、伦敦和利物浦等地公司有业务往来。

总的来说，在美国内战前，州政府颁发执照、拥有和管理的银行遍布伊利诺伊、田纳西、佛罗里达、密西西比、亚拉巴马和印第安纳等州。1860年，在俄亥俄、印第安纳、伊利诺伊、密歇根和威斯康星等州就有超过400家私人和州立银行。1863年《国家银行法》的颁布也未能阻止私人和州立银行的成立和发展势头，它们可以为农业提供按揭贷款。美国的金融制度虽然借鉴了英国的经验，但最后的发展模式却与英国金融业大相径庭，美国形成了独具特色的国家银行与私人银行并行的"双重银行制度"。

（三）证券交易所的建立与资本市场体系的完善

美国首家正式的证券交易所为1790年成立的费城股票交易所，主要买卖银行股票和政府债券。最有代表性的证券交易所是纽约证券交易所，该交易所的前身是1792年5月纽约证券经纪人签订的"梧桐树协议"，主要销售美国政府债券、第一美国银行股票和纽约银行的股票等少数证券。1796年至1815年，在纽约证券市场上买卖的证券数量从5种增加到23种。

1817年纽约证券交易所（NYSE）正式获得授权成立，1820年在纽约证券交易所交易的股票和债券有30种，会员可以进行外汇和货币市场工具的买卖。在纽约交易所发行和销售的除运河公司证券外，还有联邦政府债券，以及银行、保险公司和其他公司的股票。1835年在纽约证券交易所交易的有9家铁路公司、14家银行、10家保险公司、1家燃气公司和1家煤炭企业的证券；1838年纽约证券交易所交易的证券超过100种，其中有凤凰银行、花旗银行、美国银行、曼哈顿银行、化学银行、密西西比种植园主银行、辛辛那提富兰克林银行、肯塔基银行、纽约银行和布鲁克林银行，以及纽约保险、人寿保险、信托和公平保险等企业发行的证券，主要为一些大型建设项目融资。

市场投机、金融恐慌和经济衰退也未能阻止证券市场的发展，除了纽约交易所之外，19世纪30年代后美国其他地方的交易所也先后设立和运营起来，如波士顿股票和证券交易所（1834）、巴尔的摩证券交易所（1838）、费城证券交易所（1838）、旧金山股票和证券交易所（1862）和芝加哥证券交易所（1865）等。

为了发行和承销这些证券，出现了许多证券经纪商。如托马斯·比德尔公司就是19世纪30年代在费城营业的一家银行和证券经纪商；在布法罗、纽约也有不少证券经纪商，有的还能提供信贷和按揭贷款，如温斯洛·拉尼尔公司成为纽约专门销售铁路公司股票的投资银行。

商业银行也涉足股票和证券承销业务，如纽约市银行集团承担纽约州伊利运河首次债券发行任务。同时正在成长的铁路行业也需要大量资本，如：1830年莫霍克-哈德逊铁路公司的股票就已在纽约证券交易所发行债券（称股份）；1833年由州政府授权成立的哈特福德-纽黑文铁路公司，被特许发行100万股股票，票面为100美元，是分期支付形式，凤凰银行承担代理和分销任务；新泽西铁路运输公司是另一个被允许分期销售股票的企业，票面为5美元。证券交易所提供的这种融资方法后来被莫里斯运河和银行公司，以及海洋保险公司所沿用。

在证券市场发展过程中，出现新型的私人投资银行。如1825年，擅长外汇交易的百万富翁亚历山大·布朗在纽约成立布朗兄弟公司，其分支机构包括英国利物浦、纽约和巴尔的摩分公司，是一家典型的私人投资银行。1835年乔治·皮博迪被委任为专门官员负责与英国银行家重新谈判马里兰州的债券发行事宜,他获得额外 800 万美元融资。皮博迪因此在伦敦开设了一家商业公司进行干货买卖,同时帮助进出口贸易商融资和销售州政府发行的债券。1845 年皮博迪在波士顿成立基德·皮博迪公司,并把邓肯·谢尔曼公司作为其在纽约的代理商。后来皮博迪公司成为 J. P. 摩根公司的重要组成部分,是当时美国早期代表性私人投资银行。

资本市场体系中的私人投资银行在 1860 年之前得到迅速发展,著名投资银行包括邓肯·谢尔曼公司、赫尔曼·盖尔帕克公司、约瑟夫·W. 奥尔索普公司和约翰·弗格森公司,以及阿斯特父子公司、内维斯公司、汤森德公司和李·希金森公司等私人大型银行集团等,成为承销铁路证券的领先投资银行集团。

美国资本市场中的信用评级机构起源于 19 世纪 30 年代。1837 年一位丝绸商人与 1827 年创刊的《商业周刊》联合创建美国首家信用评级机构。1859 年该机构被罗伯特·邓收购,改名为邓·布埃劳德公司,专门提供信用评级和金融信息,1860 年该公司已经在 18 个城市设立分支机构。另一家信用评级机构是 1849 年由律师约翰·布拉德斯特里特成立的约翰·布拉德斯特里特公司,1933 年与邓·布埃劳德公司合并成为后来著名的邓白氏集团①。

1849 年至 1863 年,亨利·普尔编辑出版《美国铁路杂志》,发布有关美国铁路和运河发展的信息;1860 年亨利·普尔出版的《美国铁路和运河史》被认为是首次尝试用美国铁路工业发展的数据给投资者提供投资信息来源,也是目前标准普尔公司的起源;1868 年普尔出版公司出版《美国铁路手册》,向投资者提供美国铁路的最新信息;1890 年出版的《普尔证券投资手册》为投资者提供企业的客观信息。如今标准普尔公司发展成为世界顶级的证券评级公司。

(四) 特许经营的储蓄银行和其他金融中介

18 世纪 90 年代美国出现以英国储蓄银行为蓝本而建立的储蓄银行机构。其中,最早的一家储蓄银行是 1797 年由杰里米·边沁成立的。

---

① 如今邓白氏集团 (Dun & Bradstreet) 是最著名的、历史最悠久的国际征信和信用管理行业的企业巨头,是全球领先的商业决策数据和分析提供商。

1816年波士顿的储蓄公积机构获得授权成立，这是第一家获得法定授权的储蓄银行，创立者是詹姆斯·萨维奇。1816年费城的储蓄基金协会开业，1819年纽约市储蓄银行获得经营授权，1819年康涅狄格的储蓄银行法人公司成立。相比于私人和州立银行，储蓄银行发展缓慢。

美国东部所有的州基本上都有储蓄和贷款协会。这是储蓄银行与建筑和贷款协会合并后的称谓，简称储贷协会（S&L）。美国首家储蓄和贷款协会是1831年在宾夕法尼亚州法兰克福德创建的牛津住房公积协会；1836年纽约成立布鲁克林住房和互助贷款协会；1839年康涅狄格州就有一家储蓄和贷款协会在经营。1843年在南卡罗来纳成立首家永久性的住房和贷款协会。

到1840年，储蓄和贷款协会吸引的存款者有8万人，1850年增加到25万人；存款数额从1835年的700万美元，增加到1850年的4300万美元、1860年的1.5亿美元[①]。这类机构主要是给被大型银行机构忽略的小型零售商提供银行服务，接受客户小于1美元的存款，深受移民青睐，如内战后在加利福尼亚州旧金山成立的一家储蓄和贷款协会是德国人为了迎合德国移民需求而建立的。

南部地区为农作物买卖服务的金融机构主要是棉花交易的中介商和代理商，既承担信贷中介职能，又发挥银行的作用。在南方棉花产区，交易代理商利用棉花应收账款收条充当货币交易手段，代理商就变相成为一种金融中介，当时美国最大的棉花交易商是耶特曼·伍兹公司和新奥尔良的赫尔曼·布里格斯公司。19世纪30年代至60年代，南部地区的种植园主还建立种植园银行，通过用种植园做抵押获得银行股份，银行积极寻求外国资本加盟。

南方地区最有名的棉花交易商就是1850年成立的雷曼兄弟公司，这家合伙制企业就是典型的"棉花银行"，后来发展成为专门为棉花融资和服务的独立投资银行机构。20世纪末期该公司成为投资银行的行业翘楚，但在2008年金融危机中破产倒闭。

南部地区的一些铁路企业也转型成为银行机构，如：佐治亚铁路公

---

① Jerry W. Markham, *A Financial History of the United States*, *From Christopher Columbus to the Robber Barons (1492–1900)*, M. E. Sharpe, 2002, pp. 131–132.

司就变身成为银行,改名为佐治亚铁路和银行公司,以获得铁路公司运作的资金;西南铁路银行也是为同样目的创建的;1833年至1837年密西西比州共成立10家这样的银行;1837年北卡罗来纳授权成立辛辛那提-查尔斯顿铁路公司,并授权成立西南铁路银行。

(五) 引进和发展欧洲式的保险公司

早在殖民地时期美国就仿照欧洲同行建立海事保险机制,如1721年费城成立公共保险办公室,有关海事保险保单的广告就已在当地报纸上刊登;1724年约瑟夫·马里森在波士顿经营一家海事保险企业。美国独立后许多城市设立保险公司,保险业各细分领域得到不同程度的发展,并逐渐被大众所熟知。

一是互助保险公司获得经营授权。如1787年马里兰州授权成立巴尔的摩火灾保险公司,这是美国首家法人股份制保险公司;同年成立的纽约互助保险公司是在企业成立12年后才获得政府颁发的特许经营权,1846年改名为纽约保险公司;1792年成立马萨诸塞州慈善火灾协会。这些早期的保险公司多半是合伙制企业,后来多采取股份公司和互助协会的组织形式。1843年纽约互助保险公司开始营业;1846年康涅狄格互助保险公司成立。

二是海事和火灾保险公司发展较快。1794年先后成立的保险公司包括:马里兰州的巴尔的摩公平保险公司、弗吉尼亚州授权成立的房屋防火互助协会(该企业一直运营到20世纪末期)、宾夕法尼亚州保险公司(主要承销海事保险的保单)、康涅狄格州哈特福德-纽黑文保险公司、费城房屋火灾互助保险公司(称为绿树保险公司)。1798年波士顿设立海事保险办公室;同年马萨诸塞互助火灾公司成立,并获得特许经营权;在19世纪初期,罗得岛州成为给海事保险公司发放特许权的中心地区。

1800年,在美国的30家保险公司中,有12家是海运保险公司,业务大都涉及海事和火灾保险。1801年至1840年美国主要城市先后成立类似的保险公司,如:1802年成立的肯塔基保险公司获得在密西西比河及其支流运输货物的排他性保险垄断权;1803年在波士顿先后成立的保险公司包括萨福克保险公司、新英格兰保险公司、波士顿海事保险公司、以及马萨诸塞火灾和海事保险公司。1803年成立的哈特福德保险公司主要业务是海事保险。再如1822年授权成立的火灾保险公司是纽约市北河保险公司，由30位股东进行管理；1830年成立的纽约火灾保险和信托公司是由纽约银行的股东组建的。但是1835年的纽约大火灾使私人火灾保险公司几乎都破产，26家保险公司中有23家倒闭，剩余的保险公司也在1837年经济危机中破产。

三是建立各种人寿保险公司。最早的人寿保单是由英国在美国设立的分公司提供的。1789年哈佛大学牧师威格斯沃斯编制了第一份美国人口死亡率表格，并研究了5000名已经过世之人的年龄等状况，这应该是保险精算的开始。1800年曼哈顿公司开始提供人寿保险和年金计划；1812年宾夕法尼亚公司开始提供人寿保险和年金计划；1818年马萨诸塞医疗人寿保险公司组建，其业务主要是人寿保险、年金、信托和儿童捐赠，也提供定期保险（1—7年）和人寿保险业务，后来该保险公司成为信托公司，被视为现代互助基金的前辈型企业。

1812年至1842年，美国共有23家人寿保险公司成立，但只有5家存活到20世纪。1835年成立的纽约互助人寿保险公司是历史最为悠久的人寿保险公司，也是首家经营较为成功的互助人寿保险公司；1836年在费城成立吉拉德人寿保险年金和信托公司，投保人可以参与利润分配，但直到1844年该公司才提供红利分配，1868年该公司发出的保单有5000多份。

直到19世纪40年代，美国人寿保险公司都不是很流行，而短期保险比较普及，保险业务涉及短期旅行和海上航行。1850年差不多有50家保险公司涉足人寿保险业务。美国内战期间，联邦政府授权杰伊·库克创建美国国家人寿保险公司，1864年林肯总统的朋友詹姆斯·G.贝特森创建旅行者保险公司。1840年至1860年是美国人寿保险公司迅速发展的泡沫时期，人寿保险公司数量增加了3倍。

最有特色的人寿保险是唐提式养老金制度。该保险制度是一种联合保险形式，17世纪由法国金融家洛伦佐·唐提最先提出，后以其名字命名这一保险计划。1791年波士顿唐提协会成立，但没有得到特许经营权，后来发起人改变目的转而成立联合银行，并得到经营授权。1792年该公司又转型为普通的唐提养老保险计划，但股票发行不是很顺利，主要业务是海事、火灾和人寿保险。

在美国保险业发展过程中，纽约、费城、康涅狄格的哈特福德是保险公司设立的中心地区。1807年美国共有保险公司40家，1818年在纽约证券交易所交易的29种证券中有13种是保险公司发行的。1865年美国保险公司数量是内战前的3倍。1867年至1869年差不多有50家新成立的保险公司，共有100多家保险公司。纽约互助人寿保险公司、马萨诸塞互助人寿保险公司（保险金额超过1000万美元）和保诚保险公司（1883年保单持有人超过20万人，1885年是100万人）是当时美国三大保险公司。保险公司虽然在19世纪获得较快发展，但直到20世纪都不是美国金融业的主流。

除上述五大类型金融机构外，在19世纪美国金融体系中还有年金公司，但这类金融机构数量少，且都是针对特殊人群而设的，影响和作用有限。

总的来说，到19世纪中期，美国各类金融机构和金融企业在新的经济体系中得到创设和迅速发展。在效仿英国金融发展经验和金融技术基础上，美国创新了金融产品、金融交易方式和交易机制，建立了有效的资本市场、双重银行制度和多元化的金融体系。

四 技术引进与纺织企业生产经营模式创新

美国联邦政府建立后，即开启早期工业化进程，先导部门就是纺织业。而当时英国是纺织技术和工厂制度创新的核心国家，支持资本主义制造业的美国企业家于18世纪末和19世纪初通过各种途径获取和引进英国蒸汽机和纺织制造技术，采用机器生产，实行工厂制度，由此开始纺织企业生产经营模式的创新。

（一）新兴纺织产业与罗得岛生产体系的形成

美国新兴纺织业的发展得益于对纺织技术的引进和应用，以及对技术进行商业化推广的商人和技术人员。如当时最早也是最大的一家纺织厂是1787年在马萨诸塞州建立的贝弗利纺织厂，倡议者是托马斯·萨默斯和詹姆斯·伦纳德，实际建立者是卡伯特家族。在开办之初该厂就得到马萨诸塞州政府的贷款支持。1789年贝弗利纺织厂接待了华盛顿总统的访问，并得到高度肯定。企业经营者本希望能获得商业成功，但由于早期生产过程中技术和机器使用的限制，以及新纺织企业的激烈竞争，1807年工厂部分停产，1813年工厂出售后就停止了生产。

萨缪尔·斯莱特（Samuel Slater，1768—1835）是美国纺织业的技术创新者和企业家。1789年技艺高超的机械师斯莱特从英国移民来到美国罗得岛州，由商人艾米家族和布朗家族提供资金，于1790年仿照英国阿克莱特纺织工厂建立美国首家机械纺纱厂。斯莱特凭借他在英国时对纺织机械的记忆，来到美国后在粗糙的机械厂中制造出两台精纺机，于是开始小规模的商业化生产①。在取得初步成功后，开始建造更大规模的纺织厂。在后续经营过程中，斯莱特与艾米和布朗家族产生矛盾，1800年他退出这家工厂，转而与别的合伙人在马萨诸塞州的奥泊茨建立新的纺织厂。1806年斯莱特与其弟弟在罗得岛北部有水力资源之地建立新纺织厂，由此推动纺织城镇斯莱特维尔的兴起。

从英国"偷艺"设立的纺织厂在美国得到迅速发展，1806年仅斯莱特就拥有15家棉纺织厂，1809年底增加到62家，且还有25家在建造中。1812年斯莱特又在马萨诸塞州的坎布里奇建造名为"绿厂"的新工厂，同时建造一座羊毛纺织厂。正是斯莱特成功地在罗得岛州实行英国的棉纺织业生产制度，推动和主导新英格兰地区小型合伙制企业的横向专业化和机械化。

斯莱特创建的一系列工厂普遍采取机械化的工厂纺纱与外包式或承包式的家用手摇织机相结合的混合制造系统。仿照英国模式，以新英格兰地区的农村家庭习俗为基础，专门招募7—12岁的儿童为纺织工人，并由他亲自监督工人的劳动，依靠体罚和罚金维持该厂劳动纪律。斯莱特的工厂是机械化纺纱，但织布是手工的，直到1827年才开始引入英国织布机，运用无烟煤和蒸汽动力。后来莱斯特创办了工厂区，给工人提供住房，开办工厂商店，所有家庭成员都可以到工厂干活，他还赞助周日学校，让大学生教童工识字和阅读。

---

① James L. Conrad, Jr., "'Drive That Branch': Samuel Slater, the Power Loom, and the Writing of America's Textile History", *Technology and Culture*, Jan., 1995, Vol. 36, No. 1, pp. 1-28.

斯莱特创建的纺织厂及其实行的生产方式称为罗得岛生产体系（Rhode Island System）。随着斯莱特型纺织厂的成功运营，新英格兰地区先后建立类似的纺织厂，1809年有50家这样的纺织厂，其生产模式被迅速推广。特点是纺纱环节集中在工厂进行，织布可以外包完成。考虑到非熟练劳动力普遍短缺的问题，罗得岛生产体系更注重探索使用能节省劳动力的新设备。后来随着纺织业竞争的加剧，企业利润减少，工资下降，工人不满现状而罢工的事情时有发生，工厂只好招募外来劳工。

由于罗得岛生产体系的广泛应用，1815年后美国基本实现棉纺织业的机械化。新英格兰地区成长起了一批棉纺织企业，产品市场压力和组织形式对纺织技术创新具有直接影响。鉴于当时新英格兰地区是英国进口产品和家庭制造品竞争最薄弱的地区，美国新兴纺织业制造商专注于对产品质量要求不太高且可以利用机器生产的纺织品大众市场。为了满足不断扩大的下层阶级和城市大众的需求，制造商将注意力集中在增加产量，而不是产品的质量或品种上。

然而与上述发展趋势逆向而行的是罗得岛州其他纺织厂。19世纪20年代，市场竞争迫使罗得岛州的一些棉纺织制造商转向"高质量特色产品，小规模生产流水线"。因此，这些棉纺织厂的经营者开始对斯莱特创造的罗得岛生产体系加以进一步创新，他们对能够制造更细的纱线和布料的机器，以及功能更多的可靠设备感兴趣，由此推动棉纺织业的技术创新和产业发展的本地化。到19世纪中期，由于采用斯莱特经营模式的企业经营业绩不佳，罗得岛生产体系最终走向衰落。

（二）纺织业的沃尔瑟姆-洛厄尔生产体系

与塞缪尔·斯莱特创立的罗得岛生产体系有所不同，在纺织业的技术模仿创新中美国形成沃尔瑟姆-洛厄尔生产体系（Waltham-Lowell System），这是由企业家弗朗西斯·卡伯特·洛厄尔（Francis Cabot Lowell, 1775—1817）创建的。

1813年毕业于哈佛大学的洛厄尔设计创办了一家纺织厂，即位于查尔斯河畔沃尔瑟姆的波士顿制造公司。该工厂把新发明出来的多轴纺织机、走锭纺纱机和水力纺纱机运用到一个纺织工厂的梳棉、纺纱、织布、染色和分割等各流程,并把材料和工人集中到一个工厂里完成所有的纺织工作①,即把所有的纺织制造阶段垂直地整合在一个工厂综合体内,集中制造标准化的廉价布匹、床单和衬衫等。纺织业制造的沃尔瑟姆-洛厄尔生产体系,体现了大规模生产,以及从棉花到衣服制作的垂直一体化生产特点②。

沃尔瑟姆-洛厄尔生产体系的组织实验是为解决非熟练工人短缺问题招聘女工进行培训。该工厂主要雇用周边乡村的十几岁年轻女性劳动者,并为其提供膳食住宿和必要的技术培训,但要受到严格管制和道德约束,这对于女孩子具有较大吸引力。1820年在该工厂雇用的264名工人中就有225名女性员工。

沃尔瑟姆-洛厄尔生产体系的组织结构对纺织技术创新有两个重要影响。一是确定需要节省劳动力的改进领域,并使这些创新势在必行;二是通过集中最优的组织和资金资源使技术创新努力获得成功机会。对技术创新最具决定性的是劳动力的独特构成,非熟练劳动力的普遍短缺将鼓励人们寻求更高的操作速度来提高生产率,而女性的有限体力必须通过无机能量来有效弥补,女性员工的快速流动率会减少操作经验,因此核心是提高机械化的控制水平和机械性能。

洛厄尔创建的大规模生产模式很快被推广到美国其他地区,其中波士顿地区10多个纺织工厂基本上都依照沃尔瑟姆-洛厄尔生产体系建立和运营,且一个比一个规模大。如1823年创办的梅里马克制造公司③是以波士顿制造公司为范本建立起来的,同时建设了必要的运河体系、机械厂、染坊和工人公寓,发展大规模的纺织业城镇。后来这种生产方式开始向毛纺织、缝纫、制鞋产业扩展,之后再向采矿、抽水、航运动力产业扩展。

---

① 工厂给工人统一安排食宿。主要招募国内年轻女性劳工,她们从乡镇来到纺织中心,过着城市生活,能够赚取比其在农村劳动更多的工资。但她们的生活是受到管制的,她们只能住在工厂提供膳食的宿舍,有严格的作息时间和道德准则限制。
② David J. Jeremy, "Innovation in American Textile Technology during the Early 19th Century", *Technology and Culture*, Jan., 1973, Vol. 14, No. 1, pp. 40–76.
③ 该工厂所在地慢慢发展成为一个市镇,10年后成为洛厄尔市,后来成为新英格兰最大的城市。该厂一直经营到20世纪50年代。

（三）纺织产业的技术扩散和企业经营创新

罗得岛和沃尔瑟姆纺织制造系统的市场力量和组织结构共同推动了一些节约劳动力原则的形成，包括大规模生产、标准化的低质或中等质量产品的生产、机械垂直集成制造、流水线生产、最大限度地利用无机动力、高运行速度、最大限度的机械控制和工作及自动故障检测等。这些原则体现在美国技术人员对英国纺织制造设备的各种改进中，成为新英格兰地区纺织制造业的主要特征，基本构成现代大规模生产体系。作为美国制造体系的组成部分，这些原则后来被吸收到20世纪初美国大规模生产的概念和实践中。

纺织业的技术改进和工厂制度在美国各地得到普遍推广，在原来传统的殖民地社会经济中增加了一个新的产业，由此也成长起一批纺织厂（企业），波士顿制造协会在其中发挥了重要作用。作为波士顿利益集团的代表，该组织不仅完成了自身从商人到制造业的转变，而且率先将风险投资集中应用于制造业，成为利用新技术和新工人阶级的先驱。作为行业协会，该组织在吸收和使用各种经济力量方面是创新者和组织者[①]。除上文提到的沃尔瑟姆-洛厄尔纺织厂外，波士顿制造协会在新英格兰地区还帮助建立诸如新罕布什尔州的曼彻斯特纺织厂（1825）、纳舒厄工厂（1836）和多弗尔工厂（1836），马萨诸塞州的奇科皮工厂（1838）、劳伦斯工厂（1845）和霍利约克工厂（1847），以及缅因州的萨柯纺织厂（1831）等。至1845年，马萨诸塞州、新罕布什尔州和缅因州南部的棉毛纺织厂共有31家，占当时美国纺织企业总数的1/5。

纺织企业引进欧洲特别是英国的新技术、新机器和新制度，在进行技术模仿的同时，美国企业主要进行经营管理方式和生产模式创新。企业所有者和管理者都非常关注增加产出和提高劳动生产率，创造出若干种具有美国特色的生产方式，如罗得岛生产体系、沃尔瑟姆-洛厄尔生产体系。纺织企业成为当时美国技术引进和模仿创新的成功企业，也是利

---

① Carl E. Prince and Seth Taylor, "Daniel Webster, the Boston Associates, and the U. S. Government's Role in the Industrializing Process, 1815–1830", *Journal of the Early Republic*, Autumn, 1982, Vol. 2, No. 3, pp. 283–299.

用科学技术进行现代化生产的先驱型企业,为后来其他行业推行大规模生产模式提供了基本的企业营运模式。

五 仿制和技术发明与美国制造体系的建立

在早期工业化进程中,美国企业的技术创新主要在机械制造领域。通过万能技师的仿制和创新,最终形成独具特色的美国制造体系。

(一)惠特尼技术发明与标准生产模式创造

1800年至1820年,美国技术人员发明制造出越来越多的能迅速提高质量和效率的新型机器。他们并没有停留在对英国机械设备的简单仿制上,而是进行综合集成式的技术创新,涌现出不少以惠特尼为代表的万能技师,他们不仅带来和仿制英国的机器设备和制造技术,更为重要的是发明和应用机械制造领域的新技术。

美国杰出发明家、机械工程师和企业家伊利·惠特尼(Eli Whitney,1765—1825)的第一个贡献是1793年发明轧棉机。这项技术发明虽然并不是惠特尼头脑中的原创产品,而是当时棉花生产实践中众多工匠的发现和实验的成功结合,但惠特尼设计了这台机器并申请了技术专利,成为这项技术的发明者[①]。这项技术极大地提高了棉花生产效率,从而影响了美国南方地区棉花种植业的发展,使南方变成单一生产棉花的经济体,强化了有利可图的奴隶制[②],把南方蓄奴变成永久性制度,把赚钱变成一种生活方式。

[①] 有一些美国学者质疑惠特尼在轧棉机技术和可互换零部件生产方式上的贡献,认为美国制造业体系的起源是由几位天才把许多经济、社会和技术力量作用于制造业的结果,惠特尼可能只是其中之一,而不是贡献最大的,参见 Documents, "Correspondence of Eli Whitney Relative to the Invention of the Cotton Gin", *The American Historical Review*, Oct., 1897, Vol. 3, No. 1, pp. 90-127; Robert S. Woodbury, "The Legend of Eli Whitney and Interchangeable Parts", *Technology and Culture*, Summer, 1960, Vol. 1, No. 3, pp. 235-253。

[②] 〔美〕拉里·施韦卡特、莱恩·皮尔森·多蒂:《美国企业家:三百年传奇商业史》,王吉美译,译林出版社,2013,第55页。

惠特尼的第二项发明是借鉴法国和美国一些兵工厂的零部件标准化、英国人阿克莱特等人的批量生产模式，创造出可互换零部件的标准化生产模式，他成为美国标准化大生产的创新者。

1798年6月正当惠特尼陷入财务困境时获悉美国政府需要在短期内制造1万支火枪的计划，并接受这一政府制造火枪的合同，在纽黑文附近开办专门工厂来制造。他试图通过零部件可互换的标准化生产模式高效制造出武器，履行合同义务。但由于各种原因惠特尼并没有在合同规定的2年时间内完成制造任务，最终延期9年才于1809年完成生产订单任务①。在此期间，惠特尼解决了美国政府当时面临的一个巨大困境，即如何在缺乏熟练工匠的情况下制造出大量火枪，以应付随时可能发生的对外战争，惠特尼的解决方法是采用"可互换零部件"方式让半熟练工人制造火枪。然而这一偶然的解决方案却带来美国机床工业的建立和生产方式的重大变革。

1812年和1822年惠特尼先后与美国政府签订两份火枪制造（分别是10年和5年）合同，每份合同计划制造1.5万支火枪。第一份合同于1820年完成，而第三份合同在其去世前（1825）尚未完成。

在为政府制造火枪过程中，惠特尼创造出不断成熟和稳定的可互换零部件产品的标准化生产模式，大大提高了生产效率，并方便了产品在使用过程中的维修。因此，惠特尼制造火枪所采用的新型机械制造模式很快就开始主导美国北方地区的生产活动。

（二）零部件可互换的标准化生产模式的应用

惠特尼创造的标准化制造模式首先被应用于枪械制造。如春田兵工厂曾经是美国政府主要的国营轻兵器生产和研发中心②，1815年至1860年间也开发了一套创新的、高效的可互换零部件的小型武器制造系统，并组织使用良好的动力设备、仪表和熟练的劳动力。同时不断改进和完善惠特尼的武器生产方式。经过45年技术改进、管理创新和工厂扩建，

---

① James V. Joy, Jr., "Eli Whitney's Contracts For Muskets", *Public Contract Law Journal*, December 1976, Vol. 8, No. 2, pp. 140–156.
② 美国春田兵工厂（1777—1968, Springfield Armory）号称美国的技术摇篮，在建立早期苏格兰工程师亨利·伯登曾为其带来重要的技术革新，并说服移民机械师在那里工作。

春田兵工厂成为美国内战前夕生产力水平最高和管理最好的兵工厂之一[①]。

其他枪支制造商，如西尼诺·诺斯制造出第一台标准化铣床，也开始批量生产枪支，保证枪支零部件能够完全按照预定规格生产出来；塞缪尔·柯尔特是枪支制造中具有传奇色彩的商人和企业家，他发明了左轮手枪，并建立了武器制造厂，后来又发明了六连发左轮手枪，并因而获得军队订单，为此他在哈特福德新建了一家兵工厂，由机械系统专家伊利沙负责管理，工厂安装了上千台皮带传动机器，整个制造过程的80%是由机器完成的。

惠特尼的标准化制造模式的应用之二是纺织机械制造。1816年艾拉·德雷珀因获得一项改进纺织技术的专利而在位于马萨诸塞州的霍普代尔建立德雷珀公司，这是当时纺织行业最大的动力织机的制造厂。1837年该厂搬到马萨诸塞州的黑石镇[②]（该厂一直运营至1967年）。黑河河谷位于马萨诸塞州与罗得岛州交界处，在美国工业革命中，很多纺织机械厂分布于此，形成产业集群，而这一带的工厂基本上采用可互换零部件的标准化大规模生产模式[③]。

1831年开办纺织厂起家的保罗·维定与其儿子在位于马萨诸塞州南诺斯布里奇芒德福河畔的怀廷斯维尔镇（Whitinsville）创办维定机械厂[④]。虽然是一个家族企业，但在1847年该厂已经成为一家集棉毛纺织、机械制造、铸造和专门器械生产于一体的综合企业，同样采用惠特尼的标准化制造模式。围绕该厂所在地怀廷斯维尔镇，维定家族还建造了一个大型工人社区和村镇，整个村镇是根据工厂业务来建设的，包括工人住房、取暖设备、扫雪机、园林绿化、水池和自来水装

---

① Michael S. Raber, "Conservative Innovators, Military Small Arms, and Industrial History at Springfield Armory, 1794-1918", The Journal of the Society for Industrial Archeology, 1988, Vol.14, No.1, pp.1-22.
② 到1917年，德雷珀公司成为美国马萨诸塞州黑石镇三大纺织机械制造企业之一。
③ Preston E. James, "The Blackstone Valley: A Study in Chorography in Southern New England", Annals of the Association of American Geographers, Jun., 1929, Vol.19, No.2, pp.67-109.
④ 这是当时制造纺织机器的最大的工厂，1948年达到发展的顶峰，雇用5615名工人，后来一直运营到1976年。

置等。

应用惠特尼标准化生产方式的机械厂还有 1831 年奥的斯·佩特建立的纺织机械制造厂、1841 年萨柯水力动力公司在位于缅因州的萨柯河畔建立的机械制造厂①、1849 年理查德·基特森创办的专门制造纺织机械的前纺设备和采摘机械的基特森机械厂（1905 年该厂被洛厄尔机械厂收购）等。

惠特尼标准化制造模式的应用之三是缝纫机制造。缝纫机是 19 世纪美国在机械领域的重要发明，艾萨克·辛格在 1850 年获得发明专利，并于 1851 年创建"胜家公司"（I. M. Singer & Co.）。该公司不久就成为美国著名缝纫机厂商，1863 年成为新泽西州最大的缝纫机生产企业。该企业运用惠特尼的零部件可互换的生产模式，降低了成本，可以雇用技术和工艺水平不太高的工人，增加产量②。同时该企业还善于营销、产品推广、提供售后服务和分期付款计划，成功销售了大批量制造的缝纫机，成为一家创新型缝纫机制造的先驱企业。

（三）大规模生产模式与美国制造体系特点

从以上分析可知，起源于 19 世纪初期的美国制造体系，到 19 世纪 50 年代已在国内外广为人知。这一体系主要是在美国东北部地区发展起来的，包括大规模生产，通过动力驱动机器为特定目的专门设计的机器，以及采用可互换零部件的原则完成生产过程。

在机械化时代，机械制造领域的模仿创新和技术发明，使美国企业开启了具有美国特色的技术创新，其出发点是尽量发明出能够利用生产机械来节省劳动力，但可以充分利用美国丰富的自然资源和原材料的技术设备，机械师、发明家和企业家在其中发挥了重要作用。机械技术完成跨国传播，并在美国落地生根，形成美国特色制造体系，其主要特点是标准化、零部件的可互换性、设计简单、大规模生产，以及生产过程中的分工协作。

---

① 该厂在 1882 年进行重组，成立佩特机械厂。1897 年与萨柯制造厂合并，组成萨柯-佩特机械厂。1912 年该合并的机械厂又与洛厄尔机械制造厂合并，组成萨柯-洛厄尔纺织机械制造厂，成为当时美国最大的纺织机械制造厂商。

② James C. Nicholson, *Never Say Die, The Unusual Origins of a Sewing Machine Fortune*, University Press of Kentucky, 2013, pp. 22-23.

该制造体系生产的产品不以优雅见长，但实用且十分廉价。

美国制造体系先是在枪支武器生产中得到应用，后来在锁、钟表、缝纫机、鞋类、农业机械、马具和工作母机制造中进一步推广，并逐渐主导轻型消费品制造领域，然后又引入重工业、机械制造业，最后主导整个美国经济体系。正是美国制造体系使美国模仿性技术创新具有不同于英国的技术创新发展路径，并最终把美国从依赖进口制成品的农业国，转变为可以向欧洲出口精密机械产品的国家。

六 内部改进与交通运输行业和企业的勃兴

18世纪90年代，美国开始以交通运输基础设施为主开展内部改进建设，基本上是沿着收费公路、运河、航运和快递货运的路径迅速发展，由此推动交通运输业和相关企业的兴起和发展。

（一）收费公路和运河交通运输企业的兴起

到1803年，美国国土面积已扩大到今天的肯塔基州、田纳西州和俄亥俄州，但是连接这些新内陆地区的交通方式还非常原始，如步行和骑马。美国的政治和商业精英们意识到道路系统曾经在罗马帝国中发挥统一的作用，于是开始大规模修筑道路和运河系统来连接这些广阔而又分散的地区，加强内部整合。

联邦政府建立后不久就开始制定公路建设计划，自1806年开始大规模修建公路。坎伯兰公路是美国第一条收费公路，也是联邦政府拨款修建的公路（美国人称之为"国道"）。该道路始于马里兰州的坎伯兰，经马里兰、宾夕法尼亚、弗吉尼亚、俄亥俄、印第安纳，终点为伊利诺伊州的范德利亚，1818年部分建成通车，1837年最终修建完成，得到在此期间每任总统和每届国会的支持[①]。直到1852年西部铁路建成之前，这条国道一直是美国东西部地区之间贸易、旅行和邮件往来的必经之路[②]。

---

① Harriet McIntyre Foster, "Memories of the National Road", *Indiana Magazine of History*, March 1917, Vol. 13, No. 1, pp. 60-66.
② 1806年3月29日美国国会正式通过坎伯兰公路修建法案，美国联邦政府提供拨款用于公路建设。1811年春天签署第一份建筑合同，正式开始修建。坎伯兰公路绵延965.58千米。

1808年美国财政部长艾伯特·加勒廷在其一份论及公共道路和运河的报告中阐述了政府参与修建公共道路的意义，建议联邦政府在州际收费公路和运河修建中给予资金支持，联邦党人曾反对这一建议。但是1812年英美战争期间，英国对美国实施封锁禁运，恰好说明道路建设对军队和商业的重要性，所以联邦政府后来一直支持修建国道。

除坎伯兰公路外，其他的收费公路大都是私人公司修建的。如1795年修建的宾夕法尼亚兰斯特收费公路就是由一些私人股份公司修建的，主要通过发行股票来筹集资金。收费公路的修建使陆路交通得到发展，陆路交通成为美国人通往内陆地区、穿越阿巴拉契亚山脉到达西部的基本途径，也是南北战争前无数前往西部地区探险开发的移民的必经之道。

19世纪初期，收费公路尚在修筑之中，美国又兴起开凿运河的热潮。不少运河公司先后成立，1812年开通运营弗吉尼亚的迪斯莫尔沼泽运河、南卡罗来纳的桑堤运河、马萨诸塞州的米德尔赛克斯运河。1817年纽约州政府开始修建伊利运河，1825年伊利运河通航；1823年至1828年，罗得岛州和马萨诸塞州的黑石运河开通；新泽西州的莫里斯运河于1824年开始建设，与此同时伊利诺伊和密歇根连接芝加哥和伊利诺伊河之间的运河也开始修建，到1850年美国运河开凿总长度达3000英里（4828千米）。

最初的运河修建都是由私人股份公司主导的，但后来大型工程建设项目都让位给各州政府主持修建。如伊利运河就是由纽约州州长德·威特·克林顿倡议修建并得到州政府支持。这是第一个通过发行债券方式，作为公共产品项目建设的运河，鼓舞了不少运河建设者参与其中。1816年至1840年，美国共修建人工水道5353千米，运河沿线小城镇很快就作为工商业中心发展繁荣起来，但运河建设也使宾夕法尼亚州、俄亥俄州和印第安纳州等地方财政濒于破产。

国内贸易的发展确实需要畅通的道路交通设施，而跨越不同地区的道路设施建设并不是单独一个州的财政力量所能完成的。

（二）航运、铁路和快递运输业企业的发展

有了运河也并不代表人们就可以迅速在各地自由移动，因为没有合适的交通工具，在广大区域内旅行仍是费力费时的事情。

1807年，富尔顿在利文斯顿资助下发明了蒸汽轮船，可以节省航行时间，提高运输和旅行效率，由此开启内河航运时代。由于海运业得到初步发展，不少航运公司进入这一领域，开辟定期航线，蒸汽轮船取代木制帆船出现在远洋运输中。到1820年蒸汽轮船公司的服务遍布美国沿大西洋和切萨皮克湾一带。密西西比河和俄亥俄河流域也适合蒸汽轮船航行。1817年美国轮船数量仅为17艘，但到1855年增加到727艘。

蒸汽轮船的交通运输涉及联邦政府、州政府和私人企业的关系。利文斯顿和富尔顿最先经营蒸汽轮船，因此获得纽约州的航行垄断权，新泽西州的托马斯·吉本斯的船队就不能进入纽约州航行。1824年最高法院做出裁决，在宪法的商业条款下国会有权监管商业和交通运输业，裁定纽约州必须开放内河航行权。1858年美国政府停止对航运业的补贴后，美国的海运业务就被英国人所控制。由于蒸汽动力的应用，航运业突破原来依赖自然力和动植物能量的限制，提高了运输速度和运输量，推动了航运业的发展。

19世纪20年代交通运输出现更新的技术。1825年英国发明铁路技术后，铁路建设就在世界各地兴起，美国也不例外，1830年修建的仅有13英里（21千米）的第一条铁路线（巴尔的摩—俄亥俄）通车。从30年代开始，陆路交通运输业迅速转移到铁路建设上来，兴起修建铁路的投资热潮，到1850年美国铁路修建里程达到9021英里（14518千米），1860年铁路修建里程为30626英里（49288千米）。一些地区性铁路企业（如伊利铁路公司和宾夕法尼亚铁路公司）得到迅速发展，逐步成为美国现代化大企业的样板。

在快递运输业，1834年B.D.厄尔设立了美国第一家快递公司，主要经营波士顿至普罗维登斯之间的货物运输业务；1839年哈顿包裹公司在纽约和马萨诸塞之间运营；1850年美国快递公司成立；1852年富国公司（即后来的富国银行）成立，最初开展银行业务，同时做快递业务。

总之，在早期工业化时期，由于新国家刚刚建立，百废待兴，经济基础（尤其是工业基础）比较薄弱，除农业和商贸服务业继续得到发展外，技术创新还处于模仿阶段，但已经具有因地制宜的创新，增加了金融服务、纺织和机器制造等行业，同时交通运输业得到迅速发展，这些行业的企业获得较快发展。但直到1840年，大多数美国企业还是中小企业，还没有出现真正的现代化大企业，也很少有专业的管理人员。在1700多万人口中，领取薪水的经理人员还不到总人口的1%。1850年后随着铁路建设的发展，铁路行业出现制度和管理方面的新型企业组织。

19世纪30年代，新型燃料无烟煤的开采，以及蒸汽动力的运用，对纺织制造和金属加工业产生重要影响，而收费公路、运河和铁路等交通设施的建设和完善，缓解了全国性交通运输问题，加速了美国国内经济的整合和自由市场经济体系的发展，技术创新、产业、企业与经济发展形成交互影响关系。

七 典型企业案例

本章主要选取纺织、机械制造和金融领域的三家企业作为典型案例，分析其在技术创新和产业迭代过程中的发展特点、主要贡献和经验启示。

（一）波士顿制造公司：纺织技术应用创新

波士顿制造公司是美国在引进英国纺织技术和生产方式过程中富有创新性的代表性企业[1]。创建于1813年，创建者是波士顿制造协会的主要成员、毕业于哈佛大学的弗朗西斯·卡伯特·洛厄尔，他设计创办的这家纺织厂位于波士顿查尔斯河畔的沃尔瑟姆，是美国纺织业创新英国纺织技术而建立的第一家真正意义上的现代工厂。该企业是当时美国乃至世界上第一家从棉花（原材料）到衣服（成品）的垂直一体化制作和机械化生产的现代企业。

该企业主要利用水力作为动力源，水力纺织技术就是洛厄尔从英国偷学来的。1810年洛厄尔以农民身份前往英国参观当地的纺织厂，他特别注意到动力系统问题，并在心里默记下其中的结构特征。1812年从英国回国以后，他凭着记忆设计出类似英国纺织厂的动力系统，企业运营

---

[1] 波士顿制造公司英文名为 The Boston Manufacturing Company。本案例主要参考 David R. Meyer, "Formation of Advanced Technology Districts: New England Textile Machinery and Firearms, 1790-1820", *Economic Geography*, 2010, Vol. 74, pp. 31-45; Carl E. Prince and Seth Taylor, "The Boston Associates, and the U.S. Government's Role in the Industrializing Process, 1815-1830", *Journal of the Early Republic*, Autumn, 1982, Vol. 2, No. 3, pp. 283-299。

的商业秘密也是他从英国的贝弗利纺织制造厂偷学来的,这种偷学和模仿的技术在美国获得成功。当1813年波士顿制造公司成立时,洛厄尔还进行了其他方面的一些变革,创造出垂直一体化的纺织生产和服装制造生产模式,即沃尔瑟姆-洛厄尔生产体系。

这种生产模式是对罗得岛生产模式的改进和创新。1789年塞缪尔·斯莱特在罗得岛建立纺织厂时,纺纱流程是由机器完成的,且集中在工厂进行,但织布和制衣工作是外包给附近的农村家庭,由其家庭成员用手工完成的。在这种纺织生产方式下,制衣过程是相对较慢的。而波士顿制造公司创新之处就是把纺纱和织布的生产流程结合起来,都采用机器生产方式,且要集中在一个工厂里完成从原材料到成衣的所有生产流程。

波士顿制造公司为此建设了集中的厂房设施,纺织厂每个环节如梳棉、纺纱、织布等都集中到一个工厂里完成,所雇用的工人也是集中管理的。工人来自工厂周边的乡村,主要是年轻女性劳动者,公司为其提供膳食住宿,但她们要受到严格管制和道德约束。她们每周工作80小时,每周6个工作日。每天工作时间是早上5点到下午7点,中间有早餐和午餐的简短休息时间。波士顿制造公司为棉纺织业建立了较为规范和严格的工厂制度,发展了大规模生产的纺织业。这种劳动密集型的纺织业需要大量廉价劳工,单靠美国国内劳动力资源是难以满足企业扩张需求的,后来公司开始招聘外来的年轻女工,主要是爱尔兰移民。

波士顿制造公司在管理上也抛弃英国多数工厂的严厉管理模式,采取一种"萝卜+大棒"的有序管理方式,所招募的工人大多数是美国当地年轻的女性员工,工厂提供食宿,并由专门的人员看管,女工必须严格遵守道德约束。工作时间也有严格规定,如工人每周工作80小时,每天早上4:40打铃起床,5点到车间报到上班,7点工人有30分钟的早餐休息时间,中午工人有30至45分钟的午餐休息时间,下午7点工厂关门,工人下班回到公司宿舍,每周6天的工作时间安排都是如此,创造了一种对工人能够进行良好控制的管理体制。

波士顿制造公司是美国当时规模最大的纺织厂,雇用300多名工人,也是一家高效和盈利的企业。1816年该企业就能够与英国纺织企业相竞争,而当时美国不少企业都是在竞争中出局的。这得益于该企业在管理制度上的创新及其创建的沃尔瑟姆-洛厄尔生产体系的集中生产模式①。

后来由波士顿制造协会创办的其他纺织厂都采用沃尔瑟姆-洛厄尔生产体系,之后该体系又被其他行业的企业所复制。从偷学技术中建立的波士顿制造公司,其创新的生产模式一直为美国纺织业的样板企业,企业运营效率较高,直到1930年停产关闭。1977年波士顿制造公司的原址成为波士顿查尔斯河工业博物馆。

(二) 胜家公司:技术发明与经营模式创新

胜家公司是具有原创技术发明专利的美国纺织机械制造企业,公司创办于1851年,最初名称是 I. M. Singer & Co.,创办者为艾萨克·梅里特·辛格和纽约律师爱德华·克拉克。辛格是缝纫技术专利发明者(1850),他曾经是一名演员和剧院管理者,但一个偶然机会使他成功发明缝纫机新技术②,他把该领域的所有技术专利整合起来,批量制造和生产缝纫机,因而成为百万富翁。

在动力机器没有发明和使用之前,毫无疑问需要通过手工进行生产。企业发展初期,胜家公司主要面向国内市场,1853年售出810台机器。1855年胜家公司开始国际化进程,1859年售出10953台机器。1863年胜家公司改名为胜家制造公司,不仅是美国新泽西州最大的大规模生产企业,而且是全世界最大的缝纫机器制造商。生产规模不断扩大,同时销售旺盛,胜家公司售出的机器数量1867年是43053台,1871年是181260台,1873年是232444台,1878年是262316台③。

胜家公司不仅发明了缝纫机技术,并将其转化为实际的生产力,还创新经营管理模式。一是创新营销模式,缝纫机制造不仅需要技术,还需要技术娴熟的销售人员来向购买的用户对机器技术进行解释说明并进

---

① The President and Fellows of Harvard College, "New England's Business History", *Bulletin of the Business Historical Society*, Nov., 1930, Vol. 4, No. 6, pp. 1-5.

② Singer Mfg. Co. et al. v. Bryant. June 14, 1906. [54 S. E. 320.], The Virginia Law Register, Nov., 1906, Vol. 12, No. 7, pp. 540-558; James C. Nicholson, "The Unusual Origins of a Sewing Machine Fortune", in *Never Say Die, A Kentucky Colt, the Epsom Derby, and the Rise of the Modern Thoroughbred Industry*, University Press of Kentucky, 2013, pp. 13-31.

③ Elizabeth M. Bacon, "Marketing Sewing Machines in the Post-Civil War Years", *Bulletin of the Business Historical Society*, Jun., 1946, Vol. 20, No. 3, pp. 90-94.

行操作演示，这就需要对销售人员进行特殊的培训，通过他们把具有复杂技术的缝纫机产品推向大众市场，直接送货上门成为主要销售方式，然后向客户演示和示范机器的使用，甚至还要教用户学会使用这种机器。二是建立企业的售后服务制度，因为缝纫机是一个新产品，需要专门技术人员对设备进行售后的保养和维修。因此，胜家公司需要合格的维修人员。三是推广信贷和分期付款计划，这是该公司的一大创举，胜家公司强调妇女的作用及其与家庭的关系，让用户认识到缝纫机代表着人们从艰苦的手工缝纫劳动中被解放出来，可以使家庭和使用者受益，如果财力不足以支撑的话，胜家公司可以提供信贷购买、租赁和分期付款计划等。

胜家公司是一家善于营销的创新企业，其卖点就是缝纫机本身的效率优势、机器所能代表的价值，以及机器对女性劳动者的吸引力。在技术优势和经营模式创新加持下，胜家公司获得巨大商业成功。19世纪50年代，美国缝纫机被广为宣传，迅速被世界各地的消费者奉为最省力的机器，供人们使用或牟利，1889年逐渐占据该行业主导地位。

1885年胜家公司开始电气化，1910年开始在美国国内批量生产电气化缝纫机，雇用7000多名工人，每周生产1.3万台缝纫机。第一次世界大战期间开始接受政府订单，主要为军需品而生产，员工达到1.4万人，其中70%是女工。第二次世界大战期间，胜家公司同样接受政府订单，为政府进行军需品的制造，甚至还制造炸弹和枪支等战略物品。

胜家公司还是把商业和机器制造技术推向世界的美国先驱型企业。19世纪60年代中期胜家公司成为美国第一家在欧洲地区经营的企业。该公司没有使用政府的任何资源，其成功经营主要是因为建立了积极和有效的组织模式，拓展了海外业务。1867年胜家公司在苏格兰的格拉斯哥开设分公司，1873年在苏格兰的布里奇顿开设分公司，胜家公司制造的缝纫机与其他美国商品一起被欧洲人所使用[1]。到20世纪60年代中期，胜家公司在苏格兰发展到巅峰状态，员工达到1.6万人。60年代末开始削减员工，70年代末减少到5000人。但是由于财务问题和缺少订

---

[1] Robert B. Davies, "Peacefully Working to Conquer the World: The Singer Manufacturing Company in Foreign Markets, 1854–1889", *The Business History Review*, Autumn, 1969, Vol. 43, No. 3, pp. 299–325.

单，世界第一大缝纫机厂商于 1880 年就关闭其在苏格兰的工厂，在苏格兰制造缝纫机的历史宣告结束。

20 世纪 60 年代胜家公司开始多元化发展战略，1963 年更名为胜家公司，1965 年和 1968 年先后收购弗里登计算器公司、帕卡德贝尔电子公司、通用精密设备公司。2000 年在荷兰重组为胜家公司；2004 年胜家公司的缝纫机业务和商标出售给美国一家私人投资公司。

2006 年，美国科尔伯格投资公司（Kohlberg）与胜家公司的控股公司完成对 VSM 控股公司①的收购，合并重组后公司取名为 SVP Holdings，代表其对 Singer、Viking 和 Pfaff 三个缝纫机品牌的所有权，胜家公司只是新组建公司的一部分，不再以胜家名字出现。

长期以来，胜家公司一直致力于教会大众消费者使用机器缝纫技术，并用先进的缝纫机吸引顾客，制造出包括电子缝纫机在内的各种消费品。但时过境迁，在缝纫机行业长期经营的一家头部企业，且曾经是技术发明和经营模式创新的领先企业，最后也难以摆脱被其他企业收购的命运。

（三）花旗银行：服务实体经济与金融创新

花旗银行是美国 19 世纪初设立的一家创新性金融服务企业，也是美国迄今还在经营的超过 210 年的金融机构，目前是花旗集团全资银行，是美国最大的综合性金融机构，也是世界上规模最大的金融集团之一。在技术创新和产业迭代发展过程中，花旗银行在金融技术、金融产品和经营管理制度等方面进行创新探索，为美国经济和社会发展提供金融服务。

1. 填补金融发展真空，创新经营业务

1811 年，美国政府成立国家中央银行的尝试遭到挫折，成立于 1791 年的第一美国银行由于营业执照到期得不到国会继续授权被迫关门停业。共和党杰出领袖塞缪尔·奥斯古德在平衡当时在纽约州执政的共和党内两方利益后，于 1812 年 6 月 16 日在第一美国银行旧址上挂牌成立花旗银行（原名纽约城市银行），基本接管原银行的主要业务。花旗银行刚

---

① VSM 控股公司是高端缝纫机和配件领先提供商，拥有好时运和百福两个品牌。

成立时注册资金为 200 万美元，填补了当时美国缺乏全国性银行机构的金融发展真空。

刚刚成立的花旗银行就担负起为美国政府服务提供融资的职能。在 1812—1815 年第二次英美战争期间，面对美国货币和国库券贬值、贸易萎靡不振、企业倒闭和随时有英国军队入侵的困境，花旗银行积极行动，为政府和企业提供金融服务，保存银行档案和各种业务信息。如向政府债券承销商借出 50 万美元，并在 1813 年认购战争债券。鉴于花旗银行的表现，它被指定为联邦政府资金的托管机构，接收存管在纽约的联邦政府存款余额的 1/3。1814 年底花旗银行又向联邦政府提供 20 万美元贷款，以帮助其偿还债务利息和摊销。

第二次英美战争结束后，花旗银行经营业务相对简单，主要是融资、现金出纳和其他金融服务，因而忽略经营管理问题。直到 1837 年，花旗银行在管理上的投入都较为有限。1837 年经济危机爆发时，面对存款人和纸币持有者冲向银行要求把纸币和存款兑换成黄金的挤兑场面，花旗银行几乎处于破产边缘。最后是依靠政府及时宣布停止黄金兑换，以及美国当时的毛皮大商人约翰·雅各布·阿斯特的支持，花旗银行才得以死里逃生。

阿斯特派出其代表莫斯·泰勒入驻花旗银行，开始进行经营管理的改革创新，把它打造成为一家综合性金融机构，使其进入稳定发展阶段。1820 年至 1860 年间，花旗银行主要以纽约为中心，目标是围绕花旗银行构建一个庞大的商业帝国，为当时新兴产业的企业提供金融服务，如轮船公司、铁路公司和电报公司等，其客户范围和投资领域包括商业、金融、公用设施、交通、钢铁、煤矿和电报等产业。当时所有重要工商企业都在花旗银行开户，贷款和融资服务也是由花旗银行提供[①]。花旗银行采取保守的现金政策，使客户和自己都免于可能的破产风险。正是这种保守政策使花旗银行成为 19 世纪下半叶纽约最强大的银行之一，为其后续发展打下坚实基础。

2. 制度转型，开拓多元化金融业务

1863 年美国颁布《国家银行法》，为了吸引更多银行加入国家银行

---

① 郑先炳：《解读花旗银行》，中国金融出版社，2005，第 10 页。

体系，按照法令规定，注册为国家银行就可以成为联邦政府的存款银行，在纽约的国家银行还可以吸收其他城市银行的法定储备金作为存款，成为"银行的银行"。鉴于这一优惠条件，1865年7月花旗银行决定从原来由纽约州政府颁发营业执照的州立银行，转变为由联邦政府颁发执照的国家银行①，并更名为纽约城市国家银行，这是花旗银行成立50多年来的一次重大制度性变革。表明花旗银行符合联邦政府对偿付能力和流动性的更高标准，成为联邦政府和其他城市国家银行法定储备金的存管机构。同时获得为政府服务的存款业务，到1906年花旗银行吸收的政府存款占全部政府存款的11%。

在国家银行制度框架下，花旗银行在商人资本家泰勒领导下，跟随着美国经济发展步伐，投入到工业革命迅速发展大潮中。19世纪90年代，改制后的花旗银行从家族银行企业迅速发展成为全国性综合金融企业。但服务的客户主要是糖商、棉花经纪人、煤矿、燃气公司和南方铁路公司等，业务规模还相对较小。在詹姆斯·史蒂尔曼任总裁期间，1893年联合太平洋铁路公司进入破产管理程序，花旗银行抓住这一机会进入投资银行之列，彻底改变了其家族企业商业帝国"金库"形象，成为一家全美国经营的综合性金融机构。

史蒂尔曼主政期间，利用其与洛克菲勒家族的良好关系，不断发展证券承销业务，同时利用花旗银行在泰勒时期留下的良好声誉和运营基础，为企业客户和经纪人提供融资和财务帮助，并采取与大型投行联合承销方式，使花旗银行逐渐成为投资银行领域的一支"新力军"。

1897年成立专门的外汇交易部从事国际银行业务。1902年花旗银行能够在24小时之内向世界上任何城市支付任何数量的货币；1907年花旗银行提供的融资额超过美国棉花出口量的1/3；1912年花旗银行与世界上132家银行建立了账户行和代理行关系②。

同时在国内开展同业代理业务，1905年花旗银行在美国同业代理

---

① 〔美〕哈罗德·文·B.克里夫兰德、托马斯·F.候尔塔斯等：《花旗银行：1812—1970》，郑先炳译，中国金融出版社，2005，第43页。

② 〔美〕哈罗德·文·B.克里夫兰德、托马斯·F.候尔塔斯等：《花旗银行：1812—1970》，郑先炳译，中国金融出版社，2005，第69页。

行的账户有 1230 个,为全美国之最,账户总余额达到 4440 万美元。针对个人客户率先量身定做相关产品,开创性地为个人投资者提供进入市场服务。同时通过收购金融机构开创信托业务,1929 年合并农民贷款与信托公司,并通过该机构为个人提供信托服务,获得丰厚利润。花旗银行先后收购两家纽约的小银行和人民信托公司,使花旗银行可以突破法律限制在纽约拥有分行机构和信托业务,使它不再是单一制银行。

通过拓展多元化业务线,到 20 世纪初花旗银行总资产已达到 3.08 亿美元,一跃成为美国第一大综合性商业银行。

3. 适应发展需要改革组织机构和创新制度

1909 年花旗银行董事会选举范德尼普为新总裁。在他主政期间,花旗银行进行多项影响深远的机构改革和制度创新。

一是淡化个人色彩,建立严格的制度和组织规范。如建立花旗银行与借款者、投资人之间的制度化关系,从而改变史蒂尔曼时期依靠个人关系发展业务的状况。又如把职业经理人制度引入银行的经营管理之中。

二是为规避监管进行制度创新。如为了规避《国家银行法》关于监管部门对银行设立分支机构的严格限制,1911 年花旗银行成立花旗公司,以此持股其他银行,从而在全国范围内建立银行网络。在 20 世纪 20 年代,金融市场上 1/5 的债券发行和承销都是由花旗公司完成的。

三是设立海外分支机构组织。1914 年花旗银行总裁范德尼普做出建立海外分行系统的决定,并得到美国钢铁公司和杜邦公司等大企业支持。当年 11 月花旗银行在阿根廷布宜诺斯艾利斯开设美国国家银行的首家分行,接着又在远东地区构建海外分行网络。1915 年花旗银行收购在远东已经拥有 22 家分行机构的国际银行公司(该公司早在 1902 年就进入中国市场),由此进入上海市场,花旗银行由此获得其中文译名。1917 年,花旗银行已拥有 35 家国外分行。到 20 世纪 20 年代末,花旗银行已在 23 个国家拥有 98 家分行,比其他美国银行拥有的海外机构总和还要多。1927 年《麦克法登法案》颁布后,花旗银行建立了越来越多的分支机构。1929 年花旗银行在纽约总共建立了 37 家分行,个人存款账户达到

23.2万个,存款总额达到6200万美元[①]。

四是调整银行内部组织结构和改革管理制度。1921—1933年花旗银行采用通用公司的"事业部制",调整花旗银行的组织结构,建立总裁办公室和直接授权各业务线的机制,这样的管理架构也应用到国际业务中。在面对银行所有者与管理者利益冲突时,花旗银行时任总裁米歇尔借鉴当时兴起的企业治理理论,推出"管理人员基金",将包括他自己在内的高级管理人员薪酬与银行业绩联系起来。

经过制度改革后,到20世纪30年代,花旗银行已经成为一个真正的国际化和全能型综合性金融服务机构,是美国金融业中举足轻重的金融机构。

4. 危机中的清算调整,战争期间的政府服务

在1929年至1932年的经济大危机中,花旗银行也无法避免巨大损失,总资产从22亿美元下降到16亿美元,同期存款下降21%,贷款下降50%。花旗公司资本额从1.295亿美元下降到2080万美元,发行和承销的证券规模也从1930年的14亿美元,下降到1932年的3.5亿美元[②]。

银行机构被认为是这场危机的罪魁祸首,整个社会都认为是银行业的信贷政策导致投机盛行,引起金融恐慌和大危机。作为银行界的代表性企业,在社会舆论中,花旗银行首当其冲,在国会压力下米歇尔于1933年6月不得不辞去花旗银行总裁职务以谢罪。花旗银行董事会随后选举詹姆斯·帕金斯担任花旗银行新的总裁。帕金斯上任后,首要任务就是尽快挽回花旗银行在公众心目中的声誉,按照1933年的《格拉斯-斯蒂格尔法》分业经营的规定,对花旗银行旗下从事投资银行业务的花旗公司进行业务清算,剥离其投资银行业务,使其专注商业银行业务。

罗斯福新政后,花旗银行开始重拾其综合发展战略,同时在国际业务上迅速采取相应措施解决问题。1935年至1939年间,花旗银行海外分

---

① 〔美〕哈罗德·文·B.克里夫兰德、托马斯·F.候尔塔斯等:《花旗银行:1812—1970》,郑先炳译,中国金融出版社,2005,第176页。
② 〔美〕哈罗德·文·B.克里夫兰德、托马斯·F.候尔塔斯等:《花旗银行:1812—1970》,郑先炳译,中国金融出版社,2005,第235页。

行的净营业利润占全行利润的 40%①。在帕金斯带领下,花旗银行最终从大危机中得到恢复和发展,资本质量重新回到健康水平,利润也逐渐恢复到大危机前的水平。

紧接而来的第二次世界大战对花旗银行的发展战略产生直接影响,很多海外分行不得不临时关闭,业务仅局限于为美国财政部和政府参战融资服务。在整个战争期间,花旗银行共持有政府债券 13 亿美元,战后增加到 25 亿美元;花旗银行发放的贷款大部分用于购买财政部的债券,其营业网点上销售的也全部是财政部的债券,花旗银行最终成为财政部的债券销售代理商②。

5. 二战后的金融创新,发展成为金融控股集团

第二次世界大战结束后,在分业经营体制约束下,花旗银行因投资银行业务的剥离盈利能力大幅削弱,而《麦克法登法案》禁止银行跨州设立分支机构的规定,又使花旗银行的地域扩张受到极大限制。同时 1933 年《格拉斯-斯蒂格尔法》中 Q 条例对商业银行存款利率上限的限制,使花旗银行在资金来源方面与其他能够支付更高存款利息的储蓄机构形成不利竞争形势。当贷款需求越来越强烈时,花旗银行面临越来越严重的资金短缺问题。

为了从根本上解决这一问题,花旗银行创造性地提供了一种新的投资工具,即可转让存单。其实这款创新型金融产品就是一个定期存单,只不过是具有固定面额、固定期限和规定利率,最具创新性的是它可在二级市场进行转让③。如果没有可转让存单,美国银行系统的规模可能会小很多④,这是花旗银行提供的最具影响力的金融产品,至今都是金融机构的主要短期金融工具。

---

① 〔美〕哈罗德·文·B. 克里夫兰德、托马斯·F. 候尔塔斯等:《花旗银行:1812—1970》,郑先炳译,中国金融出版社,2005,第 323 页。
② 〔美〕哈罗德·文·B. 克里夫兰德、托马斯·F. 候尔塔斯等:《花旗银行:1812—1970》,郑先炳译,中国金融出版社,2005,第 330 页。
③ 王慧:《可转让存单对金融创新的启示》,《金融理论与实践》2004 年第 1 期,第 63—64 页。
④ 〔美〕菲利普·L. 茨威格:《沃尔特·瑞斯顿与花旗银行——美国金融霸权的兴衰》,孙郁根等译,海南出版社,1999,第 166 页。

花旗银行的另一项创新尝试是设立单一银行控股公司。利用《1956年银行持股公司法》的法律漏洞，花旗银行于1968年10月成立一家新的单一银行持股公司——花旗公司，可以提供银行、证券、投资信托、保险、融资租赁等多种金融服务，花旗银行只是花旗公司的控股银行。

通过控股公司的组织创新，花旗公司走上多元化金融服务发展道路，并在1984年成为美国最大的单一银行控股公司。这一组织形式重新定义了银行业的概念，为美国金融监管改革提供了一个新的银行制度框架。

在进行金融创新的同时，花旗银行也不断地把这些创新金融产品和组织推广到世界各地，海外业务得到迅速发展。1965年，美国制造业对外直接投资的187家大公司中，有165家在花旗银行开户[①]。1992年花旗银行成为美国最大的银行控股的金融集团。

6. 混业经营推动金融业的综合发展趋势

20世纪30年代至80年代，美国金融业恪守分业经营制度模式，并对利率进行严格管制。在此期间，在发达国家混业经营趋势下，美国监管机构虽然进行了一些去监管化的改革，但分业经营模式并没有彻底改变，直到1999年《金融服务现代化法案》的颁布彻底修正了实施60多年的《格拉斯-斯蒂格尔法》及相应的制度框架，分业经营模式走向终结。而推倒《格拉斯-斯蒂格尔法》，为《金融服务现代化法案》出台扫清最后障碍的恰恰是花旗银行与旅行者集团于1998年4月被美联储批准的合并计划，合并后改为花旗集团。

这是一个金融混业经营合并的典型案例。在合并之前，旅行者集团的业务范围包括投资银行、商业信贷、融资服务和资产管理等，而花旗银行只专注于银行业的公司金融和消费金融业务。合并后花旗集团从原来的单一银行控股公司成为一家金融控股公司，业务范围囊括商业银行、证券和保险业三大领域，总资产达到7000亿美元，成为世界上最大的综合性金融服务企业。2000年花旗集团取代通用电气公司成为美国最大的企业组织，同时其全资子公司花旗银行是美国最大的银行之一，在世界

[①] 邱询旻、王晓芳：《花旗集团的制度创新与突破》，《东北财经大学学报》2003年第2期，第7—11页。

银行中名列前茅。

2007年发生次贷危机，曾被业界奉为楷模的花旗银行也深陷其中，面临经营失败，处于破产边缘。美国政府积极介入救援，为花旗集团注资450亿美元，并对其贷款提供担保。花旗集团也于2009年1月宣布重组计划，最终于2010年开始扭转颓势而赢利[1]，从危机中恢复发展起来，继续成为全球性多元化的金融控股公司，以及连接100多个国家和城市数百万人的金融机构，为消费者、企业、政府机构提供广泛而有针对性的金融产品和服务。截至2021年12月31日，花旗银行拥有约2亿个客户账户，业务涉及160多个国家和地区，拥有22.34万名全职员工，净利润为220亿美元，合每股10.14美元，上年同期为110亿美元，合每股4.72美元[2]。

花旗银行虽然是一家超过210年的大型综合性传统金融企业，却是美国金融业技术创新的风向标。在如今数字经济时代，花旗银行仍走在金融科技和数字金融发展前沿，致力于促进经济增长和社会进步。

---

[1] 许朝阳：《花旗分拆的原因和启示》，《国际经济合作》2009年第3期，第92—94页。
[2] Citigroup, 2022 Annual Report, p.4, https://www.citigroup.com/citi/investor/quarterly/2022/ar21_en.pdf? ieNocache=365.

第4章　铁路技术的应用与企业创新和管理革命

本章内容从铁路行业的纵向发展角度，论述19世纪至今铁路技术的引入和创新应用对美国铁路企业和交通运输业发展的影响、铁路对相关产业的溢出效应，以及基于铁路企业发展实践的管理变革等。铁路技术并不是美国企业的原创技术，但自从19世纪初引入美国被广泛应用后开启了美国交通运输的铁路时代，铁路公司及相关通信企业成为技术创新和产业迭代的主体。

一　铁路技术的传入与铁路企业的技术创新

早在1795年美国就铺设了第一条木制铁轨，由此拉开铁路建设的序幕，但真正修筑铁路是在19世纪二三十年代。美国大规模的铁路建设开始于19世纪60年代，延续至20世纪50年代，之后侧重于铁路企业的管理改革。

（一）早期铁路建设与铁路企业的技术应用

随着欧洲技术扩散的浪潮，1825年发明于英国的铁路技术开始传入美国。当时英国成功建设铁路的事迹极大地鼓舞了美国发明家和企业家修建铁路的积极性，他们建议美国政府支持修建铁路。与此同时，美国也开始以铁路建设为主的公共基础设施建设计划，以连接新开发的西部地区。如1815年发明家约翰·斯蒂文斯就获得新泽西铁路公司的经营授权，这是美国政府授予的首个铁路经营权，不过该铁路公司在1832年才正式组建，并开始修建铁路（该铁路后来归属宾夕法尼亚铁路公司）。

1826年约翰·斯蒂文斯曾在自家院子建设一段实验性铁轨，并安装机车头来牵引火车的运行,但成本较高,动力问题也不好解决,难以大范围开展建设计划。当时对铁路有需求的是一些原料采掘和制造企业,如1826年马萨诸塞州的花岗岩铁路在昆西镇建成,是由实业家乔亚西·怀特(1780—1850)和厄斯金·哈泽德(1790—1865)修建的,总长为4.8千米,采用的是畜力动力,目的是提高把煤炭从矿场运到市场的效率。

美国第一条真正意义上的铁路是1827年由里海煤炭和航运公司修建的萨米特山-莫奇奇恩克铁路,总长为14.8千米。不仅可以运输煤炭,还可以载客,吸引很多人前来参观。1829年8月美国从英国进口第一辆蒸汽机车,并由工程师霍雷肖·艾伦在特拉华-哈德逊公司修建的铁路轨道上试运行。

富有里程碑意义的是1830年建成的巴尔的摩-俄亥俄铁路。1820年纽约-伊利运河开凿修建后,港口城市巴尔的摩面临强大的竞争压力,而马里兰州经济陷入滞胀状态,摆脱困境的唯一办法就是打通通往西部各州城市的交通线。1827年25名商人和银行家经过深入调研后决定修建世界上第一条商业性铁路。

巴尔的摩-俄亥俄铁路的修建提上日程,倡议者是当地大商人菲利普斯·E.托马斯和乔治·布朗。1826年他们到伦敦考察了英国铁路企业,认为铁路建设是当时非常时髦的商业性投资,回美国后于1827年组建巴尔的摩-俄亥俄铁路公司,并得到弗吉尼亚州政府授权。1828年开始修建,1830年5月建成通车(20.92千米)。1831年马里兰州政府还授权巴尔的摩-俄亥俄铁路公司修建一条从巴尔的摩到华盛顿的铁路。

(二)美国各地铁路建设与铁路企业大发展

19世纪30年代美国各地兴起铁路建设热潮,铁路公司纷纷设立。如1827年南卡罗来纳运河和铁路公司获授权成立,1830年就建成一条铁路线,以解决南方棉花种植园区的跨区域货车运输速度慢和成本高问题。1833年10月该公司建成和运营219千米长的铁路线,1844年与路易斯维尔-辛辛那提-查尔斯顿铁路公司合并为南卡罗来纳铁路公司,一直运营到 1894 年[1]。

19 世纪 30 年代获得授权成立的铁路公司，包括比弗-米多斯铁路和煤炭公司（1830）、卡登姆-安波易铁路运输公司（1830）、纽约-伊利铁路公司（1832）、新泽西铁路公司（1832）、费城-特伦顿铁路公司（1832）、俄亥俄-印第安纳波利斯铁路公司（1832）[2]，以及麦迪逊-印第安纳波利斯铁路公司（1836）等。

美国五大湖地区的密歇根州开始积极修建铁路，该地区第一家铁路企业是 1830 年获得授权成立的庞蒂克-底特律铁路公司，接着是 1832 年成立的底特律-圣约瑟夫铁路公司，但这两个企业的建设进展甚微。1833 年密歇根州政府授权建立伊利-卡拉马祖铁路公司，1836 年 11 月该公司建成一条 52.8 千米长的铁路（密歇根劳伦斯港至艾德里安市）。从 1830 年至 1837 年，密歇根州政府共授权成立 23 家铁路公司，但只有 5 家建成铁路线，总里程约为 98.3 千米。

1837 年密歇根州开始建设铁路网络，铁路主干线有两条。一是伊利-卡拉马祖铁路公司修建的从托莱多到艾德里安的铁路，二是底特律-圣约瑟夫铁路公司修建的从底特律到罗亚尔奥克市的铁路。后来又采取政府与企业共同修建模式，启动 3 条跨州铁路的修建，从北部、中部和南部地区开始大规模修建铁路。1847 年 2 月罗克艾兰-拉萨尔铁路公司成立，1851 年芝加哥-罗克艾兰铁路公司被重新授权组建，并开始修建铁路，1852 年建成从芝加哥到乔利埃特市的第一条铁路，1854 年建成从芝加哥到密西西比河的铁路线。

1846 年成立的宾夕法尼亚铁路公司很快成长为大型铁路企业，成为美国现代大型工业的代表性企业，到 1891 年，该铁路公司的雇员超过 11 万人，但该公司还不是跨国企业，其营运范围仅限于美国的纽约与芝加

---

[1] 1881 年该公司重组为南卡罗来纳轨道公司（the South Caroline Railway），1899 年改组为南卡罗来纳和佐治亚铁路公司（the South Carolina and Georgia Railroad），同时被南方铁路公司获得经营权，但直到 1902 年，在南方铁路公司合并其他一些短途线路后才完成真正合并。1980 年新组建的诺福克南方公司，成为南方铁路公司（1894）与诺福克和西部铁路公司的控股公司（1881）的母公司，1990 年完成重组，1999 年南方铁路公司改名为诺福克南方铁路公司，一直运营至今。

[2] 该公司在 1832 年被授权经营一条从印第安纳波利斯到杰斐逊维尔的铁路，但直到 1848 年公司才组建完成，1849 年重新命名为杰斐逊维尔铁路公司（Jeffersonville Railroad）。

哥之间。当时除军队外,还没有哪个组织的规模能够超过铁路企业。

美国新英格兰地区的大规模铁路建设始于19世纪40年代中期,南部和西部地区则始于40年代末期,但这期间修筑的铁路大多数是用来连接当时的商业中心和弥补水运不足,线路普遍较短,很少超过80千米,不少铁路都是纺织厂为了运输货物方便而修建。南部地区虽然也开始兴修铁路,但基本上集中于短途线路,用来连接棉花产区与沿海和沿河港口城市,直到美国内战时都尚未建成铁路网络。

(三) 中长铁路建设与交通运输效率的提高

1848年后美国铁路建设以每年增加约1600千米的速度发展,1850年铁路线增加到约14481千米,铁路开始取代运河成为最主要的交通方式,铁路建设出现第一次高潮。

19世纪50年代美国铁路建设出现新变化,开始出现中长距离的铁路线和大型铁路公司。如1850年肯塔基州政府授权成立的路易斯维尔-纳什维尔铁路公司是一家服务于美国东南部地区的客货运铁路企业。该铁路公司在米尔顿·H.史密斯30多年经营管理下,铁路里程从最初的480千米迅速增加,1970年增加到9700多千米,形成服务于美国13个州的铁路网络[1]。1853年艾奥瓦州成立密西西比-密苏里铁路公司,1856年修建密西西比河的铁路桥,连接罗克艾兰与达文波特市[2]。

1850年美国铁路企业修建的铁路大多数可以到达五大湖地区,1853年可通达芝加哥。1851年至1854年,连接东西部地区的铁路大干线,如纽约-伊利铁路、巴尔的摩-俄亥俄铁路,以及宾夕法尼亚-纽约铁路等都已基本建成通车。

1859年艾奇逊-托皮卡-圣菲铁路公司(ATSF)获得经营授权成立。

---

[1] 1971年,该铁路公司部分股票被美国沿海铁路公司购买;1986年沿海铁路公司并购切萨皮克-俄亥俄铁路公司,以及路易斯维尔-纳什维尔铁路公司,组成切西铁路系统(the Chessie System),不久命名为美国铁路运输公司,拥有和经营原路易斯维尔-纳什维尔铁路公司的资产和铁路线,是21世纪北美地区七大铁路运输公司之一,成为现美国500强企业之一。

[2] 1866年密西西比-密苏里铁路公司收购芝加哥-罗克艾兰铁路公司,组成罗克艾兰-太平洋铁路公司,一直运营至1980年,其后续企业是芝加哥太平洋铁路公司(Chicago Pacific Corporation)。

1873年该公司修建的铁路可以到达堪萨斯州和科罗拉多州的边界，1876年修到科罗拉多州的普韦布洛。该公司把从政府获得的土地转卖给私人农场，开启货物联合运输业务，初步形成运输网络[1]，该铁路公司的主要营业区域是美国西南部。1983年11月，该铁路公司与南太平洋铁路公司（SP）合并，在美国西部建立第三条大型铁路[2]；1996年与威灵顿北方铁路公司合并后，进一步拓展其在该区域的营业范围[3]。

1860年美国北方和中西部地区都在修建连接每个主要城市的铁路线。而在美国中西部的玉米种植带，超过80%的农场都是在约8千米的铁路线里程之内，铁路运输大大提高了谷物和猪牛运输到国内外市场的效率。

（四）铁路建设的技术进步与经济效应提升

19世纪20年代至50年代，铁路成为美国最具革命性的新生事物。在此期间，铁路建设的技术，包括路基平整、隧道开凿和桥梁建造的方法都有所发展，开始使用T型铁轨，铁路运输技术迅速提高。40年代末期，火车头具备凸轮、水箱、驱动轮、转向滚轮和平衡杆等，车厢也可改为两面乘坐的专车，可容纳60名乘客。随着铁路技术的进步，铁路成为深受普通大众喜爱的交通运输方式，不仅吸引了原来收费公路和运河的乘客，也吸引了货物运输的业主。

19世纪50年代，美国铁路建设进入发展的兴盛时期，铁路投资达到10亿美元，10年间修筑的铁路里程超过3万千米，形成密西西比河以东地区美国最初的陆路交通运输网络的雏形。但在50年代之前修建的大部分铁路都是相互分割和互不相连的，且基本集中在东北和东部沿海地区，每条铁路的轨距也是不统一的，从4英尺（1.2米）到6英（1.8米）尺不等；公众乘坐铁路旅行的体验是心惊胆战的，因为铁路公司不承担安全责任问题；各铁路公司之间拒绝连接和交接货物，管理上极其混乱。铁路公司的贪婪和渎职，以及不能让人苟同的火车速度和效率，引起公众的不

---

[1] 1996年，该铁路公司与威灵顿北方铁路公司合并成立威灵顿北方-圣达菲铁路公司后停止营业。
[2] Russell W. Pittman, "Railroads and Competition: The Santa Fe/Southern Pacific Merger Proposal", *The Journal of Industrial Economics*, Sep., 1990, Vol. 39, No. 1, pp. 25–46.
[3] Edward L. Lyman, "Outmaneuvering the Octopus: Atchison, Topeka and Santa Fe", *California History*, Jun., 1988, Vol. 67, No. 2, pp. 94–107.

满和指责。19世纪五六十年代，美国铁路企业开始使用电报技术来控制火车的运行，大大提高了火车的运输效率，减少了运输事故。

作为一种新型交通运输方式，铁路确实比运河效率更高，所受地理条件的限制更少，能够把无数小规模的地方经济连接起来，使越来越多的产品生产实现规模化。铁路对钢轨、机车、车厢和煤炭产生巨大需求，由此促进了相关产业和企业的兴起和发展，尤其是推动了人类历史上第一批大型重工业企业的发展，并造就了美国早期工业化时代第一批产业大军和百万富翁。

1860年美国铁路总长为30626千米，负担全国货运量的2/3。在美国内战期间，铁路以前所未有的速度把士兵和战备物资运到前线。美国内战期间北方军队有力地运用这一技术优势，赢得这次"火车战争"。

二 大型铁路企业与美国铁路运输网络构建

为了进一步提高火车的运输效率和安全性，以及向西部边疆地区推进，从19世纪60年代至20世纪20年代，大型铁路企业成为铁路建设的主导力量，并开始构建美国全国性铁路网络体系。

（一）政府的"赠地"政策与大型铁路企业形成

南北战争（1861—1865）结束后，火车就成为连接整个美国国土的主要交通工具，因而迎来新一轮美国铁路建设高潮[①]，一直延续到1873年经济萧条时期。这一时期铁路修建的主要特点是美国联邦政府通过"赠地"政策，授权商人和企业家组建大型铁路公司，修建横跨全美的铁路主干线，而且给予资金和政策支持，鼓励和支持全国范围的铁路网络建设。

其实早在1841年美国联邦政府就开始实施公共土地政策，以及"赠地"政策，陆续向各州政府赠送约2.24亿英亩（906495平方千米）的公地。各州政府将这些土地转售给农民和土地投机公司，然后将收入用

---

① 美国国家统计局：《1878年经济统计数据概要》，第151页，http://www2.census.gov/prod2/statcomp/documents/1878-01.pdf。

于发展本州交通运输、农业教育和高等教育。在内战前后，联邦政府共赠地14.8亿英亩（5989347平方千米）；1855年至1871年，联邦政府约赠地1.29亿英亩（522044平方千米），由各州政府配套赠予的土地还有5100万英亩（206390平方千米），同时附带各种政府补贴，使在西部未开发地区新成立的铁路公司可以进行大规模的铁路建设。

1862年7月，林肯总统签署《太平洋铁路法案》，授权修建横贯美国大陆的铁路线，并授权组建联合太平洋铁路公司（简称UP，1862年营运至今），涉及从美国内布拉斯加州奥马哈市向西到密苏里河西部地区的铁路修建，而中央太平洋铁路公司则从加利福尼亚州的萨克拉门多市向东修建铁路。这两家公司都被赠予大片土地，以完成各自负责部分的铁路建设工作。

1862年成立的联合太平洋铁路公司是自第二美国银行停止运营后美国国会授权设立的第一家大型企业。这是一家公私合营的铁路公司，1864年被赠予土地1200万英亩（48562平方千米），国会还额外追加铁路建设贷款，从最初的1.6万美元，增加到4.8万美元，该公司在24个城市推广和销售股票，书写了美国铁路修建中史诗般的故事。目前该铁路公司仍是美国最大的铁路企业，运行线路超过3.21万条，营运机车8500辆，营运范围覆盖芝加哥、伊利诺伊和路易斯安那州新奥尔良以西的23个州。同时是目前世界上最大的铁路企业，雇用员工达4.26万人，是纽约证券交易所上市企业。

联合太平洋铁路公司主要通过并购方式做大做强，所并购的铁路企业包括密苏里-太平洋和西北铁路公司、西太平洋-密苏里-堪萨斯-得克萨斯铁路公司、南部太平洋铁路公司、丹佛-西部格兰德河铁路公司等，主要经营区域是美国西南部地区，与艾奇逊-托皮卡-圣菲铁路公司形成双寡头竞争格局①。

1864年北方太平洋铁路公司获得联邦政府授权成立，政府慷慨授予该铁路公司大量公共土地，毗邻土地的销售每英亩不到2.5美元。1866年大西洋-太平洋铁路公司获得政府授权成立，主要修建密苏里斯普林菲尔德以西北纬35度附近的铁路线。不过该铁路公司实力相对弱小，经营

---

① John P. Davis, "The Union Pacific Railway", *The Annals of the American Academy of Political and Social Science*, Sep., 1896, Vol. 8, pp. 47–91.

业绩不佳。1869年切萨皮克-俄亥俄铁路公司由弗吉尼亚政府授权成立,后来发展成为美国一流铁路公司。实业家克里斯·P. 亨廷顿是该企业早期的主要管理者,1873年该公司铁路线一直延伸到俄亥俄河一带①。

(二) 政府和私人企业合作与铁路网络建立

在政府"赠地"政策和大力支持下,私人铁路企业修建了通往西部地区的多条长距离铁路线,特别是联合太平洋铁路公司、中央太平洋铁路公司合作修建了横跨美国东西部地区的大铁路干线。1869年5月10日,经过联合太平洋铁路公司和中央太平洋铁路公司多年的艰苦努力,特别是中央太平洋铁路公司的修建工作,两条各自修建的铁路线路在犹他州的普罗蒙特里波因特胜利汇合贯通,最终建成美国第一条横贯东西部国土的全国性铁路。该铁路服务于从旧金山到奥马哈市,再向东到芝加哥的广大地区。在芝加哥西部地区,许多城市成为铁路运输中心,配有修配车间,奠定了铁路技术和工人队伍基础。

为了把私人修建的互不相连的铁路连成一体,19世纪60年代后美国铁路公司开始建立全国铁路网络。最初是各铁路公司实行联盟政策,如1869年宾夕法尼亚铁路公司通过租赁或购买方式,首先建立了一个巨大的一体化铁路网。经过各铁路公司的不断联合,到19世纪80年代,原来分散的铁路线路基本连接成全国性的铁路网络。其中,有4条铁路从美国中西部贯通到西部海岸,包括大北方铁路公司、北方太平洋铁路公司、艾奇逊-托皮卡-圣菲铁路公司、芝加哥-密尔沃基-圣保罗铁路公司,以及中央太平洋铁路公司修建的铁路干线,其他铁路公司则修建铁路的连接线。这些大型铁路系统主宰了美国的铁路网络,每个铁路系统都运营数千千米的铁路线,形成巨大的铁路网络体系。1880年形成网络的美国铁路里程为93202千米,1900年为194321千米②,超过32万千米的铁路已投入运营③。同时所有铁路统一轨距标准,配备自动耦合器和

---

① 1971年切萨皮克-俄亥俄铁路公司的客运业务被新组建的美国国家铁路公司接管。
② 美国国家统计局:《1901年经济统计数据概要》,第390页,http://www2.census.gov/prod2/statcomp/documents/1901-06.pdf.
③ John Haskell Kemble, "The Transpacific Railroads, 1869-1915", *Pacific Historical Review*, Aug., 1949, Vol. 18, No. 3, pp. 331-343.

气闸减速板，火车运输效率大为提高，运行更为安全。

19世纪90年代至1900年，美国众多铁路企业已经把密密麻麻的铁路线逐步连接成完整的铁路网络体系。到1910年美国铁路修建里程达249992千米[①]，全美铁路系统已基本建设完成[②]。1916年美国铁路里程为37万多千米，达到历史最高值，当时汽车和飞机等运输方式都不可能动摇火车的垄断地位。至20世纪20年代，铁路形成最大的行业优势地位和盈利能力，几乎承担了美国所有的跨州交通运输业务。

在铁路修建过程中，涌现出许多大型现代铁路企业，如巴尔的摩-俄亥俄铁路公司、纽约-伊利铁路公司、宾夕法尼亚铁路公司、纽约中央铁路公司、联合太平洋铁路公司等。1901年9家机车制造企业合并组成美国机车制造公司；到1902年纽约中央铁路公司和宾夕法尼亚铁路公司都成为美国超大型的现代化铁路企业。这些大型铁路企业通常是由高层管理者做出决策，然后由经理人、投资者和投机者共同推动，成为当时世界上最大的由职业经理人管理的工商企业。

为保证铁路企业的稳健运营和市场秩序，1887年美国国会通过法案成立"州际贸易委员会"，开始对铁路公司进行监管，以保证其价格是公平的。1917年威尔逊总统要求在第一次世界大战后对美国铁路公司进行国有化。直到1920年，铁路都是由美国铁路管理委员会管理的，之后交才由铁路公司自己管理。

三　交通技术交替发展背景下铁路企业重组

20世纪初期，随着汽车和飞机等新型交通技术先后出现，汽车产业迅速崛起，高速公路大规模修建，普通大众对出行运输工具的需求取向

[①] 美国国家统计局：《1911年经济统计数据概要》，第276页，http://www2.census.gov/prod2/statcomp/documents/1911-07.pdf。从1905年后，美国国家统计局的统计概要中就不再对铁路行业数据进行单独统计，而是与其他交通运输部门一起统计，但在统计表中分开列项。

[②] 各年代美国铁路建设里程如下：1840年4518千米；1850年14514千米；1860年48270千米；1870年85151千米；1880年150066千米；1890年263227千米；1900年311093千米；1916年408745千米；1945年364753千米；1963年344948千米；1995年273530千米；2021年是257440千米。

发生变化，铁路运输的客流量逐步下降，铁路行业和铁路企业从黄金发展时代进入"长尾发展"状态，不少铁路企业面临升维挑战，陷入经营困境，合并重组成为一种政策选择。

（一）新型交通技术的冲击与铁路企业的困境

20年代后美国虽然还一直在修建铁路，但更多的是铁路公司间的竞争和合并，管理优化和改革成为主要任务。五六十年代后，由于汽车和飞机行业的发展和竞争，铁路行业整体面临亏损和被替代的困境，美国铁路公司不得不开始合并和重组。1957年纳什维尔、查特努加与圣路易斯铁路公司合并，然后加入到路易斯维尔-纳什维尔铁路公司；1959年美国州际贸易委员会批准弗吉尼亚铁路公司与诺福克-西部铁路公司合并，由此开始美国铁路企业的大规模合并。

合并重组仍然无法扭转铁路公司的发展颓势。1968年经营100多年的美国最大的铁路公司——宾夕法尼亚铁路公司申请破产，后与纽约中央铁路公司合并重组为宾夕法尼亚州中央铁路公司；1969年在美国州际贸易委员会帮助下，纽约铁路公司、纽黑文铁路公司与哈特福特铁路公司也进行合并。

1970年6月21日刚刚重组不久的宾夕法尼亚州中央铁路公司又宣布破产，这是当时美国历史上最大的企业破产案。其他破产的铁路公司还有安那堡铁路公司（1973）、伊利拉克万纳铁路公司（1972）、里海铁路公司（1970）、雷丁铁路公司（1971）、新泽西中央铁路公司（1967）和里海-哈德逊河铁路公司（1972）等。

1970年在合并收购芝加哥-伯灵顿-昆西铁路公司、大北方铁路公司、北方太平洋铁路公司，以及斯波坎-波特兰-西雅图铁路公司后，伯灵顿北方铁路公司完成企业重组。

（二）政府管制政策变化与铁路企业重组

长期以来，美国政府对铁路产业采取严格管制政策，加剧了铁路行业的衰退。20世纪70年代整个铁路产业从巅峰走向衰落，许多历史悠久的铁路企业先后破产倒闭。为了处理和接管这些巨无霸铁路企业，美国政府不得不采取注资救援政策。为了处理当时美国最大的破产铁路公司，1971年国会授权组建美国国家铁路公司（Amtrak），进行并购和重组。

新成立的美国国家铁路公司接管了原来宾夕法尼亚州中央铁路公司的部分客运线，从其他公司接管了城际客运服务，并被授权经营所有美国境内的远距离客运业务，实际上成为美国政府拥有和经营的一家国有铁路公司。1973年美国国会又通过《地区铁路公司重组法案》（称为"3R Act"），以接管破产的宾夕法尼亚州中央铁路公司的其余业务，以及在东北部、中大西洋和中西部地区经营破产的其他铁路公司的货运业务，同时组建另一家由政府所有的大型铁路企业，即美国联合铁路公司（简称Conrail）①，该铁路企业于1976年开始营业。

根据"3R Act"，美国政府还组建了美国铁路协会，以接管美国州际委员会的职能，并允许已经破产的铁路公司放弃不赢利的铁路线路。1976年根据《铁路复兴和监管改革法案》（称为"4R Act"），美国国家铁路公司又收购原宾夕法尼亚州中央铁路公司从华盛顿特区到波士顿的通行权和基本设施。

除宾夕法尼亚州中央铁路公司和其他铁路企业破产重组外，在整个70年代美国大部分铁路公司都处于合并重组中。80年代美国政府开始放松对铁路的管制，1980年国会通过《斯塔格斯铁路法案》，正式启动去监管化。1995年美国废除1887年成立的州际贸易委员会，组建陆路交通运输委员会来履行相关的监管职能。

（三）企业收购合并与铁路企业集团的组建

随着政府对铁路产业的放松管制，铁路企业启动新一轮大规模合并和重组，除上文提到的美国国家铁路公司、美国联合铁路公司外，在七

---

① 合并后的铁路公司拥有之前宾夕法尼亚州中央铁路公司（1968—1976）的铁路系统，同时把东北部地区的一些势力单薄的铁路公司合并，组成政府拥有的铁路公司，美国联合铁路公司也许是企业发展史上最具争议的大型铁路企业。潘恩中央铁路公司本身就合并了其3个竞争对手，即the Pennsylvania Railroad（1846）、the New York Central Railroad（1831），以及the New York, New Haven & Hartford Railroad（1872），以及其他一些更小的竞争者。1980年美国颁布放松管制的the Staggers Act后，铁路企业的盈利还是比较好的。1997年至1999年，Conrail公司的资产卖给Norfolk Southern Railway and CSX Transportation公司。

八十年代重组的铁路企业还有诺福克南方铁路公司（NS）、美国铁路运输公司（CSXT）和特拉华-哈德逊铁路公司（D&H）等。90年代美国铁路公司继续重组，形成若干大型铁路运输公司，包括苏线铁路公司（SOO）①、加拿大太平洋铁路公司（CPR）、北伯灵顿-圣达菲铁路公司（BNSF）、加拿大国家铁路公司（CN）、大干线铁路公司（GTC）和南堪萨斯城铁路公司（KCS）等。

其中，诺福克南方铁路公司是1982年7月1日由诺福克西北铁路公司与南方铁路公司合并组成，主要在北卡罗来纳和弗吉尼亚东南地区运营，总部在弗吉尼亚的诺福克，与美国铁路运输公司展开竞争。

诺福克南方铁路公司由两部分组成，一是源于1827年南卡罗来纳运河和铁路公司，以及南方轨道公司。美国内战后经历扩张性发展，1894年陷入困难时期，成为南方轨道公司的一部分。J.P.摩根挑选了经验丰富的铁路员工塞缪尔·斯宾塞任该公司主席，1953年它成为首家完全从蒸汽机转型为电气化的铁路公司。二是源于1847年里士满-丹维尔铁路公司的诺福克-西部铁路公司。1881年诺福克-西部铁路公司重组，并收购AM&O铁路公司②。20世纪中期，诺福克-西部铁路公司收购弗吉尼亚铁路公司、沃巴什铁路公司、尼克尔-普拉特铁路公司等。

1990年上述两部分铁路系统合并组成美国东北地区大型铁路运输网络。至2022年底，诺福克南方铁路公司的运营线路有19335英里（31117千米），经营范围覆盖华盛顿特区和东部22个州，可进入800多个工业生产地点，建有175个总仓库，连接43个港口城市③。至2023年底，该企业运营线路有19500多英里（31382千米），有2万名售票员、工程师和员工，致力于安全、高效的铁路运输。每年在机车、货车、轨

---

① 1986年1月1日，加拿大太平洋铁路公司的控股企业苏线铁路公司并购破产的芝加哥-密尔沃基-圣保罗-太平洋铁路公司，成为其美国经营的一家铁路企业。
② AM&O铁路公司，即大西洋-密西西比-俄亥俄铁路公司（Atlantic, Mississippi & Ohio Railroad）的缩写，成立于1870年，是在收购坡因特城市铁路公司（The City Point Railroad, 1838），以及南部地区铁路公司（the South Side Railroad, 1854）基础上组建而成。
③ 诺福克南方铁路公司：Norfolk Southern Overview-Infographic 2022，诺福克南方铁路公司官网，https://www.norfolksouthern.com/en/about-us/company-overview。

道和桥梁方面的投资超过 15 亿美元①。

美国铁路运输公司 1986 年 7 月 1 日由海岸铁路系统（Seaboard Syste，1982）与切西铁路系统（Chessie System，1973）合并组建而成。这是一家独立铁路运输公司，总部位于佛罗里达的杰克逊维尔，服务美国 22 个州和哥伦比亚特区。截至 2020 年，该企业以 106 亿美元年收入在 I 类公司中排名第三，如今该铁路运输系统拥有约 33789 千米铁路线，超过 3.6 万名员工②。

美国铁路运输公司的历史渊源可追溯到巴尔的摩-俄亥俄铁路公司，不同时期合并的铁路企业包括切萨皮克-俄亥俄铁路公司、海岸铁路公司、大西洋海岸线铁路公司、路易斯维尔-纳什维尔铁路公司等 12 家企业。其主要营运范围在密西西比河流域以东的中西部地区，与诺福克南方铁路公司的铁路线路覆盖地区有部分重合。在客运和货运业务中美国铁路运输公司和诺福克南方铁路公司形成双寡头垄断格局。1998 年，诺福克南方铁路公司收购美国联合铁路公司 58% 的资产，美国铁路运输公司则收购其 42% 的资产。

美国北伯灵顿-圣达菲铁路公司成立于 1995 年 9 月 22 日，由美国北伯灵顿公司与圣达菲太平洋铁路公司合并而成。2010 年 2 月 12 日，北伯灵顿-圣达菲铁路公司成为伯克希尔·哈撒韦公司的子公司，是北美地区最大的货运铁路公司，在美国 28 个州和加拿大 3 个省运营 52292.5 千米的铁路网络。

该铁路公司的历史可追溯到 1849 年成立的伊利诺伊州奥罗拉分支铁路公司，经过长期发展和兼并重组，不少历史悠久的铁路公司合并其中，如艾奇逊铁路公司、托皮卡-圣菲铁路公司、北伯灵顿铁路公司和伯灵顿-昆西铁路公司等。通过设立控股公司方式组建为目前的铁路系统，总部位于得克萨斯州的福特沃斯。2004 年公司改名为 BNSF Railway，现有雇员 3.6 万人，至 2022 年，其运营区域覆盖美国西部大部分地区，运输业务量较大。有三大主干线连接美国东西部地区，在西部地区与美国联

---

① 参见美国诺福克南方铁路公司官网关于企业的介绍，https://www.norfolksouthern.com/en/about-us/company-overview。
② Adam Burns, CSX Transportation, October 13, 2022, 参见美国铁路官网，https://www.american-rails.com/csx.html。

合太平洋铁路公司形成双寡头竞争格局①。由于注重绿色技术创新，BNSF 运输货物更安全、更高效，燃料消耗更少，排放更少。仅 2022 年 BNSF 就运输了 120 万辆汽车的农产品、310 万辆汽车的工业产品，有 504 万件多式联运（卡车拖车或集装箱）货物是通过 BNSF 的铁路线运输的。

从技术创新来看，交通运输产业的迭代大致是沿着收费公路、运河、铁路、汽车、航空运输的路径发展，新兴交通运输技术和工具的交替演进确实对传统铁路运输产业的发展和企业的可持续经营产生替代和挤出效应。20 世纪后半期，铁路行业的黄金发展时期不复存在。1920 年美国铁路产业雇员人数是 210 万人，1950 年下降到 120 万人，2010 年只有 21.5 万人；铁路里程也从 1916 年的最高峰值 254251 英里（409177 千米），下降到 2011 年的 139679 英里（224792 千米）。2015 年美国铁路运输总量下降 2.5%，铁路运输的主要业务是煤炭，当天然气代替煤炭和发电厂后，铁路公司业务量大幅下降。

21 世纪以来越来越成熟的高铁技术对美国铁路行业和企业产生新一轮挑战和冲击。在克林顿总统执政时期，美国曾引入高铁建设计划，奥巴马政府也制定过高铁建设计划，但到目前为止，美国高铁建设计划并没有取得太大进展。传统铁路的衰落趋势仍在继续，而高铁尚未成为新的主流铁路运输方式。

四 铁路建设投融资与资本市场的繁荣发展

铁路建设的大规模推进，需要大量建设资金，而政府支持是远远不够的，只有依靠跨地区的资本市场才能完成这样大规模的投融资任务。在此过程中，铁路建设及其投融资活动与美国资本市场的繁荣发展形成互相促进的正向效应。

（一）铁路公司证券交易与资本市场的繁荣

在铁路建设初期，铁路公司所需的大量资金主要是通过伦敦金融市

---

① 2022 BNSF Annual Review, http://www.bnsf.com/about-bnsf/bnsf-review/2022/.

场筹集的，早在1834年伦敦金融市场就曾销售这些铁路公司发行的证券，如英国人威廉·霍夫曼就购买了巴尔的摩-俄亥俄铁路公司325份股票。实际上大部分铁路资金是通过发行债券方式筹集的，而不是股票，因为欧洲人喜欢固定收入证券。在美国内战之前，美国7家铁路公司发行的证券在伦敦市场上销售，以缓解资金压力。

为了更好地服务于买卖铁路企业证券的需要，一些证券经纪商和代理机构得以建立起来。如查尔斯·德沃公司就是在欧洲成立的专门买卖美国铁路企业证券的金融服务机构；英国巴林兄弟公司在美国的分支机构的证券买卖业务也不断增长，其两个合作伙伴是约书亚·贝茨和拉塞尔·斯特吉斯，他们在波士顿还有一个专门的代理商托马斯·雷恩·沃德，以及为铁路融资的J.E.赛耶兄弟公司和詹姆斯·戈尔·金公司。正是因为铁路公司，专门买卖证券的金融服务业迅速发展起来。铁路公司发行的大量债券把纽约证券市场的买卖和投机生意带入现代模式，证券交易量大为增加。在纽约出现不少经营铁路公司证券的专门机构，证券交易方式和技巧也不断成熟，所有的现代金融交易方式和工具都被开发出来。

铁路建设和铁路企业的投融资活动也促使美国纽约发展成为世界范围的资本市场。19世纪50年代以纽约证券交易所为代表的美国资本市场的集中化和制度化建设，也为兴修铁路提供了关键的融资渠道，同时为新型投机商提供了基本的金融工具和投资机制。需要筹集资金修建铁路的企业家越来越集中地汇聚到纽约来，而欧洲资本家也正好要寻求投资机会，希望在纽约资本市场购买铁路公司的证券。于是德国、法国和英国的投资者开始通过纽约证券交易所购买美国铁路公司发行的债券，这是美国铁路公司进行融资的主要形式，铁路公司由此成为美国第一批通过外部融资方式获得大量资本的私人企业。1831年在纽约证券交易所只有31种股票在交易，而在19世纪50年代美国各地所有的铁路债券、银行股票和市政债券都可以在纽约证券交易所交易，投融资活动相当活跃。

1860年美国铁路公司发行的证券总额为18亿美元，1897年上升到106亿美元，而当时美国国债只有12亿美元。投资者主要来自美国东北部和欧洲，特别是英国。其中英国投资者投入的资金是最大的一部分外国资本，1914年达到30亿美元。纽约逐步发展成为当时世界范围内的主要资本市场，而大型铁路企业的形成和铁路建设行业的发展也得益于美国发达的资本市场。

（二）铁路公司投融资推动投资银行发展

19世纪50年代，在铁路建设投融资过程中开始出现专业化的投资银行机构，并在19世纪下半叶主导大型铁路公司的投融资和兼并重组活动。以J.P.摩根为代表的投资银行家在铁路融资和企业整合中发挥重要作用，他们曾在欧洲精心策划和指挥为企业筹集大量资金的活动，并帮助铁路企业进行并购重组。如1885年J.P.摩根重组纽约-布法罗铁路公司，并把它租赁给纽约中央铁路公司；1886年重组费城-雷丁铁路公司；1888年重组切萨皮克-俄亥俄铁路公司；同时深度卷入与铁路建设的另一巨头詹姆斯·J.希尔及大北方铁路公司股票的争夺战。除J.P.摩根之外，范德比尔特和杰伊·古尔德等人也成为美国举足轻重的投资银行家和企业家，其共同点是因为拥有铁路公司股票而发家致富。

1879年至1897年，J.P.摩根作为财团经理为铁路公司发行债券，1897年至1913年，J.P.摩根作为铁路股票和债券的唯一承销商参与铁路公司的重组活动，主导铁路公司的合并和投融资，构建铁路系统"利益共同体"。到1906年美国2/3的铁路里程是由纽约中央铁路公司、宾夕法尼亚铁路公司等七大铁路企业控制的，而J.P.摩根拥有其中最大的部分。1893年以后的铁路建设和资本重组中，以摩根财团为代表的投资银行发挥了重要作用。

19世纪末20世纪初，除J.P.摩根公司外，当时的重要投资银行还有库恩公司、洛布公司、李公司等，都致力于铁路融资，充当欧洲资本流动的渠道，以帮助美国的铁路建设融资。

在铁路建设和铁路企业发展中，资本市场与实体经济相互促进的巨大意义是显而易见的。美国纽约华尔街金融市场无疑是铁路行业发展的重要助推器，而铁路建设的发展反过来也对华尔街资本市场发展起到巨大推动作用。铁路公司发行的证券成为华尔街金融市场投融资的主要金融产品。在19世纪末20世纪初，纽约华尔街金融市场的繁荣、市场投资者对铁路证券的偏好，为美国全国铁路网络的全面建设提供了重要资金支持。

五 铁路时代发明的电报技术与通信业兴起

伴随铁路时代的到来，19世纪30年代美国人发明电报技术，以此为技术基础兴起新的通信行业。在这一行业发展过程中，一批新企业涌现出来。

（一）电报技术的发明应用与铁路建设相呼应

1838年1月6日被誉为电信时代的开创者和"电报之父"的美国发明家塞缪尔·莫尔斯（Samuel Finley Breese Morse，1791—1872）在新泽西州首次测试成功他发明的电报机。莫尔斯发明的是一种键盘式电报机，可以利用电流的开关来发送不同的点和横线，代表不同的字母和数字，这就是著名的莫尔斯电码，1839年莫尔斯发布了他发明的"莫尔斯"码[①]。

在政府支持（国会拨款3万美元）和莫尔斯推动下，1844年5月美国国内铺设完成从华盛顿到巴尔的摩之间约64.37千米的第一条实验电报线路。5月24日莫尔斯发出从华盛顿到巴尔的摩的第一份电报，在座无虚席的华盛顿国会大厦里，莫尔斯用激动得有些颤抖的双手操作着他倾注10余年心血研发的电报机。人们见证了莫尔斯成功拍发的"上帝创造了什么"的电报。1845年美国联邦邮政局接管和经营了这条电报线路，并雇用电报技术的发明者塞缪尔·莫尔斯为主管。由于政府财政困难，1846年该电报线路转让给私人公司经营，企业家阿莫斯·肯德尔、埃兹拉·科内尔等人有效地管理着这项新的电报业务。

自从莫尔斯第一条电报线路成功运营后，美国电报网络迅速发展起

---

① 其实电报技术的发明是由英国发明家查尔斯·惠斯通（Charles Wheastone）和美国发明家莫尔斯分别于1837年和1838年发明的。惠斯通发明的是指针式电报机，而莫尔斯发明的是键盘式电报机。惠斯通与合作伙伴威廉·库克（William Fothergill Cooke）合作成立英国电报公司（British Telegraph Company），并在1839年在伦敦开设世界上第一个商业电报服务机构。他们使用惠斯通的指针式电报机，在大西方铁路公司（Great Western Railway）的两个车站之间架设13英里（21千米）长的电线，用来传递列车的时刻表和其他信息，这就是当时世界上第一张商业电报。

来,并扩展到全美范围。1851年美国南北方主要城市都已经被电报线路连接起来,1852年美国已经有3.7万多千米的电报营业线路。1861年完成从东海岸连接加利福尼亚州的电报线路铺设,形成全美国电报网络系统。1866年大西洋海底电缆铺设完成,从此海缆成为重要的通信工具。电报的出现大大加速和扩大了信息传播速度和范围,对社会进步产生了深远影响。

大规模铁路建设带来通信领域的革命性变革,新发明的电报技术很快就派上用场,新成立的电报企业以铁路为电报线架设路径,跟随铁路线路铺设可以长距离使用的通信线路。铁路公司也需要利用电报服务来协调列车和客货运的流量。因此早期的电报企业都是铁路公司的附属机构,其成立的目的就是为此类不可或缺的业务服务。

(二) 电报行业大型企业的竞争与合作关系

19世纪50年代开始电报企业的竞争、合作和合并时期。1857年有6家大型电报公司签订协议把全国分为六大区域,每家公司经营特定区域的业务。在线路重叠区域,则建立合资公司。经过10来年的发展,到1866年电报企业合并组建西部联合公司,这是美国第一家全国性的多部门现代通信企业。

西部联合公司成立后,很快就建立了与铁路企业类似的组织和治理结构。它把全国分成东部、西部、中心和太平洋四大区域,每个区域由1名总主管负责,在4个区域下设23个区段,区段主管治理3219个电信站的业务,总主管和区段主管下设修理和维护经理、审计员和采购经理等职能人员。在规定职能单位和区域单位关系时,该企业也沿用了铁路企业的权力和职能结构相区分的组织形式。

当时能够对西部联合公司形成挑战的是杰伊·古尔德设立的通信企业。19世纪60年代他收购了一系列铁路公司,主要发展铁路公司的电报子公司。他建立了大西洋-太平洋电报公司,同时控制了国际海洋电报公司。1878年古尔德企业的实力足以威胁到西部联合公司的发展。1879年古尔德又创建了美国联合电报公司,并让该公司与古尔德控制的西南各州铁路企业的电报子公司签订合同,后来他又收购了一家加拿大的电报公司,并宣布要铺设一条横贯大西洋的电缆。在资本市场上,古尔德还操纵着西部联合公司的股票买卖，并趁机收购该公司成为其最大的股东。1881年古尔德劝说西部联合公司收购其美国联合电报公司，组成更大的西部联合公司，由他控制公司的运营管理。

除上述两家大型电信企业之外，其他铁路公司经营的电报公司还包括巴尔的摩-俄亥俄铁路公司的电报子公司，以及一家邮政系统的电报公司。1887年古尔德收购了前者，并对后者进行经营限制。直到1934年前这个产业很少受到政府的严格监管。

（三）铁路行业的发展对邮政服务业的影响

随着铁路行业发展和铁路网络系统规模不断扩大，通过铁路递送的长途邮件日益增加，1847年铁路仅递送联邦邮政服务传递业务的10.8%，到1857年铁路递送的份额就提高到30%。由于通过铁路传送邮件的速度明显快于驿站马车和轮船，且邮费成本大大下降，私人和商业信件递送量增加，邮政服务机构不得不进行改组。

在19世纪最初30年，美国联邦邮政部门是作为私人产业由艾伯特·布雷德利和菲尼亚斯·布雷德利两兄弟经营的。杰克逊总统在任期内（1828—1836），对联邦政府的华盛顿邮政总局进行改组，在总局之下设立三个不同业务处，每个业务处由一名助理总局长负责管理，但缺陷是华盛顿总局与各地1.7万多家地方邮政局之间并没有中层管理人员。1849年联邦政府对邮政系统进行改革，增设大城市的邮件配送系统，并任命一组经理人员加以管理，同时与铁路进行密切配合，辅以铁路专门的邮政车厢，以便在旅途中进行邮件分类。1855年美国邮政系统已设立近50个邮件派送单位，都是由支薪经理人员管理的，而铁路公司也为邮政部门增加了专业化的邮件车厢。1870年美国邮政系统改革基本完成，使美国邮政服务成为当时世界上最大的且最有效率的通信服务系统之一。

（四）铁路行业资本家对电话业的投资和控制

19世纪70年代通信领域的新技术和新行业是电话。1876年，亚历山大·G.贝尔发明电话技术，后成立贝尔电话公司。1880年贝尔电话公司改组为美国贝尔公司，并重新集资以应对竞争者的挑战。贝尔公司进行重大改革，试图建立一个合理的组织机构，投入大量资本，制定长远发展计划，最大资金提供者是威廉·H. 福布斯，同时还有其他与铁路投资有渊源的波士顿资本家。贝尔公司聘请曾经在美国邮政服务公司当过总主管的西奥多·N. 维尔为职业总经理，他对促进贝尔公司发展发挥了重要作用。

除贝尔公司外，电话通信领域还有不少独立型电话公司，尤其是19世纪90年代贝尔公司的电话专利失效后，独立型电话公司掌握的电话数，1894年是3万部，1899年增加到65.6万部。

为了控制独立型电话公司的发展，贝尔公司与华尔街金融家开展合作，扩大贝尔公司的规模，建立贝尔系统，而母公司就是美国电话电报公司，由维尔出任董事长，并逐步完成贝尔系统的组织结构和管理变革。

新兴的通信行业在铁路行业大发展推动下获得迅速发展，但令人惊讶的是，投资电报、邮政和电话这三个通信网络产业的资本家，与投资铁路的资本家基本上是同一班人马，在铁路建设中富有影响力的资本家，如范德比尔特、福布斯、古尔德和摩根等人，在建立全国性的通信网络时又全部出现在历史舞台上。

六 铁路公司与企业的制度创新与管理变革

管理思想家丹尼尔·A. 雷恩认为，企业管理的制度化包括建立工具的标准、工作质量和数量、通过选择工艺和制定时间表协调工作流程、工资的激励、成本核算、确定岗位职责，以及妥善处理诸如怠工之类的劳动力问题等[①]。美国铁路企业是推动企业科学管理理论发展、探索经营制度创新和管理变革的主导力量。

（一）铁路公司对企业管理创新的实践探索

美国现代企业组织管理的创新是与铁路企业密切相关的。在复杂的铁路管理中，工程师往往成为铁路公司的高级管理人员。最具管理创新的铁路企业，包括19世纪40年代的马萨诸塞西部铁路公司、巴尔的摩－

---

① 〔美〕丹尼尔·A. 雷恩：《管理思想的演变》，李柱流等译，中国社会科学出版社，1997，第119页。

俄亥俄铁路公司，50年代的纽约-伊利铁路公司，以及60年代的宾夕法尼亚铁路公司等，其管理创新实践包括以下两个方面。

一是建立一定的管理制度来协调、规划列车的运营，以应对营运过程中出现的火车事故和安全问题。如马萨诸塞西部铁路公司就建立区段责任制，明确权力等级制度，以保证企业的良好经营；巴尔的摩-俄亥俄铁路公司建立分散化的财务管理制度和相应职能部门，如机器车间和铁路维修部门等；纽约-伊利铁路公司因面临激烈竞争，非常注意低报价和仔细搜集各种信息。19世纪60年代宾夕法尼亚铁路公司成为当时世界上最大的企业组织，1852年至1874年间，在总裁约翰·埃德加·汤姆森领导下，该企业最先运用官僚组织制度，把公司分为若干个组成部分，每个部分在费城都有一个总管负责。所有美国铁路公司的管理创新都会被模仿，到70年代各行业都出现了与铁路公司一样的大企业。

二是创新铁路企业的会计和数据统计制度。如铁路公司的新会计账户就分为财务、资本和成本三部分，同时引入企业内部审计制度，运用营业比率计算收益和经营绩效，大量生产和处理有关财务和会计方面的信息数据。19世纪50年代铁路企业是会计专业化的核心领域，企业管理者埃尔伯特·芬克和查尔斯·帕金斯在成本会计和控制方面做出突出贡献。其中芬克于1865年升任路易斯维尔-纳什维尔铁路公司的总管，1869年成为该公司副总裁。他发展了现代成本会计，把企业运行费用进行分类，以解释运输费用差异的原因。

19世纪五六十年代铁路企业进行的组织制度、会计和控制方面的创新，成为七八十年代企业管理的一种标准模式。但它只是给单个铁路企业带来效率，而不是整个铁路系统。南北战争后，铁路企业的成功就不仅仅是改进内部管理和控制问题，更多的是关注企业外部，以及各铁路公司之间的协调和控制问题。

（二）早期铁路企业制度化管理的主要经验

当时铁路企业还没有可供借鉴的、规范化的企业管理标准，也没有成型的管理理论作为行动指南，但在实践探索中形成了较为成功的经验。

一是实行交通运输生产的标准化。19世纪六七十年代美国铁路企业开始进行统一轨距的工作，到1886年美国铁道协会标准车轮及轨道委员会正式决定，全美所有铁路的轨距都应采用 4 英尺 8.5 英寸（约 1.4 米）的标准规格。至 19 世纪末美国已有 87% 的铁路线采用这一标准轨距。

二是开始关注公司治理结构和领导控制问题。如 1846 年巴尔的摩-俄亥俄铁路公司就提出一套与管理控制直接相关的新制度，规定企业的相关部门具有监督和指导职责，对员工实行明确分工，保证领导者能对其直属范围内的任务进行合适的修改和日常监督。在企业会计部门普遍建立严格和更完善的责任制。特别是在新制度中设立企业"总主管"（现代企业总经理前身）这一关键职位，即"总管所有业务的人"，除其本身特定的职责外，还要负责监督及控制整个企业的业务系统，并直接向董事长及董事们负责。这一新的企业管理和控制制度经纽约-伊利铁路公司的丹尼尔·麦卡勒姆进行探索实践并得到进一步完善，最后在宾夕法尼亚铁路公司中提高到更高的水平[①]。

当时铁路企业在公司治理方面开创了多个第一，如：第一次在企业管理上雇用大量领薪的职业经理人员；第一次建立中央集权式办公中心，由中层经理运作，高层指挥并向董事会报告；第一次建立和精心设计内部组织结构，在中央办公部门之下，设立责任部门、授权部门和沟通部门，以及总部和分部门等职权分明的企业管理部门；第一次需要经理们对财务和统计数据进行控制、分析和评价等。

三是铁路企业形成依赖于资本市场的外部融资制度。早期铁路公司一般都是私人公司，而不是上市的公众公司。由于建设庞大的美国铁路网络所需资金巨大，铁路融资规模越来越大，任何个人、家族、小团体的内部资金都不能满足铁路建设融资的需要，要建设长距离的铁路线路就必须依靠企业外部资金，发行股票和债券成为主要的融资渠道。19 世纪 50 年代至 90 年代末，华尔街金融机构及其金融工具几乎毫无例外地为铁路公司融资服务，几乎所有美国现代金融工具和金融技术的完善都是因为要铺设铁路才得以完成的，这导致纽约资本市场发展的集中化和机构化，企业的所有权与管理权的分离成为必然，股票持有人及其代表也不可能单独经营和管理铁路企业。

---

① Alfred D. Chandler, Jr., "The Railroads: Pioneers in Modern Corporate Management", *The Business History Review*, Spring, 1965, Vol. 39, No. 1, pp. 16-40.

(三) 两权分离与铁路企业经营管理的革命

铁路企业是美国真正意义上的现代大型企业，主要从国外和纽约资本市场筹集资金，导致企业的所有权与经营权呈分离状态。在这一全新治理结构中，铁路所有者会将企业的经营管理责任委派给领薪的职业经理人。1840年之前，职业经理人管理的企业基本没有，但是到1914年时，这类企业已经成为美国企业的主流形式，有力推动了企业管理的革命。

一是企业雇用大量的职业经理人来协调、控制和管理各项生产活动。大股东开始退出公司的管理舞台，逐渐倾向于只对公司总体财政状况和发展战略进行控制，而企业经营的日常事务则越来越普遍地转向由职业经理人来管理。职业经理人并不是公司的所有者，他们不是凭借其家庭背景、人际关系及金钱地位，而主要是凭借其专业知识和管理能力为公司服务，并获取相应的报酬。

如1852年巴尔的摩-俄亥俄铁路公司就雇用了63名经理，其中4人为高层经理，9人为部门经理，50人为基层经理，形成庞大的企业管理团队。当时所有铁路公司的经理一般都受过严格的土木工程专业的训练，并具有建路筑桥的实战经验。而早期能够提供这种训练的最专业化机构是军事院校，所以在19世纪50年代大批铁路公司的经理是毕业于美国西点军校的学生和军人。

职业经理人制度也适应了19世纪末和20世纪初在美国出现的企业合并浪潮的发展趋势。在经由合并组建的大型企业中，不少企业采用铁路公司发展出来的职业经理人制度。因为在新合并的企业中，一个家族或一个合伙人集团很少能够控制具有投票权的企业股份。当这些企业开始转向纵向联合时，为了改组和统一利用各种设施，公司会出售股票来筹措资本，这使企业股份的持有人更为分散；同时，为应对非常复杂的管理问题，企业雇用大批受过专业训练的职业经理从事中高层管理工作，导致企业内部所有权与经营权的分离。

随着企业早期领导人的退休，其职位也逐步被领薪的职业经理人所取代，最终导致家族世袭管理方式的废弃和经理式企业的出现。如在20世纪初期，曾经握有大量股票，且以董事身份控制公司达30年之久的洛克菲勒家族完全退出管理层，甚至都不再列席董事会，只接受企业分红，在企业年度会议上投票而已。管理者成为一种职业，发挥铁路公司的早期所有者和管理者，以及后来机械工程师一样的作用。

二是企业产权转型。职业经理人阶层的出现导致美国企业在20世纪20年代完成一次彻底产权转型，即经理人管理的企业成为主流形式，多部门企业代替单一部门企业，资本密集型和能源消耗型企业成为生产主体，企业自己建立的营销组织对大规模生产的产品进行销售。反之，则是劳动密集型企业，生产者就是协调者，而销售则由大型零售企业进行。这两种类型的企业都离不开管理这只"看得见的手"来进行管理、协调和控制。这既是企业管理革命的结果，也是企业组织形式变化的结果。

（四）铁路企业经营管理创新及其主要影响

铁路企业在管理方面的创新层出不穷，开启商业结构的全新时代，加快商业交易、通信和旅行的速度，不断扩大企业规模和运营范围，对铁路和其他行业都有重要的示范效应和溢出效应。

由于铁路运输的广泛应用，运输系统效率大为提高，企业可以在全国范围运输货物和旅客，一定程度上改变制造、零售、批发、农业和金融等行业的面貌。铁路逐步替代收费公路、运河，出现了一批批的蓝领和白领雇员。所有阶层的人都与铁路有着不同程度的联系，铁路给人以城市的梦想，旅行和购物变得更为快捷和方便，工程师成为模范公民，他们乐观进取的"可以做到的精神"激励了无数普通人。

在美国经济发展史上，铁路产业释放了太大的能量，它影响到了机械制造[1]、金融市场发展、采矿业、商店和零售、技术知识，以及社会和政治习惯、思想观念和制度重塑等方方面面。有人认为，1865年至1895年的一代美国人都奉献给了美国铁路行业。

关于铁路建设和铁路企业创新的影响，美国学者形成了两种不同的观点。以哈佛大学从事企业史研究的著名学者钱德勒为代表的学者充分肯定了其积极作用；而以芝加哥大学福格尔为代表的学者则认为铁路虽然发挥了重要作用，但并不是美国经济发展的必要和充分条件。从历史

---

[1] 在铁路建设中，美国出现机车制造厂，如在新泽西帕特森市成立的罗杰斯机车和机械厂（Rogers Locomotive and Machine Works, 1831年至今），还有美国机车制造公司（The American Locomotive Company, 1901—1969, 简称ALCO, 或Alco）。

实践来看,铁路公司确实是美国最早的现代大型企业,与其他产业、政府部门、资本市场和社会各界形成正向的交互影响关系。由职业经理人经营的铁路企业开启的管理革命,对美国现代大型企业的经营管理实践和管理理论的形成具有重要的原发性影响。

七 典型企业案例

本章选取4个典型企业案例,从微观层面分析以铁路企业为代表的交通运输行业的技术创新和产业迭代,及其对美国19世纪以来的工业化建设、经济发展和企业管理产生的深远影响。

(一) 里海煤炭航运公司:纵向一体化企业

成立于1822年的里海煤炭航运公司①既是开创美国无烟煤矿产开采的企业,也是美国首家铁路建设企业,是美国工业化进程中的重要企业之一②,1909年在美国资产规模前50名工业企业中排名第43位。该企业由里海煤炭开采公司和里海航运公司合并而成,是美国制造业中通过纵向联合来创新企业经营模式的第一个企业,有效整合了原材料(无烟煤)采掘业、交通运输业(航运和铁路)和制造业③。

1. 跨界经营相结合实现多元业务一体化

企业创建者怀特和哈泽德于1822年才获得经营授权,将里海航运公司与里海煤炭公司收购,正式合并组建里海煤炭航运公司。该企业的重大创新在于,它不仅从事煤炭开采和运输业务,为当地制造厂商提供稳定的燃料供应,而且建造钢铁制造厂,进入钢铁制造领域和航运业。

---

① 从1822年至1967年营业的企业,习惯上被称为"老里海公司",1909年在美国最大的50家公司中排第43位;1988年由老里海公司的管理人员和股东们重新命名组建的公司,称为"新里海公司",一直有效经营到2010年。
② 本案例参考"The First Coal Mining Company of the Lehigh Region",*The Pennsylvania Magazine of History and Biography*,1915,Vol. 39, No. 2, pp. 170–175。
③ 里海煤炭开采公司(Lehigh Coal Mine Company)成立于1792年,创建者是菲利普·金特尔(Philip Ginter),主要任务是开采在宾夕法尼亚州卡本郡发现的无烟煤。里海航运公司(Lehigh Navigation Company)成立于1817—1818年,创建者是厄斯金·哈泽德(Erskine Hazard)和约西亚·怀特(Josiah White),主要任务是运输无烟煤,以提高效率。

众所周知，无烟煤是第二次工业革命中新发现的重要高质能源，而且是在美国首先发现的，其重要性可与铁路和电报技术媲美。里海煤炭航运公司是美国无烟煤矿产开采的首创企业，它发现并收购宾夕法尼亚州南部地区的大片无烟煤产区，找到可靠的无烟煤矿产来源，然后邀请英国威尔士专家莅临指导，引进先进的煤矿采掘技术，开采和使用无烟煤。同时在里海谷地建造6个高炉，使用无烟煤做燃料，通过高炉技术炼铁，生产钢铁和钢丝绳。因此，里海煤炭航运公司把高质量的燃料来源与钢铁制造业结合起来，实现向后的纵向一体化发展战略。

为了方便把矿区的无烟煤向外销售，里海煤炭航运公司又成功经营运河航运业务，同时经办报纸，经营酒馆。因此，该企业不仅推动美国开启运河航行时代，促进19世纪20年代美国商业的发展繁荣，而且激发美国人投资其他原材料产业，以及大规模交通运输基础设施的建设计划，同时教会美国人认识到无烟煤作为燃料的作用和重要性，使美国摆脱第一次能源危机。

2. 无烟煤的运输和铁路建设与企业转型发展

为了更好地运输无烟煤，1837年里海煤炭航运公司成立新的企业——里海-萨斯奎哈纳铁路公司，并被授权建设铁路，由此制定该企业的铁路建设计划，以及宾夕法尼亚州东北部许多短途铁路线的修建，增加了企业向前纵向一体化的业务。同时里海煤炭航运公司又以合资公司形式与其他投资者修建短途铁路线，后来又把其修建的两条铁路线合并到里海-萨斯奎哈纳铁路公司之中。

参与铁路建设，使里海煤炭航运公司从内部打通煤炭开采、钢铁制造和交通运输这三个不同行业，有利于该企业从燃料到制造，再到运输业的纵向一体化发展。在这一新的经营模式下，里海煤炭航运公司存续的第一个50年在创建者怀特和哈泽德管理下得以成功运营，创建了美国重要采矿和交通等基础设施，成为美国工业革命中的重要企业，极大地促进了美国的工业化发展进程。

由于种种原因，1932年持续经营110年的里海煤炭航运公司关闭部分煤炭开采业务，把运输作为主营业务，改变纵向一体化经营模式，转型为专业化运输企业。1966年里海煤炭航运公司将其余部分煤炭经营权益出售给格林沃德·思齐平公司,1974年又转卖给美国伯利恒矿业公司。最终,1986年里海煤炭航运公司的股东出售了企业的所有经营业务,解散了运营164年之久的老企业。

1988年里海煤炭航运公司原来的管理者和股东又成立新里海公司,希望延续这一百年老店。1989年该企业从伯利恒矿业公司回购无烟煤开采业务,成为20世纪90年代美国最大无烟煤生产商。但好景并不长,2000年新里海公司又面临破产倒闭。2001年在美国农业部给予900万美元的救助下,新里海公司又重新营业。由于创新乏力,经营无方,2010年新里海公司再次破产,公司资产再次被拍卖。2013年后,这家曾经发现和从事无烟煤开采、交通运输和钢铁制造的老企业消失在历史长河中。

(二) 伊利铁路公司:技术应用与管理创新

伊利铁路公司 (Erie Railroad, 1832—1960)[①] 是由纽约州政府授权于1832年创建的一家区域性铁路公司,其目的是连接纽约哈德逊河与西北部伊利湖之间的区域交通和运输。在持续经营的近130年时间里,该企业是铁路技术应用的先驱型企业,也是探索管理制度创新,并与当时资本市场风云变幻联系非常密切的一家铁路企业。

1. 伊利铁路公司建立及铁路建设

伊利铁路公司的创建主要是为了修建从纽约市的北皮耶蒙特到伊利湖畔的敦刻尔克的铁路。后来这条铁路延伸至克利夫兰,使纽约港与五大湖区相连接,并穿过伊利湖延伸至密歇根州的底特律,但最终于1851年才建成通车。1848年至1851年,伊利铁路公司修筑帕特森-拉曼铁路;1852年收购纽约中央铁路系统的布法罗-罗切斯特铁路,使伊利铁路公司的营运范围得以扩大;1853年伊利铁路公司又租用两条铁路,使其铁路运输可以通到新泽西州,不久纽约中央-哈德逊铁路又向西延伸到奥尔巴尼。到1855年,伊利铁路公司已经获得从纽约到伊利湖一带的铁

[①] 伊利铁路公司多次重组,名称各异,在此简称"伊利铁路公司"。本案例参考 Julius Rubin, "Canal or Railroad? Imitation and Innovation in the Response to the Erie Canal in Philadelphia, Baltimore, and Boston", *Transactions of the American Philosophical Society*, New Series, 1961, Vol. 51, No. 7, pp. 1–106。

路经营权。1859年通过收购方式组建布法罗-布拉德福德-匹兹堡铁路公司。由于经营不善面临倒闭，1861年伊利铁路公司不得不进行破产重组，建立新的纽约-伊利铁路公司。

伊利铁路公司（包括其收购的纽约中央铁路）横跨东部与中西部地区，这对美国东北部尤其是纽约州的发展尤为重要，广阔的中西部内陆腹地为纽约提供了大量原材料和市场需求，纽约进出口贸易随之大幅增长，交通运输网的完善为纽约经济高速发展带来机遇。因此，伊利铁路公司进行的铁路建设不仅巩固和扩大了伊利运河为纽约积累的贸易地位优势，而且使其成为全国铁路网在大西洋沿岸的枢纽[①]。

2. 伊利铁路公司的扩张发展及多次重组

1861年至1878年是伊利铁路公司扩张发展的重要阶段。1863年新组建的纽约-伊利铁路公司开启铁路的租赁、建设和收购计划，1868年获得建设尼亚加拉瀑布吊桥和伊利连接铁路的授权，1871年建成通车。1872年纽约-伊利铁路公司获得国际铁路建设授权，1874年开始营业。

由于1861年新组建的纽约-伊利铁路公司尚未持续赢利，1878年该企业被再次售卖重组为纽约-伊利湖-西部铁路公司。1883年纽约-伊利铁路公司继续向西扩张到纽约州以外地区，并通过租赁纽约-宾夕法尼亚州-俄亥俄铁路公司的方式，最终把铁路线延伸到西部城市芝加哥。

作为一家得到纽约州政府特许经营授权设立的美国早期铁路企业，伊利铁路公司广泛实践铁路技术，修建从纽约到芝加哥地区的多条铁路线，但由于该企业经营不善，曾经被多次破产重组。

1893年后组建的纽约-伊利湖-西部铁路公司又面临破产重组，1895年重新组建为伊利铁路公司。1897年伊利铁路公司获得宾夕法尼亚州铁路公司27.76英里（46.68千米）的轨道使用权。1907年5月获得布法罗-罗切斯特-匹兹堡铁路公司的轨道使用权。这次企业重组使伊利铁路公司平稳经营20多年。20世纪30年代经济大危机期间，伊利铁路公司虽然能够坚持活下来，但在1938年还是无法避免破产的命运，1941年伊

[①] 许凯文：《十九世纪美国五大湖区工业经济崛起探析》，《新经济》2021年第10期，第44—49页。

利铁路公司再次重组。

第二次世界大战结束至 20 世纪 50 年代中期是伊利铁路公司的繁荣发展时期，之后该公司开始持续衰退，1957 年收入仅是 1956 年的一半。1958 年至 1959 年，连续出现财政赤字，陷入经营困境，1960 年被特拉华-拉克万纳-西部铁路公司收购，组成伊利-拉克万纳铁路公司。

在 20 世纪 70 年代美国铁路行业整合重组中，伊利铁路公司又被多次重组，1976 年成为美国联合铁路公司的一部分。1983 年伊利铁路公司被重组为新泽西铁路公司的一部分，最终被诺福克南方铁路公司重组，目前是作为该铁路公司的组成部分而继续经营。经过多次合并、收购和重组后，伊利铁路公司几经转手，最后无法独立经营。

3. 伊利铁路公司与华尔街金融风暴

在 19 世纪伊利铁路公司发展的早期阶段，伊利铁路公司股票问题曾引发纽约资本市场最为惊心动魄的"伊利之战"。当时范德比尔特与丹尼尔·德鲁、詹姆斯·菲斯克、杰伊·古尔德这四位资本家为了控制伊利铁路公司不断展开斗争和博弈，最终古尔德获胜。由于卷入一起金融丑闻，古尔德被英国商人骗走 100 万美元伊利铁路公司的股票，公众舆论对他非常不利，他不得不在 1872 年至 1873 年放弃对伊利铁路公司的控制权[①]。

范德比尔特号称"船长"，他既不是经纪人，也不是银行家，早年从来不做投机活动，甚至基本上不涉足华尔街。但他在 70 岁时开始涉足铁路建设事业，在其生命的最后 15 年时间里成为铁路投资的重要参与者，同时是华尔街资本市场中铁路股票大博弈的最重要参与者。1863 年范德比尔特开始买进纽约-哈莱姆铁路公司和哈德逊铁路公司的股票，由此开始了一场股票逼空战，最后却不能在伊利铁路公司股票的博弈中完胜而退。通过股票交易，范德比尔特控制着美国 13 条铁路线[②]，无疑是

---

① 〔美〕约翰·S. 戈登：《伟大的博弈：华尔街金融帝国的崛起》，祁斌译，中信出版社，2013，第 75—95 页。
② 包括 New York and Harlem Railroad (1863—), Hudson River Railroad (1864—), New York Central Railroad (1831—1868—), Canada Southern Railway (1873—), Lake Shore and Michigan Southern Railway (1839—1873—1914), Michigan Central Railroad (1877—), New York, Chicago and St. Louis Railroad (Nickel Plate Road, 1881—1964), West Shore Railroad (1872—1885—), Lake Erie and Western Railroad (1879—1922) 等。

19世纪最伟大的铁路经营者,但他却从没有实际参与修筑过一条铁路,也从没有直接参与铁路公司的具体经营管理。他对铁路的经营和扩张都是通过购买铁路股票完成的,其最终的目标是要建立一个庞大的铁路帝国,买卖铁路公司股票只是一种手段。

伊利铁路公司为什么会在华尔街金融市场掀起巨大的金融风暴呢?这与公司的经营绩效及在铁路行业的重要地位相关。1855年伊利铁路公司运载乘客里程为310万英里(499万千米),营业总额为250万美元,支付给员工的工资是75万美元。而当时一般的纺织企业,一年的营业额差不多只有30万美元。因此,尽管当时伊利铁路公司还只是一家地区性的铁路公司,但也算得上大型的铁路企业,这样的铁路大企业及其发行的股票当然会成为资本市场交易的香饽饽。

4. 麦卡勒姆对伊利铁路公司的制度化管理探索

19世纪的铁路无疑是新鲜事物,在铁路营运过程中经常出现协调不畅问题和火车事故,铁路公司的制度化经营管理提上日程,丹尼尔·麦卡勒姆(1815—1878)对铁路企业制度化管理的探索使伊利铁路公司成为管理改革的先驱型企业。

麦卡勒姆在1854年至1857年担任伊利铁路公司总监,1862年被任命为美国全国铁路总监。在任职期间,麦卡勒姆成为铁路企业制度化管理的倡导者。他对铁路制度化管理的探索和贡献,体现在他为伊利铁路公司制定的全面系统的管理制度、原则和具体的实施细则上。早在1856年,麦卡勒姆在向公司总裁提交的一份关于铁路管理的详细报告中,就体现了其关于铁路企业制度化管理的一些基本原则。

一是铁路运行体系的设计原则。麦卡勒姆提倡适当地分解企业责任,主张权责相当,要给管理者足够的权力,以承担其责任,同时管理者要有手段知道这些责任是否被忠实地执行;责任人员要立即报告所有未履行的责任,使错误得以及时纠正。这些信息要通过日报表和检查表体现出来,既不使主管困惑,也不降低他们对下属的影响。铁路运行体系建立后,总段长不仅可以立刻检查到错误,还可以指出失职之所在。

二是建立一定的组织管理结构。麦卡勒姆设计出总裁—总段长—分段长(支线长)的组织结构。总段长直接领导的部门是分段与直线段长、机车与车厢维修主管、车厢检查主管、货运总长、票务总长、木材总长、电报主管、桥梁维修主管。各个部门责任分明，既有分工也有协作。麦卡勒姆亲自绘制了关于伊利铁路公司的组织结构树状图①。

其中，树根代表铁路公司董事会，树枝代表各业务部门（铁路线和管理机构），以此表示组织内部相互之间的分工和报告控制系统，详细反映组织的权责层次、业务分工、报告和控制的信息网络，这是企业管理史上第一张组织结构图。后来这张组织结构图曾被当时任《美国铁路杂志》主编（1849—1862）和联合太平洋铁路公司总裁（1862）的亨利·普尔（1812—1905）所推崇，他把它以每张1美元的价格印刷销售，受到企业管理者的普遍欢迎。

三是建立报告和检查体系。借助当时的电报系统，麦卡勒姆建立"时报表"制度，凡是收到的信息都被整理成表格，通过表格就可以容易看出火车在上一个时间的位置和进度。不同岗位的职工要分别提供"日报表"，以及日报汇总而成的部门"月报表"。这些报表不仅用于协调铁路客运流量和评价工作，还为控制列车运营成本与制定价格提供了具体数据。麦卡勒姆还设计出报告之间的数据相关性检测办法，以便查对核实，防止弄虚作假，使信息管理达到较高的水平。

从技术创新来看，伊利铁路公司确实没有太多原创性的技术，但它确实是创造性地将铁路技术应用到美国铁路建设之中，其重要创新在于企业对经营管理方面的探索。从管理原则上看，麦卡勒姆提出的分工、授权、责任制、报告控制系统和统一指挥原则，已经非常类似于现代管理学基本原理的内容。

（三）宾夕法尼亚铁路公司：探索科学管理

宾夕法尼亚铁路公司（Pennsylvania Railroad Company，1846—1976）成立于1846年4月13日，是一家获得宾夕法尼亚州政府授权的公共股份制公司，总部设在费城，在南北战争之前是美国最大的企业。从技术创新和产业迭代的视角来看，该铁路公司的创新主要集中于职业经理人

---

① 美国国会图书馆珍藏的关于伊利铁路公司1855年组织结构图，参见 Library of Congress Prints and Photographs Division, *Photocopy of Top Half of an 1855 Organizational Diagram of the New York and Erie Railroad*, Washington, D.C., USA, http://hdl.loc.gov/loc.pnp/pp.print。

主导、企业控制制度和科学管理等方面。

1. 职业经理人经营管理的现代大型铁路企业

宾夕法尼亚铁路公司被认为是现代大型公司治理和职业经理人管理的首批实验企业。由于该企业在成立时就是一家公共股份制企业，所有权和管理权是分离的，建立了股东大会、董事会和管理团队三方面的组织架构，注意企业内部的权力平衡和领导职责。1847年3月31日宾夕法尼亚州政府授权的13名董事组成该公司的董事会，其中包括6名商人、4名制造商、2名银行家，以及1名既是商人又是制造商的成员，关键是他们都没有任何铁路建设或运营经验。

由于该铁路公司是一家大型的企业，面临着多元化组织结构和复杂的指挥链问题，每天都要对诸如资本需求、铁路修建技术、大量员工、复杂的会计制度，以及当地、州和国家的政治问题等迅速做出决策。作为门外汉的董事会成员从一开始就得被迫严重依赖熟悉业务和管理技术的外部人士的意见。1847年4月曾在佐治亚铁路公司担任13年之久总工程师的约翰·埃德加·汤姆森作为职业经理人被聘为宾夕法尼亚铁路公司的总工程师，董事会授予他广泛的权力，包括定位铁路线、估算成本、签发合同、支付资金、与其他铁路公司谈判、购买原材料和做出公司内部人事决策等。结果是公司内部权力和责任迅速集中到管理人员手中，而董事会的权力则逐渐式微。1847年至1852年，汤姆森（当时还不是董事会成员）出席了董事会会议。尽管他没有投票权，但他对影响整个企业发展的决策了如指掌，并影响到许多董事的决策。1853年1月该企业最初的13名董事会成员中的11人离开岗位，只能补充新人，董事会无法保持其连续性，仅仅是保留其表面上的权力，或有效地执行这些权力。董事会成员的这种迅速变化，实际上是一场复杂的幕后争夺铁路公司控制权的公开表现。而这一博弈的结果恰恰引发一种新的管理趋势，深刻影响了一个多世纪以来的公司治理[1]。

---

[1] James A. Ward, "Power and Accountability on the Pennsylvania Railroad, 1846–1878", *The Business History Review*, Spring, 1975, Vol. 49, No. 1, pp. 37–59; John F. Stover, "The Pennsylvania Railroad's Southern Rail Empire", *The Pennsylvania Magazine of History and Biography*, Jan., 1957, Vol. 81, No. 1, pp. 28–38.

19世纪50年代中期，董事会将公司的所有问题提交汤姆森处理已成为标准做法。到1866年公司的重要决定和行动都是在董事会之前就由总裁和运营经理做出的，董事会已不再积极参与企业战略或运营政策制定。作为职业经理人，汤姆森担任宾夕法尼亚铁路公司总裁长达27年之久（1847—1874）[①]，在他领导下，该铁路公司不断向西部和南部地区扩张，1852年俄亥俄与匹兹堡和惠灵之间的铁路已铺设完成，1853年建成宾夕法尼亚州立法机关授权修建的连接匹兹堡和俄亥俄的铁路线。

通过收购匹兹堡、韦恩堡—芝加哥铁路线路，1856年宾夕法尼亚铁路公司将铁路延伸到芝加哥。南北战争后，又把铁路延伸到西部密苏里州的圣路易斯和俄亥俄州的辛辛那提，南部和东部的纽约市、华盛顿特区和弗吉尼亚州的诺福克，最终形成一个营运里程超过10000英里（16093千米）的铁路系统。1910年，随着哈德逊河隧道的完工，宾夕法尼亚铁路公司建设了唯一一条从南方进入纽约市的铁路，还获得长岛铁路公司的控制权。

在120多年的经营过程中，宾夕法尼亚铁路公司收购、合并和实际拥有的大大小小的铁路公司至少有800家。至1920年，该铁路公司的运营里程达到11551英里（18590千米）。1918年之前，该公司的运营区域跨越美国东部到中西部大部分地区，服务美国多个州的铁路运输[②]，在20世纪20年代也只有纽约中央铁路公司才能称得上其竞争对手。

20世纪初期，宾夕法尼亚铁路公司开始铁路电气化进程，在新技术应用和管理方面处于前列，20年代已拥有7条主要干线铁路。在鼎盛时期，该公司每天有超过66列火车经过克利夫兰，成为当时世界上最大的上市公司，其预算大于美国联邦政府的预算，员工约有25万人，该公司连续100年给股东发放红利。

第二次世界大战后，处于繁荣发展阶段的宾夕法尼亚铁路公司在1946年首次出现经营亏损，劣势在于通往芝加哥的铁路线必须穿过阿巴

[①] 在汤姆森去世后，宾夕法尼亚铁路公司是在另外两个职业人——托马斯·A. 斯科特（Thomas A. Scott）和赫尔曼·豪普特（Herman Haupt）领导下进行经营管理的，参见 James A. Ward, "Herman Haupt and the Development of the Pennsylvania Railroad", *The Pennsylvania Magazine of History and Biography*, Jan., 1971, Vol. 95, No. 1, pp. 73-97.

[②] Adam Burns, Pennsylvania Railroads in "The Keystone State", December 8, 2022, 参见美国铁路官网，https://www.american-rails.com/pa.html。

拉契亚山脉，运行效率不如其主要竞争对手纽约中央铁路公司，只好逐渐减少服役铁路线。1955年进行管理重组，将公司业务从3个地区和18个部门的铁路系统分散到9个地区。1968年与竞争对手纽约中央铁路公司合并组成宾夕法尼亚州中央铁路公司，但两年后就面临破产倒闭。其有用的资产部分在1976年被转移到新组建的美国联合铁路公司；1999年美国联合铁路公司破产后58%的资产重组给诺福克南方铁路公司，美国国家铁路公司和美国铁路运输公司则接收其余的部分资产。

由职业经理人经营得非常成功和具有创新精神的宾夕法尼亚铁路公司最终也难逃破产倒闭和重组的命运。

2. 宾夕法尼亚铁路公司的科学管理实践

1852年至1874年，在公司总裁约翰·埃德加·汤姆森领导下，宾夕法尼亚铁路公司集中进行科学管理的实践创新，最后把它带到美国最大的现代企业之列。在他经营管理期间，该铁路公司实施稳定的红利政策，进行高质量的铁路工程建设、持续的技术设备改进和技术改良，以及大型复杂企业组织的管理技术创新。

管理方面的创新，主要是创建由部门主管组成的中心办事处，使他们和总裁一起从公司的整体利益出发对所有部门的活动进行协调、评估和计划。还包括最早提出生产职能参谋制的完整概念，最先设立企业执行委员会、公司治理委员会和财务委员会。通过科学管理的权力和权威建立一个覆盖全国各地的庞大铁路帝国。这些新的管理制度和经验后来成为美国整个铁路企业经营管理的样板。曾经在宾夕法尼亚铁路公司工作的安德鲁·卡内基，在其后来经营的钢铁企业中就直接借鉴了该公司的管理经验。

在某种程度上，现代企业管理新技术是宾夕法尼亚铁路公司发明出来的，这是美国管理革命的开端，是对工业革命中重大技术发明的重要补充。在企业管理改革过程中，当时并没有现成的管理理论可供借鉴，也没有专门的培训和教育机构。汤姆森年轻时曾在宾夕法尼亚工兵部队服役，另一位总裁赫尔曼·豪普特1835年毕业于西点军校，接受了优秀的技术训练，具有正式的工程学科背景、科学头脑和天生的管理能力，其科学管理才能可以通过他在宾夕法尼亚铁路公司的连续升迁来衡量。他是将现代成本管理与以企业战略为中心的会计付诸实践的关键人物，在管理实践中他善于总结现代管理论述的重要观点。

科学管理思想成为工业革命重大技术发明中的软科学，这是在美国棉纺织厂、蒸汽机、电报、钢铁生产新工艺、新式军事武器制造、燃煤机车、蒸汽船和美国制造业体系①中非常重要但又往往被忽略的。

（四）西联公司：技术迭代更新与企业转型

西联公司（Western Union Company）是美国建立的第一家通信企业帝国，目前是一家全球性金融服务企业，总部设在科罗拉多州丹佛市，该企业在200多个国家和地区设立了营业网点。该企业发展历程体现了技术创新和产业迭代的特点，从电报技术起家，发展成为以电报和电报汇款为主的大型垄断通信企业。经过150多年发展演变，该企业于2006年停止电报业务，把个人汇款、汇兑、企业支付和商业服务等金融业务作为核心业务，同时进入大数据和数字金融领域，跨越多个行业，经历通信技术创新发展的不同阶段，迄今为止仍在有效经营。

1. 电报技术的应用与西联公司对电报通信业的垄断

西联公司的前身之一是由海勒姆·西布利（Hiram Sibley，1808—1888）等人成立于1851年的纽约-密西西比河谷印刷电报公司，另一部分是1874年由埃兹拉·康奈尔（Ezra Cornell）创建的快要倒闭的小企业，两家公司联合组成新公司，并被命名为纽约-西部联合电报公司。两位创始人②都与美国电报技术发明者塞缪尔·莫尔斯有着密切联系，1844年曾帮助莫尔斯建设第一条实验电报线。他们看到新发明的电报技术所引发的巨大商机，毫不犹豫地进入这一领域。在最初经营的几年时间，公司收购了几条独立的电报线路，之后于1856年重组，并更名为西部联

---

① Keith Hoskin, Richard H. Macve, The Pennsylvania Railroad, 1849 and the 'Invention of Management', August 22, 2022, Available at SSRN: https://ssrn.com/abstract=4196653 or http://dx.doi.org/10.2139/ssrn.4196653.

② 西布利和康奈尔于1868年捐资创建美国康奈尔大学。1865年西布利离开西联汇款公司，成为中西部和南部铁路的建造者，并拥有大量农场。他还在康奈尔大学建立西布利机械艺术工程学院（即后来的机械工程学院），是该学院的创始人之一。康奈尔后来对农业发展产生兴趣，《莫里尔法案》（1862）通过后，他曾为农业学院提供支持。他对康奈尔大学的捐赠最终超过300万美元，并帮助它跻身美国大学前列。他还建立了伊萨卡公共图书馆（1864），修建了通往镇上的铁路线。

合电报公司，由西布利任总裁。

19世纪50年代初，美国电报行业形成几个地区性垄断企业。1857年其中最大的6家订立联合协议，目的是建立一个共享的电报线路网络。此后便开始电报行业的一系列合并，在短短几年时间电报行业的大小公司就被西联公司合并，西联公司迅速买下很多小企业，1860年其电报线已经从美国东部沿海到达密西西比河流域，从大湖区到达俄亥俄河流域，由此成为一个全国性垄断企业。1861年西联公司完成第一条横贯北美大陆的电报线路铺设；1866年开发出第一台股票行情自动报价机，这是西联公司涉足金融服务业的第一步，同时吞并了最后一个行业竞争对手，使其在电报行业获得实际上的垄断地位。

1870年西联公司开始提供标准化时间的服务业务；1871年基于其广泛电报网络系统，引入货币汇兑服务，推出电报汇款服务，开创世界上电汇服务的历史先例，方便个人和企业的资金转移，汇兑也就成为该公司的主打业务之一。到19世纪70年代中期，西联公司在电报行业占据90%的市场份额，处于鼎盛发展时期。

2. 电话技术的挑战与西联公司垄断地位的丧失

正在西联公司蓬勃发展之时，通信行业出现电话这一新技术，获得技术发明专利的是贝尔公司，这成为西联公司的主要威胁。意识到这个新兴行业带来的竞争风险后，西联公司也试图建立自己的电话系统。但在1879年一场电话专利纠纷中，最终是贝尔公司赢得法律上的胜利。这对西联公司的战略抱负造成沉重打击，西联公司再也无法跨越电报和电话这两个行业发展的鸿沟，失去了发展电话业务的机会。

西联公司在与贝尔公司的商标诉讼案失利后签订的一份合同中，将电子通信业划分为电报和电话两部分。通常认为这份合同既是西联公司衰落的开始，也是贝尔公司崛起的开始，这两个过程在很大程度上是独立的。在接下来的一个世纪里，法律、技术和监管因素相互作用，形成两个行业之间的鸿沟和不断变化的企业边界[1]。实际上，1879年签订的

---

[1] David Hochfelder, "Constructing an Industrial Divide: Western Union, AT&T, and the Federal Government, 1876-1971", *The Business History Review*, Winter, 2002, Vol. 76, No. 4, pp. 705-732.

合同也没能阻止贝尔公司远离长途通信业务,它可以利用其市场力量、地理覆盖范围和技术优势穿透这一边界。西联公司只能远离电话业务,以电报技术为基础开展电报和电报汇款等业务,这些业务在当时也足以使西联公司发展成为大型企业,1884年当纽约证券交易所创建道·琼斯铁路股票平均市场指数时,西联公司是最初12家公司之一[1]。

19世纪末至20世纪初,西联公司控制着数百万英里的电报线路,并拥有两条国际海底电缆。电报成为主要的通信手段,西联公司占据技术革命的中心位置。但电话逐渐取代电报作为人们首选的通信方式后,电报行业面临着激烈的竞争。1900年大约有60万部电话在使用,1910年电话数量飙升至580万部。到1945年,电报业的信息输出是1910年的一半。

20世纪前50年,由于电报使用持续减少成为不可逆转的趋势,西联公司开始多样化经营。1914年推出消费者充值卡业务;1943年提供城际商用微波服务,成为世界上最早的无线电信公司之一。到第二次世界大战结束时,西联公司继续扩张,收购500多家小企业,包括其主要行业竞争对手邮政电报公司。1958年西联公司向纽约客户推出电传(电传打字)服务,并于1960年向伦敦和巴黎的客户推出电传服务,甚至还提供私人电话和汇款服务。1963年西联公司开始推出国际有线系统业务,1964年启动横贯美国大陆的微波系统。这是该公司最引人注目的努力之一,标志着它在向更先进的通信技术公司转型。

尽管这些新业务和新经营策略可能在快速现代化的世界中延长西联公司的生命线,但西联公司核心的电报业务衰落最终影响了其在现代通信行业中的重要性。

西联公司的商业失败,一方面可能与其过去拥有的技术垄断地位和辉煌业绩有关。克莱顿·克里斯坦森所提出的"创新者的窘境"可以解释为什么曾经具有创新精神的公司总是输给新技术。成功的公司不会对"颠覆性"技术做出快速反应,因为它们专注于现有的客户群,而这些客户群对低性能、小众技术不感兴趣。另一方面与公司发展战略和环境

---

[1] Joshua D. Wolff, *Western Union and the Creation of the American Corporate Order*, 1845-1893, New York: Cambridge University Press, 2013, pp. 10-30.

的错位有关。西联公司积累的技术系统、技能和员工的重要性限制了管理者根据环境调整战略的能力,无法使公司将自己置于日益发展的计算机通信系统世界中心之中,动态调整能力是不够的。

3. 拥抱新技术捕捉企业发展新机遇

面对电报技术的应用性不断式微,以及各种新型通信技术的创新,1948年至1979年,西联公司在沃尔特·马歇尔和拉塞尔·麦克福尔的相继领导下,不仅推动公司管理现代化,从60年代开始还把企业发展重点放在基于计算机的数据传输和信息服务上,并将此作为未来的发展方向。麦克福尔将西联公司设想为"国家信息公用事业公司",将计算机与通信结合起来,在全美范围内传输、记录和处理信息,并将电报抛在脑后。70年代西联公司为美国国防部安装和租赁了一些专用高速通信设施,主要在美国大陆与夏威夷、美国与德国和英国之间开展业务活动,目的是提供高级别研究实验计划,这与后来发展的互联网技术有关。

1970年西联公司收购美国电话电报公司(AT&T)的TWX系统,这是其在电传领域最后一个主要竞争对手。1974年西联公司启动一项雄心勃勃的建立地球同步卫星通信的"西星"(Westar)计划,该技术系统可以传输视频、语音和数据,支持公司内部通信、电传和(剩余的)电报服务,后来它又把卫星带宽租给其他公司使用。西联公司成为第一家美国通信公司,同时在1982年实现全球化的汇款服务。

然而到20世纪80年代,由于利润下降和债务增加,西联公司陷入螺旋式下降趋势,并在90年代初因亏损破产倒闭,只剩下转账服务和一个公司名称。西联公司领导人马歇尔和麦克福尔无法带领公司从现有的结构转变为其所设想和企业所需的新结构,内部因素和监管体系限制企业发展,使其未能抓住当时在美国兴起的数据处理和通信融合的在线业务和利基市场。与创业型公司不同的是,西联公司被其过去的电报业务困住了,不能从零开始与市场一起成长,也没有足够时间来慢慢适应这种新技术的颠覆[①]。

---

① Christopher McDonald, "Western Union's Failed Reinvention: The Role of Momentum in Resisting Strategic Change, 1965-1993", *The Business History Review*, Autumn, 2012, Vol. 86, No. 3, pp. 527-549.

传真机的采用，以及高速数据传输领域出现的大规模技术变革，都可与西联公司的技术进步媲美。80年代，在美国放松金融管制的改革中，西联公司唯一能抓住的就是它长期以来开展的跨境汇款业务。在剥离其电报通信的部分业务后，西联公司开始把企业重新塑造成"用最快的途径在全球汇款"的形象，扩张其国际代理机构。1987年投资者班尼特·S. 李鲍威利用大杠杆投资并购方式控制西联公司，并对公司业务进行大改组。

90年代西联公司虽然把战略重点转向汇款业务，但仍无法克服财务困境，1991年申请破产保护，旨在保护其最古老、最重要的品牌资产价值。1994年西联公司被第一金融管理公司收购，随后在1995年第一金融管理公司与第一数据公司合并，西联公司因而成为第一数据公司的组成部分。第一数据公司的总部设在美国科罗拉多州的丹佛市，是纽约证券交易所的上市公司和世界500强企业，在支付系统、电子商务、信息管理，以及基于各类金融服务卡的清算等产品服务领域居于领先地位，它认识到西联公司汇款品牌的悠久传统，决定重振该公司，保留其在全球资金转移方面的战略地位。

2000年，作为第一数据公司的旗舰子公司，西联公司在186个国家和地区拥有10.9万个代理网点，下设三个业务处理中心。其中以移民为服务对象的金融服务，最终帮助西联公司在美国相关的金融服务市场上建立霸主地位。2001年西联公司正式进军中国市场，其选择的第一个合作伙伴就是中国邮政，并在江苏、浙江、福建、上海推出国际特快汇款业务；其第二个合作伙伴是中国农业银行①。

2006年1月26日，西联公司宣布重新聚焦汇款业务，停止电报技术和相关业务，并成为一家独立的上市企业。2021年后，西联公司专注于全球跨境支付消费市场，转型成为领先的特快汇款公司，拥有全球最大最先进的电子汇兑金融网络，代理网点覆盖全球近200个国家和地区。截至2023年6月底，西联公司的资产规模为84.874亿美元，收入为

---

① 陈坚：《美国西联公司进入中国市场及其影响》，《中国城市金融》2001年第12期，第40—41页。

11.7亿美元，个人客户业务增长21.5%，企业解决方案增长12.1%①。

技术创新和产业更替击倒不少来不及转型的企业，但是西联公司却能够迅速转型发展，找到新的业务领域，为传统企业转型升级提供鲜活的实践经验。

---

① Western Union, Q2, 2023 Annual Report, pp.11-13, https://s21.q4cdn.com/100551446/files/doc_financials/2023/q2/2Q23-Press-Release-final.pdf.

第5章 交通技术创新与汽车和航空企业的发展

本章主要从交通技术和交通运输行业纵向发展的角度展开讨论，时间范围大致为19世纪末至21世纪初。重点阐述美国新兴的汽车和飞机制造、航空和相关产业迭代发展的主要历史实践，以及这些行业的代表性企业对新技术的创新性研发应用和发展实绩。

一 汽车技术与美国汽车制造企业异军突起

正当铁路网络建设进入尾声之际，被誉为"汽车之父"的德国人卡尔·本茨于1886年1月29日获得三轮机动车技术专利。卡尔·本茨的汽车技术很快进入应用生产和普及阶段，美国汽车制造业迅速崛起，一批汽车制造和相关产业的企业得以兴起和发展，并成为国民经济的主导力量。

（一）美国的汽车制造业与汽车企业的兴起

1896年被视为美国汽车工业的元年[①]。这一年诞生了美国第一家汽车公司，查尔斯·杜尔亚和J.弗兰克林·杜尔亚兄弟在马萨诸塞州的斯普林菲尔德创办一家制造汽车的公司，他们制造并销售了13辆设计样式相同的汽车。同年，美国发明家亨利·福特加入制造汽油驱动的汽车的行列，由此开始了美国汽车产业和汽车企业发展的辉煌历程。

1899年大卫·别克在底特律建立汽车和发动机公司，1902年改名为别克制造公司，1903年改名为别克汽车公司，1904年把公司迁到弗灵

[①] 尽管在1887年，美国历史最悠久的汽车制造厂商——奥尔兹莫比汽车公司成立，1903年该公司生产的Doctor Coupe是单气缸引擎汽车，也是该公司第一批大量生产的汽车，当年共生产约4000辆，但1896年才被视为美国汽车产业的元年，原因是1896年制造的汽车是由汽油发动机驱动的。

特，并开始批量生产汽车，这一年该企业共制造了 37 辆汽车①，也就是在这一年，威廉·杜兰特接管别克汽车公司。1908 年他通过收购合并方式组建了当今全球第一大汽车生产厂商——通用汽车公司。1902 年富兰克林运动汽车公司成立，自此至 1934 年，该公司主要在纽约州的雪城生产汽车引擎，并开始使用空气冷却系统，此后美国汽车企业蜂拥而起。1903 年为增加汽车产量，福特在密歇根州底特律城开设一家汽车制造公司，并于 1908 年研究和发布 T 型车②。

美国经济统计数据显示，1900 年美国共组建 57 家汽车制造厂，当年生产总值不少于 500 万美元；1909 年按行业附加值大小排列，汽车业在美国各行业中名列第 17 位。1900 年美国拥有私人汽车 8000 辆，1910 年暴增到 50 万辆。

最初制造出来的汽车价格昂贵，这是因为每辆车的零部件都是单独制造的。为了降低价格和生产成本，亨利·福特发明了一种加快生产速度和降低生产成本的方法。1912 年，福特在密歇根州的高地公园重新建设汽车生产线。这家新工厂很快就成为当时汽车工业高效制造的榜样，厂内洁净明亮而通透，沿着流水装配线，使用自动传送带把生产汽车的零部件传送到各个生产车间，每个工人的工位就沿着流水线而设。富有效率的流水线生产方式使福特汽车公司获得巨大经济效益，极大地提高了劳动生产率，降低了单位产品成本，汽车产业进入规模化生产阶段。

福特汽车公司引入的大规模流水线生产方式，以及通用可互换零件对汽车制造进行的革新，成为当时工业制造方式的重大变革。这种新的生产技术和方式称为福特制，特点是流水装配线、大规模批量化、标准化、低成本、大众化，由此开启了汽车工业乃至工业制造的大规模生产时代。自从采用大规模生产方式后，福特汽车公司生产的汽车价格大为降低，以至于普通老百姓都可以买得起汽车。

---

① 资料显示，美国汽车生产可能早于 1896 年。早在 1895 年，别克汽车公司创建者大卫·别克就开始制造汽油发动机，而别克汽车公司工程师瓦特·马尔说，他在 1888 年就开始制造汽车发动机。也有传记作家和采访者认为，大卫·别克在 1885 年就决定制造汽车，但在 1896 年，别克才生产出第一款发动机，不过真正意义上的汽车是杜尔亚兄弟生产的汽车。但从专利来看，德国人卡尔·本茨才是汽车技术发明者。

② 〔美〕托马斯·K. 麦克劳：《现代资本主义：三次工业革命中的成功者》，赵文书、肖锁章译，江苏人民出版社，2006，第 288—300 页。

福特汽车公司和通用汽车公司成为美国早期汽车产业的明星企业，在其带动下，美国汽车产量迅速增加，1920年跃升到800万辆，1930年达到2300万辆。汽车性能益发精进。如成立于1902年的凯迪拉克汽车公司，就一向以机械部件优良著称，该公司曾有过把3辆汽车拆开，将机械零部件全部打散，再重新混合组合成3辆汽车的记录。这项技术创新旨在强调凯迪拉克的零部件标准化及一致性。高级汽车制造厂商皮尔斯·阿罗汽车公司，则从1901年至1938年在纽约上州水牛城生产汽车，采用铝合金车身并配备了动力刹车的装配。

在汽车产业发展初期，美国汽车业为满足消费者需求已经能够生产8缸引擎跑车，时速可达到115英里（185千米）。在20世纪最初25年时间里，美国汽车产业急剧扩张，汽车制造业从东海岸向中西部各州转移，到1926年，密歇根州的南部地区已经成为全美国汽车生产制造中心。从汽车技术的发明，到技术应用和汽车制造，在不到30年时间里，新兴汽车产业就成为美国规模最大的制造业。

随着汽车制造业的加速发展，汽车销售量也蒸蒸日上，1916年美国汽车销量首度突破100万辆，1920年超过200万辆。在美国经济大萧条前夕的1929年，美国汽车销量冲破500万辆。1925年美国汽车产业就跃居世界第一位[①]。底特律汽车城平均5个人拥有一辆车，巴尔的摩平均3个人拥有一辆车，以数量而言，美国如愿以偿地进入汽车时代和汽车社会。20世纪20年代旺盛的汽车销售推动了经济发展，一定程度上拉动了人们的消费支出。汽车的普及极大地改变了美国人的生活方式。普通人和家庭都可以轻松长途旅行，可以住在远离办公、购物的地方，可以从拥挤不堪的城市搬至郊区。

（二）汽车产业的竞争与汽车企业面临的挑战

第二次世界大战期间，美国大部分汽车制造厂商投入军事车辆及机械的制造，商用汽车外观并无明显改变，几乎无造型可言的吉普车的出现完全是基于实际的需要。当时独立生产企业帕卡德汽车公司共制造了

---

① 〔美〕斯坦利·L.恩格尔曼、罗伯特·E.高尔曼主编《剑桥美国经济史》第三卷，蔡挺等主译，中国人民大学出版社，2008，第599页。

7种时速约160.9千米的高性能"帕卡德速度之星汽车",被视为当时豪华汽车的代表。

1950年美国汽车生产规模达到顶峰,世界市场中3/4的汽车是由美国汽车厂商生产的,剩下1/4中大部分也是美国厂商在其他国家的分支机构生产的。20世纪50年代美国最具特色的汽车是家庭式旅行车,象征着郊区家庭所具有的美好生活。在这期间,福特公司的雷鸟汽车是公司跑车的代表。1955年福特公司生产的雷鸟牌8缸双人座敞篷跑车,车顶为活动纤维玻璃,其华丽造型获得高度评价,后因其控制轻巧,又被誉为私人汽车的象征。

60年代美国厂商几乎主导了全球的汽车生产和销售,70年代美国成立的每6个企业中就有一家是汽车公司。但由于美国国内燃料价格飞涨,车体一贯庞大的美国汽车因耗油量过多显得不合时宜,而外国汽车制造商适时推出耗油量低的汽车,这种经济车型随即风靡全美。低廉的价格并非美国人考虑购买日本、德国或其他国家汽车的唯一原因,较之美国汽车,购买者往往发现进口车的设计更为合理,因此,美国汽车公司开始面临国外竞争者的挑战。

1982年11月,外国汽车制造厂日本本田汽车公司最早在俄亥俄州设厂。随后有更多的外国汽车公司跟进,如法国和韩国的汽车厂商。日本汽车行业的异军突起,抢占了美国汽车产业的部分市场,使美国汽车制造业受到较大竞争冲击。日本厂商在美国境内建立多家汽车工厂,本田、日产、三菱和富士公司相继在美国设厂,美国汽车工业几乎难以招架日本汽车业的凌厉竞争攻势。从90年代开始,由于能源危机和环保约束,美国政府和汽车制造厂商开始探索新能源和混合动力汽车的生产,至今已取得重大突破和进展。

如今美国汽车工业已经走过100多年的发展历程,在与同行的激烈竞争中不断创新发展,迎合消费者对汽车造型和性能的需求,成为名副其实的汽车制造大国,主宰了世界汽车工业的发展进程。美国通用汽车公司不仅成为世界最大的汽车企业,也是世界首屈一指的跨国企业集团,至今仍没有第二家汽车公司能够取代其在行业中的霸主地位。

汽车业是第二次工业革命时期制造业中的明星产业,汽车是美国20世纪最重要的消费品。汽车在20世纪的作用,正如铁路在19世纪的作用、信息或通信技术在21世纪的作用一样,对美国经济发展起到重要的作用。

(三) 汽车制造业形成三巨头企业竞争格局

美国汽车产业从一开始就形成群雄争霸的格局,但随着竞争和优胜劣汰,逐步形成"三足鼎立"的垄断性市场格局。

19世纪末和20世纪初,美国汽车厂商有100多家,但经过激烈竞争、兼并收购、参股、重组和联合,通过"看得见的手"和"看不见的手"的交互作用,最后仅剩下几家规模较大和垄断程度较高的厂商,逐步形成福特、通用、克莱斯勒三家汽车厂商垄断竞争的结构,另外还有以美国汽车公司为代表的一些独立汽车制造商。这些汽车厂商主要集中在五大湖地区,底特律成为著名的汽车城。

福特公司从1908年开始大规模生产T型车。在接下来的20多年时间里,该企业生产和销售了1500多万辆T型车。直到1927年销售量急剧萎缩,才迫使福特停止该车型的生产线。面对行业竞争压力,福特重组工厂以生产T型车后续车型A型车。在这一革新过程中,公司停产数月,损失近2.5亿美元。这一系列变革对公司来说是灾难性的。因为这使克莱斯勒和普利茅斯汽车公司得到一定市场份额,福特公司最大的竞争对手通用汽车公司更是因此取得汽车市场的领导地位。作为早期汽车工业"梦想家"的亨利·福特,为什么没能意识到T型车将走完其发展征程,需要迅速过渡到另一种新型车上来呢?

事实上,当时由他签单销售的T型车销量下滑之势已经显而易见,但福特忽视了T型车市场份额缩减下的销售数据,他以为是竞争对手在操纵数据,以至于一名高管在一份详细备忘录中警告他这种可怕局面时,福特还因此解雇他。福特的管理盲区在于他坚信自己熟知顾客所想,即T型车是基本的交通工具;他同样坚信顾客的这种愿望永远不会改变。甚至他最喜欢的T型车口号"福特汽车让你来去自如",与那种短视的观点不谋而合。福特没有搞明白的是,每种产品或服务都有两个层面功能,核心功能强调产品主要作用,而附加功能则强调产品额外的功能及特征,每个行业中这两者的界限都在时刻变化中。

1908年汽车功能的绝大部分是其核心功能,即汽车可以不断地把你带到各地旅行。20世纪20年代，生产供给的短缺时代结束，代之而起的是大众消费时代。在此变革过程中，福特汽车公司的T型车却没有跟上变革的步伐。富裕起来的美国消费者，有更多的休闲时间和消费选择。汽车就不仅是个机器和代步工具，还应是社会地位的象征。通用汽车公司总裁阿尔弗雷德·P.斯隆就认识到这一点，并对生产带有附加功能的汽车产品需求做出回应。通用汽车公司设计和生产出多种款型和颜色的汽车，且每年款型都有变化。斯隆认为不同的车代表车主的不同地位和消费定位，正如《财富》杂志所说，"雪佛兰车是给社会大众开的，庞蒂克车是给穷而好面子的人开的，奥斯默比车是贪图舒适而精打细算的人开的，别克车是创业者开的，凯迪拉克车是富人开的"①。

直到1927年，汽车的核心功能和附加功能之间的界限才清楚地出现分水岭。第二次世界大战后，两者的区别更为明显。正如福特汽车公司的执行官所言，美国的消费者希望轮子上的是贾利·古柏（汽车牌子），而不是一辆童车。

克莱斯勒公司创始人克莱斯勒曾是一名机械师，1920年他离开通用汽车公司，1925年成立克莱斯勒公司。在他创业时，美国汽车工业正蓬勃兴起，当时市场上已有福特汽车公司和通用汽车公司等企业。显然克莱斯勒公司是个后来者，在汽车制造、技术实力和财力等方面远不如其竞争对手，只能在谋略方面取胜。

克莱斯勒利用"尽人之力、尽人之智"策略，通过股票交易方式于1928年买下道奇公司和普利茅斯汽车公司，并努力开拓客车和卡车市场。1929年，克莱斯勒公司跃升为美国三大汽车公司之一。20世纪30年代，随着经营规模不断扩大，该公司开始海外扩张，先后在法国、英国等地建厂和收购当地汽车公司股权，成立跨国公司。在业务最兴旺时，克莱斯勒公司曾占有美国汽车市场25.8%的份额。50年代克莱斯勒公司在努力扩大业务时，内部人事摩擦不断发生，矛盾纠纷长期得不到有效解决。1958年至1959年连续两年出现赤字，销售额降幅在40%以上。1962年市场占有率降至8%。当时汽车城底特律流传"现在美国最大的

---

① 〔美〕理查德·泰德罗：《从美国汽车的惨败看否定的作用》，《财经时报》2008年9月12日，第E02版。

汽车公司已不是三家了，只有两家半了"，这半家指的就是克莱斯勒公司。

后来经过改组，克莱斯勒公司才稳住阵脚，重新开拓销路。60年代克莱斯勒公司大力推行向外输出资本和垄断市场的经营方针，如1958年购买法国第四大汽车公司西姆卡股票的25%，1964年又以双倍市价购买英国鲁士汽车公司，1963年在加拿大成立生产冷气和取暖设备的企业等。1965年克莱斯勒公司在19个国家和地区拥有生产据点。但进入70年代后，由于全球性石油危机，管理不善的克莱斯勒公司面临摇摇欲坠的局面。

为了重振昔日雄风，在李·艾可卡的领导和联邦政府提供贷款保证的支持下，克莱斯勒公司才逐步得到恢复和发展。90年代进行管理创新，创造美国化的汽车生产序列系统。1998年克莱斯勒公司与德国最大汽车企业戴姆勒·奔驰公司合并，进一步走向国际市场。这项并购行为涉及市场资本920亿美元，从而成为世界汽车制造史上最大一起合并案，打破世界汽车工业的力量均衡。这是在日趋激烈的竞争形势下的强强联合、优势互补，意味着世界汽车工业进入国际化生产时代。

作为美国三大汽车厂商之一，克莱斯勒公司以经营和生产汽车为主，在美国有8家贝尔维迪尔装配厂、36家汽车制造厂及零部件厂，另外还有其他业务，如产销游艇、钢铁、艇外推动器等，拥有22个零部件仓库，从事军事用品生产等，同时拥有出口、运输、金融、信贷、租赁和保险等领域专业公司。

美国汽车工业的三巨头，与美国经济的联系十分紧密，约有1/7的美国就业机会与汽车行业有关。汽车行业规模的不断扩大，创造了对各种物质和资金投入的巨大需求，为供应商行业的变革提供动力。汽车工业就像磁铁一样，吸引着各种投入，包括机器工具、油漆、玻璃、橡皮、钢铁、铝、镍、石墨、电气设备、电子器件，以及各种型号的塑料等。汽车产业与钢铁、玻璃、橡胶行业的后向联系，加上和石油行业的互补性，使汽车成为20世纪的明星产品。汽车的普及带动了包括钢铁、机械及公路建设等一系列行业的发展，使美国的工业革命进入超常发展阶段，难怪后人将福特称为20世纪美国工业之父。

如果说汽车大王亨利·福特是给美国装上轮子的人，那么美国众多制造汽车的企业家就是给全世界装上轮子的人。20世纪开启了美国的汽车时代,汽车产业成为明星级的支柱产业,不仅改变了人类的生产和生活方式,而且创造了更多新产业的发展机遇。

二 汽车制造的相关销售和服务产业的发展

围绕汽车产业不仅形成上游的生产材料、燃油的产业,还有下游的销售和汽车使用过程中形成的各种服务型新产业。

(一) 汽车产业集聚与底特律城的兴衰

美国汽车产业链是由汽车制造中心底特律城,以及围绕汽车生产、销售和服务的各个环节组成的。因此,底特律城的兴衰和美国汽车工业的发展不仅为美国经济在20世纪20年代的繁荣做出实质性贡献,而且推动美国消费社会的形成,以及与汽车相关的产业的兴起,美国汽车产业链涉及一座城市和各主要产业的发展。

底特律地处美国密歇根州东南部,位于底特律河西岸,东邻圣克莱尔湖,且与加拿大汽车城温莎隔河相望,1701年由法国人最先发现和建造。在英法争夺殖民地期间,这块土地落入英国人之手,并被命名为底特律。美国独立战争后,底特律加入美国。由于其占据五大湖水路的战略位置,当地航运、造船,以及制造业等行业获得长足发展,底特律也因此成为工业城市和交通枢纽城市。1825年伊利运河的开通使底特律城开始走向繁荣,19世纪末成为美国重工业中心城市。底特律不仅是美国制造业的代表,也是工业化城市发展的巅峰,是美国第一个铺设水泥公路的城市、第一个安装交通信号灯的城市、第一个拥有高速公路的城市。底特律具有优越的地理位置、良好的工业基础,这为汽车业的兴起提供了产业基础。

1913年大批汽车制造厂,如通用、福特等汽车厂商和相关生产企业开始聚集在底特律城周围地区,同时为汽车产业提供专业服务的零部件制造、金融服务和汽车维修企业也在该地区大量集聚,形成汽车产业发展的集群效应。1925年福特、通用和克莱斯勒三大汽车公司都把总部设在底特律,投资商也纷纷入驻底特律,为汽车产业繁荣发展带来充裕资金。银行和金融投资公司的加入，不仅帮助企业进一步拓宽资金渠道，而且通过为购车者提供金融服务，补齐汽车产业链上的最后一环——消费。生产要素的集聚带来产业集聚，产业集聚又反哺生产要素，吸引更多相关企业及机构入驻底特律，该城很快便构建起一条完整的汽车产业链。

工业快速发展吸引了大量来自美国南部的居民，1850年至1930年，底特律每十年人口增长率都保持在30%以上，最大增幅高达100%。20世纪30年代底特律发展成为美国五大湖区仅次于芝加哥的第二大工业城市，人口逾百万。在第二次世界大战期间，底特律汽车制造工厂都转型为政府制造军用的坦克和飞机引擎等物品。由于战争对军火产品需求的大量增加，底特律制造业的就业率普遍提高近40%。

作为曾经的世界汽车产业重镇，底特律长期扮演着行业柱石的角色，带动美国钢铁工业和汽车零部件工业的发展。在发展的巅峰时期，底特律的汽车产量占美国的80%、全球的25%，该城被誉为"世界汽车之都"。

二战后，底特律的汽车生产企业为美国人提供大量就业岗位。50年代底特律城人口达到历史最高峰值185万人，成为美国第四大都市。60年代初底特律进入全盛发展时期，成为全球最大汽车制造业中心，制造业岗位达到22万个，其生产的汽车占美国汽车销售量的90%以上，汽车业工人迅速成为一个庞大的中等收入阶层。底特律因此成为典型的因特定汽车产业集群而兴起的专业化城市，庞大的汽车产业集群不仅包括美国三大汽车企业巨头，还包括大量配套的零部件厂商，二者之间形成既有协作又有竞争的关系。

然而在20世纪后半期，底特律城开始显现发展颓势，人口减少，税基流失，基建落后，伴随制造业衰落而陷入萧条。1967年因种族问题底特律城发生激烈的社会冲突，大量汽车制造业巨头停工停产，此后又因经济波动底特律城逐步走向整体衰落。2005年底特律城常住人口数由全盛时期的185万人，下降到不足89万人，由此带来劳动力短缺、企业生产成本增高、地区消费萎靡等问题。

2008年金融危机中，以通用汽车公司为代表的企业纷纷破产，成为压倒底特律城的最后一根稻草，失业率高达18%（高于全美国的平均数6.5%），失业人数大增，不少人开始逃离这座城市。

2013年7月18日，积重难返的底特律因负债185亿美元申请破产保护，成为美国申请破产保护的最大城市①。

底特律城曾书写了美国汽车产业集群发展史上浓墨重彩的一笔，但路径依赖引起的锁定效应致使底特律城的汽车产业集群难以整体转型升级，缺乏创新、生产成本过高、经济结构僵化等诸多问题最终导致底特律城的破产②。如今在底特律居住的大多数为黑人，全市31%的人在贫困线下挣扎求生，成为衰败和犯罪的代名词，2017年《福布斯》就把它列为将在2100年消失的城市。

（二）服务汽车旅游的汽车旅馆和假日酒店

20世纪20年代，越来越多的美国中产阶级拥有汽车，人们活动半径越来越大，驾车旅游成为一种社会时尚，由此催生大量沿着高速公路而建造的汽车旅馆（Motel），这种业态不同于老式酒店，完全是由汽车旅游所催生的。

1923年美国加利福尼亚州一位名叫哈利·埃利奥特的商人因生意繁忙经常驱车行驶在圣地亚哥至旧金山之间的国家公路上。在一次行驶中，他突然想到这些旅客中有不少是长途旅行者，而沿途却没有停车休息的地方。带着这个想法，埃利奥特拜访了建筑设计师阿萨·海因曼，请他帮忙设计一幢汽车旅客酒店。1925年由海因曼设计的西班牙古典样式的第一座汽车旅馆在加利福尼亚州的圣路易斯奥比斯波101号公路附近兴建，这便是世界上最早的汽车旅馆。海因曼把汽车（Motor）和饭店（Hotel）两个单词合二为一，给汽车旅馆创造了一个新名字Motel。当时汽车旅馆造价8万美元，在招牌上，字母M像屋顶一样盖住Hotel（旅馆）一词第一个字母H。至今这座叫Motel的旅馆依然矗立在最初诞生之地。在旅馆旁一块招牌下的地球图形中间写着"世界上第一座汽车旅馆"③。

自从第一座汽车旅馆开业后，美国旅馆业看准汽车旅游带来的商机，

---

① 蒲实、高伟东：《悲情城市底特律》，《中国中小企业》2022年第1期，第63—68页。
② 林柯、吕想科：《路径依赖、锁定效应与产业集群发展的风险——以美国底特律汽车产业集群为例》，《区域经济评论》2015年第1期，第108—113页。
③ 编辑部：《美国的汽车旅馆（一）》，《中国旅游报》2002年8月23日。

在不少地方公路旁陆续建起类似的汽车旅馆。顾名思义，汽车旅馆就是拥有停车场的旅馆，起源于乡村、郊外的野营地。汽车旅馆规模一般比较小，房间设备和服务比较简单，价格便宜，但基本能满足旅游者的生活需要，且进出比较自由，所以生意一直不错。1935年全美已有汽车旅馆近1万座，1939年多达13500座。1948年汽车旅馆有2.6万座，1960年上升到6万座，1972年达12万座。

第二次世界大战结束后，随着经济恢复和繁荣，人们收入不断提高，旅游度假活动迅速发展起来。但是人们发现汽车旅馆的房间都比较狭小，设施简陋，且卫生条件和服务设施都比较差。

1951年，一位经营建筑业并兼营房地产的业主凯蒙·威尔逊带领全家驾车进行了一次度假旅行，经历了在汽车旅馆的不愉快经历，于是想要建造一批像样的汽车旅馆，以满足人们驾车旅行度假的需求。于是他在1952年从银行贷款30万美元，在通向田纳西州首府孟菲斯城的主要通道"夏日大道"上建成一座拥有120个单元房的汽车旅馆，并起名"假日旅馆"（Holiday Inns）。假日旅馆计划获得成功后，在后来的20个月时间里，威尔逊一鼓作气分别在进入孟菲斯城的3条主要公路上又建造了3座同样的汽车旅馆，这使旅行者无论从哪个方向进入孟菲斯城都会看到一家假日旅馆。

假日旅馆与之前的汽车旅馆的不同在于，假日旅馆规模一般比较大，有100个以上房间，而汽车旅馆则是30间以下客房；假日旅馆设施更为舒适方便，房间宽大，有空调，有卫生间和沐浴设施，上下水管道设计合理，维修及时；房间内有免费的电视、电话、冰块；旅馆的停车场比较宽阔，一般还会建有一个游泳池，这是汽车旅馆所没有的。最为重要的是价格，1953年假日旅馆有的房间低到4美元一晚，且与父母共同使用一个房间的12岁以下儿童是免费的，因此假日旅馆获得广大顾客的赞誉。

威尔逊决心要把假日旅馆事业推向全国。1953年他找到当时美国最大的房地产开发商华莱士·E.约翰逊，两人合作开建假日旅馆连锁店，并取名为"美国假日旅馆公司"（Holiday Inns of America Inc）。经过几年努力，到1957年该公司就已拥有7座假日旅馆，售出特许经营权18个。1957年8月20日该公司公开向公众出售股票，每股售价9.75美元，共售出 12 万股，纯收益达 120.6 万美元，升级版的"汽车旅馆"——假日旅馆真正发展起来。

随着旅馆建设的迅速发展，威尔逊和约翰逊到处找人投资，并把大多数的假日旅馆建设在公路干线上。汽车离不开公路，也离不开汽油，因此他们物色到一家石油公司，建议石油公司在假日旅馆旁建加油站，每售出 1 加仑汽油就付给假日旅馆 1.5 美分使用费。最后海湾石油公司愿意与他们合作，答应给假日旅馆公司 1000 万美元贷款，并购买该公司价值 1500 万美元的优先股，还同意给予 2500 万美元的抵押贷款。双方商定海湾石油公司发行的信用卡也可以在假日旅馆用来支付食宿费用等。这个合作计划使假日旅馆公司有了充裕的资金来源。15 年后，海湾石油公司在假日旅馆旁边建造起 500 多个加油站，其信用卡持有人在假日旅馆使用信用卡支付的费用达 1.2 亿美元。

1968 年 8 月假日旅馆公司在得克萨斯州的圣安东尼奥建起第 1000 座假日旅馆，以后几乎是每 2—3 天就有一家新假日旅馆开业，假日旅馆也因此开遍美国 50 个州，同时开始向海外发展，如今在北美的加拿大、墨西哥，加勒比地区的牙买加，南美的巴西，欧洲的荷兰、希腊、瑞士、罗马，乃至亚洲、非洲及中东的国家都开设了连锁经营的假日旅馆。1973 年，该公司在美国及世界 20 多个国家和地区拥有和经营的旅馆有 1500 多座，客房有 22.5 万多间，公司名字正式由美国假日旅馆公司改成"假日旅馆公司"（Holiday Inns Inc）。

（三）全美高速公路系统网络的建设与完善

由于汽车迅速发展和普遍使用，对道路设施的要求就显得比较迫切。汽车生产企业组成美国汽车协会，游说各城市、各州和联邦政府加宽现有道路，加大修筑高速公路的力度。1916 年通过的《联邦援助公路法案》允许美国联邦政府援助建设全国公路网络系统。20 世纪 20 年代联邦政府资助的高速公路开始建设，如美国 1 号和 66 号高速公路，但建设速度缓慢，其主要原因是资金困难。在经济大危机时期的公共工程建设计划中，不少道路质量得到大大提高。第二次世界大战后，美国家庭规模扩大，财富不断增加，政府为退伍老兵提供补贴和按揭贷款，推动了美国人独栋家庭住宅的发展，而其拥有者就得拥有汽车，否则非常不便。

有汽车就必须得有配套的道路设施，否则汽车就没有任何用处。

1956年美国国会通过《联邦政府补贴高速公路法》，为高速公路的修建提供大量的资金支持。根据该法案，联邦政府决定用250亿美元资金修建高速公路，资金来源于每年收缴的汽油税，把汽油税从政府总税收中单独划出来，专款专用，整个工程计划是到1969年结束。该项计划的结果是美国政府耗资769亿美元，是预算的3倍。整个工程延长5年，直到1974年才完工。最终建成6.6万千米免费的高速公路网络，为此后美国高速公路的修建和进一步发展奠定了重要基础。

到20世纪90年代，美国州际高速公路系统最终建成，对美国经济发展和社会进步产生多方面影响，极大地改变了美国人的出行方式，使运输过程更经济和便利，特别是对战后兴起的汽车大众化消费产生了直接影响。

由于高速公路的修建、汽车的普及，美国社会出现逆城市化的发展潮流，城市郊区蓬勃地发展起来。美国第三大城市洛杉矶，索性以高速公路为城市的主要干道，横向发展，没有市中心，呈现出开放式发展格局。

（四）助力汽车销售的金融服务业的兴起

20世纪20年代，为了方便给汽车消费者提供资金支持，美国各大汽车公司纷纷组建自己的融资公司，开启汽车信贷消费的历史，汽车金融业悄然兴起。目前在美国从事汽车金融服务的机构主要包括汽车金融服务公司、银行、信贷联盟、信托公司等，可以提供贯穿汽车生产、销售和售后全过程的金融服务。

汽车金融服务公司是经营汽车金融业务的企业，通常隶属于汽车销售的母公司，主要向母公司经销商及其下属零售商的库存产品提供贷款服务，并允许经销商向消费者提供多种可供选择的贷款或租赁服务。随后汽车金融的概念得到极大拓展，对附属于汽车制造公司的汽车金融服务公司来说，其优势在于可提供广泛的专业产品和服务范围，实现专业化的汽车金融服务，可通过经销商的关系与客户有更多的接触，建立与汽车制造商和经销商一体化的市场营销网络。

在汽车零售的金融服务中，分期付款是一种传统的融资方式。在分期付款销售的具体操作中,汽车零售商一般会与消费者签订汽车分期付款零售合同,约定消费者在一定期限内向零售商分期(两次或两次以上)支付汽车价款。特别需要指出的是,美国各州一般都将附条件买卖和融资租赁列入分期付款范围。

(五)衍生发展的汽车影院与汽车文化等产业

如上所述,在汽车时代,不仅旅馆业汽车化,而且影剧院也是如此。因为美国人迷上露天汽车影院,坐在汽车里观看巨幅宽幕电影比一本正经地坐在电影院感觉更自由自在。关上车窗便可以一边看电影一边聊天,不会妨碍别人。露天汽车影院起源于1933年,当时在费城的小镇坎姆顿开办了一家露天汽车电影院,整个场地只能容纳40辆汽车。1934年新泽西州的坎普顿也开办了一家汽车电影院,人们可以坐在汽车里观看车外大屏幕上放映的电影。

到1958年,美国已有4000多家露天汽车影院,规模大的可停泊成千上万辆汽车。在20世纪六七十年代,美国文化对汽车是大加赞誉的。70年代后期,露天汽车影院逐渐减少,1983年只剩2900多家,整个产业处于长尾发展状态。原因很简单,它只能在晚上放映电影,白天空闲着,且占地面积很大,利润却不及附近的超市和购物中心,因此这种业态缺乏足够的可持续性,后来就被家庭影院、有线电视、影碟等更新的娱乐方式所取代。到2018年全美汽车影院只剩不到300家。

汽车为美国社会发展出独特的汽车文化,给社会带来许多变化,但同时潜伏着不少发展的困境。作为美国娱乐文化的一个独特传统形式,汽车影院虽然式微,但仍顽强生存着。

三 飞机技术与商用飞机制造企业和航空业

就在汽车这种新型的交通工具被发明出来,且汽车制造业正在迅速兴起之时,美国莱特兄弟发明了飞机。这是一种更新的交通运输工具,由此开始飞机制造的历史,交通运输业的发展路径升级到空中,飞机制造业和航空运输业,以及相关企业得以发展起来。

(一) 飞机技术发明与商用飞机企业的起步

早在 1903 年，原来开自行车铺的美国莱特兄弟加入飞机研制行列。经过反复设计、完善和实验，最后成功地在滑翔机上装配内燃机，研制出人类历史上真正意义的首款飞机。1903 年 12 月 17 日上午 10 时 35 分，莱特兄弟的"飞行者"1 号（"Flyer"1）在北卡罗来纳州的基蒂·霍克海岸"斩魔山"沙丘上迎着寒风飞上天空，开创人类航空业的新时代。

但当时美国新闻界并没有意识到这是人类文明史上一个伟大时刻的到来，反而抱着怀疑的态度。如德国一家杂志社干脆称这件事是"两个美国人的骗局"；美国天文学家认为这样的机械装置太过冒险，并不适合人类乘载，极力阻止飞机的商业化制造；美国国会做出禁止武装力量今后自主建造飞机的相关法案；美国专利局也宣布不受理有关飞机发明装置的专利申请。

事情在 1909 年 11 月 22 日有了转机，莱特兄弟成立商用飞机制造企业——莱特飞机制造公司，并与纽约和底特律的一些杰出企业家一起开始对飞机的实验和应用进行投资。莱特飞机制造公司的总部办公室就设在纽约，在俄亥俄的代顿市建飞机制造厂。但由于上述阻力，要想把飞机进行产业性开发和制造，比飞机技术发明本身还要困难和复杂得多。美国航空事业的发展也因此推迟多年，同时延缓了世界航空事业的发展进程。

莱特兄弟成功研发飞机也激发不少人投入到这一新兴事业中，如果没有第一次世界大战，这些刚刚起步的各类飞机制造公司是很难存活的。

1912 年，飞机制造的先驱者格伦·L. 马丁（Glenn L. Martin）创立飞行器公司，1916 年与莱特飞机制造公司合并为莱特-马丁飞机公司。1917 年他又成立格伦·马丁飞机制造公司，后来这家公司成为美国飞机和航空制造领域的重要企业。1912 年，洛克希德兄弟在旧金山成立艾可水上飞机公司；1916 年该公司改为洛克希德飞机制造公司，并迁到加利福尼亚州的圣巴巴拉市。1911 年意大利裔美国人朱塞佩·马里奥·贝兰卡（1886—1960）来到美国后，为很多飞机制造商设计飞机。

1914 年美国马里兰冲压钢板公司开始为英国生产飞机和制造零部件（主要是机翼）。1916 年该公司被普尔工程和机器公司收购作为其分部。

1917年贝兰卡受雇于这家公司,并帮助制造6架飞机。1918年该公司制造出35hp CD飞机模型,并参加军事比赛,55hp CE型飞机的广告促销成本是3500美元,但是战争结束后仅制造出1架这样的飞机。1920年贝兰卡宣称因为缺少发动机而无法完成飞机制造任务。1921年马里兰冲压钢板公司只好把飞机制造业务出售给贝兰卡及其合伙人维克托·鲁斯,他们组建了鲁斯-贝兰卡飞机公司。后来贝兰卡离开该公司,到莱特兄弟的飞机制造公司,并更新"莱特WB-2"设计,而贝兰卡的飞机公司也卖给了哥伦比亚飞机公司。

1918年3月,洛克希德飞机制造公司首次设计和制造出F-1型水上飞机。后又研发出S-1型硬体飞机,定价是2500美元,没有任何价格优势,1921年,该公司被迫关闭。1920年7月22日唐纳德·W. 道格拉斯和航空爱好者大卫·R. 戴维斯(他们都是波音公司的员工)在加利福尼亚州圣莫尼卡附近成立戴维斯-道格拉斯公司。

美国最大的飞机制造公司——波音公司,由威廉·波音于1916年7月15日成立于加利福尼亚州的西雅图,当时公司名称为"太平洋飞机制造公司"(1934年成为法人企业)。在几近破产情况下,波音公司设计出独具特色的水上飞机。1917年波音把公司名字改为波音飞机公司,并为美国参加第一次世界大战提供水上飞机。美国军队定制了50多架C型水上飞机,公司也因此建造了更大的厂房和设备,走出了经营困境。与汽车制造业欣欣向荣的发展态势形成鲜明对比,美国飞机制造业的兴起是如此艰难,刚开始时其发展前景是不被看好的。

从全美国来看,在1917年之前,实际上几乎还没有成形的飞机制造业,只有少数几家工厂生产了约200架飞机,但在美国参加第一次世界大战后的19个月时间里,美国就生产出13894架飞机、41953台发动机。到1918年11月签署停战协议时,美国飞机年产量已达到2.1万架,该行业雇用人数达到17.5万人。飞机行业可以说是被战争和政府创造出来的,当时已经有24家飞机制造厂①。

---

① David D. Lee, "Herbert Hoover and the Development of Commercial Aviation, 1921-1926", *The Business History Review*, Spring, 1984, Vol. 58, No. 1, pp. 78-102.

（二）美国政府对航空运输业的支持及其初步发展

1918年第一次世界大战结束后，和平使这种因战争而繁荣的产业中断。在停战后几天内，价值1亿美元的合同被取消，该行业在短短几个月内萎缩到战时规模的10%左右。到1922年美国飞机产量只有263架，大多数为利用战时繁荣而建立的企业，要么改行从事其他类型的制造业，要么干脆倒闭。在战后的几年时间里，只有15家公司继续生产飞机，航空运输业甚至比飞机制造业更弱。1918年至1921年，几乎所有商业飞行都是由制造公司和大约100名吉卜赛飞行员及固定基地操作员支持的一两家公司完成的。由于太多的军用飞机退役后充斥着商用飞机市场，商用飞机公司很难制造新的飞机，许多飞机制造公司被迫退出市场。

市场突然收缩后，20年代初航空业面临严重发展问题，商业飞行很少，没有民用市场，政府只能以低廉价格将多余飞机出售给平民。一些苦撑的公司仅靠一两架飞机勉强维持生存，直到1924年美国仍然没有一条定期航空运输线路，几乎没有客运航空公司存在。波音公司也不例外，只能生产一些非核心的产品勉强维持。1919年波音公司开发出通信运输用的飞机，用于西雅图与加拿大维多利亚之间的通信运输，共服役8年。1920年波音公司制造出能够飞越山地的飞机；1923年波音公司为争取获得美国空军服务的生意，与其他公司展开激烈竞争。

1921年至1926年，在美国商务部长胡佛领导下，政府干预和促进了飞机制造和航空运输市场的发展。先是设立一项250万美元的基金，以鼓励航空研究；然后在纽约大学设立航空学院，展开飞行安全调查和监督。1925年美国国会通过《凯利航空邮政法案》，1926年5月20日通过《航空商务法》，这是美国商业航空发展的一个重要里程碑，被称赞为航空业的立法基石和权利法案，影响巨大。1925年底美国已成立5家新的航空运输公司，其中包括资本为1050万美元的大型国家航空运输公司；增加369英里（5934千米）私人企业运营的常规航空服务，以及3000英里（4828千米）由邮局运营的航空邮件线路。1929年政府改善2.5万英里（4万千米）的航空线路，其中1.4万英里（2.3万千米）有照明；已建机场1000个，在建机场1200个；6400架有执照的飞机每年定期飞行 2500 万英里（4023 万千米）；每年生产 7500 架飞机①。

1925 年和 1927 年，波音公司先后为美国政府和邮政部门提供专用运输飞机，可以载少量客人，同时开辟专门的邮政服务航线。随后，波音公司开始并购活动，加大技术研发力度。1928 年 7 月波音公司制造出可以载客 12 人的大飞机，并进行首航试验。波音公司目标很明确，就是要制造出客运飞机。1929 年 9 月波音 80A 飞机被制造出来，可以载客 18 人，并成功实现首飞。20 世纪 30 年代后波音公司先后研制出各种型号的客运飞机，为美国航空时代的到来奠定重要基础。

20 世纪 20 年代，美国堪萨斯州中南部的威奇托（Wichita）大都市区在第一次世界大战结束后逐步发展飞机制造业，当时来自芝加哥的飞机设计师马特·莱尔德不久建立 E.M. 莱尔德飞机制造公司，并生产出美国第一代以商业销售为目的的飞机——莱尔德·斯洛沃飞机，当地商会组织早在 1919 年便积极推动威奇托的机场建设。1924 年威奇托举办全国性航空赛会，吸引了 10 多万人前来参观，极大地提升了威奇托在整个航空制造领域的声望。

1925 年掌握先进钢管焊接技术的劳埃德·斯蒂尔曼、沃尔特·比奇和克莱德·赛斯纳联合创办漫游飞机制造公司。短短 10 年时间，由于合伙人之间关系破裂，漫游飞机制造公司衍生出斯蒂尔曼（后来的波音威奇托公司）、赛斯纳和比奇等多家飞机制造企业。至此，威奇托的飞机制造行业初具规模，成为美国另一个飞机制造中心。

1923 年罗伊·利特尔成立特殊纱线公司，后成为德事隆集团（Textron，在纽约证券交易所上市），这是美国一家集航天、国防、安全和高新技术于一体的大型综合制造企业，现总部位于罗得岛州的普罗维登斯。1925 年莱特飞机制造公司的员工弗雷德里克·伦特斯勒组建普拉特·惠特尼飞机公司（后来该企业也是美国航空领域的重要企业）。1926 年艾伦·洛克希德、杰克·诺思罗普和肯尼思·杰伊筹集到一笔资金，重新成立洛克希德飞机公司。1926 年至 1928 年，该公司制造了 80 多架飞机，员工有 300 多人。1928 年该公司开始赢利，1929 年该公司的飞机生产能

---

① David D. Lee, "Herbert Hoover and the Development of Commercial Aviation, 1921-1926", *The Business History Review*, Spring, 1984, Vol. 58, No. 1, pp. 78-102.

力是每周 5 架。

30 年代之前，美国航空产业从飞机制造和飞机运输两条路线发展起来，但无论哪一条路线都离不开美国政府的各方面支持。面对新兴的飞机制造和航空运输产业，美国政府决定支持羽翼未丰的私人航空公司。1925 年美国国会通过的《凯利航空邮政法案》就规定，邮政大臣有权与民用航空公司签署航空邮件运输合同。这种合同可以弥补航空公司采购和经营客运飞机的额外成本。1930 年的《麦克纳瑞-瓦特里斯法案》(McNary-Watres Act) 又增加了对泛美航空公司的补贴，并授予其国际航空邮政运输的实际垄断权。当时美国的一些航空运输公司实际上是与飞机制造商实行纵向一体化发展战略，因此美国航空运输公司对飞机需求的增加也就意味着飞机制造与销售量的增加。

(三) 战争需要与飞机制造业及相关企业的发展

20 世纪 30 年代的经济大危机对飞机制造企业造成巨大损失，洛克希德飞机公司被迫重组和调整。1932 年后洛克希德公司由罗伯特·E. 格罗斯和康特蓝迪特·S. 格罗斯收购经营（1977 年重新命名为洛克希德公司），专门制造伊勒克屈拉（Electra）和超级伊勒克屈拉运输机，1935 年转入军备生产。到第二次世界大战初期，军备生产在其生产总额中占到 89%。随着战争的发展，该企业获得美国政府的巨额津贴，生意日益兴隆，百分之百地从事军备生产，1943 年其营业额将近 7 亿美元。

1953 年洛克希德飞机公司开始制造火箭，同年其总设计师凯莱·约翰逊向美国空军当局提出制造一种新型的间谍飞机 U-2，得到美国国防部和中央情报局的鼓励和支持。之后便开始此秘密制造计划，1955 年试制成功。除此之外，洛克希德飞机公司还制造间谍卫星和电子设备等，同时接受美国政府北极星导弹和其他军用飞机订单。洛克希德飞机公司属于洛杉矶财团，由资产在 100 亿美元以上的美国基安尼尼银行控制，与美国国务院、国防部关系非常密切。

当经济危机过后，美国飞机制造业逐步恢复，1935 年美国成为当时世界上最大的飞机生产国。同时又遇上第二次世界大战的发展机遇。

在第二次世界大战期间，为了生产更多的飞机投入战斗，美国政府建造了大量工厂和生产设施，然后将其出租或出让给飞机制造商以生产军用飞机，同时投入大量资金用于飞机研发。由于当时商业需求与军事需求是一致的，美国政府对军用飞机研发的支持也使民用飞机受益。如波音707的研发成功使波音公司进入民用喷气式的飞机市场，而这种机型仅仅花费波音公司1.8亿美元，美国军方承担了大约20亿美元用于开发KC-135空中加油机。波音公司的雇员从1940年的700人猛增到1944年的2.9万人，比奇公司的雇员从1940年的1935人增长到1945年的1.4万人。

洛克希德-马丁飞机公司也为美国军队和盟军的飞机生产做出重要贡献。其他的飞机制造企业也是如此，获得大量政府和军队订单，由此改变了市场有限的局面，并在技术、生产能力和管理方面有较大进步。

第二次世界大战期间，军队对军用飞机的需求急剧攀升，地处内陆、远离海岸的战略位置优势，使美国的威奇托成为军用飞机制造的绝佳场所。当地飞机制造企业甚至一度出现劳动力短缺，大量邻近州县人口涌入威奇托寻找就业机会。1940年10月至1941年9月不到一年时间，就有约1.28万个家庭迁至威奇托，从而使当地人口增长20%①。

（四）飞机技术军转民与飞机企业发展机遇

第二次世界大战结束后，战时用于军事目的的飞机开始转向民用。如波音公司就是利用政府所拥有的B-52轰炸机的厂房和设备生产波音707飞机，并因此一举奠定波音大型客机的世界垄断地位；再如波音747原本就是波音公司为军方设计的军用运输机，但是当美国军方把采购合同给了洛克希德公司的C-5A运输机后，波音公司便把波音747改为商用飞机，如今这款飞机仍垄断着这一细分市场。

1957年至1986年，波音公司已制造出各种型号的民用喷气式飞机5000架。1986年7月全球喷气式飞机达9000架，而波音飞机产量占55%（苏联生产的未计算在内），月均可生产14架飞机。当时全球有367家航空公司用波音制造的飞机，先后投入使用的波音飞机有5000架，共运载56亿人次乘客，飞行里程为1017亿千米。2016年波音公司雇员差

---

① 李晶：《美国大都市区产业集群探析——以威奇托飞机制造业集群为例》，黄贤全、邹芙都主编《西部史学》（第一辑），西南师范大学出版社，2018，第251—263页。

不多有15万人，资产超过890亿美元。1955年成立的位于芝加哥的AAR Corporation是一家全球商用、政府用和军用飞机的供应商，也是战后美国大型飞机制造商之一。

美国企业不仅制造军用和民用飞机，还研发航天飞机。1991年4月25日美国奋进号航天飞机被成功制造出来，这是洛克希德公司空间系统部制造的第五架航天飞机，在航空航天领域占据技术领先地位。

四 航空运输业发展背景下航空公司的竞争

美国航空产业包括飞机制造和飞机运输两部分，各自有着不同的发展轨迹。从航空运输业来看，内部具有不同的业态和产业结构，航空公司的竞争异常激烈。

（一）开辟邮政航线与波音公司的邮政服务

美国首条邮政航线是在1918年开通的，但当时美国邮政总局选用的专用邮政飞机是从英国引进的德·哈维兰DH-4型。这种飞机非常不安全，经常出事故，1919年美国邮政总局雇用了40位邮运驾驶员，但是到1925年就已经有31人发生飞行事故。面对如此多的飞行事故，美国邮政总局决定选购新飞机。鉴于当时波音公司在飞机制造上的良好表现，便把研制邮政运输飞机的合同交给波音公司。波音公司采用惠普公司生产的气冷式发动机为动力，推出波音40A飞机，这是波音公司制造的第一架用于航空邮运的民用飞机。

第一次世界大战结束后，随着飞机制造的发展，航空运输业也得到迅速发展。同时，美国政府决定支持国内羽翼未丰的私人航空公司。根据1925年美国通过的《凯利航空邮政法案》的规定，所有航邮业务都由私人飞机运输经营，邮递航线也由私人公司投标竞得。1926年美国邮政总局开始为航空邮路经营权招标。

1927年2月17日威廉·波音成立波音航空运输公司，作为波音公司下属的一个子公司。1927年5月波音航空运输公司获得旧金山至芝加哥航线的经营权。7月1日波音航空运输公司举行首航仪式，由此飞机制造企业波音公司正式进入商业航空运输领域。波音40A每次可运送1200

磅邮件，1927年底波音公司就收回初始投资，在半年时间内成功让525名乘客安全地飞行57.199万千米①。

1929年1月波音和惠普公司联合组建的联合飞机及运输公司（UA&TC）正式成立，其竞争对手有太平洋空运公司、瓦尼和斯图特空运服务公司。

联合飞机及输运公司还成立了机场公司、波音航校、波音和惠普公司的加拿大子公司，以及负责所有子公司海外销售业务的联合飞机出口公司。联合飞机及运输公司由于背靠波音公司和惠普公司，逐步发展成为一家集飞机制造、发动机制造、航空邮运和航空客运等业务于一体的托拉斯性质的超大型航空企业。

1931年7月联合飞机及运输公司把几家子公司汇集起来组建了美国联合航空公司。波音公司则把刚刚研制出来的飞机B-247全部卖给美国联合航空公司，以此获得竞争优势。当时全美已经有40多家航邮公司先后设立，这些航空运输企业的主要任务是为邮政服务，它们依赖政府补贴生存，客运业务很少，只是航运公司的附带业务。

（二）美国政府对航空运输行业的法律规制

1930年美国通过的《麦克纳瑞－瓦特里斯法案》又增加了对泛美航空公司的补贴，并授予它在国际航空邮政运输方面的实际垄断权。实际上，航空运输公司与飞机制造商是纵向一体化经营的，因此，美国航空运输公司对飞机需求的增加也就意味着飞机制造与销售的增加。

由于在30年代美国联合航空公司深陷"空邮丑闻"事件而不得不退出商业运营，根据美国《1934年空邮法案》，它被迫分成三家独立的公司，即以飞机制造为主业的波音飞机公司、以发动机制造为主业的联合飞机公司，以及经营空运业务的联合航空运输公司。

美国政府后来通过《1938年航空法案》（the Civil Aeronautics Act of 1938），据此成立民用航空管理局（the Civil Aeronautics Authority, CAA），并赋予其航空定价权、线路分配权，以及其他规制权，开发商业

---

① 王钟强：《"航空帝国"被肢解——联合飞机及运输公司被一分为三》，《大飞机》2018年第7期，第64—68页。

航空运输系统以满足美国国内外商务、邮政及国防的需求，加强对混乱的航空运输市场的管理。1940年美国政府组建民用航空委员会取代民用航空管理局。该委员会主要使用包括航空线路和收费在内的经济规制手段来保护航空运输公司免受过度竞争的危害。为保护国内航空运输公司，美国民用航空管理局把各条航线的价格都定在一个合理水平上，保证各航空运输企业能获得相对丰厚的回报，这使航空公司的任何成本上升（包括购买更加昂贵的新一代机型）都可以通过提高收费来弥补。

1946年通过的《联邦机场法案》（the Federal Airport Act），允许联邦政府拨款5亿美元用于机场的基础设施建设与改进；1958年通过的《联邦航空法案》（the Federal Aviation Act）提出撤销民用航空管理局，新成立联邦航空管理局，并赋予其制定航空规制的权力。

1970年通过的《机场与航线开发法案》（Airport and Airway Development Act）提出通过征收航空消费税为航空运输基础设施建设筹资；1978年通过的《解除航空管制法案》（Airline Deregulation Legislation）提出解除航空运输业不必要的管制，促进航空运输业的竞争和繁荣。1938年至1978年，有80家新航空公司先后宣布成立，但基本上都没有获得干线运营执照。

20世纪70年代后，由于美国航空运输业开始放松管制，大量新航空公司进入市场，航空公司总数由1975年的不到80家，增长到1985年的171家，骨干航空公司由11家增长到15家，国家航空公司由10家增长到20家，CR4和CR8的占比分别由1975年的48.5%和74.3%降到1985年的34.8%和59%[1]，骨干航空公司和国家航空公司的运输周转量份额也相应下降。

美国对民航运输业的放松管制加剧了航空运输业的市场竞争，新进入的航空公司从原有航空公司手中夺取不少市场份额，部分航空公司破产或被兼并，而以低成本航空公司（如美国西南航空和后来的货运巨头联邦快递公司）等为代表的新航空公司得到迅速发展并壮大起来。

90年代后，由于海湾战争对石油供应的影响，加上其他因素，不少

---

[1] 魏然、杨洪政：《美国航空运输业市场结构演变及其政策启示》，《特区经济》2012年第1期，第95—98页。

航空公司出现利润下降问题，如当时全球最大的航空货运公司飞虎国际公司就在1989年被其竞争对手联邦快递公司收购，排名第四位的美国东方航空公司于1991年倒闭，同时泛美航空公司宣布破产，并被达美航空收购其剩余资产，1992年环球航空宣布破产。1992年美国航空公司数量比1985年减少70多家，骨干航空公司和国家航空公司的数量也相应减少，CR4和CR8的占比更是分别从34.8%和59%上升到58.8%和83.4%。处于头部的航空公司的垄断力量得到加强，其中就有后起之秀美国西南航空公司和联邦快递公司。

1993年至2000年，由于进一步放松管制带来的垄断及不正当竞争严重威胁到公众利益和航空业自身的健康发展，美国国会、司法部和运输部开始认识到新企业的进入是推动产业重新恢复竞争活力的关键，因此采取各种措施来消除行业进入障碍，阻止在位的航空公司滥用市场力量。1994年通过的《通用航空复兴法案》（General Aviation Revitalization Act）要求减轻航空制造业的产品责任，把航空制造业对产品的责任年限降至18年。

在此期间，随着美国新经济在90年代的持续增长和繁荣，以及美国在海湾战争中军事行动的结束，美国航空运输业获得繁荣发展，并持续实现赢利，航空运输市场实现较为充分的竞争。骨干航空公司数量从11家增加到15家，国家航空公司数量增长到30家左右。2000年美国航空运输业从业人员达到历史最高的67.97万人，行业总产值达到1302.48亿美元。

（三）航空运输业和航空企业最新发展趋势

21世纪以来，由于恐怖袭击、金融危机等外部经济环境变化，美国航空运输业面临市场需求下降和运营成本上升等困难，低成本航空公司逐步壮大，加剧了市场竞争，不少航空公司不得不申请破产保护，或进行兼并重组。如2001年环球航空被美国航空并购；全美航空在2002年和2004年先后两次宣布进入破产保护程序，并于2005年与美西航空合并。

到目前为止，按照旅客运输量统计表，美国民用TOP10的航空公司，依次为达美航空、西南航空、美国联合大陆航空、美国航空、全美航空、美国快捷航空、捷蓝航空、天西航空、阿拉斯加航空和穿越航空等公司。按照旅客运输量，美国国内航空公司TOP10的市场集中率为72%左右。美国航空和全美航空合并后的新美国航空名列第一，西南航空和穿越航空合并后的新西南航空排名仅次于新美国航空，排名第二，超过达美航空。在TOP10中低成本航空力量不容小视，尤其是西南航空和捷蓝航空等。

美国十大最繁忙机场依次为：亚特兰大（同时全球排名第一）、洛杉矶、芝加哥奥黑尔、达拉斯沃斯堡、丹佛、纽约肯尼基、旧金山、夏洛特、拉斯维加斯和菲尼克斯。十大机场区域分布比较均匀，遍布全美各地；同时规模差异也比较平衡。

在航空运输时代，美国交通运输主要是飞机运输，铁路和海运为辅，特别是在国内来说更是如此，短途商用小飞机已形成庞大的运输网络。航空运输的主要管理机构包括：美国联邦交通运输部主管通用航空政策，负责制定和完善通用航空产业的政策和法规，协调各环节的平衡发展；美国联邦航空局隶属于联邦交通运输部，负责美国通用航空产业监管，以及促进和保证通用航空产业发展。

美国有70余家全国性和地方性的通用航空协会，如始于1939年的飞机拥有者和飞行员协会、美国机场管理委员会，成立于1943年的航空经销商和制造商协会等。这些民间组织都是非营利性的，代表通用航空企业、爱好者和从业者的利益，在制定通用航空产业的相关法律法规和政策标准、维护市场秩序、规范行业行为和培训人才等方面发挥了重要作用。

为了促进通用航空产业的发展，美国政府制定各种发展计划，如先进通用航空运输实验计划（AGATE）、通用航空推进计划（GAP）、空中高速公路计划（HIIS）、小飞机运输计划（SATS）等。其中1994年制定和实施的AGATE效果较为显著，这是由美国航空航天局（NASA）牵头的，联合联邦航空局（FAA），以及若干航空制造企业和研究机构组织的计划。该计划将公务飞行、包机飞行和私人飞行统一纳入国家运输系统规划，以缓解高速公路和枢纽机场的交通压力，提升通用航空运输能力，促进该产业的有序发展，目标是建立一个"小型飞机的运输系统"。

通用航空是所有民用航空运输的总称，世界上的主要空中运输归于此类，所有飞机场都专门从事这一业务，包括飞行俱乐部、飞行训练、农用飞机和轻型飞机制造和维修等。

飞机的发明、制造，以及广泛应用于军事、民用和商业等领域，提高了美国交通运输业的效率和档次，便利了世界各地旅客和货物的运输，缩短了旅行时间，成为很多普通人首选的运输工具。

五　典型企业案例

从技术创新和产业迭代视角，本章选取汽车和飞机制造，以及航空运输业的3个典型企业案例，分析其独特的影响和作用。

（一）福特公司：创新性倡导福利资本主义

福特汽车公司（Ford Car Company，简称福特公司）创建于1903年，至今已连续经营120多年，是世界上最大的汽车制造企业之一，是美国世界500强企业之一。在2008年金融危机中，福特公司是少有的拒绝美国联邦政府注资援助，凭自己力量渡过难关的企业[①]。2022年财务报告显示，福特公司创造的税前利润为104.15亿美元，总资产为1164.76亿美元。在长期发展中，福特公司不仅一直致力于汽车技术的发明创新，而且在经营管理方面极富创新性，其创造的福特制影响深远，成为西方工业社会中福利资本主义的践行者。

1. 福特公司推出"福特制"生产方式

福特公司被认为是现代流水线大规模生产汽车的首倡者。1913年福特公司在密歇根海兰公园车间完成汽车生产流程的设计，在汽车生产中引入一体化移动装配线，形成分工协作的流水线生产方式，被称为"福

---

① 本案例主要参考福特汽车公司官网关于企业历史的介绍，2022年和2023年第四季度财务报告资料，https://s201.q4cdn.com/693218008/files/doc_financials/2023/03/2022-Annual-Report-1.pdf；https://s201.q4cdn.com/693218008/files/doc_financials/2023/q4/Ford-Motor-Company-Q4-2023-Corporate-Earnings-Presenation-Final-2-6-24.pdf，以及The University of Chicago Press, Henry Ford, *The Journal of Negro History*, Jul., 1947, Vol. 32, No. 3, pp. 398-401。

特制"。这一创新最终使福特公司 T 型车装配线从 12.5 小时缩短到 1.5 小时,极大地加快了福特公司的汽车生产速度,使 T 型车价格不断降低,由此引发制造业的一场革命。

福特公司不停运转的生产流水线,极大地提高了生产效率,使该公司在汽车产量上远远超过其竞争对手,由此获得更多利润。福特制的特点是在实行标准化基础上组织大批量生产,并使一切作业机械化和自动化,成为提高劳动生产率的一种有效生产组织形式。借助大规模的生产流水线,亨利·福特(1863—1947)制定的"单一品种、超大规模"的发展战略得以实施,T 型车在 20 年内生产了 1500 万辆,汽车从五六千美元的"富人专利",变成几百美元的大众消费品。通过流水线生产出来的 T 型车,走入寻常百姓家,彻底改变了美国人的生活方式。

福特公司创始人亨利·福特是汽车产业大规模生产的首倡者。从 1919 年开始,福特公司几乎可以在几分钟内就组装生产一辆汽车。1923 年福特公司汽车销售量达到 120898 辆,同时福特公司的市场份额超过 57%。亨利·福特推广大规模生产模式,并不是因为他盲目地认为这是最先进的生产方式,他也没有照搬当时流行的弗雷德里克·泰勒的科学管理理论,他对实行大规模生产方式的理念是,大规模生产意味着有更多的人买得起福特公司生产的小汽车。

早在 1907 年福特就宣布他的目标是为大众制造汽车,使每个人都能够负担得起并拥有一辆汽车。1908 年当福特推出 T 型车时,美国只有大约 1.8 万英里(2.9 万千米)的柏油公路,为了应对不太理想的路况,福特公司在汽车关键部件上采用轻质、坚固的钒钢合金材料。当时大多数汽车都是豪华的新奇产品,而不是普通大众负担得起的交通工具。为了吸引大众市场,福特公司生产的汽车可靠且易于维护。这款造型简单的 T 型车,中低定价,经济耐用,造就了数以百万计的新司机,福特成为给世界装上轮子的人。福特对降低汽车价格的许诺是毋庸置疑的,1908 年至 1916 年他把汽车价格降低了 58%,而当时旺盛的市场需求使涨价易如反掌,但福特公司没有这么做。截至 1927 年 5 月停产前,T 型车共生产售出 1500 万辆,成为有史以来最畅销和世界最著名的汽车。

通用汽车公司的总裁阿尔弗雷德·斯隆曾高度评价福特,认为福特创造的大规模汽车制造流水线、高工资和低价格是革命性的创举,他是对工业文明做出最大贡献的人之一,其基本构想是低价格、固定车型是那时的市场尤其是农村市场所需要的。福特制也就成为20世纪工业生产的经典方式之一。

2. 实行"5美元工资"和8小时工作制

这是福特公司1914年推出的人力资源管理制度。当时福特公司实行著名的"5美元一天"工资制,且工作时长是每天8小时。这一工资标准是当时一般工厂工人工资的2倍。政策宣布第二天,估计有1万人在福特公司的招聘办公室外排队等待被聘用。福特公司的高工资政策大大提高了员工的保留率,因为移动装配线单调而艰苦的工作导致员工的高流动率。这是福特公司在成功推行流水线生产方式后所实行的另一个重大改革,高工资和减少工作时间。

福特推行高工资制的初衷是让工人更好地恢复体力,由于媒体的宣传,就成为该公司的高福利政策。福特认为作为领导者,雇主的目标应该是比同行业的任何一家企业都能给工人更高工资。亨利·福特的工资观念体现了其"开明利己思想",且高工资还有一个含义,那就是残疾人士也能平等获取正常工资。因为经过分析,公司的7882项工作中有4034项并不需要完全的身体能力,这是福特公司雇用残疾人士的依据,而这些人的工资是不应该打折扣的。

福特公司实行"5美元工资"和8小时工作制,表面上是为了招聘和留住那些最好的技工,并阻碍工会的发展,实际上却是从效率和利润分享的角度来解释这项新的政策的。福特提到这样一个事实,由于实行高工资,他的员工可以买得起自己公司生产的汽车,还有休闲时间来享受生活,这实际上是为公司产品另辟出一个巨大的市场。

当然并不是每个员工都可以得到高工资的,福特公司非常注重个人的责任心和品行。如果一个员工想要得到高工资,那他必须建立一个得体的家庭,并显示出良好的个人习惯,包括节制、俭省、勤勉和可靠等。虽然有人批评福特过多地干涉其员工的私人生活,但毫无疑问,在移民被用恶劣方式剥削的时代,福特却帮助了许多人在美国扎下根来。"5美元工资"和8小时工作制可以使美国工人过得更好一些,有助于美国中产阶级的形成。从这个意义上说,福特确实改变了制造业生产的意义。

3. 倡导福利资本主义

福特公司不仅在生产和管理实践中实现了许多科学管理的原理，而且把服务大众作为宗旨，坚持实行"5美元工资"制的劳资双方利润分享计划。1914年，福特公司还宣布了一项利润分享计划，即每年向其员工分发1000万到2000万美元，给劳动者提供福利保障。

福特公司建立人事部门，关心员工生活，进行人性化管理，建设工人社区，要求移民员工搬离少数族裔区，住到公司建设的员工区。同时，不断完善病假和工伤医疗制度，如福特花750万美元建了一家亨利·福特医院，并把钱捐给那些在其工厂附近运作的或与工厂有联系、能为其工人服务的社会和福利机构，公司修建的医院为同行树立了标杆。

福特公司还建立社会部，主要处理移民和黑人员工问题。通过开设英语学校，为欧洲移民员工教授英语，以便其快速融入美国社会。通过企业内部的技术和职业培训来培养专门技工，并为数以万计的贫困孩子提供学习和工作机会。奖励雇员的发明创造，让他们分享其发明带来的盈利，福特公司规定员工享有福利的条件是，要负担家庭生活的已婚男人、"生活节俭"的单身男人和抚养亲戚的妇女。福特公司给黑人与白人工人同样的机会，从而使黑人能够通过工作帮助自己。当其他制造商将黑人工人局限于某些低端劳动时，福特公司却雇用黑人做熟练劳动，并将他们与白人工人一起放在汽车生产流水线上。

1941年福特公司与美国汽车工人联合会签订第一份合同，保证为员工提供更好的工资、福利和工作条件。另外，福特公司的福利享有者甚至还包括客户。由于资金周转快，福特公司的利润长期保持在较高水平，有一年的利润远比期望的多，于是公司自愿返还给每辆车的车主50美元。

福特公司在实施其利润分享计划时，一直向员工宣传中产阶级的价值理念，希望他们晋升为其中的一员。福特公司在制造汽车的同时，也在"制造人"，即把工人中产阶级化，把移民美国化，把黑人平等化等，这是福特制的重要组成部分，某种程度上也非常契合当时美国进步主义时期政府工作计划的重要内容①。

通过技术和生产方式创新,福特公司为工人解决了住房和车子问题,它所倡导的福利资本主义在当时来说算得上标新立异,鲜有企业能做到。

"5美元工资"和8小时工作制是福特公司推行的一种高工资的福利资本主义政策,由此改变了美国工人的工作和生活方式,使蓝领工人也可以有尊严地工作,使其对工厂产生情感依赖,同时有助于实现企业的低成本,这样企业内部提高效率和增产节约的创造性办法就会层出不穷。

福特曾经说过,商业成功的秘诀在于把自己的脚放入他人的鞋子里,进而从他人的角度来考虑,服务就是这样的精神,站在客人的立场去看整个世界,工资问题可以解决人的十分之九的精神问题。在福特公司的众多革新中,"5美元工资"制是最具人情味的,比起公司不断推出的造车新技术和新车型更能打动人心,更能形成员工的认同感。

(二)波音公司:技术创新铸造的硬核企业

波音公司是当今世界上最大的军用和民用飞机制造商,是全球领先的航空航天企业,是美国最大的出口商,为150多个国家和地区的客户开发、制造和服务商用飞机、国防产品和空间系统,2022年的营业收入为666.08亿美元,截至2023年底,波音公司主要有国防、空间和安全三大业务部门,员工超过17万人②。自从1916年创建以来,依靠无数的高精尖关键技术创新,波音公司成为一个技术创新的综合体,创新精神伴随该企业的发展全过程。

1. 波音公司的创建与初期发展

飞机制造是典型的技术密集型行业,波音公司创立伊始便坚持技术创新的发展战略。这一时期的国际环境动荡不安,飞机发明不久后便被用于军事,因此,发展军用飞机是当时所有飞机制造公司的首选策略。

---

① Georgios Paris Loizides, "'Making Men' at Ford: Ethnicity, Race, and Americanization During the Progressive Period", *Michigan Sociological Review*, Fall 2007, Vol. 21, pp. 109-148.

② 主要参考波音公司官网关于企业历史的介绍和2022年财务报表的资料,如Boeing Company, Boeing History Chronology, 2022; Boeing Annual Report 2022, 以及彭剑锋主编,白洁、江珊、言飞龙著《波音:全球整合,集成飞翔》,机械工业出版社,2013。

因此在波音飞机公司发展的初期（1916—1925），美国军方的订单是其主要业务。

波音公司的前身是1916年1月创始人威廉·波音以10万美元收购的太平洋航空产品公司①。1917年4月威廉·波音把太平洋航空产品公司改名为波音飞机公司。当年9月波音公司的克劳德·伯林和赫伯·芒特在佛罗里达州彭萨科拉为美国海军官员组装并驾驶两架C型飞机，当时美国海军订购了50架水上飞机教练机。

1918年4月波音公司开始向美国海军交付C型教练机。6月29日又与美国海军签署一份价值为11.6万美元的非生产合同，为军方制造50架HS-21型飞机。8月17日由工程师唐纳德·道格拉斯等人共同设计的马丁MB-1型轰炸机首次飞行。但是第一次世界大战结束后，波音公司的HS-2L型飞机合同被削减一半。由于退役的军用飞机填补了民用飞机的需求，该公司不得不以制造家具和被称为"雪橇"的平底船来维持企业的生存。

1919年3月作为加拿大博览会的一部分，威廉·波音和飞行员埃迪·哈伯德乘坐的波音公司的C-700型飞机，从加拿大不列颠哥伦比亚省温哥华飞往西雅图，为美国运送第一封国际航空邮件，由此开始飞机公司的空邮业务。12月27日波音公司设计和制造的第一架商用飞机，即6型B-1水上飞机成功实现首次飞行。

1920年波音公司制造出可飞越华盛顿州雷尼尔山的飞机，同时开始制造由美国陆军设计的20架实验性对地攻击装甲飞机。1921年6月波音公司赢得制造200架托马斯·莫尔斯MB-3A型追击战斗机的合同后，美国陆军航空兵在西雅图的波音公司建立第一个厂内检查办公室。1922年10月14日波音公司制造的MB-3A型轰炸机飞行时速为147.8英里（237.9千米），航线超过321.8千米。

1923年6月波音公司首次成功制造和试飞的15型战斗机，被美国陆军看中和购买。波音公司还为美国海军制造水上教练飞机。1924年9月波音PW-9战斗机投产，12月5日波音公司向美国海军交付首批41架

---

① 波音公司的名称从最初的太平洋航空产品公司（1916），到波音飞机公司（1917），到联合飞机及运输公司（1929），再到波音飞机公司（1934），最后是波音公司（1961），本文简称"波音公司"。

NB-1教练机。1925年7月7日波音公司40型邮机首次飞行，这架飞机后来演变成40A型。12月波音公司向美国海军交付10架FB-1战斗机中的第一架。这架单座陆地双翼飞机是陆军PW-9战斗机的海军版本，最后一架于12月22日交付。因此，在刚刚起步发展阶段，如果没有美国军队的订单，波音公司的发展是难以为继的。

2. 创新飞机制造和航空运输业务

1925年美国国会通过的《凯利航空邮政法案》成为美国航空工业发展的分水岭，也是波音公司发展的重要时间节点。因为这个法案要求邮政部将航空邮件线路转给私人企业经营，波音公司因此有了新的发展机会。

1926年8月18日波音公司从美国陆军获得25架PW-9C战斗机的订单，这是PW-9的一个版本，拥有更重的机身及不同飞行和降落电线安排。10月7日波音公司量产型波音FB-5舰载战斗机首次飞行，美国海军订购的27架FB-5也是一次性完成交付；11月3日波音69型飞机首次飞行，后来该战斗机被命名为F2B，是在美国海军服役的第二代波音FB战斗机。

1927年1月28日波音公司与美国邮政部门签署一份合同，获得经营从芝加哥到旧金山之间1918英里（3087千米）航线的合同，使用带有气冷发动机的40A型邮机运送航空邮件。5月20日波音40A型双座邮机首次飞行。7月1日波音航空运输公司的所有24架Model 40A都投入使用，同时推出波音247客机。

1927年6月30日波音航空运输公司成立，专门经营航空邮件业务。7月1日首架邮机开始飞行旧金山和芝加哥的航线，并圆满完成飞行任务，在返程途中，飞机运载第一位乘客——芝加哥记者简·伊兹。9月27日波音公司的工程师兼特技飞行员劳埃德·C.斯蒂尔曼在堪萨斯州威奇托市创立斯蒂尔曼飞机有限公司。1928年1月波音航空运输公司收购太平洋航空运输公司73%的股份，并在西海岸一带运营航空公司。2月3日被美国海军命名为F3B的波音77型飞机完成首次飞行。6月西雅图南部的波音机场正式投入运营，成为西雅图第一个市立机场。10月30日波音飞机及运输公司成立，经营航空和飞机制造等业务。

1929年2月1日波音飞机及空运公司更名为联合飞机及运输公司，根据其业务范围，它试图建立一个综合性飞机制造和运输公司。同时该公司推出波音 P-12 战斗机，即美国海军版 F4B-1 飞机，并得到军方 586 架该系列飞机的订购单。当年 10 月 29 日美国股市大崩盘，发生经济大危机，这对波音公司产生重要影响。

1930 年 5 月波音公司研制出第一架商用单翼机 200/221 型飞机，并实现首次飞行。200 型飞机用作邮机，221 型飞机用作邮机和客机。6 月联合飞机及运输公司开始在堪萨斯州威奇托建造一个新工厂；11 月 18 日波音 96 型 XP-9 单翼战斗机首次飞行，这是波音公司建造的唯一一架单翼战斗机。

1931 年 3 月 28 日波音航空运输公司、国家航空运输公司、瓦尼航空公司和太平洋航空运输公司合并为联合航空公司，主要提供东西海岸之间的客运服务和邮件服务，往返这条航线需要 27 个小时。1932 年 3 月联合航空公司总裁菲利普·约翰逊订购了 60 架波音公司的新型全金属 247 客机，以取代该航空公司老化的 40 型和 80 型机队。为了给联合航空公司提供竞争优势，波音公司董事会决定在订单完成之前，不向任何其他航空公司提供这款飞机。

1933 年 1 月 11 日波音公司开始为美国陆军航空队生产 111 架 P-26A 单翼战斗机，每架合同价格为 9000 美元。后来订单增加到 136 架，最后两款机型将配备燃油喷射发动机。2 月 8 日波音公司制造的第一架现代客机波音 247 首次飞行，这是一种低翼双发单翼机，具有全金属半敞篷结构和可收放起落架等先进技术。1934 年 4 月在波音公司总裁克莱尔·埃特维特（Claire Egtvedt）做出将公司重点放在建造大型飞机上的战略决定后，波音公司的工程师开始为美国陆军航空队开发 XB-15 重型远程实验轰炸机。6 月 12 日十几名美国陆军航空队飞行员在飞行邮机时坠毁身亡后，国会通过 1934 年《航空邮件法案》，恢复私人航空的竞争性招标，并解散了联合航空公司、联合飞机及运输公司。9 月 18 日联合飞机及运输公司解体后，拆分重组为三个独立的公司，包括波音飞机公司、联合飞机公司和联合航空公司。

1935 年 7 月 28 日波音 299 型 XB-17 实验轰炸机和 B-17 的原型在西雅图波音机场进行首次飞行。10 月 30 日一架由军方飞行员驾驶的波音

299型飞机在俄亥俄州代顿的莱特机场坠毁，造成严重飞机事故。1936年1月17日波音公司B-17飞行堡垒原型机坠毁，但美国陆军航空队对该轰炸机在早期测试中的表现印象深刻，还是订购了13架YB-17飞机。7月21日波音公司与泛美航空公司签署合同，建造6架314型飞机，这是一种大型飞机，专为长途越洋飞行的乘客提供舒适的服务，9月1日波音公司现场服务部门正式开始运作。

1937年10月15日波音公司试飞员埃迪·艾伦驾驶巨大的294型XB-15实验轰炸机进行首次飞行，该飞机设置有149英尺的翼展，可容纳两名机组人员。12月2日波音XB-15交付美国陆军，创造了多项技术纪录，包括负重31205磅，可以爬升到8200英尺的高度。1938年5月31日第一架波音314型飞机在西雅图的杜瓦米什河上进行首次飞行。这是当时最大、最豪华的客运飞机。12月31日试飞员埃迪·艾伦驾驶波音307型平流层飞机进行首次成功飞行，这是美国第一架加压商业运输机。1939年1月26日美国民用航空局（CAA，联邦航空管理局前身）批准波音314型飞机用于泛美航空公司的商业服务，定期提供横跨大西洋的航空邮件服务。

1940年3月20日波音公司向泛美航空公司交付第一架307型平流层飞机。6月17日美国陆军航空队为波音公司拨款85652美元，用于B-29轰炸机基础345型的进一步设计和风洞测试。7月8日第一架波音307平流层飞机交付西部航空公司（TWA），从纽约飞往洛杉矶只需12小时18分钟。

1941年6月24日波音公司在堪萨斯州威奇托的斯蒂尔曼工厂破土动工，B-29飞机将在那里建造，波音公司开始为美国和盟军制造军用飞机，如波音B-29和康维尔B-36飞机，以及波音B-17轰炸机等。1941年12月珍珠港事件后，美国加入第二次世界大战反法西斯阵营，美国飞机制造商在支持军队使用空中力量方面发挥重要作用，各种型号的运输机、战斗机、轰炸机和直升机等被不断制造出来，甚至连豪华的波音307型平流层飞机都被剥去民用的华丽外衣，被迫作为C-75运输机服役。

从上述事实可以看出，波音公司在其前30年的发展过程中，不断在飞机制造的技术上改进和创新，可以制造出不同型号和不同用途的飞机，其发展战略沿着飞机制造和航空运输服务两条路线发展，但无论是哪一条路线都得依靠美国政府和军方的订单和采购,私人企业的需求和民用服务市场还不是最主要的。

3. 二战后民用飞机的研发和制造

第二次世界大战结束后,波音公司逐步转向民用飞机的制造,但同时没有放弃军方和政府订单,主要向喷气动力飞机转型,很快就制造出世界首架喷气式轰炸机 B-47,不久新型 B-52 战略轰炸机也被制造出来。

战争结束后,军事订单逐渐减少,迫于生存压力,波音公司加大了转向民用市场的力度,将成熟的军机技术直接用于民用飞机的研发。1947 年 B-29 型飞机的民用版 377 型"同温层巡航者"问世,但市场反应不是很好。在 B-47 喷气式轰炸机问世后,于 1954 年成功试飞 367-80 原型机,并以此为基础推出军用款 KC-135 加油机,以及民用款大型波音 707 客机,后者于 1958 年交付使用,很快获得市场认可。之后波音公司又接着研制出短程小客机 727,并于 1963 年成功推向市场。凭借 707 客机与 727 客机的大小组合,波音公司在民用飞机市场站稳脚跟,树立起民用飞机品牌形象。但在此阶段,波音公司的战略重点仍始终放在军用市场上,具有以军用品带动民用品的鲜明特征,并没有最终完成民用转型。

20 世纪 60 年代初,随着世界政治经济局势的逐渐稳定,资本主义国家经济进入快速发展的黄金时期,波音 707 客机越来越难以满足国际航线客运量持续增长的需求。1961 年波音飞机公司改名为波音公司,同时在美国政府推动下,启动超音速客机 2707 项目,建立庞大的研发团队,几乎投入全部民用技术的研发力量,同时上马的还有以短程支线市场为目标的中型机波音 737 项目。最后波音公司推出新的大型机波音 747 飞机,摆脱民用客机对军用技术的依赖,实现军用飞机和民用飞机的独立发展,这也标志着波音公司的主要业务由军用领域向民用领域的彻底转移,此后的 7X7 系列飞机均延续这一发展模式。

1964 年波音公司的民用机订单首次超过军用机订单,在全球客机市场的占有率达到 36.2%,真正实现波音公司的品牌战略重心由军用飞机向民用飞机的转型,并确立军民并重战略。波音 737 客机于 1967 年实现首飞,并很快成为波音公司最成功的中小型客机品牌。由于全球经济发展放缓,加上油价上涨,从1969年开始,超音速客机2707项目被迫下马,再次把波音公司逼到破产边缘。

20世纪70年代至90年代是波音公司发展的低谷期。第四次中东战争引发的全球性石油危机导致波音公司连续17个月都没有拿到新的订单,而美国政府超音速客机2707项目的终止更是使其遭受上亿美元的损失,最后凭借波音747与波音737(中短程客机)的组合,加上公司内部的整顿、拓展业务领域等措施,波音公司才得以渡过危机。1975年波音公司获得美国军方E-3"望楼"预警机的军事订单,助力其摆脱危机的困扰。

80年代后波音公司推出767/757品牌组合。在飞机制造市场,波音公司顶住法国空中客车公司的竞争压力,各项业务均有稳步而持续的增长,并逐渐走出70年代的发展危机。同时在中东、中国、韩国等国家或地区成立子公司,初步形成国际化客户网络。90年代初波音公司大规模引进计算机辅助设计和制造技术,推出首个"无纸设计"型号的波音777,在技术创新方面迈出新步伐。

1997年波音公司与麦克唐纳·道格拉斯公司(即麦道公司)完成合并重组,新波音公司正式营运,在民用飞机制造领域的传统优势得到进一步加强,其主要民用飞机包括717、737、747、767、777、787系列飞机和波音公务机。全球现役的波音民用飞机接近1.3万架,约占全球机队总量的75%。同时,波音公司还接管了麦道公司的航天业务,于2000年又收购休斯公司的航天业务,一跃成为美国NASA最大承包商,2012年成为全美第一大航空航天出口商,在军用和民用航空航天领域均成为霸主,是世界飞机制造领域名副其实的"巨无霸"企业。

4. 技术创新和研发成就百年飞机制造企业

100多年来,波音公司一直耕耘在飞机制造和航空运输领域,技术创新和研发是波音公司可持续发展的重要动力,也是其核心的国际竞争力所在。1995年以来,波音公司的研发经费累计达到620.12亿美元,平均每年投入28亿美元。2006年研发经费占总收入比例最高时接近10%,

同时建立全球协作的研发网络，保证产品和技术的行业领先地位[①]。波音公司像注重技术创新一样注重市场营销，打造一支业务精良的国际化销售队伍，在全球建立完整的销售网络，并积极根据当地客户的独特需求来设计或改造产品与服务。

作为世界航空工业的"百年老店"和行业领军者，波音公司在经历多次濒临破产的波折后，逐渐形成研发—生产—营销—售后服务一整套成熟的经营流程，确立了波音品牌的核心竞争力。波音公司拥有庞大的客户群体，不断创新飞机制造技术，推出各种型号的飞机，建立先进的质量管理体系，提升企业创新力。

能够掌握关键技术和核心能力让波音公司拥有满足需求不断变化的能力。一方面，波音公司将其不低于销售收入5%的资金投入到新技术、新产品研发上，大量研发投入让波音公司拥有一系列关键技术，形成其他同类公司难以逾越的技术壁垒；另一方面，波音公司在飞机制造方面采取精益制造的方法和理念，并把大规模流水线的生产方式引进飞机制造过程中来，极大地提高了效率。此外，波音公司拥有强大的知识管理能力，在基础机型上下功夫，形成多种型号，每种型号又有不同机型，具有不同的航程和续航能力。

美国波音公司是拥有百年历史的航空航天飞行器制造商，其起家是依靠政府支持和军队的订单，但在成功占领军用飞机市场的同时，又培育和发展民用飞机，最后成为世界顶级的军用和民用飞机制造商。军民并重发展战略、军民融合经营理念成为波音公司百年不倒的"诀窍"。波音公司一方面通过把成熟的军用技术应用于民用飞机，保持其技术领先地位；另一方面又通过参与民用市场竞争来获得高额利润，反过来支持技术研发的高投入。

目前，波音公司是世界上最大的军用和民用飞机制造商，同时设计并制造电子防御系统、导弹、卫星、航天发射装置，以及先进的信息和通信系统，不仅是美国国家航空航天局主要服务提供商，也提供众多军用和民用航线支持服务，其客户分布在全球90多个国家和地区，是一家

---

① 海尔瀚、唐塞丽：《波音公司品牌发展战略对我国军工企业品牌建设的启示——从军机大鳄到民机巨擘的成功转型》，《军民两用技术与产品》2017年第17期，第8—11、15页。

技术集成创新和硬核的制造企业。截至目前，波音公司主要经营商用飞机，国防、空间与安全，以及全球服务三大业务。随着"星际飞船"与国际空间站的成功对接，以及首次为月球探险任务提供动力，波音公司开始推动对太空的探索，准备迎接更大技术创新挑战。

（三）西南航空：低成本与差异化发展

在美国航空运输业中，美国西南航空公司（简称"西南航空"）是世界上第一家最成功运营的低成本航空公司之一，成为低成本与差异化发展的典型企业，其经营特点就是价格便宜，且服务比较"另类"，但它却能在其他大型航空公司亏本和经营不善时长期赢利，且树立较好声誉和口碑。这家企业并不是以硬核技术创新取胜的，而是以扎实服务和管理创新取胜的。截至2022年，西南航空雇用的员工超过7万人，2022年新招聘员工1.8万人；2022年营业收入达238亿美元，比2021年的158亿美元增加51%，并为121个机场提供航空服务①。

1. 低价运营的"黄金航班"公司

西南航空成立于1971年，生意的灵感来源于创始人赫伯·克莱尔与其合伙人罗林·金的一次聚餐，其间他随手在一张餐巾纸上画了一个三角形，而这个三角形的3个顶点分别代表达拉斯、休斯敦和圣安东尼奥。克莱尔认为如果要组建一家航空公司，就要在他画的这类大城市间专门经营短途空运业务，这应该是有利可图的。而在20世纪六七十年代，这类航空服务是被大型航空公司所忽视的，它们都热衷于长途飞行，对短途飞行不屑一顾，因为当时乘坐飞机是一种奢侈的消费，只有富人才买得起飞机票，普通百姓会选择火车、公共汽车或小汽车等交通工具。西南航空却公然要挑战传统，营造一种随意的气氛，向旅客传达的信息简单而有趣，当然也要吸引眼球。

---

① 本案例主要参考西南航空公司2021年和2022年财务报告，该企业官网有关企业历史的介绍，https://www.southwest.com/assets/pdfs/communications/one-reports/Southwest-Airlines-2022-One-Report.pdf，https://southwest50.com/our-stories/fare-play/，以及〔美〕詹姆斯·F.派克《西南航空成功的秘密》，《IT时代周刊》2010年第13期，第66—67页。

1971年6月18日由赫伯·克莱尔和罗林·金创建的西南航空正式开始运营，总部位于得克萨斯州的达拉斯，专门提供得克萨斯州的达拉斯、休斯敦和圣安东尼奥这三个主要城市间点对点的短途航行业务。但没过多久，西南航空就开始扩张，先是在得克萨斯州扩大运营范围，20世纪80年代开始跨州发展，最后延伸到美国与拉美和加勒比国家之间的航空运输。

面对这个不速之客，大型航空公司展开猛烈的价格反击，它们提供价格极其低廉的机票来吸引大批乘客。1973年达拉斯本地的布兰尼夫国际航空公司就发起13美元票价大战，西南航空果断打出广告"没有人会因为区区13美元就会把西南航空公司赶出天空"，并以"26美元+酒"的促销价赢得旅客青睐。西南航空采取更为民主的方式，相信更"弹性"的票价可以鼓励更多的美国人乘坐飞机。

西南航空的唯一优势就是低价。没有退路的克莱尔绞尽脑汁压缩公司运营成本，他想了很多招，如飞机上不提供用餐服务，只提供饮料和花生米，登机牌是塑料做的，用完后收起来下次再用，又如提供"双层结构票价"，即为旅客提供两种不同的票价选择，周末和下午6点59分以后起飞的航班包括定期定价的商务舱和半价舱。老牌航空公司并没有看到引入替代票价的效用，因为它们怀疑较低的票价只会减少企业利润。

克莱尔相信"飞机只有在天上才是赚钱的"，他还专门计算过，如果每个航班的地面时间节省5分钟，每架飞机每天就能增加一个小时的飞行时间，所以他就想方设法让飞机延长飞行时间，增加飞行频率，如乘客不对号入座，不用上飞机找座位，也没有公务舱和经济舱之别。乘客上去就找空位置坐下，很快就可登机完毕起飞。这样既节省了乘客时间，也省了飞机滞留机场的费用。

这一连串的精简乘坐手续，使飞机在地面完成一次周转只需要15分钟，从抵达目的地机场，开放登机门上下旅客，到关上登机门再度准备起飞间的作业时间就是15分钟。在这短短的15分钟内，西南航空的工作人员也忙得满头大汗，全部机组人员要快速交接，还要卸下近百袋的邮件，再装上数量相近的邮件，并为飞机加上4500磅重的油料。同样的作业内容，美国大陆航空与联合航空则平均需要35分钟才能完成。这一串操作下来，西南航空在一条航线上的2架飞机能够完成别的航空公司3

架飞机的飞行任务。

为减少飞机维修和培训费用，西南航空只使用波音 737 客机这一种机型，要求任何一名空乘人员都要熟悉飞机上的设备，保证机组的出勤率和配备率始终处于最佳状态。此外，西南航空的航班都是点对点飞行，从不中途停靠，因此总是比别的公司更迅速。

正是这些"抠门"举动和各种奇怪招数，使西南航空做到了任何一家大型航空公司都无法做到的低成本运营，其机票价格完全可以与长途汽车的价格相竞争，西南航空打赢了价格战。低廉的票价、几乎每个小时都可以搭乘到的航班，使其在航空市场上站稳脚跟，成为美国乘客心目中的"黄金航班"。

2. 西南航空为何可以成功低价运营？

面对西南航空的竞争招数，许多竞争对手不得不调整航线，有的甚至望风而逃。当西南航空的航班扩展到亚利桑那州的凤凰城时，美西空公司索性放弃这一市场；当西南航空进入加利福尼亚州后，几家大型航空公司不约而同地退出洛杉矶—旧金山航线。西南航空尚未开通航线的一些城市还主动找上门来，请求克莱尔尽快在自己的城市开辟新航线。

几年实践证明西南航空的经营战略是对的，1973 年公司开始赢利，此后一直到 2019 年连续 47 年赢利。但在 1975 年西南航空仍只拥有 4 架飞机，且只飞达拉斯、休斯敦和圣安东尼奥 3 个城市，在巨人如林的美国航空业界，它只能算是个"小矮人"。

西南航空的低价格战略战无不胜，找不到什么竞争对手。克莱尔认为，他已经不再与航空公司竞争，新的对手应该是公路交通，要与行驶在公路上的福特、克莱斯勒、丰田、尼桑等各种汽车展开价格战，他要把高速公路上的客流搬到天上来。依靠低价格策略，西南航空成功脱颖而出，其不少做法曾被很多大型航空公司视为"不正规"的，且在相当长一段时间里也被其他航空公司所不屑，甚至嘲笑，以至于后来被称为美国最"抠门"的航空公司之一。

西南航空的与众不同之处，就是向顾客提供低廉的、简朴的和专一化的航空运输服务，打破了当时航空运输公司忽视低价市场的经营惯例。后来许多航空公司试图模仿西南航空的很多做法，但却无法模仿其获得成功的重要因素，那就是企业文化。因为西南航空几乎从不解雇员工，公司内部营造出一种亲密的、不那么严肃的、喜欢开玩笑的快乐文化，这是难以被模仿和复制的。

西南航空强调以人为本，以员工至上的企业文化而闻名，在其历史上没有任何非自愿休假或裁员记录。通过授权其 640002 名员工提供无与伦比的服务，这家特立独行的航空公司在每年多达 1.3 亿名乘客中赢得热情的忠诚。

西南航空低成本加上大量的航班和可靠的服务，换来的是日益增多的高度忠诚的顾客。在加利福尼亚州，西南航空逐渐占据统治地位。一些家住圣何塞的居民宁愿驱车一小时到奥克兰搭乘西南航空的飞机，也不去当地的机场；许多亚特兰大的居民放弃德尔塔航空公司设在那里的大型基地，驱车 241 千米去亚拉巴马州的伯明翰搭乘西南航空的飞机。

至 2014 年，西南航空运营着美国国内 40 个州的 93 个机场，以及哥伦比亚、波多黎各、墨西哥、牙买加、巴哈马、阿鲁巴岛、多米尼加共和国的几个国外机场；共运营 665 架波音 737 飞机，当年净利润为 11.36 亿美元。实际上，西南航空从 1973 年就开始连续赢利，创造了全球民航史上的奇迹；共运输旅客 1.36 亿人次，成为美国国内旅客运输量最大的航空公司。

西南航空的点到点航线结构允许进行更直接的不间断飞行，使其能够提供的航班更频繁，时间更方便，票价更低。2014 年西南航空实施组织整合，将其从事国际业务的低成本航空子公司——穿越航空公司的业务、人员整合到西南航空。2014 年其国际业务收入为 2.26 亿美元，国内业务收入为 184 亿美元。

西南航空业务战略的一个关键组成部分是低成本结构，这使其在低票价下仍然赢利，但其竞争战略是与竞争对手差异化。如在美国大型航空公司中，西南航空仍然是唯一免费托运两件行李的航空公司，其他收费项目也很少。其飞机只飞商务城市，不飞度假地；只有经济舱，不提供头等舱或商务舱；只用波音 737 这一种机型。与其相对应的是，美国三角洲航空公司有 8 种机型，美利坚航空公司也是 8 种。低到可以和汽车竞争的飞机票价，几乎每个小时都有的航班，没有餐饮服务，没有公务舱和经济舱的区别，乘客也不对号入座，西南航空大概是世界上最

"抠门"而又"另类"的航空公司。

截至 2020 年 3 月 31 日，西南航空通过股票回购和股息向股东返还 129 亿多美元。2020 年第一季度西南航空通过回购 4.51 亿美元的普通股和支付 1.88 亿美元的股息向股东返还 6.39 亿美元。

截至 2022 年 12 月，西南航空已经是世界上最受尊敬和赞誉的航空公司之一，在 11 个国家和地区的 121 个机场提供独一无二的服务。成立 50 多年来，西南航空通过友好、可靠、低成本的航空旅行使天空民主化，现在它比任何其他航空公司运送的美国境内直飞旅客都要多。

西南航空的低成本和差异化的经营模式契合美国大众消费的发展趋势，为细化的低成本消费市场提供高质量服务，为其带来连续 47 年的盈利业绩，使其占据航空运输领域的重要地位。该企业虽然没有太多硬核的技术创新，但却是管理技术创新的企业。尽管起步并不起眼，但该企业却敢于挑战传统智慧，从一家只飞三个城市的航空公司成长为一家旅客和竞争对手都无法忽视的航空公司。

第6章 电力新技术引发的产业开拓和企业竞争

本章主要阐述1866年至20世纪40年代电力新技术引发的产业开拓和企业竞争的历史实践。此时正值美国全面工业化大规模建设,以及第二次科技革命和第二次工业革命时期。在此时代背景下,美国企业发展、技术创新、产业迭代更新与经济增长和社会进步形成良性的耦合效应。

一 电力技术发明与电气和电器制造业兴起

电力技术的发明和应用是第二次科技革命和第二次工业革命中的重要标志性技术,既是科学革命累积的结果,又推动了基于电力技术的制造业及相关企业的兴起和发展。

(一)科学革命背景下电力技术创新和应用

科技革命是科学革命和技术革命的有机结合。第二次科学革命发生在18世纪下半叶至19世纪下半叶,包括天文学、地质学、物理学、化学和生物学的革命。19世纪70年代开启的第二次技术革命则是第二次科学革命成果自觉应用的结果。

实际上,第二次科学革命的成果并没有经过工匠经验的长期积累,其突破口就是电力技术的发展,标志是电机的发明和完善[①],如西门子公司发明的发电机、齐纳布·格拉姆发明的电动机、卡尔·本茨发明的以内燃机驱动的汽车等。

本杰明·富兰克林是电力科学的先驱,他是第一个描述正负电荷和

---

① 刘秀萍、凌晓华:《试论近代西方两次科技革命》,《甘肃科技》2005年第10期,第215—216页。

发展电荷守恒理论的人。19世纪中叶"电力"是个很新奇的概念，但电池蓄电、发电和照明技术的改进是可以被企业运用的。美国科学家托马斯·爱迪生是第二次科技革命中兼具企业家精神的发明家，在这一时代大潮中，他的重要技术发明创造和引发了一场制造业的技术革命。

爱迪生13岁时就进入西联电报公司工作，他的午夜电报操作员职位催生其第一批技术发明，如铃声提醒装置和自动语音记录器等。19世纪60年代后期他离开西联电报公司成为职业发明家，曾为美国国会设计电报投票机，为纽约证券交易所设计股票行情机等。1875年回到西联电报公司后，运用电报原理先是发明"有声电报"（电话），后来又发明"有声电报录音机"（留声机）。后来他再次离开西联电报公司，组建创业团队。基于对电气设备的第一手知识和对类似欧姆定律的了解，爱迪生具有一种非凡的技术实用性思维。

当时已经发明使用的弧形照明系统引起爱迪生对电气照明的好奇心，1876年弧光灯确实已不是什么新鲜事物。19世纪60年代发明的电池和发电机驱动的弧光灯主要用于室外的灯塔照明，仓库和大型商业机构也在尝试使用。爱迪生经过研究后发现弧光灯的光线太强，使人不舒服，不适合家庭使用，而白炽灯发出的柔光才更适合家庭和企业室内照明。白炽灯具有巨大的潜在市场，是一种更有利可图的技术和事业，爱迪生已经看到了大好商机。

1878年爱迪生宣布要制造白炽灯的商业计划，并设立爱迪生电气照明公司。此计划得到J.P.摩根和范德比尔特30万美元的投资支持。资金到位后，爱迪生在1878年和1879年集中对灯泡、发电机和电线进行技术攻关，决定开发一种高电阻的、含有碳化竹丝的灯泡（白炽灯）。

1879年爱迪生在新泽西州的门洛帕克实验室发明第一只商用白炽灯，这支碳丝灯泡成功完成长达40小时的耐受性测试，这项发明对人们日常生活的影响非常深远。与之前的照明装置不同的是，爱迪生发明的是白炽灯，用的是直流电（DC），电压比较低。1880年爱迪生发明了室内照明系统的技术，并获得专利，这是电灯技术的重大改进。爱迪生对这一新技术进行了详细说明，特别强调其在经济、简单和实用性上所能达到的极限。为了满足客户的最初需求，就要大量生产电灯、发电机、电线和其他重要部件，就要建立工厂制造这些产品，就要建立一个大型的以中央发电站为核心的电力系统①。

（二）电力新技术与电气化制造产业的兴起

当时要想把电力新技术进行商业化却是一个巨大挑战，远不是爱迪生那个小小的实验室所能完成的，需要组织一个大型投资者队伍来支持能源动力体系建设，这样新奇发明才能进入寻常百姓家。因此像 J. P. 摩根这样的投资银行家就显得非常重要。没有他的金融支持，这件事情是不可能进展得这么快的②。

1882 年爱迪生创立爱迪生照明公司，决心把电力技术商业化，并在纽约建造美国第一个中央发电站，由此开创他的电力事业。在他的创业和技术团队努力下，1882 年 9 月 4 日位于曼哈顿下城区的珍珠街发电站开始供电，当天晚上 J. P. 摩根的家里灯火通明，人们为电灯成功点亮夜晚而欢喜雀跃。该电站拥有一台可以为 800 只灯泡提供电力的发电机，1883 年 12 月珍珠街发电站已经拥有 508 位用户，并为 12723 只灯泡供电，从此开启电气化时代③。

爱迪生发明的电力照明系统牵涉生产这一光热技术体系的很多企业，包括电灯泡所依赖的发电机、电缆，以及发电站、电气设备维护和保养服务、电源插座接口等。仅爱迪生就创建了爱迪生电力机械公司，以及发电站、电气设备维护和保养服务公司。1892 年爱迪生创建的通用电气公司更是成为电气化时代美国电力制造企业的典范。

为了照明设备的运行，还需要建立一系列装置，一个新的电力产业已蔚然成形，围绕电力的技术发明层出不穷。如爱迪生照明公司曾有一位名为尼古拉·特斯拉（塞尔维亚移民）的员工，他后来成为世界上最伟大的发明家、物理学家、机械工程师和电机工程师之一，因对电和磁性的发明贡献而闻名于世。1882 年他发明交流电（AC），并制作交流电

---

① Thomas A. Edison, "The Success of the Electric Light", *The North American Review*, Oct., 1880, Vol. 131, No. 287, pp. 295-300.
② John Chamberlain, *The Enterprising Americans*, The Institute for Christian Economics, 1991, pp. 185-187.
③ 关于爱迪生的资料主要参考通用电气公司官方网站公布的关于企业历史发展的介绍，http://www.ge.com/cn/company/history/1878-1904。

发电机，创立多项电力传输技术，但最终却因为爱迪生直流电技术的广泛应用而被迫放弃交流电的专利权，他离开爱迪生的公司后就把这一技术专利特许给西屋电气公司制造和生产，并让其他企业免费使用。1895年特斯拉为美国尼亚加拉发电站制造发电机组，该发电站至今仍是世界著名水电站之一。1897年他使马可尼的无线电通信理论成为现实，1898年制造出世界上第一艘无线电遥控船，并取得无线电遥控技术专利。1899年他发明X光（X-Ray）、摄影技术，随后又发明收音机、雷达、传真机、真空管、霓虹灯管、飞弹导航、星球防御系统等，而以他名字命名的磁密度单位（1 Tesla = 10000 Gause）更表明他在磁学上的突出贡献①。

自从1821年英国科学家法拉第发现电之后，科学家持续地对电的应用进行长期研究。爱迪生发明的白炽灯和供电系统应该是此类研究付诸实践的重要进展。19世纪70年代后期至80年代初，借助于刚刚发明的电力技术而建设的中央发电站可以持续提供电力。电动机最终取代蒸汽机，并在多个行业工厂中得到广泛应用，特别是那些生产复杂机械设备且需要机械不断传动的企业，电气化时代不期而至。

在电气化时代，美国发明的电力技术及其推广应用，不仅造就了电气制造产业，也使美国企业迅速摆脱19世纪上半叶技术模仿创新的局限，开始走上具有美国原创技术的创新之路。

（三）企业竞争和博弈与电气制造业的发展

19世纪80年代后，美国就设立有10多家电气制造企业，其中西屋电气公司和通用电气公司成为新兴电气制造业的代表性企业，两大企业之间的竞争与博弈成为该产业发展的重要内容。

1886年1月8日企业家威斯汀豪斯在宾夕法尼亚州匹兹堡创建西屋电气公司，尝试开展电力配送系统业务。由于他意识到交流电的发展潜力，遂与发明家尼古拉·特斯拉合作建造世界上第一个用于工业的交流电系统（即艾姆斯水力发电厂），并在与爱迪生照明公司（垄断直流电

---

① 吕建平：《才如江海命如沙：被遗忘的超级发明家尼古拉·特斯拉》，《中国发明与专利》2010年第1期，第3—38页。

应用技术）的竞争中，获得用交流电为芝加哥世博会安装照明系统的合同，赢得这场"交流电之战"，后来直流电的传送装置和设备就由西屋电气公司制造和提供。

1892 年爱迪生照明公司并入威斯汀豪斯的汤姆森-休斯敦公司后，这场电力技术的商战才告一段落。美国电气制造业的竞争者最后只剩下通用电气公司和西屋电气公司这两家企业①。其中通用电气公司控制了美国电气制造业 3/4 的份额，在很长时间里垄断着美国电气产业的发展进程。

由于照明设备极大普及，生产制造照明设备的企业也随之增加。1882 年至 1920 年，纽约发电站从 1 家增加到 4000 家。最初的发电厂通常建设在离消费者较近的地区，1900 年开始建设远距离的发电厂。1920 年在照明光源方面电力已经超过石油，在生产和生活中起到支配作用。为了给这些巨大的发电站项目融资，从事能源生产的企业组成控股公司进行金融创新，如较为重要的控股公司是 1905 年由通用电气公司组建的电气证券股份公司（即后来的 Ebasco 公司）②。

1899 年至 1929 年，美国发电量增加了 3 倍，电力产业获得高速发展，从而促进生产的不断扩大。电力的发明和广泛应用于工业和民生领域，加快了企业技术的升级换代，也催生了一个与电相关的大众消费电器行业，极大地扩大了企业市场需求，由此推动了第二次工业革命中的主导产业——电气和电器制造业的发展。美国企业能够制造出诸如电冰箱、无线电收音机、电风扇、取暖器和其他家用电器等大量的"耐用消费品"。1928 年，2700 万个美国家庭拥有 1500 万个熨斗、680 万台吸尘器、500 万台洗衣机、450 万台烤面包机、75 万台电冰箱；1921 年，美

---

① 两家企业竞争的结果是，通用电气公司至今都还是美国技术创新的中心，而西屋电气公司则在 20 世纪 70 年代因涡轮发动机质量问题失去大片市场，被迫走上企业重组道路，90 年代把发展重点放在广播网络、国防电子产品、电气控制和电力设备上。但当大量收购与被收购之后，改变了企业原来的管理哲学和企业偏好，被卖掉和牺牲的业务恰恰是西屋电气公司最根本的电气类事业部门，包括看家的热电和火力发电事业都卖掉，最后连企业名字也被改掉了，最终在 2006 年被日本东芝公司收购，成为其旗下的子公司，主要发展核电和无碳能源业务。
② 这类控股公司类似当时的托拉斯组织，引起公众批评和不满，最后导致 1935 年美国颁布《公共事业控股公司法》，政府加强对垄断大企业的规制。

国汽车数量为930万辆,1929年为2300万辆①。

二 通信技术创新与电话产业和企业的发展

通信技术创新主要得益于亚历山大·格雷厄姆·贝尔(Alexander Graham Bell,1847—1922)发明的电话技术,由此开始一个新的产业。

(一) 电话和通信技术创新与商业应用

由于电话是传递连续的信号,而不是像电报那样传递不连续的通断信号,在当时的技术条件下要研制成功,难度可想而知。

贝尔是美国的发明家、科学家和工程师,原是苏格兰人,曾在英国伦敦大学接受过良好的教育,1870年随家庭移民到加拿大,后来受聘为美国波士顿大学语言学教授,担任声学讲座主讲人。在莫尔斯发明电报后的20多年间,无数科学家试图直接用电流传递语音,贝尔也把发明电话作为自己义不容辞的责任。

贝尔的科研工作是用连续振动的曲线来使聋哑人看出"话"来,在很长一段时间,实验没有取得什么进展,不过在实验中他发现了一个有趣的现象,即每次电流通断时线圈发出类似于莫尔斯电码的"滴答"声,这引起贝尔大胆的设想:如果能用电流强度模拟出声音的变化,不就可以用电流传递语音了吗?后来经过两年多专门知识的学习和不断失败的实验,贝尔与合作伙伴托马斯·沃特森(Thomas Watson)终于制成两台粗糙的电话样机,即圆筒底部的薄膜中央连接着插入硫酸的碳棒,人说话时薄膜振动改变电阻使电流变化,在接收处再利用电磁原理将电信号变回语音。但不幸的是,这一实验最后还是失败了,因为两人的声音是通过公寓的天花板,而不是通过机器来互相传递的。

后来他们又冥思苦想,连续两天两夜自制音响,改进受话器和传话器,然后重新开始实验。在1875年6月2日傍晚的实验中,托马斯·沃特森从受话器里清晰听到贝尔的声音:"沃特森先生,快来呀!

---

① 〔美〕拉里·施韦卡特、莱恩·皮尔森·多蒂:《美国企业家:三百年传奇商业史》,王吉美译,译林出版社,2013,第272—274页。

我需要你!"他们终于成功了。当时贝尔28岁,沃特森21岁。后来又经过半年多时间改进,他们终于成功研制出世界上第一台实用的电话机。1876年3月3日贝尔的电话专利申请被批准①。其实在贝尔申请电话专利同一天的几小时后,另一位杰出发明家艾利沙·格雷也为其电话发明申请专利。但由于几个小时之差,美国最高法院裁定贝尔为电话发明者②。

电话技术专利获批后,贝尔及其伙伴继续对电话技术进行改进和优化,同时抓住一切时机进行商业宣传。1878年贝尔和沃特森在波士顿与纽约之间首次进行长途电话实验,这是当时举行科普宣传会的重要内容,双方的现场听众可以互相交谈。在实验中还出现了一个小插曲,最后表演节目的黑人歌手听到远方贝尔的声音后,紧张得出不了声,急中生智的贝尔让沃特森代替,沃特森鼓足勇气的歌唱使双方听众不时传来阵阵掌声和欢笑声,这次的长途电话实验取得圆满成功,电话技术进入商业推广和应用阶段。自从1876年亚历山大·格雷厄姆·贝尔发明电话技术后,人们的通信形式就有了新的载体。

(二)电话企业和通信技术贝尔系统的创建

贝尔先后于1876年和1877年获得两个有关电话发明的专利,由于他意识到自己发明的电话技术会有较大潜在市场需求,遂于1877年夏初与合伙人成立贝尔电话公司,即美国电话电报公司前身,以生产电话设备,并租赁和控制电话业务。1877年贝尔电话公司在波士顿架设的第一条电话线路开通,沟通的是查尔斯·威廉斯先生的各工厂及他在萨默维尔私人住宅之间的联系,实现了人类历史上第一次远程实时交互通信。也就是在这一年有人第一次用电话给《波士顿环球报》发送新闻消息,从此开始公众使用电话的时代。

在电话技术应用初期,贝尔电话公司面临与西联公司的"电话之

---

① John Chamberlain, *The Enterprising Americans*, The Institute for Christian Economics, 1991, pp. 188-189.
② Robert MacDougall, "Long Lines: AT&T's Long-Distance Network as an Organizational and Political Strategy", *The Business History Review*, Summer, 2006, Vol. 80, No. 2, pp. 297-327.

战"。其实西联公司的艾利沙·格雷几乎在贝尔发明电话的同时，也发明了电话技术，只是因为几个小时之差没有得到发明专利，专利被美国法院判给贝尔。1878年当西联公司看到电话业务发展的潜在商机时，便与贝尔电话公司展开"电话之战"。1879年贝尔电话公司与新英格兰电话公司合并组建全美贝尔电话公司，西奥多·维尔出任总经理，但在"电话之战"中，贝尔电话公司总是处于下风。

1879年的两件事情彻底改变了美国电信业的发展格局。一是西联公司的专利律师承认贝尔是电话的发明者，也承认其专利权，西联公司就得支付高额的电话代理费；二是铁路巨头杰伊·古尔德建立美国联盟电报公司，该企业是西联公司的竞争对手，如果古尔德的企业与贝尔电话公司联盟的话，西联公司就有可能处于下风，这迫使西联公司不得不认真对待与贝尔电话公司的合并问题。

权衡利弊之后，西联公司与贝尔电话公司最终达成协议，前者决定把26个城市的5.6万台电话设备卖给贝尔电话公司，并在1894年之前授权控制其旗下的电话专利权，贝尔电话公司则免收其20%的代理费，但只负责本地电话业务，局限于半径为15英里（24千米）范围内的电话，且仅用于个人通话业务，但也获得长途通话的权利；西联公司可以开展长途电话业务，适用于商业性业务，包括股市动态查询和销售信息业务等。

"电话之战"后，1880年美国贝尔电话公司成立，1882年进行重组，同时兼并西联公司旗下设备制造公司（即西电公司），维尔领导下的贝尔电话公司取得极大成功。1885年2月两家公司再次重组为美国电话电报公司，聘请曾在铁路邮政公司做过监察且富有管理经验的维尔（T. N. Vail）出任公司总裁，哈佛大学毕业的博士海斯（H. V. Hayes）任电气工程部主任，该公司正式开办长途通信业务。

1887年借企业再次重组机会，以J. P. 摩根财团为首的辛迪加财团顺势兼并美国电话电报公司，维尔出任总经理，逐步收购和兼并其他许多独立的电话公司。1909年，收购西联公司30%的股份，建立了在电话领域的垄断地位，但受到反垄断者的抗议。公司不得不与美国政府谈判协调，最终美国电话电报公司还是垄断着全美国的电话业务。正是这个庞大的电话电报企业帝国把美国各地的人员和信息紧密地联系在一起，达到电报所未能达到的高度。1877年至1893年,贝尔电话公司租赁的电话装置从3000台增加到26万台。由于价格不菲,这些装置只限于企业和政府部门使用。

1897年欧洲留学归来的坎贝尔(G. Campbell)加盟电气工程部。不久坎贝尔就研制出可防止电话声音衰减的负荷线圈,为波士顿到芝加哥的长途电话线路铺设创造了条件。1899年贝尔成立以美国电话电报公司为母体的贝尔系统,其中,制造器材设备的西屋电气公司、从事科研的贝尔研究所,以及运营电话业务的贝尔运营公司(BOT)是重要组成部分。

贝尔电话专利到期后,美国各地涌现出数以千计的独立电话公司。1907年面对乱象丛生的电话市场,美国电话电报公司恳请10年前辞职的维尔回来再次出任总裁。维尔提出"一个政策、一套系统、普遍服务"发展理念。上任后采取果断措施进行管理调整,裁减冗员,收购小电话公司作为子公司,并把贝尔系统分散的研发机构集中到纽约,大部分人被安排到子公司——西屋电气公司工程部,以开发设计和制造通信器材和设备为主,小部分人归到美国电话电报公司研发部。

1909年美国电话电报公司开始建设从纽约到旧金山的电话线路,旨在实现横跨北美大陆的电话通信,关键在于解决长途信号衰减问题。当时公司聘请的芝加哥大学博士生阿诺德(H. D. Arnold)经过两年多研究,改进德福雷斯特发明的电子三极管,制成能解决电话噪声的高真空热离子管,为横跨北美大陆的电话通信提供有效的增音器,1914年成功实现横跨北美大陆的电话通信,1915年又实现横跨北美大陆的无线电电话通信。这两大项目巩固了贝尔系统的地位,在美国乃至全世界产生重大影响。

1912年在全美国拥有的900万台电话中,美国电话电报公司拥有的电话有550万台。到1920年平均每1000个美国家庭拥有61台电话,到1928年,这个数字上升到92[1]。电话逐步成为美国中产阶级家庭的标志,促进了20世纪20年代美国经济的繁荣。

---

[1] 〔美〕拉里·施韦卡特、莱恩·皮尔森·多蒂:《美国企业家:三百年传奇商业史》,王吉美译,译林出版社,2013,第264页。

贝尔系统拥有强大的科研和生产力量，以及庞大的电信网，所以曾长期垄断美国80%的市内电话业务和90%的长途通话业务，并垄断美国电信器材设备市场。独立电话公司只好服务于城市中低收入家庭和农村家庭。到1920年美国已经拥有1300万台电话，为39%的农村家庭，以及34%的非农村家庭提供电话服务。到1924年，美国电话电报公司对电话通信业的垄断达到新的高度。

由于贝尔系统对美国电信事业的长期垄断引起国内财团之间的矛盾，美国司法部曾多次以违反"反托拉斯法"为由向法院起诉。1982年美国最高法院判决解散贝尔系统。1984年1月1日，贝尔系统被正式宣告解体，形成"一带七"的结构，即贝尔系统所属的22家贝尔运营公司与其母体美国电话电报公司分离，合并组成7个地区性控股电话公司[1]，加上专营长途电话业务的新美国电话电报公司。2005年西南贝尔（SBC）收购美国电话电报公司，再次对该企业进行重组。

（三）贝尔实验室与创新技术的研发和孵化

为了更好地统一开发和研究通信新技术，1925年1月凭借西屋电气公司工程部和美国电话电报公司工程部的部分力量，组建了一个具有一定独立自主权的贝尔电话实验室股份有限公司，简称贝尔实验室。这一新举措实际上意味着美国有系统、有组织的工业实验室研究进入基础研究与技术发展相结合的成熟阶段，同时表明电子科技创新已经成为通信行业发展的核心和支撑点。

贝尔实验室的创建是科技发展史上一个有意义的事件。在20世纪很长一段时间里，贝尔实验室一直是世界上最富有创新力的科研机构，拥有通信技术、晶体管等多项重大发明，以及电子衍射现象等多项重大发现，对通信和信息技术的创新，以及通信产业和世界科技发展起到重大的推动作用，产生深远影响[2]。特别是1929年美国发生经济大危机后，贝尔实验室再次显示出依靠科技创新实现企业发展的能力，成为通信技术研发的孵化器。

---

[1] 七个本地电话公司包括西洋贝尔、西南贝尔、西部贝尔、太平洋贝尔、南方贝尔、亚美达科和纽新公司，称为"贝尔七兄弟公司"。

[2] 戴吾三：《贝尔实验室创建记》，《科学》2017年第3期，第33—36页。

贝尔实验室原本只是美国电话电报公司的研究机构，但自从创建以后，该实验室就在学术创新、技术创新和产品创新方面做出杰出贡献。其中有11位诺贝尔物理学奖获得者出自该实验室。当全球进入信息化时代时，许多划时代的技术发明都出自该实验室，如晶体管和集成电路、激光和光通信、计算机及网络、移动通信等。这些技术发明和创造，不仅使企业本身获得巨大经济效益和声誉，而且使美国关键核心技术自主可控，使经济高速发展获得有力的技术保障。

美国电信业起源于电报和电话技术的发明和应用，但因为有了电力技术的发明和应用，这项技术才极大地促进了远距离两地间迅速传递信息，对新闻业、金融业和民主政治活动都产生了巨大而深远的影响。

三 石化和制药技术创新与新创企业的挑战

19世纪中后期，美国经济发展越来越依赖于内源性增长。除电气和电器制造业之外，美国企业开拓了石油、化学和制药等新的能源和制造产业，并在电气化时代成为这些高新技术产业的成功挑战者，甚至超越其他国家的企业。

（一）石油的发现和开采与石油产业的兴起

众所周知，石油是工业革命和国家经济发展的重要能源。石油的发现为人们找到了一种新的能源，这是熊彼特所说的技术创新的重要部分。1859年美国人埃德温·L.德雷克在宾夕法尼亚州的泰特斯维尔用钻井方式发现石油，人们称之为"黑金"。继宾夕法尼亚州发现石油后，美国兴起"黑金热"，并很快席卷中西部地区，俄亥俄、加利福尼亚、俄克拉荷马、得克萨斯等州相继发现和开采石油。到1860年美国从事石油开采的企业有64家，石油年产量为50万桶，占世界总产量的98.4%，生产总值为200万美元。1870年石油企业数量增加到2300多家，产值达到1800万美元。石油一跃成为美国重要的出口物资，处于对外贸易的第四位。石油产品远销中国、印度，以及南美洲、非洲、欧洲许多国家。但在当时石油开采、冶炼及运输都是在极其简陋的条件下进行的。1900年美国原油产量接近1亿桶，其中300多万桶是供出口的①。

德雷克钻凿的美国第一口油井成为现代石油工业的发端，一个新的石油行业由此诞生。但在石油产业发展初期，石油企业规模一般都比较小，1869年每个石油企业的平均雇工不到13人，后来资本密集型生产方法进入石油业后才扩大了企业的经营规模，到1919年每个石油企业的平均雇工超过100人。

随着油井开采的增加，石油加工业也获得迅速发展，炼油厂不断增加，石油提炼技术也稳步提高。1865年前后，克利夫兰已有50多家炼油厂，仅1864年就新增20多家，到19世纪60年代末炼油业产量达到520万桶，其中出口27万桶，处于当时美国出口的第四位。70年代后石油业开始大量采用分馏和裂化提炼法，加速了炼油工业部门的自动化。1860年三个最大的炼油厂一星期才能炼油2000桶，到1870年最大的炼油厂日产量就在3000桶以上②。

由于石油行业的无序竞争和发展的盲目性，在最初发展的10多年间，石油产业供大于求，造船产品滞销，运输不畅，直到1870年美孚石油公司成立并进行纵向一体化的企业合并后，无序竞争情况才有所改善。20世纪后，随着美国汽车行业的迅速发展，市场对液体燃料的需求是无限大的，因为汽车动力来源是内燃机，产生了对石油相关产品的巨大需求，从而促进了石油和天然气冶炼产业的发展。

20世纪最初的20年时间里，石油冶炼行业是公认的满足汽车需求的特定行业，也是典型的资本密集型产业。同时该行业比较适合采用大批量的连续生产方式，大规模的石油冶炼行业要求开发出与之适应的连续性工艺生产技术。以美孚石油公司为代表的大型企业垄断美国石油的生产和销售领域，最终导致像约翰·D.洛克菲勒这样的企业家在石油行业创造巨额财富。直到20世纪50年代，美国在石油冶炼行业始终处于领先地位。

从1859年发现和开采石油开始到1981年，美国累计采油量为175

---

① 游恒：《试析美国托拉斯的典型——美孚石油公司发展和演变》，《史学集刊》1989年第2期，第56—63页。
② 李义芳：《19世纪后期美国石油工业的兴起及影响》，《长江大学学报》（社会科学版）2009年第1期，第117—120页。

亿吨。20世纪80年代，虽然许多油田都处于高含水和枯竭阶段，但采油量一直保持在4亿吨以上。美国也是世界上油井最多的国家，1981年油井达到55.71万口；从事石油工作的职工人数逐年增加，1981年总人数为66万人，其中从事采油的人数为18.19万人，从事钻井的人数为35.73万人[①]。最终形成美国十大石油企业，包括埃克森美孚、雪佛龙、康菲、EOG能源、西方石油公司、菲利普斯66、瓦莱罗能源、哈里伯顿、阿纳达科和马拉松石油公司等[②]。

美国企业不仅在国内开采、冶炼、加工和销售石油，也在国外销售、勘探、开采、加工石油，标准石油公司在19世纪60年代就开始在印度尼西亚等地销售石油产品；1912年开始在印度开采石油。两次世界大战以及战后经济发展的需要，使石油用途越来越广泛，石油越来越成为现代工业不可或缺的"血液"，争夺石油的各种战争也就从来没有停止过。

石油产业的发展离不开化学产业的技术支撑，1920年至1946年，美国化学工业的转型为石油工业的不断发展奠定重要基础，出现专门的石油化工产品的生产企业。纵向一体化的生产方式帮助美国化学工业向以石油为基础的原料产业过渡，提供了基本的企业发展经验和变化路径，石油和化学工业成为美国经济中互为基础的两大产业。

（二）化学制造业和橡胶产业的起步和发展

化学工业兴起于19世纪80年代，发展于90年代，是第二次工业革命中高新技术的代表性产业。如杜邦公司（1802）起家于炸药制造，是硝化纤维基炸药产业的先行者，陶氏化学公司是使用电子生产无机化学品的先行者，孟山都公司（1896）则是食品和香料综合体产品领域的先行者，而美国安进公司（1907）和美国化学品公司的初始力量都集中在无机化学品领域，欧洲领导型企业主要集中在有机化学品领域。

第一次世界大战期间，由于英国海军舰队的封锁和美国政府拨款购买德国的设备和专利，美国化学工业得到蓬勃发展。20世纪20年代后，

---

① 参考张克有根据苏联《石油工业经济》1983年第6~7期资料整理的数据。
② 美国十大石油企业对应的英文名字分别为：ExxonMobil、Chevron、ConocoPhillips、EOG Resources、Occidental Petroleum、Phillips 66、Valero Energy、Halliburton、Anadarko Petroleum、Marathon Petroleum。

杜邦公司大力发展合成化学原料。30年代核心化学品公司在合成材料的技术进步方面，取得基于石油化学的聚合物和产品的突破性进展，加上第二次世界大战不可预期的需求，导致聚合物/石油化学产品的革命，这一行业由此得到迅速发展。除技术创新和进步外，不断发生的战争导致石油企业大规模进入化学制造领域，并在战后初期得到繁荣发展。

1941年以前进入石化行业的石油企业主要有4家，包括新泽西标准石油公司、壳牌石油公司、加利福尼亚标准石油公司和菲利普斯石油公司。20世纪50年代这4家企业已经成为聚苯乙烯、聚乙烯和聚丙烯等技术研发和制造的先行者。但这些石油公司的竞争边界是作为中间化学品的生产商，而不是最终产品的生产商。60年代该产业处于平衡发展时期，80年代进行产业重组，一些化学品制造企业开始进入制药产业。

化学工业主要集中在美国西南部地区。在美国前50家的化学企业中，工业化学品的多部门核心企业有6家，外国在美国建立的化学品核心企业的子公司有10家，石油公司参与化学品制造的有12家，工业化学品利基核心企业有10家，其他产业中参与化学品生产的有3家，企业联合体有5家，从核心企业分离出来的公司有4家。在加入化学品制造的前30家美国制药企业中，核心企业有10家，非美国核心企业有12家，相关产业中美国企业有2家，非美国化学品公司有6家[1]。

第二次世界大战后，化学品生产经历繁荣发展时期，在五六十年代塑料业和合成橡胶业产生的附加值是金属加工业的2倍。但在70年代末期，化学品产业进入危机和重组时期，欧洲同行又重新进入美国市场。

80年代后，美国多部门的核心化学品企业的主要增长点在于以生物科学为基础的产品而不是化学品。美国安进公司、道化学公司、杜邦公司、孟山都公司等都在进军制药领域，成为制药业的强大竞争者。20世纪末，美国化学工业由两家多部门的核心企业——杜邦公司和道化学公司，以及众多的专业化学品制造商构成，石油和天然气公司则生产原料、基本石油化学品和通用化学品。

---

[1] 〔美〕小艾尔弗雷德·钱德勒：《塑造工业时代：现代化学工业和制药工业的非凡历程》，罗仲伟译，华夏出版社，2006，第12—14页。

化学制造产业中的橡胶是轮胎、传送带等重要工业品的主要生产原料，属于重要工业物资。美国合成橡胶产业起步于20世纪30年代，杜邦公司发挥了重要作用，该行业由5家大公司主导，包括固特异公司、古德里奇公司、凡士通公司、美国橡胶公司和菲斯克橡胶公司，中型企业是凯利-斯普林菲尔德，米勒橡胶公司及通用轮胎和橡胶公司，以及12家规模不大但仍然很重要的生产商，如梅森轮胎和橡胶公司、盖茨橡胶公司、米其林和邓禄普的美国工厂及新成立的塞伯林橡胶公司，剩下的是100多家小公司[1]。

第二次世界大战期间，日本对东南亚天然橡胶植物资源的严重毁坏，加速了合成橡胶的发展步伐。这是一种以石油为原料进行生产的合成聚合体，1945年工业制造中合成橡胶的使用超过80%。

二战后美苏冷战初期，橡胶生产对美国来说显得尤为重要。除合成橡胶之外，还要从橡胶生产国进口原料。因为自身不能生产橡胶，美国一直极力保持充足的橡胶供应与储备，为此成为世界上最大的橡胶进口国与消费国，并在供应上十分依赖作为世界橡胶主要种植区的东南亚各国，橡胶贸易一直是美国与东南亚橡胶生产国之间重要经济关系之一。当时东南亚橡胶生产国采用单一种植出口型经济结构，也特别依赖橡胶出口创汇来资助国内经济发展，以及购买基本的生活物资[2]。

1988年，美国橡胶工业界形成大小公司并存、小公司为数众多的特点。当时约有1400家生产橡胶制品的企业，其中杜邦公司（1802）、古德里奇公司（1870）、美国橡胶公司（1892）、固特异轮胎橡胶公司（1898）、古德伊尔轮胎公司（1898）和费尔斯通轮胎橡胶公司（1900）等6家大企业垄断大部分的轮胎及其制品，以及25%—30%的非轮胎制品，在世界橡胶产业占据垄断地位。杜邦公司更是行业翘楚，起家于炸药制造，是硝化纤维基炸药行业的先行者，后涉及橡胶制品和化工产业，

---

[1] Michael French, "Structural Change and Competition in the United States Tire Industry, 1920-1937", *The Business History Review*, Spring, 1986, Vol. 60, No. 1, pp. 28-54.

[2] 姚昱、郭又新：《1953—1956年美国的橡胶政策与国内政治》，《世界历史》2007年第6期，第61—68页。

是一家综合性的大型化工生产和经营企业①。

(三) 生物科学与制药技术和制药业的进步

19世纪八九十年代，美国制药产业起步。最初美国医药公司都是以批发和销售欧洲公司生产的药品为主要业务。直到第一次世界大战时为止，美国医药企业还是依赖德国和瑞士企业供应的新药品。美国医药企业沿着处方药和非处方药这两条路径发展。有的非处方药已取得专利权，不需要处方也可以在柜台上出售，可以针对大规模市场进行批量生产，以广告密集方式进行推销。而处方药是以最新的制药技术为基础的，要凭处方出售，主要销售给药剂师和医生，是以研究密集型方式演进和发展的。

20世纪初细菌学、合成有机化学和土壤微生物学理论的发展，加速了三四十年代化学治疗革命的步伐，也为制药技术创新创造了重要机会，大型企业在新药研发、制造和市场营销方面拥有全新能力。美国制药公司开始进军非处方药的研发和制造领域，第二次世界大战期间，由于对抗生素和新医药产品的需求不断扩大，美国制药业在处方药领域获得迅速发展。

四五十年代病毒学的进步又为制药创业提供了另一组新机会，70年代后微生物、生物学及相关学科（尤其是分子遗传学）、生物化学和酶学的新突破为新型靶向药物研发提供了理论基础。以重组DNA技术和分子遗传学为基础，引发生物技术革命，大型制药公司获得更多创新发展机会，制药企业竖立起新的进入壁垒，确定了新的战略边界。基于生物学及相关学科不断出现新的学识流和知识基础，制药工业的核心公司得以继续快速增长，大型的垂直整合式企业引领该行业进入药物化学的黄金时代，小型生物技术公司以技术专长（或专利）开发"利基技术"，并与大型企业形成合作联盟。80年代，以生物化学和微生物为基础的新制药技术，以及以新产生的科学分子遗传学为基础的生物科学新技术为制药产业带来新一轮发展和增长②。

---

① 夏智义：《世界第一大化工公司——美国杜邦公司》，《现代化工》1983年第4期，第59—83页。
② Louis Galambos and Jeffrey L. Sturchio, "Pharmaceutical Firms and the Transition to Biotechnology: A Study in Strategic Innovation", The Business History Review, Summer, 1998, Vol. 72, No. 2, pp. 250-278.

制药企业不仅研发制药新技术和新药品，也最先使用当时新出现的无线广播网和广告宣传手段进行营销（如百时美公司、花纳公司、葆雅公司和美国家庭产品公司等），提高药品企业的营销能力。60年代生产非处方药的制药公司很少能够进入处方药生产领域，只能把注意力集中在相关化学品制造上，转而生产肥皂、化妆品、清洁剂和其他家用物品，甚至越界进入餐饮业。而处方药生产企业同时向非处方药领域、消费化学品和其他领域进军，甚至进入医疗器械和设备等相关高技术领域。70年代后，沿着处方药和非处方药路径发展的制药企业，目标趋于一致，非处方药企业开始生产处方药，而多元化发展的处方药企业开始回归最初的核心业务。

美国的化学和制药产业并不是孤立发展的，而是与其欧洲同行发展步伐一致，主要依赖化学和生物科学的新知识体系和新技术开展研发活动，创造出数量巨大的新材料和新药物，从而替代天然的金属、木材和其他有机品材料，由此改变农业、化学工业和药业的实践发展进程。

在化学和制药产业，美国企业是其欧洲同行的成功挑战者和有力竞争者。它们具有防止新企业进入的能力，及时创建现有市场的强大壁垒，在技术、市场和管理等方面超越其欧洲同行。其中，制药企业（如葛兰素史克、默克、百时美施贵宝、强生、史克必成、雅培、美国家庭产品、辉瑞、礼来、华纳-兰伯特、先灵-葆雅和普强公司等）、生物科技企业（如安进、凯龙、基因泰克、健赞、阿尔扎等）成为行业领先企业。

四 无线电技术及其应用与广播和文化产业

就在电话和电报通信业务不断扩张时，通信领域又出现无线电的新技术发明。这项新技术与电力技术相结合，新的技术应用场景被不断开发出来，不仅改变了通信行业的发展格局，而且形成了文化和广播产业。

（一）新兴无线电技术的发展及其初步应用

1901年古列尔莫·马可尼完成跨大西洋的无线电信号传送，发明了用途广泛的无线电技术。1916年马可尼组建无线电公司，负责向美国海军提供无线电服务。不久包括美国电话电报公司、西屋电气公司和通用电气公司在内的数家企业组成财团，接管马可尼的企业，命名为美国无线电公司，由大卫·沙诺夫负责公司管理。

西屋电气公司早就发明了无线电发报技术。该技术主要是使用电波传输信号，任何人都可以接收到这些信息。1920年西屋电气公司在匹兹堡申请建立无线电发报站，无线电广播业务由此发展起来。1920年该广播站向听众广播了沃伦·哈丁当选总统的消息。西屋电气公司的另一个广播站位于新泽西州的纽瓦克，广播世界职业棒球大赛的情况，受到普通民众的广泛关注。

1922年获得美国商务部批准的电台超过200家，它们都不同程度地开始利用新兴的无线电技术开展广播业务，而无线电设备制造商也大力支持广播业的发展。随着无线电收音机价格的下降，越来越多的美国家庭可以购买收音机，广播公司开始通过广播渠道播放商业广告。1926年美国电话电报公司租用电线网，把几个无线电台连接起来，形成最早的无线电网络。

在沙诺夫领导下，美国无线电公司开始组建全国广播公司。1927年华纳兄弟公司发行第一部有声电影《爵士歌手》之后，沙诺夫从通用电气公司收购电影制作专利，开始进军电影业。一年之后，美国无线电公司开始投资剧院，并向剧院提供音响设备。沙诺夫领导的美国无线电公司继续扩张，与通用电气公司、西屋电气公司合作收购一家电唱机公司，改名为美国无线电胜利者公司，进一步介入电唱机的销售和录音业务[①]。

（二）无线电技术的传播与文化产业的发展

随着无线电技术的发展，大众娱乐和文化产业悄然兴起。其中，电影产业成为大众传媒的重要组成部分，能够把大众愉快地联系起来。1908年发明家托马斯·爱迪生领衔组建电影专利公司，向使用移动图片的人收取版税。不少电影人对此非常不满，纷纷成立独立的电影公司。20世纪初，派拉蒙电影公司、米高梅公司、戈尔德温公司、华纳兄弟公司和哥伦比亚公司等8家大电影公司很快就在美国家喻户晓。这些企业

---

① Chandler, Alfred Dupont, *Inventing the Electronic Century: The Epic Story of the Consumer Electronics and Computer Industries*, Harvard University Press, 2005, pp.15-30.

开始制作电影，展开激烈竞争。

自从有声电影发行放映后，电影越来越受大众喜爱。美国影城好莱坞一夜之间成名。接着，建造影院、制造各种录音和放映设备成为文化娱乐和电影业发展的核心事业，甚至新型的制冷空调系统也安装到电影院里来。在经济大危机年代，电影成为普通人消遣的最好娱乐方式。

华特·迪士尼公司是大众文化产业中最为成功的企业之一。1923年夏天，公司创始人华特·迪士尼满怀希望来到加利福尼亚州。他在堪萨斯城拍了一部关于卡通世界里一个小女孩的动画片（《爱丽丝梦游仙境》），到达加利福尼亚州后决定把它作为试映电影向一家发行商出售。纽约经销商 M. J. 温克勒在1923年10月16日签约发行《爱丽丝梦游仙境》，该影片一举成名。这一天就成为华特·迪士尼公司的开始。1928年，华特·迪士尼公司推出新卡通角色"米老鼠"，卡通明星米老鼠大受观众欢迎和喜爱，由此奠定了公司的声誉和形象。通过电影播放，"米老鼠"动画家喻户晓。通过广告宣传，电影被认为是一种高品位的生活方式，从而刺激大众对电影和文化产业的消费需求。

如今华特·迪士尼公司及其子公司和关联公司已成为领先的多元化国际家庭娱乐和媒体企业，业务包括迪士尼乐园、体验和产品，迪士尼传媒、娱乐等。通过主题公园和度假村、邮轮和度假体验，以及从玩具到服装、从书籍到视频游戏等各种文化消费品，将迪士尼的故事、角色和特许经营权带到人们的生活中来。

华特·迪士尼公司从20世纪20年代一家不起眼的卡通工作室，发展到目前在文化娱乐行业声名显赫的企业，不断为消费者创造世界级的文化故事，成为一家输出美国文化价值观最为成功的企业。

五　典型企业案例

在第二次科技革命和工业革命中，由于在新兴技术领域的突破性创新，美国企业走上自主创新的发展道路，形成以资源密集型、资本密集型和规模依赖型为主的新兴产业。电气和电器制造、石油、化学、橡胶和制药等逐步成为这一时期的主导产业，而电报、电话和通信等基础设施产业也得到充分发展，在这些产业中出现许多技术领先和富有创新性的大企业、发明家和企业家,本章选择3家典型企业进行案例分析。

(一) 通用电气公司:技术创新与资本结合

美国通用电气公司(General Electric Company, GE, 1892)是全球综合性跨国企业集团和数字化工业企业,也是世界上规模最大的技术和服务提供商[①]。2019年之前,该企业一直是道·琼斯工业平均指数自1896年编制发布以来12家原始股份公司中唯一幸存的。在过去130多年,通用电气公司一直是美国工业社会的核心企业,其发展历程俨然是美国工业革命进程的缩影。

2021年,通用电气公司总收入为741.96亿美元,雇用员工16.8万名,为超过175个国家和地区的客户和社区提供服务,并致力于解决全球能源、医疗健康和飞行领域最紧迫的可持续发展问题[②],2018—2023年的经营绩效如图6-1所示。

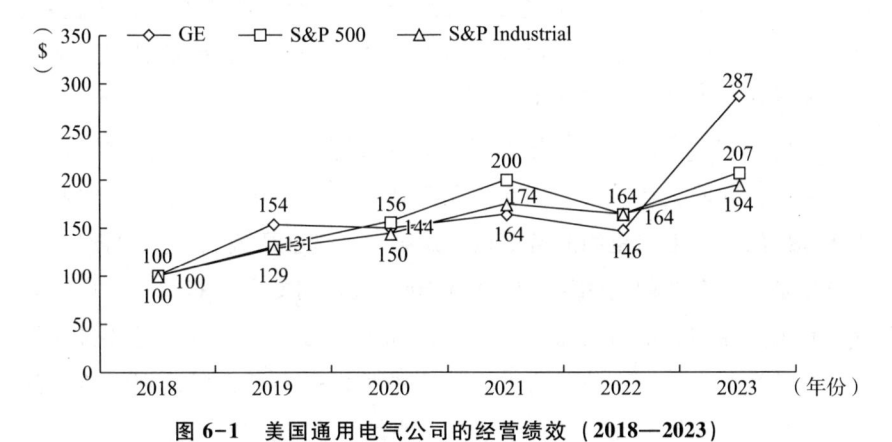

图6-1 美国通用电气公司的经营绩效(2018—2023)

数据来源:GE, 2023 Annual Report, GE官网, https://www.ge.com/sites/default/files/ge_ar2023_annualreport.pdf。

---

① 本案例主要参考巫云仙《GE:只有太阳与之竞争的企业会倒下吗?》,《清华管理评论》2018年第5期,第90—100页;M. L. FlaningamI, "International Co-operation and Control in the Electrical Industry: The General Electric Company and Germany, 1919-1944", *The American Journal of Economics and Sociology*, Oct., 1945, Vol. 5, No. 1, pp. 7-25; Kim McQuaid, "Young, Swope and General Electric's 'New Capitalism': A Study in Corporate Liberalism, 1920-33", *The American Journal of Economics and Sociology*, Jul., 1977, Vol. 36, No. 3, pp. 323-333。

② GE, 2021 Annual Report, p. 6.

图 6-1 显示，通用电气公司的经营绩效保持平稳发展，没有大起大落，与标普 500 和标普工业指数保持一致的发展趋势。2023 年通用电气公司财务年报统计数据显示，通用电气公司聚焦于航空航天、可再生能源和电力三大业务领域，无论是订单还是销售都获得强劲发展。全年设备收入为 268 亿美元，比 2022 年增长 19%；服务收入为 37.8 亿美元，比 2022 年增长 15%；帮助生产世界 30% 的电力，拥有 55000 个风力涡轮机和 7000 个燃气涡轮机；其制造的还在服役的 7 万台飞机发动机为全世界 3/4 的商业飞机提供动力。

1. 通用电气公司的技术创新、发明创造和资本基因

通用电气公司的创建可追溯到 19 世纪 70 年代。其最初创始人包括托马斯·爱迪生、查尔斯·A. 科芬、伊莱休·汤姆森、埃德温·J. 休斯敦和 J. P. 摩根。在这 5 个人中，前 4 人是科学家、发明家和企业家，而 J. P. 摩根是有名的投资金融家。因此，科学家的发明创造、技术创新、科学家与工业的有机结合，以及技术与资本、产业与金融的结合，从一开始就存在于企业的基因之中。

众所周知，爱迪生不仅是美国伟大的发明家，而且是一位精通商道的企业家，同时他还是第一位在发明创造工作中运用大规模生产原则和团队合作的发明家，也因此常被认为是第一个工业研究实验室的创始者。爱迪生是一位多产的发明家，他拥有 1093 项发明专利，其中具有广泛影响的有电力照明、电力设施、录音设备和电影摄影机、股票行情自动报价、电动汽车电池等，他还研发了一套中央发电系统，以及把电传送到家庭、企业和工厂的配电系统。这些发明创造对人们的生产和生活方式，以及新兴产业，如大众传媒，特别是通信产业的发展做出巨大贡献，对促进现代社会发展发挥了重要作用。

1878 年在发明白炽灯技术基础上，爱迪生创建爱迪生电灯公司，这就是通用电气公司最初的重要组成部分。公司成立时得到 J. P. 摩根、斯宾塞·查斯克和范德比尔特家族的资金支持。当时爱迪生就声称："我们会让电力变得更便宜，只有富人才会烧蜡烛。"

查尔斯·A. 科芬是通用电气公司的联合创建者。他曾是马萨诸塞州林恩镇的一位制鞋商。1879 年他主导和运用金融手段整合伊莱休·汤姆

森和埃德温·J.休斯敦成立的美国电气公司，后来又成立与爱迪生电灯公司平起平坐的汤姆森-休斯敦电气公司，而这就是通用电气公司另一重要组成部分。

1892年，汤姆森-休斯敦电气公司与爱迪生电灯公司合并组建美国通用电气公司，前者的大部分管理层负责运营新组建的公司，科芬成为第一任总裁。1896年通用电气公司成为公众上市公司，而且是新编制的道·琼斯工业平均指数中12家原始股份公司中的一家。

19世纪90年代末，在重要的电气专利领域，科芬领导的通用电气公司与西屋电气公司建立双寡头垄断格局；1900年在查尔斯·P.斯坦梅茨建议下，通用电气公司建立美国首家企业的工业研究实验室。1892年至1922年，科芬一直任通用电气公司总裁，非常重视技术研发工作。

伊莱休·汤姆森是出生于英国的美国工程师和发明家，在美国、英国和法国的主要电力公司建立过程中发挥重要作用。他与埃德温·J.休斯敦（他的老师）创建汤姆森-休斯敦电气公司。其重要发明包括弧光灯系统、自动控制的三组发电机、磁性避雷器和电力变压器。作为发明家和技术人员，汤姆森在车间和实验室展示科学方法论的特点，在商界他是一名成功的企业家。他一直致力于科学研究、技术创新发明、技术改进，以及技术的商业化和应用。汤姆森拥有的专利有700多项，正是这些有价值的技术专利支持着通用电气公司的迅速发展。1920年至1923年，汤姆森担任麻省理工学院的校长职务，足以说明他的社会影响力。

J.P.摩根是当时美国著名的投资金融家，正是他的大量资金支持，使爱迪生的技术发明和创新工作得以持续进行，他也是爱迪生发明的电力照明系统的第一位客户和试用者。在爱迪生后来组建企业的过程中，J.P.摩根的雄厚经济实力成为其坚强后盾。1892年通用电气公司的组建就是在J.P.摩根主导下完成的，之后他一直是通用电气公司的大股东。

通用电气公司这5位创建者各有长处，各尽所能，正是他们的合力使企业有了较好发展基础，也奠定了企业发展的两条主要业务线：基于技术发明和创新的业务；基于产业与资本结合的各种金融业务。

2. 首创企业工业研究实验室[①]

在科学家查尔斯·P. 斯坦梅茨建议下，1900年通用电气公司在纽约建立美国企业界首家工业研究实验室。组建之初，有3位著名科学家和发明家，包括爱迪生、威利斯·R. 惠特尼和查尔斯·P. 斯坦梅茨加盟。汤姆森认为，像通用电气公司这样的大公司，是不应该失去继续投资和发展新技术领域的机会的，应该有一个将新的科学理念用于商业应用研究的实验室，甚至要在实验室中发现这些新的科学理论和原则。工业研究实验室副主任埃德温·W. 莱斯认为，这个实验室应该成为专门的原创性科学技术研究的实验室，希望通过这一方式，可以发现许多有利可图的新技术领域。工业研究实验室的使命是将创新带入市场，成为技术创新孵化器，促进通用电气公司的发展。

惠特尼等人基本上是从德国大学的发展模式中获得很多开展实验室建设的想法，即允许教授和科学家在没有商业或经济利益驱动情况下，按他们自己的兴趣开展科学研究和实验，以寻求更多的创新知识，当然也允许其他科学家只考虑科学技术研究成果的商业化问题。这就涉及一个非常根本的核心问题，即如何处理科学技术研究与工业的关系。工业研究实验室是在美国电气化进程的初期建立的，通用电气公司由此成为推动美国电气化和其他许多新兴科学技术领域的领导者。在通用电气公司的技术孵化器中，惠特尼及其研究助手成为实验室的主要研究者。1906年实验室人数增加到102人；到1930年发展到400人，人员包括化学家、物理学家、电气工程师及研究助手等。

自工业研究实验室创建后，通用电气公司的科学家就取得数以千计的重大技术发明。如1908年科学家威廉·柯立芝发明钨丝白炽灯；1932年科学家欧文·朗缪尔因1916年对灯泡技术的改进（充气电灯）获得诺贝尔化学奖。也正是欧文·朗缪尔的技术创新巩固了通用电气公司在市

[①] 本部分内容参考 Helen Anne Curry, "Industrial Evolution: Mechanical and Biological Innovation at the General Electric Research Laboratory", *Technology and Culture*, October 2013, Vol. 54, No. 4, pp. 746-781; George Wise, "A New Role for Professional Scientists in Industry: Industrial Research at General Electric, 1900-1916", *Technology and Culture*, Jul., 1980, Vol. 21, No. 3, pp. 408-429。

场上的技术优势，1928年占美国白炽灯销售份额的96%。1973年发明该项技术的科学家伊瓦尔·贾埃弗获诺贝尔物理学奖。

工业研究实验室是通用电气公司早期技术创新突破的发源地，创建了企业内部的研发环境，为后来工业创新奠定了标准。同时，技术发明保证了企业能够在市场中不断处于技术领先地位，实验室的作用就是将创新发明带入市场，它不仅是一个技术孵化器，也是一个市场和产品的孵化器。

自从有了电灯发明专利后，1892年至1950年，通过内部研发、专利购买、根据市场力量与供应商签订歧视性价格协议，以及在国内外市场建立各种卡特尔安排等"看得见的手"，通用电气公司的管理"铁拳"不仅有效提高了管理效率，降低了成本和保持生产的领导地位，而且消灭了大小竞争者，减少了政府干预，使其一直垄断着这一利润率非常高的电力照明设备市场。1950年通用电气公司生产了11亿只白炽灯和荧光灯，0.82亿个不同型号和规格的电子管，0.17亿台厨房电器、收音机、电视机和空调等家用电器产品，以及0.1亿多台分马力中小型功率发动机。

通用电气公司代表着当时从实验室走向工业文明的企业发展之路。它从爱迪生发明的第一盏白炽灯开始，到后来建设美国首个中央电站，真正地用科学技术的发明创造，造福于人类社会。

20世纪50年代后，通用电气公司工业研究实验室在固体激光器（1962）、第一个登陆月球的关键技术（1969）、计算机断层扫描仪（CT，1976）、磁共振成像系统（1983）、风力涡轮机（2002）、燃油效率进化系列机车发动机（2003）、24缸内燃发动机（2007）等领域先后获得技术发明专利。同时，还发明了海水淡化、钻石合成和人工降雨等高新技术，研发出更实用的一系列家电产品，以及可以改变人们生活的名为聚碳酸酯的新材料。

1999年工业研究实验室改组为通用电气公司全球研发中心。2000年在美国纽约、印度班加罗尔、中国上海、德国慕尼黑和巴西圣保罗等地建立5个研发中心。除照明设备和电气用具外，研究领域还涵盖航空、电力传输和配电、能源、医疗健康、媒体和娱乐、交通、石油和天然气、水处理等领域。

目前通用电气公司创新研发中心有 3000 多名技术人员，保持着通用电气公司工业研究实验室的传统和初衷，不断为世界带来创新和技术，用创新技术来应对世界性的棘手问题。技术发明所取得的成就是通用电气公司最值得骄傲的事情，因此，当 1910 年公司为爱迪生发明的照明设备做广告时，通用电气公司非常自信地宣称，其唯一的竞争者是太阳。

在 20 世纪的两次世界大战期间，通用电气公司领导人积极响应政府号召，利用企业的技术优势为政府排忧解难，研发出飞机引擎、发动机技术等，并在飞机和航空器、船舶和军需品制造方面取得突出成就，与政府和军方形成良好互动关系，建立了较好的政商关系。通用电气公司与政府的密切关系，有助于企业宣传营销及获得政府大量订单，甚至对某些关键技术和市场形成垄断。

与此同时，在通用电气公司长期任职的杰出领导人，也为企业的稳定发展提供了保证。如在 1981 年至 2001 年任第 9 任总裁和董事会主席的约翰·韦尔奇是业界众所周知的杰出企业领袖。他进行了大刀阔斧的改革，如产品质量方面实施的六西格玛改革，以及坚持"数一数二"原则和无边界合作管理变革等，使公司获得显著扩张式发展。

3. 体现技术与资本结合的金融业务

基于产业与资本结合的各种金融服务业务是通用电气公司的重要发展领域。早在 1893 年金融危机期间，总裁科芬即以股权为交换条件，从纽约金融家那里获得资金支持，使新组建的通用电气公司经受住严峻考验。1900 年至 1910 年有关电灯和照明设备市场的垄断中，通用电气公司运用的也是金融手段。曾在 1901 年花费 15 万美元购买其竞争对手 75.2% 的股权，其余部分则用期权方式处理，到 1910 年，总共花费 60 万美元。正是通过金融手段通用电气公司加强了对电灯和照明设备技术和市场的控制，照亮了企业通往利润之路。

20 世纪 80 年代后，通用电气公司金融部门得到快速发展和壮大，金融业务拓展到全球范围。庞大的金融业务为通用电气公司发展做出贡献，该企业也被奉为产融结合的典范，其"秘密武器"就是企业的金融服务公司（GE Capital），它甚至能够经营商业贷款和房产抵押贷款业务。

有人质疑和批评通用电气公司的金融业务，认为它偏离公司主业，但情况却恰恰相反，这是自公司创建以来就有的主要业务。2008年金融危机中暴露出企业"产融结合"多元化经营的风险，大量坏账让企业濒临绝境，需要美国政府提供债务担保才能维持正常运转，凸显了企业"大而不倒"的道德风险问题。金融危机后，通用电气公司制定公司重整计划，果断关闭金融部门，仅保留航空、能源和医疗设备等领域的金融业务，同时在多元化与归核化发展战略改革中进行取舍。

经过资产剥离、业务归核和增加新业务部门，目前，通用电气公司的使命更为清晰，逐步归核到自19世纪70年代以来企业具有技术优势的领域，包括水力发电、燃气涡轮机、飞机发动机、输电网、风力涡轮机、工业互联网、工业制造、医疗健康、材料科学等九大技术研发和制造领域，并力图保持创新和领先优势，推动和服务于美国工业4.0的发展战略。

130多年的企业发展历程说明，没有任何一家美国企业能像通用电气公司那样拥有如此深厚而广泛的创新传统。从爱迪生发明的第一个白炽灯，到配备联网传感器和3D打印部件的最新喷气发动机，通用电气公司都率先推动改变世界的技术变革，改变数十亿人的生活，迄今仍然在9个不同行业具有全球影响力，具有领先和推动世界变革的4个关键技术，用以定义未来的工业制造。

（二）美国电话电报公司：创新连接的技术

如前所述，美国电话电报公司[①]的前身可追溯到1877年由贝尔创建的美国贝尔电话公司。目前是美国一家大型电信公司，在2023年世界500强企业中排名第78位（在美国国内排名第30位）。但自从1895年正式组建以来，美国电话电报公司就经历多次合并重组，特别是1984年被美国司法部依据《反托拉斯法》裁定和拆分为母公司（专营长途电话业务）+贝尔七兄弟公司（从事本地电话业务）后，该企业经历巨大变化，反映出美国电信业的激烈竞争。

[①] 本案例参考：David Hochfelder, "Constructing an Industrial Divide: Western Union, AT&T, and the Federal Government, 1876-1971", *The Business History Review*, Winter, 2002, Vol. 76, No. 4, pp. 705-732；以及该公司官方网站公布的企业发展史的介绍和财务数据, https://about.att.com/sites/company_profile。

1996年美国通过《1996年通信法案》，商业经营环境有所改变，西南贝尔公司（美国电话电报公司的七个子公司之一）通过一系列合并战略扩张其业务领域，实力得到壮大。1997年它收购太平洋电话集团，1999年收购亚美达科集团。2005年戏剧性地回购母公司，组建新的美国电话电报公司。

在近20年发展中，美国电话电报公司虽然曾多次被分拆和重组，但目前仍是美国最大的电话公司，总部位于得克萨斯州的圣安东尼奥。该公司是世界500强企业、全球通信领域领先的大型科技创新企业，主要经营光纤宽带、移动电话和5G电话等业务。

自从贝尔发明电话技术后，人们的通信连接方式就从传统的书信邮件跃进到电话。在电话领域创新发展100多年后，美国电话电报公司进入无线通信网络、移动互联网、智能手机应用等领域，不断创新人们的通信连接技术。

电话通信领域的技术发展和产品更新源泉，主要来自美国电话电报公司贝尔实验室的科技创新贡献。从1925年开始美国电话电报公司贝尔实验室平均每天获得一项美国专利，先后有8位科学家获诺贝尔物理学奖。后来许多划时代的连接技术发明，如电子数字计算机（1937）、晶体管（1947）、激光器（1958）、通信卫星（1962）、光纤制造技术（1974）、光交换装置（1990）等都出自贝尔实验室，微电子、光电子、软件等领域的突破性技术大多是贝尔实验室的科研人员研发出来的。贝尔实验室有数以千计拥有硕士以上学位的研发人员，每年都保持较高的科研投入，使其能一直保持世界通信领域的领导地位。

贝尔实验室成为世界上首屈一指的科研机构，既从事范围广泛的基础研究，又致力于尖端技术和普及产品的开发，并为企业各业务部门设计开发新工艺、新系统和新业务，积淀了140多年的创新研发传统。

在电话通信产业发展初期，美国电话电报公司通过与一些国家共同建立制造厂和签订授权许可协议方式，创新国家间通信联系方式，从事国际电话通信业务，并在这一领域树立其全球领导者的形象[1]。如1923

---

[1] Robert MacDougall, "Long Lines: AT&T's Long-Distance Network as an Organizational and Political Strategy", *The Business History Review*, Summer, 2006, Vol. 80, No. 2, pp. 297-327.

年，美国电话电报公司开始提供纽约与伦敦之间的无线电越洋通话业务。后来的知名通信大企业，如加拿大北方电讯、日本电话电报公司（NTT）等就是在美国电话电报公司原海外企业基础上发展起来的。20 世纪 90 年代后，美国电话电报公司加大对印度、中国和拉美新兴市场的投资，也是美国"信息高速公路"计划的主要参与企业。

2006 年新重组的美国电话电报公司收购贝尔南方公司，合并新格乐无线电公司，由此进入现代通信领域。2013 年收购 Cricket 公司，2015 年购买墨西哥的两家无线网络公司，进入移动互联网领域，同时在当年收购 DIRECTV，成为世界上最大的付费电视供应商。美国电话电报公司正在努力促进智能手机的应用，力图成为领先的无线技术供应商，其最近推出的 AT&T NetBond©创新产品和服务平台使其成为客户移动连接的云服务及从端到端的安全服务提供商。

在通信连接技术和业务方面 140 多年的发展，以及运营着世界最大的智能通信网的经验，使美国电话电报公司具有承担全球信息传送和管理重任，以及不断创新连接技术的能力。无论人们居住、生活和娱乐在何处，美国电话电报公司都努力把提供连接人与世界的创新技术作为企业使命，力争比别人做得更好。

美国电话电报公司的服务对象既有大型的多部门跨国企业，也有中小企业，业务范围包括金融、制造业、教育、医疗、零售、医院和政府部门等，力图创造和提供最佳的连接体验。根据公司官网介绍，该企业将努力把光纤和 5G 等连接技术作为实现最佳客户体验的一部分，同时致力于开发最新技术把人工智能和机器学习、网络安全、边缘计算、软件和云技术融入企业、组织或个人消费者的工作生活中，通过连接技术让世界变得更美好。截至 2022 年底，美国电话电报公司总资产为 4028.53 亿美元，营业收入为 1207.41 亿美元，主要经营光纤宽带、移动电话和 5G 等业务[1]。

为个人和企业提供连接技术是美国电话电报公司自带的基因，因为自亚历山大·格雷厄姆·贝尔发明电话以来，该企业一直是连接个人和

---

[1] AT&T Inc. 2022 Annual Report, Connecting Changes Everything, https://investors.att.com/~/media/Files/A/ATT-IR-V2/financial-reports/annual-reports/2022/2022-complete-annual-report.pdf.

企业的行业领导者和技术创新者,具有无线网络、5G、互联网、光纤和数字化等核心技术。

(三)杜邦公司:化学制造的科研创新企业

美国杜邦公司(DuPont,1802)是美国最古老、经营范围最广泛的一家化学企业,目前它是世界500强化工制造企业的龙头企业[①]。这家持续经营220多年的企业虽然历史悠久,但并不古板,在技术创新和管理创新等方面一直与时俱进,不断开拓化学制造新领域[②]。

1. 从火药制造技术创新起家的化学企业

在法国大革命期间的1799年,杜邦家族被法国驱逐出境,被迫流亡到美国特拉华州。杜邦家族的第一代皮埃尔·杜邦作为法国代表团成员参与调停独立战争时期的英美冲突,结识了后来成为美国总统的杰斐逊、富兰克林等政治领袖,从此与美国结下不解之缘并赢得较好声誉。这一经历使杜邦家族在美国这片新大陆站稳脚跟,开始新生活。1802年皮埃尔·杜邦在特拉华州的白兰迪瓦河畔买了一块地,因小儿子厄留梯尔·伊雷内·杜邦师从法国近代化学之父拉瓦锡掌握了先进的火药制造技术,建造了一家火药厂,这就是杜邦公司的前身,伊雷内成为公司的重要创始人,而其父亲则继续活跃在美国政坛上。利用杜邦家族与美国政府的密切关系,公司起步后迅速发展起来。

杜邦公司成立时仅是一家只有17名员工、3万多美元资金的家族经营小企业,而且只生产一种产品——黑色火药。在企业发展的第一个100年时间里,杜邦公司通过差不多五代人的努力,建立了一个火药制造帝国。

1804年5月1日杜邦正式开始生产并销售火药,但销售额只有1万美元。1805年第一批火药出口到西班牙,杜邦公司的收益提高到3万多

---

① 2015年杜邦公司与陶氏化学公司合并组成陶氏杜邦公司,但2019年6月又拆分为3家独立公司,杜邦公司又成为独立的企业。

② 本案例主要参考〔美〕艾尔弗雷德·D.钱德勒《战略与结构:美国工商企业成长的若干篇章》,北京天则经济研究所、北京江南天慧经济研究有限公司选译,云南人民出版社,2002,第55—118页。

美元。1811 年杜邦公司的火药年产量达到 20.4056 万磅，销售额达 12.2006 万美元，几乎垄断了整个美国火药市场。

1827 年随着皮埃尔·杜邦和伊雷内哥哥的先后离世，伊雷内成为杜邦家族的掌门人。在他领导期间，杜邦公司成为一家初具规模的家族企业。1834 年伊雷内离世后，其儿子艾尔弗雷德继承和管理杜邦公司，开始带领家族企业继续扩张发展。由于当时战争频发，火药产业迎来发展的黄金时期。仅美国南北战争期间，杜邦公司就为联邦政府提供了近 400 万磅火药，从中获得 100 万美元的巨额利润。杜邦公司生意兴隆，积累了大量财富，但家族企业的管理方式使企业经营出现混乱和无序状态。1850 年艾尔弗雷德交出公司管理和家族领导权，组成以他的兄弟亨利·杜邦（号称将军，毕业于美国西点军校）为主的三人领导小组。随着公司业务的扩张和规模的扩大，杜邦公司探索组织管理变革，采取集团经营的管理模式，注意职业经理与股东的权力平衡。1889 年杜邦公司的领导者亨利去世，公司和家族管理大权交到其侄子尤金·杜邦手中，能力并不那么出众的尤金勉强把杜邦公司带到 1902 年（杜邦公司百年大庆），他离世后杜邦公司传到伊雷内的曾孙艾尔弗雷德·杜邦手中。

在这 100 年发展过程中，杜邦公司是从炸药起家的，非常注重改良炸药的各种性能，曾先后试制并生产黑色、白色、无烟、硝基、水凝胶等各种类型的炸药，开发出的炸药品种有几十种之多。在二战期间，杜邦公司生产出 40.5 亿磅的火药，占战时全国总产量的 70%。其发明和生产的尼龙降落伞、蚊帐、油漆、染料用于军舰、军服，防冻液用于军车等。

同时，杜邦公司也注意到火药制造的风险性，因此尤其注意研究安全生产方法，以减少生产事故及其导致的财务和声誉损失。对于杜邦家族来说，企业的生存取决于技术研发，必须通过创新的机器和方法来提高炸药生产的效率和安全性，因此，几代杜邦公司领导人都体现出突出的企业家精神。

经过百年创新和努力，到 20 世纪初杜邦公司发展成为卓越的能够生产多种化学产品的联合大企业。

2. 杜邦公司的科学研究与技术创新

艾尔弗雷德接管企业后，面临董事会成员要出售企业的情况，年轻气盛的艾尔弗雷德说服堂兄弟科尔曼（T. Coleman）和皮埃尔（S. Pierre）共同收购和接管了杜邦公司，三人成为杜邦公司中兴的"三巨头"。他们开始对公司管理进行现代化改革，建立科学研究实验室（1902），并推出油漆、塑料和染料等新产品，把杜邦公司从一家炸药制造商转变为一家多元化的、以科学为基础的化学公司。杜邦公司"三巨头"再次创业，将家族企业带入史无前例的鼎盛发展时期，开始了第二个一百年发展历程，研究、发现和创新成为杜邦公司的重要驱动力。

在"三巨头"领导下，杜邦公司进一步开展科学研究工作，发明和改进了许多新产品，并在此过程中促进了化学基础科学知识的发展。

1903年杜邦公司在特拉华州的威尔明顿附近建立实验室，以开展和促进科学研究，作为工业增长的主要技术支撑平台。这是杜邦公司设立的第一个综合科学实验室，成为许多引人注目的科研成果（氯丁橡胶和尼龙等）产生地。

自20世纪初以来，杜邦公司实验室进行了两类研究。一是应用研究，侧重于开发新产品或为现有产品寻找新用途；二是基础研究，追求的科学问题不一定与任何特定的产品或市场有关，而是基于科学最终将开辟新的可能性之信念研究问题。在第二个一百年，杜邦公司一直致力于科学研究，发明无数技术专利，制造出许多人们从未见过的新物品[①]。

在第一次世界大战期间，杜邦公司成功研究了染料化学及相关技术，奠定了企业化学制造的基础。同时通过收购方式实现企业多元化经营，开始生产清漆、真漆、染料、油漆、火棉塑料、搪瓷和其他非炸药类重化学产品。这些专业性强的产品部门也建立了各自的应用研究实验室。这种将科学研究直接应用于特定产品和生产方法开发的努力被证明是成功的。1924年杜邦公司加强对基础研究的投入，将科学研究比作古代航海家和探险家的"冒险船"。当年就开发出世界上第一种人造纤维——人造丝，引发纺织工业的转型，并继续推出新一代杜邦合成材料。该产品一经推出就开始赢利，20世纪20年代，人造丝为杜邦公司赢得33%的投资回报率。1927年后，杜邦公司实验室成为科学发现黄金时代的中

[①] Augustin Cerveaux, "Taming the Microworld: DuPont and the Interwar Rise of Fundamental Industrial Research", *Technology and Culture*, April 2013, Vol. 54, No. 2, pp. 262-288.

心舞台。

正是对研究、发现和创新的高度重视,以及对基础科学研究的投入,使杜邦公司能够在经济大危机中幸存下来,并在合成橡胶和纺织纤维方面取得惊人成果。

1930年杜邦公司的研发人员发明氯丁橡胶。1935年杰拉尔德·伯切特和华莱士·卡罗瑟斯发明尼龙。这是世界上第一种真正的合成纤维,也是杜邦公司最成功的产品之一。在消费和军事市场上,新发明的尼龙获得巨大成功,改变了全世界人们的穿着方式,鼓励杜邦公司管理层采取通过基础研究开发产品来实现增长的发展战略,帮助杜邦公司巩固了在二战后对高风险、开放式基础研究的承诺。

在第二次世界大战后初期,杜邦公司耗资3000万美元扩建实验室,将公司增长与长期基础研究紧密地结合起来。在化学工程师克劳福德·格林沃特领导下,加倍努力,在有机化学领域探索下一代尼龙。在纺织纤维领域,杜邦公司研发出合成纤维和弹性纤维莱卡等化学制品;在塑料工业领域,杜邦公司生产出硝化纤维塑料、硝基苯塑料、聚乙烯树脂塑料;在20世纪70年代至90年代,杜邦公司积极进军新的塑料市场。如今,杜邦公司生产的塑料被广泛应用于管道、饮料容器、台面、汽车保险杠系统、半导体加工和电气绝缘等领域。在涂料工业领域,杜邦公司生产出人造皮革、涂料、多乐士醇酸树脂等产品。

20世纪70年代,杜邦公司科学研发的结果,使其经营的电子、制药、感光材料等产品都进入大规模生产阶段,并处于竞争优势地位。如今杜邦公司聚合物为汽车、电气、电子、消费和工业应用提供了广泛的材料组合。

1951年5月新扩建的工厂将杜邦公司几个最重要的工业实验室合并为一个集中的研发综合体,最终使公司在六七十年代进入制药和生物化学等新领域。

面对生命科学作为一门新兴科学技术正在崛起的发展趋势,80年代杜邦公司就把这一科学研究领域中的生物工程学作为其核心研发部分,在细胞融合、基因重组、酶技术及细胞大量培养的技术发明方面取得进展,每年用20%以上的科研经费进行生命科学的研究开发。同时大力支持高校从事这方面的技术研究,设立专门的生命科学实验室,聚集大量的科学研究人员开展针对性科学研究工作。杜邦公司的医疗产品包括 X 光胶片、药品、诊断仪器等。杜邦公司在 1932 年推出了 X 光胶片。1970 年杜邦 X 光胶片占据 40%的市场份额。20 年后，杜邦公司的新紫外线 X 光胶片/屏幕系统，图像清晰、分辨率高，提高了医生诊断的准确性。1987 年杜邦公司完成全面重组，并计划利用生物技术在其第三个一百年发展中实现可持续增长的新愿景。

1984 年杜邦公司再次扩建实验站，包括新的格林沃特实验室，反映了公司对生物和生态研究的兴趣。如今实验站仍然是杜邦公司的主要研发中心，也是世界上最大、最具科学多样性的工业实验室之一。

进入 80 年代，杜邦公司的研发经费几乎每年增加 1 亿美元，1982 年接近 8 亿美元。1981 年杜邦公司已成为一家现代化跨国经营的化学企业，由 200 多家制造厂组成，雇员人数达到 17.7 万人。1982 年杜邦公司开发出新一代成本低、毒性小的杀虫剂。1987 年，杜邦公司的化学家查尔斯·彼德森获诺贝尔化学奖。1990 年，杜邦公司与默克制药公司成立医药合资企业。1999 年杜邦公司收购赫斯特集团的赫伯兹公司，百分之百地拥有先锋国际种子公司[①]。

3. 管理创新与跨界经营

杜邦公司不仅重视技术创新，也创新管理制度。在 1918 年之前杜邦公司就首创集团式管理制度，重视权力集中与分散制衡；1918 年后，开始建立分权式管理制度，采取多部门事业部制，提高管理的效率和灵活性，但也使企业总部无法获得各个事业部的更多信息[②]。20 世纪 60 年代，再次进行集中式管理改革，采取总经理、财务长、董事长三位一体的"三驾马车式"管理体制，既统辖各执委会，又让执委会成员兼任各分部的经理，这样就便于上下互通信息。

杜邦公司跨界介入通用汽车公司的经营管理始于皮埃尔·杜邦，他于 1914 年购买通用汽车公司的股票，并看到战时的市场需求前景和

[①] 夏智义：《世界第一大化工公司——美国杜邦公司》，《现代化工》1983 年第 4 期，第 59—83 页。

[②] W. H. Staehle, "A Comparison of Organization Building at Dupont and Farbwerke Hoechst", *Management International Review*, 1970, Vol. 10, No. 6, pp. 33-44.

价值。尽管利润很高，但通用汽车公司的管理层却存在分歧。1915年皮埃尔被选为通用汽车公司董事并任董事会主席，试图帮助解决这个问题。

1920年，战后经济衰退，商人大批退货，通用汽车公司股票暴跌。11月杜邦公司抓住时机让摩根财团帮助发行3500万美元债券，买下通用汽车公司董事长杜兰特名下的全部股票，12月1日皮埃尔·杜邦成为通用汽车公司总裁。1921年杜邦公司获得萎靡不振的通用汽车公司控股权，皮埃尔·杜邦任命布朗为通用汽车公司的财务副总裁。

布朗帮助通用汽车公司实现财务复苏，并于1923年制定允许杜邦公司保留通用汽车公司投资的机制。1924年布朗被任命为通用汽车公司执行委员会成员，并与总裁阿尔弗雷德·P.斯隆合作，完善其在杜邦公司开发的成本会计技术（杜邦分析法）。具体分析指标如投资报酬率、股本报酬率、预测和灵活预算等原则随后在美国企业界广泛被采用。

第一次世界大战后，通用汽车公司高管、杜邦公司前财务主管约翰·J.拉斯科布说服杜邦公司董事向通用汽车公司投资2500万美元。拉斯科布主要看中了杜邦公司的人造皮革、塑料和油漆的市场，投资会产生可靠回报。杜邦公司持有的通用汽车公司的股票占通用汽车公司总股票数额的1/3，1929年通用汽车公司的股票为杜邦公司贡献了一半的总收益。

20世纪20年代，杜邦公司和通用汽车公司开发新的制冷剂（氟利昂）和抗爆汽油添加剂。后来出于环保要求，杜邦公司不断加以改进，80年代开发出更环保的氢氟碳化合物，最终以苏瓦制冷剂和迪梅尔推进剂形式面市。当联邦监管机构禁止使用氟利昂时，杜邦公司开始逐步停止生产该产品。

杜邦公司大胆地提出与通用汽车公司的重组计划，皮埃尔和阿尔弗雷德·P.斯隆成功地在通用汽车公司实施这一计划。但两家公司之间的密切关系最终引起美国联邦反垄断检察官的注意，后者于1949年对两家公司提起诉讼。8年后美国最高法院做出不利于杜邦公司的判决。1961年杜邦公司完成对其持有的通用汽车公司股份的出售，退出汽车制造领域。如今杜邦公司继续开发对环境负责的氟化学品，并服务于各种工业和消费市场。

经过几代人的努力，杜邦公司成就了美国杜邦财团和杜邦家族，成为控制美国的十大财阀之一。其投资的企业涉及工业、铁路、石油、航空、飞机制造、可乐、保险、军工、化学、食品、电视、电脑等，几乎渗透到全美国和全世界国民经济生活的每个领域。在拥有数百万美元资产的120家大公司和银行中，杜邦公司控制了大部分公司的股份，其中包括世界上一些最大的公司和银行，如拥有200多年历史的F.I. 杜邦·德·尼英尔公司[1]。

这是美国最古老、最富有、最特殊、最大的财富家族，它视家族财富为第二生命，权力传承独特。第三代中家族内部至少有10对堂表亲的婚配，成为美国近亲联姻最多的大家族。这是一个父辈创业，第二代再创业，第三代守成加创业，财富绝对传给家族成员的家族财团，至今已保持200多年长盛不衰，世所罕见。

在过去200多年里，杜邦公司经历数次转型，从一家炸药制造商转变为一家化学制造公司，然后又转变为一家以科学为基础的开展技术创新和发现的企业。

杜邦公司的发展史就是一部科技创新和突破的历史。

---

[1] 张可慕：《从军火托拉斯到美国现代化之父——杜邦财团》，《经营者杂志》2006年第15期，第80—85页。

第7章 新技术新能源与大规模生产和销售企业

本章内容涉及的时间范围大致在19世纪20年代至20世纪40年代，覆盖美国整个工业化建设时期，主要阐述在此期间出现的铁路、电报、电话、电力和内燃机等新技术，以及无烟煤和石油等新能源对企业的生产、销售和产业组织结构等方面产生的广泛和深远的影响。

一 新技术新能源背景下的规模销售和生产

19世纪20年代至40年代，由于铁路的修建及全国性铁路网络体系的初步形成、电报技术的发明和电报线的不断延伸，以及无烟煤的开采并逐步成为工业生产中的新型能源，美国出现由速度经济带动的产业和工业化迅速扩张阶段，大规模分销和生产成为企业发展壮大的有效方式，开启销售和生产方式的变革。

（一）新技术新能源与速度经济和生产效率

钱德勒认为，速度的经济性与企业在生产和制造过程中对物料、资金、产品制造过程材料的高通过率和处理能力密切相关，也与流通过程的前向或后向各环节、与相关企业的协调，以及质量监督密切相关。速度经济的前提是企业可以周密地调节流经公司的货物流、资金流和产品流。"速度经济"的概念是1977年由美国管理学家小艾尔弗雷德·D.钱德勒在其所著的《看得见的手：美国企业的管理革命》一书中提出来的。基于速度、稳定信息流和物流的方式，降低企业运营成本，提高利润和效益，这本质上是一种速度经济，而不是规模经济[1]，因为

---

① Alfred D. Chandler, Jr., *The Visible Hand: The Managerial Revolution in American Business*, The Belknap Press of Harvard University Press, Thirteenth Printing, 1995, pp. 235-237.

规模经济依赖于规模（即生产过程的额定容量）和速度（即产能利用率的强度）。

在钱德勒看来，速度经济是指在技术创新的驱动下，生产、消费，以及社会生活中的人、财、物和信息等的移动和流动速度加快所带来的效率提高，技术创新与速度经济形成互相影响的关系。

由于铁路建设及全国性铁路网络的形成，加上蒸汽机车和无烟煤的使用，火车的牵引动力和速度大为提高，铁路成为人们经济活动中不可或缺的因素，使空间距离大大缩短，企业的业务范围不断扩大，货物运输速度加快，人员流动频繁，统一的全国性市场出现；电报技术的发明，以及电报线路铺设的范围不断扩大，使人们有了新的联系方式，提高了信息交流的效率和速度；无烟煤广泛应用于工业领域，增加了新的动能，提高了机器运行的功率和速度。

制造领域的速度经济主要取决于生产过程中材料流的速度和一次性的处理量，以及自动化和机械化程度。在材料、动力源、机器和生产工艺方面的技术创新，包括开发出更有效的机器设备、高质量的原材料，以及替代性新能源的集约化使用，在组织上创新制造工艺的安排方式，更好地协调、控制工人和管理者的生产活动和管理流程，提高了制造过程中的速度和单个工厂的原材料吞吐量，从而提高了生产强度和效率，完成大规模生产过程。具有较高原材料处理量的企业，多半是资本密集、能源密集和管理密集型的大企业。

（二）新技术新能源与企业大规模生产方式

钱德勒认为，大规模生产方式通过技术进步和组织创新，提高生产过程中原材料的处理（通过）率，使更少劳动获得更大产出，与传统工厂的生产方式有较大差别。因为在传统生产方式中，虽然也使用机器，但只是让其代替人力操作而已，而大规模生产方式则尽可能地在生产过程的每个环节，让机器自动完成生产过程，力求达到较高产出水平。技术上的改变归结为材料、动力来源、机器的使用，以及其他制作工艺的创新，组织上的改变可以归结为对这些制作工艺，以及对个人和经理的协调和监督方式上的创新。

但仅有这些基本条件还是不够的，推动生产领域发生革命性变革的还有其他更复杂的原因。在一些生产全过程都已经使用机器的产业，使用连续加工的机器且生产过程几乎不能中断的工厂，这种变革的机会较大。在具备条件的产业中，一些企业确实进行了生产方式的大胆创新。

但并不是所有产业都适合生产模式的创新，如农业、建筑业和采矿业，特别是农业，由于受到农作物和生物成长过程的约束，或受到劳动技艺的限制，广泛使用新能源也未必能获得生产过程中原材料的高处理率的机会，这些产业只能维持其劳动密集型的状态。服装制造、制革、伐木和木材加工等产业，虽然使用相当复杂的机器加工和处理原材料，但要提高每个生产流程中原材料的通过率，效果确实也是有限的。机器可以代替人的劳动去完成这些具体的工作环节，如纺织业中的纺纱、编织、缝纫、裁剪、制作等，管理协调也相对简单，对这些劳动密集型产业，早期纺织业的管理经验就可以应付，可能的变化是加强集中化管理。

（三）新技术新能源与管理创新和组织变革

自从修建铁路、发明电报技术、出现现代邮政服务，以及开采和使用无烟煤之后，出现了一系列的组织变革和管理创新，从而改变了美国企业组织结构和管理方式。各类大规模分销和生产组织相继出现，代替之前传统的工商组织，成为企业经营的主要组织形式。

在生产领域，铁路和电报技术导致生产集中化，提高了生产和物流速度，使不少原来的单一部门企业整合生产流程，通过内部一体化，组成多部门的大型企业，创新企业管理和协调的方法。在商业领域，在19世纪40年代之前，负责商品销售的中间商网络基本上还是按照传统方式进行商品营销，但在50年代后，美国企业做生意的方式已悄然发生变化。如在农产品和普通消费品销售中，出现许多新型的商业组织，如制度化的商品交易所、全产品线和全方位服务的批发商，以及各种形式的大型零售商等，逐步替代之前的中间商群体和全能型商人。

在19世纪六七十年代，由于技术和速度、能源和资本、组织和管理，以及物流、人流和资金流等诸多因素的相互影响，商业企业迅速转型，大规模分销商在美国各主要商业城市很快发展起来，商业组织呈现出大型化发展趋势。

总之，技术的进步、新能源的发现、交通和通信等基础设施的改善，为美国企业开启了一个大型企业发展的时代，技术、能源、资本和管理密集型企业获得全新发展，并与影响其变革的技术产业形成良性互动关系。

二 大规模分销导致大型商业性组织的出现

基于新技术和新能源的速度经济效应，各种大规模分销的商业组织先后出现，包括大型经销商、批发机构、零售企业和邮购商行等，从而形成大规模销售模式。从19世纪五六十年代开始，美国传统商业交易模式逐步被交替出现的各类现代商品交易商所取代。

（一）现代商品销售组织与销售方式的创新

铁路和电报技术不仅加快了农产品向市场流动的速度，也加强了一些农产品买卖过程中辅助设施的建设，如谷仓、商品交易所等。这种制度化的组织形式直接接管农产品的销售和市场推广活动，特别是谷物和棉花这两种大宗农作物的分销。

1841年纽约州的布法罗建成第一座现代化的谷仓；1847年第二座谷仓建设完成。19世纪50年代美国西北部的农业州也开始大量建设谷仓，如芝加哥就建成15座谷仓，其中半数以上的谷仓都是由经营谷物货运的铁路公司拥有的，如加利纳和芝加哥联合公司、密歇根中央公司、伊利诺伊中央公司、罗克艾兰公司和伯灵顿公司等，谷仓大多数建设在小麦产地的铁路沿线。

商品交易所是现代商品经销商的主要形式。要对交易的谷物进行等级划分，实行标准化销售，另外还需要一套检查和过秤方法，由此促进了美国农产品商品交易所的建立和发展。如芝加哥商品交易所（1848）、纽约农产品交易所（1850）、圣路易斯商品交易所（1854）、布法罗商品交易所（1854）、费城谷物交易所（1854）、密尔沃基和堪萨斯城交易所（1860）等，这些商品交易所先后营业，并很快接管谷物和其他农产品的交易活动。19世纪80年代，托莱多、奥马哈和明尼阿波利斯都成立

第 7 章 新技术新能源与大规模生产和销售企业

了类似的农产品交易机构。

在新型商品交易所制度中,出现商品"期货"的新交易方式,以及为完成交易活动所进行的一系列金融创新。对于这些商业领域的变化,1860年纽约市议会在一份报告中谈道:"随着铁路势力延伸至全国各个角落,分配贸易在整个一年里已完成最重要的改变。在以前,对西部地区多余谷物的买卖……都是利用大佣金公司的信贷……这是一种不确定的但却不得不如此的经营商业的方式。……现在是以现金代替信贷。现在是以实际正确的商业的现实经营取代旧式制度的缓慢和不确定的经营。这是一个伟大的改变,它将永不回头。"[1]

南北战争后,南方地区的棉花交易也经历了类似谷物交易形式的变革。棉花经销商逐步替代原来的代理商制度,其变化原因大致相同。南方地区的铁路、电报网络、横越大西洋的电缆,以及后来的电话,使每个市场的商人几乎都可以进行即时联系,交易信息不对称的程度大为降低。利物浦和纽约的棉花价格在几分钟之内不仅可以被新奥尔良和萨凡特的市场所知悉,而且因为电报沿着铁路延伸至内陆,也可以为内地数百个小市场所知悉,信息差几乎被消减。

棉花经销商可以直接向种植园主、小农和杂货铺主购买商品,建立遍布南方地区的大型采购网络,原来的代理商已经被完全取代。1870年纽约棉花交易所成立;1871年新奥尔良棉花交易所开张营业。这些针对棉花商品设立的交易所同样采取期货交易方式,来自全世界的电报订单可以把棉花运送到各地市场,棉花贸易很快就被棉花经销商所掌控。1921年24家大型棉花经销商每年的销售额是100万包,经手买卖美国棉花产品的60%。20世纪初成立的克莱顿公司,在第一次世界大战时就是世界上最大的棉花经销商。只要是不涉及生产加工的农产品(如咖啡),分销主导权都是由商品交易商掌握的。

随着上述新型大型经销商的出现,为商业服务的企业如道·琼斯公司、杰西·霍伊特公司、耶尔·尼兰公司和约翰·特鲁斯代公司等也相继设立,这些服务商大多在谷物交易中心设立办事处,在谷物和商品交

---

[1] Alfred D. Chandler, Jr., *The Visible Hand*: *The Managerial Revolution in American Business*, Harvard University Press, Thirteenth Pringting, 1995, p.212.

易所拥有席位，且在谷物产地有自己的采购员。

（二）大型批发商企业与商品销售的新途径

19世纪50年代，出现大型批发商企业，他们主要集中在美国东部地区，后出现在中西部地区，主要依赖于速度、运输的规律性，以及可靠的交通和通信设施。如芝加哥不仅是铁路中心，也是制成品分销中心，以及小麦、肉类和其他农产品转运中心，中西部的其他大城市也仿照芝加哥设立不少大型批发公司。

1866年芝加哥就有49家批发商，辛辛那提和圣路易斯有15家，这些商业企业与纽约地区的批发商展开激烈竞争。如芝加哥最大的干货批发商是菲尔德·莱特公司[①]，其1865年的商品销售额是910万美元，1871年增加到1720万美元，1889年达到3100万美元，1900年是3640万美元，其中零售额为1250万美元。其竞争对手詹姆斯·法瑞尔公司1867年的销售额是710万美元，1870年是950万美元，19世纪90年代早期是2000万美元[②]。

大型批发商基本上掌管着传统消费品（如干货、五金用具、药品和杂货）的分销，同时在马具、鞋、靴、皮革制品、烟草、酒类、珠宝、手表、家具、木制品、瓷器、玻璃制品、文具、颜料、石油和油漆等商品销售中占据主要地位。如成立于1832年的斯图尔特批发商，在1870年成为当时最大的干货批发商，年销售额为5000万美元，雇用员工2000人；1843年成立的克拉夫林公司也是一家干货批发公司，1868年有正式员工700人，年销售额达到7200万美元（该公司于1914年破产）。希巴德-斯宾塞-巴利特公司、西蒙斯公司、麦克森·罗宾斯公司，以及谢福林兄弟公司等都是大型五金专业批发商。另外，还有一些药品批发企业。

大型批发商非常依赖企业的征信信息，由此促进了两家较大的征信和评级公司的建立。一是1841年由纺织品批发商人刘易斯·塔潘成立的

[①] 该企业成立于1867年，1881年改名为马歇尔·菲尔德百货公司。
[②] Alfred D. Chandler, Jr., *The Visible Hand: The Managerial Revolution in American Business*, Harvard University Press, Thirteenth Pringting, 1995, p. 218.

商业代理公司,主要在纽约和新英格兰地区从事企业的信用评级业务①;二是1849年在辛辛那提成立的布雷兹特里特信用评级公司,后来被R.G.邓恩收购接管②。而马歇尔·菲尔德百货公司比较倚重的两个信用评级机构是巴罗公司及胡特和加洛克公司。

19世纪70年代,大型批发商继续发挥重要的商品分销作用,80年代早期大型批发商对美国零售业的支配达到巅峰阶段,后被大型零售商和生产商等其他商业组织所挑战。

(三)大型零售商与商品销售渠道的多样化

19世纪六七十年代,先后出现的大型零售商组织分别是:百货公司(商店)、连锁店、邮购商行及深入小城镇和大城市郊区的连锁商店。

纽约和芝加哥的一些百货公司最初都是由一些批发公司的附属机构发展而来的,如马歇尔·菲尔德公司、1841年由亚历山大·斯图尔特开设的纺织品零售店马布尔纺织品大厦。1861年费城的约翰·沃纳梅克开设百货公司,其在早期经营中是非常赢利的,但在1996年最终破产倒闭。

代表性百货店是1858年在纽约开设的罗兰·梅西百货公司。这是一家从小布匹或纺织品零售店发展而来的企业,而不是由大型批发商所创建。类似的百货公司还有布卢明代尔公司、亚伯拉罕和斯特劳斯公司、奥尔特曼公司、斯特恩兄弟公司和贝斯特公司等。这些大型百货公司大都持续营业到20世纪下半期。20世纪后开始营业的百货店还有派克公司、亨利·本德尔公司、邦威特·特勒公司、富兰克林·西蒙公司、伯

---

① 1844年该企业已经有288名客户,它在波士顿、费城和巴尔的摩开设分支机构。1849年塔潘把企业转让给其职员本杰明·道格拉斯(Benjamin Douglass)经营。1850年该企业已有正式雇员2000人,他们在各地收集企业信息。1858年道格拉斯又把企业转让给其内兄罗伯特·格雷汉姆·邓恩(Robert Graham Dun)经营。在邓恩公司(R.G. Dun & Company)的信用报告员中,曾经有4位后来的美国总统,即林肯、格兰特、克利夫兰和麦肯锡。19世纪70年代邓恩公司的雇员有1万人,每天有5000人咨询业务。1933年邓恩公司与其长期的竞争对手布雷兹特里特信用评级公司合并成立邓白氏公司(Dun & Bradstreet)。参见邓白氏公司官网关于其历史发展的介绍,http://www.dnb.com/about-us/company/history.html。

② 该公司成立于1843年,1933年被邓恩公司收购,改名为邓白氏公司,一直营运至今,是著名的信用评级公司之一。

格多夫·古德曼公司等。

以邮购方式出售多种产品的首家邮购公司是1872年由艾伦·蒙哥马利·沃德及其兄弟乔治·A.梭恩成立的，19世纪80年代在全国范围内经营。1887年该公司经营的产品目录有540页，列出2.4万种以上的商品。1887年成立的西尔斯·罗巴克公司，开始是以邮购方式销售手表，不久就开始销售珠宝和银器，以及缝纫机、自行车、奶油分离器等商品，后来又加入纺织品和服装，接着又效仿蒙哥马利·沃德百货店经营多种耐用消费品和药品等。1899年西尔斯·罗巴克公司有24个经营部门，销售从批发商批发的所有产品，以及由一些制造商直接出售的商品，该公司获得非凡成功，迅速发展成为大型零售商的代表企业。

新型交通工具汽车成为美国商业零售方式变革的重要技术力量。西尔斯·罗巴克公司的副总裁伍德首先洞察到汽车对商业领域的巨大潜在影响，他当时负责公司的零售业务。1925年伍德分析了美国人口发展趋势，并发现人们已经购买大量汽车，但大城市又无法提供那么多停车的地方，人流会向何处流动呢？未来的零售商场应该在哪里？经过一系列思考后，伍德毅然做出重大决策，即西尔斯·罗巴克公司要向郊区发展，新的大型百货商店要建到郊区去。当时美国城市郊区人口还不算多，且很分散，但未来市场一定会在那里，因为人们可以驱车前往采购商品。西尔斯·罗巴克公司在城市郊区开设的商店是一个综合性百货大卖场，商品一应俱全，门外是开阔的停车场，招引来非常多的顾客。西尔斯·罗巴克公司一叶知秋，引领了当时商业发展潮流，发展成为美国最大百货公司。

20世纪50年代后，随着美国城市发展的郊区化，大多数美国人迁往郊区居住，为了满足这一部分家庭和顾客的购物需求，出现大型购物中心这一新型商业业态。一家大型购物中心的影响力可达方圆百里，每月顾客多达百万人次。有的购物中心雇用的职工就有1万多人，每年营业额上亿美元。后来购物中心进一步室内化，派生出一种四季如春的超级商场（Shopping Mall）。从外表上看，超级商场像一座孤零零的大陵墓坐落在高速公路旁边，没有花花绿绿的橱窗来招揽顾客。走进去后发现灯火通明、温暖如春，分不清外面的世界是昼是夜，是冬是夏。绝大部分零售商品是开架的，让顾客随意挑选。美国最著名的超级商场在休斯敦郊区，叫游廊市场，拥有240家著名的时装店、26家餐馆、4家电影院、2家豪华旅馆和1个国际比赛水准的溜冰场。每逢周末人们携儿带女来泡上一整天，吃喝玩乐兼购物，可谓舒心畅意。

连锁商店最先出现在杂货销售部门。如1859年由乔治·F.吉尔曼和乔治·亨廷顿·哈特福特成立的美国茶叶公司，其经营范围后来扩展到咖啡和杂货领域，1865年已经有26家分店，1869年改名为大西洋-太平洋茶叶公司。1878年就已设立70家店铺。1880年该公司已经有100家分店，1900年其经营范围已经横跨整个美国东西地区，开设店铺200家，成为美国最大的一家杂货连锁店。1912年该企业又引入经济便利店的概念，1915年其分店迅速扩张到1600家。1930年该公司成为世界最大的零售商，销售额达到29亿美元，店铺有1.6万家。1936年又引入自我服务超市概念，开设了4000家大型商店①。

大西洋-太平洋茶叶公司的成功经营，引发类似企业相继成立。1872年，纽约成立琼斯兄弟茶叶公司，其在20世纪30年代成为美国第一大杂货连锁店，这就是如今美国大联盟超市的前身②。由于被现代大型购物超市挑战，50年代该公司经营模式逐步式微，到70年代显得过时，后来竭力挽回颓势，2007年转型成为纽约地区的大型购物超市。

1883年伯纳德·H.克罗齐在辛辛那提成立大西部茶叶公司，1885年设立4家连锁店，1893年开设17家店，到1902年已有40家店铺，还在辛辛那提开了一家工厂，把店名改为克罗齐杂货和烘烤公司。该公司的成功源于其非常注重产品和服务质量，剔除了中间商。1901年，克罗齐公司是第一家用商店名字给自己烘焙的面包命名的企业。1904年该公司开始销售副食品，后来又加入自产自销的泡菜和法国品牌的咖啡等商品。1912年开始在远距离目的地开设连锁店，最后成为美国第二大连锁店③。

---

① 2008年的金融危机和经济衰退，使该公司陷入财务困境，其最终还是没有摆脱关店、转让和倒闭的命运，于2015年破产倒闭。
② 该公司后来改为"名大联盟连锁店"，在20世纪30年代是美国最大的连锁店之一。50年代后转型为购物中心，一直营业至今。
③ 目前克罗齐公司是纽约证券交易所的上市公司，美国主要杂货零售店，在24个州开设1300多家大卖场，以及37家食品加工厂，加工生产乳制品、面包、熟食和其他杂货品，目前是北美地区第一大连锁超市企业。

1891年爱尔兰移民罗宾森和克罗福德在费城设立 ACME 百货店，1917 年它与费城地区的 4 家杂货店合并，改名为美国百货商店。20 世纪 20 年代，美国百货商店开设了很多家超市，50 年代引入自我购物服务方式，60 年代开始扩张发展，目前是大费城地区第二大药品和食品连锁超市。

1915 年由 M. B. 斯卡格斯成立的西夫韦公司主要在美国中西部开设店铺。到 1932 年时，该企业已经在美国各州开设 3400 家分店，1933 年成为美国第二大杂货连锁店[1]，经营范围主要在美国中西部地区[2]。

1899 年由弗兰克·V. 斯科夫成立的宝石茶叶公司，从 1901 年开始扩张送货上门的业务，1903 年成为法人企业，1906 年进入食品生产领域，开始做发酵粉，后来烘焙咖啡。1916 年成为纽约证券交易所上市企业，1917 年其销售额达到 1500 万美元，有 1700 种产品。20 世纪 30 年代后继续在美国芝加哥、中西部地区，以及加拿大等地扩张开店，成为一家有特色的连锁零售店[3]。

19 世纪晚期开始出现廉价的百货连锁店。如 1878 年在宾夕法尼亚州成立的伍尔沃斯商店就是一家标榜 5 美分和 10 美分的连锁店，主要出售布匹、五金和杂货。1900 年伍尔沃斯连锁店的营业额超过 500 万美元，1909 年在美国开设的连锁商店就有 318 家，并开始在英国设立分店，是最早在海外开设分店的连锁企业。

类似伍尔沃斯连锁店的，还有约翰·G. 麦克罗里于 1882 年在宾夕法尼亚设立的麦克罗里连锁店（该企业 2002 年停止营业）、1896 年由 S. H. 克雷斯在孟菲斯设立的克雷斯百货连锁店。S. S. 克雷斯吉于 1899 年在底特律设立克雷斯吉百货连锁店，1912 年该公司开设有 85 家分店，1918 年在纽约证券交易所上市[4]。

---

[1] Safeway Inc. -Company Profile, Information, Business Description, History, Background Information on Safeway Inc., https：//www.referenceforbusiness.com/history2/96/Safeway-Inc.html.

[2] 该公司主要经营药品，并兼营杂货，目前是美国第三大杂货连锁店。

[3] 1994 年，该公司被美国零售公司收购，是目前美国重要的连锁超市宝石-奥斯坎公司（Jewel-Osco）。

[4] 该公司就是美国大型连锁购物中心凯马特（Kmart）的前身。2016 年该公司拥有 800 多家分店。

20世纪初,专业和廉价的连锁店也开始在药品、鞋子、珠宝、家具和雪茄等行业出现,有的是全国性的,有的是国际性的,但规模都比较大。20年代连锁店已经遍布美国各地,且具有很高的经营效率。如1939年,由乔·艾伯森在爱德华州设立的艾伯森连锁店就发展得非常迅速,很快成为爱德华州最大的食品连锁店。目前该企业是北美地区第二大连锁超市,2015年分店有2200家,员工人数为25万人,仅次于克罗齐公司。

技术和能源虽然推动了产业和企业组织的变革,但在大规模分销的企业中,大多数是劳动密集型企业,企业核心技术相对简单,本质上是速度经济。

三 大规模生产模式与各类垄断型企业创建

基于新技术和新能源的大规模生产模式,19世纪70年代后一些生产全过程都已经机械化且使用无烟煤的产业采用自动化、机械化和连续化的生产流程。把连续作业的机器与连续生产的集中厂房结合起来,使生产过程具有较高的物料吞吐量和较快的吞吐速度,进而使机械化的劳动密集型产业实现大规模的流水线和标准化生产方式。在具备大规模生产条件的产业中,少数企业才有可能成长为大型的垄断制造企业。

(一) 大规模机械化生产与连续加工企业

烟草生产领域的机械化和连续加工成就了一家从国内垄断发展到国际垄断的大型企业——美国烟草公司。

在机械化大生产之前,烟草手工操作(卷烟)的生产率较低。杜克家族早在南北战争后就经营家庭卷烟厂,詹姆斯·B.杜克认识到香烟市场的迅速扩大,尤其是在城市的新市场。1881年机械师詹姆斯·彭萨克发明的自动化卷烟机真正改变了杜克家族的命运,也改变了烟草行业的发展方向。杜克把新发明的卷烟机应用于卷烟生产,1台卷烟机在10个小时内就可以生产10万支香烟,后来又提高到12万支以上,这是手工操作效率的十几倍。1884年杜克租用了2台彭萨克的卷烟机。1885年杜克买下卷烟机专利技术并投资制造这款卷烟机,由此开始卷烟生产的机械化和规模化，杜克的家族卷烟厂由此获得竞争优势，比其他企业大大降低生产成本。随后，杜克专注于通过广告和创建全国性的、后来是世界性的销售组织来扩大市场销售份额。

19世纪80年代，杜克采取并购办法建立控股型卷烟生产企业①，1884年在纽约设立工厂、销售处和行政办公室，在烟草种植区建立仓库和买家网络。1890年通过合并手段，收购5家烟草生产商，组建美国烟草公司。1895年该企业的所有经营活动都被整合到制造、营销、采购和财务部门的单一运营结构中，其生产的香烟可以供应美国烟草市场的40%。1896年美国烟草公司成为道·琼斯工业平均指数12家原始成分股公司之一。

美国烟草公司在其建立后20多年时间里，陆续合并250多家企业，完成纵向一体化过程，掌控与烟草生产相关的所有领域，并在销售方面消除中间商，最后垄断烟草生产和销售，成为美国烟草行业的大型垄断企业，生产美国90%以上的卷烟和烟草等产品②，形成寡头垄断市场，到19世纪末，完全控制烟草行业。

在完成国内垄断后，美国烟草公司开始向欧洲发展，而占领英国烟草市场是向欧洲发展的第一步。为了迎接美国烟草公司的挑战，英国众多烟草公司联合组成帝国烟草公司。英美两国烟草公司之间的竞争给双方都造成大量损失，为了维护各自的利益，1902年9月英美这两家大型的烟草公司达成组建跨国企业的合作协议，组建英美烟草公司，由杜克任第一任董事长。美国烟草公司通过组建跨国的英美烟草公司，顺利把市场扩展到英国、中国和日本，最后成为国际性的烟草托拉斯组织，走向国际垄断。

美国烟草公司的行为引起美国政府的高度关注，1890年至1907年，美国烟草公司多次受到根据《谢尔曼法》的反垄断指控，1911年因最高法院诉美国烟草公司违反反垄断法而遭到拆分，最后分为美国烟草公司，

---

① 〔英〕霍华德·考克斯：《学会在中国做生意：英美烟公司香烟经销网的演变（1902—1941）》，皇甫秋实译，孙晓校，上海中山学社编《近代中国》（第18辑），上海科学院出版社，2008，第358—398页。

② Patrick G. Porter, "Origins of the American Tobacco Company", *The Business History Review*, Spring, 1969, Vol. 43, No. 1, pp. 59-76.

以及雷诺士公司（R. J. Reynolds）、利格特 & 迈尔斯公司（Liggett & Myers）和罗瑞拉德公司（Lorillard），独家垄断格局变为寡头垄断。美国烟草公司被拆分后，其拥有的英美烟草公司的股份也被出售给英美烟草公司。虽然由于美国的反垄断指控而被裁决为非法，但英美烟草公司仍然继续开展业务[①]。

除卷烟生产行业之外，还有进行机器技术改良的大规模制造企业。如1881年，钻石火柴公司就发明了一种火柴生产机器，从而使该企业获得行业垄断地位，从而支配全世界火柴生产[②]；19世纪80年代早期，宝洁公司使用一种新式的机械轧碎机，大量生产和制造肥皂，该公司后来成为日用化学品最大生产商；1884年乔治·伊斯曼发明了一种审查摄影底片的连续作业法，进而成立柯达公司，该企业后来长期控制摄影器材和胶卷行业。

另外还有大规模生产的谷物和农产品加工厂，如1879年一种新型面粉加工厂（卡德瓦拉德·科尔登·沃什伯恩的面粉厂）在明尼阿波利斯成立，同样使用机械化的大规模生产方式。后来这种生产方式在燕麦、黑麦和小麦，以及其他谷物加工中也得到运用。1883年埃德温·诺顿和O.W.诺顿兄弟建立拥有自动化生产线的罐头工厂，加快了材料加工处理的速度。其他罐头制造公司，如金宝汤罐头公司、亨氏食品公司和博尔登奶品公司等，也运用机械化生产方式。

（二）大规模生产与石油和蒸馏工业企业

1859年埃德温·L.德雷克上校在宾夕法尼亚的泰勒斯维尔发现石油，在随后20年时间里，石油得到大量开采和应用。加上铁路运输的改善，装运石油的车皮生产快速发展，使原油和精炼油品可以大规模运输。随着蒸汽机的使用，炼油厂内部的各个作业单位日益密切地结合起来。19世纪60年代末70年代初，石油行业的持续作业和多阶段的蒸馏方式

---

① 英美烟草公司（British American Tobacco CorporationL td，BAT）仍是目前世界上最大的烟草制造商和全球性企业，其业务活动几乎遍及世界170个国家和地区的市场。截至2023年，英美烟草公司拥有5个系列产品，员工超过4.6万人，连续22年位列道·琼斯平均工业指数成分股企业，拥有世界名牌卷烟如 Kent、State Express 555、Hilton 等，在国际上的行业垄断地位仍没有被打破。

② 该企业是美国最大的火柴生产商，至今还在营业。

被P. H. 范德维德和亨利·罗杰斯开发出来，后来被塞缪尔·范西克尔所完成。1865年建设石油输送管道，发明新的石油生产和运输方式。

随着铁路和电报系统的发展，石油产业可以将石油开采、提炼、运输调度和价格信息结合起来，形成大规模生产和销售。

洛克菲勒是石油产业的整合者，以及大规模生产的强有力推动者。1865年他创建标准石油公司，开始购买炼油厂、铁路、石油输送管道和油田，并把竞争者挤出这一行业，1879年他控制了美国90%的精炼油。标准石油公司使用石油输送管道直接把宾夕法尼亚的油田与新泽西、克利夫兰、费城和巴尔的摩的炼油厂连接起来，极大地提高了生产效率和利润率。通过史无前例的大规模销售网络，标准石油公司创造了一种新型的托拉斯组织形式来进行生产、管理和融资活动。

由于美国法律的限制，公司是无法跨州开展业务的。标准石油公司倡导中央组织型的托拉斯形式，拥有和控制在各州设立的分公司。这种托拉斯垄断组织被其他公司所采用，限制了市场竞争，使垄断组织获得垄断利润。1890年美国联邦政府通过《谢尔曼法》进行反垄断监管。在最高法院裁决下，1911年美国新泽西的标准石油公司被迫拆分成3家公司，即埃克森石油公司、标准石油公司和雪佛龙石油公司。

20世纪初期，随着美国家庭对煤油及汽油需求的扩大，石油产业开始依赖提炼润滑油的机器和内燃机。1880年至1920年，每年精炼的石油从2600万桶增加到4.42亿桶，大型油田先后在得克萨斯、俄克拉荷马、路易斯安那和加利福尼亚州发现并开采，同样采用大规模生产方式。但这些远在西部地区的油田是不在标准石油公司的生产和精炼网络之内的，加利福尼亚州的长滩、得克萨斯州的达拉斯和休斯敦成为新的石油开采和提炼中心，这些生产业务是在太阳石油公司、德士古石油公司和海湾石油公司的管理之下运营的。

大规模生产方式同样出现在制糖、油料加工、酒精、硫酸和啤酒等产业，19世纪五六十年代出现大型的制糖厂和啤酒厂等。其中，酿酒业的人工制冷、机械化装瓶和巴氏消毒技术创新，以及运输系统、销售网络和营销手段创新，使该行业在1895年至1915年几乎连续不断扩张，到1920年发展成为全美领先的大规模制造业之一。但政府颁布的禁酒令，以及允许啤酒厂拥有或控制酒馆的独特法律安排直接影响了该行业的发展格局①。

这些产业的大规模生产方式说明量化生产可以节约和降低单位成本，使工厂内的材料流动速度迅速加快，企业生产效率来源于速度，而不是规模。如炼油厂雇用的工人主要从事包装工作，平均每个炼油厂的工人数量从1860年的110人，增加到1899年的189人；炼油行业的总雇用人数则由1860年的9869人，增加到1899年的12199人。同一时期，炼油厂数量从89家，减少到75家，而产值从4370万美元，增加到123990万美元②。企业内部的材料流动速度加快后，这些产业容易成为资本密集型和能源密集型产业。

（三）大规模生产与钢铁和金属加工企业

技术进步和铁路行业的发展，扩大了对钢材的需求，钢铁业得到迅速发展，并成为美国制造业的后起之秀。1830年纽约的弗雷德里克·W.盖森海曼成功地使用无烟煤来冶铁；1834年热鼓风法冶铁技术的突破和运用，使美国钢铁工业得到迅速发展。19世纪40年代末马里兰州开设美国首家生产铁路重轨的企业。从50年代开始，钢铁制造厂逐渐发展成为大型的综合性轧铁厂，基本上采取大规模生产方式。1860年美国已经形成10个主要钢铁基地，大致分布在从大西洋沿岸到新开发的中西部地区，主要制造铁路建设使用的大铁轨，其中4家最大的铁轨联合加工厂是制铁业规模最大的企业，除生产铁轨外，还制造铁丝、铁梁和商船上的铁栅门。这些大型的联合钢铁加工厂雇用了大量工人，1860年丹维尔的蒙图尔铁工厂雇用员工近3000名，约翰斯顿的坎布里亚铁工厂有1948名工人，菲尼克斯维尔的凤凰铁工厂有1320名工人，特伦顿铁工厂有786名工人。

19世纪50年代，美国的威廉·凯利和英国人亨利·贝塞麦各自独立发明新的炼钢法。其酸性转炉炼钢法可减少焦炭量，提高成铁的质量，改变了高质量钢铁的大规模生产技术，极大降低了钢铁价格，提高了钢

---

① Martin Stack, "Local and Regional Breweries in America's Brewing Industry, 1865 to 1920", *The Business History Review*, Autumn, 2000, Vol. 74, No. 3, pp. 435-463.
② 〔美〕小艾尔弗雷德·D. 钱德勒：《看得见的手：美国企业的管理革命》，重武译，商务印书馆，2013，第297页。

铁企业的生产能力。

70年代初,卡内基离开铁路行业转向钢铁生产。1875年他在宾夕法尼亚州匹兹堡郊外的小镇布拉多克开设第一家钢铁厂,即埃德加·汤姆森钢铁厂。卡内基有效地将贝塞麦的炼钢工艺引入美国,使钢铁得以大规模生产,并使钢铁取代铁成为许多产品的首选金属原材料。他还采用垂直整合的一体化商业模式(即所有生产阶段由一家公司控制的模式),将铁矿石的开采,以及钢铁和零部件的制造、销售、运输整合到一家企业。卡内基在明尼苏达州拥有矿山,在五大湖区拥有蒸汽运输船,还拥有煤矿、炼焦炉和铁路线,把焦炭和矿石直接运到宾夕法尼亚的钢铁加工厂,形成从原材料来源到钢铁制造,再到产品运输和销售一条龙的大型综合性钢铁制造企业。他成功经营了这家钢铁企业,并获得巨大利润。

1892年卡内基在匹兹堡把他与其他合伙人收购的企业合并组成卡内基钢铁公司[1]。新企业建立后,卡内基进行组织制度的整合、机器设备的更新和重新布局,提高了制造过程的连续性和自动化程度,增加了劳动力的使用,企业的运营相当成功。1899年的净利润是2100万美元。1900年卡内基钢铁公司生产的钢铁比英国所有钢铁厂的总和还要多。卡内基钢铁公司成为当时美国制造业的支柱企业,也是美国最大的垄断企业之一,卡内基也被称为"钢铁大王"[2]。

当时美国钢铁制造业中还没有一家钢铁企业的协调和监督方法比卡内基钢铁公司所发展出来的管理方法更有效。在建立钢铁企业时,卡内基就把他在宾夕法尼亚铁路公司学习到的管理制度直接搬到钢铁企业的经营管理中来,成为钢铁制造业中大规模生产方式的先驱者,由此成为富甲一方的企业家。

在J.P.摩根牵头组织下,1901年卡内基钢铁公司进行股权重组,完成4亿美元的"世纪并购",组成美国钢铁公司,成为钢铁制造的巨无霸企业。1907年后,美国钢铁公司继续收购作为其竞争对手的多个煤

---

[1] Joel Sabadasz, "The Development of Modern Blast Furnace Practice: The Monongahela Valley Furnaces of the Carnegie Steel Company, 1872-1913", *The Journal of the Society for Industrial Archeology*, 1992, Vol. 18, No. 1/2, pp. 94-105.

[2] Edward Sherwood Meade, "The Genesis of the United States Steel Corporation", *The Quarterly Journal of Economics*, Aug., 1901, Vol. 15, No. 4, pp. 517-550. 1901年卡内基钢铁公司被J.P.摩根收购,重组为美国钢铁公司。

炭、钢铁和铁路公司，并把公司总部放在亚拉巴马州的伯明翰。1911年美国联邦政府试图运用反垄断法拆分美国钢铁公司，但最终没有成功。

以卡内基为代表的钢铁制造业巨头，采用新的钢铁生产技术和作业流程，增强美国钢铁业的国际竞争力，提高行业的生产效率。钢铁工业的发展为机器制造业、交通运输业等行业的发展打下了雄厚基础，推动了美国工业革命的深入发展，成为支撑美国重工业发展的支柱产业之一。在贸易保护主义政策下，美国钢铁业可以在世界钢铁市场保持统治地位，在第一次世界大战前，美国钢铁业即使没有这么高效，也能够保持世界最大市场份额。

1880年美国钢铁产量占世界钢铁产量的30%，1913年上升到42%。1913年至1953年，美国钢铁业在国内市场维持了40年的霸权地位，原因是在高关税政策保护下，钢铁企业成功地阻止了国外产品的进口，同时为了避开反垄断的利剑，钢铁企业没有进行大规模市场扩张。在这40年间，美国在世界钢铁产业的占比一直保持在38%到57%之间。但这一占比从1953年开始发生变化，从当年的47%下降到1980年的14%，1987年为11%[①]。在此期间，美国钢铁企业面临着日本钢铁企业的低成本和新技术的竞争压力。直到20世纪80年代，美国小型电力钢铁厂实施更多的技术变革，钢铁业的生产力和竞争力才有所恢复和提高。

除钢铁产业外，美国有色金属加工企业和玻璃制造公司也采取大规模生产方式。其中，金属加工业大规模生产的先驱企业出现在新英格兰地区，尤其是康涅狄格河谷地区的枪支制造行业。19世纪50—70年代，大规模生产的金属制品制造企业主要集中于金属成形及其改进技术，如春田兵工厂和其他金属制品加工企业。其中柯林斯·阿克斯兵工厂的主管伊莱莎·K.鲁特设计出新型的加工机器和机床，并用这些新机器制造后膛连发枪、农业机械、缝纫机、锁、天平秤、水泵和打字机等。机械师成为金属加工企业的技术能手，也建立了大量服务于大型钢铁企业的金属加工厂，这些企业制造的机器对大规模生产的金属加工厂是不可或缺的。

---

① 〔美〕斯坦利·L.恩格尔曼、罗伯特·E.高尔曼主编《剑桥美国经济史》第三卷，蔡挺等主译，中国人民大学出版社，2008，第308页。

钢铁制造和金属加工企业不断发明新的生产工艺，在诸如复合灯、标准化可互换和组装零部件的机械，以及一系列相互关联机器的制造企业，是最容易采用大规模生产模式的。而诸如石油、糖、棉花籽油、亚麻籽油的精炼，啤酒和威士忌的酿造，工业酒精、硫酸及其他化工品的蒸馏，连续机械化加工的农产品等行业，也可以运用大规模生产方式。

正是技术进步和成本优势催生重工业和新兴工业企业的规模化经营。大规模生产方式使资金、能源、原料和管理密集化。大规模生产企业容易成为资本密集型、技术密集型和管理密集型的企业。这类企业更多考虑的是成本优势。

四 产销一体化与大型垂直型综合经营企业

19世纪70年代后，大规模生产和大规模分销的结合导致工业生产的纵向一体化发展方向，许多企业都开始实施纵向一体化战略。1897年经济危机后，产销一体化战略主要在自动化和机械化制造产业普遍推行，并形成大规模生产和销售纵向一体化企业。

（一）自动化和机械化制造企业纵向一体化

在最先采用先进的自动化和连续机械化生产的行业，企业容易形成纵向一体化经营模式，如卷烟业、火柴工业、谷物加工业（谷物磨制、罐头食品）、烟草贸易业、肥皂和照相业等。这些行业在进行大规模生产的同时，也建立各自的销售和采购部门，形成产销一体化模式。这些先驱型企业率先在全国范围获得迅速发展，进而最先成为家喻户晓的大企业，如美国烟草公司、钻石火柴公司、斯威夫特公司、宝洁公司和伊斯曼-柯达公司等。直到20世纪这些企业都是各行业的领先企业。新的大规模生产和大规模分销相结合的经营方式改变了美国这些行业的组织结构，且这种变化是革命性和永久性的。

在谷物加工产业，实行产销一体化的企业，如卡德瓦拉德·科尔登·沃什伯恩面粉加工公司、皮尔斯伯利兄弟面粉加工企业，以及亨利·帕森斯·克劳威尔创建的贵格燕麦公司等，都采用新工艺、新流程和新的生产方式，建立独特的企业销售网络，不仅企业取得一体化最大效应，还促进了新兴的食品加工业的兴起和发展。其中贵格燕麦公司就是最早进行早餐食品加工和生产的企业，后来赢得"燕麦之王"的美誉。1888年该公司与另外两家企业合并组成美国谷物公司（1901年更名为贵格燕麦公司）。19世纪90年代，在面粉和谷物加工行业，最终形成以贵格燕麦公司、沃什伯恩-克罗斯比公司和皮尔斯伯利面粉公司为主的寡头垄断的产业竞争格局。

在罐头生产领域，产销一体化的纵向经营企业包括亨氏食品公司、匹兹堡罐头公司、金宝汤罐头公司、美国罐头制造公司和大陆罐头制造公司等大型企业。在乳制品生产领域，纵向一体化企业包括伯登氏牛奶公司、佩特乳制品公司和康乃馨乳制品公司等。这些一体化经营企业声名远扬，成为盈利的大型食品加工企业。

在肉类加工产业，除斯威夫特公司外，还有芝加哥的阿莫尔公司（1867）、底特律的哈蒙德公司（1868），以及纽约的两家规模稍小的肉类加工企业。它们都采用斯威夫特公司的纵向一体化生产经营模式，建立自己的养殖场、仓储中心、销售中心，以及冷藏运输车队等。到19世纪90年代中期，肉类加工业整合成几家大企业，形成寡头垄断格局。肉类加工产业还衍生了肥皂和日用消费品生产大型企业，如宝洁公司、高露洁公司、费尔班克肥皂公司、巴比特肥皂公司等。在酿酒生产领域实施一体化经营的企业有帕布斯特酿造公司、施利茨酿酒公司、布拉兹啤酒公司、安海希啤酒公司和百威啤酒公司等。这些企业都在全国各地建立销售网络，通过广告进行促销，发展成为大企业。

（二）售后服务与机械制造企业的纵向经营

在一些传统和新型专业性机械行业，营销和售后服务更为重要，生产商必然要成为分销商，机器制造企业必须进行一体化经营，它们现有的分销系统不能满足销售和服务的需要，亟须整合这类企业的生产和销售活动，还要有稳定的售后服务系统，甚至还需要信贷支持。如生产耐用消费品（缝纫机、收割机等）的企业，还有大型机器制造企业（制造电梯、抽水机、锅炉、印刷机和各种电气设备、标准化度量设备等的企业），都建立了销售网络、仓库和售后服务系统等，成为一体化大型企业。

在产销一体化生产经营模式中,缝纫机制造企业做出了榜样。如胜家缝纫机公司在19世纪50年代就开始建立自己的销售部门,通过专业技术人员的展示,让消费者熟悉机器的使用方法,让消费者放心的是该企业还有自己的专业售后维修服务人员。除胜家缝纫机公司外,能够做到产销一体化的只有少数几家企业,如惠勒-威尔逊公司和格罗佛-贝克公司等。

农业机械中的麦考密克收割机公司、沃尔特·伍德公司、D. M. 奥斯本公司,办公机械中的雷明顿打字机公司、国家收银机公司、国际商用计算机公司（IBM公司）,以及电气机械中的威斯汀豪斯公司（即西部电气公司）、通用电气公司等都采用胜家缝纫机公司的一体化经营模式,向前一体化建立分销机构,向后一体化获取供应系统,从而取得行业垄断优势,成为大型制造企业。

（三）产销纵向一体化经营实践和理论探索

如以卡内基钢铁公司为代表的钢铁企业所进行的大规模一体化经营模式,就是以铁路企业的组织设计和作业程序为蓝本的。那些对车间和工厂管理提出新的、科学的方法的创新者几乎都是与金属加工有关的机械工程师。

事实上,从19世纪70年代的经济萧条开始,由于生产过剩,需求下降,更多的企业家开始关注企业的组织和管理问题,而不是生产技术;专注于创造从原材料生产者到最终消费者的更有效物资流动,以及通过品牌和广告建立和维护市场地位。企业家不断探讨大规模企业的经营和管理问题,科学管理运动的杰出代表泰勒提出的基于车间管理的泰勒制,就是比较成熟的管理模式。1913年福特汽车公司发明大规模流水线的生产模式,由此形成更有效率的福特制,这是大规模生产和一体化经营的结果。

实际上企业实施纵向一体化发展模式是出于防御性考虑的,其目的也比较复杂,有时是抑制竞争者从而控制原料供应,设置进入该行业的障碍,有时是获得生产中稳定的原料供应,以防止生产波动甚至停工造成的成本大量增加,减少货物储存成本和其他储存成本,降低供应商不能执行契约协议的交易风险。生产设施越集中,以及供应来源越集中,单一企业的纵向一体化就越有可能。这样就使大规模生产和分销融为一体，出现垂直一体化的企业生产经营模式。

19世纪80年代，许多企业不约而同地采用产销一体化的垂直型企业经营模式。在经济危机冲击下，出现企业向前和向后的垂直联合和兼并的浪潮，纵向一体化成为企业实现大规模经营的捷径。

产销一体化的结合主要是由生产企业推动的。其原因在于当企业增加产品生产数量后，迅速销售商品成为最大的问题。当企业的原有销售网络不能满足于生产需要时，生产企业会积极寻找机会，实施垂直向前一体化策略，建立自己可以掌控的有效分销渠道。尤其是在新的资本密集型和寡头垄断产业，少数大竞争者再也不能依靠独立的中间商队伍来销售其产品。制造企业要建立营销部门，要有自己的销售队伍，在前端进行产品分销。通过密集的广告推销来兜揽顾客，并提供安装、售后服务，以及修理、消费信贷和其他服务。建立分销系统后，生产企业还要建立采购部门，向后合并进入原材料采购或开采领域，以保障大规模生产所需的源源不断的原料供给。

五　横向联合与企业的兼并重组和托拉斯化

横向一体化经营则是一种水平联合，主要是控制价格和产量，与纵向一体化有所不同。横向联合是从19世纪70年代的价格联盟（即卡特尔）开始的，主要通过贸易协会组织进行。但以价格联盟方式组成的企业，组织结构较为松散，不容易控制，有的企业为了眼前利益私自降价销售，因而达不到预期目的。1889年新泽西州修改公司法，承认控股公司的合法性，因此有的企业尝试通过控股方式建立大企业组织，以控制价格和产量。但控股公司的信息也难以掌握，参加的企业参差不齐，组织托拉斯就成为横向联合和企业兼并重组的理想方式。80年代后，大型托拉斯组织先后出现。

（一）横向联合与超大型垄断性企业的组建

早在19世纪70年代，标准石油公司就组成美国最大的价格联盟卡特尔。主要通过国家石油冶炼协会来协调价格和产量的控制问题，到

1880年，参加该联盟的企业共40家，由洛克菲勒家族成员分别控制，掌握全美国90%的石油冶炼产能。

石油产业的技术问题，即其竞争对手潮水管道公司在1879年的输油管道修建技术和项目，导致标准石油公司考虑加强联盟的控制和集中化管理，因此，组建托拉斯的工作就被提上日程。在投资银行家帮助下，通过建立信托委员会，以及联盟内部互换公司股票的方式，1882年1月标准石油托拉斯宣告成立。这是美国第一家合法的大型托拉斯企业组织，参加的企业有40家，同时成立由州政府授权经营的分公司，总部设在纽约。

标准石油托拉斯组建后，开展实质性的内部纵向一体化工作。1882—1885年，通过内部协调减少石油冶炼企业31家。1885年在国内建立两家大型石油分销企业，即大陆石油公司和肯塔基标准石油公司；1888年在英国建立开拓英国市场的英美石油公司；同时，建立跨大西洋的邮轮舰队，与德国企业合资建立在中西欧的分支机构。

到90年代，标准石油托拉斯基本上完成横向合并后的企业组织一体化工作，用10年时间完成从横向联合到法律整合，最后到管理集中化和再次纵向一体化的全过程。在随后的经营过程中，标准石油托拉斯仍面临国内外的竞争压力。其最大压力来自政治和社会层面，1911年美国最高法院诉其违反1890年的《谢尔曼法》，强制拆分标准石油托拉斯。

在被拆分前，标准石油托拉斯的商业运作还是非常成功的，因而被其他行业企业所模仿。如1884年组建的美国棉油公司，1889年其生产部分就组成7家炼油厂，合并4家肥皂厂和4家油脂厂，沿着铁路线拥有广泛的收购网络，合并50家轧棉厂、52家原油厂，业务延伸到运输车队，1891年拥有326辆油罐车；1890年后又把分销网络扩展到海外市场，其产品涉及棉籽油、牲畜饲料、肥料、食物油、黄油、洗衣粉和肥皂等，成为一家全业务的一体化大型企业，需要大量的专业经理人进行管理和协调[1]。

美国棉油托拉斯的竞争对手是同样经过一体化的南方棉油公司，它

---

[1] Alfred D. Chandler, Jr., *The Visible Hand: The Managerial Revolution in American Business*, Harvard University Press, Thirteenth Pringting, 1995, p.326.

们形成长期的双寡头竞争格局。其共同竞争对手,在国外是英国和欧洲大陆的相关企业,在国内则有宝洁公司、阿莫尔公司和斯威夫特公司等。

其他先后组建的托拉斯企业包括:1887 年组建的美国国家铅业托拉斯,其控制着全国 80% 的白铅、70% 的红铅、60% 的酸、15% 的亚麻籽油的市场;1885 年组建的国家亚麻籽油托拉斯,1920 年被解散;1887 年组建的美国糖业托拉斯和威士忌托拉斯,后者于 1903 年组成一体化酒类加工公司;1898 年组建的美国橡胶公司,其实施完善的采购、销售和制造整合政策,由此控制了全美 75% 的橡胶靴、鞋和手套产量。另外还有美国畜牧业托拉斯(1887)、国家绳业协会(1890)、国家饼干公司(1898,专注于分销)等,都建立了类似于斯威夫特公司和美国烟草公司的组织结构。这些大型托拉斯组织都控制了所在行业几十年的发展态势,改变了产业的自由竞争结构。

(二) 横向联合和企业合并与再纵向一体化

19 世纪 80 年代后,运用大规模生产和分销方式取得成功的企业,又通过再次的纵向一体化、内部融资和管理创新等途径,迅速成长为美国最早的一批大型企业(铁路和通信公司除外)。90 年代后其他企业则通过横向合并和集中化整合方式,组成颇富争议的托拉斯组织,以及各行各业的超大型多部门综合企业,形成美国企业发展的大企业时代。

1896 年经济危机前,大多数企业合并和整合都发生在消费品生产行业,1897 年后主要是生产品生产企业进行并购和整合。其中的变化不仅体现在发生变化的行业类型上,而且体现在促进和资助这些变化的方式上。1897 年前,消费品行业的合并和垂直整合几乎都是由制造商自己设计和资助的,因此库存控制仍然掌握在行业手中。1897 年后,华尔街金融家的外部发起人在工业合并和整合中发挥着越来越重要的作用,资本的投资和投机都从铁路转向工业部门。

美国企业继续通过横向联合方式组成各行各业大型综合性企业组织,但这时的并购动机和主导力量都发生了变化。投资银行家出于证券市场套利的目的主导了后期的企业合并过程。

90 年代开始的企业合并浪潮一浪高过一浪。1890—1893 年合并组建 51 家控股公司;1894—1896 年合并组建 27 家大企业;1898 年合并组建

24家合法企业组织；1899年是105家；1900—1903年分别是34、23、26、7家；1909年美国排名前50的大型垄断企业主宰着各部门，包括消费品生产企业13家（农业加工领域7家、采矿领域3家、制造领域3家）、生产品制造公司37家（农业加工领域3家、采矿领域23家、制造领域11家）①。1917年美国企业大合并浪潮才告一段落，资产规模达到2000亿美元的大型企业共有278家②，其中236家是制造行业和加工行业的企业，其中173家集中在六大产业，包括金属原料（39家）、食品（36家）、交通运输设施（29家）、机械制造（24家）、石油（24家）和化学（21家）。

20世纪初美国垄断企业得到迅速发展。许多家族或个人拥有的单一部门企业就是通过横向一体化发展成为大企业，同时一些单一部门企业先在横向合并基础上形成大企业，然后通过向前和向后结合的方式进行纵向整合，从而形成更大规模的大型企业。如美国钢铁公司、国际收割机公司、杜邦火药公司，福特汽车公司、通用汽车公司、通用电气公司等都是国际著名的企业组织。

20年代，美国企业完成其从19世纪80年代开始的纵向一体化、横向合并整合，以及再次纵向一体化的过程，建立起众多关系美国经济发展和国计民生的大企业。美国产业合并浪潮逐渐消退，大企业突飞猛进的成长历程也暂告结束。据不完全统计，1917年美国有近300家大型企业，它们主宰和控制着美国主要产业的生产和销售活动，从而奠定了美国产业和经济发展的基础，改变了企业的组织和经营模式，以及财富创造和分配的方式。由职业经理人管理的多部门大型企业，大部分持续发展营业至今，是20世纪企业组织的标配模式，对美国经济、政治、社会和企业管理理论等方面都产生深远的影响。

大企业集规模化、一体化、多职能、集权化管理于一身，代表了当时企业组织的发展趋势，为确立新型的资本密集型产业结构，以及美国产业的合理化奠定了基础。20年代后，美国的企业扩张和发展主要依赖

---

① Alfred D. Chandler, Jr., "The Beginnings of 'Big Business' in American Industry", *The Business History Review*, Spring, 1959, Vol. 33, No. 1, pp. 1–31.
② Alfred D. Chandler, Jr., *The Visible Hand: The Managerial Revolution in American Business*, Harvard University Press, Thirteenth Pringting, 1995, pp. 332, 346.

技术、资本和管理等核心因素,从某种意义上来说,管理革命为美国大企业的持续发展增添了核心能力。美国一些领先的大企业普遍实行多样化经营,产业发展趋于集中化和多元化,还有不少企业开始国际化的发展历程。这些多职能部门的跨国综合大企业,在规模、复杂性和多样化方面都远远超出19世纪的铁路大企业,它们取代铁路企业成为20世纪政治和意识形态争论的焦点。

六 典型企业案例

本章选取的企业案例基本上是在新技术新能源背景下,因技术创新,企业得到创造性发展,进而改变生产经营模式,以及所在行业的发展格局,甚至产业结构也发生巨大变化。

(一) 斯威夫特公司:垂直一体化加工企业

在过去近170年时间里,斯威夫特公司持续提供高质量和高品质的牛肉和猪肉等畜牧产品,是美国分割肉类生产加工的领先企业和真空包装技术的先驱者,也是最早探索用冷藏车进行生鲜分割肉类的运输和销售,以及进行纵向一体化整合的企业①。该企业在美国和澳大利亚拥有养殖场,并提供其他食品加工服务和相关信息系统。

斯威夫特公司成立于1855年,是由年仅16岁的古斯塔夫·富兰克林·斯威夫特在马萨诸塞州的伊斯特汉小镇创建的。

1855年至1914年,该公司经历从马萨诸塞州的屠宰商向芝加哥的屠宰加工企业转型的过程,也是开创畜牧养殖企业的垂直一体化生产和销售的时期。1875年,斯威夫特把公司搬到芝加哥后,即转为在芝加哥注册的法人企业,主要业务是肉类和乳制品加工等。斯威夫特公司既是屠宰商,又是农牧业交易商。1865年,该企业在芝加哥建立牲畜饲养基地,然后通过铁路把屠宰分割后的生鲜肉制品运到东部地区销售。

为了减少运输过程的耗损,公司积极改进运输技术和方法,其对该

---

① Alfred D. Chandler, Jr., *The Visible Hand: The Managerial Revolution in American Business*, Harvard University Press, Thirteenth Pringting, 1995, pp. 299–300.

行业的最大贡献是于1878年发明冷藏运输车。这一运输技术不仅改变了把活牲畜运到东部地区的传统办法，而且把斯威夫特公司塑造成为一家集牲畜饲养、屠宰、运输和销售于一体的垂直一体化经营企业。公司为冷藏车技术发明申请了专利，并于1880年开始制造冷藏车，建立公司的冷藏运输车队。公司先把饲养好的牲畜赶到安装有相关设备的棚式结构屠宰场里进行集中宰杀，然后专业分割成肉制品，通过冷藏运输车把肉类加工品直接运送到各地市场销售，形成垂直一体化的经营模式。整个生产过程是大规模流水线的作业模式，有序而高效。到1890年斯威夫特公司共屠宰900万头牲畜，把芝加哥变成了美国最大的牲畜饲养和屠宰基地，是现代商业史上最先进行和完成垂直整合的企业。

斯威夫特公司的垂直一体化大规模生产和销售模式，经受住了消费者和铁路公司的抵制。因为在斯威夫特公司使用冷藏运输车之前，美国东部的牛肉都是从西部把整头活牛运过去，然后现场宰杀出售的。消费者对非现场宰杀的牛肉质量不信任。公司展开广告促销和市场合作沟通活动，才慢慢得到市场认可。铁路公司抵制是因为斯威夫特公司抢了它们的生意，原来往东部地区运活牲畜是铁路公司的业务，现在的冷藏运输车会替代铁路运输。斯威夫特公司只好一方面发展自己的冷藏运输车，另一方面与铁路公司展开合作。1920年，斯威夫特公司拥有并经营着7000多辆冷藏运输车。

斯威夫特公司的垂直一体化生产经营模式，保证了加工肉新鲜不变质，减少了浪费和对环境的污染，尽可能地提高了牲畜身上所有部位的利用率，增加了业务和营收，如动物脂肪可以制造肥皂，牛角被做成梳子、纽扣、发簪、仿象牙，胫骨和大块牛骨被做成骨刀、牙刷柄、小号吹嘴等，牛蹄被做成发夹和纽扣，还可以做成胶。牛身上的其他不能食用部分可以做成诸如动物胶、明胶、磷、骨炭、鞋油和骨油等。实在没有用的部分，还能扔到容器中发酵成有机肥料。

斯威夫特公司通过建立以分支机构网络为基础的全国范围的分销和营销组织，以及专门的仓库和营销机构，建立了垂直一体化生产经营模式，并由职业经理人管理，注重技术创新和通过广告进行营销，开发了除牛肉以外的全线产品，包括羊肉、猪肉、家禽、鸡蛋和奶制品等，在各主要城市扩建了肉类加工厂。19世纪90年代末，斯威夫特公司已经塑造了一个有效的垂直整合组织，其市场开拓、加工、采购和会计等都由芝加哥的中央办公室严格控制①。其大规模生产、功能专用化、建立全国性分销网络、注重技术创新等，为美国商业新体系的建立做出了贡献。

1900年该公司在英国伦敦开设分支机构，1906年上市，成为芝加哥占地面积最大的养殖场和屠宰场。1915—1981年，斯威夫特公司成为行业巨头，其所在的芝加哥成为"世界屠夫"，是最大的牲畜养殖场和肉类加工中心。斯威夫特公司在芝加哥的联合养殖场谱写了美国最为成功的商业故事之一，1893—1933年，每年饲养的活牲畜不少于1500万头。1902年该企业在得克萨斯州开设养殖场，在全盛发展时期，公司每年饲养的牲畜有500万头。

1915年斯威夫特公司开始现代化转型。实施"安全第一"计划，减少了50%的养殖场事故，同时开始多元化发展过程。除肉类加工这一主业外，还有很多副产品，如鸡蛋、黄油、奶酪、人造黄油、猪油、起酥油和肥皂等。1920年该企业销售总收入达到11亿美元。1921年该企业在芝加哥的联合养殖场雇用了4万名员工。1926年该公司冷藏运输车队拥有5000多辆车，到20世纪30年代已经树立起牢固的企业品牌。1965年公司甚至开始在格陵兰岛开设养殖场，60年代斯威夫特公司开始涉足保险和石油领域，1971年开始关闭一些养殖场，包括得克萨斯州的养殖场。80年代加快多元化步伐，并购了一些商业公司。

1982—1995年，斯威夫特公司开始股权转换过程。1982年公司改名为斯威夫特独立分割肉类加工公司，但仍然是美国最大的分割包装牛肉和猪肉的生产商。1983年被其竞争对手阿莫尔公司收购。1984年斯威夫特独立分割肉类加工公司经营着4家牛肉加工厂和9家猪肉加工厂，成为美国第二大生鲜肉类生产商。1987年康尼格拉食品公司收购斯威夫特公司50%的股权，两年后收购其余部分，斯威夫特公司遂成为其分公司，而康尼格拉食品公司成为斯威夫特公司的母公司。

康尼格拉食品公司的历史可追溯到1919年，主营业务是农产品，

---

① Alfred D. Chandler, Jr., "The Beginnings of 'Big Business' in American Industry", *The Business History Review*, Spring, 1959, Vol. 33, No. 1, pp. 1-31.

后在食品领域进行多元化经营。在母公司领导下,斯威夫特公司进行扩张性发展。1998年,康尼格拉食品公司收购以芝加哥为基地的海关食品。

21世纪以来,斯威夫特公司继续分享其高质量和高品质肉类产品的名声。2002年,被母公司转让54%的股权给HMTF公司(Hicks, Muse, Tate & Furst, Inc.)。2007年7月12日,巴西上市企业JBS(1953年成立)收购斯威夫特公司,组成JBS Swift Group,成为世界上最大的牛肉加工企业,并将斯威夫特公司更名为JBS美国股份有限公司(即JBS. USA)。借助斯威夫特公司原有的产能和国际信用等级,JBS如愿以偿地进入美国和澳大利亚的猪肉、牛肉、羊肉市场。迄今为止,虽然斯威夫特公司被外国企业所兼并,但原有企业仍然在被并购的JBS集团中担任主力角色,其开创的加工企业产销一体化经营模式一直没有改变。

(二) 标准石油公司:首个合法托拉斯组织

标准石油公司是美国19世纪80年代首个获得政府授权成立的托拉斯企业,自建立后就一直是石油产业的整合和垄断经营者。在1911年被拆分之前就已经是当时世界上最大的石油企业,也是世界上最早出现的规模最大的跨国企业之一。后续继承的多个企业也仍然是当今世界上的大型石油企业之一。

1. 标准石油公司与"石油大王"洛克菲勒

自从爱德华·德雷克1859年在宾夕法尼亚州泰特斯维尔小镇用他发明的钻井打出世界上第一口现代油井后,越来越多的人投入到石油开采中,石油从此成为现代经济不可或缺的燃料,也成就了石油产业史上赫赫有名的洛克菲勒家族及其创建的标准石油公司[①]。

美国南北战争爆发后,造成美国南方松节油供应的中断,以及以松节油为原料的廉价照明油的严重短缺,而当时的石油炼化行业却很难满

---

① 本案例参考〔美〕艾尔弗雷德·D.钱德勒《战略与结构:美国工商企业成长的若干篇章》,北京天则经济研究所、北京江南天惠经济研究有限公司选译,云南人民出版社,2002,第178—245页。

足市场需求，洛克菲勒抓住这一机遇，将眼光聚焦于炼油行业。1870年洛克菲勒等人投资100万美元在俄亥俄州建立标准石油公司，这是当时世界上最大的石油冶炼企业，主要从事炼油、运输和销售石油产品，从而避开风险更大的石油勘探与生产业务。

为了突破法律对在某个州注册成立的公司在跨州经营方面的限制，1882年1月洛克菲勒创建世界第一家合法的托拉斯组织，即标准石油托拉斯，并把总管理处迁到纽约。在标准石油公司法律顾问多德建议下，采取股票存托凭证的联合方式，以股票为工具，将不同公司的资产高度集中于洛克菲勒等大股东手中，而不再纠缠于必须将各个州不同的公司纳入一家公司之内，实际上主宰不同公司的生产和销售等环节，因此这是一个巨无霸型的垄断企业。当召开标准石油公司的股东大会时，组成9人信托委员会，掌管所有标准石油公司相关产业的股票，洛克菲勒拥有公司2/3的股票，成为公司董事会主席。就这样，通过70万张股票信托证书，这一委员会控制了石油产业的40多家厂商，垄断了全美80%的炼油工业和90%的输油生意。1882年，全世界每年的石油产量为3500万桶，而美国标准石油公司就控制着3000万桶。

1886年标准石油公司又创建天然气托拉斯，随后开始收购油田。1888年后标准石油公司迅速向海外市场扩张，其销售机构已遍及东亚，以及英国、荷兰、德国、比利时、意大利和加拿大。到1890年标准石油公司成为美国最大的原油生产商，垄断了美国95%的炼油能力、90%的输油能力和25%的原油产量[①]。洛克菲勒和标准石油公司的成功也带来众多模仿者，托拉斯组织迅速在全美各行业建立起来。

之前美国还没有一个企业能如此完全彻底地独霸整个产业市场，标准石油公司做到了，它是美国石油生产、运输、冶炼和营销的大型垄断企业。1899年新泽西公司成为标准石油集团33家子公司的控股公司，1904年标准石油公司仍控制着美国石油生产的90%、最终消费的85%。洛克菲勒因此被称为"石油大王"。

---

① 张建新：《从"七姐妹"到"新七姐妹"：国际能源体系的权力转移》，《国际观察》2013年第6期，第71—77页。

2. 反垄断指控与标准石油公司被拆分

标准石油公司在石油生产领域的垄断地位最初是通过对冶炼部门的横向合并，以及后来的垂直合并达到的。在企业组织的托拉斯发展过程中，标准石油公司是创新者。这一石油托拉斯企业在生产和后勤物流方面均采用流水线大规模生产方式，以降低成本，削弱竞争对手。标准石油公司是由普拉特家族、潘恩-惠特尼家族、哈克尼斯-弗拉格勒家族，以及洛克菲勒家族等大家族掌控的。除石油之外，该企业还投资铁路、天然气和电灯业，并购买美国钢铁公司等的大量股票。

作为世界上第一大跨国的多部门垄断企业，标准石油公司一直是社会舆论的中心，经常被指控和批评，成为美国政府和美国社会反托拉斯的头号打击对象，受到美国政府20多年的起诉和打击。在推行反托拉斯和解散托拉斯政策过程中，批评人士指责标准石油公司使用掠夺性定价策略，摧毁竞争者，形成垄断地位，威胁到其他企业的生存。但事实是，标准石油公司的市场垄断地位最初是通过提高效率和增强企业责任取得的。

1890年美国政府通过《谢尔曼法》，从国家层面开始制裁托拉斯和标准石油公司。1892年俄亥俄州最高法院还为标准石油公司进行过有力辩护，但最后还是败诉了。鉴于当时新泽西州的注册公司法更为灵活，标准石油公司遂把公司总部迁到新泽西州进行重组，继续有效经营。但在1906—1909年，标准石油公司多次遭到美国联邦政府及各州政府的起诉。

1911年5月，当美国最高联邦法院宣判标准石油公司违反《谢尔曼法》时，充满争议的历史才告一段落。标准石油托拉斯被迫拆分为34家小企业。其中规模较大的7家包括：新泽西标准石油公司，后与汉贝尔石油公司（Humble Oil）合并，组成埃克森公司，目前是埃克森美孚石油公司的一部分；纽约标准石油公司，后与Vacuum石油公司合并，组成美孚石油公司，目前是埃克森美孚石油公司的一部分；加利福尼亚州标准石油公司，后名为雪佛龙石油公司；印第安纳标准石油公司，后来是美国石油公司的一部分，目前是英国石油公司的一部分；大西洋标准石油公司，后与独立石油公司Richfield合并，组成大西洋-利奇菲尔德公司（ARCO），后成为英国石油公司的一部分；肯塔基标准石油公司，后被加利福尼亚州标准石油公司收购，目前是雪佛龙石油公司；俄亥俄标准石油公司，这是最初标准石油公司的实体，1987年被英国石油公司收购。曾正式注册成立的合法托拉斯组织，最终被拆分和瓦解，但拆分之后的7个企业都还是石油行业的大型企业。

3. 拆分之后的企业发展走向

标准石油公司虽然被拆分，但从拆分后这些石油公司的后续发展来看，最终整个美国乃至世界石油产业仍然是由埃克森美孚石油公司、雪佛龙石油公司和英国石油公司这3家企业垄断，它们在美国市场的经营范围如下：埃克森美孚石油公司主要在美国东北部地区，雪佛龙石油公司主要在美国西部地区和东南部部分地区，英国石油公司主要在美国中西部地区。前两家石油公司都是原来标准石油公司拆分出来的，而英国石油公司中曾经有3家标准石油公司的子公司，归根到底都没有真正摆脱标准石油公司的影子。

目前的埃克森美孚石油公司应该是标准石油托拉斯的重要继承企业，其中埃克森公司（1977年新泽西标准石油公司更名为埃克森公司）、美孚石油公司都经历过长期独立发展，也都兼并了其他一些石油公司，最后在1998年12月两家公司合并组成埃克森美孚石油公司，成为全球最大的石油公司。

经过100多年产业调整和企业发展的分分合合，世界石油产业最终还是被原标准石油公司的关联企业所垄断。

（三）柯达公司：产业技术更替与企业兴衰

柯达公司是一家专注于成像技术，以及商业印刷、摄影材料和化学制品的全球领先制造商①。凭借其130多年技术创新和研发经验，该企业已在全球范围内获得79000项技术专利，为图形艺术、出版、包装、娱乐和商业电影，以及消费品市场的客户提供硬件、软件、消耗品和服务。

---

① 柯达公司的案例资料主要参考其官方网站关于企业发展历史的资料，Kodak Company, Milestones, https://www.kodak.com/en/company/page/milestones。

2023年第三季度，柯达公司的综合营业收入为2.69亿美元，净利润为5000万美元，总资产为23.57亿美元①。

这是一家创造、参与和见证100多年来胶卷技术和相关产业发展兴衰，在摄影、电影、出版、印刷、文档影像、空间成像等技术领域进行持续创新，因技术而兴的高科技企业。

1. 摄影技术创新与柯达公司的早期发展

1878年至1912年是柯达公司起步发展阶段。当时伦敦是摄影和商业世界的中心，公司创始人乔治·伊士曼（George Eastman，1854—1932）于1879年在伦敦获得镀版机专利。1880年，他发明的干版胶片获美国技术专利，他于当年4月在纽约州的罗切斯特开始生产和出售干版胶片。1881年1月伊士曼与亨利·A.斯特朗成立合伙企业伊士曼干版公司；9月辞去其在罗切斯特储蓄银行的工作，全身心投入新公司的业务发展中。1883年伊士曼干版公司推出卷筒式胶片，且卷筒夹几乎适用于市场上所有平板相机，这一创新震惊了业界。

1884年，伊士曼干版和胶片公司成立，改变了原来的合伙企业性质，新公司共有14名股东，资金规模为20万美元。伊士曼在纽约申请了胶卷技术专利，同时伊士曼与合伙人威廉·H.沃克发明底片纸的卷筒夹，公司开始生产胶卷②。1885年伊士曼美国电影公司问世，推出第一部透明摄影胶片的影片，接着该公司在英国伦敦开设了一家批发办事处。

柯达公司发明的使用胶卷夹的照相系统获得商业成功。然而纸张作为乳剂的载体并不完全令人满意，因为纸张的纹理很可能在照片中显现。后来伊士曼改进了透明卷筒胶卷和卷筒夹，也改变了摄影的工作方法，为公司在业余摄影领域的成功开拓奠定基础。1886年伊士曼成为第一批雇用全职科学家来帮助企业研究解决柔性透明薄膜基底商业化问题的实业家之一。

---

① Eastman Kodak Company, *Financial Statements*, Third Quarter, 2023, https://www.kodak.com/content/products-brochures/Company/Financial-Statements-Kodak-Q3-FY-2023.pdf.
② Alfred D. Chandler, Jr., *The Visible Hand*: *The Managerial Revolution in American Business*, Harvard University Press, Thirteenth Pringting, 1995, p.296.

1888年伊士曼创建伊士曼柯达公司（简称柯达公司），并注册"柯达"商标品牌，生产胶卷和相机。柯达相机问世后，为了方便每个人使用相机，伊士曼在相机中预装了足够100次曝光的胶片，在操作时可方便携带和手持（相机定价是25美元）。胶片曝光后，整个相机被送回罗切斯特，在那里胶卷被冲洗、打印，插入新胶卷，完成所有这些流程只需要10美元。伊士曼为消费者带来的第一部简易相机使复杂的摄影过程变得简单易操作，且几乎人人都能做到，由此带动了业余的快照摄影。公司的广告语"您只需要按一下按钮，其余的我们来做"，在不到一年时间就家喻户晓，杂志、报纸、展览和广告牌上都打出柯达的旗帜，柯达公司也因此踏上开发摄影新产品之路。正是摄影和胶卷等的技术创新，成就了柯达公司这家百年老店。

1889年伊士曼及公司的化学研究人员完善的第一个商用透明卷膜（柔性胶片）投放市场，对大众影像与专业摄影产生极为深远的影响。基于此，发明家托马斯·爱迪生才得以于1891年开发出首款电影相机，柯达公司亦于1896年推出电影专用胶卷。1889年伊士曼干版胶片公司改名为伊士曼公司，同时在英国伦敦成立伊士曼摄影材料有限公司，开始走向跨国发展。1891年公司推出第一款日光相机，这意味着摄影师可以在不使用暗房情况下重新加载相机。同时，开发出连续轮式工艺，用于制造透明薄膜基底，方便用户操作。

1892年公司改名为纽约伊士曼柯达公司①。1893年柯达公司在罗切斯特扩建厂房，大批量生产盒式和折叠胶卷相机。1895年柯达公司推出袖珍相机，可使用卷筒胶片，并包含一个小窗口，通过该窗口可以读取曝光的定位数字。柯达公司成立后不久，就体现出其在医疗影像中的关键作用。1896年柯达公司推出专门为拍摄X光影像而设计的相纸。同时，推出第一款专门用于电影的涂布胶卷。

1897年柯达公司在法国建立一家全资子公司，以扩大1891年开设的分公司的规模。1898年柯达公司推出折叠袖珍柯达相机，这被认为是所

---

① 自1892年纽约伊士曼柯达公司成立以来，就一直被称为伊士曼柯达公司。1901年，根据新泽西州法律成立的伊士曼柯达控股公司是柯达公司的母公司，本书都用"柯达公司"的简称。乔治·伊士曼成为这家控股公司的总裁。伊士曼最初的合伙人亨利·斯特朗一直担任纽约公司的负责人，直到1919年去世。

有现代卷筒胶卷相机的鼻祖，同时柯达公司生产出一种 2.25 英寸×3.25 英寸型号的底片，这种底片在几十年里一直是标准尺寸。柯达公司的照相技术发明和创新为其打开世界业余摄影者市场奠定了重要基础，也改变了摄影实践操作仅限于专业人士的传统认知，照相在成千上万的业余摄影者中流行起来。

伊士曼根据四项原则开展业务和管理企业，即低成本批量生产、国际化分销、大量广告和以客户为中心。他认为这四项原则密切相关，没有广泛的分销就不可能进行批量生产。反过来，分销需要强势广告来支持。他从一开始便向公司灌输满足客户需求和愿望是企业成功的唯一出路的理念。

低成本的大批量生产是柯达公司取得竞争优势的重要途径。在公司发展早期阶段，伊士曼致力于以尽可能低的价格向尽可能多的人提供摄影工具。业务的快速增长使大规模生产成为必然，柯达公司独创的胶片制造工具和流程帮助新公司以大众能够承受的价格生产出高质量的摄影产品。柯达公司生产的摄影胶片记录着世界各地的大多数电影情节，并广泛用于拷贝社区剧院上映的电影。任何一家非工作室公司都无法做到这一点，而柯达公司参与了贯穿整个行业发展演变的科技创新全过程。

在基本原则基础上，伊士曼还增加了以下经营政策，即通过不断的技术研发促进企业的增长和发展，对待员工要一视同仁，将利润重新投资，不断扩展业务。

在员工管理和企业建设方面，伊士曼以非凡的远见融合人性和民主品质。他认为员工应该拥有的不仅是丰厚的工资，还有超越工资部分的东西。在创业和企业发展初期阶段，伊士曼就开始计划为员工发放"工资红利"，这在当时是一项薪酬管理的创新，即每个员工的收益都超过其工资部分，根据公司股票的年度股息成比例增长。1899 年他的第一个行动是把自己的一大笔钱作为直接礼物分发给每个为企业工作的人。伊士曼认为，一个企业组织的繁荣并不一定是由于发明和专利，更多的是由员工的善意和忠诚决定的，而这种善意和忠诚又通过利润分享的形式得到增强。1919 年伊士曼将自己持有的公司股票的 1/3（当时价值 1000 万美元）分给他的员工。后来他还建立退休年金、人寿保险和残疾福利计划，履行他对员工的责任。

1900年柯达公司推出第一台著名的售价仅为1美元布朗尼相机，而每个胶卷的售价才15美分。这几乎使每个人都能负担得起摄影的爱好。1902年柯达公司生产的显影机更是使摄影业余爱好者不用暗房而自己冲洗胶卷成为可能。1903年柯达公司的非卷曲胶卷问世，这之后就成为业余摄影近30年的标准产品。到1907年，柯达公司在全球的雇员人数超过5000人。1908年柯达公司生产出世界上第一个商用安全薄膜。同年在澳大利亚开设一家新工厂。1911年柯达公司在罗切斯特总部成立光学设计部门。1912年聘请英国科学家C.E.肯尼斯·米斯（C.E. Kenneth Mees）博士到柯达公司罗切斯特总部组织和领导一个研究实验室。

1891年柯达公司在英国哈罗（位于伦敦城外）的工厂建成。到1900年，柯达公司在法国、德国、意大利和其他欧洲国家建立分销出口渠道。不久又在日本和加拿大设立分支机构。后来柯达公司又在南北美洲、欧洲和亚洲设立胶卷和摄影产品生产基地，柯达公司的产品几乎遍布全球每个国家和地区。在整个20世纪，柯达公司是摄影和胶卷生产行业的领导型企业，在全世界的大街小巷人们都能看到"柯达照相"的广告和宣传，其品牌几乎传遍世界每个角落。

其实柯达公司不仅以摄影材料和技术著称，还因各种休闲、商业、娱乐和科学应用使用的影像而闻名，其业务范围涉及使用新技术来结合图像与信息，为改变普通人和企业通信方式创造条件。正如伊士曼"让摄影像使用铅笔一样方便"的目标一样，柯达公司坚持走把影像引入人们日常生活的发展道路。

2. 技术创新与行业引领

1913年至1970年，柯达公司以摄影技术为核心不断进行研发创新，持续推出各种新产品，引领整个摄影器材行业的发展。

1913年柯达公司推出人像胶片。在第一次世界大战期间，柯达公司为美国信号部队研发航空相机，并训练航空摄影师，同时为美国海军提供涂在飞机机翼上的醋酸纤维素，为防毒面具生产牢不可破的摄像镜头。

1914年柯达公司聘请两位X射线成像专家来解决客户技术问题，到1929年，柯达公司的技术人员已增加到26名。1923年柯达公司推出16毫米醋酸纤维素胶片，第一台16毫米CINE-KODAK电影相机和KODAS-

COPE 放映机投放市场，使业余电影成为现实。16 毫米胶片的迅速普及使柯达公司在世界各地的加工实验室网络得以形成。到 1927 年，柯达公司在全球的雇员人数超过 2 万人，成为规模较大的跨国企业。1928 年柯达公司推出 16 毫米柯达彩色胶片，使业余电影摄影师拍出彩色电影成为现实。

由于伊士曼拥有银行职员工作经验，1928 年柯达公司推出首个缩微胶片系统（Recordak），旨在简化银行档案记录的管理。缩微拍摄形成尺寸大为缩小的拍摄文档，以便存档。1931 年文件缩微复制系统使该过程可自动操作完成，将胶片与通过转存送入的文档同步移动，实现任何长度文档的拍摄。柯达公司还通过高级缩微胶片系统和高速文档扫描仪成功参与文档管理。后来柯达公司不断改进技术，缩影胶片在保险业、图书馆、政府机构和运输业等文档密集型领域发挥了重要的作用。

1929 年柯达公司推出用于制作当时新兴的有声电影的第一款胶卷。1930 年又推出新胶片和版材，以取代平面艺术行业使用的湿版胶版。1933 年，柯达公司首部 8 毫米业余电影胶片、摄影机和放映机问世，随后于 1934 年至 1939 年，又陆续推出首款 35 毫米精密柯达视网膜相机、35 毫米幻灯片、8 毫米家庭电影相机、16 毫米胶片有声放映机、幻灯片投影仪、柯达 6-20 相机，以及商用的业余彩色胶片等新产品和服务。1941 年柯达公司推出多功能相机，快门速度范围为从 1/1000 秒到 1 秒。第二次世界大战期间，柯达公司为节省运输空间开发出缩微信件拍摄系统 Airgraph，或称 "V-Mail"。

1946 年柯达公司推出首款透明的彩色胶片，摄影师可以使用新上市的化学试剂自行处理照片。这一年，柯达公司的全球雇员超过了 6 万人。1947 年柯达公司与美国全国广播公司等机构合作推出伊士曼电视记录相机，用于记录电视屏幕上的图像。1948 年柯达宣布为电影工业生产 35 毫米三醋酸酯安全基膜，以取代易燃的硝酸纤维素基膜，并在两年后获得奥斯卡奖；1950 年又推出伊士曼彩色底片和彩色拷贝胶片，从而推动在电影院和电视上普及彩色影片。同时推出可以循环播放的大型显示屏，安装在纽约市大中央车站的主航站楼。接着在后续几年，柯达公司先后推出价格低廉的布朗尼 8 毫米电影相机、BANTAM 缩微胶片和高速黑白柯达 TRI-X 胶片等。1955 年柯达公司开始销售不含加工成本的彩色胶卷，创造了一个新的应用市场，可以为独立的冲印商提供产品和服务。这一年，柯达公司在全球拥有7.3万名员工。

1956年至1959年，柯达公司推出摄影技术和服务、胶片、相机等行业的大部分首款新产品和新技术。如改进的黑白胶片、布朗尼STARMATIC相机（这款新相机有7个型号，在推出后的5年时间里共售出1000多万台）、柯达全自动幻灯片投影仪、首款单镜头反光相机、柯达视网膜反光相机、高速彩色胶片、静态相机和8毫米胶片相机等。

在整个60年代，柯达公司主要在胶片、投影仪、幻灯片、相机和打印存储等领域不断推出各类新产品。1962年柯达公司在美国的综合销售额首次超过10亿美元，全球雇员人数超过7.5万人。柯达公司生产的胶卷记录了美国宇航员约翰·格伦首次绕地球飞行的实况。1966年美国月球轨道飞行器Ⅱ拍摄的"世纪照片"（一张月球上哥白尼陨石坑特写照），使用的就是柯达公司提供的双镜头相机、胶卷、处理器和读出设备。1969年当美国宇航员奥尔德林和阿姆斯特朗踏上月球时，柯达公司制造的一架特殊的立体相机陪伴着他们。

1966年柯达公司全球所有部门的总销售额超过40亿美元，全球员工人数超过10万人。从1963年至1970年，柯达公司生产了5000多万台INSTAMATIC相机。

3. 技术和产品创新与企业发展转型

1971年至2011年，柯达公司在继续开发原有的摄影、电影、出版、印刷、文档影像、空间成像等技术和产品的同时，开始探索数字化、医疗影像技术、复印打印和印刷等不同业务方向。

在数字化转型方面，柯达公司于1975年发明世界上第一台数码相机，同时推出高质量复印机和缩微胶片产品，并提供高速和自动检索缩微胶片图像，以及柯达即时相机和用于自动显影彩色照片的打印胶片等；1981年收购计算机出版系统制造商Atex Inc.；1984年进入视频市场，推出全系列个人电脑软盘；1985年研发出用于电子出版和信息管理的图像管理系统；1986年进入电池市场；1987年以记录、存储、处理、传输、打印和电子静止视频等七个领域的产品进入电子视频市场；1989年推出数码连续色调打印机和改进版伊士曼EXR彩色底片。

从20世纪90年代末至21世纪初期，柯达公司不断加大数字化转型步伐。1990年开发出用于在电视屏幕上播放图像的照片CD系统，并提出在计算机和计算机外围设备的数字环境中定义颜色的全球标准，开发柯达图像增强系统；1991年推出柯达专业数码相机系统，使摄影记者能够使用配备130万像素传感器的尼康F-3相机拍摄电子照片；1992年推出新数码相机和数码连续色调打印机；1994年推出提供数字成像产品和服务的柯达复印工作站；1995年推出互联网网站kodak.com、傻瓜数码相机、新型优质纸张和透明胶片，推进数字成像业务；1997年推出变焦数码相机，并通过组建合资公司形式推进电脑制版和其他数字解决方案；2000年创建高质量的数字电影系统。

2001年至2005年，柯达公司不断推出新的数码相机，研发成像传感器和图像传感器系统，以及数码相机及其对接系统，为数码摄影的易用性设定标准。2003年引入柯达数字电影操作系统，2011年推出防水数码相机和运动款数码相机。

在医疗影像技术创新方面，柯达公司改进胶片与成像技术，以满足医疗行业的特殊需求。如在第二次世界大战期间，柯达公司曾为开发原子弹的工人设计出检测辐射曝光的胶片。长期以来，柯达公司相继开发出具有特殊功能的许多其他类型的胶片，应用于诸如心脏病学、牙科、乳房X射线成像和肿瘤学（癌症的放射治疗）等领域，还为生物分子研究科学家提供胶片和影像分析产品。

1980年柯达公司宣布进入临床诊断市场，提供柯达EKTACHEM 400分析仪，用于干化学血清分析；1983年推出柯达EKTACHEM DT60分析仪，为医生提供干化学血清分析工具；1986年设立伊士曼制药部门，从而进入医疗保健领域；1988年收购Sterling Drug Inc.，为其提供参与处方药和非处方药市场所需的基础设施和营销能力；1994年柯达公司出售非成像健康相关业务，1998年收购Imation公司全球医疗成像业务的大部分。1999年柯达公司推出乳房X线摄影激光成像系统和用于捕获X射线图像的数字射线照相系统。2000年，柯达公司健康成像部门推出45款新产品，包括口腔内牙科胶片、图像和数字放射照相系统等。2005年与IBM的制造联盟合作推出首款CMOS图像传感器设备，柯达公司负责分子成像系统，帮助实验室研究人员在癌症领域的研究。

在数码印刷和柔印包装市场方面，柯达公司的竞争能力逐步显现。依赖于在缩影胶片上的成功及电子摄影技术研发，1975年推出的首款产品柯达 Ektaprint 100 复印机可进行高速、高质量复印和影印。柯达公司在复印机业务领域持续经营多年，2006年柯达公司安装了第1万台CTP设备，进一步巩固了其在印刷市场的技术领导者地位。2010年推出柯达图片保护扫描系统、多功能一体喷墨打印机，安装了第100台KODAK FLEXCEL NX 数字柔印系统，这是一种用于软包装材料印刷的创新制版解决方案。

4. 企业破产重组再出发

21世纪以来，柯达公司面临经营困境，2012年宣布进入破产保护，而后进行重组和一系列改革。柯达公司的破产是胶卷和照相行业发展的重要事件，拥有"胶卷之王"之称的柯达公司逐渐从人们的视线中淡出。

重组后的柯达公司把重点放在印刷、出版和柔印包装市场，逐步淘汰数码拍摄业务，出售柯达在线照片服务、柯达电影特效子公司资产和数字成像专利，剥离其个性化成像和文档成像业务。2013年柯达公司推出10项新的商业技术，包括柯达 PROSPER 6000XL 印刷机、用于生产柔版包装印刷圆套的 KODAK FLEXCEL 直接系统，以及免加工版印刷设备 KODAK SONORA XP 等。作为进入功能性打印市场的第一步，2013年柯达公司与两家从事触摸屏传感器制造的技术公司达成合作协议，开发数字柔版制版系统。同时与博斯特公司达成战略发展协议，将柯达公司的技术整合到博斯特公司的包装生产设备组合中。

2013年9月3日，柯达公司最终完成破产重组，转型成为一家专注于商业成像的技术公司。2014年1月8日柯达公司在纽约证券交易所重新上市（股票代码为"KODK"），杰夫·克拉克被任命为新柯达公司的首席执行官。

从2014年开始，柯达公司慢慢走出破产保护阴影，重整旗鼓。不断在印刷、柔印数码系统和包装等技术领域推陈出新，提供创新产品和技术支持。与多个厂商合作开发新系统，为更多的出版商、包装和商业印刷机提供先进的集中数字设备控制和自动化系统。

2016 年柯达公司研发的 FLEXCEL NX 系统获得第 500 个订单，标志着其行业领先的柔版技术在全球范围内得到应用。2017 年柯达公司推出业界首创的全新解决方案 Kodak PRINERGY Cloud，2018 年升级柯达打印软件，使打印机效率更高，效果更好。柯达公司推出 NEXFINITY 数字印刷平台，大大提高了数字印刷的多功能性，同时推出决策分析软件即服务产品，帮助打印机优化耗材使用并节省材料。

2019 年，柯达公司为包装行业推出 Kodak PROSPER Plus 压印系统和 Kodak SMILE 即时数码打印机，这是首台使用柯达公司最新连续喷墨技术的软包装印刷机；2020 年柯达公司推出 Kodak SONORA NX2 免冲洗版，使报纸出版商能够降低成本，提高印刷效率。

尽管早在 20 世纪 70 年代柯达公司就开始企业发展的多方面业务转型，但很难重现其前 100 年的辉煌。实际上打败柯达公司的并不是数字化，也不是同行竞争者，而是跨行业的智能手机。

第8章 颠覆性技术创新与高科技企业引领发展

本章内容涉及的时间范围大致为1946年至2020年，这一时期正值第三、第四次科技革命，与第三、第四次工业革命时期重叠。主要阐述美国企业和技术人员在电子、计算机、半导体、软件开发、信息化和智能化等智力密集技术领域所进行的颠覆性创新实践。他们已经或正在创造许多前所未有的技术和产业，引领世界新兴产业的发展、人类生产生活方式的新潮流和新方向。

一 科技革命时代背景下颠覆性的技术创新

美国学者克莱顿·克里斯坦森认为，颠覆性创新强调的是产生颠覆性创新的技术，既可以是基础性和原理性的新发现，也可能是在现有技术上的跨领域和跨学科的创新性应用。颠覆性技术使原有的技术轨道产生变异，延伸或产生出新的技术生命周期，作为一种新兴的替代性技术形成新的技术轨道[①]。美国企业能够开展颠覆性技术创新，主要得益于这一时期出现的第三次科技革命，以及在科技革命中获得成功应用的重大科研成果。

（一）第三次科技革命的技术创新及其影响

第三次科技革命是指源于二战后美国的一场科技创新浪潮，主要标志是电子计算机、原子能利用、空间技术、新材料和生物工程技术等，这场科技革命源于战争时期美国的军事科技，后扩展到欧洲和日本，在20世纪50年代中期至70年代初期达到高潮，80年代后以更大的势头向

---

① 〔美〕克莱顿·克里斯坦森：《创新者的窘境》，胡建桥译，中信出版社，2014，第XVI—XVIII页。

纵深扩展和推进，并推动第四次科技革命和新型工业化的发展趋势。

第三次科技革命之所以发生，一方面是长期以来科学技术自身积累和发展的结果，特别是自然科学的突破性进展为科技革命提供了理论基础，如物理学革命，包括相对论和量子力学的建立，核爆炸的实现使原子能的开发和利用成为现实，数理逻辑和电子成果催生电子计算机，空间技术则集中和物化了现代科学技术的大部分重要成就。形成于战后初期的"三论"（即控制论、信息论和系统论），也是当代科学技术革命的主要理论依据。

另一方面，20世纪上半期人类社会的技术进步和发展，也为科技革命创造了物质条件。同时，社会经济发展的需要是科技革命的根本动因，生产力和生活需求的不断提高要求人们研究更经济合理的能源利用方式，开发更新的能源。生产发展的同时也扩大了对特殊材料的需求，它要求研制更坚韧、耐高温、抗腐蚀、电气性能优异的新材料。同时，生产过程中出现高速、高温、高压和剧毒等人们无法操纵和直接控制的工艺，这就要求研制自动控制的生产装置。而原子能、电子、计算机和合成材料等新技术，正是适应生产和生活的巨大需求而相继诞生的。

特别是战争和军备竞赛成为第三次科技革命的重要刺激因素。第二次世界大战期间，各国为了保证战争的胜利，不惜代价地发展科学技术，积累了一大批科技成果。如美国为了抢在纳粹德国之前研制原子弹，在与英国和加拿大等国合作下，调集15万名科技人员，动员50万人，花费约20亿美元；电子计算机也是在第二次世界大战中首先为适应弹道计算的需要而加速研制出来的；高分子化学领域的合成橡胶、合成纤维（尼龙、涤纶）和合成塑料这三大合成材料的发明最先也是用于军事目的的，战后才转向民用。

二战后形成的"冷战"局面，使美苏展开激烈的军备竞赛，双方都动员各自的科技精英去从事尖端科技的研究，促进了不少高科技成果的出现。如为了与苏联争夺空间技术，1958年美国组建国家航空航天局，并投入大量人力物力实施太空探险和登月计划。该计划的实施大大推进了空间科学、宇航工程、电子计算机、无线电通信，以及材料技术的发展。这些尖端的、与军事有关的技术在一定条件下转为民用时，大大加快了科技革命的进程。

（二）第三次科技革命源于美国的主要因素

第三次科技革命起源于美国，而不是别的国家的关键因素是，美国从国家战略层面建立独特的国家创新体系。这一体系主要由政府、企业、研究型大学和科研机构等核心机构与金融、法律、文化等方面的外围机构组成，有力推动了第三次科技革命的发展，使美国在二战后成为原创性技术创新的主要国家，保证了美国在科技发展方面的长久优势。

早在第二次世界大战期间，为了迅速取得战争的胜利，美国政府启动著名的"曼哈顿计划"（1942），1945年夏美国成立以范内瓦·布什为负责人的科学研究与发展办公室，当年范内瓦·布什向罗斯福总统呈送的《科学：无尽的前沿》报告，奠定了美国重视基础研究的导向，影响了美国政府甚至其他国家的科技政策，从而开启政府大规模参与科学研究和技术开发的时代。

根据范内瓦·布什提出的报告和政策建议，联邦政府资助研究型大学开展科学研究具有必要性和合法性，从20世纪50年代开始美国政府积极资助和鼓励研究型大学投入到科技创新中来，大幅度增加对科技研发的投入，直到1975年，联邦政府的科技研发投入一直高于产业部门[①]。在80年代之前，受冷战影响，美国政府的科技研发投入以军事目的为主，对于民用技术的研究很少。

新兴科学技术的发展，已经超出原有的依靠科学家和技术人员个人才智的阶段，只有建立国家创新体系才能集中大规模的科技人员进行集体研发。如为了实施"曼哈顿计划"，美国政府动员50万人力，投资22亿美元，耗费全国电力生产的1/3，才保证了原子弹的试制成功。

1980年美国通过的《贝赫-多尔法案》旨在促进中小企业与大学等得到联邦政府资金支持的技术发明的使用权，开启美国创新政策在20世纪80年代的转型，极大地刺激美国私人部门对研发活动的投入，并激励以专利为技术转移及融资手段的硅谷模式的繁荣[②]。根据该法案的规定，

---

① 1960年，联邦政府研究与开发经费为87.35亿美元，1970年为148.91亿美元，1980年增加到294.61亿美元，到1990年进一步增加至639.96亿美元。
② 封凯栋、李君然、付震宇：《隐藏的发展型国家藏在哪里？——对二战后美国创新政策演进及特征的评述》，《公共行政评论》2017年第6期，第65—85、210—211页。

大学利用联邦政府资金开发出来的技术成果，其知识产权属于大学，商品化权利也属于大学。大学可以保留出售发明和转让许可证的经济收入，但大学须负责将研究成果投入使用。因此《贝赫-多尔法案》的目的不仅是资助大学，还在于调整学术界与产业界的关系，使大学实验室成为企业技术创新的源泉。此后，不少研究型大学以前所未有的热情投入科学技术转移工作，有些大学还建立孵化器和科技研究园区，更多地参与地区经济活动。

80年代中期后美国政府又加大军事科技成果的军转民力度，以促进产业技术的发展[①]。90年代后布什政府和克林顿政府都非常重视具有战略意义的科技发展政策，先后推出《美国技术政策》（1990）、《促进美国经济增长的技术：加强经济实力的总方向》（1993）等政策计划，加强政府在科技创新中的地位。

在第三次科技革命中，美国一些大企业和跨国公司扮演着创新组织者和技术转移载体的重要角色。如IBM公司和通用汽车公司着眼于长远利益，保留大型基础研究实验室，将这作为对国家创新体系的贡献。特别是IBM公司在超导技术和精简指令集系统计算机（RISC）技术方面取得重大进展。90年代初，大公司和其他企业与国家实验室组成联合体来开发和转化科学技术，企业之间通过战略联盟或伙伴关系建立密切联系，打破部门内营销、开发、研究之间的界限，同时打破部门、机构和行业之间的界限，共同推动科技创新工作，不断推出新的产品。

根据美国政府的各种科技发展计划，大大小小的企业联合体和大学努力进行原创性研究，促进新兴产品的开发。国家实验室、大企业实验室、高等学校与各行业形成互相关联的科技创新体系，加强高科技的研发。而尖端科技的研发风险极大，往往需要大规模投入，单独的任何一个部门都难以为继，需要这些技术创新主体机构联合起来。美国联邦政

---

① 1988年联邦政府研究与开发经费预算总额中，用于与军事有关的部分占65.6%，而用于民间产业开发的费用仅占0.2%。德国政府用于工业技术开发的经费占14.5%，日本占4.8%。1986年，《史蒂文森-怀德勒技术创新法》规定，国家实验室负有技术转移和与产业界进行合作研究的责任。研究中出现的有利于民用工业的成果应转给产业。为此大型国家实验室纷纷成立了技术转移办公室，通过合作研究开发协议与企业展开合作研究。参见郑伟民主编《衰落还是复兴——全球经济中的美国》，社会科学文献出版社，1998，第109页。

府、高等院校、产业部门和其他机构非常重视对技术研发的经费投入，从 1960 年至 1993 年，这四方面机构的研发经费情况如表 8-1 所示。

表 8-1 美国研究与开发经费及其来源比例（1960—1993）

单位：亿美元，%

年份	研究与开发经费		资金来源			
	总额	占 GDP 百分比	联邦政府	产业部门	高等院校	其他机构(非营利团体等)
1960	135.20	2.6	87.35	45.16	0.64	2.05
1965	200.44	2.8	130.12	65.48	1.24	3.60
1970	261.43	2.6	148.91	104.44	4.62	3.37
1975	352.13	2.2	181.09	158.20	7.49	5.35
1980	626.10	2.3	294.61	309.12	13.34	9.03
1985	1138.18	2.8	521.27	579.78	23.69	13.44
1990	1164.34	2.7	639.96	757.14	43.56	23.68
1991	1453.83	2.6	591.46	788.04	48.50	25.83
1992	1545.00	2.6	651.50	810.50	54.00	29.00
1993	1607.50	2.6	680.00	835.50	60.00	32.00

注：1970 年的数据实际上是 1971 年的数据。
资料来源：郑伟民主编《衰落还是复兴——全球经济中的美国》，社会科学文献出版社，1998，第 92 页。

表 8-1 显示，在二战后至 80 年代，联邦政府和产业部门都是科技创新经费投入的主要力量，80 年代后产业部门的技术研发投入大于联邦政府，联邦政府研发强度平均为 2.35%。

除通过国家组织和参与，大型企业、高校和科研院所进行投入，加强技术研发之外，还要有大量受过高等教育的科技人员。

二战后美国非常重视教育，特别是通过发展高等教育来大力培养科技人才。美国经济学家舒尔茨在分析 1929 年至 1957 年美国生产增长时发现，生产增长幅度远大于人力与资本投入增长幅度。主要原因是教育事业的发展使劳动者的素质和技能有所提高，从而促使劳动效率大大提高。1950 年，美国的教育经费占国内生产总值的 3.3%，到 70 年代上升到 7% 左右，战后美国人口受教育程度普遍提高。美国还一贯重视用高薪和优越的生活、工作条件从国外吸引人才，这对由美国引领的第三次科技革命起到非常重要的作用。

（三）第三次科技革命的突破性新技术成果

这场起源于美国的第三次科技革命，内容十分广泛，涉及以下五方面的突破性技术创新成果。

一是核能技术。1945年7月16日美国第一颗原子弹爆炸成功，标志着人类利用原子能时代的开始。之后原子能被用来制造军事武器，如原子弹、氢弹和中子弹，以及核潜艇等；也可以和平利用，如用于核电站和核医学等。1954年6月苏联在奥布宁斯克建成世界第一座以铀为燃料的核电站，1956年英国建成以钚为燃料的核电站。以后核电站在美国、西欧、日本和北欧等普遍建立起来，成为主要的能源来源之一。目前全球建设有440座核反应堆，有50多个国家在研究和利用核能，核能成为世界第二大低碳能源（2020年占总量的26%），提供全球约1/4的低碳电力。实际上，核技术的用途远远超出提供低碳能源的范畴，它还有助于控制疾病的传播，帮助医生诊断和治疗病人，并为探索太空提供动力。世界核协会的统计数据显示，截至2024年2月，核电占美国发电量的18.2%，占世界发电量的9.8%[①]。

二是电子计算机技术。自从1946年2月15日被命名为"电子数值积分计算机"（简称ENIAC）的世界第一台电子计算机在美国宾夕法尼亚大学建成后，二代、三代和四代电子计算机先后于1959年、1964年和1970年被美国的科技人员成功研制出来。到70年代进入微电子技术时代。80年代后计算机广泛应用于核武器研制、导弹及航天飞机设计、气象预报、卫星图像处理，以及经济预测和生产等领域，同时开启个人电子计算机时代。电子计算机的普及极大地推动了工厂自动化、办公自动化和家庭自动化。特别是计算机网络系统的建立和发展，使各种信息情报网络不仅联结国内，而且能联结世界各地，产生巨大的网络和信息化效益。

三是空间技术。这是对现代自然科学，包括数学、物理学、化学、

---

① World Nuclear Association, World Nuclear Power Reactors & Uranium Requirements, February 2024, https://www.world-nuclear.org/information-library/facts-and-figures/world-nuclear-power-reactors-and-uranium-requireme.aspx.

电子学、冶金学、天文学、空气动力学等多学科成果的综合利用,又为各种新学科核心技术的发展开辟新的道路和领域。1957年10月4日苏联成功地将世界上第一颗人造地球卫星送上太空,1961年4月12日苏联又发射第一艘载人飞船;1969年7月21日,美国"阿波罗号"飞船成功登上月球,标志着战后空间技术的巨大进步。据统计,到1982年底,全世界已发射各种航天器2936个,其中美国占34%,苏联占60%。1981年4月12日美国第一架航天飞机"哥伦比亚号"顺利升空,这是火箭、宇宙飞船与飞机技术相结合的一种空间运载工具。目前,空间技术的探索从火星和月球上的生命发现,到天气预报、卫星系统和家庭远程通信等的突破性进展,被广泛地用于通信、侦察、气象、导航、资源考察和科学研究等各个领域,产生巨大的经济效益,并对社会经济生活产生越来越大的影响,同时太空探索的技术也对地球产生不可思议的影响。

四是新材料技术。这是指在现代科学基础上研制具有优异特性和特殊功能的新材料技术。二战后,由于有机化学、物理化学和固体物理学的发展,新材料不断涌现。70年代以后更以每年5%的速度增加新品种。1976年西方各国的注册新材料已达30万种,其中最受关注的主要有:耐热、耐磨和耐腐蚀的精密结构陶瓷;可用于切削刀具、连续铸钢新工艺;光电能转换效应好的非晶态硅,可作为廉价太阳能电池材料;高强度、低比重、抗疲劳的纤维增强树脂复合材料,如碳纤维、芳纶等。80年代以来对超导材料的研究已取得相当大的进展,这种材料由于具有零电阻和抗磁性两大特点,成为输电的理想导体。1987年美国科学家获得转变温度为98K(绝对温度温标符号,0K相当于零下273.15摄氏度)的超导体,后来中国科学家又获得100K的超导体,于是国际上掀起"超导热",各国科学家争相寻找更高转变温度的超导材料。一旦它们用于能源、交通、通信和计算机等领域,就会导致一场深刻的产业变革。

五是生物工程技术。这是指利用生物体系,应用先进的生物学和工程技术,加工(或不加工)底物原料,以提供所需的各种产品,或达到某种目的的新型跨学科技术。这项技术包括基因工程、细胞工程、酶工程和发酵工程(微生物工程)四个部分,其中基因(DNA)工程(又称遗传工程)是核心技术。

1953年，美国化学家沃森（J. D. Watson）和英国物理学家克里克（F. H. C. Crick）建立DNA双螺旋结构模型，标志着分子生物学诞生。60年代科学家又发现构成DNA的64个遗传密码。1973年美国分子生物学家科恩和博耶成功进行DNA重组技术试验，他们将重组的DNA引入快速繁殖的大肠杆菌中，从而生产出具有某种特性的生物制品。接着应用这种技术生产出胰岛素、生长激素和干扰素。科学家们预言，21世纪将是生物世纪，生物工程技术的日益成熟和普及将大量产生出新的物种，大幅度推动农业生产，改善生态环境，提高人类的生活和生命质量，并触发一场新的科技革命。

在第三次科技革命中还有许多其他的高新技术问世，包括激光技术、光导纤维技术和海洋工程技术等①。这些新技术将直接产生重大的社会和经济效果，成为战后世界各国经济新的增长点。

（四）第三次科技革命技术创新的主要特点

二战后发端于美国的第三次科技革命迅猛发展，呈现出四个突出特点。

一是规模大，范围广，以群体化形式出现。特别是在核能、电子计算机和宇航三大技术基础上，出现一大批新兴学科和边缘学科，以及以知识密集为特征的高技术群，其数量之多、门类之广是空前的。基于这类新兴学科发展起来的产业会越来越多，企业有较多的发展机遇。

二是科学革命与技术革命紧密结合，出现科学、技术与生产一体化发展趋势，加速科技革命的进程。如量子力学与原子能技术、量子化学与新材料技术、分子生物学与生物工程技术等，都体现了科学与技术的紧密结合。假如没有原子核裂变反应的发现和原子理论指导，原子弹和

---

① 1960年7月美国物理学家梅曼利用受激辐射放大电磁波原理制成第一台激光器——红宝石固体激光器，并迅速应用于工农业生产，进行激光加工、激光育种、激光杀虫、激光医疗、激光测量、激光全息照相和激光通信等领域；1970年美国康宁玻璃公司研制出第一根光损耗为20分贝/千米的光导纤维，揭开光导通信的序幕，使通信容量提高10亿倍。1977年5月美国电话公司在芝加哥建立第一条光纤通信线路，80年代得到推广；1961年苏联在印度洋底发现锰结核矿，70年代掀起开发热潮；1967年法国在朗斯河口建成世界上第一座大型潮汐发电站，80年代美国在夏威夷建成一座10万千瓦的温差发电厂。

核电站就有可能建立不起来。而新技术的发明运用又为科学研究和实验提供新工具新手段，从而使科学技术从革命性发现到应用的时间大大缩短①。

三是第三次技术革命的各项技术都是知识密集，技术密集，战略性、时效性、风险性强的新技术，促进战后科学研究和技术开发的大规模跨界集体合作。不仅有政府的投资，还有高等院校、企业和科研机构的参与。如美国政府对科研事业的投资在国内生产总值中所占的比重，二三十年代为0.2%—0.4%，1950年上升为1%，1960年猛增至2.7%，1964年为3%。1961年美国启动"阿波罗计划"，参加者包括120所大学、2万多家企业和400万名科技人员。

四是美国企业、科研机构和科技人员引领科技创新和经济发展潮流。如美国电话电报公司的贝尔实验室成为技术革命的先锋，发明了发光二极管、晶体管、C编程语言和UNIX计算机操作系统；斯坦福国际研究所和硅谷的施乐帕洛阿尔托研究所（Xerox PARC）助力个人计算机的诞生；美国国防部高级研究计划局（DARPA）和美国国家航空航天局②为阿帕网络和互联网技术发展提供大量资金。

IBM公司和苹果公司发展个人计算机，微软公司开发电脑操作系统和视窗办公软件。当万维网的信息不断增长时，产生雅虎和谷歌这样的网络和搜索公司。后来又有脸书（元宇宙）和推特这样的社交网络公司③。随着设备的小型化和移动网络技术的发展，出现移动电话和智能手机，开启移动互联网时代。

1975年由比尔·盖茨创建的微软公司，如今已成为智能云和智能边缘时代实现数字化转型的大型高科技公司，其使命是使地球上的每个人和每个组织都能取得更大的成就。自从成立之后微软公司就一直在提供

---

① 原子能利用时间为6年（1939—1945），电子计算机为5年（1946—1951），晶体管为4年（1947—1951），激光器仅为1年（1960—1961）。

② 美国国家航空航天局英文名为National Aeronautics and Space Administration，简称NASA，其前身是1915年成立的美国国家航空问委员会（National Advisory Committee for Aeronautics，NACA），主要职责是解决与飞行有关的问题，建立促进航空科学发展的知识基础，这对民用航空部门具有十分重要的意义。

③ 2021年Facebook更名为Meta，宣布进军"元宇宙"；2023年7月28日，马斯克收购Twitter，将该企业更名为"X"。

最新的办公操作软件,一直处于创新的前沿。

由杨致远和大卫·费罗创建于1994年的雅虎公司曾是美国著名的互联网门户网站,公司总部设在美国加利福尼亚州的圣克拉克市,是20世纪末互联网奇迹的创造者之一,其提供的服务包括搜索引擎、电邮和新闻等,业务范围涉及全球24个国家和地区,为全球超过5亿的独立用户提供多元化的网络服务。但是就是这么一家全球性的互联网通信、商贸和媒体公司,以及第一家提供互联网导航服务的网站,经过近30年发展之后也跌下神坛,远远落后于谷歌和脸书。2021年,雅虎公司已彻底退出中国大陆市场。

(五) 科学技术创新与战后美国的经济增长

上述第三次科技革命及其重要科研成果的推广和使用,带动了战后资本主义各国固定资本的大规模更新,创造了新的市场,引起了消费革命,使大量耐用消费品进入普通家庭,推动了交通通信业的发展,特别是大型客机的制造导致交通运输的革命,使航空成为客运的主要方式。依靠科技进步和创新带来的劳动生产率的提高,往往可以高达几倍甚至几十倍[①],资本主义国家因此获得可持续的经济增长。1958年至1980年,世界生产总值由1.2万亿美元增长到7.7万亿美元,22年间增长5.4倍。就工业生产来说,1913年至1938年的25年间,资本主义世界工业生产大约增长了52%,而1946年至1970年的24年时间,增长了大约4倍[②],战后资本主义经济进入黄金发展时期。

在战后资本主义体系中,美国是经济恢复和发展的主导国家,发展的根本动力就是第三次科技革命的颠覆性技术创新。美国企业和技术人员在第三次科技革命中的颠覆性技术创新,使美国获得巨大发展能量,创造了很多新兴产业,开发出无数新产品,开辟出更多的新市场需求,不仅改变了人类的生产和生活方式,也给美国带来了巨大的技术发展红利,20世纪50—70年代,美国经济进入黄金发展时代。在全球竞争中,

---

[①] 李宗主编《当代资本主义世界经济发展史略》上册,社会科学文献出版社,1989,第174页。

[②] 宋则行、樊亢主编《世界经济史》(修订版)下卷,经济科学出版社,1998,第20页。

美国企业一直处于优势地位。

由于集成电路、数字技术、光纤通信、卫星通信和信息处理技术的发展，通信和信息业发生巨大变革，为八九十年代兴起的美国信息产业打下坚实基础。80年代后美国调整经济增长方式，加快高技术产业的发展，信息化产业蓬勃兴起，取代传统产业在美国经济中的地位。能源消耗量大的钢铁工业等生产部门的工业产值在工业总产值中所占比重逐步下降，制造业中科技发展内涵最高的汽车、宇航、电子、机电产业占据主导地位[1]。高新技术产业，如石油化工、汽车制造、航空航天、电子、核能，以及通信设备等产业的比重不断提高，成为带动整个工业部门发展的支柱产业。

90年代以来美国经济以每年2.7%的速度稳步增长，而信息技术占经济增长的1/4到1/3。第三次科技革命极大地推动了工业革命信息化时代的到来，美国快步进入信息化和数字化时代。新经济的原动力并非拥有庞大的物质资源，而是由技术进步产生的，市场把更大的价值置于知识产权而不是物质生产上。

美国经济分析局（BEA）的统计数据显示，截至2023年第三季度，美国实际国内生产总值增长4.9%，各州实际生产总值增长率，从堪萨斯州的9.7%到阿肯色州的0.7%不等，都有不同程度的增长，有15个行业的实际生产总值是增长的。其中，零售业是39个州经济增长的主要贡献者，非耐用品制造业是路易斯安那等3个州经济增长的主要贡献者，而2022年第三季度增长最为强劲的是智力密集型产业[2]。

各类企业在技术创新领域的不断探索，把美国整体的技术优势带到绝对竞争优势位置，带动不同产业的更新换代，为美国经济增长和社会进步不断注入源头活水。

二 电子技术创新与电子化时代的通信企业

电子技术是美国企业在二战后的颠覆性技术创新中的重要领域。主

---

[1] 吴蔚：《美国经济增长方式分析》，《世界经济》1999年第12期，第69—74页。
[2] 美国经济分析局（BEA）：Gross Domestic Product by State and Personal Income by State, 3rd Quarter 2023, 美国经济分析局官网，https://www.bea.gov/sites/default/files/2023-12/stgdppi3q23.pdf。

要是把之前还没有占据主流位置的新型技术加以整合和应用，开辟出一个新的电子产业，包括消费电子、计算机设备、商业化和工业化电子、通信和电子零部件等。

（一）电子技术的发明应用与电子产业

基于上述技术的电子产业并不是凭空产生的，而是技术研发长期发展和积累的结果。实际上，早在19世纪电子技术就被发明出来，并被逐步推广和使用。那时的电子技术发展经历了从电机机械到电子学的过程，如图像显示概念、传真机、电子扫描技术、电视技术、无线电技术、电唱机、热电子发射技术、电视图像显像管的原理、电磁波技术、光通信技术，以及电子管和三极管技术等。所有这些科学技术成果的积累，都为20世纪电子产业化发展奠定了重要基础。

19世纪末20世纪初，在收音机和电报产业技术改进基础上衍生出来的电子工程产业是电子化产业的第一个产业。

由于技术的新颖性，这类电子产品通常被一些特定的人群所注意。在第一次世界大战前，这些电子装置和产品都是业余爱好者喜欢的东西。20世纪20年代后，由于现代电子工程学的发展和进步极大地拓展了电子产品的使用范围，如电话、收音机、电视设备和电子系统，但直到三四十年代，电子化技术基本上都是运用于电视设备。在第二次世界大战期间，这些技术设备和产品扩展到雷达、声呐、通信系统和高级的武器系统。后来这些技术被广泛用于无线电广播发射和接收器，以及长途电话业务。

虽然电子管技术早就发明出来，但这种无线电技术最先是为战争服务的，第二次世界大战结束后，各种在军事中使用的电子技术和装备，不断转向民用，逐步进入商业领域，引发战后电子产品的大众消费热潮。在各种各样的消费电子产品生产领域，美国都占据了无可比拟的领导地位，同时在基础研究方面也一直处于领先地位，为战后计算机和晶体管等其他电子产品的发明铺平道路。在两次世界大战期间，这些新奇的技术和生产都称为无线电工程，从40年代开始使用电子学的概念，50年代则发展为电子工程学。

（二）电子技术与大众电子消费产业的发展

20世纪40年代末50年代初，美国电子产业率先得到迅速发展，电子化时代拉开帷幕。许多与此新技术有关的产业和企业不断涌现出来，之前的机器制造和电气化制造企业也加入其中。

1945年至1947年，美国士兵在德国缴获一些磁带录音机。这些东西以及在德国已经失效的电子专利促进了美国第一代磁带录音机的发展。第一个家用电子设备"Sound Mirror"由布拉斯发展公司生产出来，并投放市场出售。1948年美国物理学家和工业家埃德温·赫伯特·兰德（1909—1991）发布首款一次性成像照相机（波拉95相机），并投放市场进行小范围销售。

1947年贝尔实验室的约翰·巴丁、沃尔特·布拉顿和威廉·肖克利三个工程师发明晶体管，使便携式收音机、晶体管收音机的制造成为可能，也使大型计算机主机制造成为可能，贝尔实验室发明的新技术后来被运用于电子市场各领域。

20世纪50年代，基于电子管的各种通信技术将美国带进电子化时代，出现三个新产业，包括电子计算机、电子软件和半导体，催生美国新的支柱产业，包括消费电子产业，以广播、电视、电影、计算机为主的信息产业，以及围绕这些产业运转的硬件、软件产业和配套的基础设施。

消费电子产业在50年代发展迅速，美国很快就发展出录音磁带市场。美国真力时公司（Zenith）开通第一个有线电视市场，远程控制可选择的电视频道成为市场行为。1951年哥伦比亚广播系统在纽约首次播放彩色电视节目，但与黑白电视技术不兼容。福克斯公司则发展宽银幕电影技术，以此与电视进行竞争。1953年美国国家电视系统委员会对美国市场的电视技术进行标准化，黑白和彩色电视技术可以兼容。1954年美国无线电公司开发出第一款记录声音的视频信号；通过使用多磁道技术，1956年安派公司取得技术研发的成功。

1955年，第二代晶体管数字计算机诞生，其技术和性能比之前的晶体管计算机进步了很多，推动了消费电子产业技术的改进。1957年法国科学家亨利·德·弗兰斯（1911—1986）开发出第一代彩色电视系统

SECAM，改进了之前美国国家电视委员会的标准。1958年爱迪生和伯利纳的专利合并后，布鲁姆林唱片公司发展立体声音乐，并进行商业化推广，水星唱片公司把立体声录音唱片投放到消费市场。

1959年之前，电子电路从分立元器件中构造出来，并可以用手来操作。集成电路技术和原理使许许多多小型的电子元件，主要是晶体管，变得越来越小，成为一小块芯片，最后只有一个钱币那么大，导致1960年集成电路技术的问世，这是电子工程产业的革命性进步。随后就出现了关于无线电报和电话、广播、电视、雷达、计算机和微处理器的技术进步和发明，电子化时代真正成熟和发展起来。

一些学者把电子管时代视为"控制革命"时代，因为经济的主要基础仍是物质性的，但电子通信媒体使市场在国家层面重新获得"控制"，人们拥有比控制商品市场更大的抱负。通过电子媒体传输的信息开始渗透到美国经济和社会生活的方方面面。电子管技术传输的信息以电子声音和图像为主，不仅促进了美国大众文化的形成，还促进了50年代美国均质化大众消费社会的形成。在这一社会中，全国上下都以相同的方式洗衣服、吃饭、穿着和娱乐，收音机、黑白电视机、彩色电视机成为美国家庭必备的主要电子产品。

（三）惠普公司对电子科技产业发展的贡献

帕卡德和休利特于1939年创立惠普公司，其第一个电子产品就是声频振荡器，这是为音响工程师生产的电子测试仪器，第一个客户是华特·迪士尼公司，即为该企业的动画电影《幻想曲》开发和测试创新性的音响系统。在第二次世界大战期间，惠普公司为军事应用开发新的电子产品，这些产品非常重要，使帕卡德获得兵役豁免，而休利特则在陆军通信队服役。该公司还与海军研究实验室合作，建立反雷达技术和先进的炮弹引信。战争结束后，帕卡德负责公司的业务，休利特负责研究和开发工作，通过产品多样化战略使公司获得持续增长。该公司最受欢迎的早期产品之一就是1951年推出的高速频率计数器，后来被用于快速增长的调频广播和电视广播电台市场，根据联邦通信委员会的规定精确设置信号频率。为了资助新产品开发，惠普公司在1957年通过上市发行股票筹集资金。后来开始通过收购公司来扩大产品线，先是收购图形记录器制造商摩斯利公司，1961年又收购桑伯恩公司，进入医疗仪器电子产品制造领域。

1964年，惠普公司制造的HP5060A仪器得到国际性认可，该仪器可以将全球原子钟同步到百万分之一秒以内；1968年惠普公司推出第一台桌面计算器；1972年惠普公司使用先进的集成电路技术，推出第一台袖珍计算器，售价只有最初台式电脑的1/6，最终淘汰古老的计算器。尽管惠普公司从未开发过武器系统，但它在历史上严重依赖于政府的军费开支，因为其制造的电子仪器一直被用于开发和测试军事产品，特别是在武器系统越来越依赖电子和半导体技术的情况下。1969年，美国总统理查德·尼克松任命惠普公司的帕卡德担任国防部副部长，负责美国最成功的两种喷气式战斗机项目F-16和A-10的最初开发计划，这凸显了惠普公司的军事专长。

惠普公司的第一台计算机HP2116A是1966年专门用于管理公司的测试和测量设备而开发的。1972年惠普公司发布惠普3000通用小型计算机，这一产品线至今仍在商业领域使用。但是当1976年惠普公司的一名工程实习生斯蒂芬·G.沃兹尼亚克（Stephen G. Wozniak）将制作的第一台个人电脑原型机提供给公司时，惠普公司拒绝了，由此错过了发展个人电脑的机会。沃兹尼亚克后来与史蒂文·P.乔布斯合作创建了苹果电脑公司。

惠普公司于1980年推出第一台台式电脑HP-85，但因为与后来成为行业标准的IBM公司个人电脑不兼容，所以失败了。进军台式计算机市场的下一个尝试是推出HP-150电脑，虽然与IBM PC系统兼容，具有触摸屏特点，但在市场上也失败了。惠普公司在个人电脑市场上取得成功的第一个产品实际上是1984年推出的打印机。到90年代初，惠普公司都未能实现一些营收和利润目标，导致股价大幅下跌。最引人注目的变化是台式电脑部门，随着低价推出新型电脑、彩色打印机、外围设备等，惠普公司才一跃成为世界上三大台式电脑制造企业之一。

在电子化时代，由于美国在基础研究、产品研发和制造方面都保持着领先优势，直到20世纪80年代才被日本同行所取代，特别是在电视机、半导体和计算机等相关行业，日本企业获得后发竞争的优势。

三 计算机和半导体技术与高科技企业创新

二战后美国企业颠覆性技术创新的第二个重要领域要数计算机和半导体。政府在研发中的新投资刺激了该领域的技术革新,计算机先是应用于军事市场,然后是商业领域,最后才进入个人和家用市场。

(一)计算机技术与计算机产业的兴起和发展

电子计算机是第二次世界大战的产物。在战争期间应用的电子技术在战后得到广泛拓展,第一代计算机诞生于战后初期。

1945年11月,宾夕法尼亚大学摩尔学院的埃克特(J. Presper Eckert)和马克利(John W. Mauchly)根据与美国陆军的合同,生产出第一台全电子数字计算机ENIAC(电子数字积分器和计算机),但体积庞大,能量消耗也非常大[1]。1951年埃克特和马克利加入雷明顿·兰德公司,制造生产出通用自动计算机(UNIVAC),这是第一台使用冯·诺伊曼架构的商用计算机[2],但与个人使用的计算机仍有很大技术距离。

1952年4月在贝尔实验室举行的晶体管研讨会成为计算机革命的开始,标志着晶体管和芯片时代的到来。真空电子管既带来无线电信号传输的革命,也提高了人类探测和接收无线电信号的能力,极大地扩大了信号系统的容量,使其能够处理更大量的信息,扩大带宽,从而使其能够在承载简单信号的同时,也能够承载声音和图像信号,还能转发和更新由电线或电缆传输的信号,并使长途有线传输成为可能,从而实现网络化。

许多科学家和研究人员加入这一专门技术的研究和应用行列,美国政府和企业也不甘落后,斥巨资进行大规模技术研发,建立一批综合的科技研究设施。到20世纪60年代中期,计算机技术研发浪潮席卷美国所有的大中型组织,并在美国得到迅速普及。1958年得克萨斯·伊思公

---

[1] Alfred Dupont Chandler, *Inventing the Electronic Century: The Epic Story of the Consumer Electronics and Computer Industries*, Harvard University Press, 2005, pp. 83–86.
[2] Richard N. Langlois, "External Economies and Economic Progress: The Case of the Microcomputer Industry", *The Business History Review*, Spring, 1992, Vol. 66, No. 1, pp. 1–50.

司的杰克·基尔比发明集成电路（IC）后，首先用于军事领域，后来扩大到计算机系统。由于为战争服务之需，美国政府对计算机研发始终保持垄断地位，企业研发技术也主要为政府服务。

40年代研制出第一代数字计算机后，美国企业开始研发第二代计算机。1964年IBM公司推出S/360系列计算机，这是一款兼容所有外围设备、操作系统和软件工具的新型计算机，可以为用户提供更多的信息和信息管理服务。后来随着计算机的小型化和性能的完善，计算机成为更为便捷的信息处理设施，得到广泛推广和使用。

1969年特德·霍夫在美国的英特尔公司构思了一个商业用的微处理器，由此开启个人计算机的新时代。第一款可以变为现实的微处理器是Intel 4004，但1973年的Intel 8080才使第一款个人计算机的制造成为可能。1975年1月微型仪器遥测系统公司（MITS）制造出普通大众可用的牵牛星计算机，被视为个人微型计算机发展的真正起点。之后苹果公司（Apple Ⅱ）、Commodore公司（PET）和坦迪公司（TRS-80 Model I）同时推出各自的计算机技术体系，开创了技术竞争的新体制，计算机市场迅速发展起来。

从60年代至80年代初，计算机主要用于大型组织的数据处理。之后计算机才开始逐步渗透到个人生活中，计算机的微机时代开启后，计算机不仅是商用的，也可以是个人使用的，成为个人消费的主要电子设备。美国计算机产业迅速成长，以IBM公司、苹果公司、仙童公司、坦迪公司、惠普公司和Commodore公司等为首的计算机企业很快主导全球计算机业务，所有相关产品的开发、制造、配送、营销和销售过程几乎都发生在美国。

计算机的进化有赖于磁盘驱动器技术的进步。自计算机工业诞生以来，工程师们一直在努力解决存储和检索信息的难题。计算机和外围设备制造商对这些需求的有效反应是计算机工业发展的一个重要因素，并使用户能够将计算能力应用于更广泛的任务中。计算系统的信息存储和检索能力包括半导体（以前是磁芯）、存储电路及外围磁存储和检索设备（包括磁带、硬盘、磁盘和软盘驱动器等）。用户希望以更低的成本存储更多的信息，更快地访问这些信息。而计算机和外围设备制造商对这些需求做出反应的有效性一直是经济增长的一个重要因素。

1956年IBM公司圣何塞实验室的一个研究项目开启硬盘驱动器行业的发展历程,到60年代中期,几乎所有磁信息记录技术的发展都是在IBM公司的圣何塞实验室完成从磁鼓、磁带、移动头固定磁盘驱动器、刚性可移动磁盘和磁盘组,到可移动软盘和密封的不可拆卸的"温彻斯特"硬盘的六代技术进化。以IBM公司为主的11家公司开创了插入式兼容磁盘驱动器的市场,到1990年该行业规模已达到150亿美元,这一时期有138家企业进入市场,但也有103家企业倒闭,另外的企业因被竞争对手收购或兼并而消失①。

除以IBM公司为核心的插入式兼容磁盘驱动器制造商外,在七八十年代还成长起一批独立计算机制造商,包括初创企业、相关技术公司、相关市场公司、前向集成商、OE/PC市场集成生产商②和兼容产品集成商等。代表性企业包括王安电脑公司、德利多富公司(Nixdorf)、苹果公司、康柏电脑公司和太阳微系统公司等。在磁盘驱动器行业,原始设备市场和插入式兼容市场是同时存在的,市场机制和公司间的交易成为协调技术研发和产品制造的手段。

(二)科技企业技术研发与半导体产业兴起

1947年贝尔实验室的肖克利小组发明第一块晶体管,揭开现代半导体技术和产业发展的序幕。而贝尔实验室的母公司美国电话电报公司则推动半导体核心技术和半导体产业的发展,由此开启半导体工业的发展热潮。

后来的诺贝尔奖得主、晶体管发明者之一肖克利在旧金山湾区创立肖克利半导体实验室。1957年著名的"八叛将"从肖克利实验室出走并成立仙童半导体公司,开发晶体管的平面制造工艺,使半导体的大规模生产得以实现。1958年至1959年,德州仪器公司与仙童公司分别发明集成电路,使芯片计算能力的几何式增长成为可能。1968年后仙童公司的

---

① Clayton M. Christensen, "The Rigid Disk Drive Industry: A History of Commercial and Technological Turbulence", *The Business History Review*, Winter, 1993, Vol. 67, No. 4, pp. 531–588.

② OE (Oringinal Equiptment) 为原始设备市场,磁盘驱动器制造商把产品销售给计算机制造商;PC (Plug-Compatible Equipment Manufacturers) 是插件兼容市场,磁盘驱动器制造商把产品销售给计算机用户。

核心成员陆续离职，在旧金山湾区创立 50 多家高科技企业，引领如今硅谷科技中心的技术发展潮流。

开创半导体产业的德州仪器公司成立于 1930 年，在开始半导体生产之前是一家规模不大的小企业，总部位于得克萨斯州达拉斯市。目前该企业是纳斯达克上市企业和世界 500 强企业，有约 3.1 万名员工，在全球有 15 个生产基地，每年生产数百亿个芯片，制造 8 万种产品，服务 10 多万家客户，成为半导体产业的一家全球性大企业，在设计、制造、测试、销售模拟和嵌入式处理芯片领域具有竞争优势，制造的芯片可以高效管理电源、准确感应和传输数据，并在设计中加入核心控制或处理，从而打入工业、汽车、个人电子产品、通信设备和企业系统等市场。该企业的主要服务领域为工业（40%）、汽车（25%）、个人电子（20%）、通信设备（7%）、企业系统（6%）和其他（2%）。2022 年的资产规模为 272.07 亿美元，综合收入为 86.52 亿美元①。

总的来看，20 世纪 50 年代至 70 年代，美国半导体市场共出现三次创业高潮。其中，1952 年至 1953 年的第一次创业高潮出现在晶体管首次开始商业化生产阶段；1959 年至 1960 年的第二次创业高潮出现在平面工艺、外延生长工艺及平面晶体管、扩散电阻器、外延晶体管、集成电路等第一批重要工艺及产品出现后；1968 年至 1972 年为第三次创业高潮期，主要是因为英特尔公司在 1969 年发明 64 比特 CMOS 存储器和 256 比特 MOS 存储器，并将其推向市场，以及 MOS 技术成为集成电路生产中的重要技术。原来的一些大型科技公司，如通用电气公司、西部电气公司等多元化经营的大型公司，在半导体市场上的竞争力日趋下降，而德州仪器公司、摩托罗拉公司、英特尔公司这些新创企业得到新的发展。

自从德州仪器公司和仙童半导体公司开启半导体产业的发展历程后，美国企业就长期主宰着集成电路元件的开发与市场销售。该产业领域的企业不断创新集成电路的设计和生产工艺，使美国在日益增长的世界集成电路市场中保持主导地位，到 80 年代美国占世界集成电路市场份额的 70% 左右。2006 年美国占全球半导体电子系统设计市场份额的 34.9%，

---

① Texas Instruments, 2022 Annual Report, pp. 22–28, https://investor.ti.com/static-files/677a654b-c544-4394-a09c-24a93c32aec7.

年度芯片销售收入超过 600 亿美元。

自从 1951 年晶体管在美国开始商业化生产后,有三类企业活跃在美国的半导体市场。一是美国电话电报公司,贝尔实验室是其技术研发部门,西部电气公司是其制造部门,美国电话电报公司在研究与开发上投入巨大的人力物力,是半导体技术和人才的最大辐射源,在半导体产业发展史上做出重要贡献。二是接收电子管的企业,在 50 年代初包括通用电气公司、美国无线电公司和西尔凡尼亚公司,它们是当时最大的多元化生产经营的电子管公司,而晶体管技术的出现则直接威胁到它们的既得利益。三是新创企业,其共同特点是在晶体管技术发明后才进入半导体市场。其中,休斯公司、摩托罗拉公司和 IBM 公司在进入半导体市场时已经是多元化经营的大企业。新创企业中的最后一类是专门生产半导体的小公司,也称企业家型公司,其中绝大多数是由从贝尔实验室等跳槽出来的科学家和工程师组成的[①]。

20 世纪 50 年代是半导体产业中新创企业创业的黄金时代。如成立于 1952 年的二极管公司,解决了金键二极管大批量生产中的工艺问题,50 年代末该企业成为美国第二大半导体公司;德州仪器公司最先解决硅晶体管的生产工艺问题,并于 1954 年抢先向市场推出硅晶体管,大大提高和扩大了晶体管工作温度和频率范围,拓宽了晶体管的应用市场,成为美国军方首批大量采购的半导体产品的供应企业,并很快成为美国半导体产业的重要企业;仙童公司 1957 年从肖克利实验公司中分立出来后,首先发明批量生产硅晶体管的平面工艺,从而优化集成电路的有效生产方法,很快成为美国第三家半导体大公司。

随着 20 世纪 50 年代半导体产业的兴起和发展,围绕着半导体技术形成一个集开发、制造、营销和技术改进于一体的完整产业链。

60 年代初期,半导体产业雏形已形成,60 年代末期,仅美国半导体产业就达到 15 亿美元的规模[②]。在纽约市和加利福尼亚,电子产业及技术相关娱乐产业成为经济增长引擎。70 年代后美国半导体产业结构发生

---

① 和文凯、曾晓萱:《美国半导体产业发展初期中小型公司创新研究》,《科研管理》1996 年第 4 期,第 9—14 页。
② 〔美〕阿尔弗雷德·D. 钱德勒、詹姆斯·W. 科塔达编《信息改变了美国:驱动国家转型的力量》,万岩、邱艳娟译,上海远东出版社,2008,第 185 页。

重大变化，新创企业数量锐减，大公司兼并小企业，到70年代末，半导体市场仅剩下10家主要芯片大公司，包括德州仪器公司、英特尔公司、应用材料公司和美国美光公司等。

1977年前后，美国半导体发展处于顶峰时期，半导体产品占据美国市场的95%、欧洲市场的50%、整个世界市场的57%，但由于坚固的进口壁垒，美国产品只占据日本市场的1/4①。到1989年，美国却变成半导体的进口国，1/4的进口产品来源于日本。90年代后，由于大型企业惧怕反托拉斯法律的诉讼威胁，纷纷离开这一行业，将这些业务留给大量小型的新创企业。一批更新的新创企业得以成长起来，成为美国半导体产业的骨干企业，如高通公司（1985）、美国博通公司（1991）、英伟达公司（1993）等。

众所周知，美国是半导体技术的诞生地，也是半导体产业的发源地。如今半导体产业是美国最大的出口行业之一，也是其经济实力、国家安全和全球竞争力的关键驱动力，是美国研发投入比排名第二的行业。美国半导体协会（SIA）发布的《2021年美国半导体行业现状》数据显示，美国半导体产业的研发投入占比为18.6%，仅次于制药和生物技术产业（占比27.1%），且美国企业在研发上的投入占销售额的百分比高于其他任何一个国家。在半导体产业技术创新链上，美国在研发密集度高的电子设计自动化和内核模块、芯片设计和（半导体）制造设备领域处于全球领先地位，而在资本密集度高的原材料及半导体制造（包括晶圆制造和封装测试）领域不及亚洲地区②。

全球新冠疫情暴发后，导致半导体产品短缺，美国强调将半导体创新转移至原型设计和生产上，以加强美国半导体供应链安全，由此推出了一系列国家立法和政策，以强化美国在此领域的绝对竞争优势。2022年8月9日，美国总统拜登在白宫签署《芯片和科学法案》，试图把美国强化半导体产业链的国家意志正式融入法律体系，该法案将为芯片产业

---

① 〔美〕斯坦利·L. 恩格尔曼、罗伯特·E. 高尔曼主编《剑桥美国经济史》第三卷，蔡挺等主译，中国人民大学出版社，2008，第328页。
② 李海英：《美国半导体创新生态系统及经验启示》，《张江科技评论》2022年第4期，第54—56页。

及相关企业提供高达2800亿美元的直接产业补贴①,并为芯片工厂提供投资税抵免,为整个芯片制造产业链的研发提供至少5000亿美元的额外资金,以便使美国在未来几十年中,在芯片研究、创新和劳动力方面处于领先地位。

(三) 硅谷和128号公路与半导体技术研发

半导体产业的技术研发和生产在美国形成产业集群,主要集中于加利福尼亚州、康涅狄格州、马萨诸塞州和得克萨斯州,其中该行业1/3以上的企业聚集在加利福尼亚州北部"硅谷",形成美国技术创新的集群区域。

由于拥有优越的地理位置、优美的环境、便利的交通设施,硅谷地区目前是全世界的科技人才高地,具有创新环境和浓厚的创新文化。该地区拥有早期无线电和军事技术基础、斯坦福工业园,以及聚焦于硅晶体管研发生产、风险投资和软件的产业。60年代中期以来,随着微电子技术的高速发展,该地区逐步形成产业集群和技术创新中心。主要是以附近的一些具有雄厚科研力量的美国一流大学如斯坦福大学、加利福尼亚大学伯克利分校等为依托,以高技术中小企业群为基础,拥有谷歌、脸书(元宇宙)、惠普、英特尔、苹果、思科、特斯拉、甲骨文、英伟达等科技企业,集科学、技术和生产于一体。

1978年至1986年,美国半导体市场共出现130多家新创企业,其中75%集中在硅谷一带。到1989年,硅谷已经聚集4800多家高新技术企业,雇员达到30万人。除高新技术企业外,硅谷还有大量的咨询公司、市场调研公司、贸易公司、人才交流公司、风险投资公司、律师事务所、研究机构和大学等,组成硅谷技术创新的庞大社会网络②。

美国东海岸马萨诸塞州波士顿附近的128号公路沿线也形成了美国另一个高科技园区。1950年至1957年,128号公路高科技园区吸引了总计近1亿美元的资本投资。1955年,128号公路沿线设有53家企业,

---

① 倪雨晴:《美国芯片法案签署 半导体产业格局生变》,《21世纪经济报道》2022年8月11日,第3版。
② 和文凯、曾晓萱:《美国半导体产业发展成熟期中小型公司创新研究》,《科研管理》1996年第5期,第53—58、64页。

1967年增长至729家，共计雇用6.6万名工人。60年代128号公路高科技园区已成为美国主要的技术中心之一。七八十年代该地区开启了微型计算机时代，高科技产业的集群效应显现。1975年至1980年，该园区共创造22.5万个新的就业机会，其中大部分集中在高科技行业，波士顿发展成为微型计算机革命的另一个中心，催生出新的高新技术龙头企业，如王安电脑公司、普莱姆计算机公司（Prime Computer）、通用数据公司和阿波罗公司等。1990年马萨诸塞州共拥有3000多家高科技公司。从90年代至今，128号公路高科技园区已经向多元化发展。随着软件、生物技术和光纤技术的发展，该地区的高科技研发呈现多样化趋势。与生物技术、制药和医疗设备有关的研发和制造企业迅速发展起来，互联网行业也涌现出一批独角兽企业。

目前半导体产业已呈现出高度全球化分工、技术扩散和转移，但美国企业仍是半导体技术和产业的领导者，并在半导体技术创新方面处于世界领先地位，半导体领域的创新成为推动几乎所有现代技术变革的关键。

四　软件产业技术创新与新型科技垄断企业

伴随着电子、半导体、计算机等硬件技术的颠覆性创新，驱动这些硬件设施的软件技术也成为非常关键的一环，因此，新兴技术和行业的发展，不仅受益于公共部门和私人部门对新技术的共同需求，也得益于战后美国科学和工程领域丰富的人力资源，以及众多软件设计企业的开创性研发工作。

（一）微软公司微处理器商业化与软件产业

现代计算环境可以看作一个由三个主要部分组成的技术系统，即设备、基础设施，以及计算机软件和服务。计算机软件和服务则由大众市场软件、企业软件和行业服务软件组成。

计算机软件行业是一个产品高度多样化、易改变、经常依赖于当地习惯的行业。自从出现计算机硬件产业后，驱动计算机等电子产品的软件行业也开始独立发展起来。计算机服务行业开始于20世纪50年代中期，当时计算机的购买和运行成本都很高，这种情况为数据处理服务创造了市场机会，那些不想自己购买计算机的公司可购买这类服务。企业软件产业开始于 60 年代中期，大众市场软件产业开始于 70 年代末，主要是为新发明的计算机提供产品。

在软件设计行业，美国主要集中于研究技术密集型的软件，而不是工艺密集型的计算机外延设备方面。1971 年英特尔公司将微型处理器商业化，改变了随后 20 多年美国计算机行业的结构，而以微型处理器为基础的计算机技术的扩散，给那些为台式计算机和工作站生产标准软件的厂商带来巨大市场，独立软件设计企业迅速发展，70 年代成立的 SAP 公司（1972）、微软公司（1975）和甲骨文公司（1977）很快就成为软件行业的龙头企业。

其中，微软公司的迅速发展非常引人注目，它基本上定义了计算机操作系统。1981 年 6 月微软公司与 IBM 公司合作推出搭载微软 16 位操作系统 MS-DOS 1.0 的个人电脑；1986 年 3 月 13 日微软公司上市；1989 年 8 月 1 日微软公司推出最早版本的办公软件套件；1990 年 5 月 22 日推出 Windows 3.0；1995 年 8 月 24 日推出 Windows 95；1995 年 12 月 7 日比尔·盖茨概述微软公司支持和增强互联网的承诺；1998 年 6 月 25 日微软公司推出 Windows 98；2001 年 5 月 31 日推出 Office XP；2002 年比尔·盖茨概述微软公司对可信赖计算的承诺；2003 年 10 月 21 日微软公司推出 Office 系统[①]。

2004 年 7 月 20 日，微软公司宣布计划以股息和股票回购方式向股东返还 750 亿美元；2006 年 7 月 20 日，微软公司宣布新的 200 亿美元的收购要约，并授权额外的股票回购计划。2007 年至 2008 年，微软公司先后向全球消费者推出 Windows Vista、2007 微软 Office 系统、2008 Windows Server 系统；2009 年 10 月 22 日微软公司发布 Windows 7。2010 年 6 月 15 日在亚利桑那州斯科茨代尔的微软公司开设第一家实体店，正式发布 Office 2010；2010 年 11 月 10 日微软公司发布 Windows Phone 7；2010 年 11 月 17 日微软公司发布微软 Lync。

[①] Martin Campbell-Kelly and Daniel D. Garcia-Swartz, "From Products to Services: The Software Industry in the Internet Era", *The Business History Review*, Winter, 2007, Vol. 81, No. 4, pp. 735-764.

近十几年来，微软公司不断发布 Office 软件、Windows 软件更新系统，先后收购 Skype、Yammer、诺基亚的设备和服务业务，以及领英、GitHub 和暴雪等多家企业，推出安卓系统的平板电脑，成立技术+研究的集团，推出包括 Windows 10 S、新的 Surface 笔记本电脑和用于教室的微软 Teams 等教育新技术。2017 年 9 月 21 日，微软公司与脸书和 Telxius 一起完成横跨大西洋的最大容量海底电缆的铺设。2020 年 6 月 30 日微软公司承诺帮助 2500 万人获得新的数字技能，致力于消除数字鸿沟；2021 年 6 月 24 日微软推出 Windows 11。如今，大多数的电脑都离不开微软的 Windows 和 Office 软件系统，微软公司确实已经深深地改变了世界大多数人的工作和生活方式。

（二）中小独立软件企业与软件产业的成长

互联网的兴起对计算机软件和服务业产生深远影响。在软件行业，除微软公司等大企业外，很多中小型企业获得市场发展机遇，一批经营良好的独立软件企业成长起来，专门提供软件和相关服务，如博通公司（1961）、赛士软件公司（SAS，1976）、康博软件公司（1973）、BMC 软件公司（1980）、奥多比公司（Adobe，1982）、财捷公司（Intuit，1983）、菲色佛公司（Fiserv，1984）、赛贝斯公司（Sybase，1984）、美国网络联盟公司（NAI，1989）、赛富时公司（Salesforce，1999）、恩福软件公司（Infor，2002）、戴尔科技公司（2016）等。

其中，成立于 1977 年的甲骨文公司是全球最大的信息管理软件及服务供应商，总部位于美国加利福尼亚州红木海岸。该公司拥有世界上唯一一个全面集成的电子商务套件，能够使企业经营管理过程的各个方面自动化，深受用户青睐。截至 2022 年，该企业年收入为 420 亿美元，拥有 175 个国家和地区的 43 万个客户，自 2012 财年以来，该企业投资超过 640 亿美元，拥有 17 万名员工，建立了全球第一个也是唯一的自主数据库，以及业界最广泛和最深入的云应用程序套件，在全球拥有超过 18900 项技术专利。

康博软件公司主要为客户提供高品质的软件产品和服务，帮助客户提高生产效率。曾以 2.95 亿美元现金收购网络应用体验管理方面的领头羊企业高明网络公司（Gomez，私营公司），从而一举成为可提供业内唯

——一种跨企业和互联网的整合应用程序性能管理解决方案的领先企业。随着以软件服务（SaaS）模式提供产品的高明网络公司的加入，康博软件公司成为 SaaS 基础架构的管理提供商。

美国网络联盟公司目前是世界上唯一一家能够为企业提供全面网络安全与管理解决方案的厂商，总部位于加利福尼亚州的硅谷。其前身是成立于 1989 年的麦咖啡联合公司，曾是著名的反病毒安全厂商。1997 年该公司与以生产嗅探器著称的通用网络公司合并，组成美国网络联盟公司。合并后推出网络防护、管理和监控等业界最全面的产品系列，目前该企业是全球第五大独立软件公司，也是致力于网络安全和管理的最大独立软件公司，其提供的产品可以全部覆盖网络安全涉及的反病毒、入侵检测、安全认证、加密和防火墙五大领域的服务。后来该企业又并购了 10 多家网络安全与管理、防火墙厂商和反病毒业务企业，最终成为全球网络安全与管理方案的领先供应商。1998 年 5 月美国网络联盟公司进入中国市场，目前可以向中国的金融、保险、证券、电信、交通、教育、政府、能源等多个行业提供关键业务的网络安全保护及全面解决方案。

恩福软件公司成立于 2002 年，主要致力于为全球范围内的各类企业提供业务专用软件，是全球第三大企业管理软件供应商。通过收购和技术改进，该企业可以提供成熟和功能丰富的软件，简化并缩短实施时间，同时可提供全球化的软件、服务和支持等。

美国赛贝斯公司成立于 1984 年，研制出一种关系型数据库系统，是一种典型的 UNIX 或 Windows NT 平台上客户机/服务器环境下的大型数据库系统。该企业可以为客户提供一套应用程序编程接口和库，可以与非赛贝斯数据源及服务器集成，允许在多个数据库之间复制数据，适于创建多层应用。该企业提供的系统具有完备的触发器、存储过程、规则和完整性定义，支持优化查询，具有较好的数据安全性。赛贝斯公司提供的服务器数据库和客户机数据库，及其研制的软件开发工具，在我国大中型企业的管理系统中被广泛应用。

商业智能软件和服务提供商赛士软件公司主要供应赛士系统，这是由美国北卡罗来纳州立大学于 1966 年开发的统计分析软件。1976 年赛士软件研究所（SAS Institute Inc.）成立，开始进行赛士系统维护、开发、销售和培训工作。多年来开发了许多版本，不断完善和发展，赛士系统在国际上已被誉为统计分析的标准软件，在各个领域得到广泛应用。赛士系统是一个模块化、集成化的大型应用软件系统，由数十个专用模块构成，功能包括数据访问、数据储存及管理、应用开发、图形处理、数据分析、报告编制、运筹学、计量经济学与预测等。

作为全球最大、最多元化的软件公司之一，奥多比公司为从个人到小型企业、从政府机构到全球品牌的所有客户提供卓越数字体验服务。该企业总部位于加利福尼亚州的圣何塞，在全球拥有 2.6 万多名员工，在 2021 财年实现 157.9 亿美元的营业收入，是在纳斯达克上市的高科技企业。

（三）软件企业与关键软性技术的重要作用

长期以来软件设计技术的战略重要性被忽视，我们非常重视看得见的硬核科技，但实际上软件也是真正的"卡脖子"关键技术。再先进的硬件技术，如果没有软件程序的驱动将会寸步难行，特别是工业互联网的软件技术涉及全球生产链的安全运行。美国软件企业的技术创新，使其保持长期的技术竞争优势。

美国有关统计数据显示，软件服务业是通信和信息产业中四大行业之一（其他三个是硬件产业、通信的硬件设施和通信服务业），包括计算机编程服务、软件打包业、计算机整合系统的设计、计算机数据处理和备份服务、信息修复服务、计算机服务管理、计算机租赁、计算机维修以及有关的服务业务等。20 世纪 90 年代以来，这些软件产业都得到快速发展。1992 年通信和信息产业的产值为 3710 亿美元，2000 年上升到 8147 亿美元，不到 10 年时间就翻了一番[①]。

在软件产业中，工业软件被誉为工业制造的"大脑和神经"，目前已经形成上中下游完整的产业链。上游主要是为工业软件产品制造提供基础服务的软硬件，如计算机设备、操作系统、开发工具和中间件；中游主要包括研发设计软件、生产控制软件、业务管理软件及嵌入式软件；下游软件主要应用于机械装备、汽车制造、能源电力、航空航天、工业

---

① U. S. Census Bureau, Statistical Abstract of the United States：2000, Section 18, Communications and Information Technology, p. 565, http://www.Census.gov/prod/2001 pubs/statab/sec18.pdf.

通信和安防电子等领域和环节中。

在这个产业链中,特别是上游产业链,美国企业仍然占据优势地位。其中硬件设备由美国的苹果公司、戴尔公司、惠普公司和 IBM 公司等垄断;操作系统由美国微软、苹果和谷歌等企业开发的 Windows、Mac OS、Chrome OS、Linux 等控制;开发工具软件由微软公司和甲骨文公司控制;中间件则由 IBM 公司、甲骨文公司和 BEA 公司控制。

五 信息化时代的技术创新与智力密集企业

美国企业颠覆性技术创新的最大领域就是与信息技术有关的智力密集型产业。美国有关统计数据显示,除软件服务业外,美国还有通信和信息产业中的硬件产业、通信硬件设施和通信服务业。而硬件产业包括计算机及有关设备的生产、批发和零售,如电子管设备、集成电路板、半导体、电子元器件、工业衡量所用的工具、电气行业所用的衡量工具,以及试验分析工具等[①]。信息化时代的技术创新主要集中于这些硬件产业,以及通信设施和服务产业。

(一) 智力密集型信息产业的兴起和发展演变

1961 年,斯蒂格勒提出"信息经济"概念,1962 年,麦克卢普提出知识产业概念,20 世纪 80 年代托夫勒的《第三次浪潮》、奈斯比特的《大趋势》中都描述和展望了信息经济模式和由此带来的社会变化。1993 年克林顿执政时期美国政府开始实施"信息高速公路计划",导致"信息经济"的理念风行美国乃至全球。美国在信息经济这场博弈中赢得漂亮的开局,至今仍稳居世界科学技术中心。可见信息经济理念逐渐展开的过程,就是美国将自身科技优势组合为经济社会模式,并通过全球化机制予以推广的过程。在信息化时代,高度密集的信息改变了企业的生产和销售方式,也改变了人们的生活方式。

美国是一个高度重视和依赖信息的社会。最初的信息技术和信息的

---

① U. S. Census Bureau, Statistical Abstract of the United States: 2000, Section 18, Communications and Information Technology, p. 565, http://www.Census.gov/prod/2001 pubs/statab/sec18.pdf.

第8章 颠覆性技术创新与高科技企业引领发展

基础设施是出版社和印刷厂,然后是有限的报纸和书籍,再后来就是始于19世纪40年代的不断扩展和商业化的铁路网络和电报技术,以及19世纪70年代至20世纪初期所建设的覆盖全国的电话网络。在早期的信息基础设施中最为重要的机构包括美国邮政局、美国铁路邮政服务公司、西联公司和美国电话电报公司,它们在美国的商业和公共生活中扮演着极其重要的角色。

20世纪60年代,伴随着半导体产业的发展,尤其是当芯片应用于计算机和通信设备后,信息化和计算机产业迅速扩张,并深入美国经济和社会的各个领域[1]。80年代后随着计算机技术的成熟,美国进入微机时代。90年代后迅速地进入网络化时代。运行速度更快的芯片、空间更大的存储器、性能更为可靠的软件工具,以及使用和维护更为容易的计算机,使信息化和网络化成为美国人生活的一种时尚。

根据美国调查统计局的分析报告,无论是通过电线还是通过收音机渠道,无论是通过听觉还是视觉,通信服务业都是一种点对点的通信服务。该行业包括:电话通信,即手机或其他无线电遥控设备提供的服务;电报和其他信息通信,包括电子邮件服务、传真的传输服务、通过电视进行的信息服务等;收音机、电视、广播站和网络服务;有线电视和其他的收费电视服务;另外还有雷达服务站、地球卫星接收站、卫星发射站等的通信服务[2]。

通信行业的媒介包括电话、计算机、因特网、电报、收音机、电视机、报纸和期刊,以及邮政系统等。其中广播行业大多数提供声音、数据、点对点的固定或移动服务。大部分用户都是私人用户、私人中小企业、航空企业、海上贸易企业、陆地运输企业、制造企业、政府的公共安全服务部门、政府机构的有关部门、紧急卫生服务的提供者、业余的收音机系统运作者,以及个体收音机运营商等。

90年代,美国企业和技术人员创新信息技术并将其产业化,开创了

---

[1] 〔美〕阿伦·拉奥、皮埃罗·斯加鲁菲:《硅谷百年史:伟大的科技创新与创业历程(1900—2013)》,闫景立、侯爱华译,人民邮电出版社,2014,第181—192页。

[2] U. S. Census Bureau, Statistical Abstract of the United States:2000, Section 18, Communications and Information Technology, p.563, http://www.Census.gov/prod/2001 pubs/statab/sec18.pdf.

以信息化为核心的新经济时代。当时美国商务部确定了10类高技术领域，包括生物技术、生命科学、光电技术、计算机及通信技术、电子技术、计算机集成制造技术、材料设计技术、航天技术、武器技术及核技术等，它们都是美国新经济中具有突出领先优势的核心技术。尽管在2001年网络泡沫破灭后，信息经济受到挤压，但信息产业已经建立，信息科技对开创新产业、提高经济效率方面的积极影响仍在不断显现，基于信息和数据的新兴智力密集型产业不断成长。

（二）政策的推动与ICE产业群和物联网产业

ICE产业群是智力、文化和教育产业组合的总称（Intellectual, Culture, Education），或信息、文化和教育产业组合的合称（Information, Culture, Education）。从人类历史发展来看，文化和教育产业从未成为经济发展的支柱产业，不过在20世纪90年代兴起的新经济或信息经济中，智力和信息行业倒是曾经得到较大的关注和发展，而把信息（智力）、文化和教育作为一个产业组合看待，则是在新经济泡沫破裂之后的事情。2008年金融危机后，FIRE产业群（Finance, Insurance, and Real Estate产业的合称）创新发展乏力，获得特别关注和发展，当时纽约市成为积极推动该产业群发展的主要城市①。

基于信息和数据技术创新的重要领域是物联网产业。"物联网"概念②是在"互联网"概念基础上，将用户端延伸和扩展到任何物品与物品之间进行信息交换和通信的一种网络概念。2005年11月27日，在突尼斯举行的信息社会峰会上，国际电信联盟（ITU）发布《ITU互联网报告2005：物联网》，正式提出"物联网"概念。总的来说，物联网是指各类传感器和现有互联网相互衔接的一种新技术，主要是通过射频识别、

---

① 〔美〕肯特·加德纳：《纽约发展的解决方案——纽约州独立学院和高校的经济影响》，https://www.policyarchive.org/bitstream/handle/10207/11069/06_R-1485_CICUSolutionsforNewYork.pdf?sequence=1。

② "物联网"这个概念，在中国早在1999年就提出来了。不过当时不叫"物联网"而叫"传感网"罢了，中科院早在1999年就启动传感网的研究和开发。在美国也是在1999年提出来的，起源于MIT的汽车身份识别中心。国际电信联盟（International Telecommunication Union，ITU）于2005年提交了一份有关物联网的研究报告，详细论述了这一新兴产业发展的重要意义。参见International Telecommunication, *Internet of Things*, http://www.itu.int/dms_pub/itu-s/opb/pol/S-POL-IR.IT-2005-SUM-PDF-E.pdf。

红外感应器、全球定位系统、激光扫描器等信息传感设备，按约定的协议，把物品与互联网相连接，进行信息交换和通信，以实现智能化识别、定位、跟踪、监控和管理的一种网络形式。

物联网是在计算机互联网基础上，利用射频自动识别技术、无线数据通信技术等，构造一个覆盖世界上万事万物的"Internet of Things"（IOT）。在这个网络中，物品（商品）能够彼此进行"交流"，而无须人的干预。其实质是利用射频自动识别技术，通过计算机互联网实现物品（商品）的自动识别和信息互联与共享。

"物联网"概念的问世，打破了之前的传统思维。过去的思路一直是将物理基础设施和IT基础设施分开，一方面是机场、公路、建筑物，另一方面是数据中心、个人电脑、宽带等。而在物联网时代，钢筋混凝土、电缆将与芯片、宽带整合为统一的基础设施，在此意义上，基础设施更像是一块新的地球。故也有业内人士认为物联网与智能电网均是智慧地球的有机构成部分。

在特朗普和拜登执政期间美国非常重视物联网产业，把它视为驱动未来产业发展的关键技术之一，在国家战略层面予以持续支持。在美国政府先后签署的《美国就业计划》（2021）、《无尽前沿法案》（后更名为《美国创新与竞争法》）、《2022财年研发预算优先事项及交叉行动》备忘录中均有所体现。

美国国会参议院于2020年1月通过《促进物联网创新和发展法案》，要求美国商务部牵头组建联邦物联网工作组，美国联邦通信委员会（FCC）则与美国国家电信和信息管理局（NTIA）评估物联网频谱资源，美国商务部根据《国防授权法案2021》及《联邦咨询委员会法》修正案于2021年12月特设了物联网咨询委员会。同时，美国政府也非常重视物联网的安全问题，颁布了《加强联邦网络和关键基础设施的网络安全》总统令，NTIA、国家标准与技术研究所（NIST）也展开了对物联网安全的研究。2020年3月，特朗普签署《5G与后5G安全法案》。2020年12月通过《物联网网络安全改进法》。2021年11月，NIST正式发布《联邦政府物联网设备网络安全指南》（SP 800-213），并随附《物联网设备网络安全需求目录》（SP 800-213A）。

21世纪以来美国传统制造行业、IT行业和新创科技行业等的企业正在撬动第四次工业革命发展大潮,与工业4.0、数字化和智能化制造等相关的数字化和信息化产业成为核心关键产业,这也是21世纪具有战略价值的主导产业。

实际上,美国硅谷的技术和企业精英们早就启动"新硬件时代",他们开始以强大的软件技术、互联网和大数据为基础,由极客和创客为主要群体,以硬件为表现形式创造一种新产业形态。这些新硬件不是指主板、显示器、键盘等计算机硬件,而是指一切物理上存在的、过去生产和生活中闻所未闻、见所未见的人造事物,如谷歌公司开发的谷歌眼镜、谷歌无人驾驶汽车、谷歌智能机器驮驴等,亚马逊公司开发的多轴无人飞行器等,以及号称"硅谷钢铁侠"的马斯克提出的星链技术体系等,他们正在创造出人类无法想象的物品,乃至全面改变世界的运行方式。

凭借在传统信息技术和信息产业领域的全球竞争优势,美国信息化技术和产业仍然具有全球竞争优势,英特尔、微软、谷歌、思科、甲骨文、惠普、苹果、高通、特斯拉、英伟达等高科技企业巨头的颠覆性科技创新能力彰显了美国在该产业领域的强势地位。借助于IT技术的基础,目前美国企业已经在大数据、云计算和人工智能等新兴产业的关键技术领域取得绝对竞争优势,并开始快速渗透到可再生能源、医疗和健康等具有战略价值的新兴产业。

六 典型企业案例

本章选取电子技术、计算机、芯片、通信、软件、云计算和人工智能等产业富有代表性的3家公司作为典型企业案例,分析其在技术创新和产业迭代过程中发挥的独特作用。

(一) IBM公司:持续技术创新的百年老店

IBM公司[①]是当今全球最大的信息技术和业务解决方案提供商,全球

---

① IBM公司英文全称为International Business Machines Corporation,又名"国际商业机器公司"。本案例主要参考IBM官网关于企业历史的介绍,https://www.ibm.com/about?lnk=fab;〔美〕托马斯·K.麦克劳:《现代资本主义:三次工业革命中的成功者》,赵文书、肖锁章译,江苏人民出版社,2006,第379—429页;彭剑锋主编《IBM:变革之舞》,机械工业出版社,2013。

雇员超过31万人，业务遍及175个国家和地区。2022年的营业收入为605.3亿美元，同比增长5.5%，总资产为157.57亿美元[①]；2023年第四季度的营业收入为174亿美元，自由现金流为112亿美元，年均增长3.3%[②]。IBM公司是由托马斯·约翰·沃森创立于1911年6月15日的高科技百年老店，企业经营发展史已超过110年，公司总部设在纽约州的阿蒙克市。它跨越了电气化、电子化、信息化和数智化等多个时代，在每个时代都是科技创新的领先企业。

1. 电气化时代的高科技企业

IBM公司最初是由列表机公司（1896年创立于华盛顿）、计算表公司（1901年创建于俄亥俄州代顿）和国际时代唱片公司（1900年创办于纽约州恩迪科特）3家独立公司合并而成，即计算制表记录公司（CTR），主要业务是制造和销售员工计时系统、磅秤、自动切肉机、穿孔卡片机设备和制表机等。1914年沃特森（Thomas J. Watson）担任CTR总经理，他实施了一系列行之有效的商业发展策略。1915年，沃特森担任总裁。1917年，CTR以国际商用机器有限公司之名进入加拿大市场，1924年2月14日正式改名为国际商业机器公司，这就是IBM公司技术创新和发展历程的开始，沃特森成为IBM公司创始人。

1925年至1960年，IBM公司创造出多项具有行业发展标志的新技术。如1928年推出穿孔卡片机，该技术在接下来的50年时间里成为行业标准，几乎包含世界上所有已知的信息，有力地支持美国完成人口普查这样的大型项目；1932年IBM公司投资100万美元建设第一个企业实验室，该实验室在整个30年代的技术研发使公司在技术产品创新上获得领先地位；1935年IBM公司的卡片统计机产品已占领美国市场的85.7%，为公司积累了雄厚的财力和强大销售服务能力，为以后成为计算机领域的主宰者也奠定了重要基础；1936年IBM公司与政府合作制定基于1935年《美国社会保障法》关于2600万名美国人的就业记录表格，这是当时最大的会计项目。

---

① IBM, Annual Report, 2022, https://www.ibm.com/annualreport/assets/downloads/IBM_Annual_Report_2022.pdf.

② IBM, 4Q 2023 Earnings, https://www.ibm.com/downloads/cas/2M7ZLGYW.

第二次世界大战期间，IBM 公司加入美国政府组织的战时生产活动，帮助美国政府制造 M1 卡宾枪和勃朗宁自动步枪，其生产设备主要被盟军作为军事计算、后勤和其他军需之用。在曼哈顿计划实施过程中，IBM 公司的穿孔卡片机被广泛使用。IBM 公司还为美国海军建设了第一个大规模的自动数码电脑"Harvard Mark I"；1944 年，IBM 公司与哈佛大学合作，先后制成电子管计算机 MARK-1 和 MARK-2，随后制成电子管继电器的混合大型计算机 SSEC。

50 年代 IBM 公司成为美国空军自动防御系统电脑的主要承包商，充分利用当时已经发明出来的代数计算机语言、模拟-数码与数码-模拟转化技术、数字数据传输电话线、多处理器和网络化等高端科技，制造出当时最为先进的计算机。1951 年，IBM 公司决定开发商用电脑；1952 年 IBM 公司通过磁带数据向世界推出数字存储技术，标志着穿孔卡片计算器向电子计算机的过渡，同时公司成功研制出第一台存储程序计算机 IBM701，这就是普通意义上的电脑；1953 年，IBM 公司制造出第一台心肺机，使人类开胸手术的成功成为可能，这项技术每年可拯救数百万人的生命；1956 年，在人工智能发展阶段，IBM 公司首次展示人工智能的下棋技术，开始探索人工智能技术；1957 年 IBM 公司又推出最具影响力的软件产品 FORTRAN，把计算机程序员解放出来，并向全世界的用户开放。

经过 30 多年的技术创新探索，IBM 公司进入电子计算机行业，并成为技术领先者，先后推出 IBM702、IBM704、IBM705 系列计算机，后又进一步研发出更为便宜的中型电脑 IBM650，到 1956 年 IBM 公司已经占领电脑市场的 70%。

1956 年小托马斯·沃森（Thomas J. Watson Jr.）继承父业，担任 IBM 公司总裁，他继续技术创新，把电脑向以晶体管为元件的方向转变，最终制造出 IBM7090 型全晶体管大型机，这就是当时第二代计算机的代表。此后 IBM 公司又研制出小型数据处理计算机 IBM1401，采用晶体管线路、磁芯存储器、印制线路等先进技术，使主机体积大大减小，电子数据处理计算机彻底替代卡片分析机，同时公司不断推出不同型号的计算机，共销售出 14000 多台，奠定了 IBM 公司在计算机行业的领先地位，使其成为大型工业企业①。

1960年IBM公司开始进入计算机行业,并很快就成为美国八大电脑公司中最大的一家②。如今当时与IBM公司竞争的电脑公司大多数已不复存在,持续经营的通用电气公司虽是美国最大企业之一,但已不在电脑市场运营。

长期以来,IBM公司成为计算机的代名词,其发展史就是一部计算机发展的历史。IBM公司研发出计算机方面的颠覆性技术,但其技术创新远不只这些。

2. 信息化时代的技术领先企业

随着半导体集成电路技术的出现,信息化成为时代发展潮流,IBM公司很快就切换到这一新兴产业,积极投入第三代集成电路计算机的生产。1961年IBM公司发明语音识别技术,为后来其他企业人工智能技术的发展铺平道路;1962年IBM公司与美国航空公司联合推出第一个计算机驱动的航空预订系统SABRE,这被视为如今电子商务的起源。

1964年IBM公司推出划时代的System/360大型计算机,从而宣告大型机时代的来临。在整个60年代,IBM公司的技术创新并没有止步于计算机。1969年美国政府通过实施"阿波罗登月计划",使人类第一次登上月球,而IBM公司就是为阿波罗登月计划制造计算机和软件的企业,为宇航员尼尔·阿姆斯特朗和巴兹·奥尔德林顺利登陆月球,并平安返回地球做出重要贡献。

70年代后IBM公司发明了更多基于计算机的应用技术。1970年发明IBM磁条,由此改变了现代商业交易方式;1971年IBM公司推出世界上第一张软盘,且存储功能强大,价格实惠,便于携带,销量超过50亿部;1973年发明UPC条形码,并被广泛应用于超市,改变了零售业的经营管理方式。1975年IBM公司制造的计算机数量是世界其他所有计算机厂家生产的计算机总和的4倍,由此IBM公司成为一个集科研、制造、

---

① Chandler, Alfred Dupont, *Inventing the Electronic Century: The Epic Story of the Consumer Electronics and Computer Industries*, Harvard University Press, 2005, pp. 80-95.
② 其他七家公司分别是:通用计算机公司(UNIVAC)、都市生活、科学数据系统、控制数据公司、通用电气公司、美国无线电公司、霍尼韦尔(Honeywell)。

销售、技术服务和教育培训于一体的综合性大企业。

1979 年 IBM 公司开始进入中国市场，引入当时先进的计算机装备和信息化观念：1979 年中国银行在中国香港启用 IBM 公司 3032 计算机，这是中国银行史上使用的第一台计算机；同年，沈阳鼓风机厂引进 IBM 370/138 大型机，这是新中国成立后 IBM 公司向中国市场出售的第一台计算机，由此建立 IBM 公司与中国市场的长期合作关系。

80 年代后 IBM 公司开始在个人电脑行业艰难竞争。1981 年 8 月 12 日 IBM 公司推出世界上第一台个人电脑，由此开启个人电脑的革命。随着 IBM 公司个人计算机问世，计算机已经成为主流产品，超越业余爱好者的范畴，成为普通家庭的电子商品。1986 年，IBM 公司科学家发明的扫描隧道显微镜获诺贝尔奖，这对微电子学和纳米技术发展产生全球性影响。但是当大型主机业务遭遇市场疲软时，IBM 公司遇到发展瓶颈。后来在新任总裁郭士纳带领下，IBM 公司紧紧抓住发展软件和信息服务的机遇，从而挽回发展颓势。

1996 年当 IBM 公司提出"电子商务"口号时，也许除 IBM 公司自己，没人相信这个概念在其后 20 多年时间里会带动整个 IT 行业乃至整个社会发展。当时 IBM 公司以"E-Business on Demand"（电子商务，随需应变）勾勒出电子商务的阶段性发展蓝图，为人类生活带来天翻地覆的变化。1997 年 IBM 公司研制出来的深蓝超级计算机（会思考的人工智能机器人）击败世界上最好的国际象棋选手，为人们知道和使用人工智能迈出一大步。1999 年 IBM 公司的软件集团成为世界第二大软件设计企业。

3. 数智化时代的技术领航企业

21 世纪以来，IBM 公司的技术创新越来越聚焦于人工智能、量子计算机及芯片设计和制造等高精尖的技术领域，其中重点技术创新领域包括混合云、人工智能、量子计算、科学研究和半导体技术。其主要业务组成包括咨询、软件和云计算、红帽混合云平台（Red Hat）、基础设施及 IBM 云生态系统五个部分①。

---

① About IBM, What does IBM do? https://www.ibm.com/about? lnk=fab.

其中，IBM 公司咨询部门成为唯一一家在科技公司内部设立的大型全球咨询公司，运用人工智能技术与客户和合作伙伴并肩工作，设计、构建和运营高绩效的业务。通过数据驱动、以用户为中心、价值至上的运营模式和方法，从概念到用户采用的规模转型已被证明可将效率提高 20%；软件业务可使客户（如埃克森美孚石油公司和 OTTO 公司）充分利用混合云和人工智能的全部力量，满足对开源创新的强烈需求，探索企业解决方法；红帽混合云平台提供的是企业数字化转型的智能化解决方案，通过混合云、人工智能和物联网技术为工业企业和金融企业实现数字化转型，以及推进工业 4.0 革命提供技术和服务；基础设施业务提供的是构建以混合云为基础的存储、服务器和大型机器的现代化系统；生态系统业务主要是通过人工智能、混合云等新技术的应用，与伙伴共同设计、部署和管理解决方案，以应对复杂的业务挑战，加速增长，并扩大企业对人工智能的使用范围。

从 IBM 公司的业务架构可以清晰地看出，IBM 公司已经完全从原来的传统计算机行业转型到目前工业 4.0 中的最尖端科学技术的探索和应用，成为数字经济时代的领航企业，引领混合云和人工智能时代的技术创新。

2018 年，IBM 公司展示了专门为人工智能设计的新型计算架构的超级计算机，计算速度可达每秒 200000 万亿次，它成为地球上最强大的处理器；2019 年 IBM 公司推出第一台基于电路的商用量子计算机，发挥用户、研究人员和开发人员探索用量子解决现实问题的潜力；2021 年 IBM 公司设计和制造出世界上第一个 2 纳米芯片，这一指甲大小的芯片上有 500 亿个晶体管，是迄今为止密度最大的芯片，这一高端技术创新为更环保的数据中心和更安全的自动驾驶汽车带来发展机会；IBM 公司与韩国三星公司合作引入一种垂直传输纳米片场效应晶体管的全新半导体设计方法。

IBM 公司集成了技术和专业知识，为客户提供基础设施、软件和咨询服务，帮助客户实现数字化转型，汇集所有必要的技术和服务帮助客户解决业务问题。2022 年，IBM 公司实现 605 亿美元的收入和 93 亿美元的自由现金流，超过 70% 的年收入来自软件和咨询业务。

100 多年前能够站在技术创新前沿的企业，现在依然可以在新兴的技术创新浪潮中继续发挥核心作用，这种具有创新精神和硬核技术的企业并不多见。

（二）英特尔公司：为世界创造芯片新技术

英特尔公司（Intel，1968）是美国半导体行业和计算技术创新领域的全球领先企业，目前正在从以个人电脑业务为中心，向以数据为中心转变，并力图为以数据为中心的世界提供最好的半导体（芯片）[①]。截至2023年底，英特尔公司的营业收入为542亿美元，拥有12.48万名高技能员工，总资产为432.69亿美元，是美国的世界500强企业[②]。

1. 英特尔公司的技术创新发展历程

英特尔公司是由罗伯特·诺伊斯和戈登·摩尔（安迪·格罗夫后来加入）[③] 于1968年在加利福尼亚州创建的，当时得到硅谷风险投资家的资本支持，主要产品是电脑微处理器。1969年英特尔公司的第一款产品3010双极随机存储器（RAM）诞生，1970年在美国加利福尼亚州圣克拉拉市设立英特尔公司全球总部。

1971年英特尔公司推出全球第一个微处理器4004，给计算机和互联网带来一场技术革命，改变了整个世界的电子和计算机设备；1972年至1978年，英特尔公司接连研制出8位元处理器8008和8080、16位元处理器8086、8088，其中8088处理器成为IBM台式计算机的大脑。

[①] 该企业案例资料主要来源于〔美〕阿伦·拉奥、皮埃罗·斯加鲁菲《硅谷百年史：伟大的科技创新与创业历程（1900—2013）》，闫景立、侯爱华译，人民邮电出版社，2014，第117—121页，以及该企业官网关于企业发展战略的介绍，Oct. 1, 2022, https://www.intc.com/filings-reports/all-sec-filings/content/0000050863-22-000038/0000050863-22-000038.pdf。

[②] 英特尔公司2023年财务报告，United States Securities and Exchange Commission, Form 10-Q, Intel Corporation, January, 2024, pp. 5-15, 75-78, https://www.intc.com/filings-reports/annual-reports/content/0000050863-24-000010/0000050863-24-000010.pdf。

[③] 罗伯特·诺伊斯（Robert Norton Noyce, 1927—1990），被称为硅谷之父、集成电路之父，1957年创办仙童半导体公司，在英特尔公司创建初期，诺伊斯扮演关键领导人角色，奠定公司文化价值观，开创没有墙壁的隔间办公室新格局，取消管理等级观念，1979年获美国国家科学奖章。戈登·摩尔（Gordon Moore, 1919—1923）是美国著名科学家和企业家，于1965年提出著名的摩尔定律，曾担任英特尔公司第二任首席执政官至1987年，1990年获美国国家技术奖章。1987年格罗夫担任英特尔公司第三任首席执行官，成为著名的职业经理人。

20世纪八九十年代，英特尔公司已经成为全球微处理器的主要生产者，不断更新微处理器工艺技术。80年代，面对日本企业的竞争，英特尔公司在格罗夫领导下断然舍弃存储器市场，专心开发微处理器。这一决策顺应了随后出现的个人电脑和信息网络大普及的需要，由此把英特尔公司推向半导体行业的霸主地位。

1982年至1989年，英特尔公司先后推出286、386、486处理器，制程工艺实现1微米，集成晶体管突破百万个，成为"电脑的心脏"，负责个人电脑的基本运作。其中1985年问世的32位元386芯片，内含27.5万个晶体管，1989年研制出的486微处理器更是使电脑功能跃上新台阶。

90年代后，在信息和互联网产业发展大潮方兴未艾之际，英特尔公司就把企业的发展重点转移到信息网络通信业务上来。1991年英特尔公司推出"Intel Inside"。1992年其设计的微处理器被命名为"奔腾"处理器。1993年英特尔公司首次推出奔腾芯片，制程工艺首次降低到1微米以下，实现0.8微米水平，集成晶体管增至300万个。自此英特尔公司就给"世界一颗奔腾的心"，推动信息产业10倍速时代的来临。1994年在英特尔公司的技术推动下，USB成为电脑类产品的标准接口。

1997年英特尔公司的发展战略再次调整，由产品供应商向计算机的领袖和主流企业转型。在计算机技术的应用和推广方面，英特尔公司遵循三大定律：摩尔定律，即计算机芯片的集成度和运算能力每18个月翻一番；只有偏执狂才能生存；更快地发展计算机技术和应用。英特尔公司一直在计算机技术领域进行突破，不断创造出改变世界的技术，丰富人类的生产生活。1999年英特尔公司的市值突破5000亿美元。21世纪几乎所有的台式计算机厂商都在为英特尔公司"打工"，它成为世界上最大的一家个人电脑微处理器供应商。2003年英特尔公司生产的处理器累计销量达到10亿片。

在研制计算机处理器的同时，英特尔公司还在开发通信网络技术。1980年英特尔公司与数字设备公司、施乐公司联合开发以太网，简化了计算机之间的通信联系。2003年英特尔公司发布迅驰移动计算技术，推动了无线上网的发展，开启了移动计算机时代。

21世纪以来，英特尔公司在计算机处理器方面的技术创新更是一骑绝尘，无人能及。2006年至2016年间，英特尔公司先后推出酷睿处理器（2006），制程工艺65纳米，集成晶体管数量实现2亿个；45纳米高-K金属栅极处理器全部实现无铅化（2007）；世界上第一个3D三栅极晶体管在英特尔公司诞生并实现量产（2011）；低功耗的小尺寸Quark微处理器（2013）推动了物联网领域的发展；2014年2月19日，英特尔公司推出处理器至强E7 V2系列，采用15个处理器核心，由此英特尔公司成为半导体产业的颠覆性技术创新企业。接着推出的酷睿M处理器功耗进入个位数新纪元。2015年1月8日英特尔公司发布体积最小的Windows电脑Compute Stick，大小仅如一枚U盘，但可连接任何电视机或显示器以组成一台完整计算机。截至2023年，英特尔公司已经推出酷睿14代处理器，销售了超过200万台第四代英特尔至强可扩展处理器，并于2023年第四季度推出第五代英特尔至强处理器。

晶体管是半导体行业的基石，随后是集成电路，它可以把晶体管、电容、电阻等分离的元件放在一个芯片上建成电子线路，然后通过一个神经系统，各个元件就可以构成一个躯体，这时所需要的就是一个头脑给它以智慧，而英特尔公司就是专注于开发"计算机头脑产品"的企业，先是开发记忆芯片，然后发明微处理器。英特尔公司在微处理器方面的技术创新是颠覆性的，不仅影响到半导体行业的变革，而且影响到社会经济的发展。

2. 转型大数据技术创新，拥抱智算化时代

近十年来，随着数字经济的迅猛发展，人类不知不觉地进入数智化时代。在此时代背景下，2017年英特尔公司确立以数据为中心的重大战略转型。经过近年来的调整发展，目前，英特尔公司正在转型成为一家以数据为中心的高科技企业，积极推动人工智能（AI）、自动驾驶、5G和智能边缘等转折性技术的创新和应用突破，驱动智能互联世界的发展，为日益以数据为中心的世界提供最好的半导体，以及塑造未来的创新技术。世界正处于人工智能、5G网络转型和智能边缘崛起的几个技术变化的临界点，作为核心技术企业，英特尔公司的新技术、芯片和软件系统将推动这些重大变化。

根据企业发展战略，为更好地满足以数据为中心的新世界的需求，英特尔公司把主要业务分为以数据为中心的业务和以 PC 为中心的业务两大部分。前者包括数据中心组、物联网组、移动眼和非易失性内存解决方案组、可编程解决方案组；后者主要包括客户端计算组。

英特尔公司将把握的六大主要技术革新如下：一是工艺和封装，计划创建一波新的计算引擎，混合和匹配不同的工艺技术，然后将它们与高性能、低功耗的芯片封装技术连接起来，如嵌入式多模互连桥（EMIB）和业界首次实现堆叠处理组件的 fooveros；二是 XPU 架构，准备设计跨越四个主要计算架构的处理器，开启异构计算时代；三是内存，凭借英特尔 3D NAND 和英特尔 Optane 技术，正在开发颠覆内存和存储层次结构的新产品；四是先进的互联技术，将提供从微米到英里的领先技术，横跨所有互联层，包括芯片、封装、数据中心和长途网络；五是安全，将致力于帮助客户和行业合作伙伴开发新的方法来提高网络的安全性，在以数据为中心的世界建立一个更值得信赖的基础；六是软件，可以在所有工作负载、领域和体系结构中释放硬件的潜力。

为了能够走在行业技术不断变革的前沿，英特尔公司把未来技术创新的赌注放在存储、自动驾驶和 5G 技术上。在过去，英特尔公司帮助定义了现代的计算世界，如今又从一家以 PC 为中心的企业转变为一家以数据为中心的企业，试图通过上述六大基本的技术创新来塑造未来以数据为中心的技术标准，从根本上改变计算和通信领域的关键技术。

近 60 年来，作为行业领导型企业，英特尔公司一直在进行技术和产品创新，不仅引领微处理器技术的创新和行业发展，而且要成为未来智算时代的开发者，通过其最新一代加速 AI 能力的计算平台，支持开放、多架构的软件方案和工具，塑造未来的技术和应用创新，推动以数据为中心的存储、人工智能、自动驾驶的技术探索，以及以 5G 过渡为首的网络转型和智能边缘的崛起，塑造以数据为中心的未来，让计算能力民主化惠及更多的人。

（三）苹果公司：贩卖高科技的创造性企业

苹果公司是在美国加利福尼亚州硅谷诞生和发展起来的高科技企业

中的佼佼者①，在全球科技行业中具有重要地位，是全球市值最高的企业之一，是美国世界500强企业②。2023年苹果公司的总净销售额为3833.85亿美元，营业收入为1143.1亿美元，净利润为970亿美元，总资产为1435.66亿美元，拥有16.1万名全职员工③。苹果公司的影响力已经渗透到人们生活的方方面面，从公司成立之初推出Apple Ⅰ、Ⅱ和Mac电脑，到后来音乐播放器iPod、智能手机iPhone，再到平板电脑iPad和智能手表Apple Watch，一直在引领科技潮流，改变着人们的生活方式。其创新能力和品牌影响力备受推崇，特别是在智能手机市场，还没有哪一家企业能成为其竞争对手。苹果公司的商业成功也成就了从个人英雄到伟大企业的转型，最后成为一家贩卖高科技的创新和创造性企业。

1. 初期发展与企业品牌创建

苹果公司是由史蒂夫·乔布斯（Steve Jobs，1955—2011）、斯蒂夫·盖瑞·沃兹尼亚克（Stephen Gary Wozniak）和罗纳德·杰拉尔德·韦恩（又名罗恩·韦恩，Ron Wayne）于1976年4月1日联合创建的。同时得到风险投资家迈克·马库拉（Mike Markkula）的帮助，使公司得到初始发展的资金，并使公司管理走向规范化。

企业创立之初，主要开发和销售个人电脑。公司创始人沃兹尼亚克先后成功设计出Apple Ⅰ（1975）和Apple Ⅱ（1977）个人电脑，特别是Apple Ⅱ，当苹果公司在1977年4月首届西岸电脑展览会推出时，曾轰动一时，由此开启个人电脑革命，Apple Ⅱ成为人类历史上第一台真正的个人电脑，在80年代已售出数百万部，其后续改良型号的计算机也一直流行到90年代末期。1980年12月12日，苹果公司在纳斯达克公开招

---

① 苹果公司在1976年成立时的名字为美国苹果电脑公司，1977年1月正式注册成为苹果电脑公司，2007年1月9日更名为苹果公司，总部位于加利福尼亚州的库比蒂诺。
② 关于苹果公司的资料参考〔美〕亚当·拉辛斯基《苹果：从个人英雄到伟大企业》，王岑卉译，上海财经大学出版社，2013；彭剑锋主编《苹果：贩卖高科技的美学体验》，机械工业出版社，2013。
③ United States Securities and Exchange Commission, Form 10-Q, Apple Inc., Annual Report, September 30, 2023, https://s2.q4cdn.com/470004039/files/doc_earnings/2023/q4/filing/_10-K-Q4-2023-As-Filed.pdf.

股上市，在不到一个小时内，460万股全被抢购一空，当日以每股29美元收市。

1983年苹果公司推出以CEO史蒂夫·乔布斯女儿的名字命名的新型电脑Lisa，这是全球首款将图形用户界面和鼠标结合起来的个人电脑。Lisa是一款具有划时代意义的电脑，可以说没有Lisa就没有Macintosh（简称Mac，在Mac的开发早期，很多系统软件都是在Lisa上设计的），其具有16位CPU、鼠标、硬盘，以及支持图形用户界面和多任务的操作系统，并且随机捆绑了7个商用软件。

1983年至1985年，苹果公司先后推出新产品Lisa电脑和Mac电脑。尤其是后者，配有全新的、具有革命性的操作系统，成为计算机工业发展史上的里程碑。苹果公司的Mac电脑一经推出，即受到消费者热捧，人们争相抢购，苹果电脑市场份额不断扩大。1985年乔布斯获得美国国家级技术勋章，他坚持苹果电脑软件与硬件的捆绑销售，使苹果电脑不能走向大众化，加上IBM公司在个人电脑市场的竞争，苹果公司开发的电脑遭遇惨败，公司总经理和董事们把失败归罪于乔布斯，剥夺其经营大权，最后乔布斯愤然从苹果公司辞职，自己再次创业。

早期的苹果公司以技术创新为导向，通过推出Apple Ⅱ和Mac这两款具有革命性意义的新产品，迅速成为个人计算机行业的领导者，公司名声大噪。但在1985年至1996年间，由于公司业务急剧膨胀，高层领导人之间的冲突不断，苹果公司出现内部管理的严重危机，尤其是1985年9月乔布斯辞职后，苹果公司的电脑市场份额一落千丈，同时还与微软公司陷入多年的知识产权纠纷。而来自IBM公司等众多竞争对手的挑战大大动摇了苹果公司在行业中原本拥有的优势地位，加上公司高层发展战略的一再失误，苹果公司陷入了前所未有的困境，甚至一度到破产边缘。在整个90年代，苹果公司虽然也推出了不少新电脑，但一直没有扭转其市场份额不断下跌的趋势。直到1997年乔布斯回归后，苹果公司才走上复兴发展之路。

2. 乔布斯与苹果公司技术和产品创新的黄金时代

1997年初，创始人乔布斯回归后，不负众望，展开一系列卓有成效的企业改革，重拾创新精神，重塑品牌形象，削减杂乱的产品线，调整董事会成员，与竞争对手握手言和，并开拓新的销售渠道，同时发布具有突破性影响的 iMac 电脑等。改革的组合拳很快便将苹果公司扭亏为盈。

2001 年苹果公司调整原有的发展战略，开始向数字音乐进军，并相继发布 iTunes 桌面音乐管理软件和 iPod 便携式音乐播放器的系列产品。在结合 iTunes 在线商店这一全新盈利模式下，iPod 迅速风靡全球，成为苹果公司复兴路上的创新杰作。2007 年苹果公司借助于 iPhone 智能手机的推出正式进入移动通信行业，再次大获全胜。同时，iPod 和 iPhone 的热销还带动苹果公司其他产品的销售，苹果公司获得前所未有的商业成功。2010 年苹果公司发布 iPad 平板电脑，该产品一上市就引起抢购狂潮。

乔布斯领导苹果公司期间，致力于设计、开发和销售消费电子、计算机软件、在线服务和个人计算机。该公司硬件产品包括：Mac 电脑系列、iPod 媒体播放器、iPhone 智能手机和 iPad 平板电脑；在线服务包括 iCloud、iTunes 和 App Store；消费软件包括 OS X 和 iOS 操作系统、iTunes 多媒体浏览器、Safari 网络浏览器，还有 iLife 和 iWork 创意和生产套件。在高科技企业中，苹果公司以创新而闻名世界。

乔布斯成为苹果公司的灵魂人物。他树立了极具个人魅力的创新天才形象，其个人传奇本身就成为苹果公司发展中最为华彩的主线，他极其鲜明的个性特征，如特立独行、敏锐洞察力、品位主义、激情与感染力、控制力、精英主义，以及在坚持中的变革精神等，对企业各方面发展产生重要和深刻影响。

在工业设计上，苹果公司非常重视想象力与精确共融的设计，用"工业的艺术化"来激活用户体验，它设计的产品讲究简单主义，宣传"最好的设计就是看不见设计的设计"的理念。苹果公司把乔布斯个人对于艺术品的追求与偏好，都鲜明地烙印在苹果公司的工业设计中，充满想象力并注重细节，极度重视用户体验和简单主义的美学气质等，赢得最忠实的"粉丝"群。苹果公司带给用户的，不再是产品本身的技术功能，而是成为彰显他们自我个性和品位的最佳载体，通过产品"贩卖了情感"。

苹果公司在经历创新带来的成功和失败后，不断调整自己的创新方向，融入新的创新要素，最终将各种零散的创新有效地整合起来，完成各个环节上的创新集成。正因为这样，苹果公司才成为一个强大的资源整合者，不仅深刻诠释了创新的真正含义，还将创新移植到苹果公司的方方面面，让创新成为一种习惯，它的创新就是将设计、研发、产品、推广、商业模式等连为一体的整合创新，建立封闭捆绑式的商业模式，其iTunes商店整合各个内容提供商，建立开放式研发模式，利用第三方的资源，构建紧密关联的产品组合，如硬件、软件、周边设备，以及互联网软件和服务等四大类。其中，硬件主要包括Mac个人电脑、iPod数字音乐播放器、iPhone智能手机和iPad平板电脑系列产品。因此，苹果公司的创新是一种完整意义上的集成式创新。

2011年10月5日美国发明家、企业家，苹果公司联合创始人和首席执行官乔布斯的逝世，结束了苹果公司发展的黄金时代。

3. 后乔布斯时代苹果公司的创新发展

乔布斯去世后，蒂姆·库克（Tim Cook）成为苹果公司的首席执行官，继续带领苹果公司延续其前期发展阶段的创新传奇。2012年苹果公司发布iPad Mini，首次对iPad产品进行拓展，进入全新商业模式，激起广泛的需求，至2013年1月，销售量已超过500万台，以"i"开头的苹果产品已无处不在。如今iPhone已经进阶到iPhone 16系列。

如今苹果公司主要聚焦于设计、制造和销售智能手机（iPhone）、个人电脑（Mac）、平板电脑（iPad）、可穿戴设备和配件（Wearables, Home and Accessories），并提供销售和各种相关服务。

无论是在行业中还是在消费者心中，苹果公司一直是以其独一无二的优质产品来引领时尚潮流的。使用苹果产品，就意味着独特、与众不同。创新绝对是苹果公司捕获消费者的利器，但纵观苹果公司的发展过程，它却从未标榜过自己是一家创新企业，员工只有一句简单的话"我们只是认真思考如何制造了不起的产品"。这就是一家把创新纳入骨髓的企业，对于它而言，创新早已化为一项日常的活动，贯穿于企业整体的运营体系中。苹果公司就是这样的一家企业，从领导力，到产品设计，到市场运作，到人力资源管理，甚至企业经营模式，都流淌着创新的血液，由此形成企业持久的生命力源泉，在业界和消费者心目中树立了一个特别的形象，那就是苹果公司是贩卖高科技的富有创造性的企业，凭借两款革命性产品，苹果公司掀起个人电脑的普及风潮，并彻底改变了世界计算机产业的走向，书写了硅谷企业的传奇故事。

提到苹果公司的创新和创造，人们会想当然地以为技术研发是其核心竞争优势，其实不然。从研发投入看，苹果公司并不是一家强调研发投入的企业，它无法与英特尔公司、谷歌公司的研发投入相比。苹果公司的研发投入，2000年至2004年是比较高的，每年研发强度在6%以上，但2005年后是逐年下降的，到2011—2012年竟下降到2.2%。而同时期的微软公司（13%—16%）、英特尔公司（12%）、谷歌公司（10%）却是苹果公司的几倍①，2021—2023年，苹果公司的研发投入分别为6%、7%和8%②。它能够有效引领消费者、满足用户体验和情感的是工业设计。苹果公司对设计的重视甚至要超过技术创新本身，这与其他大多数高科技公司的思维模式是完全不同的。

苹果公司一直都致力于打造属于自己的商业生态系统，相信有限的选择对企业和顾客都是有益的。苹果公司开创"硬件+软件+内容服务"的全新商业模式，拥有以iMac、iPod、iPhone及iPad为核心的系列产品，在此基础上，构建以iTunes和App Store等为依托的内容平台，形成iPod + iTunes、iPhone+App Store、iPod +iBook Store三大商业圈，共同构成苹果公司的庞大商业生态系统。

苹果公司之所以能够成为贩卖高科技的创造性企业，与其强势的颠覆式市场运作与时尚营销有关。在市场运作方式上，苹果公司具有三部曲的操作，即感知—引导—颠覆。在创造出一种新产品时，公司至少要有5种储备的新产品。如果说苹果公司的工业设计和技术创新是打造产品核心竞争力的内在动力，那么独特营销理念和成功营销活动则是公司产品价值得以最大化实现的外在保障。

苹果公司贩卖高科技产品的营销策略主要有饥饿营销、体验营销及宗教营销。苹果公司不仅是饥饿营销的高手，无论什么时候，都要吊足

---

① 彭剑锋主编《苹果：贩卖高科技的美学体验》，机械工业出版社，2013，第56—57页。
② United States Securities and Exchange Commission, Form 10-Q, Apple Inc., Annual Report, September 30, 2023, https://s2.q4cdn.com/470004039/files/doc_earnings/2023/q4/filing/_10-K-Q4-2023-As-Filed.pdf.

消费者的胃口，不到最后时刻，谁也不知道新产品到底是什么，而且是体验营销的实践者，投入大量资金在全球开设苹果体验店，让各地消费者近距离接触到苹果公司的产品，了解产品价值，感受苹果品牌的文化内涵，并融入其中。而宗教营销则是更高形态的营销，由专人担任首席布道师，负责带领布道部门向用户传播苹果公司的品牌和产品理念，并最终将苹果公司的用户发展成为一种类似教派的群体，培养出一批忠实的"果粉"。

与IBM公司和英特尔公司的底层技术创新不同的是，苹果公司更多的是集中于产品、服务创新和集成式创新，取得强大的竞争能力在很大程度上取决于确保持续及时地向市场推出创新产品、服务和技术。苹果公司为其产品设计和开发硬件、操作系统、众多软件应用程序和相关服务等，专注于扩大与智能手机、个人电脑、平板电脑、可穿戴设备和配件以及服务相关的市场机会。企业重要竞争因素主要包括价格、产品和服务特性（包括安全性）、相对价格和性能、产品及服务质量和可靠性、设计创新、强大的第三方软件和配件生态系统、营销和分销能力、服务支持和企业声誉等。在这些市场中，苹果公司也面临来自拥有重要技术，营销、分销和其他资源，更广泛的产品线，价格更低的产品，以及庞大客户群的成熟硬件、软件和服务企业的激烈竞争。

第 9 章　产业技术创新与企业发展中的金融因素

金融与实体经济的关系是现代经济体系的重要理论和现实问题，二者之间形成共生共荣的关系。本章内容主要从历史实践视角，分析金融因素对美国技术创新、产业迭代和企业演进发展的影响。

一　金融与产业技术创新和企业发展的实践

美国金融服务业的发展依赖于工业实体经济的发展和需求，同时工业经济的发展又推动资本市场的发展和成熟，发达的资本市场和金融服务体系为产业技术创新与企业发展提供重要保证。

（一）新兴金融体系为内部改进提供投融资

在 18 世纪末和 19 世纪前期，作为新创国家，美国开展了早期工业化和内部改进事业。一批新兴的运河公司、铁路企业，以及公用事业企业先后建立起来，产生大量的资金融通和支付需求。

最初发挥资金融通和支付基本功能的是当时新设立的私人和州立银行，但这些银行都是单一制银行，规模非常小，且不能跨州开设分支机构，吸收的存款也不多，很难发挥充分的信贷作用，只能发挥支付作用。接着是 1791—1836 年获得美国联邦政府授权先后建立和运营的第一美国银行和第二美国银行（可视为当时美国的准中央银行），这两个银行可以在全国范围内设立分支机构，为政府和企业融资，以及全国性支付发挥了重要作用，但因为利益集团和党派之争，这两家银行都被终止营业了。因此在 1830 年之后，美国几乎没有一个覆盖全国的银行和金融机构，严重阻碍了正在进行的工业化建设和内部改进事业。

1792 年成立的纽约证券交易所承担了当时美国开凿运河、修建铁路的资金融通功能，但在其中买卖的公司股票也没有超过 20 只，且大多数是运河公司的股票,后来是铁路公司的股票,种类非常单一。因此,新兴的以投资银行为核心的资本金融体系就显得尤为重要。

美国第一家投资银行是成立于1826年的普莱姆-伍德-金公司。该公司首先从证券零售经纪业务中脱离出来,成为最早开展证券批发业务的机构,即投资银行。早期的一些投资银行家本身可能就是实业家,如范德比尔特就是如此,他不仅是航运企业家,也是铁路建设的大投资家。1860年前,美国的投资银行家主要是一些从事国债、运河公司股票,以及少量铁路公司股票买卖和服务的人员。

美国内战造就了一批投资银行家。当时美国政府规模很小,税收制度还不是很完善,政府收入来源有限。为了给战争筹款,美国联邦政府发行大量债券。政府需要这些投资银行家在国内外金融市场上销售这些债券,以筹集到足够的军费。投资银行由此得到发展机遇,第一个大的投资银行家就是著名的债券销售大亨杰伊·库克,他于1861年创办第一家证券经纪公司,协助美国财政部销售国债。作为辛迪加牵头人,他成功地为宾夕法尼亚州政府包销300万美元债券。在随后的数年,他组织了一支2500人的证券销售队伍,多次牵头组建债券承销辛迪加,运用报纸广告等一切可以运用的推销手段,共承销3.6亿多美元政府债券和大量用于筹集军费的国债,库克因而成为美国著名投资银行家,并在铁路投融资方面发挥重要作用。

内战结束后的多次铁路建设高潮,使投资银行成为一支重要的金融力量,投资银行买卖的铁路证券成为华尔街金融市场投资的主要品种,美国华尔街资本市场无疑是铁路发展的助推器,但铁路建设的发展也反过来对华尔街资本市场的发展起到巨大推动作用,证券市场随之得到迅速扩张,股市也因此繁荣起来,并成为永恒的财富角逐场所。金融与铁路建设和资本市场发展形成积极的互相影响作用,资本市场与实体经济相互促进的意义也是显而易见的。

1865年至1873年,美国铁路修建里程是3万英里(5万千米);1880年至1882年,就已经修建超过2万英里(3万千米)的铁路。1890年,美国铁路投资是100亿美元,美国私人银行机构超过4000家。铁路修建需要大量资金,铁路公司发行大量债券进行筹集,因此19世纪70年代后,铁路公司债券取代政府债券成为最为普通的投资产品,少部分铁路公司通常都有自己的投资银行去处理其证券发行,但大多数铁路企业需要第三方证券公司为其服务。

19世纪末一批投资银行首先在铁路公司股票的承销与投机活动中获得大量利润,有的甚至乘机谋取不少重要铁路公司的实际控制权,投资银行的力量不断壮大,将业务和影响拓展到新兴产业部门,为当时新兴企业如通用电气公司、西屋电气公司等融资①,同时成为美国企业发展和并购的操作者。1903年投资银行完成对杜邦公司的并购重组。由于杜邦家族持有太多的股票,纽约证券交易所不让其上市,杜邦公司就通过投资银行交易其未上市的股票(场外交易)。

通过资本市场运作,投资银行家获得巨额财富,涌现出J.P.摩根和洛克菲勒等一批投资银行家。

(二) 华尔街发挥资本资源的市场配置功能

华尔街只是纽约曼哈顿下城区的一条普通街道,但长期以来却作为美国金融中心闻名于世,将纽约市与金融业紧密联系在一起。华尔街的道·琼斯平均工业指数成为美国经济发展的风向标,同时是世界经济的晴雨表,发挥资本资源的市场配置功能。

1626年,纽约只是荷兰在北美殖民地建立的一个皮草交易口岸,当时名为"新阿姆斯特丹"。1664年新阿姆斯特丹被英国人占领,并改名为纽约市,成为英国皇家殖民地。在英国统治下,贸易继续成为纽约的主要经济活动。在纽约经济发展史上,大部分时间的主导产业并不是金融业,而是贸易和制造业②。在19世纪后期,以纽约为中心,以李·希金森公司、哈里斯公司、哈尔西公司、皮博迪公司、威廉·所罗门公司、斯派尔公司和J.P.摩根公司为代表的1000多家证券机构发展起来,同时还有大量证券交易经纪行等,共同组成资本市场体系。

其中,设立于1818年的斯派尔公司起源于家族生意,在美国内战期

---

① Mary A. O'Sullivan, "Living with the U. S. Financial System: The Experiences of General Electric and Westinghouse Electric in the Last Century", *The Business History Review*, Winter, 2006, Vol. 80, No. 4, pp. 621-665.

② 80年代纽约制造业的就业人数占纽约所有就业人数的17%;到80年代末,这一比例下降到11%;至2008年这一比例又下降到3%。目前纽约已不再是全球最大的制造中心,也不再是美国最大的港口。

间该公司就开设了国际投资银行机构。到19世纪90年代成为美国排名前五的最有影响的国际投资银行之一。作为证券承销商，1902年斯派尔公司为伦敦地铁融资提供服务；1906年为菲律宾铁路公司建设融资，同时为古巴共和国提供3500万美元信贷，为墨西哥在纽约证券市场发行债券。

1889年《华尔街日报》出版发行。1896年编制的道·琼斯工业平均指数成为美国金融市场发展的标志。最初进入股票指数的企业有12家，包括美国棉油公司、美国糖公司、美国烟草公司、芝加哥燃气公司、蒸酿和奶牛饲养公司、通用电气公司、莱克莱德燃气公司、国家铅公司、北美公司、田纳西煤炭和钢铁公司、美国皮革首选公司和美国橡胶公司。此后道·琼斯工业平均指数就一直描绘着纽约金融市场的发展轨迹，股市已经成为美国经济的一个重要特征。

19世纪与20世纪之交最大的企业并购案也是在纽约完成的。当时卡内基需要出售其钢铁公司的股票，但数额之大是任何个人都无法完成的。纽约证券市场集聚了当时并购所需的140亿美元资本金，这是当时美国联邦政府收入的3倍。为此，J.P.摩根动用由300个承销商组成的辛迪加进行IPO，最终以4.5亿美元购买了卡内基钢铁公司的股票，完成当时世界上最大的一桩并购案例。通过这次"世纪并购"，J.P.摩根设法合并其他钢铁企业，最后合并的小企业共有200多家，组成美国钢铁公司，资本总额是14亿美元，该公司是美国第一家10亿美元资产规模的企业，控制着美国钢铁业市场份额的70%，成为美国钢铁行业资本额最大的超大型综合钢铁企业，也是世界上最大的钢铁生产商，1902年美国钢铁公司产量占美国钢铁市场的67%。

20世纪初，纽约开始成为金融交易中心，不仅在美国国内发挥重要金融服务功能，还为外国政府和商人筹资。如1903年和1905年，墨西哥国家铁路公司就在纽约证券市场进行债券承销，纽约金融机构组成"马尼拉"辛迪加，为菲律宾公共工程筹款；1903年J.P.摩根公司与其他企业联合在纽约证券市场上为俄国政府筹款10亿美元。直到20年代，纽约证券市场都在为外国政府买卖债券。

二 货币托拉斯与大型垄断制造企业的形成

在美国金融发展史上，曾经出现一个影响力无所不在的货币利益集团。这是个怎样的组织呢？对产业和企业发展发挥了怎样的作用呢？

（一）货币托拉斯的界定及主要形成原因

这一称谓可追溯到1913年，当时美国国会的部分议员指出，美国的金融和大部分产业都被J. P. 摩根、洛克菲勒和乔治·贝克等少部分投资家控制了。国会由此发起一个叫作普尤听证会的组织，其主要职责就是揭露这些掌控美国经济的"货币托拉斯"集团，其中最大的一个货币利益集团就是摩根财团。货币利益集团是美国历史发展过程中特有的现象，最早起源于19世纪60年代。当时人们把纽约和波士顿等中心城市的银行家称为"货币利益集团"。

货币利益集团也有可能发家于殖民地时期黄金、奴隶、钻石和其他走私品的国际贸易活动，也有可能是在英国金融势力扶植下的代理人，还有可能是美国人津津乐道的所谓"强盗大亨"。

19世纪50年代至90年代末，华尔街金融集团成为货币托拉斯的化身。华尔街金融机构及金融工具几乎毫无例外地都为铁路公司融资，几乎所有美国现代金融工具和金融技术的完善都是为了铺设铁路，以及通过并购来加速铁路的发展。1890年美国铁路投资是100亿美元，美国私人银行机构超过4000家。美国华尔街资本市场无疑是铁路发展的助推器，但铁路的发展也反过来对华尔街资本市场的发展起到巨大推动作用。证券市场随之得到迅速扩张，股市也因此繁荣起来，并成为永恒的财富角逐的场所。

（二）货币托拉斯的代表主体及市场力量

在此期间崛起的投资银行家和投资银行机构，成为货币托拉斯的重要主体，他们为活跃资本市场、助力企业并购发挥关键作用。

19世纪末20世纪初的重要投资银行，如J. P. 摩根公司、库恩公司、洛布公司、李公司等都致力于铁路融资，它们充当欧洲资本流动的渠道助力美国的铁路，以及电报和电话系统的建设。铁路公司一般是私人公司，而不是公众公司。后来随着铁路融资规模的扩大，个人、家族、小团体的内部资金都不能满足铁路融资的需要，要建造长距离的铁路就必须依靠外部资金，发行股票和债券成为主要的融资渠道，投资银行家成为铁路企业融资的重要推手，促进铁路企业的所有权与管理权分离，股票持有人及其代表也不可能单独管理铁路企业，企业只能由职业经理人来经营。由此推动美国的现代化大型企业首先在铁路行业出现。

在美国第二次工业革命的镀金时代，以投资银行为代表的货币托拉斯力量不断壮大，左右美国技术创新和产业结构调整。通过资本市场的运作，货币托拉斯获得巨额财富，其中，私人银行家如花旗银行支持的洛克菲勒财团，成为美国企业发展和组织变革的重要金融力量。

(三) 摩根财团货币利益集团对产业的垄断

摩根财团是美国最古老的财团之一，与欧洲罗斯柴尔德家族有着千丝万缕的联系，也是美国最有代表性的货币利益集团，在19世纪中叶开始对美国经济发挥越来越重要的影响。摩根家族的权力也在19世纪末20世纪初达到巅峰，不仅在金融领域发挥垄断作用，还控制着美国铁路和交通、钢铁制造等多个行业，对美国经济发展有着举足轻重的影响。

1913年美国国会发表的《货币托拉斯调查报告》指出，摩根财团以J.P.摩根公司为核心，控制着美国钢铁公司、通用电气公司等53家大企业，总资产达127亿美元，包括金融机构13家（资产30.4亿美元）、工矿业公司14家（资产24.6亿美元）、铁路公司19家（资产57.6亿美元）、公用事业公司7家（资产14.4亿美元）。投资银行家J.P.摩根在1907年美国金融危机时曾被喻为"一个人的美联储"，对美国总统和政府部门具有非常大的影响力。

1929年，由于经济大危机的爆发和罗斯福新政，以摩根财团为首的货币利益集团势力开始衰落，再加上"看得见的手"开始干预美国经济，政府一改之前对市场经济放任自流的态度，取代大型金融垄断集团和私人银行家成为监管和调控经济的主要力量。然而，货币利益集团并没有就此消失，50年代后一批机构投资者逐步取代摩根财团成为影响美国经济和金融发展的核心力量，继续谱写着美国金融与实体经济相互影响的发展史。

三　风险投资机制与高科技新创企业的发展

20世纪50年代兴起于硅谷的风险投资资本，以及1971年建立的纳斯达克场外股票交易市场发挥了重要的融资功能，为新创科技企业提供了重要资金来源，推动了硅谷地区高科技产业的发展。

（一）风险投资及其资金来源与兴起的原因

风险投资又被称为风险资本、创业投资，是指个人或机构将其筹集到的资金以股权形式投资到高风险和高发展潜力的新兴科技企业中，并主动参与经营管理过程，最终在资本市场通过出售股份获取高额资本收益的一种投资方式。

根据美国国家风险投资协会（NVCA）的定义，风险投资是金融家将资本投入到新兴的具有巨大竞争潜力的项目中的一种权益资本，它是将资本投入蕴藏失败风险的高新技术领域，促使技术成果尽快商业化与产业化，以获得高资本收益的投资过程。风险投资属于中长期战略性投资，企业投资的目的并不在于在短期内获得一定的商业利润，而是追求在成长期过后通过股权转让而得到高额的回报，期限一般为3—7年。在此期间，还需要对有起色的项目增资，因此它也被称为"耐心资本"。风险投资是解决新创高科技企业融资困难的有效途径，有利于企业更好地拓宽融资渠道。在高新产业的技术和产品研发中，风险投资能够通过长期的研究开发，让技术转变为商品，从而在商品中获得高额利润。

风险投资公司通过设计一套有较强激励作用的合约，较好地解决了信息不对称引起的"道德风险"和"逆向选择"，控制了委托代理风险，把投资者、风险投资家和创业者连接起来，形成利益共同体，在美国高科技部门发展中发挥了重要作用[①]。

现代真正意义的风险投资始于1946年美国哈佛大学教授乔治·多利

[①] Frederic S. Mishkin, The Economics of Money, Banking, and Financial Markets, Pearson, 13th Edition, 2022, p.225.

奥特与波士顿联邦储备银行主席拉尔夫·弗兰德斯创办美国研究开发公司（ARD），这是世界上首家专门投资流动性较低、高风险企业的风险投资机构，为初创企业寻求股权资金开辟了新路[①]。在美国政府推动下，50年代风险投资机制得以发展起来。

成立于1953年的美国小企业管理局（SBA）是联邦政府支持设立的一个独立机构，旨在保护小企业的利益，维护自由竞争企业，为企业家和小企业主提供其所需的资源和支持，帮助美国人创办和发展有弹性的企业，以及扩大经营业务，或从各种灾难中恢复过来[②]。小企业管理局通过其外地办事处的广泛网络，以及与公共和私营组织的伙伴关系为小企业提供服务。

1958年美国政府通过的《小企业投资法案》允许美国小企业管理局发执照给私营的小企业投资公司（SBIC），由其资助和管理美国的小企业创业事宜。小企业投资公司每投资1美元，政府都要配套提供3美元担保贷款，这是企业杠杆资金的来源，是美国政府首次向私营小企业创新倾斜。美国小企业管理局自成立以来不断向小企业提供贷款、贷款担保合同、咨询和其他形式的援助。

而小企业投资公司的资金来源于美国政府和美国国家风险投资协会，然后向风投机构提供投资资金。美国政府的介入改变了风投资金来源渠道，即从私人个体转向机构投资者。在美国政府支持下，小企业投资公司的数量迅速增加，到1961年已经有500多家，解决了风险投资公司的资金来源问题。

（二）风险投资对高科技企业的孵化器作用

在政府对新创中小企业的支持激励政策带动下，私人合伙的风险投资公司开始大行其道。60年代有4家风险投资公司先后设立，70年代一批风险投资公司涌现出来，其中最有名的是红杉资本，其最大的投资项

---

① 美国研究开发公司（American Research and Development Corporation，ARD）投资最为成功的企业是数字设备公司（Digital Equipment Corporation，DEC）。1957年它向DEC提供了7万美元风险资本和3万美元贷款，至1971年该项投资增值到3.55亿美元，投资增长了5000多倍。

② 参见美国小企业管理局官网关于该机构的介绍，https://www.sba.gov/about-sba/organization。

目就是苹果公司①。美国加利福尼亚州硅谷地区崛起的一大批企业，如仙童半导体公司、英特尔公司、微软公司、思科公司、雅虎公司等都曾得益于风险投资的大力支持，风险投资机制成为这些新创的高科技企业快速崛起的孵化器。

风险投资公司在创造投资奇迹的同时，也促进了新兴科技产业的飞速发展。自20世纪六七十年代以来，风险投资成为技术融资的代名词，半导体、计算机、生物和医药等领域的创新企业得到风险投资的高度青睐，大约90%的高科技企业都是在风险投资机制的扶持下发展起来的。由此推动了信息、生物医药、新能源和新材料等产业的发展。风险投资将资本、人力和技术紧密结合在一起，缔造了多个在美国国民经济中占据重要地位的新兴产业。

风险投资是信息和生物医药等领域高科技企业研发经费的重要资金来源。美国国家风险投资协会的统计数据显示，到2020年，风投公司支持的上市公司研发支出达到2440亿美元，而在20世纪70年代，这一数字基本为0；62.5%由风投公司支持的工作机会分布在美国各地。1990年至2020年，风投公司支持的公司就业人数增长了960%，而私营部门就业人数增长了40%。如果没有活跃的风投行业，75%美国最大的风投公司支持的企业甚至不会存在或达到目前的规模②。

70年代后，因美国经济衰退风险投资业发展缓慢之时，1971年新型资本市场纳斯达克（NASDAQ）成立③，这是当时全美证券交易商协会组织和管理的一个自动报价系统，1982年开发出全国性的市场交易系统，成为一个具备交易功能的场外交易市场（OTC）。1973年美国国家风险投资协会成立，这是美国首家全国性的风险投资业自律组织，对风险投资业的发展做出重要贡献，在美国国家风险投资协会推动下，美国政府在法律和税收等方面给予风险投资业极大支持。

---

① 〔美〕阿伦·拉奥、皮埃罗·斯加鲁菲：《硅谷百年史：伟大的科技创新与创业历程（1900—2013）》，闫景立、侯爱华译，人民邮电出版社，2014，第91—99页。
② NVCA, NVCA Resources, https://nvca.org/.
③ 纳斯达克的英文全名为 National Association of Securities Dealers Automated Quotations，官方网址为 https://www.nasdaq.com/，主要为市场基础设施、数据分析和工作流技术、金融反诈技术、区块链和数字资产、环境社会和治理、提高市场交易效率，以及人工智能、量子计算和金融科技等领域新兴技术企业提供融资服务。

特别是纳斯达克内设的风险投资部门，这是一个全球性的风险投资项目，专注于在金融服务领域培养人才，推动技术进步，促进创新，因此该市场不仅为新兴科技型中小企业提供融资平台，还专门为高科技企业上市融资提供服务，契合了80年代以台式计算机为代表的高科技发展浪潮，由此成就了以微软公司、英特尔公司、苹果公司为代表的一大批在计算机领域领先的高科技大企业。90年代，纳斯达克又顺应当时互联网技术发展潮流，为以雅虎公司、亚马逊公司等为代表的高科技企业提供上市融资渠道，这些企业可以通过在纳斯达克上市获得快速发展的资本支持。同时在1992年纳斯达克成立小型资本市场，为新兴科技型小企业提供低门槛的融资平台，也为风险资本提供了便利的退出渠道。

2006年1月，美国证券委员会正式批准纳斯达克注册成为继纽约证券交易所和美国证券交易所之后的美国第三家证券交易所，并宣布实施为上市公司创建全球精选市场板块计划，后来正式将其上市企业分为全球精选、全球市场、资本市场三个板块。纳斯达克证券交易市场至今都是世界各国高科技企业国际融资的首选之地。

四 金融背离实体经济与金融危机多重效应

实体经济是金融发展的根基，金融业的发展和繁荣确实为企业发展融资提供了多种平台和渠道。但金融如果脱离实体经济的支撑就会虚拟化，变成金融投机者角逐的场所。金融业本身具有风险性和脆弱性，容易引发金融恐慌和金融危机。在经济危机和金融恐慌过程中，美国许多金融机构和企业破产倒闭，对个人、实体经济发展和国家财富都是不可估量的损失。

（一）金融危机及其对企业融资渠道的影响

在美国经济发展史上，金融背离实体经济，最后引发金融危机是常有之事。从最初1792年的金融恐慌开始，每隔一段时间就会周期性地发生大大小小的危机事件。如1817年至1819年危机、1837年危机、1857年危机、1873年危机、1883年至1884年危机、1893年至1894年危机、1907年危机、1929年至1933年大危机、1987年股灾、2001年网络经济泡沫，以及2008年金融危机等。

其中20世纪就发生过多次大规模的金融危机，21世纪发生的网络经济泡沫和2008年的金融危机，对科技创新和产业发展，甚至企业的经营模式都产生深远影响。每次金融危机后，美国政府都会加强和完善金融监管制度，出台一系列监管立法，直接影响金融制度的发展方向，从而改变企业的融资来源和融资渠道。

如1907年金融大危机后，美国政府加快国家金融机构建设步伐，1913年通过《美国联邦储备法案》，1914年设立美国联邦储备体系（即美联储，美国的中央银行机构）。这表明美国政府不会再依赖投机金融家来处理金融危机相关事情，也不会再让投机银行继续发挥主导国家金融发展的影响力。

再如20世纪30年代经济大危机的爆发给美国经济造成巨大破坏和损失，美国政府开始出台一系列政策加强对投资银行的监管。1933年作为罗斯福总统实施新政的重要步骤，美国国会通过《格拉斯-斯蒂格尔法》，将投资银行与商业银行严格区分开来，实行商业银行与投资银行的分业经营模式，这种模式一直延续到1999年。商业银行被严格限制在传统的存贷业务，不能经营证券承销和买卖等投资银行业务，不少大型金融财团因此被拆分，如J.P.摩根集团就必须将其投资银行业务从商业银行中分离出来，单独成立一个新的企业实体，即摩根士丹利公司，由此使美国独立投资银行制度发展起来。

1934年至1940年通过一系列法案，如《证券交易法》（1934）、《公用事业控股公司法》（1935）、《信托合同法》（1939）、《投资公司法》（1940）、《投资顾问法》（1940）等，美国政府建立起对金融业的严格管制制度，进一步削弱了投资银行在美国经济中的地位和作用。新政期间建设的美国证券交易委员会、联邦存款保险公司（FDIC）履行对资本市场严格管理和保护金融消费者权益职责，执行金融机构破产退出机制；新政后期设立的全国证券交易商协会[①]、证券投资者保护公司等，规范了证券的柜台交易行为，维护了证券市场纪律，从而在原来各州"蓝天法"基础上进一步加强对投资银行的规制。

[①] 全国证券交易商协会（the National Association of Securities Dealers），成立于1939年。

新政期间美国政府实施的金融制度改革措施，结束了自由银行和大投资银行家、金融家主导的时代，奠定了以后半个多世纪美国政府对金融业严格管制的传统。直至 80 年代，美国基本上都沿袭新政时期所制定的严格监管和安全优先的制度原则，金融业恪守着分业经营的制度模式。

（二）金融危机后金融管制措施的约束效应

每次对金融危机的处理基本上都是以加强管制为主要方向，而金融管制无论是对金融企业还是非金融企业来说都产生了较大的约束效应。

如新政期间实行的利率管制政策深刻影响了美国信贷市场的发展和金融创新方向。《格拉斯-斯蒂格尔法》中的第 Q 项条款（即"Q 条例"）规定，商业银行被禁止对活期存款支付利息，严格限制商业银行的存贷款利率，只有美联储被授权对定期存款和储蓄存款设定最高利率限制（2.5%—5%），部分州政府还规定了贷款利率上限。

从 1935 年至 1980 年，美国严格实施"Q 条例"，实行利率管制。目的是通过限制商业银行的存款利率上限来控制银行经营成本，保障银行利润，把银行的安全性放在首位，同时对商业银行的经营范围也做了严格限制，它们只能做传统的存贷款业务，不能涉及冒险的证券和保险业务，该条例同时鼓励银行服务于当地经济发展，不要过多地从事金融投机业务。"Q 条例"的实施使美国商业银行低成本的资金来源得到法律保证，其资金来源的 60% 以上都是不用支付利息的活期存款，商业银行可以在经营过程中保持成本优势，非金融企业可以从商业银行等金融机构获取信贷资源，其 56% 的外部资金都来源于银行和非银行机构的信贷[①]。

随着 80 年代的利率市场化改革，美国利率管制政策逐步放松。但对于活期存款利率的限制，直到 2010 年 7 月 21 日《多德·弗兰克法案》通过才废止。

金融管制的另一个重要内容是改革美联储，加强其独立性，并将

---

① Frederic S. Mishkin, *The Economics of Money, Banking, and Financial Markets*, 13th Edition, Pearson, 2022, p.213.

其管理制度政治化。美联储理事会被重新命名，总部从纽约迁往华盛顿，联邦政府赋予其对银行储备和证券贷款的控制权；创立公开市场操作委员会，负责对货币政策的统一管理；免去财政部长和货币监理总署署长的理事会成员资格，规定理事会成员14年的任期期限。此后美国联邦储备体系的管理制度逐步政治化，削弱了货币政策决策中私人部门的力量①，强化了联邦政府的权威。美联储成为美国现代货币政策的制定者和执行者，通过有效的货币和信贷调控机制，有效管理信贷市场价格和信贷规模，维持物价和金融市场的稳定运行。因此，美联储公布的货币政策信息成为资本市场投资、企业融资成本价格的重要影响因素。

（三）规避管制的金融创新影响企业的信贷

20世纪30年代至80年代，美国金融业基本上是在分业经营体制下运行的。但私人金融势力为了突破分业经营体制的各种限制，特别是突破银行的业务和地域范围的限制，在体制之外探索了不少金融制度的创新形式，如1956年美国国会通过《银行控股公司法案》，虽然禁止多银行控股公司，但单一银行控股公司是不违法的，一些大银行如大通曼哈顿银行、美国银行和花旗银行等就成立了单一银行控股公司，通过这一创新型的机构从事非银行业务。

1966年至1969年，200家单一银行控股公司持有全部存款的1/3。1975年，1700家单一银行控股公司控制着4000家商业银行，一些单一制小银行被控股公司兼并和收购，银行数量通过这一渠道逐步减少。商业银行和投资银行的业务界限不断模糊，商业银行不断发挥投资顾问和货币管理者的作用，可开展保险业务、证券业务、商品期货业务、个人金融业务，还可以开展房地产投资信托业务，混业经营成为必然趋势。

60年代后美国经济发生一系列重要变化，尤其是60年代末美国通货膨胀率不断攀升，使市场利率不断提高，投资者对利率的敏感度加强，

---

① 1951年《美联储与财政部协议》签署后，美联储居于享有较高独立性的法律地位，拥有实施货币政策的权力。

纷纷从商业银行转移大量存款（即"脱媒"现象），以寻求高收益金融产品。为了逃避监管的货币市场共同基金出现了，这种创新金融产品既可以让顾客使用支票，还可以让其获得高利率回报，但却使商业银行传统的低成本资金来源受到极大冲击，"Q条例"对商业银行的保护不仅大打折扣，还成为束缚商业银行发展的条款。

这些新变化给投资银行带来新的业务机会与收益，投资银行不失时机地调整经营战略与管理制度，加入到金融创新和金融全球化浪潮之中，创新出诸如货币市场互助基金、现金管理账户等金融新工具，它们逐步成为企业信贷市场的新产品。

70年代后，两次石油危机导致美国经济增速放缓，进一步加剧通货膨胀，通货膨胀率继续不断走高。1974年美国通胀率为12.3%，1980年飙至14.8%；市场利率也快速上升，同期3个月期国库券利率最高达15%，出现史无前例的短期与长期利率同时趋高的现象。虽然银行管理当局将存款利率最高限从1973年的5%提高到1979年的5.25%，但与市场利率的差距仍不断增大。大量资金从银行流向货币市场，银行盈利状况持续恶化，不少商业银行特别是中小银行陷入经营危机和困境，要同时面对成本优势和利润优势消失的局面。商业银行一方面支持国会废除"Q条例"的改革立法，另一方面发放更有风险的企业贷款以获得利润，同时开发出更多的表外业务，寻求新的利润空间，企业信贷市场风险越来越高。

不受利率管制或受管制较松的非银行金融机构则可以利用自身优势争取到更多存款，造成大量存款在银行和非银行金融机构之间的非正常流动，金融"脱媒"现象愈发严重，针对规避"Q条例"的金融创新活动层出不穷。金融机构穷尽一切办法逃避管制，不仅削弱了利率管制的实际效果，也导致货币政策传导受阻，减少了企业信贷资金来源。

伴随着利率市场化的是银行持股公司的迅速发展。到1985年左右，500多家银行持股公司控制了美国3000多家银行，存款占比达45%。单一制银行大幅减少导致美国商业银行不断向垄断方向发展，花旗银行、摩根、杜邦、波士顿等财团凭借自身资金的雄厚积累，抓住历史机遇，成为影响世界经济的金融寡头。美国联邦存款保险公司2000年公布的数据显示，1970年美国银行业CR10①为21%，1990年上升为25.6%，1999年则为44.8%，美国银行业垄断力持续增加，影响了企业信贷市场机构的多元化。

伴随利率市场化的另一个变化是放松汇率管制，实行浮动汇率，以及对国际资本流入的限制。1973年美国首先取消资本流入限制，1981年12月3日正式准许欧洲货币在美国境内交易。由于《1980年银行法》只针对国内存款机构进行利率管制，境外货币业务可以不受"Q条例"影响，这些欧洲货币就可以通过美国的国际银行设立分支机构进行交易，大量外资银行和外国资本进入美国市场，进入美国的外国银行数量从1977年的122家增至1980年的344家。

20世纪的最后30年，美国走在金融创新的最前沿。各种复杂的创新金融工具被设计出来，如担保抵押贷款债务（CMO）、回购协议、垃圾债券、掉期协议和远期合约等，放松管制和金融自由化成为发展方向，新政时期金融制度的改革遗产被逐步废除，除利率市场化外，1994年通过的《跨州银行法》废除了对银行跨州设立分行机构的地域限制。1999年12月美国国会通过的《美国金融服务现代化法案》是对实施了近70年的《格拉斯-斯蒂格尔法》及相应制度框架的彻底修正，美国金融业合法地走上混业经营的发展道路，坚持了近70年的分业经营和严格管制体制走向终结，金融控股公司大行其道，单一制银行被控股公司兼并和收购，美国庞大的商业银行数量通过这一渠道逐步减少，许多中小银行消失。企业信贷市场环境发生巨大变化，风险和不确定性越来越大。

这股金融创新浪潮是被20世纪50年代后出现的大量机构投资者（如保险公司、年金基金和共同基金等）所掌控的。由于放松管制，传统的投行家们无法再以传统形式继续操纵美国经济，但机构投资者被推到金融业发展的中心位置，可以通过变幻莫测的创新金融工具形成更强的应变能力和操纵能力，继续主导金融业的发展趋势，这对美国金融体系的发展具有深远影响。

---

① CRN为集中度比率，代表在某一行业中N家最大企业的市场份额占总市场份额的比重。

(四) 金融化及其过度发展与金融风险累积

所谓金融化，是在资本主义经济活动中，金融业起到主导作用，金融控制了企业的管理；金融资产特别是可交易的证券，如股票，在所有金融资产中占据较大比重，股票市场成为公司战略决策的主要市场，股票市场的波动决定了经济周期的波动；金融业成为经济发展的支柱产业和主要财富来源，房地产业成为人们创造财富的重要渠道；金融化把任何的交易都变成金融交易或金融产品，把任何具有收入流的交易都证券化，金融精英和金融大众共同把金融化推上一个快速发展的轨道。

从美国经济的发展周期来看，美国经济金融化的表现及其风险累积由来已久，其主要表现在以下五个方面。

第一，20世纪五六十年代美国年金基金资本主义的发展。在这一时期，美国经济领域出现两个重要变化：一是消费信贷的出现，特别是信用卡消费受到普通家庭和个人的青睐；二是机构投资者的出现，如年金基金、保险、共同基金等。机构投资者与金融大众的联系在于：通过越来越多的年金公司，假以基金经理和管理者之手投资于普通股票。机构投资者的资金多半投资于国内企业的股权类证券或上市公司的股票。2000年美国年金基金的累积价值相当于其当年GDP的总和，而同期的法国、德国和意大利只有5%。2005年美国机构投资公司资产的54.6%以国内公司股票或股权形式持有，同时房地产的私人占有率达到70%[①]。越来越多的家庭把储蓄和所持有的政府债券从银行拿出来，投资到价值随市场波动的其他风险资产之中。因此，美国经济的系统性风险其实在50年代就已埋下伏笔。

第二，七八十年代以来批发和零售金融市场的创新。一是金融衍生品以及金融市场的创新。据2007年国际清算银行统计，当年发行在外的衍生证券总值达到415万亿美元，且大多数交易通过柜台（OTC）进行，在所交易的衍生金融产品中，大多是利率互换协议，这表明衍生品交易以投机和套利，而不是以规避风险为主要目的。金融产品交易量在美国

---

① Ismail Erturk, Julie Froud, Sukhdev Johal, Adam Leaver and Karel William, *Financialization at Work: Key Texts and Commentary*, Routledge, 2007, p.4.

GDP 中的比重越来越大。每天平均交易的外汇，1989 年是 5700 亿美元，2006 年达到 2.7 万亿美元，2001 年以后衍生品交易以每年 100% 的速度增长，至 2006 年 11 月，全球交易的衍生品达到 26 万亿美元[①]。对此，詹姆斯·托宾在 1984 年说过，美国的金融业其实就是个大赌场。他认为资本主义是没有效率的，剩余资本只会引起投机盛行，金融业的飞速发展对经济是有害的。金融市场创新可使风险市场化，即每个创新产品的游戏规则都是尽可能地甩掉风险，而只管把风险传给下一个机构或个人。

二是资产证券化向深度和广度发展，使众多金融和非金融机构卷入其中。在证券化过程中，银行可以不用考虑存款的约束，以及有关资本充足率的限制；而像汽车制造厂商这样的机构也可提供消费信贷，不过它只考虑消费者需求，而不考虑其本身利润状况和信用评级问题。涉足证券化的不仅有美国国内的银行、保险公司、评级机构和投资者等，也有美国之外的机构和个人。几乎所有的按揭贷款、信用卡贷款、汽车贷款等都可运用一定的金融技术进行证券化。2006 年，美国新发行的证券化资产达到 3 万亿美元，而累积的证券化资产超过 8 万亿美元，信贷泡沫由此膨胀，制造业则处于不确定发展之中。证券化过程就是要把风险链条拉长，以至于到最后谁也弄不清楚到底是谁承担了风险，谁也不知道经过证券化之后金融产品的最后持有人是谁。其后果必然是制造新的不确定性，加剧金融体系的脆弱性。

第三，银行和股票市场的再投资行为。像高盛公司这样的投资银行，原本是在批发金融市场以自己所有的资金进行企业并购和提供金融服务，但后来其利润主要来源却不在这些领域，它们也不愿承担更多风险，而是依赖于高杠杆率而使自身具有高风险性。传统商业银行也已变得不多见，其中介地位在下降，而非利息收入在不断增加。无论是投资银行还是商业银行，都经常进行再投资，以获得服务费收入，一些大银行的非利息收入甚至超过传统贷款的利息收入，银行体系已经变成影子银行体系的一部分。

第四，金融企业和非金融企业的利润大都来源于金融活动。金融化

---

① Ismail Erturk, Julie Froud, Sukhdev Johal, Adam Leaver and Karel William, *Financialization at Work: Key Texts and Commentary*, Routledge, 2007, pp. 7-8.

减少了非金融企业对制造业的依赖,其源于金融投资的利润较之源于生产活动的利润要多得多。金融企业的利润来源更依赖于其金融投资活动,金融业自身演变为一个越发具有特权的资本积累机构。金融企业的投资收入包括利息、股息和资本收益。在美国后工业社会主要有三个产业部门,即制造业、FIRE 产业和服务业,其中 FIRE 产业成为国民经济的支柱产业。在金融化条件下,金融和非金融企业都依赖金融交易获利,它们在利润模式上出现趋同趋势。

第五,出现新的社会阶层,以及收入和财富分配的不平等。在金融化过程中出现两个新的社会阶层,即金融精英和金融大众。金融精英包括大公司的高层管理人员和金融机构的高薪收入阶层[1]。在过去 25 年时间里,金融精英的收入增长比例每年超过 10%,且不与公司的绩效相联系。而金融大众基本上是低收入人群(年轻人和税后收入低于 1000 美元的家庭),他们缴纳的退休年金越来越少,越来越多地寄希望于在不断上涨的房产价格中获得财富和收入。房地产按揭中介已经不再是人们买房的主要途径和方式,而是对未来房价的一种赌博。

由于一般工薪阶层的工资处于长期的停滞状态,生产率的提高与工资没有直接联系,收入差距和财富分配的不平等程度在逐步加大。2001 年最富有的 1% 的金融资产持有者,其财产是最贫穷的 80% 人口的 4 倍,最富有的 1% 的股票持有者的资产等于 99% 的人的总和。个人、家庭、企业和国家的负债比例在不断提高,1985 年美国债务是其 GDP 的 2 倍,2005 年则是 3.5 倍,接近 44 万亿美元。

金融化使一般企业获得金融职能,使其获得拥有资产的机会,也使其大大提高杠杆率而不顾经营风险;使个人有了成本和收益的两个核算中心。金融化使家庭的行为像企业,企业的行为像银行,而银行的行为像对冲基金。而对冲基金的命运又怎么样呢?各种金融风险不断积累,越来越多的资金注入金融体系,整个金融结构变得更加脆弱和不堪一击。

---

[1] 金融机构的高薪阶层包括对冲基金的主管和投资银行家,这些人被称为新的"工薪富裕阶层"(Working Rich)。参见 Ismail Erturk, Julie Froud, Sukhdev Johal, Adam Leaver and Karel William, *Financialization at Work: Key Texts and Commentary*, Routledge, 2007, p.235。

美国经济的金融化不是一个偶然的现象，催生金融化的因素是多方面的。

一是新自由主义的意识形态使然。新自由主义在经济方面的表现就是自由市场信条，即市场化、私有化、自由化和小政府就可以实现社会福利的最大化。在这种理论指导下，80年代后，英国首相撒切尔夫人、美国总统里根都在推行经济自由化和全球化的各种政策。随着新自由主义的抬头，美国经济出现一系列资产泡沫，如80年代发生的储蓄和贷款机构破产危机，曾使美国耗费纳税人数千亿美元的救助成本。同时通过经济全球化，新自由主义经济政策也在其他国家和地区实施，由此金融化得以在美国以外地区扩展，从而在世界各地传播风险。

二是以芝加哥学派为代表的西方经济学和金融学理论的发展，为金融化找到学术支撑。特别是布莱克等人提出的期权定价模型，为衍生证券和金融工程的发展，以及对冲基金的出现进行了学理上的论证。委托代理、金融投机可以稳定市场等传统经济理论也对金融化起到推进作用。

三是1971年布雷顿森林体系瓦解后浮动汇率制度的实行，以及放松金融管制为金融化提供外部条件。第二次世界大战后，在国家管制资本主义条件下，美联储和政府部门会迫使金融资本尽量把资金借贷给实体经济部门的企业。但1980年至1982年，美国国会通过了两个重要法案，解除了对金融机构的管制。这样美国的银行及其他金融机构就可以自由追逐最大利润。因此，越来越多的金融机构被吸引从事投资银行业务。此时，金融业又恰好推出期货、期权、对冲基金等创新产品，这就为金融投机的疯狂发展提供了可能性。而发达国家的剩余资本没有找到更好的投资机会，于是瞄上了金融业。托宾认为剩余资本只会引起投机盛行，金融业的自由发展对经济是有害的。

四是资本主义国家为解决20世纪70年代资本主义经济滞胀，以及挽救2000年网络泡沫破灭后经济衰退的政策结果。按照一般理论来说，金融是伴随着实体经济的发展而繁荣的，而这一次却是伴随着经济滞胀发展起来的。在这一逆向发展过程中，越来越多的金融资源流向FIRE产业，美国越来越依赖于将金融业作为促进经济增长的关键手段。对政府来说，解决滞胀的内在动力就是发展金融业和进行房地产投机。尽管普通工薪阶层的工资涨得不多，但可以借债买房，还可以保持高的生活水准。因此，滞胀开始时为刺激经济而实行的低利率政策，同时刺激了房地产市场的繁荣。房地产既是帮助国家走出经济滞胀的支柱产业，也是金融化的基础，滞胀与金融化变得相互关联，构成一个共生体系。

在滞胀环境下发展起来的金融化，对摆脱滞胀困境起到一定的积极作用，但资本主义经济中的金融上层建筑又不能完全脱离实体经济独立地发展。无论如何，金融化都不能从根本上克服生产领域的滞胀现象。在垄断金融资本发展过程中，金融化就是滞胀型经济发展的持久结构，那么资本主义国家的作用就是充当一个"最后贷款人"的角色，而美国消费者是全球经济的最后消费需求者。金融业与实体经济的发展不相一致，必然导致金融泡沫。

此外，新兴市场国家的崛起，既为美国提供了廉价商品和劳动力，也为其推行金融化和赤字财政政策提供了重要的资金来源。

因此，2008年的金融危机是美国经济金融化以及资本主义经济发展的必然结果，是继1987年股灾和2001年网络经济泡沫之后的又一个超级金融泡沫，金融部门严重偏离实体经济。次贷危机爆发只是金融化本身风险积累的一个导火线，由次贷危机所引发的金融危机是一次金融化的危机。在全球化背景下，金融危机的传染机制使世界各国都难以幸免。次贷泡沫的破裂，及对金融和实体经济的巨大冲击，使大量企业破产倒闭，这表明盎格鲁-撒克逊资本主义模式的失败，是放松管制、私有化，以及金融化炼金术的失败，实体企业不做实体，金融企业不为实体经济服务，已经从根本上改变了金融业的本质。

在自由金融制度下，金融业成为美国经济发展的支柱产业之一，美国成为名副其实的金融资本主义超级大国。但金融化的浪潮被2007年发生的次贷危机所打断，美国的金融制度不得不重新调整。

（五）主导产业转换与大金融产业群的发展

大金融产业群即FIRE产业，是美国Finance, Insurance, and Real Estate 一组产业的合称，兴起于20世纪80年代，盛于90年代，2000年以后处于调整发展时期，2008年金融危机期间，该行业的发展出现重大挫折。

大金融产业群是伴随着金融化过程发展起来的。美国政府为了解决

70年代的经济滞胀，推出这一所谓的龙头产业，这不仅是美国后工业化社会的重要支柱产业，也是西方发达国家服务业领域中不可或缺的组成部分。事实上，FIRE产业组合中的三个行业——金融、保险和房地产，并不是同时发展起来的，它们之间是递进和互相影响的。

80年代初期，美国媒体报道中出现"FIRE"的称谓。如1982年10月21日《华盛顿邮报》就曾报道过，FIRE产业为纽约市增加了16万个工作岗位，同时拉动了纽约房地产市场的需求。1988年12月7日的《纽约时报》对此做了评论，认为FIRE产业的发展产生对办公用房的强大需求。在美国政府支持下，FIRE产业在90年代得到快速发展，1992年美国商务部官方统计资料"北美工业分类统计"体系，正式将FIRE产业单独列项进行有关数据的统计和分析。

大金融产业群是典型的纸张密集型产业。其产业模式的最大资源消耗就是纸张和文本，以及人的知识和专门技能，其获取利润的途径就是货币和资本市场，而不需要投入太多的土地和资本资源，需要的是"人和纸"。这非常符合金融垄断资本主义的发展需要。通过精致的制度设计，全世界的投资者、企业家和普通公众相信美国具有发达和完善的金融制度，是世界资本市场的中心，投资美国资本市场是最为安全的。

大金融产业群的发展得到美国政府的支持。90年代后，美国经济越来越依赖于FIRE产业，2000年新经济泡沫破裂后，美国政府更是有意识地发展这一产业，并把它当作新经济之后优先发展的产业，从而解决美国经济持续发展的动力问题。美国FIRE产业发展的核心地区就是纽约市，准确地说就是纽约市的华尔街，这里有大量的金融机构和从业人员为纽约创造大量的工作岗位和经济价值。

美国商务部"北美工业分类体系"产业分类和统计显示，从1948年到2007年，FIRE产业的就业人数每隔10年就会有一个大变化，1948年为179万人，1958年为250.9万人，1968年突破到342.7万人，1978年为517.7万人，1988年为698.5万人，1998年为763.4万人，2007年是842.7万人[1]，过去60年共增加663.7万人，增加近4倍。

---

[1] 参见美国商务部"北美工业分类体系"的产业分类和统计资料，http://www.bea.gov/industry/xls/GDPbyInd_VA_NAICS_47to97R.xls。

从纵向比较来看，FIRE 产业创造的附加值占 GDP 的比重，从 1947 年的 10.4% 上升到 1997 年的 19.2%，2007 年为 20.36%[①]。金融中心城市纽约更是得益于 FIRE 产业，它带来的不仅是该产业本身的发展，还有许多引致性的需求和经济效应。

1948 年到 2007 年，无论是从各产业产值占 GDP 的比重来看，还是从各产业从业人数占总就业人数的比重来看，美国产业结构变化是非常明显的。在经济全球化背景下，美国越来越成为一个全世界经济体的总部，研发、金融投资、教育、专业服务成为美国本土经济的支柱产业。

由于大金融产业群的异常繁荣，美国制造业的空洞化和业务外包化成为必然的发展趋势。但也应该看到，20 世纪 90 年代末期大金融产业群的发展步伐已有放缓的迹象，2000 年后它所能提供的就业量开始萎缩，就业人数的增长速度显然不如 20 世纪 80 年代。2008 年金融危机后，FIRE 产业的过度发展，导致美国整个经济发展偏离实体经济和制造业的轨迹，政府有意识地降低其重要性，开始调整产业结构，寻找新的支柱产业。

以纽约市为代表，美国各地政府认为在未来经济发展中 ICE 产业[②]有望成为新的支柱产业。因为该产业正契合了第四次科技革命和工业 4.0 时代的新要求，符合金融与实体经济相统一的辩证关系。通过这一产业可以引发更多的技术创新和新企业的兴起，因此美国从政策导向上加强 ICE 产业的发展力度。

五 典型企业案例

本章选取美国经济发展史上富有代表性的三个金融企业案例，从微观层面分析其对技术创新、产业迭代和企业发展演变的影响，以此管窥金融与实体经济相生相克的辩证关系。

[①] 参见美国商务部"北美工业分类体系"的产业分类和统计资料，http://www.bea.gov/industry/xls/GDPbyInd_VA_NAICS_47to97R.xls。

[②] 美国 ICE 产业是 Information、Culture and Education 三组产业的合称。

(一) 摩根大通集团：金融资本与工业生产结合

摩根大通集团是目前世界上历史最悠久、规模最大和最为知名的全球领先的金融服务机构之一，是建立在1200多家前身机构基础上聚集而成的大型金融企业①。该企业的历史可追溯到1799年在纽约市先后设立的众多企业，它们在各自发展过程中与产业发展、技术创新和金融创新，以及美国和全球经济增长密切相关。

1. 摩根大通集团前身机构与工业化建设融资

摩根大通集团最早的前身机构是1799年成立于纽约的曼哈顿公司，该企业被纽约州立法机构特许为城市不断增长的人口提供"纯净和健康"的饮用水，创始人包括美国首任财长亚历山大·汉密尔顿和政治人物亚伦·伯尔。

公司章程的一项条款允许该企业将剩余资本用于发展银行业务，因此5个月后，曼哈顿公司的银行部门正式开业，成为在纽约设立的第二家商业银行。1817年，曼哈顿公司银行部为伊利运河提供资金支持，后来成为伊利运河建设的主要贷款人，该运河于1825年开通，连接哈德逊河和五大湖地区，方便人员和货物流通。19世纪后期，该银行提供资金支持伊利运河债券的利息支付，并扩大现代化的运河建设。至1922年，曼哈顿公司成为全美商业和工业贷款的领先者，并在经济大危机之前成为全美最大的银行机构。

除曼哈顿公司外，组成摩根大通集团的其他机构也在各自业务领域为当时的工业化建设提供基本的金融服务。

1812年成立的纽约制造公司是汉诺威制造公司家族树中最早的前身，主要为纺织工业生产工具和零件。该公司章程允许其进行类似曼哈顿公司的银行业务，并于1817年成立凤凰银行，为企业提供金融服务。

1823年纽约市商人组建的纽约化学制造公司开业，主要生产化学

---

① 2000年，J. P. 摩根公司与大通曼哈顿公司合并组成摩根大通集团（JP Morgan Chase & Co.），J. P. 摩根公司就不再独立存在，只是作为新企业的组成部分。本案例主要参考摩根大通集团关于企业历史的介绍，JP Morgan Chase & Co., History of Our Firm, https://www.jpmorganchase.com/about/our-history。

品、药品、油漆和染料。成立一年后该公司获得开办银行的授权，使其能够建立一家名为化学银行的银行子公司。1886年化学银行前身之一的创始人威廉·L. 斯特朗积极参与纽约自由女神像基座建造的筹款活动。1891年另一家化学银行的前身——自由国家银行成立，并使用自由女神像作为其标志。

1851年斯普林菲尔德海上和火灾保险公司成立，专门为船舶和货物提供保险，但它也提供各种银行服务。两年后，伊利诺伊州的律师亚伯拉罕·林肯在那里开了一个银行账户，首期存款310美元。林肯在担任总统期间一直在斯普林菲尔德公司存钱，直到被暗杀，说明该企业是得到信赖的。后来该企业演变为海上保险公司，即第一银行的前身。

1853年摩根大通集团的几家前身机构组成纽约清算所，承担集中清算、结算和支付的职能，为当地金融机构建立支票结算系统，大大减少了成员银行之间的交易数量和风险。1857年的金融恐慌导致18家纽约市银行在一天内关闭，引发严重经济萧条。大多数银行暂停货币兑付，但纽约化学银行却继续以金币兑付纸币，为稳定金融市场做贡献，因此赢得"老金条"绰号。

1854年朱尼厄斯·摩根开始在伦敦做生意，后加入私人银行公司乔治·皮博迪公司。该公司成为在欧洲销售美国证券的主要营销商，曾为1858年第一条跨大西洋电报电缆筹集资金，并完成其他重要交易。该公司1864年更名为J. P. 摩根公司（J. P. Morgan & Co.），直到19世纪末都作为J. P. Morgan国际银行网络的重要纽带。

美国内战期间通过的《法定货币法》（1862）和《国家银行法》（1863）授权美国政府创造统一的国家货币，放宽借贷条件以支付战争费用，并建立新的国家特许银行体系。前者规定了一种标准的国家货币，由于钞票背面印有精美的图案，这种货币被戏称为"美钞"。由于这些纸币没有黄金存款作担保，价值波动很大。美国根据后一个法案创建新的国家银行系统，在统一监管框架下与之前的州政府特许银行一起运作。该法案授权国家银行发行一定数量的货币，由银行购买并持有美国政府债券作为货币发行的储备。

1863年芝加哥第一国家银行开业，成为新国家银行法下授权成立的全美第八家国家特许银行，如今摩根大通银行的运营仍在遵循该公司特许章程。1871年芝加哥发生大火灾,芝加哥第一国家银行的新大楼几乎完全被烧毁。然而保险箱和金库经受住了大火的考验,钱、证券和贵重文件完好无损,这使该银行得到客户信任。

1863年纽约担保和赔偿公司成立,1896年改名为纽约担保信托公司。1910年合并莫顿信托公司和第五大道信托公司,1912年合并标准信托公司,1929年合并一些商业银行机构。1959年与摩根担保公司合并组成纽约摩根担保信托公司,成为世界上最大的担保公司。

1868年费城银行家安东尼·德雷克塞尔在巴黎成立德雷克塞尔公司(Drexel, Harjes & Co.),这是摩根大通在法国最早的前身机构[①]。1871年J.P.摩根与德雷克塞尔在纽约组建德雷克塞尔-摩根公司(Drexel, Morgan & Co.),经营商业银行业务。1895年德雷克塞尔-摩根公司更名为J.P.摩根公司(J.P. Morgan & Co.),J.P.摩根担任该公司的多家合伙企业负责人[②]。

1877年大通国家银行开始营业。这是由纽约著名银行家和金融出版商约翰·汤普森创立的。汤普森以其朋友萨蒙·P.蔡斯(亚伯拉罕·林肯政府的财政部长,也是国家银行系统的设计者)为新银行命名。1920年该银行开始多元化经营,并扩展到新的全球市场。后与担保信托公司成立子公司从事证券承销业务,并在欧洲、亚洲和拉丁美洲开设新的分支机构。1930年大通国家银行与公平信托公司合并,成为当时世界上最大的银行。1955年大通国家银行与曼哈顿公司银行部合并,组成大通曼哈顿银行。新机构将大通国家银行在国际、企业和代理银行业务上的优势与曼哈顿公司银行部的分支机构网络和零售银行专业知识相结合。1958年大通曼哈顿银行在纽约推出第一张信用卡。

1883年纽约布鲁克林大桥建成开放,这是布鲁克林信托公司(汉诺

[①] 1868年成立的还有第一银行的前身F. C. Sessions and Company,它开设在俄亥俄州的哥伦布市。

[②] 主要参考 Martin Horn, "A Private Bank at War: J. P. Morgan & Co. and France, 1914–1918", *The Business History Review*, Spring, 2000, Vol. 74, No. 1, pp. 85–112; Martin Horn, "J. P. Morgan & Co., the House of Morgan and Europe 1933–1939", *Contemporary European History*, Nov., 2005, Vol. 14, No. 4, pp. 519–538; Susie J. Pak, "Reputation and Social Ties: J. P. Morgan & Co. and Private Investment Banking", *The Business History Review*, Winter, 2013, Vol. 87, No. 4, pp. 703–728.

威制造公司的前身）负责筹资建造的。当时大桥建设所需的近1500万美元的大部分资金都是由布鲁克林信托公司筹集的，该公司帮助建成了当时世界上最长的悬索桥。

1889年西雅图发生大火灾，西雅图的大部分核心地区被摧毁，在这场大火灾之后华盛顿国家建筑贷款和投资协会（即后来的华盛顿互惠银行）成立。1890年该银行在太平洋海岸提供第一笔每月分期付款的住房按揭贷款，共贷款700美元给客户盖房子。之后该公司共发放2000笔类似贷款，帮助该市重建250个街区的住房。

上述提到的诸多金融机构都是目前摩根大通集团的重要前身机构，它们以不同方式和途径参与到美国的产业发展和技术创新之中，对非金融企业的融资和发展演变都产生了一定影响。

2. J.P.摩根公司为工业建设的融资活动

J.P.摩根公司是目前摩根大通集团中影响较大的组成机构，在19世纪末和20世纪成为美国的金融大财团，是金融资本与工业资本相结合的典型，操作了多次影响巨大的工业建设融资活动。

铁路投资是南北战争后美国规模最大、最具活力的行业。1879年，德雷克塞尔-摩根公司操作出售威廉·H.范德比尔特持有的纽约中央铁路公司的25份股票，这是当时公开发行的最大一笔数额的股票。这笔交易确立了J.P.摩根作为铁路融资专家和资本动员家的声誉。1880年J.P.摩根为北太平洋铁路公司提供资金，承销其4000万美元的铁路债券，这是当时美国有史以来最大的铁路债券交易。到19世纪末，J.P.摩根在美国铁路行业拥有巨大权力，主导重组失败的铁路线路，策划企业合并和重组债务，消除竞争和削减成本，使公司重新赢利，这一过程被当时新闻界称为"摩根化"。

1882年，德雷克塞尔-摩根公司开始投资电力和电气技术发明和制造。位于华尔街23号的公司大楼是纽约市第一座由爱迪生电气照明公司新建发电站供电的办公楼，也可以说是爱迪生电力照明系统的第一个试验品。1892年德雷克塞尔-摩根公司为托马斯·爱迪生的电力公司与汤姆森-休斯敦电力公司的合并提供资金，最后组成通用电气公司，这是19世纪后期电气化时代最重要的工业企业合并之一，J.P.摩根也成为该企业的大股东。

在1893年金融大恐慌后的几年时间里，黄金从美国财政部流出，造成美国货币、银行业和国际贸易危机。J.P.摩根为欧洲买家组织了一次政府债券的私人销售，以补充美国政府的黄金供应，恢复公众信心，为经济复苏奠定基础。

1901年J.P.摩根公司组织收购实业家安德鲁·卡内基的钢铁公司，同时合并了15家公司，最后创建美国钢铁公司，使之成为当时世界上第一个超过10亿美元规模的企业。当时交易价格是4.8亿美元（相当于2016年的141亿美元），卡内基本人得到2.26亿美元，这是当时世界上最大的一次股权转让交易，号称"世纪并购"。新组建的美国钢铁公司是一家由许多分公司组成的大型康采恩集团，也是集成式的垄断性钢铁生产商。这次企业并购和股权转让，不仅实现了股权的转化，使卡内基成为当时世界上最富有的人之一，还造就了美国最大的一家钢铁制造企业。

在1907年经济危机期间，随着股市崩盘，信贷枯竭，银行和经纪公司倒闭，J.P.摩根召集纽约的主要银行增强市场的流动性，包括购买3000万美元的纽约市债券，以避免债券违约，充当私人性质的"最后贷款人"，直到公众恢复对银行的信心为止，这体现了J.P.摩根对美国金融市场的掌控力和影响力。1913年3月31日J.P.摩根去世[①]，在其葬礼当天，纽约证券交易所关闭到中午，这通常是国家元首才享有的殊荣。

J.P.摩根公司是摩根财团的核心企业，是19世纪末20世纪初统治美国经济的垄断资本财团。1912年摩根财团控制着13家金融机构，资产总额为304亿美元，其中以J.P.摩根公司实力最为雄厚，被称为"银行家的银行家"，在工业化过程中堪称企业和资本市场的神助机构，对美国钢铁公司、通用电气公司和美国电话电报公司等知名企业初创和发展融资发挥了重要作用。

3. 为实体经济发展提供的金融服务

在整个20世纪，摩根大通集团各组成部分都在以不同方式发挥服务

---

① J.P.摩根去世后，其儿子小J.P.摩根（杰克）成为J.P.摩根公司的高级合伙人。

实体经济的多种金融功能。

其中，J.P.摩根公司在第一次世界大战期间曾担任盟国采购代理，促进购买超过 30 亿美元的战争物资和盟国所需的其他物资，发了战争财，其经济影响力已经渗透到国民经济各个部门。到 30 年代，摩根财团控制的大银行和大企业的资产总额占当时美国八大财团的 50%以上。根据美国《1933 年银行法》，金融业必须分业经营，J.P.摩根公司无奈之下只好改为商业银行，把原来经营的投资银行业务交付给摩根士丹利经营。1940 年 J.P.摩根公司由私人合伙公司改为股份有限公司并上市，杰克·摩根成为新公司的首任董事长，公司开始经营信托业务。1998年，作为埃克森与美孚合并的独家顾问，J.P.摩根公司帮助创建了世界第三大上市公司和最大的能源公司（如今的埃克森美孚集团）。

摩根大通集团的其他前身机构通过不断合并收购，最后组成几大金融机构，如大通银行与曼哈顿银行合并为大通曼哈顿银行（1955）、化学银行公司与汉诺威制造公司合并为化学银行（1991）、第一芝加哥公司与底特律国家银行合并（1995）、大通曼哈顿银行与化学银行合并（1996）、第一银行公司与第一芝加哥国家银行合并（1998）等，最后于 2000 年 J.P.摩根公司与大通曼哈顿银行合并组成摩根大通集团（J.P. Morgan Chase & Co.）。新企业可以为企业、机构及富裕的个人提供全球金融批发业务和零售银行服务，包括股票发行、并购咨询、债券、私人银行、资产管理、风险管理、私募和资金管理等。

新组建的摩根大通集团为实体经济提供的金融服务包括：2008 年收购贝尔斯登公司和华盛顿互惠银行，为美国金融救助政策的实施提供金融支持。通过收购破产的贝尔斯登公司和华盛顿互惠银行，帮助政府稳定金融市场[①]；2010 年为新通用汽车融资。摩根大通集团在通用汽车历史性首次公开募股（IPO）中担任联合簿记行和承销商的共同代表，总计 231 亿美元的股票承销是当时世界上最大的 IPO；2014 年又为处于破产境地的底特律提供融资支持。摩根大通集团承诺在 5 年内提供 1 亿美元贷款，以支持、加速和扩大正在进行的一些最具创新性的改革努力，

---

① 关于摩根大通集团的数据资料，主要参考该集团的官方网站关于企业的历史发展介绍、2021 年的财务报告，以及〔美〕罗恩·彻诺《摩根财团：美国一代银行王朝和现代金融业的崛起（1838—1990）》，金立群校译，文汇出版社，2014。

改变底特律的经济衰落状况。

摩根大通集团推出的创新性金融工具提高了金融服务的可及性。如1927年担保信托公司发明美国存托凭证（ADR）来代表外国公司股票，并在美国股票市场上以美元交易，简化对非美国公司的投资。60年代首批安装ATM机，90年代推出网上银行，21世纪推出移动银行，以及为用户提供更方便的信用卡服务等。

通过不同历史时期1200多家大型企业的相互并购，摩根大通集团几乎汇集了美国绝大部分的金融骨干企业，组成超级金融巨头，主导着美国19世纪以来的技术创新、产业更替、企业融资和社会经济发展，是美国经济史上无法摆脱的金融"利维坦"。2022年，摩根大通集团的资产规模为3.666万亿美元，总净收入为1286.95亿美元，其业务遍及全球，为全球消费者和机构客户提供2.4万亿美元的信贷和融资，全球员工近30万人[1]。该集团在投资银行、消费者和小企业金融服务、商业银行、金融交易处理和资产管理等方面成为领导者。

（二）高盛公司：投资银行业的主导型企业

高盛公司（Goldman Sachs）是美国历史悠久和规模最大的国际投资银行之一，成立于1869年，总部位于美国纽约。在150多年的演进发展过程中，该企业从一家经营商业票据、仅1名雇员的不起眼的小企业，逐步走向华尔街金融市场的中心位置[2]。作为一家投资银行机构，高盛公司在美国产业技术创新和企业发展过程中发挥了怎样的作用呢？

1. 起步于金融业末端业务，开辟投资银行另类成长之路

美国内战后，私人金融机构也如雨后春笋般成长起来。1869年德国移民马库斯·戈德曼（Marcus Goldman）在纽约自家门前挂起刻有他名字"M. Goldman"的招牌，一家企业就这么简单地成立了。当时公司只

---

[1] J. P. Morgan Chase & Co., Annual Report 2022, https://www.jpmorganchase.com/content/dam/jpmc/jpmorgan-chase-and-co/investor-relations/documents/annualreport-2022.pdf.

[2] 这一部分的案例主要参考高盛公司关于企业历史的介绍，Goldman Sachs, A Brief History of Goldman Sachs, 2022, https://www.goldmansachs.com/our-firm/history/a-brief-history-of-gs.pdf; 以及〔美〕查尔斯·埃利斯《高盛帝国》，卢青、张玲、束宇译，中信出版集团，2015。

有地下室一间办公室,其主要业务是为当地皮革商和珠宝商提供票据经纪和交换(商业票据买卖和贴现),这是当时金融食物链中最末端的业务。

当时,美国银行的信贷利率较高,借贷者要付出很高的资金成本。不仅如此,当时美国银行业对设立分支机构有严格限制,因此很多银行机构都是单一制银行,要等着顾客送业务上门。戈德曼瞄准这一机会,开发出一种小型的商业流通证券业务,额度由2500美元起步,戈德曼因而成为小额贷款和机构放款的中介人。其盈利模式是以8%—9%的年折扣率收购商业票据,或者向商人收取0.5%的手续费。在银行信贷紧张且成本高昂时期,高盛公司为当地商人提供了另一种选择。他会购买银行本票,然后把这些本票卖给纽约的商业银行,成为后来被称为商业票据业务的先驱者。

2. 合伙人制度为高盛公司发展奠定基础

1882年,高盛公司的业绩达到年收入5万美元,戈德曼于是决定提升其女婿塞缪尔·萨克斯(Samuel Sachs)为公司初级合伙人,萨克斯家族便因此加入高盛公司。1885年戈德曼的儿子亨利·戈德曼(Henry Goldman)也受邀以初级合伙人身份加入家族公司。1888年,马库斯·戈德曼把企业更名为合伙制企业,即高盛公司,由此开始高盛公司130多年的合伙人制度。

1896年高盛公司在纽约证券交易所上市,逐步成为商业票据销售领域的领军企业。随着公司客户数量的增长,它在波士顿和芝加哥(1900)、旧金山(1918)、费城和圣路易斯(1920)开设办事处,成为一家全国性企业,为商业票据业务进一步发展奠定基础。

1897年高盛公司成功地与英国的克兰沃特家族建立合资公司,并与位于欧洲主要国家首都的金融企业建立合作关系,为其提供包括外汇套利、信用证、黄金运输和商业银行间的代理业务等金融服务。20世纪初,由于客户越来越需要大量的长期资金,高盛公司开始开拓其投资银行业务。但直到1909年戈德曼去世时为止,高盛公司的最重要业务还是商业票据。这是高盛公司的精专业务,在其业务和资本扩张过程中起到不可替代的作用,同时高盛公司也成为这一行业的标杆性金融中介企业。

3. 以工业企业融资为切入点，挤入投行业务领域

19世纪后半期，美国正处于铁路建设时代，承销铁路债券和铁路企业股票的投行业务已经被J.P.摩根、大通、库恩、勒布等企业牢牢垄断，高盛公司已难以进入这一领域，只能另辟蹊径。亨利·戈德曼选择开展当时并不被看好的工业企业融资业务，并以此作为进入投行业务的切入点，同时提出"商务型公司"的概念。1906年高盛公司为商务型公司——通用雪茄公司运作股票首发业务，得以首次进入投资银行业务领域，并借此机会开启与资金雄厚的雷曼兄弟公司在证券承销领域长达20年的合作关系。

继通用雪茄公司成功融资之后，高盛公司又联合雷曼兄弟公司以同样模式为辛沃顿泵业公司进行债券承销，接着又为后来的商业零售巨头西尔斯·罗巴克公司首发股票。自此高盛公司与雷曼兄弟公司不断联手拓展在连锁百货和工业企业领域的投行业务，开创了为零售商和新兴工业企业融资的全新业务模式，并因此赢得良好声誉，被业界视为零售行业的优质企业证券承销商，树立起敢于创新、有效率和高盈利的企业形象。

更为重要的是，在为通用雪茄公司和西尔斯·罗巴克公司首次发行股票时，高盛公司引入了基于公司盈利能力和商誉，而不仅是实物资产来评估公司价值的理念，这种独特的方法为增强股票和债券对投资者的吸引力开辟了新路，并获得巨大的新资本来源，特别是对零售商和其他硬资产很少的公司来说更是如此。市盈率将成为行业标准，由此确立了高盛公司作为金融创新者的地位。高盛公司的承销业务迅速扩大，早期客户包括伍尔沃斯公司（1912）、默克公司（1919）和通用食品公司（1919）等。

核心投行业务的拓展使高盛公司迅速崛起，但不幸的是由戈德曼和萨克斯两家组成的家族企业内部分歧和矛盾也逐步浮现出来，特别是第一次世界大战期间对德国的态度问题，亨利·戈德曼的亲德态度和做法几乎使高盛公司走向分裂。

由于塞缪尔·萨克斯等家族成员不同意亨利·戈德曼对德国的同情和支持，亨利·戈德曼被迫离开高盛公司，同时撤走了资金，与雷曼兄弟公司的合作模式也发生变化，高盛公司在证券承销领域失去一位企业

领袖。1918年高盛公司引入家族成员之外的沃迪尔·卡钦斯作为亨利·戈德曼的继任者。

4. 偏离核心金融业务，濒临破产与重塑

20世纪20年代美国经济处于"狂奔怒吼"的年代，"炒股"成为普通民众广泛参与的一种投资方式。过于激进而乐观的卡钦斯开始组织类似理财的资金池投资方式，不仅推动了外汇交易和并购业务发展，还以控股公司形式组织信托投资公司。1929年卡钦斯成为高盛公司内部拥有一票否决权的大老板，在其极力推动下，高盛公司发起成立信托投资公司——高盛交易公司，不断提高金融资产的杠杆率，开始涉及高风险业务。这些举措给高盛公司带来可观收入，但也极大地延伸了高盛公司在金融领域的触角，风险和不确定性也随之而来。

令卡钦斯没有想到的是，一直处于欣欣向荣的华尔街金融市场突然在1929年10月出现惊天逆转。随着接连的股价暴跌和股市崩盘，高盛交易公司的股票也由326美元的高位，跌至1.75美元。高盛交易公司因过度膨胀、过度融资和风险过于集中，成为当时规模最大、损失最快且最为彻底的金融企业。高盛交易公司的失败就像是一场灾难，对高盛公司和萨克斯家族名誉造成极大损害，几乎使高盛公司发展多年的成果毁于一旦。

1930年就在高盛交易公司把高盛公司拖到失败的边缘之时，一直服务于高盛公司的家族外合伙人西德尼·温伯格（Sidney J. Weinberg）被推至前台，成为沃迪尔·卡钦斯的继任者。自此至1969年，温伯格都是高盛公司的主要领导人和掌舵者。在这近40年时间里，温伯格一要处理高盛交易公司破产的遗留问题，二要在特殊的历史时期挽救和复兴高盛公司，重塑企业的核心业务和文化价值观。最本行的业务就是商业票据，也是当时公司的发展机会。

为了回归公司的核心和基础业务，温伯格进一步理顺公司内部关系，相继成立一些有利于业务扩张的部门，包括成立零售、套利交易和场外交易部门等。回归路上高盛公司所能获得的业务大多是由温伯格一人带来的，其人脉关系和个人影响力是吸引客户的最重要资源，他成为名副其实的"华尔街先生"，专注于企业的融资业务。而于1933年加入高盛公司并于1945年被任命为合伙人的格斯·利维（Gus Levy）则拥有该行业最强大的股票销售和交易能力，并在此过程中开创大宗交易的做法。温伯格之所以具有这么大的影响力，靠的是他所具有的政治资源。从大萧条时期开始，在美国政府的历次重要任职使温伯格成为美国商界和政界共同追捧的人物。

从二战结束至 50 年代中期，虽然温伯格做了许多努力，但是高盛公司还是一家不太引人注目的投资银行，直到 1956 年这样的状况才得以完全改变。

凭借着个人关系和友情，温伯格获得福特汽车公司年轻领导人福特二世的青睐，高盛公司由此成为福特汽车公司唯一的股票首发的证券承销商。1956 年 1 月经过长时间的秘密商讨，截至当时华尔街历史上最重要、最大的一笔交易——福特汽车公司的股票首发上市获得预期结果。福特汽车公司的股票以每股 64.50 美元的价格一共发行 1020 万股，总价约合 7 亿美元。温伯格成为福特汽车公司的董事之一，而福特汽车公司成为高盛公司最重要的投行业务客户，高盛公司由此被推上华尔街一流投行的位置。

为福特汽车公司成功首发股票后，温伯格又做了当年最大的企业债发行，即承销西尔斯·罗巴克公司 3.5 亿美元债券，接着又与摩根士丹利联合承销通用电气公司债券。这几单证券承销业务的成功运作，使高盛公司稳步进入主流华尔街投行之列。

当时华尔街投行的主要收入来源是股票和债券的承销，而为企业的兼并收购提供咨询是免费的，但温伯格硬是打破这一惯例，他在华纳-兰伯特公司合并时收取了高达 100 万美元的顾问费，此举不仅开启了华尔街投行并购业务的新方向，也是高盛公司自我提升战略的重要部分。温伯格的远见卓识使高盛公司走上一流投行的发展道路。

在企业发展的艰难时期，温伯格对公司的贡献，影响最为长久的应该是他对高盛公司企业文化和传统的重塑。企业文化包含精神文化、制度文化、行为文化和物质文化等层次。"高盛的文化源自西德尼·温伯格"[①]，温伯格对高盛公司企业文化的塑造体现在对核心价值观的树立、

---

① 〔美〕查尔斯·埃利斯：《高盛帝国》（上），卢青、张玲、束宇译，中信出版集团，2015，第 38 页。

对团队精神的建立，以及对高盛公司形象的塑造等方面。

西德尼·温伯格的另一重要举措是对合伙人制度的改进，他要求合伙人接受较低收入，而以认购公司股份为补偿，并且实行严格的资金保留制度。正是这种制度安排让高盛公司能在日后多次金融危机中化险为夷。温伯格在各大企业担任外部董事，深入参与国家政治等传统也在高盛公司得以延续。

50年代末60年代初，高盛公司雇用500多名员工为客户服务，成为私人金融领域的领导者，在市政金融领域也建立了类似地位。它还设立华尔街最早的并购部门之一，从而树立另一个行业标准。1969年成立房地产部门，为公司在主要商业性房产票据的销售和融资方面的领导地位奠定基础。当企业庆祝成立100周年时，高盛公司已实现从破产危机到繁荣发展的平稳过渡，已开始在一些具有竞争性的业务领域赶超同行。

5. 注重国际化和业务创新，改革内部机构和制度建设

1969年至1999年的30年间，高盛公司进入"后温伯格时代"。在没有温伯格的高盛公司，无论是从业务拓展、内部管理，还是从企业的影响力来看，都是可圈可点、有声有色的。无论高盛公司的业务触角伸展到哪里，它总能成为那个领域的精英。

在夯实国内投行业务基础上，高盛公司加快国际化步伐。1970年在伦敦开设第一家海外办事处，1974年在东京和苏黎世开设办事处。随着1972年固定收益部门的成立，高盛公司迅速在广泛的政府和企业债券市场上获得承销和交易声誉。随着全球资本市场的发展和一体化，高盛公司客户的业务和金融需求变得更加国际化，因此，实施国际化战略为高盛公司走上国际大投行的发展道路奠定了基础。

在八九十年代，高盛公司成功开发以创新为特色的新产品，包括期货、期权和掉期，该公司成为外汇、原油、石油产品和贵金属交易和对冲技术的全球领导者。1984年，高盛公司能够提供对东京证券交易所的全天候报道，1985年被选为首批加入东京证券交易所的6家非日本公司之一。1991年高盛公司成为第一家获准在日本开设银行子公司的国际证券公司。与此同时，高盛公司继续扩大在欧洲的业务。伦敦办事处的员工人数已超过1000人，成为该公司仅次于纽约的最大业务部门，也是国

际并购和股权问题领域的主要参与者。1988年创建高盛资产管理公司，1990年重组股票部门，加强公司的全球股票服务业务，巩固其在全球金融服务行业的卓越地位。

高盛公司的内部机构改革和制度建设主要由约翰·怀特黑德进行，其中重要的有效改革有三个方面。一是主张专业化，怀特黑德建议将业务执行和承揽相分离，任何人都必须选择其中之一，而不能兼顾两边的业务；二是建立起一套有效的人才培训和薪酬考核制度；三是将公司文化显性化。

在西德尼·温伯格之后的两任领导人（约翰·温伯格和约翰·怀特黑德）的带领下，高盛公司顺利度过最高领导人更替所带来的波动期，不仅发展了原先的优势业务，还急速扩张了多项新业务，且每个业务品种的介入都力求成为行业领袖。到80年代中期，高盛公司的股权回报率高达80%[①]，在华尔街的霸主地位初步显现。80年代末期，当鲍勃·鲁宾和史蒂夫·弗里德曼成为继任者后，他们给原本谨慎小心的高盛公司带来更具活力的进取精神，将公司带入大变革时代。

6. 公司上市与合伙人制度的终结

1986年高盛公司内部虽然没有达成上市的共识，但也出售了部分不附带控制权的股份，接受日本三菱银行的注资。在之后10年间，高盛公司也开始接受外部资本投资，但是控制权仍然掌握在高级合伙人手中，这种复杂的资本结构导致高盛公司的资金成本甚至高于上市公司，且合伙人的股权份额也不断下降，到1994年已不足其全部资本和全部股份的1/3。

1996年，时隔10年之后企业上市问题再次被讨论，结果是再次被否决，但也推动公司走上上市的轨道，高盛公司开始进行与上市公司更为契合的内部管理制度的改革。在1998年的一次历史性投票中，合伙人决定让高盛公司上市。这一决定是在合伙人内部进行广泛辩论后做出的，它为高盛公司提供了所需的资本和组织灵活性，使其能够为客户提供世界级的服务。

[①] 〔美〕查尔斯·埃利斯：《高盛帝国》（上），卢青、张玲、束宇译，中信出版集团，2015，第19页。

1999年1月，亨利·保尔森被任命为唯一的董事长兼首席执行官。1999年5月4日，公司股票开始在纽约证券交易所交易，顺利筹资36亿美元。高盛公司虽然实现第一次公开出售股票，但公司的"合伙人和管理委员会仍然控制着公司：87.4%的股票掌握在合伙人、退休合伙人、其他高盛雇员、住友银行及毕晓普房地产公司的手里"①。但这仍具有划时代的意义，华尔街投资银行长期实行的合伙制，因高盛公司的上市之举而结束。但高盛公司公开上市后的决策权仍然掌握在"自己人"手中，公众所持有的股票不足以对高盛公司的内部决策产生影响，高盛公司的真正转型是在2008年金融危机以后。

作为高盛公司董事长，亨利·保尔森在上市后即制定战略计划，以确保高盛公司保持独立性，既不被收购也不与其他公司合并而成为某公司的一部分。1999—2000年，高盛公司先后收购世界上最大造市商之一赫尔交易公司和纽交所最大的专营经纪商斯皮尔·利兹·凯洛格公司，从而一跃成为全球最大造市商。2001年，全球排名前10位的收购案例中，有8项的主要咨询机构是高盛公司。从上市之后的财务数据可以看出，1999—2015年，高盛公司的年度净利润复合增长率约为6%，年均净资产收益率高达17%②。

7. 扩大规模和业务范围，谋求行业之外的影响力

上市之后的高盛公司，资本规模扩大，市场地位也得到极大提升。在发展原有金融市场业务的同时，不断涉足商品市场、能源市场和国际政治市场，在其能力所及的范围内进行全方位的扩张。

高盛公司在国际能源市场的表现，已经超出金融企业的边界。凭借其在市场研究、经纪交易和强大的自营资本方面的优势，高盛公司不但改变着人们对能源市场的预期，而且使用自营方式，进行投机和套利，甚至运用它所控制的炼油公司和输油管道影响石油的存储和供应。如2006年高盛公司通过修改"高盛商品指数"中的无铅汽油比重，导致汽

---

① 〔美〕查尔斯·埃利斯：《高盛帝国》（下），卢青、张玲、束宇译，中信出版集团，2015，第648页。
② 高盛公司：《高盛公司债权人报告》，高盛公司官方网站：http://www.goldmansachs.com/investor-relations/creditor-information/creditor-website-presentation.pdf。

油价格下降，这是其影响能源价格最为明显的一次。在这次石油价格下降中，高盛公司貌似以合法途径赚取巨额利润。高盛美洲能源研究团队自 2004 年以后对石油价格的预测都非常精准，但也有不少人质疑，2007 年以后的油价飙升本身就是高盛公司宣传能源战争的结果，高盛公司凭借其在能源市场上的多种角色实际掌控着该市场的话语权。

上市后的高盛公司，比起独立投行，更像是一个包罗万象的企业帝国，其业务范围和影响力远远超出华尔街金融市场和纽约金融中心。

8. 金融危机后的改制及危机的责任追溯

2008 年金融危机后，随着雷曼兄弟公司的破产，高盛公司成为政府救助计划的最大受益者之一，而当时的财政部长正是高盛公司的前总裁亨利·保尔森，因此高盛公司被指控垄断政府的救助资源。

金融危机的诱因是次贷产品评级下调和投资银行的过度证券化。作为当时的五大投行之一，高盛公司在其中发挥了重要的参与者作用。因此，它虽然在危机中明哲保身，但对危机的发生是难辞其咎的。

2010 年美国证券交易委员会对高盛公司发起指控，认为高盛公司在涉及次级抵押贷款业务的金融产品"Abacus"中，通过隐瞒风险而欺诈了投资者，致使投资者损失逾 10 亿美元。在随后的希腊债务危机中，高盛公司的作用也是不可忽视的。正当希腊谋求加入欧元区时，高盛公司运用金融衍生品"货币掉期交易"为希腊掩盖主权债务的实情，这成为后来希腊债务危机的起点。在希腊偿债能力未被怀疑时，高盛公司就利用内幕消息购进希腊主权债务的"信用违约互换"（CDS），之后即对希腊进行猛烈的信誉攻击，同时在 CDS 涨至最高点时将其悉数抛出，这种行为直接导致希腊主权债务危机的爆发。

国际社会在关注希腊主权债务危机的同时，也对高盛公司的投机行为进行不同程度的批评。

2008 年 9 月迫于金融危机的压力，高盛公司通过美联储的审批，顺势改制成为银行控股公司，由此开启投资银行的改制和混业经营时代[①]，

---

① Jessica Hall, *Goldman Sachs to be Regulated by Fed*, Bloomberg, Retrieved September 21, 2008.

此举标志着自 30 年代以来形成的独立投资银行制度从此成为历史名词。

改制成为银行控股公司后，高盛公司就可以像一般商业银行一样吸收存款，同时可以获得来自美联储的紧急贷款和各种原来覆盖于商业银行的政府安全网络的保护。2014 年高盛公司加大对技术的关注和投资，推出像 Marquee 这样的前沿网络平台，以增强交易、数据安全、大数据管理和评估广泛风险的能力。2019 年，高盛公司成立可持续金融公司，通过为客户提供融资、咨询、风险管理和资产管理等方面的全面可持续发展的专业知识，推动创新并抓住新机遇。2022 年，高盛公司净营收为 474 亿美元，净收益为 113 亿美元，普通股每股收益为 30.06 美元，资产规模为 1.442 万亿美元①。2023 年净营收为 463 亿美元，净利润为 85.2 亿美元，净资产收益率为 7.5%。②

转制成为银行控股公司的高盛公司，在金融业务、政治影响力和国际影响力方面达到历史巅峰，俨然成为真正意义上的"高盛帝国"。

（三）雷曼兄弟公司：破产倒闭的金融企业

雷曼兄弟公司（Lehman Brothers）曾是美国一家全球性金融服务公司，主要提供投资银行、金融交易、投资管理、私人银行、经纪、私募股权和相关服务。在 2008 年 9 月 15 日宣布破产之前，该企业一直是美国排名第四的投资银行，是 2008 年金融危机中倒闭的著名投资银行巨头之一。在申请破产保护时，雷曼兄弟公司已经营 164 年③。这家曾经辉煌发展最后破产倒闭的金融企业，很好地诠释了金融与实体经济相生相克的辩证关系。

1. 从一般商人到商品经纪公司和投资银行的转型

19 世纪 40—80 年代，雷曼兄弟公司经历了从一般商人到商品经纪公

---

① The Goldman Sachs Group, Inc., Annual Report 2022, pp. 123-127. https://www.goldmansachs.com/investor-relations/financials/current/annual-reports/2022-annual-report/multimedia/annual-report-2022.pdf.
② The Goldmam Sachs Group, Inc., Annual Report 2023, pp. 129-130. https://www.goldmansachs.com/iuvestor-relations/finaneials/current/aunual-reports/2023-annual-report/multimedia/2023-annual-report.pdf.
③ Baker Library Bloomberg Center of Harvard Business School, Lehman Exhibition, https://www.library.hbs.edu/hc/lehman/exhibition/general-merchants-to-commodities-brokers.

司的变化。雷曼兄弟公司的创始人亨利·雷曼（Henry Lehman）[①]是个贩牛商人，1844年23岁的他怀揣着美国梦从德国移民到美国南部亚拉巴马州的蒙哥马利后，先是做家庭用品和农产品的巡回小贩，然后开了一家杂货店，专门经营"南方家纺"，包括床单、衬衫、纱线、棉绳和粗布等棉织品，兄弟三人都是一般的商人。

当时美国南部地区仍以农业经济为主，其中最重要的农产品就是棉花，大规模种植棉花以供出口，成为名副其实的"棉花王国"。棉花种植业的蓬勃发展极大地推动了美国南部地区商品交易市场的发展。雷曼家族的三个兄弟来到美国后抓住了这一商机，开始经营棉花业务，从事棉花种植园之间的商品交换、大宗棉花交易和棉纺织物销售等，1850年成立的雷曼兄弟公司，主要开展棉花经纪和相关金融服务业务，奠定了雷曼兄弟公司发展的百年基业。

随着机器大生产和纺织业的发展，对棉花大宗商品交易的需求不断增加，雷曼兄弟公司开始涉足棉花经纪业务，经常在总店以棉花形式收取货款，这种安排推动其进入蒙哥马利当地的种植园开展买卖棉花业务。良好的声誉使雷曼兄弟三人成为有名的棉花经纪人，企业在棉花经营中取得非凡业绩，并获得巨大利润。同时，雷曼兄弟公司决定把经营业务由农业扩展到其他领域，进行以棉花为抵押物的信贷往来，作为经纪人和贷款人，又初步尝试商业银行业务。这一时期雷曼兄弟公司不但扩展商品交易业务，还开始涉及财务顾问和银行贷款业务，为今后从事证券承销业务，进军金融领域奠定基础。

随着雷曼兄弟从一般商人转型为棉花商品经纪人，1858年，他们的经营领域拓展到作为全球商品交易中心的纽约，并在纽约成立办事处。雷曼兄弟公司在出售棉花的农民、购买棉花的工业家和出口商之间充当中间人。梅耶尔·雷曼管理蒙哥马利的商店，与当地种植园主和农民做生意，而伊曼纽尔·雷曼则在纽约会见棉花制造商和出口商。当时美国

[①] 雷曼家族三兄弟分别是亨利·雷曼（Henry Lehman）、伊曼纽尔·雷曼（Emanuel Lehman）、梅耶尔·雷曼（Mayer Lehman）。亨利·雷曼于1844年来到美国开的杂货店名为H. Lehman，1847年伊曼纽尔·雷曼来到美国加入后，商号更名为H. Lehman and Bro，当1850年梅耶尔·雷曼来到美国后，商号再次变更，定名为Lehman Brothers。1855年亨利·雷曼在新奥尔良死于黄热病，伊曼纽尔和梅耶尔在接下来的40年时间里一直经营着这家企业。

第一家商业信用机构邓恩公司（R. G. Dun & Co.，即后来的邓白氏公司，Dun & Bradstreet）对雷曼兄弟公司的正面信用报告帮助其树立了新企业的声誉，并促进其顺利发展。1862年，通过与其他企业的合作，兄弟俩扩大货物储存能力和贸易业务，雷曼兄弟公司很快跻身美国顶级棉花经纪公司之列。

当美国内战爆发时，美国政府实施对南方地区的封锁政策，阻止南方向北方的纺织品制造商运送棉花。雷曼兄弟公司想出多个策略绕过封锁令，如从南方把棉花运到英国，然后从英国运到纽约。尽管南方经济在战争中遭受重创，但雷曼兄弟公司的棉花经纪业务在1865年后开始复苏。1868年梅耶尔·雷曼离开南方，到纽约与伊曼纽尔·雷曼会合，共同经营棉花贸易业务。

1870年雷曼兄弟帮助创建纽约棉花交易所，这是一家大宗商品期货交易机构，100多家棉花商可以在一个中心地点进行交易。棉花交易所代表一个期货市场，买卖双方在棉花收割或运到工厂之前就达成交易。后来雷曼兄弟公司将业务扩展到其他商品领域，先后建立咖啡（1883）、糖和可可交易所和纽约石油交易所（1884）。

1863年雷曼兄弟与棉商约翰·杜尔合伙成立雷曼-杜尔公司，并在内战结束后承担亚拉巴马州政府战后重建的债务管理和资金筹集任务，承销亚拉巴马州政府债券。这笔政府债券的承销业务使雷曼兄弟公司第一次接触到投资银行业务，并出色完成州政府的证券承销业务，标志着该公司由最初的棉花金融业务，开始向投资银行业务的转变。自此雷曼兄弟公司先后为南方的铁路、纺织、棉花种植、采矿和房地产等产业的企业等提供大量资金支持。其中铁路建设尤其得到雷曼兄弟公司的重视，70年代后该公司积极为多个铁路公司提供资金支持，并发行铁路债券来进一步为企业融资。

2. 投资银行和证券承销与多元化发展

1880年至1920年，雷曼兄弟公司进一步发展投资银行和证券交易业务，经营范围从商品交易、一般商业银行业务，延伸到参与各种投资银行活动，并把业务重心逐渐转移到多元化的投资银行业务上来。

19世纪后期，雷曼三兄弟的下一代开始进入公司，成为公司合伙人和管理者。虽然雷曼兄弟公司增加了员工数量，但直到20世纪20年代，只有雷曼家族男性成员才能成为合伙人。1924年约翰·M.汉考克作为第一个非家族成员加入企业。

在菲利普·雷曼领导下，雷曼兄弟公司转型为一家投资银行，1887年加入纽约证券交易所，开始涉足股票二级市场交易。1899年，雷曼兄弟公司为国际蒸汽泵公司完成第一次IPO，承销优先股和普通股。这是从事棉花交易的老牌大宗商品经纪公司转变为现代证券发行公司的一种潜在手段，因为棉花在美国已不再像过去那样有利可图。19世纪末20世纪初，股票成为筹集资金的首选方式。

与此同时，美国企业出现大规模的并购和扩张，工业托拉斯频频出现。雷曼兄弟公司也把业务重点转向接管并购活动中的咨询、担保和股票包销业务，如主持了美国大型公用事业企业（美国照明公司与电力牵引公司）的并购和重组等，因此逐步从以经营棉花为主的古老商品交易公司，转化为现代公开发行证券的机构①。此时主要投资银行的重点业务领域是钢铁、铁路、采矿和制造业等大型制造工业的融资、重组和兼并，而雷曼兄弟公司则另辟蹊径，在小规模的消费经济领域找到商机。

1906年雷曼兄弟公司开始与高盛公司合作，向正在兴起的商品零售业提供债券担保和股票包销服务。通用雪茄公司和西尔斯·罗巴克公司是它们早期的证券承销企业。因为摩根大通和其他拥有钢铁和铁路等重工业业务的老牌投资银行不愿给零售商店、纺织品制造商、服装或香烟制造商投资，更不用说邮购店等风险较高的新兴领域，这给雷曼兄弟公司提供了发展机会。

雷曼兄弟公司连续包销诸如西尔斯·罗巴克百货、伍尔沃斯、金贝尔兄弟、梅西百货等大型企业的股票。在一代人的时间里，该公司成功地从大宗商品经纪公司转型为一家位于美国金融之都纽约的投资银行。

3. 为新兴工业和科技融资，助力高科技产业发展

截至1925年，雷曼兄弟公司与高盛公司已经成功合作包销100多家

---

① 〔美〕彼得·查普曼：《最后的财富帝国：雷曼兄弟走过的一个半世纪》，张艳云译，中信出版社，2011，第43页。

公司的股票，成为华尔街最受欢迎的股票包销商。雷曼兄弟公司还为公用事业公司发行债券，并涉足并购咨询业务。1927年雷曼兄弟公司推出信托业务"全美投资者综合基金"，仅2年时间市场价值已经高达4000万美元。1929年9月雷曼兄弟公司还单独成立一家投资信托公司。截至大危机爆发前，雷曼兄弟公司的投资银行业务已涉足纺织、零售、铁路、航空、化妆品、电影等行业，成长为华尔街举足轻重的投资银行。

雷曼兄弟公司的第三代领导人罗伯特·雷曼（Robert Lehman）投资于他认为具有巨大增长潜力的新兴行业的企业。作为航空业的早期支持者，罗伯特是泛美航空公司的董事会成员，也是泛美航空公司的支持者，泛美航空公司从飞往古巴的航班开始，发展成为美国卓越的国际航空公司。1929年雷曼兄弟公司帮助成立AVCO航空公司（后来的美国航空公司），并在30年代支持横贯美国大陆的航空公司（后来的跨世界航空公司）。

雷曼兄弟公司还为富有的个人和家庭提供投资咨询服务。在大萧条时期，当资本难以筹集时，该公司制定"私人配售"方法，促进蓝筹借款人与私人贷款人之间的贷款，保证贷款人的资金安全和回报率。这种融资方法是当今的一种标准技术，对当时试图筹集资金的公司来说是无价之宝。

美国经济大萧条期间是雷曼兄弟公司发展的低谷期。在《格拉斯-斯蒂格尔法》严格分业经营的制度和法律约束下，雷曼兄弟公司选择独立投资银行的发展之路，转型为华尔街金融市场上的专业投资银行。

为解决发展困境，雷曼兄弟公司引入私募融资工具，此创新之举不但帮助企业成功融资，也使雷曼兄弟公司的业务得到进一步拓展。同时积极进行金融技术创新，开发许多投资银行业务，如定向发行、为蓝筹股东筹集资金等，成为华尔街投资银行中的领路者。

转型成为独立投行机构后，雷曼兄弟公司的业务也开始恢复，并对美国未来经济发展进行了判断，认为未来促使经济繁荣的是消费，而不是生产，因此，公司的服务对象应该向消费业倾斜。在继续大力支持零售业发展的同时，把眼光投向电影等娱乐产业，因此成为最早支持娱乐产业的金融公司，其中著名的电影公司派拉蒙和20世纪福克斯就是雷曼兄弟公司参与投资的。更成熟的投资银行会认为电影制片厂是一项冒险事业，但到20年代末，观影人数飙升至数百万人，电影业务开始成为一个主要文化产业。雷曼兄弟公司不仅关注新兴的电影产业,还为第一个电视制造商杜蒙公司融资。

雷曼兄弟公司还为美国无线电公司的 IPO 提供金融服务,甚至为石油开采提供大量融资,资助加拿大管道有限公司、彭氏石油公司、哈利伯顿油井固井公司和 Kerr-McGee 石油工业公司。其他客户包括金宝汤公司、古德里奇公司和安杰洛-智利硝酸盐公司等。

第二次世界大战结束后,雷曼兄弟公司向多元化发展,公司业务涉及多个行业,包括提供财务顾问和证券承销服务。在 50 年代美国婴儿潮时期,为配合生产消费品企业的迅速扩张,雷曼兄弟公司紧跟市场,积极投资消费品行业。这一战略不但促进了美国消费领域的发展,也对美国人的消费方式产生潜移默化的影响,使美国经济逐渐由生产型向消费型转变。

二战后,在美国政府支持下,电子和计算机技术、生物科技等高科技行业迅速发展。雷曼兄弟公司又很快地捕捉到投资机会,并涉足这些新兴领域,大力支持高新技术行业的发展,如支持 IBM 公司这样的老牌企业,以及数字设备公司(DEC)和英特尔公司等新兴企业研发生产商用计算机,作为大型计算机的替代品。

在汽车和航空领域,雷曼兄弟公司向劳拉电子公司提供资金,并支持企业家的收购业务。1954 年,雷曼兄弟公司为赫兹公司发行证券,赫兹公司是汽车租赁行业的先驱,在 60 年代中期起步。1956 年,雷曼兄弟公司与其他投资银行联合为福特汽车公司首次公开发行股票,还为泛美航空等企业发行债券和股票进行融资。

雷曼兄弟公司也进入商业票据领域,发行短期债务工具(不需要在美国证券交易委员会注册),成为短期融资的主要来源。1958 年雷曼兄弟公司推出威廉街一号基金,这是一只由股东出资的多元化持股共同基金。60 年代雷曼兄弟公司扩大全球业务,在海外开设办事处,为美国和外国交易提供财务咨询服务。1966 年雷曼兄弟公司被《时代》杂志誉为"高级金融的多元化百货商店",在总交易额上跻身全美顶级投资银行之列。

随着多元化战略的实施,雷曼兄弟公司的业务范围涉及消费业、汽车业、航空业和高科技产业等多个领域。由于这些产业在美国经济中占有重要地位，雷曼兄弟公司也能够在一定程度上影响到这些产业的发展方向，其在华尔街的地位日益稳固。

4. 摆脱经营困境，多次转型重组再出发

1969年，随着最后一位家族成员领导人罗伯特·雷曼（Robert Lehman）的去世，雷曼兄弟公司的发展进入一个新的转型轨道。

70年代美国的能源和经济危机，以及公司内部的领导层缺位，使雷曼兄弟公司一度出现发展瓶颈，步履艰难。1973年，曾担任尼克松政府商务部长的彼得·彼得森（Peter Peterson）加盟为董事长，才很快扭转其发展颓势。

在彼得森领导下，雷曼兄弟公司积极进行改革，减少员工数量，扩大金融服务领域，鼓励合伙人用自有资金进行交易，强化公司的交易业务，开始大规模扩张。1975年，雷曼兄弟公司收购美国著名的投资银行亚伯拉罕公司；1977年雷曼兄弟公司又完成"以小吃大"的收购，与老牌投资银行库恩·洛布公司合并，成立雷曼兄弟-库恩·洛布公司，此举使其成为美国排名第四的投资银行，位于所罗门、高盛和波士顿第一国家银行三大投行之后。雷曼兄弟公司不断扩大其全球金融市场业务，在欧洲和亚洲开设办事处，并在美国和海外交易中提供财务咨询服务。在彼得森掌控公司的10年时间里，雷曼兄弟公司的资本增长至原来的10倍，且资本充足，收益良好[①]。

彼得森领导雷曼兄弟公司期间，虽然公司业绩有所改善，但公司内部银行家与交易员之间的矛盾日益激烈。随着证券交易业务在投资银行领域所占的比例越来越大，交易员地位不断提高，公司内部权力的斗争也在不断加剧。1983年，作为合伙人的彼得森无奈地离开雷曼兄弟公司，格鲁克斯曼（Lew Glucksman）成为公司首席执行官。在执掌公司期间，他更加强调交易银行业务，而不是投资银行业务，导致这两个部门之间关系紧张，企业利润随着经济疲软而下滑。交易员的待遇得到显著提高，而银行家合伙人的分红却下降了，这引起一些合伙人的不满，他

---

① 〔美〕彼得·查普曼：《最后的财富帝国：雷曼兄弟走过的一个半世纪》，张艳云译，中信出版社，2011，第143页。

们纷纷离开企业，也带走了他们投入的资金。

随着80年代高科技研究和初创企业的兴起，雷曼兄弟公司资助了早期的生物技术公司Cetus，以及创造第一个微处理器的英特尔公司。当时计算机技术的进步给投资银行业务本身带来一种更具竞争力的变化，有可能增加算法交易策略、业务量和潜在佣金。过去投资银行业的声誉和规模是建立在长期的业务关系上的，但现在正变得越来越像一个逐笔交易的行业。

在整个八九十年代的通货膨胀和经济低谷中，雷曼兄弟公司处于不利发展状态，陷入经营困境，经历多次转型和动荡。1984年，格鲁克斯曼不得不把雷曼兄弟公司以3.6亿美元的价格出售给美国运通公司，改名为希尔森·雷曼兄弟·美国运通公司，此举结束了雷曼兄弟公司130多年的合伙制经营模式。

改组后的新公司开拓了新的电话销售业务，1989年以10亿美元的价格并购美国第二大经纪公司E.F.哈顿公司，企业改名为希尔森·雷曼兄弟·哈顿公司。但并购后的业绩并没有想象中好，同时收购引发高成本和管理层的增加，使公司产生巨额亏损，1990年的亏损达到9亿美元。1993年美国运通公司决定拆分希尔森·雷曼兄弟·哈顿公司，出售原本属于希尔森和哈顿公司的经纪、资产管理和多样化投资业务。1994年，美国运通公司剥离其金融服务，并通过公开发行股票将雷曼兄弟公司剥离出来，在纽约和太平洋证券交易所交易，成立雷曼兄弟控股公司，这是一家公共持股公司，理查德·富尔德（Richard Fuld）接任董事长，继续在国际上扩张，他把公司规模扩大了一倍。

经过10年的凤凰涅槃后，雷曼兄弟公司重新成为一家独立的投资银行，并结束合伙制成为有限责任公司。

1996年雷曼兄弟公司开始一系列业务调整，扩大金融业务，取消非金融业务。一是对投资银行部门进行改组，扩充并购部门，以适应业务发展的需要；二是扩大股票业务，改变之前把精力集中于债券领域而较少投入股票业务的情况；三是放弃商品交易的分支业务，关闭其伦敦黄金交易柜台，放弃大部分金属和天然气的交易；四是扩大投资银行业务，积极进行金融工具创新。通过上市和业务结构调整，雷曼兄弟公司的财务状况和经营管理大为改善。

1998年俄罗斯发生的金融危机，使雷曼兄弟公司面临经营发展史上最艰难时期。由于对美国长期资本管理公司的投资遭受惨重损失，雷曼兄弟公司濒临破产边缘。最终在富尔德领导下，才战胜各种不利条件，度过这一艰难时期。

1998年至2000年，雷曼兄弟公司先后加入标准普尔500和标准普尔100股票指数。在美国金融市场并购狂潮中，雷曼兄弟公司从事大量并购和咨询业务，1999年雷曼兄弟公司的净利润首次超过10亿美元，2000年其股票价格已达到每股100美元。

5. 次贷金融衍生品狂欢与破产倒闭

2000年网络经济泡沫破灭和2001年"9·11"恐怖袭击，对美国经济发展造成巨大冲击，为拉动经济恢复发展，美国政府实行低利率政策，并解除诸多对商业活动的管制，尤其是对金融业的管制。在金融和房地产的推动下，美国经济找到新的经济增长点，FIRE产业转而成为主导产业，投资银行业获得暴利。

在这一波发展周期下，大量资金流入华尔街金融机构主导的次级房贷按揭市场，以次级房贷为基础包装了不少衍生金融产品，再将其卖回市场以赚取手续费和分散风险。2000年12月美国通过的《商品期货现代化法案》，将衍生品（包括抵押贷款支持证券）从商品期货交易委员会的监管中豁免出来，促进此类非传统金融业务的蓬勃发展。

次级抵押贷款从90年代开始流行，是一种向信用评级较低的借款人提供的贷款。在抵押贷款证券化过程中，借款人从贷款机构获得贷款。贷款机构将抵押贷款出售给投资银行等中介机构，中介机构将抵押贷款打包成抵押贷款支持证券（MBS）。抵押贷款支持证券被划分为若干风险等级，并与其他种类的证券捆绑成债务抵押债券（CDO）。抵押贷款支持证券和债务抵押债券都获得标准普尔、穆迪或惠誉的高信用评级，然后出售给世界各地的投资者，包括养老基金、保险公司、共同基金、对冲基金和其他投资银行。投资者可以通过保险公司或经纪交易商发行的信用违约掉期（CDS）来对冲CDO或MBS的风险敞口。包括投资银行在内的投资者也可以购买他们并不拥有的CDO或MBS的信用违约掉期，并在这些证券出现亏损时获得赔偿。

当抵押贷款支持证券和投机性固定收益证券价值开始暴跌时，公司所欠的债务就会超过其资产的价值。雷曼兄弟公司违反两条基本的投资规则，即在市场的顶部买入，但未能分散押注。商业地产成为雷曼兄弟公司的沉重负担。

2000年后，美联储实行低利率政策，加上2003年通过的《美国梦首付援助法案》，极大地推动了抵押贷款债务的增长，导致房地产市场的繁荣和房价上涨。高风险的贷款行为涉及评级机构对次级贷款采用AAA评级，而借款人几乎不需要提供任何证明文件。

雷曼兄弟公司和其他投资银行开始大量投资于回报相对较高的抵押贷款支持证券和债务抵押债券，大量涉足次贷和以次贷抵押为基础的创新衍生品业务。21世纪初，雷曼兄弟公司先后收购五家抵押贷款机构，在次贷市场上采取激进策略，以低利率从资本市场借款，并投资于抵押贷款支持证券和其他投机性证券（包括商业抵押贷款支持证券、高收益债务和杠杆贷款），以期获得更高回报率。同时，给获得高回报的员工发放巨额奖金也助长了一种奖励风险的企业文化。

雷曼兄弟公司在次级抵押贷款市场上的贷款大幅增加，2007年成为美国主要投资银行中最大的抵押贷款支持证券发行人，商业地产债券业务增长约13%，实现净利润5%的高增长，公司收入达到193亿美元，创公司有史以来的最高纪录。这一年，雷曼兄弟公司被《财富》杂志评为"最受尊敬的证券公司"，成为伦敦证券交易所交易量第一的券商。可谁也不曾想到的是，这样一家如此成功的投资银行竟然在1年之后破产倒闭。

金融和房地产经济虽然带来几年的消费型增长，却隐含着巨大金融泡沫，2007年美国经济陷入衰退阶段，以次级贷款为基础的金融衍生品迅速贬值，虚拟经济泡沫破灭，次贷危机爆发。但在金融危机爆发前，雷曼兄弟公司仍然大量投资抵押贷款支持证券。与其资产比例相当的高额借款和庞大的抵押贷款证券组合，以及次贷抵押贷款证券衍生品的狂欢，使雷曼兄弟公司处于越来越脆弱的境地。

次贷抵押贷款证券"纸牌屋"倒塌的早期迹象之一是2007年夏天另一家投资银行机构贝尔斯登旗下两家对冲基金的崩溃，它们在抵押贷款支持证券上进行大量投资。2008年3月纽约联邦储备银行向摩根大通集团发放 300 亿美元的紧急贷款，用于收购贝尔斯登。尽管警示信号已出现，但雷曼兄弟公司仍继续其积极增长战略。

2008 年后，次贷危机的传染效应开始在雷曼兄弟公司这样的金融巨人身上慢慢发酵。尽管取得优良的业绩，却有着越来越大的资金缺口，高收益下掩盖着越来越大的金融风险。与 2007 年的高股价相比，雷曼兄弟公司的股价一直在下跌，主要原因在于其手中还紧握着大量不良抵押贷款证券，资产已经大幅缩水，公司股价在 1 年内暴跌 94%。2008 年 6 月，雷曼兄弟公司发布的第二季度财务报告称其亏损已高达 28 亿美元，这是 1994 年雷曼兄弟公司上市以来首次出现亏损。雷曼兄弟公司高层实施"大换血"，同时设法筹集资金，但这些努力远不能让投资者满意。2008 年 7 月雷曼兄弟公司深陷财务状况不佳传闻，股价持续下跌。8 月，韩国产业银行曾出价 60 亿美元欲收购雷曼兄弟公司部分资产，但被该公司拒绝。

2008 年秋季，由于次级抵押贷款、商业抵押贷款、高收益证券和杠杆贷款的过度杠杆化，雷曼兄弟公司面临破产境地。首席执行官富尔德与韩国产业银行、巴克莱银行和美国银行等机构的救助谈判也先后失败。

2008 年 9 月 7 日美国政府接管房利美和房地美这两家政府支持的抵押贷款机构，这是金融体系高风险状况的又一个可怕迹象。与此同时，普通美国人的工资仍然停滞不前。2007 年房价下跌和可调利率抵押贷款利率上升引发一波丧失抵押品赎回权的浪潮，给数百万美国人造成了毁灭性打击。9 月 10 日雷曼兄弟公司总裁富尔德公布公司重整计划，同时宣布公司将遭受 158 年来的单季最大亏损（39 亿美元），但并没有盼来美国政府的救助计划。

2008 年 9 月 15 日，总债务达 6130 亿美元的雷曼兄弟公司，最终在政府拒绝救市、收购退路全断之后，决定根据美国破产法案第 11 章申请破产保护，宣布破产，就这样有着 158 年经营史的百年金融老店，最终没能摆脱破产倒闭的命运。其股票自 2007 年 2 月以来暴跌 90% 以上，当天道·琼斯工业平均指数下跌 504 点，引发百年一遇的金融大海啸，世界经济几近崩盘。

2008 年金融危机终结了雷曼兄弟公司极端膨胀的虚拟经济发展过程，使其成为华尔街历史上破产倒闭的最大一家投资银行，也终止了美国独立投资银行制度，最后的财富帝国终于谢幕，退出历史舞台，其遭遇令人唏嘘。

雷曼兄弟公司宣布破产后，其在全球范围内约有 2.6 万名员工失去工作，给全球金融市场带来巨大冲击，并产生广泛连锁反应，失业率大幅上升，股市暴跌，投资者蒙受巨大损失，加大了金融危机的广度和深度，以及美国和全球市场自 1929 年金融危机以来最严重的经济衰退，给全世界带来毁灭性的打击。

回顾过去，雷曼兄弟公司从 19 世纪 50 年代的一家杂货店转变为 20 世纪初的一家专业投资银行，为企业合并、公司出售和收购，以及个人、基金会、捐赠基金和养老基金的投资组合提供咨询；其承销的证券，为一系列企业筹集资金，既支持老牌传统企业，也支持规模较小的新兴和新创科技企业，其服务的行业领域覆盖交通运输、零售、娱乐、广告、制造、公用事业、通信和高科技行业。到 1957 年，没有一家公司能在精湛的金融技艺上与其匹敌。雷曼兄弟公司的历史故事反映了美国财富和世界领导地位的上升，以及美国梦的兴衰。

21 世纪以来，随着政府对金融部门放松管制，像雷曼兄弟公司这样的企业越来越多地利用杠杆进行投机性和短期投资，未能在风险与回报之间取得平衡，没有处理好金融创新与服务实体经济的基本关系。

如果金融机构的业务偏离实体经济的需要，哪怕是再复杂高深的金融创新、再硬核的金融巨头也难逃失败的历史命运。

第10章 企业技术创新和产业迭代中的消费因素

本章内容主要从消费因素（市场）角度，在历史实践中分析消费与美国技术创新、产业转型和迭代，以及企业发展之间的互动影响关系。马克思指出，消费创造出新的生产的需要，因而创造出观念上的内在动机，后者是生产前提。消费创造出生产的动力[①]。马歇尔认为，一切需要的最终调节者是消费者的需求，市场需求首先是消费需求[②]。

一 大众消费推动社会经济转型和技术创新

自从19世纪下半期美国企业开启大规模分销和大规模生产模式后，美国经济突飞猛进。尤其是经过电气化时代的突破性技术创新和发展，美国在20世纪初基本完成工业化任务，跻身西方发达国家之列。20年代出现大众消费时代，经济和社会发展动力从生产的供给侧转向消费端，逐步从以生产型经济为主导，转型为以消费型经济为主，由此改变企业的生产经营方式，推动技术创新和产业结构的升级换代。

（一）美国大众消费时代及主要形成原因

经济发展史表明，大众消费观念的产生先于工业革命，由此推动历史上技术发明的首次商业应用，从而推动工业革命的发展。工业革命的发展则为大众消费目标和大众消费方式的确立奠定坚实的物质基础。正如马克思所言，资产阶级在它的不到一百年的阶级统治中所创造的生产力，比过去一切世代创造的全部生产力还要多，还要大。自然力的征服，

---

① 在《经济学手稿（1857—1858年）》导言中，马克思基于唯物辩证法，集中而系统地论述生产与消费相互作用的辩证关系，参见马克思《政治经济学批判》，中共中央马恩列斯著作编译局译，人民出版社，1976，第201页。
② 〔英〕马歇尔：《经济学原理》（上卷），朱志泰译，商务印书馆，1964，第103页。

机器的采用，化学在工业和农业中的应用，轮船的行驶，铁路的通行，电报的使用，整个整个大陆的开垦，河川的通航，仿佛用法术从地下呼唤出来的大量人口[①]，这些人口不但是产业劳动大军，而且是消费大军。

在美国工业革命中，惠特尼发明的零部件可互换、福特发明的流水线和标准化的大规模生产模式的广泛应用，不但提高了企业生产效率，而且降低了企业经营成本，大量物美价廉的工业制品被制造出来成为大众消费得起的商品，造就了20世纪美国的经济繁荣，以及具有美国特色的大众消费时代。

第一次世界大战结束后，美国进入所谓的"狂奔怒吼"的20年代。在此期间，三位保守的共和党人担任总统，包括沃伦·C.哈丁（1921—1923）、卡尔文·柯立芝（1923—1928）和赫伯特·胡佛（1928—1932），他们笃信自由放任主义，实行有利于自由资本主义发展的政策措施，使美国经济回归到由大企业和大财团控制的自由市场经济发展的轨道上来，各行各业都取得飞速发展，创造出许多新的财富和就业机会。美国人普遍享受着由汽车、电影广播、新型家用电器等现代化生活工具带来的快乐，同时沉迷于股票投机、赌博和酒吧等。1923年至1929年10月，美国经济处于持续高涨状态，这一段前所未有的经济繁荣被称为"柯立芝繁荣时代"。

在这一时期，美国国内生产总值从1919年的5830.8亿美元（以1996年的价格计算），增加到1929年的8222亿美元（以1996年的价格计算）；1921年至1929年，人均国内生产总值增加42%，平均失业率小于5%，基本实现财政盈余，人们普遍保持乐观心态，新企业不断建立，股票和房地产业异常繁荣，建筑工业产值从120多亿美元增长到近175亿美元，年均增长率达到6.7%。建筑和房地产业的繁荣使这一行业创造的总收入增加80%。1919年至1926年，新的建筑许可证的价值惊人地上升了192%[②]。

在柯立芝繁荣时代，大规模生产模式（泰勒制、福特制）制造的大量物美价廉的非必需消费品，以及新型的分期付款方式，从根本上改变

[①] 《马克思恩格斯选集》第一卷，人民出版社，1995，第277页。
[②] 〔美〕乔纳森·休斯、路易斯·P.凯恩：《美国经济史》（第7版），邸晓燕、邢露等译，北京大学出版社，2011，第473—474、477页。

了美国社会的消费传统，开启了大众消费时代。

使用福特制生产出来的汽车（如T型车）从最初的奢侈品，变成大众消费得起的工业制品。在福特汽车公司实施的高工资和高福利政策下，普通蓝领工人也可以买得起汽车，可以驾车旅行，享受惬意的闲暇生活。1927年福特汽车公司共销售1500万辆T型车，推动美国社会进入汽车时代。至1928年美国拥有的轻型和载重汽车分别为2200万辆和300万辆。1929年，美国汽车制造业的产值已占全国工业总产值的8%左右。

科学管理理论和泰勒制极大地提高了企业生产效率，为大众消费时代提供了源源不断的物质基础。1911年管理学家泰勒创建的科学管理理论，以及在企业中广泛推广和应用的泰勒制，优化了企业管理流程，推动了企业合理化运动，解决了体力劳动者的生产效率问题。1923年至1929年，美国制造业中每个工人的每工时产量提高32%。1919年至1929年，整个工业生产率提高40%，农业生产率提高26%，整个社会生产活动进入追求高质量发展阶段，大多数人解决温饱问题成为中产阶级。

20年代出现的分期付款这一新型消费信贷方式导致美国出现消费革命。分期付款方式可以使大规模生产技术造就的庞大的美国中产阶级买得起汽车、收音机、洗衣机、电冰箱和其他许多新型家用电器。如通用汽车公司在1919年推出采用分期付款方式购买汽车，引发汽车销量的增加，1923年美国人所购买的汽车有80%是通过分期付款的方式购买的；至1925年，美国社会75%的汽车、70%的家具、75%的收音机、90%的钢琴、80%的留声机、80%的家用电器都是通过分期付款方式购买的；美国人分期付款总额从1925年的48.75亿美元，增加到1929年的70亿美元。一场大众消费革命悄然而起，为美国企业发展注入新的活力。

所谓大众消费是指"最终消费"，即个人和家庭的消费，且所消费的产品和服务是通过交换得来的，不是由消费者自身生产或提供的。这种消费不是为了满足生存所需，而是有非实用性的需要，诸如追求地位、寻找新鲜感和引起他人的嫉妒等，大众消费的商品必须是大规模生产的非生产性、非生活必需品[①]。这使生产者（企业）需要通过各种手段吸

---

① 刘凤环：《美国消费社会的形成——美国耐用消费品革命的划时代意义》，《济南大学学报》（社会科学版）2015年第1期，第87—90页。

引社会大众进行消费,而消费者则会受此影响在消费观念和消费行为方面都发生相应变化。

(二) 大众消费社会对产业和企业发展的影响

20年代大众消费时代出现后,当代意义上的大众消费社会开始在美国形成,大众消费主义的思想意识在美国社会逐步居于支配地位。二战以后大众消费主义成为美国资本主义的主导价值观,并随着全球化浪潮席卷到欧洲和众多发展中国家,在工业化过程中,使其不断向消费社会过渡。消费主义成为美国全球实力增长和价值意识形态的重要组成部分,也为其实施全球化生产和企业跨国经营提供了思想文化基础①。

大众消费社会形成的推动力不仅限于大众消费者大军、大众商品销售机制、大众文化机制和耐用消费品革命等因素的相互促进。美国学者杰罗姆·西格尔认为,消费社会使新消费产品的开发和获得这些产品的欲望成为社会经济生活的主要动力,个人的自尊和社会声誉跟他相对于社会其他成员的消费水平紧密地联系在一起②。也有人认为,消费社会是一个现代社会经济体制,生产者和消费者形成互动关系,由此推动大众消费的商品销售机制,以及大众文化机制的发展。后者在使大众消费向文化领域扩展的同时,还推动支持消费社会的大众文化的发展③。一些学者认为美国消费文化在19世纪末20世纪初已经发生质的转变,如百货公司的兴起、广告业的发展、工作时间的缩短、娱乐公园等商业机制的蓬勃发展等,为消费社会的出现奠定重要基础。消费社会也是进行消费培训、进行面向消费的社会驯化的社会——与新型生产力的出现以及一种生产力高度发达的经济体系的垄断性调整相适应的新的特定社会化模式④。

---

① 〔美〕埃米莉·S.罗森堡:《消费资本主义和冷战的终结》,李珍珍、张玉青译,《中外文论》2019年第2期,第230—245页。
② Jerome Segal, "Alternatives to Mass Consumption", *Philosophy and Public Affairs*, 1995, Vol. 15, pp. 27–29.
③ 刘凤环:《美国消费社会的形成——美国耐用消费品革命的划时代意义》,《济南大学学报》(社会科学版) 2015年第1期,第87—90页。
④ 〔法〕让·鲍德里亚:《消费社会》,刘成富、全志钢译,南京大学出版社,2014,第63页。

第10章 企业技术创新和产业迭代中的消费因素

大众消费社会是指消费成为社会运行的主导因素,消费成为经济发展的主要推动力量,消费已经渗透到人们日常生活中的方方面面,并且成为人们在社会交往过程中的一种建构性行动。"消费社会"这个概念不只用来描述一种特定的风格,也作为一个时期的概念,把文化上出现的新的方式和特点与一种新的社会生活和经济秩序联系起来。

"大众"原本是指在社会上居于多数的从事体力劳动的阶层,在大众消费时代,"大众"的内涵已发生变化,把收入相对稳定而且一直呈扩大态势的中间阶层包括在内。美国的大众消费逐渐地主要指这个阶层的消费行为,这是美国向现代大众消费社会转变的重要标志之一[①]。大众消费社会在当时的工业化资本主义国家并不是那么普遍,几乎只是美国所独有的现象。

20年代出现的大众消费社会,使标准化商品的生产、分配和购买范围最广泛的公众购买成为可能,且越来越普遍。到30年代,大众消费在整个国家购买中的主导地位日益上升,买方市场逐步取代卖方市场地位,企业生产的丰富商品要想卖出去,就得借助各种现代化的营销手段,大众消费需求及消费结构的变化成为企业发展和产业转型升级的重要推动力。

消费构成美国资本主义社会的内在逻辑,即商品消费面前人人平等,在消费社会里,生活中的一切都成了消费品,"无物不可以被消费"。消费不仅仅体现在物质文化上,更体现在文化含义上,消费体现个人身份。人们消费的不是商品和服务的使用价值,而是它们的符号象征意义。消费主义是指这样一种生活方式,即消费的目的不是满足实际需求,而是满足被制造出来、被刺激起来的欲望。

如福特汽车公司开创的流水线、标准化的大规模生产模式,大大降低汽车生产成本后,汽车价格大幅下降,廉价的T型车走进千家万户,适应了当时大众消费文化中"求廉"的价值取向,使之前作为权力与财富象征的汽车进入大众消费的文化圈,成为消费者追求的目标,从而使福特汽车公司生产的T型车在10多年时间里完全控制美国汽车的销售

---

① 王晓德:《美国现代大众消费社会的形成及其全球影响》,《美国研究》2007年第2期,第48—67页。

市场。

但随着美国消费者收入水平的提高和偏好的改变，价值取向就转变为对汽车款式和车型的多元化追求，T型车就不再深受消费者欢迎。而通用汽车公司抓住消费者的需求变化，开始在汽车款式创新上下功夫。先是模仿巴黎时装潮流，给汽车披上彩装，以新奇和不同颜色来吸引顾客购买汽车；然后是对顾客进行分层，对不同收入层次的顾客开发不同型号和牌子的汽车，造成汽车消费的不同层次。同时每年推出一款新的车型，使消费者产生如果长期不更换汽车就无法证明其事业成功的消费潮流，汽车消费进一步大众化，形成汽车消费的庞大群体，迫使美国汽车企业必须不断进行技术创新，以争取消费者的青睐。从1950年至1980年，美国人口增加了50%，私人汽车竟增加了200%，汽车产业成为美国经济的主导产业。

第二次世界大战结束后，随着经济的恢复和高度繁荣，大众消费不仅成为以后几十年间时代发展的主流，也成为拉动新产业和美国经济持续发展的强劲动力。如在计算机产业，正是消费者对越来越多信息的处理和掌握的需求才推动第一台大型计算机的发明；人们在使用过程中感觉到其体积庞大，价格昂贵，操作不便，于是便有第一台电脑的创新，后来就开发出体积较小，价格较为便宜且操作简单的家用电脑；由于人们有携带方便的需要，于是出现笔记本电脑；随着生活水平的提高，人们对电脑的要求越来越高，电脑也具备越来越多的功能，在人们的日常生活中发挥更为重要的作用[①]。

消费电子行业更是涵盖广泛的产品领域，包括智能手机、平板电脑、电视、音频设备、游戏机等，这些产品不仅可满足消费者的日常生活需求，还代表着时尚和科技的最新发展趋势。消费者对这类电子产品消费需求的增长带动了整个产业链的生产和销售，由此提升企业盈利能力和技术创新水平，进而促进经济增长和增加就业机会。正是消费者数以万计的商业购买行为再造了经济的繁荣，也正是消费者有能力把电风扇换成空调，以及把500万台小电视机、150万台电动切肉机等商品带回家，

---

① 王紫琳、田闯：《消费对技术创新的影响》，《科技经济市场》2008年第9期，第88—89页。

才使经济循环起来，保证了1954年美国经济的快速增长①。

在很大程度上创新的直接动力是大众消费文化的不断更新发展，在如今西方发达国家，"创新"的概念已经不限于技术创新，而是深入到社会的各个角落②，而大众消费社会中各类用户的个性化需求和用户创新，成为企业技术创新的重要源泉。

二 中产阶级的消费文化对产业发展的影响

20世纪初期是美国消费文化由传统消费文化向大众消费文化转型的关键时期③。在经济发展、人均收入增加、分期付款消费方式广为使用等多种因素的影响下，20世纪初期美国基本完成由以节俭、量入为出、理性等为基本特征的传统消费文化，向以追求享乐、超前、符号等为基本特征的现代大众消费文化的转型。

消费文化转型和大众消费文化的形成与美国中产阶级的分化和演进密不可分，对美国20世纪以来消费行为、经济增长方式、社会经济发展和产业结构变化产生重要影响，制造商获取利润的多寡最终将由消费市场的大小来决定。大众消费文化是公众消费价值取向、目标追求和消费方式的总和，是在生存需要之上的消费追求；大众消费的主体是社会公众，与技术创新相互作用，成为推动产业发展和进步的一个重要动力。

（一）美国的中产阶级及其结构特点与消费需求

美国的中产阶级分为新旧两个不同的部分。旧中产阶级是伴随着美国殖民地开发和早期工业化而兴起的，新中产阶级则是19世纪中后期美国自由经济历史演变的时代产物。

由于殖民地的特殊背景，在美国历史上没有出现过欧洲那样的贵族阶层。而从欧洲各地移民来的若干代人，基本上散居在北美空旷的农村

---

① 〔法〕让·鲍德里亚：《消费社会》，刘成富、全志钢译，南京大学出版社，2014，第124页。
② 杨英辰：《技术创新与大众消费文化》，《自然辩证法研究》1992年第7期，第30—34页。
③ 朱世达：《关于美国中产阶级的演变与思考》，《美国研究》1994年第4期，第39—54、5页。

空间，从事农业生产的自由农夫首先组成数量庞大的独立中产阶级。19世纪初，在美国城镇中，约 4/5 从事职业活动的人都是小企业主，还有一些自由职业者，这些人都可以视为中产阶级，他们从事地产投机、棉花种植和铁路建设等经济活动。

在资本主义秩序下，以自由农夫和小企业主为主的中产阶级组成一个自我平衡的社会。在这个社会中，没有任何权威，其社会成员全身心关注的是制定一系列保护财产的法规和制度。

工业化浪潮的出现，推动了城市化的进程。美国城镇人口（以 8000 名居民为界）占全国人口的百分比，从 1790 年的 3.3% 增长至 1860 年的 16.1%。1860 年，纽约城的人口超过 100 万。从 1820 年至 1840 年，从事制造业的人数增长 8 倍，而城市人口增长 1 倍。原来的部分小企业主演变成真正意义上的企业家，这是旧中产阶级的典型。他们不仅是工厂的创业者，还从事金融业，是机敏的金融家，在他们身上集聚着一切成功的象征。在企业经营过程中，他们还帮助培养了一大批未来中产阶级的成员。在 19 世纪中后期，随着公司经济的发展，私人农庄型的农业变得更像一个商务管理的实体，在农夫阶层也出现了从事农产品加工的企业家（如罐头业与包装业）。

这种历史性变化改变了农村与城市的生活，改革了旧的生产方式，将中产阶级从旧世界中异化出来。19 世纪出现的新中产阶级，既是技术型工业家，还从事金融业和商业，同时又是金融家和商人，开创并组织了美国的各种新经济活动。

新中产阶级的崛起是 19 世纪末 20 世纪初美国社会的突出现象。在此时期，美国逐步发展成工业大国和农产品出口大国。从 1869 年至 1899 年，美国人口增长了几乎 3 倍，农业生产增长了 1 倍，制造业生产总值增长了 6 倍。到 20 世纪初，美国社会已成长为一个以大生产、高消费为特征的城市工业化社会。从 1900 年至 1930 年，公司经营的业务已开始遍及全国范围的市场。到 1930 年，美国已成为一个全国性的富裕社会。但美国大多数的小企业主到 20 世纪中期已失去资产，转而为仅占人口 2% 或 3%、拥有 40% 或 50% 美国财富的人工作。

新中产阶级依靠薪水生活，以知识与技术提供服务，形成白领阶层。对大多数人来说，占有资产已不可能。在劳务市场上，资产阶级不是以对资产的占有，而是以收入、权力、威信得到社会认可。以白领阶层为代表的新中产阶级发展迅猛，1870年白领阶层只有75万人，仅占劳动市场的6%，到1940年则上升至1250万人，占25%。在此期间，老中产阶级增长了135%，工薪阶级增长了255%，新中产阶级则增长了1600%。从1870年至1940年，白领阶层主要由教师、推销员和各类办公室职员组成，人数占美国总人口一半以上，从1870年的15%上升至1940年的56%，而老中产阶级的占比则从85%跌至44%。

所谓新中产阶级就是指大资本家与不熟练劳工之间的一个阶层。有的社会学家将这类人称为"薪给级"，也有社会学家（如C.赖特·米尔斯）称之为"白领阶级"。

工业化机制造就了美国新中产阶级赖以生存的诸多白领职业，以办公室工作、教育和管理工作为代表的服务型经济的发展，使大量劳动力向白领职业转移。第二次世界大战后美国经济的繁荣使白领阶层队伍迅速壮大，到1956年，美国职业结构中白领工人的数量首次超过蓝领工人。1970年，白领工人与蓝领工人的比例约为5∶4。

以白领阶层为代表的新中产阶级操纵的不再是"资产"和"物"，而是"人"与"符号"。他们的专长是处理文字工作、金钱，是处理人际关系、商业和技术关系的专家，依靠"智能"及组织与协调制造"物"的社会机器而生存。大多数新中产阶级以在劳务市场出卖服务而不是以买卖资产赢得利益，而职业不是从资产获取直接收入，新中产阶级是为其他人的资产而工作的人，是随着现代公司经济的产生而产生的，是现代主义的产物，带有激进性、进取性、猎奇性和追求时尚（即"入时"）的特点。

在20世纪50年代美国的丰裕社会中，新中产阶级设法创造和享受适合现代社会快节奏、理性、紧张、非道德化特点的文化趣味，文化成为消费的生活方式，而且这种文化形成普及趋势，成为美国当代文化的代表。

（二）新中产阶级的消费新潮流与产业发展

在消费领域，新中产阶级一改旧中产阶级的节俭自律等新教伦理观，引领大众消费和享乐主义潮流。借助汽车的普及、电气技术和产品的迅速发展、奢侈品大众化、电影和文化形式的多样化，以及消费支付和广告传媒的创新，一股新的大众消费潮流蔚然成风，并对社会经济和产业发展发挥长久性影响。

新中产阶级引领的大众消费的产品基本上围绕着吃穿住行和娱乐而着意创新，包括汽车、洗衣机、电视机、电冰箱和吸尘器等耐用消费品。商品销售广告大肆宣扬消费就是快乐，暗示超前消费、挥霍性消费的正当性和合理性，使享乐主义的大众消费文化得到快速传播。满足不同层次客户的各种需求，成为企业扩张和发展的重要市场因素。

如在20年代，福特汽车公司为了吸引女性购买汽车所做的广告内容是：要成为新女性，汽车所起的作用举足轻重，因为汽车能够扩大视野，增加快乐，给身体注入新活力，可以与遥远的朋友为邻，极大地扩大活动范围。为了更形象地说明女性确实需要汽车，广告中还列举了女性使用汽车的好处，如可以方便购物、方便访友，给亲戚留下地位重要的感觉等，而最重要的是使女性过上一种独立的生活，驾驶着汽车载着客人出入于休闲场合，如打网球、去海滩游泳，男人们都会带着羡慕的神情看着她们。只要拥有这样的汽车，女性便可以自如地安排自己的空闲时间，得到别人无法获得的快乐。在产品促销广告等潜移默化的作用下，消费就是快乐，能够购买和使用高档消费品就是成功的象征，就可以向别人炫耀等文化逐渐渗入美国人的消费意识中。

由新中产阶级主导的大众消费文化可以分为三个基本层次，即消费品、消费观念和消费方式。消费品是大众消费文化中的物质文化层面，包括各种各样的物质消费品及精神文化产品和劳务；消费观念是大众消费文化中的精神层面，指的是消费的目标追求、消费价值取向、消费的指导思想、消费的道德观念等；消费方式是大众消费文化中所包含的制度文化层面，包括消费环境、消费的具体方式和消费行为的规范力量等。

中产阶级引领的大众消费区别于过去已经出现的对生产性商品、生活必需品和非生产性非生活必需品（即少数人对奢侈品的消费）等的消费，应该被视为真正意义上的现代大众消费，因为它既是现代化大规模生产的产物，又是现代社会大众消费能力显著提高的结果，且使大众而不只是部分富裕阶层的消费具有了超出生存需要的功利主义特点。新中产阶级推动形成的这种现代大众消费，预示着一种新的美国生活方式的产生。法国学者认为，20世纪美国不仅展现出一种政治制度，而且展现出一种受大众消费经济秩序控制的全新的生活方式，似乎左右自己的环境，以更适合其效率功能的新价值观取代了传统价值观①。

现代大众消费社会的一个最大特征是一切都围绕着"钱"来转。消费文化以资本主义商品生产扩张为前提，引起物质文化的巨大积累，大众消费主义盛行的重要结果之一是大众文化逐渐在社会上居于主导地位，以中等阶层为主的大众消费成为刺激经济增长的主要动力，文化和传媒产业成为重要的新兴产业。

消费主义不再局限于富有的"有闲"社会阶层在物质生活方面的价值取向，而是逐渐成为弥漫于整个社会的一种时尚观念，成为不断刺激企业和产业发展的动力之一。大规模生产必然与大规模营销联系在一起，美国在商业零售业态的变化（百货店、连锁店、专卖店、现代购物中心、大型超市和电子商务等），使商品销售方式自然成为现代大众消费的一个非常重要的环节，标准化的廉价商品主要是通过这一环节传递到消费者那里的。

三　耐用消费品革命与商业企业的繁荣发展

20年代美国发生的耐用消费品革命表明，随着分期付款的发展，不仅储蓄率和消费模式发生变化，而且消费结构和美国家庭拥有的资产构成也发生相应改变，从消费端影响到商业企业的经营发展。

（一）耐用消费品革命与大众消费结构变化

在20年代的大众消费时代，耐用消费品革命既是形成消费社会的重要动因，也是消费社会的重要现象。美国消费者越来越多地购买耐用消费品以取代一些易腐货物，在某种程度上甚至以购买耐用消费品代替储蓄，把耐用消费品作为一项替代性资产进行购买和消费，出现了一场耐用消费品的革命。

---

① Paul A. Gagnon, "French Views of the Second American Revolution", *French Historical Studies*, Autumn, 1962, Vol. 2, No. 4, p. 432.

耐用消费品革命既是现代化大规模生产的产物，又是现代社会大众消费能力显著提高的结果，且使大众而不只是部分富裕阶层的消费具有超出生存需要的功利主义特点。因此，耐用消费品革命是从短缺经济转变为富裕经济的现代化过程中的重要内容，也是消费社会初步形成的首要标志。

在耐用消费品革命中，不仅美国人形成对耐用消费品的大众消费，而且耐用消费品的构成也发生质的变化。汽车、收音机和家用电器构成耐用消费品的主要组成部分，被称为"主要耐用消费品"（三大件），通常以分期付款方式购买。

在耐用消费品革命中，拥有"三大件"的美国家庭越来越多。其中，汽车销量大增。据统计，1918年美国登记使用的汽车和卡车共900万辆，1928年增加到2600万辆。1920年26%的家庭拥有汽车，1930年飞涨到60%。福特汽车公司生产的T型车成为大众消费的主流产品，且维持了近20年的极高销售量。1927年美国拥有世界上4/5的汽车，平均每5.3人拥有一辆汽车，而在机械化程度最高的英国和法国，1927年平均每44人才拥有一辆汽车。到90年代，美国平均每1.7人拥有一辆汽车，而同期的欧共体国家是平均每2.5人拥有一辆汽车，日本是每3人拥有一辆汽车①。

家用电器是耐用消费品革命中的重要商品。1920年大约9%的家庭拥有真空吸尘器，1930年这一比例升至30%；拥有电动洗衣机的家庭占比在1920年为8%，1930年提高到24%；无线电在美国家庭的传播速度尤其引人注目，1920年尚未在市场上出现，1925年拥有无线电的美国家庭占比已高达25%，1930年这一比例上升到40%。拥有一台无线电收音机几乎成为美国家庭中一件最为普遍的事情。

耐用消费品革命在汽车、收音机和家用电器三大制造业部门的迅速发展，使它们所生产的产品成为20年代美国人生活的标志性和标配产品，促使美国人形成对耐用消费品的大众消费热潮，正是在耐用消费品革命推动大众消费的过程中，消费社会得以形成。原来的一些耐用消费

---

① 〔美〕托马斯·K.麦克劳：《现代资本主义：三次工业革命中的成功者》，赵文书、肖锁章译，江苏人民出版社，2006，第287页。

品,如瓷器、房屋装饰品、书籍和珠宝则属于非主要耐用消费品,在20年代,这些非主要耐用消费品的支出在美国耐用消费品支出中的占比有所降低。

在耐用消费品革命中,消费在美国经济社会文化中的中心地位得到社会的广泛认同。在20年代形成的大众消费社会,不仅经受住30年代经济大萧条的严峻考验,而且在第二次世界大战后获得进一步发展。美国历史学家莉莎贝斯·科恩甚至将二战后的美国称为"消费者共和国"。在这一发展过程中,美国的大众消费者竭力保持其20年代形成的消费模式。美国政府也开始把消费需求看作推动美国社会经济走向繁荣的巨大力量,消费者权益得到大众越来越多的关注。

更为重要的是,耐用消费品革命使企业面对越来越大的市场需求,企业必须生产出能够满足消费者需求的各种商品。为了赢得消费者的青睐,就得进行技术创新,尽可能生产出品质上乘且消费者买得起的商品。

(二) 商业企业对大众消费需求的积极回应

美国学者希普尔认为,技术创新在不同产业有着不同主体,在许多产业,用户和供应商是技术创新者,其研究表明,在科学仪器领域的技术创新中,用户创新占77%,制造商创新仅占23%[①]。用户消费可以激发企业发展新活力,居民消费结构升级可以带动产业升级转型。

正是因为有了耐用消费品革命中出现的旺盛的大众消费需求,而且是内需市场的拉动,美国企业不断开展技术创新,创造出消费者喜欢的产品,消费与生产形成良性互动关系,推动企业的生产和技术研发。为了满足大众消费的多样化需求,美国企业就得进行多方面的技术、管理和运行模式的创新,而适应大众消费时代兴起的是一群关注消费者需要的卓越企业。

如罐装食品行业,这是企业在农业生产中创造出的一种市场需求,最为典型的是早餐现成食品的大规模制造和买卖;再如日用化学品市场,宝洁公司成为典型企业,其制造的一系列日用化学品成为每个人、每个

---

① 〔美〕埃里克·冯·希普尔:《技术创新的源泉》,柳卸林等译,科学技术文献出版社,1997,第3页。

家庭必备的产品；还有就是饮料产品和市场（包括啤酒和软饮料），如1886年成立的总部位于美国佐治亚州亚特兰大市的可口可乐公司，在20—60年代，把集中型市场的营销做到极致，在这期间，可口可乐公司的营销方式很单一，除通过饮料机销售给顾客外，绝大多数可口可乐是装在6.5盎司的标准瓶中被顾客买回家的。就是这种与众不同的瓶装饮料统治了世界饮料市场几乎达40年之久，成为大众消费不可或缺的产品。

60年代后，由于百事可乐公司（1903年注册商标）的竞争，大众消费的饮料产品开始多样化，一种标准产品被分化成十几种产品，然后投入大量广告，按人口和大众消费的偏好对市场进行分割，开发出不同的消费者群体①。正是这些饮料产品企业，为美国大众以及全球200多个国家和地区的消费者提供了200多个饮料品牌。

1955年创立于美国芝加哥的麦当劳快餐店所提供的汉堡包，以及薯条、炸鸡、汽水、冰品、沙拉和水果等标准快餐食品很快成为美国人民的日常消费品，麦当劳因此成为大众消费时代的标志性汉堡包连锁企业。其创新在于将管理制度运用到昔日那种毫无规划、夫妻店的经营模式中。麦当劳设计了最终产品，重新设计产品制作全过程，设计和改进操作工具，使每块肉、每片洋葱、每个圆面包、每根薯条在精确定时和自动化的程序中被生产出来，大小一模一样，最后着手研究"价值"对顾客的意义，并将其定义为产品的质量、产品的科学性、服务的速度、绝对整洁，以及亲切友好的服务态度，并针对这些实际要求，制定出相应的标准，按照标准进行员工培训，同时将员工的工资收入与这些标准挂钩。这些管理创新使麦当劳公司创造出全新的市场氛围和顾客群体。

麦当劳快餐店的特点是标准化和迅速点餐，特别是可以提供驾车顾客不用下车就可以购买的得来速式（drive-through）快餐服务，同时与可口可乐公司结成战略联盟，提供可口可乐公司的碳酸饮料。如今麦当劳快餐店已经开遍世界近120个国家和地区，门店超过3万家，成为全球大型的跨国连锁快餐店，引领老少皆宜的大众餐饮消费模式，麦当劳

---

① 〔美〕托马斯·K.麦克劳：《现代资本主义：三次工业革命中的成功者》，赵文书、肖锁章译，江苏人民出版社，2006，第289—292页。

公司也因此成为美国道·琼斯工业平均指数中30家企业之一，进入世界500强企业之列。

商业企业为了适应大众消费的购物模式，建立各种形式的购物场所，从最早的百货店到连锁店、再到大型购物中心、折扣店等。成立于1962年的沃尔玛大型连锁超市，更是把普通大众都拉到大卖场来，使他们把购物作为日常，也把购物作为一种新的生活方式和消费方式。

大众的消费需求催生了一批优秀的为大众消费生产和服务的商业企业。这些企业的经营模式、制度和管理等方面的创新构成美国企业创新发展，以及服务业的重要组成部分。

从表面上看，消费与技术创新没有直接联系，但实际上正是用户创新，以及追求技术创新的企业通过新的营销方式推动和满足了大众消费，由此改变了人们的生活方式，创造出新的产业领域。

四　消费需求与文化和服务产业的创新发展

消费需求和大众消费用户成为企业创新的源泉，体现了用户的创新作用。用户消费是为了创造一种新的消费条件或消费方式，而获取盈利是制造商和供应商的直接动机，但是从美国的整个社会经济运作过程来看，这种直接动机的产生还是要取决于大众消费需求的不断发展、变化和进步，结果是推动了文化和服务产业的创新发展。

（一）大众消费需求与文化娱乐和服务企业

20世纪无线电技术的发明和应用，引起不少大众消费者的兴趣及对无线电广播的需求，由此推动了文化娱乐和服务企业的兴起。

1920年西屋电气公司在匹兹堡申请建立无线电发报站，发展了无线电广播业务。当年该广播站就向听众广播了沃伦·哈丁当选美国总统的消息，引起不小的社会轰动效应。西屋电气公司的另一个广播站位于新泽西州的纽瓦克，广播了世界职业棒球大赛的情况，同样受到听众的广泛关注。

1922年，获得美国商务部批准的电台超过200家，它们开始经营新兴的广播业务。无线电设备制造商提供相应的技术设备，大力支持广播业的发展。随着无线电收音机价格的下降，越来越多的美国家庭购买了收音机，广播公司开始通过广播渠道播放商业广告。1926年美国电话电报公司租用电线网，把几个无线电台连接起来，形成最早的无线电网络。在沙诺夫领导下，美国无线电公司开始组建全国广播公司，听收音机广播成为美国普通人的日常。

电影技术的发明刺激了消费者观赏电影的欲望和需求，也激发了企业家制造电影的热情。1908年由托马斯·爱迪生领衔组建电影专利公司，由于向使用移动图片的客户收取版税引起不少电影人的不满，许多独立电影公司成立。1927年，华纳兄弟公司发行第一部有声电影《爵士歌手》后，美国无线电公司的沙诺夫从通用电气公司收购了电影制造专利，开始进军电影业。1928年美国无线电公司投资雷电华连锁剧院，并向剧院提供音响设备。后来沙诺夫继续扩张，与通用电气公司、西屋电气公司合作收购一家电唱机公司，改名为美国无线电胜利者公司，进一步介入电唱机的销售和录音业务[1]。

自从有声电影发行放映后，电影变得越来越受大众的喜爱，诸如派拉蒙电影公司、米高梅公司、戈尔德温公司、华纳兄弟公司和哥伦比亚公司等一批电影公司创立起来，开始制作电影，企业之间展开激烈竞争。建造影院、制造各种录音和放映设备都成为电影业发展的一部分，影城好莱坞一举成名。新型的制冷空调系统也安装到电影院里来，带火了电器制造企业的生意。

在经济大危机年代，电影成为美国普通人空闲时间消遣的最好娱乐方式，尤其是迪士尼公司推出的动画《米老鼠》，通过电影播放后更是家喻户晓。通过广告宣传，电影成为一种高品位的生活方式，从而刺激产生了越来越多的大众消费需求。

广告商借助大众娱乐明星竭尽所能宣扬消费就是快乐，就是身份的象征，不断刺激大众的消费需求。成千上万的美国人特别是青年人为电影明星和体育明星倾倒，争相效仿他们的消费和生活方式。大众对娱乐明星的崇拜和追捧、模仿，加速了大众消费主义的传播。据统计，1919

---

[1] Alfred Dupont Chandler, *Inventing the Electronic Century: The Epic Story of the Consumer Electronics and Computer Industries*, Harvard University Press, 2005, pp. 10-20.

年美国人花在娱乐上的费用约为 25 亿美元，到 1929 年达 43 亿美元，其中用于电影、戏剧和体育等的占多数。

（二）满足大众需求与企业的技术创新活动

大众消费的个性化需求催生了一批优秀的为大众消费生产和服务的企业，其提供的产品和服务成为民众生活中不可或缺的一部分。如发明和生产安全剃须刀的吉列公司（Gillette，1901），为了满足男人洁面和修饰的需求，发明了可以多次使用的剃须刀，特别是其 1959 年推出的蓝吉列刮胡刀，产品设计独特，辅之以精美的广告宣传后大获成功。该企业如今成长为一家国际性的消费品制造商和经销商，市场占有率在 60% 以上，其成功创意就是制造出一种安装着极薄刀片的剃须刀，如今吉列公司依然在不断推陈出新，已不仅仅生产剃须刀，还生产个人家庭用品系列。

科勒公司（Kohler，如今是美国第三大卫浴公司）废弃了由传统水管工和管道供应承包商主导的老式分销渠道，通过整合样品间、设计师和色彩专家来直接吸引客户。康宁玻璃公司（Coning Glass Works）原来只向实验室出售耐热玻璃器皿，后来与不同市场建立联系，以此来销售可视烤箱器皿和餐具。连不愿以创新面目示人的福特汽车公司也开始改造其一成不变的 T 型车，以适应不断变化的消费者需求。

1927 年福特汽车公司停止生产 T 型车，不得不放弃原来单一产品适应所有市场的国际发展战略。通过对产品的开发，调整营销策略和管理风格，满足东道国市场的特殊需求。1932 年和 1934 年，福特汽车公司设计的 Y 型车和 C 型车先后问世，这是第一批专门为欧洲市场设计的汽车，深受消费者喜欢。第二次世界大战后至 70 年代，随着国际竞争环境的改变，福特汽车公司又对其国际化战略进行调整，更加符合全球化和区域化的共性和个性要求。

特别是在 80 年代后，大众消费需求适应美国后工业化社会的发展趋势，企业越来越重视消费者文化层面的需求，以及提高生活质量的需求，从而把美国经济从追求数量和实用性，转到追求质量和品质上来。

大众消费时代为美国企业的可持续发展释放出巨大的国内市场需求，不断推动这些企业进行产品创新和营销模式创新，以及生产方式和技术创新。传统观念认为技术推动创新，但从美国企业发展实践中发现，有些领域却是需求在先，创新在后，产生需求拉动的创新。如伍尔沃斯[①]创办的五分钱和一角钱的廉价连锁商店是零售业中改变经营观念并获得成功的代表性企业。该商店不同于以往的零售店，其销售商品主要不是靠售货员的叫卖和讨价还价的能力，而是将商品以统一价格标出，由顾客自由选择，到1919年已开设1000多家商店。

50年代消费电子产业的兴起和企业的创新活动，以及21世纪以互联网、数字技术、人工智能、区块链等新一代技术的创新与应用为支撑而形成的一系列新业态、新模式、新场景和新服务，也是源于消费者的大量需求。

五　典型企业案例

本章主要选取两家在大众消费社会成长起来的卓越企业代表，它们既是大众消费时代产业升级转型和企业发展的产物，也推动了商业业态发展的多样化，促进了新型服务业的发展，以及相应的技术和管理创新。

（一）星巴克集团：用新科技发展服务型企业

成立于1971年的星巴克公司是一家国际性的咖啡饮品和服务的供应商和销售商，它经营的是咖啡豆和咖啡粉、茶和香料的烘焙，虽然没有高科技，也没有什么特别的专利，企业的发展历史也只有50多年，但它却获得商业成功。原因相当简单，那就是星巴克公司的咖啡伙伴用一杯杯香气浓郁的咖啡与80多个国家和地区的顾客建立情感联系，通过技术手段实现无限连接，从而引领咖啡饮品的大众消费潮流[②]。截至2024年1月，星巴克已经在全球开设38587家门店，综合净收入比上年增长8%，达到创纪录的94亿美元，营业利润率达到15.8%，资产规模为

[①] 弗兰克·温菲尔德·伍尔沃斯（Frank Winfield Woolworth，1852—1919）被称为"五美分超市"之王，1879年在美国宾夕法尼亚州兰开斯特开设"五分一角"商店，专卖廉价商品，后来业务范围迅速扩大到整个美国和其他国家。

[②] Starbucks, Starbucks Stories & News, https://www.starbucks.com/about-us/；巫云仙：《星巴克公司：人与咖啡的无限联接》，《清华管理评论》2016年第10期，第88—99页。

291.8亿美元[①]。

1. 星巴克何以讲好优质咖啡的故事？

1971年3月29日，三个年轻人在西雅图开了一家咖啡店，他们设计"星巴克"（Starbucks）的公司标志，并秉承之前已经营业的"皮特咖啡与茶"咖啡店的风格，只销售欧式深度烘焙的高品质咖啡豆、茶、香料，以及烹煮咖啡设备，不提供咖啡饮品，只有免费品尝的样品。门店开张后，皮特咖啡店很快就无法供应咖啡了，只好教星巴克的年轻人如何烘焙咖啡豆，如何调制咖啡，以及与咖啡有关的知识。他们很快学到了皮特咖啡店经营的精髓，那就是咖啡豆一定得要阿拉比卡咖啡豆，一定要深度烘焙到咖啡豆发出噗噗之声为止，而不向顾客做任何妥协。这种独树一帜的咖啡经营方式很快就在西雅图传播开了，当地人很快就爱上星巴克咖啡，以饮用星巴克咖啡为荣。星巴克咖啡店的生意出奇的好，对顾客和邮购订单应接不暇，在咖啡销售商以次充好，降低咖啡品质时，星巴克咖啡店坚持出售优质咖啡，并对质量进行严格把控，因而赢得消费者的尊重。

就在星巴克咖啡店开张时，西雅图正在经历一次严重的"波音崩溃"带来的经济不景气。从1969年开始，西雅图最大的企业波音公司因为制造超音速飞机的失败而面临破产境地，大量裁员，3年时间公司从10万人裁减到不到3.8万人。很多社区几乎搬空了，许多人因丢了工作而远走他乡，在靠近西雅图飞机场的一块广告牌上有这样一句笑话，"最后一个离开西雅图的人可别忘记关灯啊"。可是星巴克咖啡店却留下来，给顾客提供优质咖啡以及人与人之间进行社交的场所。

到1982年时，星巴克公司已经开了5家精品咖啡店；1984年买下"皮特咖啡与茶"；1986年星巴克公司在西雅图开了第六家门店。星巴克公司独树一帜的经营风格培育了大批喜爱优质咖啡的顾客群体，开辟了本地咖啡市场。在整个80年代美国咖啡市场下行情况下，优质咖啡的销售份额是增长的，从1983年的3%增加到1989年的10%。

---

① Starbucks, Starbucks Reports Q1 Fiscal 2024 Results, 2024-01-30, https://investor.starbucks.com/press-releases/financial-releases/press-release-details/2024/Starbucks-Reports-Q1-Fiscal-2024-Results/default.aspx.

优质咖啡豆由此成为星巴克公司安身立命之本和核心商品。在 1994 年巴西发生霜冻使阿拉比卡咖啡豆大幅减产和价格飙升时，面对其他咖啡公司纷纷涨价的压力，星巴克公司只涨了 10%，并坚持高价采购优质咖啡豆，为此公司损失 600 多万美元，但从没有背离"提供优质咖啡"的宗旨。在 2007—2008 年的困难调整时期也是如此，星巴克没有用越南出产的罗布斯塔咖啡豆以次充好，降低咖啡的品质。关于优质阿拉比卡咖啡的故事和传统一直流传下来。

2. 开发新产品与开辟新的大众咖啡消费市场

星巴克公司的这次转型主要是因为霍华德·舒尔茨的出现。1981 年，一次偶然的工作机会使他了解到星巴克公司的独特魅力，他被深深吸引，并决定举家从纽约搬迁到西雅图，加盟星巴克公司。他用对于咖啡的激情和企业的使命感改造了企业，使星巴克公司不仅是精品咖啡的代名词，而且是以咖啡为媒介来实现人群连接的企业，引领了大众的咖啡消费趋势。

舒尔茨的计划是星巴克要提供咖啡饮品，而不仅仅是卖咖啡豆、教顾客喝咖啡。他决心建立一个新的企业机制，改变美国人喝咖啡，以及人与人之间建立联系的方式，引领一种新型的咖啡文化，这与星巴克公司的经营理念是相冲突的。1985 年，他不得不离开星巴克公司，1986 年另行开一家符合自己价值理念的意式浓缩咖啡店——天天咖啡店。新店开张虽然艰难，但总算还能坚持下来，并得到他老东家的资金支持。1987 年舒尔茨收购了星巴克公司，并将其开设的"天天咖啡店"予以整合，店名还是星巴克，这就是如今星巴克公司两个重要的组成部分。

舒尔茨"将心注入"，用激情创造出一个出色的受人欢迎和尊重的世界知名咖啡品牌：一个运作良好的对公司一切利益相关者都负责的企业。公司的品牌使命是"激发和孕育人文精神，从每个人、每杯咖啡、每个街区开始"。

重组后的星巴克公司在 1987 年至 1992 年间得到迅速发展，开始在美国主要大中城市开店扩张的历程。1989 年，星巴克已经从西北部扩张到美国中西部，开设门店 46 家。1992 年 6 月，星巴克公司上市，此时已经拥有 140 家门店，年收入是 7350 万美元。从 1992 年至 2007 年，星巴克公司以平均每天开店2家的速度扩张，一跃成为全球咖啡大品牌。

1996年星巴克咖啡开始国际化发展历程，先后在日本、英国、俄罗斯等国家开店。到2016年7月7日，全球门店增加到24464家，其中美国13327家，占54.5%，中国2359家，占9.6%，加拿大1437家，占5.9%，日本1191家，占4.9%，韩国920家，占3.8%，英国884家，占3.6%。2017年，星巴克公司到意大利米兰开门店。

3. 创造出第三空间，营造浪漫雅致的连接场所

在大众社交媒体普及之前，咖啡店实际上就是人们进行连接和社交活动的理想场所，它契合了美国社会的大众需求。在20世纪八九十年代，美国已经完成工业化，开始进入后工业化时代，经济的富足和生产力的强大，并未使人的幸福感也大幅提升。在工业社会中，人们长久以来一直忍受着一种社会顽疾之苦，那就是与他人逐渐加深的疏离感，节省人力的技术创新，使人的工作负荷和生活压力更大。而咖啡店为这些社会问题提供了解决之道，即为人们提供消遣和连接彼此的地方。

星巴克公司紧紧抓住顾客的软肋，迅速推出一个又一个浪漫雅致的咖啡店，并把它打造成为人们家庭和办公室之外的"第三空间"，营造一个温馨浪漫的可供顾客享受社交快乐的场所。为此，公司不惜成本于1991年建立自己的建筑师和设计师团队，科学选址，按照统一设计风格，装修和装饰每一个咖啡店，差不多把每一家门店都当作艺术品那样去设计，希望永远给顾客一个创新的期待，一种视觉的冲击力和梦幻般的咖啡空间。

"第三空间"既有统一的标准，也兼顾当地的文化元素，甚至还有你想象不到的创意。如2012年底，星巴克公司在科罗拉多的丹佛市推出可持续发展的步行/汽车概念店，以及华盛顿图克维拉的全新集装箱概念店。

"第三空间"要保证提供舒适的环境，播放的是令人愉悦的背景音乐，店里不能有其他味道，如烟、食品的过重味道等，这样的场所非常适合作为社区联系的纽带，这里没有酒精和二手烟之害，又可以让人们的疏离感得以缓解，咖啡产品也适合大家天天光顾，其最大消费群体是18—45岁时尚的都市年轻人和高收入者。通过咖啡这种社会黏合剂，咖

啡店为人们提供了聚会的空间，加之其主要产品咖啡本身就容易令人上瘾，充满诱惑，使去星巴克成为新的社会文化习俗：人们来到星巴克，是因为无处可去，它满足了社会所需，这里就是人们想待着的地方。长期以来，人们与咖啡饮品有着某种情感纽带，舒尔茨一直把握住产品的这种情感力量，不厌其烦地提及"咖啡的浪漫格调"，将喝咖啡打造成一种生活方式，将咖啡店改造为优雅的体验和社交场所。

在建筑师和艺术家们精心设计的第三空间中，人们可以小憩片刻，享受可以负担得起的奢侈消费，可以在百事缠身和精疲力竭的状态中暂时找到喘息的一片绿洲，顾客到星巴克门店成为一种习惯、一种仪式，人们得以享受不同生活节奏带来的快乐——时而悠闲自得，时而步履匆匆，任何时候都充满了人文气息，在社交互动中让自己融入社会群体之中。在各式广告大同小异的年代里，星巴克公司选择了一种独辟蹊径的第三空间来为自己代言，它的所有门店就成为其最好的广告牌。

4. 提供创新性的星巴克体验和优质服务

长期以来，星巴克公司之所以没有成为"快餐店"，是因为它能够提供优质的产品和服务，让顾客享受到独一无二的星巴克体验。一是对产品精益求精，保证每一杯咖啡都有最好的品质和口味，尽量做到让每一位顾客满意。二是承诺提供一致性的顾客体验，要求员工站在顾客的角度，全身心投入，与顾客真诚沟通、分享快乐，并提供振奋人心的体验——哪怕只是片刻时光。当然，这一切都是从承诺制作一杯完美的饮品开始，但工作远不止于此，真正核心是连接彼此，打造独一无二的咖啡体验——人文体验。三是通过顾客奖励计划表达对顾客的感激之情。四是建立社区，并开展社区活动，给予顾客归属感。

独一无二的星巴克体验也许是顾客爱上星巴克的一个重要理由。星巴克公司不仅销售咖啡，更创造一种体验，与顾客建立联系，并深入顾客的日常生活中去，读懂人性，提供人性化的服务，它已经把自己打造成浪漫、体验和享受的代名词，将造价低廉和历史悠久的咖啡商品，改造为"精致而奢华的咖啡体验"。

无论是第三空间，还是星巴克体验，都需要公司的员工去完成。迎合乃至超越顾客期待的最佳方式，就是聘用和训练那些出色的对咖啡有激情的伙伴，由他们来担任咖啡大使，提供优质服务，完成连接顾客的任务。

在香醇的咖啡背后，小小的咖啡豆从种植、加工、运输、烘焙到制作，到最后送至顾客手中，走过了漫长的旅程，与此相连接的相关利益者是相当复杂的。咖啡的采购是否遵循道德和环境标准，一直是对咖啡企业质疑的关键，只有通过公平交易的咖啡才能获得社会认可。

星巴克公司用实打实的咖啡创造了一个对产品充满激情、重视人际关系和尊重文化价值观的强大品牌，构建了热情四溢的无限连接的人际关系网络，不仅打造了一种生活方式，而且这种生活方式深深影响了它的顾客、员工、咖啡种植者，以及一切与咖啡有关联的人。星巴克公司虽然没有核心技术创新，但它打造的大众咖啡消费方式吸引消费者的东西就是最为简单的三大因素，即咖啡、人和情感连接的感觉，但这些因素的背后需要有创新的技术和管理手段来支撑。

通过创新科技，星巴克创造了一种大众消费产品和模式，有助于推动美国高质量的大众消费。

（二）沃尔玛：用科技搭建消费大卖场

沃尔玛百货有限公司（Walmart Inc.，简称"沃尔玛"）[1] 是美国一家全渠道大型零售商，连续多年在世界 500 强企业排行榜中居首位。截至 2023 年底，沃尔玛在全球雇用了约 230 万名员工（其中约 170 万名员工在美国），在 19 个国家和地区经营着 10500 多家门店和众多电子商务网站，总营业收入为 6481 亿美元，净收入为 66 亿美元，沃尔玛用科技手段搭建了一个大众消费的大卖场[2]。

---

[1] 本案例主要参考沃尔玛公司官网关于企业历史发展的介绍，Walmart Inc., Walmart History, https://corporate.walmart.com/about/history；〔美〕查尔斯·费什曼《沃尔玛效应》，张桦译，中信出版社，2007；〔英〕布莱恩·罗伯茨、娜塔莉·伯格《向世界零售巨头沃尔玛学应变之道》，崔璇译，中国电力出版社，2014；〔美〕山姆·沃尔顿、约翰·休伊《富甲美国：沃尔玛创始人山姆·沃尔顿自传》，杨蓓译，江苏文艺出版社，2015；〔美〕罗伯特·斯莱特《忠于你的事业：沃尔玛传奇》，黄秀媛译，中信出版社，2018。

[2] Walmart Inc., Walmart Reports, Fourth Quarter Results, Feb. 20, 2024, https://corporate.walmart.com/news/2024/02/20/walmart-releases-q4-and-fy24-earnings.

1. 重新定义零售与零售业的革命

为了重新定义零售，沃尔玛从最卑微处开始。企业创始人山姆·沃尔顿（Sam Walton）是一个具有远见卓识和领导能力的人，1962年他在阿肯色州的罗杰斯市创设第一家沃尔玛店，然后一直致力于改善顾客的生活，帮助世界各地的社区节省资金。

沃尔玛最初在阿肯色州罗杰斯市开设的是一家小型折扣零售商店。当时零售商已经有K-Mark、塔吉特（Target）等，因此要想在美国开设数千家门店，并向国际市场扩张是不容易的。沃尔玛采取一种多地、量身定制的方法，将正确的业务带到需要它的社区，并为全球的客户、供应商和合作伙伴创造机会和带来价值。如今沃尔玛在24个国家和电子商务网站经营着10500多家门店和俱乐部，拥有46个旗舰店。

沃尔玛的成长得益于山姆·沃尔顿先生的卓越价值和卓越客户服务的目标。1962年7月2日，山姆·沃尔顿在阿肯色州罗杰斯市开设第一家沃尔玛店时，选择在小城镇开店，而不是大城市，最初采取家族企业的形式。到1967年，沃尔顿家族已经拥有24家门店，销售额达1270万美元。山姆·沃尔顿相信通过服务创新可以获得行业领导力，真正的领导力取决于自愿的服务，这一信念是沃尔玛建立的原则，并推动了该公司过去50年的商业决策。沃尔玛的历史与山姆·沃尔顿的故事紧密相连。

山姆·沃尔顿的企业战略是建立在一个不可动摇的基础上的，那就是随时随地以最低价格出售商品，由此推动零售业的变革。这一战略使沃尔玛每隔10年其发展就会跃上一个台阶。

至70年代，沃尔玛经历近10年难以置信的迅速增长，然后开始在全美开店。1971年沃尔玛设立第一个配送中心，1972年拥有51家门店，销售额达到7800万美元，在纽约证券交易所挂牌上市，1978年开了第一家药房，1979年成立沃尔玛基金会。

1980年沃尔玛年销售额达到10亿美元，比当时任何其他公司增长得都要快，当时拥有276家门店、2.1万名员工。1983年第一家山姆会员店在俄克拉何马州的中西部城市开业。同时沃尔玛开始采用计算机化的销售系统取代收银机，实现快速准确地结账，主要是为小企业和个人服务。

1987年沃尔顿家族成立沃尔顿家族基金会，并安装美国最大的私人卫星通信系统，通过语音、数据和视频通信连接公司的各个业务部门。1988年第一个沃尔玛超级中心在密苏里州的华盛顿开业，将超市与一般商品销售结合在一起提供一站式购物便利，大卫·格拉斯被任命为首席执行官。

1990年沃尔玛已经成为美国最大的零售商。沃尔玛超级中心重新定义了便利和一站式购物，并把"天天低价"的商品大卖场开到国外，开始国际化发展进程。1991年与墨西哥零售公司Cifra合资，沃尔玛在墨西哥城开设一家山姆会员店。1992年沃尔玛创始人山姆·沃尔顿在去世前不久阐明了公司的使命，即为人们省钱，让他们过上更好的生活。罗伯·沃尔顿成为沃尔玛董事会主席，当时沃尔玛拥有1928家门店和俱乐部、37.1万名员工。1993年沃尔玛庆祝其首个10亿美元的周销售额；1994年沃尔玛在加拿大扩张，收购了122家沃尔科（Woolco）门店；1996年沃尔玛在中国开设第一家门店；1997年，沃尔玛庆祝其首个1000亿美元的年销售额。1998年沃尔玛的社区市场模式在阿肯色州引入3家商店。同时沃尔玛通过收购阿斯达（Asda）进入英国市场。

进入新千年时，沃尔玛致力于为顾客提供无缝的购物体验，无论他们是在网上还是在实体店。2000年李·斯科特接替大卫·格拉斯担任首席执行官后，开通沃尔玛官网（Walmart.com），允许美国消费者在网上购物。沃尔玛在全球3989家门店和俱乐部拥有110多万名员工。2002年，沃尔玛第一次荣登财富500强美国最大公司榜首。

2005年沃尔玛在灾难救援中发挥主导作用，向卡特里娜飓风和丽塔飓风的受害者捐赠1800万美元和2450辆卡车的物资。沃尔玛宣布对环境可持续性的重大承诺零浪费，只使用可再生能源销售有益于人类和环境的产品。2006年，沃尔玛推出4美元的非专利药处方计划。2007年沃尔玛官网推出"网站到商店"服务，使顾客可以轻松在网上购物，并在商店挑选商品。2009年，迈克·杜克成为首席执行官。沃尔玛通过收购D&S S.A.的多数股权进入智利市场，当年沃尔玛年销售额超过4000亿美元。

2. 通过技术创新为顾客搭建零售大卖场

2010年以来，沃尔玛致力于在不断变化的零售环境中为客户提供服务，并通过技术创新和员工来实现这一目标。2010年合资企业巴蒂沃尔玛在印度开设第一家门店。沃尔玛承诺在2015年底前提供20亿美元帮助美国消除饥饿。沃尔玛发起一项全球可持续农业承诺，旨在增强当地农民和经济的实力，同时为消费者提供负担得起的高质量食品。

2011年沃尔玛通过收购Massmart控股有限公司51%的股份将业务扩展到南非市场，当年在全球拥有1万多家零售门店。2012年沃尔玛庆祝公司成立50周年，承诺帮助顾客尽可能地省钱，实现"天天平价"，让他们生活得更好。2013年沃尔玛美国公司宣布将雇用任何光荣退伍的退役一年内的军人，计划在未来5年时间内雇用超过10万名退伍军人，并承诺在未来10年购买2500亿美元在美国生产的商品。

2014年董明伦接替迈克·杜克担任首席执行官。2015年沃尔玛在全球拥有230万名员工，每周在27个国家和地区的1.1万多家门店为超过2亿名客户提供服务。沃尔玛宣布在未来两年向美国员工投资27亿美元，同时收购中国电子商务企业1号店100%的股份，自2012年以来，沃尔玛持有该企业51%的股份。

2016年沃尔玛在位于阿肯色州本顿维尔的创新中心开发和测试新的创新产品"沃尔玛支付"，即一种让顾客用智能手机快速、简单、安全购物的方式，成为一种流行的店内支付方式。沃尔玛在南卡罗来纳州开设第一家培训学院，计划在全美各地开设200家培训学院。作为公司两年27亿美元员工投资的一部分，沃尔玛和山姆会员店120多万名员工获得加薪。沃尔玛以可持续发展为目标，承诺到2025年成为最受信任的零售商。

2017年约翰·弗纳成为山姆会员店新总裁兼首席执行官。沃尔玛推出200多万件商品的两天免费送货服务，不需要会员资格。同时沃尔玛收购美国穆乔斯公司（Moosejaw）、在线服饰零售网ModCloth、男士时装Bonobos和网上鞋城（ShoeBuy.com，后更名为Shoes.com）。沃尔玛还推出科技孵化器"8号店"（Store No 8），旨在推动商业零售的发展，改变零售业的未来，同时启动"10亿吨计划"，要求供应商帮助其供应链减少10亿吨温室气体排放。

2018年沃尔玛正式将其法定名称从沃尔玛百货公司更改为沃尔玛公司。超过100万名员工受益于工资上涨和扩大的产假福利。朱迪斯·麦肯纳成为沃尔玛国际总裁兼首席执行官。在印度收购电商平台 Flipkart，同时剥离其在巴西的业务，并在英国收购阿斯达超市（Asda）和森宝利百货店（Sainsbury）等。

2019年约翰·弗纳被任命为沃尔玛美国第一家沃尔玛健康中心的总裁兼首席执行官。沃尔玛在官网上推出"在家送货"和"次日免费送货"服务。

在传统零售之外，沃尔玛还扩展支持客户的生态系统，优化业务流程，使他们能够在任何地方以任何方式购物。2020年沃尔玛和山姆会员店为应对新冠疫情，将停车场变成检测中心，并为一线医护人员采购个人防护装备。沃尔玛推出沃尔玛+会员计划，帮助顾客节省更多时间和金钱。

2021年沃尔玛投资于无人机送货、金融科技和自动驾驶汽车，推出沃尔玛"最后一英里"配送服务。沃尔玛宣布计划通过 Live Better U 为美国员工支付100%的大学学费和书本费，并首次发行20亿美元的绿色债券。2022年，沃尔玛将 Home Delivery 扩展到3000万个美国家庭，其医疗业务扩张至佛罗里达州。这一年，沃尔玛庆祝其成立60周年。

3. 沃尔玛何以成为科技型大卖场？

沃尔玛是由山姆·沃尔顿44岁时成立的，他受到自己廉价店早期成功的鼓舞，立志要为顾客带来更大的机会和价值。山姆·沃尔顿的竞争对手认为，一个成功的企业建立在提供更低的价格和优质服务之上的想法是行不通的。但沃尔玛的实践证明，沃尔玛的快速增长不仅归功于吸引顾客的低成本，也归功于沃尔玛员工的辛勤工作，他们为顾客提供出色的购物体验，让顾客不断成为回头客，以及通过高科技提供服务设施。山姆·沃尔顿以一种在业内几乎闻所未闻的方式与同事们分享其对公司的愿景。他让员工成为成功的合作伙伴，并坚信正是这种合作关系使沃尔玛成为一家伟大的公司。

随着商店的发展，山姆·沃尔顿的抱负也在增长。除了为零售业带来新的方法和技术之外，他还尝试新的商店形式，包括山姆会员店和沃尔玛超级中心，甚至决定把沃尔玛带到墨西哥。山姆·沃尔顿仍然坚持提供更低的价格,并将沃尔玛的价值带给美国及其他地区的消费者。沃尔玛的十条成功经营理念如下。

一是致力于你的事业。比任何人都要相信它。如果你热爱你的工作,你就会每天尽你所能做到最好,很快周围的每个人都会像发烧一样感染你的热情。

二是与你所有的合作者分享你的利润,把他们当作合伙人对待。反过来,他们会把你当作合作伙伴,你们一起的表现会超出你最大的期望。

三是激励你的合作伙伴。光有钱和所有权是不够的。设定高目标,鼓励竞争,然后保持合作关系。

四是尽可能和你的伴侣沟通。他们知道得越多,就越能理解。他们理解得越多,就会越在乎。一旦他们在乎了,就没办法阻止他们了。

五是感谢你的同事为公司所做的一切。没有什么能代替几句精心挑选的、适时的、真诚的赞美之词。它们绝对是免费的,但价值不菲。

六是庆祝你的成功。别太把自己当回事。放松,你周围的人也会放松。玩得开心,永远表现出热情。所有这些都比你想象的更重要、更有趣。

七是倾听公司里每个人的意见。想办法让他们开口。为了在组织中下放责任,并使好的想法在组织中涌现出来,你必须倾听你的同事试图告诉你的事情。

八是超越客户的期望。给他们比他们想要的再多一点。改正你所有的错误,不要找借口和道歉,支持你所做的一切。

九是比竞争对手更好地控制开支。这就是你总能找到竞争优势的地方。你可以犯很多不同的错误,但仍然可以恢复,如果你有效地操作。如果你效率太低,即使你很聪明,仍然会破产。

十是努力争上游。反过来说,要忽略传统观念。如果其他人都在这么做,那么你很有可能走相反的方向,找到自己的定位。

如今"为人们省钱,让他们生活得更好"是沃尔玛所做的一切背后的驱动力。山姆·沃尔顿认为,经营一家成功的企业可以归结为上述10条简单的规则,这些规则帮助沃尔玛成为如今全球零售业的领导企业。

第 11 章　产业技术创新与企业发展中的政府因素

本章内容涉及政府在企业经营、技术创新和产业迭代中的角色。在理论上包含着政企关系、政府与市场关系、政府的产业政策，以及政府在国家创新体系中的地位和作用等问题，并形成复杂的双向互动关系。在美国经济发展过程中，政府以不同方式和途径推动企业的演进和发展。

一　政府的战略急需与政企互动和企业发展

美国企业发展并不完全是由市场和竞争推动的。在看似自由的经济体系中，政府一直以不同形式发挥着独特的作用，而企业也积极回应政府的各种需要，为其提供国防、军队和战争等各方面的服务，政企良性互动促进企业发展。

（一）政府的军事需要为企业打开新的市场

美国政府的战争和军事急需成为企业发展不可或缺的外部市场条件。如南北战争期间，为了快速运送军队和军需物资，联邦政府加快跨州铁路线修建，并通过赠予土地、提供相应政策和资金等办法，支持铁路企业加快建设步伐，有力推动铁路企业的发展和现代大型企业的形成。

如在战争期间，由于战争急需各种物资和服务，美国政府扩大用于国防和军事开支的国民收入占比，第一次世界大战时平均为 10.5%，第二次世界大战时为 31.9%，朝鲜战争时为 10.4%，越南战争时为 7.7%[①]，这些开支多半流入企业部门用于军事武器研发和生产，由此增加企业技术研发资金。巨大的战争需求推动诸如化学、橡胶和制药等新

---

① 〔美〕斯坦利·L. 恩格尔曼、罗伯特·E. 高尔曼主编《剑桥美国经济史》第三卷，蔡挺等主译，中国人民大学出版社，2008，第 240 页。

工业部门的发展，企业、个人和市场都会受到战争需求的直接影响。其中第一次世界大战期间，战时动员的主要挑战给了制服生产商、食物供应商及军需品和车辆制造商，政府强化国家产业协调的重要性，确立大规模企业的合法性，企业与企业间、企业与政府间的成功合作形成一场技术革新的浪潮，推动了20年代美国经济增长和繁荣发展。同时战争也验证了政府对国家事务和企业发展进行调控的正确性。

战争也使政府大规模地渗透到私有经济领域，政府官员与企业管理层之间建立起较为密切的联系。1920年政府对经济的管辖范围和机构组织规模大为扩张，许多企业家也以政府"一美元年薪雇员"之类的身份参与政府服务工作。

在第二次世界大战期间，美国陆军和海军情报部门使用过大量IBM公司制造的打孔出卡机（作为外围设备）。IBM公司由此进入计算机行业，并成为这一行业的关键技术企业。IBM公司进入晶体管数字计算机业务的第一个主要机型为"扩展"机，原因是它扩展了技术组织能力，最初是为洛斯·阿拉莫斯科学实验室特制开发，主要用于原子武器试验，这款"扩展"机卖给了美国国家安全局。通过这个科研项目，IBM公司与政府建立了良好关系。50年代IBM公司一半以上的国内电子数据处理收入来自军方的B-52轰炸机和防空制导计算机业务[①]。

（二）政府的服务计划与企业的扩张发展

从个体企业来看，企业壮大发展的重要机遇来源于为政府的相关服务计划。如1892年成立的通用电气公司，其前60年的发展过程正好赶上两次世界大战，该企业积极响应美国政府号召，发挥企业技术优势和明星型企业领导人的影响力，为政府排忧解难。

1917年美国政府计划发展航空业而向通用电气公司寻求帮助，以助推美国研发新兴航空工业的第一架飞机引擎，通用电气公司积极进行相关技术研发，并成功研制出来。航空发动机后来就成为该企业主业之一，1987年航空发动机成为通用电气公司的独立业务部门。

---

① 〔美〕乔纳森·格鲁伯、西蒙·约翰逊：《美国创新简史：科技如何助推经济增长》，穆凤良译，中信出版社，2021，第60—70页。

通用电气公司在第一任总裁科芬领导下加入为美国政府生产战争物资的企业之列。当时公司董事会成员杰勒德·斯沃普成为美国陆军部参谋总部的工作人员，负责陆军有关采购和供应的项目。由于业绩突出，斯沃普还被美国总统授予杰出服务勋章和法国政府嘉奖。1919年通用电气公司第二任总裁欧文·杨格响应美国政府发展无线电产业的号召，创建美国无线电公司，以应对外国同业对美国广播业的威胁和控制。直到1929年杨格都担任美国无线电公司的董事长职务。

通用电气公司的领导人深得美国政府信任，可以直接出任各种政府机构职务，与政府建立了良好的互动关系。1924年通用电气公司总裁杨格被美国政府任命为德国赔款委员会成员，参加关于德国赔款问题的国际会议，参与制定《道威斯计划》；1929年杨格被任命为另一个专家委员会负责人，以统一处理德国赔款支付问题，并负责起草以杨格命名的《杨格计划》，协调基于新的德国赔款总数的支付和国际关系问题。

1941年2月，通用电气公司董事会主席菲利普·D. 里德加入美国战时生产委员会，并担任高级顾问，后被政府任命为战时生产委员会工业局局长。1942年，第四任总裁查尔斯·E. 威尔逊应罗斯福总统要求任美国战时生产委员会副主席，为提高美国战时生产能力而努力。作为美国战时大规模生产工作的"老板"，威尔逊领导下的通用电气公司在飞机和航空器、船舶和军需品制造方面取得突出成就，他一直为政府服务到1944年。

由于与美国政府的密切关系，通用电气公司不仅为企业进行宣传，还获得政府方面的大量订单，甚至形成对某些关键技术和市场的垄断，也正是为美国政府提供了高效的服务，使通用电气公司获得快速发展，成为技术创新和承担大国重器责任的重要制造企业。

再如2015年奥巴马政府提出为振兴美国制造业在加利福尼亚州硅谷设立制造业创新中心时，苹果、惠普、波音、通用汽车、摩托罗拉和联合技术公司等知名科技巨头都积极参与相关技术研发，体现出美国政府与企业之间的高度协调。

（三）政企合作推动飞机和航空产业的发展

美国政府与飞机和航空产业的重点企业展开密切合作。政府的研发投入支持直接巩固了美国航空制造技术的领先地位，反过来又强化了美国飞机制造企业在市场上的优势地位，为其争取更大市场份额奠定了基础，推动了这两个产业的迅速发展。

在第二次世界大战期间，为生产更多的飞机投入战斗，美国政府建造大量的工厂和生产设施，然后将其出租或出让给飞机制造商以生产军用飞机，同时投入大量资金用于飞机研发。由于当时商业需求与军事需求是一致的，美国政府对军用飞机研发的支持也使得民用飞机同样受益。如波音707的研发成功使波音公司进入民用喷气式飞机市场，而这种机型仅仅花费波音公司1.8亿美元，因为军方承担了大约20亿美元用于开发KC-135空中加油机的费用①。

在与政府的合作中，波音公司获得稳定的市场来源。在其成立后的前30年时间里，民用航空制造业务一直处于亏损状态，但政府给予的业务和支持使其获得大量经营利润。二战期间为政府提供的飞机制造和服务所得的营业收入维持了波音公司的经营，二战结束后，波音公司用了整整20年时间才从民用客机生产中赢利，不再完全仰仗政府的军事需求。不过直到1989年，波音公司的军事订货仍占其销售总额的23%，1997年其军用产品销售额超过150亿美元，波音公司成为世界最大的军民融合的飞机制造企业。

1945年至1982年，美国军方用于飞机研发的支出共计达770亿美元，几乎占所有研发支出的75%。为了维持美国在航空技术方面的领先优势，2000年美国依然把航空技术列入国防关键性技术计划，以提高飞机可靠性、机动性及其他性能，同时减轻飞机重量，降低易损性、事故率以及使用和维持成本。美国飞机制造业中每代新民用机的诞生在很大程度上都依赖于军用技术的开发和进步。

联邦政府的军事需求加速了美国堪萨斯州威奇托飞机制造业集群式发展。二战期间，联邦政府与堪萨斯境内的企业签订的合同额度总计达20亿美元，其中大部分是同威奇托的飞机制造商签订的。目前主导集群发展的6家大型飞机制造商中，有4家曾直接受惠于联邦政府的军需订

---

① 波音707是在租用的政府的工厂中生产出来的，波音747原本是为军方设计的军用运输机，但当军方把采购合同给了洛克希德的C-5A运输机后，波音公司便把波音747改为商用，直到现在这一机型仍然垄断这一客机细分市场。

单。二战期间,波音威奇托公司曾取得多个 B-29 轰炸机的生产合同。据统计,战时 42% 的 B-29 轰炸机由该公司生产,这也使得波音威奇托公司的雇员从 766 人增加到战争结束时的 3 万多人。

为了促进民用航空业的发展,美国政府从三方面提供政策支持。一是通过政府采购和基础研发经费对飞机制造商提供直接支持,通过出口信贷支持海外销售。二是通过《航空振兴法案》(1994)等法律规定航空运输业的收费、线路、安全标准、环境标准和市场进入等,确保航空企业高利润;通过征收燃油附加税、加强安全和环境规制等促进新型飞机的使用;通过降低飞机制造商产品责任来促进新型飞机技术研发,通过放松反垄断调查与规制鼓励兼并重组,以增强产业竞争力。三是通过限制技术转让来保证美国航空制造业技术领先和垄断地位,通过人才培养、基础设施建设和市场环境塑造等,优化产业发展基础和支撑条件。

由于得到政府的支持,当时属于幼稚产业的美国飞机制造和航空运输产业才得以发展壮大起来。这也说明这些产业及其主要企业并不完全是依靠自由市场和企业内部资源发展起来的,政府的作为非常关键。

二 政府涉足市场领域并经营各类国有企业

从企业发展实践来看,政府可以直接参与企业经营,美国联邦、州和地方政府都不同程度涉足某些市场领域,一直经营各类国有企业[①]。

(一) 政府干预与土地和邮政领域国有企业

由于美国政府的干预,土地、邮政和基础设施建设等领域出现不同形式的国有企业。1803 年,托马斯·杰斐逊总统主持向法国购买路易斯安那州的计划,此举使美国获得大片西部国有土地。基于美国的若干土地法案,以及美国联邦宪法对联邦政府的授权,土地买卖成为美国政府的最大合法业务,美国政府由此成为世界上最大的房地产组织之一,而

---

① Louis Galambos, "State-Owned Enterprises in a Hostile Environment: The U. S. Experience", in Pier Angelo Toninelli (ed.), *The Rise and Falls of Stated-owned Enterprise in the Western World*, Cambridge University Press, 2000, pp.273-302;巫云仙、陈芭名:《美国是否有国有企业?》,《金融博览》2022 年第 7 期,第 24—27 页。

处理土地买卖的内政部事实上就是美国当时最大的国有企业。

第二次英美战争结束后，美国加速向西部地区扩张。随着大量人口涌入，土地销售大幅增加，这为美国联邦政府带来可观的土地财政收入。特别是1819年和1837年经济恐慌和萧条过后，大批移民涌入中西部和西南部地区，寻找廉价的土地和自然资源。但由于缺少资本，移民定居者只能赊账购买土地，或倾向于占领公共土地，然后要求获得土地所有权，但商业利益集团又想尽快从定居者的土地买卖中获益。在此背景下，美国政府加快其国有土地资产的分配和销售，逐渐降低政府国有土地的最低价格。1862年《宅地法》规定，任何能够满足5年居住要求的定居者都可以免费获得160英亩（0.53平方千米）土地。同时，土地被用作对私营企业（如横贯美洲大陆的多家铁路公司）和国有企业的一种政府补贴手段。

19世纪以来美国联邦政府管理、处置和经营公共土地业务的企业行为，曾引起巨大争议。但事实证明，联邦政府对国有土地的分配处置是成功的，获得大笔财政收入。直到20世纪70年代，蒙大拿州30%的土地、加利福尼亚州45%的土地、犹他州66%的土地和阿拉斯加州96%的土地，仍然由联邦政府拥有和经营。1979年，联邦政府在美国拥有7.441亿英亩（3011266平方千米）土地，约占全美土地面积的1/3。

自从美国建国以来，邮政部门一直都是联邦政府经营的。最初是作为政府与军队之间信息联络的主要渠道，后来成为美国政府为公民提供的一种带有福利性质的公共服务。1775年7月美国邮政总局开始运营，本杰明·富兰克林担任第一任局长。到1819年底，该部门可以为22个州的公民提供服务，包括当时最新加入美国联邦的伊利诺伊州和亚拉巴马州。1819年邮路为59473英里（95713千米），1823年底增加到84860英里（136569千米），1829年美国邮政局成为联邦政府的一个部门，致力于公民与政府之间的信息畅通。在政府经营管理下，到19世纪30年代末每1500个美国人就有1个邮政局，1845年美国邮政总局已垄断信件邮寄服务。

从1790年至1860年，美国邮局数量从最初的75个，增加到28498个。而同时期美国人口从390万人增长到3140万人，增长了7倍，但邮政局数量却增加了近380倍。1863年联邦政府开始向邮递员支付邮费，开发城镇居民的免费邮件投递到家服务，1896 年邮政免费送货上门服务开始扩展到农村地区。1913 年开设包裹邮寄服务。这项服务一经推出就大获成功，在头 6 个月里就寄出 3 亿个包裹，对国民经济产生巨大的影响，尤其是通过包裹邮政进行市场营销和商品销售刺激了大型邮购企业的发展，如蒙哥马利·沃德公司是当时成立的第一家邮购公司，而后是西尔斯·罗巴克公司，它们都成为美国大型零售企业[①]。

在整个 20 世纪，美国邮政成为国内最大的邮政服务企业。但由于设备老化，经营效率不高，陷入衰退趋势。1970 年美国国会通过邮政重组法案，据此 1971 年撤销美国邮政部，成立美国邮政服务总署（USPS），它是一个独立的联邦政府机构，必须保持收入中性，旨在维持收支平衡，而不仅是为了营利。

70 年代重组改革后，引入现代化的高科技分拣技术、运输工具和管理模式，美国邮政延续 10 多年的繁荣发展。但 21 世纪以来，面对新兴的互联网技术和移动通信，美国邮政业再次陷入发展困境，2006 年至 2021 年，邮件数量下降 40%，从约 2130 亿件减少到不足 1290 亿件，但快递地址数量却稳步增长，从 1.46 亿个增加到 1.63 亿个，经营成本大增，连续 10 多年经营亏损。2022 年 3 月 8 日，经过 10 多年辩论，国会最终通过《2022 年邮政服务改革法案》，支持美国邮政于 2021 年发布的"为美国速递"十年计划，旨在使该企业恢复财务可持续性，继续提供邮件和包裹递送服务。

虽然美国邮政无法抵御通信市场的几个创新者（如电报和电话、电子邮件等），且屡遭政治丑闻、赤字和效率低下指控，但美国人从未对其失去信心，他们相信这个强大的国有企业可以为老百姓提供更多补贴服务，同时促进信息传播和工商业发展，成为统一国家的重要底层支撑网络。

（二）政府支持的交通和金融领域国有企业

为了开发和利用新获得的土地资源，美国人需要更好的交通工具，

---

① 关于美国邮政局的史实和数据，主要参考美国邮政局关于其发展史的总结文献，The United States Postal Service, An American History, 2022, https://about.usps.com/publications/pub100.pdf。

因此向州政府寻求帮助。大多数美国人非常务实地支持州和地方政府设立一批国有运输企业，以便将他们与东部地区制成品来源地和遥远市场联系起来。以城市为中心制定的重商主义政策刺激了运河建设，各州和各城市的运河公司和运河系统成为州和市政府的重要国有企业。19世纪30年代后期，由于经济衰退，有几个州无力支付运河公司债券利息，运河运营问题变得非常棘手。但纽约市和纽约州明显超越其竞争对手，通过将其优越的沿海港口设施与伊利运河相结合，把纽约市发展成为美国的主要商业和金融中心。

美国国有企业还涉及金融领域，如联邦政府设立的第一美国银行（1791—1811）和第二美国银行（1816—1836），但这两家国家银行先后因为政治问题而破产倒闭。1863年《国家银行法》颁布后，联邦政府又设立一系列国家银行。为推动住房建设而设立的房利美（1938）、吉利美（1968）和房地美（1970）都是政府支持的大型国有金融机构①。

19世纪30年代前，美国国有企业发展的特点是既依靠州政府，也利用联邦政府来实现加速经济增长的目标。但政府推动经济扩张的强烈愿望却不利于国有金融企业的发展，反倒是有利于运河事业的推进。联邦政府和各州都避开与铁路、电报和电话，以及美国迅速发展的制造业直接相关的干预机会，把这些业务留给私人企业来发展。

在19世纪美国经济扩张过程中，美国联邦政府并没有颁布全国统一的公司法，各州有各自的公司法。但州政府最后放弃对公司创建的控制权，使公司注册成为一种敷衍的行政行为，被私人利益集团用来增加其补贴来源。19世纪后期，随着美国经济发展达到繁荣状态，美国人对国有企业的依赖有所减弱。

（三）地方政府对经济活动的干预与公营企业

美国国有企业不仅有联邦政府的国有企业，还有各州、市和地方政

---

① 1938年设立的房利美，英文为 The Federal National Mortgage Association（联邦全国按揭协会），即 FNMA 或 Fannie Mae；1968年设立的吉利美，英文为 Government National Mortgage Association（政府全国按揭协会），即 GNMA，或 Ginnie Mae；1970年设立的房地美，英文为 Federal Home Loan Mortgage Company（联邦住房按揭贷款公司），即 FHLMC 或 Freddie Mae。

府的公营企业。19世纪后期，由于无法解决市场失灵、"托拉斯"、劳工和社会问题，通过公共组织进行计划供应以替代市场成为一种广泛讨论的备选办法。同时美国进步时代的政治论争和社会舆论也为美国政府干预社会经济活动奠定基础，州、市和联邦各级政府都有着复杂的干预经济活动的动机和冲动。对经济活动进行监管和成立国有企业成为进步时代的改革者们寻求新的政府计划的主要形式。

随着城市的扩张，作为市政国企的供水和排污系统等公用事业单位获得发展，因为私人企业很难筹集到所需的大量资本。到1900年美国50个最大城市中有41个拥有公共供水设施；1910年人口超过3万的城市中有70%的城市的供水设施已经从私人供水设施转向市政供水设施。与此同时，市政国企还参与农业开发、交通运输、抗毒素和疫苗生产、发电及配送、天然气及配送，以及医疗保障等行业。

州政府还选择许多类似行业进行国有企业试验。他们拥有自己的医院和电力设施，提供运输服务和经营航运设施，出售保险单据，经营谷物升降机和银行等，后逐步进入休闲娱乐业，如纽约州政府经营萨拉托加温泉度假业务，加利福尼亚州政府经营捕鱼业包装工厂和修理渔船的商店等。各州还深度参与到房地产业务，分配从联邦政府获得的土地资源。虽然州政府比市镇更少经营国有企业，但在1880年至1930年，州政府并没有反对国有（公营）企业干预社会经济生活。

各州和地方建立的国有企业主要在公用事业领域，并衍生经营范围最大的国有企业，包括为桥梁、隧道、堤坝、机场、公共建筑和住宅、体育场、市中心和工业区提供诸如供水、供气、电力、运输和保险等一系列广泛服务，同时为工商业提供各种形式的财政支持。城市发展计划以新的方式将城市引入房地产和房产租赁行业，以努力挽救衰落的城市中央商务区，由此扩大市政府干预范围。

在地方国企中，最具活力的地方政府机构之一是由奥斯丁·托宾领导的纽约港务局。由于该机构有自己的摇钱树（过桥费），可以不受联邦资金可用性限制，同时托宾以其大型国有企业领导人所具有的一系列技能，建立了一个围绕纽约港务局的国有企业帝国，其业务包括海运码头、机场、通勤铁路线、公共汽车和卡车码头，最后是纽约市的世界贸易中心。

在第二次世界大战后的几十年时间里，由于美国政府在战争中的一些做法让许多美国人对公共权力的信任度不断降低，加上国有企业的低效运营，从 90 年代中期开始，美国的公共政策从国有企业转向州和地方政府的公营企业。1980 年至 1987 年，地方政府对废水处理设施的支出增加了 50%。

（四）罗斯福的新政改革与强化政府的作用

20 世纪 30 年代的罗斯福新政进一步推动美国政府关于灌溉、防洪和电力等公共设施建设的项目的发展，给西部各州注入大量补贴。随着私营部门地位的下降，越来越多的美国人指望公共部门来保护其免受经济大萧条的严重影响，安全和公平成为美国国有企业持续发展的社会和思想基础。

1933 年罗斯福新政更是催生一系列美国国有企业，如田纳西河流域管理局（Tennessee Valley Authority，TVA）、美国联邦存款保险公司（1934）和房利美（1938）等。其中获得国会授权成立于 1933 年的 TVA 是美国联邦政府机构，也是美国最强大的国有企业之一，被授权控制防洪，改善航运和提高农民生活水平，沿着田纳西河及其支流开发水力发电，并促进其服务的整个田纳西河流域的经济发展，部分模仿纽约电力局（1931）的经营方式，充分体现政府计划的思想和做法。TVA 成功地在由 7 个州组成的广大地区促进公共权力、农村电气化和区域经济增长，至今仍在有效运营。

第二次世界大战引发的国家安全问题，是美国国有企业获得发展的重要机会。在 40 年代早期，当私营部门最初无法达到满足国家军事需求的投资水平时，美国国防工厂和国有企业开始迅速填补这一缺口。政府为钢铁、橡胶、铝、飞机、镁和造船工业的新工厂提供资金，并修建新的跨地区天然气管道，以便在战争期间向东海岸供应燃料。到 1945 年，美国在新设施和设备上的 250 亿美元投资中，有 3/4 来自公共部门，这使美国政府在工业部门拥有很大部分的所有权。

第二次世界大战结束时，价格控制和处理联邦政府持有的工业资产成为舆论的核心问题，支持美国政府退出经济领域的意见占上风。政府很快就卖掉其持有的工业企业股份，这让许多私人企业家受益匪浅。在五六十年代，美国进入经济恢复和繁荣发展黄金时期，大多数的价格管制成为美国人的一段记忆。虽然杜鲁门总统关于联邦政府按 TVA 模式创建更多国有企业的提议被国会否决，但联邦政府原有的国有企业继续发展，同时有新的国有企业成立，如房地产行业的吉利美（1968）和房地美（1970），以及美国国家铁路客运公司（1971）和美国联合铁路公司等，但也引起巨大争议，人们要求对国有企业进行私有化改革。

（五）国有企业私有化改革与政府作用定位

1945 年美国颁布《政府企业管制法案》，对美国联邦政府企业实行管制，按多种所有制形式经营，包括纯国资的政府企业和混合所有制的政府企业。50 年代艾森豪威尔及一些国会支持者是温和的改革者，希望阻止国家权力的进一步扩张，如削减 TVA 等企业的权力；七八十年代出现第二次国有企业私有化改革大潮，使一些领先国有企业退出商业领域。但直到 1981 年，大约 1/3 的美国土地仍然属于公共领域，掌握在美国联邦政府手中。

成立于 1902 年的美国联邦垦务局，在 40 年代末至 60 年代仍处于黄金发展时期。该机构曾隶属于美国内政部，后改称"水和能源服务部"（WPRS），在美国西部地区的 17 个州修筑大水坝、水电站和渠道等水利工程，促进美国西部开发和经济发展。该机构在美国西部地区用于水利开发的资金从 1939 年的 3300 万美元，增加到 1949 年的 2.3 亿美元，以后一直稳定在这个水平。到 1975 年，该机构已在西部地区的水利灌溉工程项目上花费了 60 亿美元。因为美国联邦垦务局的建设开发计划使西部地区在联邦政府中找到支撑其长期发展的引擎，经济增长的机会似乎可以得到无限延伸。

在削减国有企业权力和私有化改革过程中，TVA 仍然得到政府强有力的支持，这种将国有企业转为私营企业的努力并没有成功，削减农业补贴和限制联邦电力委员会权力扩张的努力也失败了。在美国社会中，要终止根深蒂固的政府补贴制度是比较困难的，所有受补贴的派系会得到各利益集团的积极保护。

由于美国政府在二战中的一些做法让许多美国人对公共权力的信任度不断降低，加上国有企业的低效运营，90 年代开始新一轮国有企业改革。90年代初有数百份合同将当地政府的废水处理和其他业务交给私人组织。1992年90%的国家政府机构采取某种形式的私有化。私有化改革对美国医疗保健和社会服务、教育,以及废物管理和回收等领域的公共机构产生重要影响。到90年代末又不时出现支持美国政府管理经济的声音。

21世纪以来发生的金融危机和2020年新冠疫情的全球传播,又把政府拉回到许多经济领域中。美国联邦政府通过美联储和财政部实施一系列纾困计划,其中就包括对一些私营企业及中小企业和普通老百姓的救助举措。面对能源危机、高通胀率和私营部门经济活动的减少,美国许多城市和州陷入严重财政困境,政府补贴的铁律仍然有效,其实国有企业一直没有退出商业领域。

自从建国以来,美国政府在土地管理、邮政、金融和交通运输等行业创建了国有企业或类似国有企业的政府机构。国有企业经历了19世纪初的自由放任、19世纪后期至20世纪40年代的政府计划,以及20世纪50年代以来政府计划让位于市场和再次国有化这三个发展阶段。只不过在联邦制下,既有联邦层级的国有企业,还有州和市政当局设立的企业实体或政府部门,它们主要涉足土地买卖、邮政、金融、交通运输和公共事业(如城市供水、水利工程、污水处理)等领域,基本上都是私人企业不愿做但又是国民非常需要的公共服务领域,这体现了政府履行治理、干预社会经济和提供公共服务的重要职能。

三 政府多策并举培育和发展高新技术产业

在高新技术产业发展过程中,政府通过订单采购和补贴政策充当战略性新兴产业发展的培育者和扶持者,使特定行业企业获得发展的重要市场资源,政府与企业结成牢固的利益共同体。政府、军方和其他部门通过各种途径助推高新技术产业技术研发和商业化应用。

(一)采购和补贴对新兴高技术企业的培育

20世纪初期,由于飞机技术刚刚发明出来,整个飞机制造和航空运输业都处于起步阶段。美国飞机制造和航空运输业的发展,得益于美国政府的订单和采购，以及战争的需要。

早在第一次世界大战期间，飞机由侦察工具变成战斗武器，政府开始重视飞机在国防方面的作用和意义。1927年至1933年，美国政府对航空工业的采购支出达到1.265亿美元，而同期商业采购支出只有5846万美元。美国航空工业之所以能取得巨大成功，很大程度上就是得益于美国政府在两次世界大战中巨量的军需品采购。

直至目前，美国国防部依然是美国航空工业产品与服务的最大买主。政府采购不仅为民用航空制造企业提供丰厚的利润，还会以军品订货的进度款或预付款的方式给予航空制造业以启动资金，为民机产业提供间接财务支持，而且使那些没有市场订货的航空制造企业免于破产，维持这些企业的生产能力。其他的支持政策还包括通过出口信贷支持促进商用航空产业的海外销售，通过放松反垄断调查与规制鼓励兼并重组以增强民机产业竞争力。

二战后美国建立起以任务为导向的军事和国防技术研究开发体系，同时通过政府采购，从供给和需求两个环节支持一批重大技术开发，带动相关产业发展。联邦政府在飞机制造、核能、互联网、计算机、半导体和航天技术这六个通用技术领域的持续投资既满足了国防采购需要，还催生了全球定位系统（GPS）和互联网（民用）高科技产业[1]。

其中，半导体产业在发展初期的主要市场就是军方，政府部门的订单采购[2]对创新公司的成功有着极为重要的意义，可以为新创公司提供一个稳定可靠的市场。只要是产品符合军方性能和质量要求，无论企业大小军方都一视同仁给予订单。这对美国半导体工业的意义远不止于提供市场，更重要的是军事技术的需求特点深刻影响了美国企业的技术创新路线。不同于民用需求，美国军方在选用新技术时更看重性能而非成本。出于美苏冷战与太空竞赛需要，50年代美国军方大量采购半导体设备，这些订单都落入美国企业手中。

如德州仪器公司，在50年代时成功开发出硅晶体管，可以满足军方对

---

[1] 吴湘宁：《国家创新体系：美国经济和科学技术领先的源泉》，《中国国际战略评论》2016年，第193—210页。
[2] 美国政府于1861年颁布《联邦采购法》，1933年国会通过《购买美国产品法》等，建立了较为规范的政府采购体系。

高性能产品的要求,被军方大批采购,军方为该公司提供了为期两年半的 115 万美元技术经费。1960 年该公司又获得 210 万美元的订单合同,并得到军方支持开发集成电路技术和生产使用集成电路的小型数字式计算机。仙童公司由于扩散工艺的成功而从美国空军得到 150 万美元采购合同①,1960 年仙童公司生产的全部集成电路和 80% 的晶体管都由国防部采购②。

1960 年和 1961 年,西屋电气公司获得两项军方采购合同(合计 430 万美元),开发以集成电路为元件的电子设备。1961 年至 1964 年,美国军方同包括摩托罗拉公司在内的一些公司签订多项采购合同,开发各种集成电路产品。为避免所需半导体产品过分依赖于某一公司,美国军方还有意地让多家公司生产同种产品,从而吸引一批创新公司参与竞争,如有 13 家私人半导体元件公司参加美国空军制定的"民兵导弹计划"。

政府的技术采购政策在 50 年代美国半导体等战略性新兴产业发展中起到不可替代的作用,使半导体产业在美国得到迅猛发展。1955 年至 1958 年,美国政府的军事和太空采购超过整个美国半导体工业产出的 1/3,1960 年更是接近全部产出的一半。60 年代美国军方对微型化与高稳定性的需求使其成为新兴集成电路技术最主要的客户,进一步巩固了美国厂商在新技术上的优势。到 60 年代中后期,随着现代计算机工业兴起,政府采购对半导体的需求拉动作用才逐渐减弱。

60 年代美国制定《政府采购法》,以支持新兴产业发展。在战略性新兴产业发展过程中,美国政府成为技术创新的第一用户,为私人企业提供了可靠市场,极大地降低了私人企业的投资风险,加快了其生产经验的积累过程,提早实现了所谓的"学习曲线"效应。在 1962 年至 1968 年,政府采购占总交货量的比例分别为 100%、94%、85%、72%、53%、43% 和 37%③。政府技术采购政策产生技术推力和需求拉力效果,加快了集成电路从实验室走向实际应用的过程。90 年代,克林顿政府为扶持信息产业新产品的初级市场,仅计算机及相关产品的政府采购资金

---

① 和文凯、曾晓萱:《美国半导体产业发展初期中小型公司创新研究》,《科学研究》1995 年第 4 期,第 9—14 页。
② 徐丰、叶雪琰、王若达:《美国高技术产业补贴政策体系探析——以半导体产业为例》,《美国研究》2022 年第 5 期,第 86—116、7 页。
③ 王宏、骆旭华:《美国政府技术采购促进战略性新兴产业发展分析》,《商业研究》2010 年第 11 期,第 99—103 页。

就达到90亿美元，且把政府公共采购合同总额的20%左右留给中小企业，以激励和支持中小企业的技术创新。

政府补贴对高科技企业发展新兴半导体技术起到培育和支持作用。该领域的高科技企业基本上都不同程度地获得联邦政府和地方政府的补贴。

1953年以前，美国国防部为美国电话电报公司、通用电气公司、雷神公司（Raytheon）和美国无线电公司运营的晶体管生产线提供资金。1958年至1976年，美国政府财政补贴占美国企业研发支出的比例超过40%，使企业得以在多个细分领域占据全球领导地位。近年来，美国通过补贴立法对美国重点半导体企业进行巨额补贴。

英特尔公司是美国政府补贴的最大受益者之一，1989年至2020年，英特尔公司获得64亿美元补贴，其中63亿美元来自各州政府，包括俄勒冈州的26.7亿美元、新墨西哥州的26.6亿美元、亚利桑那州的1亿美元等。英特尔公司接受的政府补贴总体上以税收优惠为主，具体形式包括"战略投资计划""工业税收债券""对外贸易区"等。政府通过隐蔽的政策设计，为英特尔公司生产销售、参与国际竞争等提供重要支持。

美国政府还通过税收减免激励高科技企业扩大研发活动。国会通过的《美国国内税法》（1978）、《经济复兴税法》（1981）及1986年修正案、《税收改革法》（1986）和《投资收益税降低法案》（1987）都对企业税收减免做了具体规定。如《经济复兴税法》将资本收益税从28%降至20%，将研发投资税从49%降至25%，凡企业研发经费支出超过前3年平均值，超出部分可按25%抵免所得税。

1989年至2020年，高科技企业博通公司从各州政府共获得3.47亿美元补贴。其中包括1989年纽约州萨福克郡行政部门的1.79亿美元、1995年俄勒冈州"战略投资计划"的1.42亿美元。自1995年起德州仪器公司及其子公司获得的补贴超过8亿美元，其中地方补贴主要来自加利福尼亚州、得克萨斯州、亚利桑那州等州的政府，主要以税收抵免形式补贴，绝大多数补贴（6亿美元，占比为75%）来自得克萨斯州的财产税减免[①]。

---

① 徐丰、叶雪琰、王若达：《美国高技术产业补贴政策体系探析——以半导体产业为例》，《美国研究》2022年第5期，第86—116、7页。

根据《2020年美国晶圆代工法案》，美国商务部可提供30亿美元以内项目的补贴，国防部成立公私合营的企业联盟，成立国家微电子研究与开发网络，财政部设立多边微电子安全基金等。根据2022年《芯片和科学法案》，美国政府可以向半导体产业的企业提供527亿美元的巨额补贴，以鼓励半导体企业在美国建厂，投资2000亿美元用于半导体及其他领域的科学研究、技术开发、教育培训及税收抵免等。

（二）国防部门研究项目助推新兴产业发展

第二次世界大战成为美国政府主导国家创新体系的分水岭。大致从战时至60年代，美国国防部和空军等军方部门直接主导新兴产业的研发和培育，其原因在于军方在二战中的特殊地位，这改变了美国技术研发体系和科学政策。

从40年代起，美国军方部门就在半导体技术研发和产业发展中扮演核心角色。50年代美国通过建设SAGE防空系统、国防部高级计划局网络（ARPANET）等国家大工程来带动软件技术的研发，由此催生计算机编程、实时操作系统和互联网等技术，培养了大批软件人才和企业，奠定了良好产业基础。

出于冷战竞争需要，美国政府于1958年组建国家航空航天局，制定和实施美国太空计划并开展太空科学研究，同时成立美国国防部高级研究计划局，积极启动和开展各种高科技项目研发，直接推动了高科技产业和相关企业的兴起和发展。国防部高级研究计划局从创立至今，资助的科研项目攻克了半导体、互联网、全球定位系统等领域的多个高新技术难题，持续引领美国以至全世界的科技创新，成功阐释了政府对科学创新的引领作用。

1962年，国防部高级研究计划局下设信息处理技术办公室（IPTO），专门为高技术的研发和转化提供资金支持。该机构是公开作为公共部门的风险资本家出现的，它通过提供一定资源创建一些主要大学的计算机科学系，并资助一系列研究项目，成功推进人机界面技术的进步，攻克计算机网络通信技术障碍。如1983年美国国会通过由国防部高级研究计划局额外资金支持的一项为期10年的战略计算计划，旨在实现人工智能的重大突破。后来许多被纳入个人电脑开发的技术实际上也是该机构资助的研究人员开发的①。

新兴的高科技过于昂贵,且不稳定,不适合通用市场,而军方是唯一愿意做新技术实验又不讲价钱的买家。美国政府是慷慨的风险投资家,军方部门在计算机、喷气式飞机、民用核能、激光及生物技术等高科技产业的培育过程中发挥关键作用。1966年全美有2623台计算机,其中1967台为国防部所有②。

国防部高级研究计划局还为技术研发人员跨越科技创新"死亡之谷"③提供资源支持,给予企业通过"死亡之谷"早期阶段的科技发展资金(占美国总研发开支的2%—14%),联邦政府研发支出在许多不同项目早期阶段的研发总支出中的占比为20%—25%④,风险投资公司只扮演一个相对次要的角色(占比为2.3%—8%)。同时,国防部高级研究计划局对各种不同相关科研方案提供资金资助,在生物科学和纳米技术领域也发挥了积极作用。

根据美国通过的《1988—1989财年国防授权法案》,美国国防部高级研究计划局被允许为半导体制造技术战略联盟提供1亿美元配套资金。该项目承诺连续5年的投资支持实际延续至1997年,极大地促进了半导体供应商和制造商间的垂直整合和产业链成本最小化。1992年美国应用材料公司成为全球半导体设备市场上的龙头老大;1995年美国企业使用美国制造的半导体设备制造出0.35微米线宽的电路,实现对日本的技术赶超;1996年美国企业生产出世界上第一个12英寸的晶圆,使美国重新夺回芯片技术产业的全球领军地位。

近年来,在研发方面美国国防部等多个部门将半导体视为优先发展领域,每年专项研发支持为17亿美元,非专用研发投资为43亿美元。2015年至2018年,先后启动国家战略性计算计划(NSCI)、美国国防部

---

① 〔美〕弗雷德·布洛克:《被隐形的美国政府在科技创新中的重大作用(上)》,张蔚译,《国外理论动态》2010年第6期,第58—64页。
② 〔美〕阿伦·拉奥、皮埃罗·斯加鲁菲:《硅谷百年史:伟大的科技创新与创业历程(1900—2013)》,闫景立、侯爱华译,人民邮电出版社,2014,第109—111页。
③ 这里所指的"死亡之谷"通常是新科学或工程发现与其成功转型为商业原型产品之间的过渡时期科研成果从诞生到落地为具体产品之间存在一个难以逾越的鸿沟。
④ 〔美〕弗雷德·布洛克:《被隐形的美国政府在科技创新上的重大作用(下)》,张蔚译,《国外理论动态》2010年第7期,第77—85、91页。

高级研究计划局的电子复兴计划（ERI），开展对未来高性能计算的研究。同时，国防部高级研究计划局和半导体研究公司联合启动联合大学微电子项目（JUMP）等①。

长期以来，美国国防部的研发经费支出占美国联邦政府总研发经费的一半左右。2016年的研发经费超过690亿美元，占联邦政府总研发经费的43%②。科研任务通过合同形式交由其他单位承担研发和研制，承研单位包括高校、产业界、联邦政府资助的研发中心、政府直属科研机构、地方政府和国外机构等。

（三）政府部门组织基础研究与新技术攻关

20世纪40—60年代，美国联邦政府的能源部、商务部等机构开始承担资助高校基础研究的责任。如能源部前身原子能委员会（AEC）、国立卫生研究院（NIH）等机构相继开始通过与大学签订合同来支持科学研究。

美国政府通过国家航空航天局等机构资助基础研究项目和军民两用性研究项目。如航天研究（含航空学）项目，研究重点从原来的解决飞行问题，转向解决人类登月等高精尖技术问题，会把许多聚焦性项目的研究工作直接承包给飞机制造商，这些企业从研究项目中获益；在聚焦性研究项目和技术研发的基础知识生产中，航空企业承担研究任务可以免费使用如风洞这样的设施设备；在通信技术领域，集成电路发展的推动力来自美国国家航空航天局的阿波罗载人登月计划，许多企业参与到这项伟大工程中。

90年代初，国防部高级研究计划局的资助举措被美国能源部和商务部等政府机构所复制。如能源部开展数百个与工业界的合作项目，重点资助解决具体技术障碍；商务部标准国家研究院的先进技术计划既具有针对性资源，也具有开放式窗口的要素配置机制，既资助规模较小、刚刚成立的公司，也资助规模庞大的企业，有时以联合体形式工作。如与美国大型汽车公司及其主要供应商共同完成一个多年期研究计划，并力

---

① 徐丰、叶雪琰、王若达：《美国高技术产业补贴政策体系探析——以半导体产业为例》，《美国研究》2022年第5期，第86—116、7页。
② 刘静：《美国国防部资助的实验室体系架构》，《国防科技》2019年第3期，第41—45页。

图在金属零部件加工精确度上有所突破。

国家科学基金会（NSF）主要资助大学成立研究中心，挑战一系列技术难题。受资助的大学希望能够与其他相关研究领域学者建立网络联系，并与有兴趣解决这些问题的商业企业建立联系。美国中央情报局也加入资助高科技研究的行列。1999年中央情报局指导并资助成立非营利性风险投资公司（In-Q-Tel），政府为其大开绿灯，不久该企业就已在90个不同组织投资情报局所需新技术研发。美国陆军部很快仿效此模式，2003年建立其平行组织（OnPoint），初始捐赠基金为2500万美元。2006年美国国家航空航天局紧随其后创建红色星球资本计划，每年投资约2000万美元。

1987年美国国防科学委员会（DSB）和美国半导体协会（SIA）共同牵头组织以IBM公司、德州仪器公司、惠普公司等14家企业为核心的半导体产业联盟（SEMATECH）[①]。联盟企业每年可从政府获得1亿美元资助，用于改进半导体装备产业的技术水平，促进产业间的纵向联系，协调与制定产业标准[②]，以提高美国芯片设计、研发和制造能力。

上述事实说明，航空航天制造和运输业、半导体和计算机等新兴高技术产业都是在美国政府和军方大力支持下发展起来的，是政府和军方成就了当今美国的大国重器产业。

四 政府的引导政策与关键技术产业的发展

第二次世界大战结束后，美国政府通过建立和制定国家创新体系、小企业基金会、国家立法、国家创新发展战略和科技规划等方式引导企业加大科研投入，大力发展关键技术产业。

（一）国家创新体系对企业技术研发的引导

第二次世界大战结束后，美国建立国家创新体系（即科学技术创新体系），把新兴科技发展纳入国家发展重大战略，政府与企业、科研机

[①] 美国半导体制造技术研究联合体的英文名称为 Semiconductor Manufacturing Technology Research Consortium，这就是目前的美国半导体联盟组织。

[②] 李寅：《重塑技术创新优势？——美国半导体产业政策回归的历史逻辑》，《文化纵横》2021年第4期，第50—60、158页。

构、高等院校和中介服务机构结成科技发展的利益共同体，建立技术研发，以及科学技术转化为现实生产力的机制、流程和方式等。这一创新制度安排意味着美国政府全面参与科技创新，并重点引导企业的技术研发与国家战略相向而行。

在这个"官产学研"高效协同运转的国家创新体系中，确立了企业、科研机构和高校等机构的创新主体地位，政府从原来领导国防科技发展，转到全面引领军用、民用、商用科技的创新协调发展，成为技术发展和创新研究的主导者。

为了对企业加以引导，联邦政府首先加大对基础性研究的投入，高校、州和地方政府，以及私人非营利研究机构也是研发经费的投入者。1951—2020年，美国联邦政府投入的研发资金总体呈现上升趋势（见图11-1）。

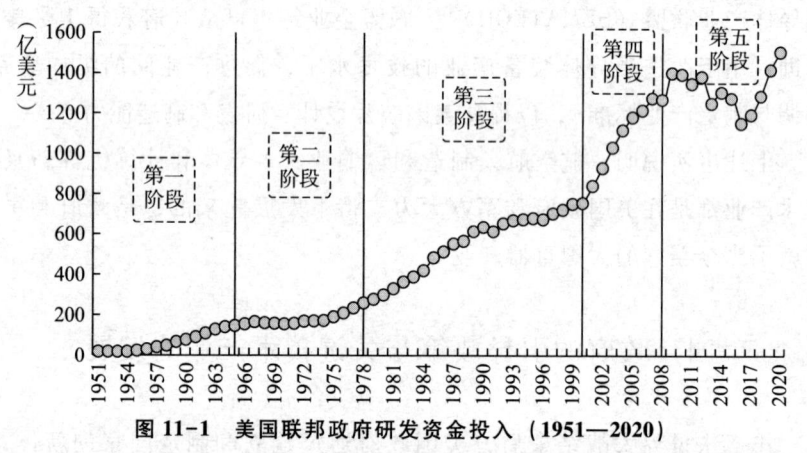

图 11-1 美国联邦政府研发资金投入（1951—2020）

数据来源：程如烟：《从联邦研发资金投入看美国政府科技布局》，《世界科技研究与发展》2022年第6期，第846—856页。

图11-1显示，1951年，美国联邦政府研发资金为15亿美元，1965年增至146亿美元，增加8倍多；1965年至1975年间一直稳定在160亿至200亿美元之间；1978年至1999年间稳步增加，从300亿美元增至750多亿美元；2008年增至1270亿美元；但在2012年至2017年，研发资金从1385亿美元降至1190亿美元；不过到2019年又增至1400多亿美元；2020年增加到1674亿美元[①]。

[①] 程如烟：《从联邦研发资金投入看美国政府科技布局》，《世界科技研究与发展》2022年第6期，第846—856页。

从 50 年代至 70 年代，美国政府部门成为技术研发的主要投资者。其投入的研发经费在全社会研发投入中的占比 1953 年为 54.7%，1964 年达到 67.5%，但 80 年代后有所下降，略低于产业部门投入水平，2001 年仅为 26.1%[①]。2009 年《美国创新战略：推动可持续增长和高质量就业》规定联邦政府将把 GDP 的 3% 用于技术研发。

在美国政府的研发预算中，大部分资金拨付给国防部的研究机构和一些关键性技术创新企业，如洛克希德-马丁公司、波音公司、雷声公司、格鲁门公司、通用电力公司和联合技术公司等传统的军工企业，以及亚马逊、IBM、微软、谷歌和脸书等新兴科技巨头和新创高科技企业。

美国企业提供了技术创新的核心驱动力，是美国国家创新体系中的核心组成部分，既是经营主体，也是创新主体。美国全社会研发强度大致保持在 2.5% 以上，其中 2/3 来自企业的投入。中小企业的创新驱动作用也非常明显，全美 70% 的技术创新发明来自小企业[②]。80 年代在美国政府研发投入不断下降时，企业研发投入增加，1982 年以来企业研发投入占全国总投入一半以上，到 2000 年超过 60%，之后一直维持在 50% 以上，成为美国科技研发主体企业。

2008 年金融危机爆发之后，与低迷的经济形成反差的是，美国企业在研发领域的投入持续上升，2015 年达到 3160 亿美元，占国内生产总值的 1.8%，接近 50 年来的最高水平。为了抵御金融危机，各企业可以说是近乎疯狂地对研发进行投入。2014 年，企业在研发领域的投入占比提升 6.7%，是自 1996 年以来的最大幅度的增长。从行业来看，信息和制药业的研发投入比重最大，电信及数据业次之，随后是建筑机械业。以最大的工程机械制造公司卡特彼勒为例，尽管危机使该公司业务下降约 9%，但该公司仍计划将研发投入提升 10%，以确保自身在行业的领先优势。信息产业和制药业的技术更新速度很快，如果不注重研发，必然会落后于竞争对手。企业在研发领域滚雪球式的高投入主要基于商业利益考量，但长远来看，这必然为美国整体生产力的持续提升奠定重要

---

① 程都：《美国制造业创新结构的变化及对我国制造业创新发展的启示》，《全球化》2022 年第 1 期，第 98—106、116 页。

② 吴湘宁：《国家创新体系：美国经济和科学技术领先的源泉》，《中国国际战略评论》2016 年，第 193—210 页。

基础。

在美国的整个创新体系中,私营企业凭借雄厚的资金和人才实力,充分利用全球化所带来的人才、商品和技术的跨国界流动,不断实现突破性创新,这在根本上有助于将美国铸造成当之无愧的创新强国。

(二)通过科技立法鼓励企业产学研相结合

80年代后,政府通过一系列相关立法,鼓励企业积极开展科技创新,加快科技成果转化。如《史蒂文森-怀德勒技术创新法》(1980)鼓励联邦实验室与州和地方政府、大学和私营公司直接开展合作研究,授权实验室利用资金从事技术转让活动,促使技术从实验室向产业的转移;《拜杜法案》(1980)则鼓励大学和小型企业对由联邦政府资助的技术突破进行商业化开发;《国家合作研究法案》(1984)对私营公司从事新产品开发的合作研究工作提供反垄断豁免保护,为建立工业行业研究财团提供法律基础;《半导体芯片保护法》(1984)对集成电路布图采取一种特别权利保护方式;《联邦技术转移法》(1986)为联邦实验室与私营公司之间的合作研究和开发协议创造法律框架。

《国防工业和技术基础计划》(1991)授权关键技术学院将美国国防部赞助下开发的先进制造技术推广给小公司,加快技术扩散和传播;《技术转移商业化法案》(2000)目的在于进一步促进科技成果转化,并强化联邦科研机构与私营企业之间的合作;《美国竞争再授权法案》(2010)强化创新主体间的联系,促进创新资源在创新主体间的流通;《发明法案》(2011)确立发明人先申请制的专利取得制度,扩大专利受让人和第三方权利范围,同时调整专利申请条件,禁止人体器官和税务策略申请专利;《创新法案》(2013)主要对专利诉讼规则进行修订,打击"专利蟑螂"对科研成果的侵害和侵权;《创新与竞争力法案》(2016)涉及基础研究和创新投入、行政减负、加强STEM人才培养教育、公民科学和加速技术转移与商业化等主题。

此外,《贸易与竞争法案》(1988)、《国家竞争性技术转移法》(1989)、《国家技术转移与升级法》(1996,《史蒂文森-怀德勒技术创新法》修订版)等,都为美国技术转移和科技成果转化形成了完善的法律保护体系。

通过这些立法，创造良好的创新环境，促进企业、联邦研究机构和大学间合作与互动，积极开发和转化新兴科学技术。

（三）设立创新资助计划扶持新创科技企业

在80年代至90年代初，美国政府制定一系列鼓励伙伴关系和促进技术转移的法案，如1982年通过《小企业创新发展法》，启动小企业创新研究计划（SBIR）和国家小企业信贷计划（SSBCI）[①]，为风险投资释放大量资金，并引导风险投资加大对高科技企业的投资。这是美国政府提供的最大资金开放窗口，小企业管理局、国防部、能源部和环境保护署（EPA）等部门联合将其科研基金的一小部分用于对高科技企业的投资，从最初的2%逐步提高至1997年的2.5%。所有研发预算超过1亿美元的联邦机构必须拨出一定比例经费参与该计划，以鼓励和支持小企业技术创新。经费分两个阶段进行奖励（分别为10万美元和75万美元），小企业保留知识产权的完全控制权。到2004年，政府对研发阶段一的奖励有4304个，对研发阶段二的奖励有2044个，总拨款20亿美元，另有2000万美元小企业技术转让研究的奖励。

1992年美国通过的《小企业股权投资促进法》（1994年实施）创建小企业技术转让计划（SBTTR）方案，提出"参与证券计划"。小企业管理局对小企业投资公司公开发行的长期债券提供担保，并代为支付利息，以实现小企业投资公司的复兴，也为数以百计的地方企业提供资助服务，促进大量科技小企业的创新。

（四）国家创新发展战略和科技规划导向性

作为国家科技创新活动的领导者、组织者与协调者，政府通过制定创新发展战略、科技发展规划等政策措施引导企业明确科技创新的发展走向。

国家创新发展战略源于万尼瓦尔·布什的主张，1941年美国成立科学研究和发展办公室（OSRD），并制定"曼哈顿计划"。布什于1945年

[①] 小企业创新研究计划英文为Small Business Innovation Research Program，简称SBIR。国家小企业信贷计划英文为State Small Business Credit Initiative，简称SSBCI。

提交的《科学：无尽的前沿》报告成为美国制定国家创新战略的基础性文件。1950年成立的美国国家科学基金会（NSF）作为政府主导的科学技术创新重要来源，至今仍发挥着不容忽视的影响力。

80年代后，随着新兴技术的发展和其他发达国家的挑战，美国政府感到在高科技领域被追赶的压力。1989年美国商务部发布《新兴技术》文件，包含有12个新兴技术领域。以此为基础，1990年美国制定和启动"先进技术计划"（ATP）。通过该计划，政府向企业或企业与科研机构联合体提供科研启动资金，进行高技术研发；美国国家科学基金会在科技园资助建立创新中心，通过提供开发经费、实验室服务和相关资讯等鼓励企业进行高技术研发。同时对企业投入研发给予税收优惠。1990年4月美国政府成立"国家关键技术委员会"。

90年代克林顿执政期间，先后提出和实施"生物技术战略""国家信息高速公路计划""国家纳米技术计划"等国家重大科技创新战略，使美国成为生物技术、信息技术和纳米技术等高新技术的世界引领者。小布什执政期间，不断完善国家科技创新体系，把科技工作重点放在研发投入、完善政策和激励公众参与上，支持国家纳米技术计划。无论是大企业还是小企业，政府每年都会划拨10亿美元资金提供援助。

2007年5月，美国国会通过《美国竞争法》，把美国创新能力和战略竞争力提升到法律高度。奥巴马执政期间连续发布三份国家科技创新战略报告[①]，2009年2月通过《2009年美国复苏与再投资法案》，使政府在10年内投入约7870亿美元，其中1080亿美元作为激励科技研发创新的专项资金。

2017年特朗普执政后，接连发布《美国优先能源计划》《美国优先外交政策》等计划方案。在2018年提交的财务预算计划《优先：让美国再次伟大的预算蓝图》中，许多内容都与科技创新有关，同年发布《美国先进制造全球领导力战略》，要求美国重点发展平台和算法等技术产品，运用软件促进制造业数字化转型。

2020年通过《无尽前沿法案》和《关键与新兴技术国家战略》。前

---

① 这三个国家创新战略报告是《美国创新战略：为促进可持续发展和高质量就业而创新》（2009）、《美国创新战略：确保经济的增长与繁荣》（2011）、《美国创新战略》（2015）。

者包括科技与创新、研究、STEM、地理多样性计划、研究安全、区域创新能力和航空发展等章节,提出要在未来 5 年内向人工智能、半导体、量子计算、先进通信和生物技术等十大关键领域的基础和先进研究、商业化、教育和培训投资 1000 亿美元等;后者阐述了美国为保持全球领导力而强调发展的"关键与新兴技术"要实施两大战略,即推进美国国家安全创新基地(NSIB)和保护技术优势,并列出明确要优先发展的 20 项关键与新兴技术清单①。

拜登执政以来,更是密集推出国家创新发展战略。如《美国创新与竞争法案》(2021)、《为美国半导体创造有益激励措施法案》(2021,即《CHIPS 法案》)和《芯片和科学法案》(2022)等②。2023 年 9 月美国国防部宣布将斥资 2.38 亿美元建设 8 个微电子共享地区创新中心,并将最尖端芯片技术应用到美军的舰船、飞机、坦克、通信设备等日常武器装备和自主武器系统。

近期美国政府又宣布对芯片研发进行 50 亿美元的预期投资,国家半导体技术中心(NSTC)组织实施 110 亿美元的研发计划,并正式为其建立一个公私合营的财团,以及对半导体劳动力数亿美元的预期投资等。美国政府的这些顶层设计的国家创新战略和科技发展规划,已经使美国从"隐藏的发展型国家"③,转变为"新举国体制"④,这些举措表明美国政府要竭尽全力发展能维持其技术和竞争优势的关键核心技术,使美国获得半导体技术的绝对竞争优势和霸主地位,以及美国企业在全球竞争中的有利地位。美国政府更是不惜一切代价动用国家力量和资源来应对世界各国企业的竞争和挑战,这对美国企业的技术创新和高科技产业

---

① 2020 年 10 月美国商务部发布的《关键与新兴技术国家战略》(National Strategy for Critical and Emerging Technology),列出电子信息、生物与新医药、航空航天新材料、新能源与节能、资源与环境、高技术服务、先进制造与自动化等领域的 20 项关键与新兴技术清单。

② 2021 年 5 月 18 日美国国会通过的《美国创新与竞争法案》(United States Innovation and Competition Act of 2021)(取代之前通过的《无尽前沿法案》),增加拨款 527 亿美元用于提升美国国内半导体制造产业,拨款 15 亿美元用于 5G 技术创新。

③ 封凯栋、李君然、付震宇:《隐藏的发展型国家藏在哪里?——对二战后美国创新政策演进及特征的评述》,《公共行政评论》2017 年第 6 期,第 65—85+210—211 页。

④ 王萍:《拜登政府国防科技创新的"新举国体制"》,《当代美国评论》2023 年第 3 期,第 42—65 页。

的发展,以及国际经济和技术合作将产生深远影响。

美国政府的所作所为表明,在美国企业发展中,政府角色和影响不容小觑。在看似自由的经济体系中,政府一直以不同形式发挥其作用。事实上,美国经济发展从来就不是按照所谓的自由放任和小政府自由主义理想行事的,其成功就是对新自由主义只说不做。从历史上看,政府干预是美国经济发展的重要动力[①]。"华盛顿共识"不断传递的信息是其他国家必须撤出政府在经济中发挥的积极作用,而真正的华盛顿政府却通过技术政策深深地介入商业经济的各个环节[②]。

[①] 巫云仙:《美国政府发展新兴产业的历史审视》,《政治经济学评论》2011年第2期,第93—109页。
[②] 〔美〕弗雷德·布洛克:《被隐形的美国政府在科技创新上的重大作用(下)》,张蔚译,《国外理论动态》2010年第7期,第77—85、91页。

第 12 章　技术创新和产业迭代与企业发展的思考

前述内容主要从技术创新和产业迭代的视角探索了美国企业 500 多年的演进历程，以及其中的驱动和影响因素、技术创新模式和代表性产业转型迭代的发展概貌，考察了美国经济发展过程中企业与政府、技术、产业之间的互动关系。本章内容主要从整体视角深层思考其中的发展规律和特点，总结企业演进的有益经验，为新时代我国企业高质量发展提供历史借鉴和启示。

一　创新和企业家精神是企业发展基本底色

从历史考察中不难发现，创新和企业家精神贯穿于美国企业演进的始终，成就了每个时期创造性企业的辉煌发展传奇，也诠释了美国梦的实现途径。具有企业家精神的发明家和企业家是技术创新的践行者，他们为社会增加新产品，提供新服务，创造更多财富，推动新产业的发展。

（一）殖民地时期企业的创新和企业家精神

德鲁克认为，创新是展现企业家精神的特殊手段。创新活动赋予资源一种新的能力，使之能创造财富。事实上，创新活动本身就造就了资源[1]。

1774 年之前的殖民地时期，美国企业家群体主要由探险家、移民和殖民地的业主构成，他们是探险型和生产型企业家，体现出创新型企业家精神。殖民探险、土地和贸易是这一时期最大的创业机遇，探险型企业家打破由原住民建立的均衡世界，通过开拓和开发，建立一个全新的

---

[1] 〔美〕彼得·德鲁克：《创新与企业家精神》，蔡文燕译，机械工业出版社，2021，第 24、36 页。

殖民地社会，带来新的生产和生活方式。

在英国伦敦公司组织的到北美大陆建立殖民定居点的探险活动中，约翰·史密斯船长领导了这次殖民活动。他率领移民横渡大西洋前往弗吉尼亚，途中的艰辛自不待言。到达目的地后，在环境恶劣和土地贫瘠条件下，他能够审时度势，改变其他殖民者直接寻找和开采金银矿藏致富的方式，最终找到烟草种植和买卖的途径，渡过生存难关，最后建立弗吉尼亚农业殖民地（构成如今美国领土的第一个殖民地），并为股东带来收益，为移民开辟新的世界。

弗吉尼亚殖民地管理者创新了契约奴劳动雇佣制度，提倡按人头分配土地，建立奴隶制种植园。烟草成为弗吉尼亚殖民地的重要经济作物，为殖民者创造大量财富。1627年，烟草产量为50万磅，1670年增加到1500万磅；1750年时，烟草出口额几乎已经占到"殖民地出口商品总额的一半"①，史密斯成为一位成功的殖民地开拓者。

史密斯船长开创的北美殖民地的种植园经济模式，很快被其他殖民探险者所复制，在北美殖民地南方地区出现一个较大的种植园主群体，很多种植园主不光是经营商业性农业，还经营商业和贸易，甚至还经营土地投机和加工制造业。在弗吉尼亚殖民地也有不少通过农业种植园致富的企业家，如在1743年至1760年间，弗吉尼亚殖民地政府将阿巴拉契亚山脉以西300万英亩（12141平方千米）土地授予个人投机者和土地投机商，其中就有美国开国元勋华盛顿。他既是农场主，也是土地投机商，不仅经营弗农山庄，而且是烟草中间商、进出口贸易商（出口面粉，进口和销售制成品），同时经营渔业公司，买卖西部土地，甚至还经营渡船生意和酿酒厂。

在马萨诸塞湾公司赞助下来到北美新英格兰殖民地的是清教徒，他们来北美殖民本身就是一种集宗教与商业于一体的行为。作为公司股东，殖民者从一开始就是当时的企业家。当来到马萨诸塞后，他们利用当地的木材、渔业和毛皮资源，从事简单加工、贸易和农耕活动，发展起木材、渔业、捕鲸业和贸易。如托马斯·汉考克就是依靠捕鲸、经营鲸骨

---

① 〔美〕拉里·施韦卡特、莱恩·皮尔森·多蒂：《美国企业家——三百年传奇商业史》，王吉美译，译林出版社，2013，第22页。

和鲸油生意而获取财富的。奥巴代亚·布朗家族①也是经营捕鲸业而发家,并凭借用上等的鲸蜡制作蜡烛的技艺于1753年在罗得岛的普罗维登斯成立蜡烛工厂,最后成为美国早期的富有家族。洛奇家族是另一个成功的捕鲸家族,后来也涉足蜡烛制造业,由此组成24家蜡烛制造企业联合体,即最早的蜡烛托拉斯。但独立战争几乎扼杀了北美的捕鲸业,其直到1812年后才开始恢复。

一些清教徒作为渔民发展渔业新技术,如用盐来贮存准备出口到欧洲的鳕鱼和鲭鱼,创造可靠的金银来源,渔业成为殖民地经济的重要组成部分。到美国独立战争时,渔业已占到马萨诸塞湾殖民地对欧洲总出口的90%和全美总出口的10%②。马萨诸塞湾殖民地总督约翰·温斯罗普,亲自主持殖民地的船舶制造业,使新英格兰成为船舶制造业的有力竞争者。

渔业和捕鲸业的发展带动北美殖民地造船业的繁荣。仅1769年殖民地就建造了113艘带有上桅帆的船只和274艘单桅帆船或纵帆船。到1776年美国海上商船队的规模居于世界第三位。随着造船业的发展,航海贸易也不断发展,为新英格兰人创造了许多新的创业和就业机会。1768年新英格兰地区的木材制品成为第四大出口产品,人们不仅砍树伐木和运输原木出口,还生产家具和木材制品,熟练的技工出现在许多小城镇,其中一些人成为小业主。为了促进贸易发展,殖民地的商人逐步兴起,活跃在木制品、铁制品、铜制品、锡制品和其他制成品的国际和国内市场中。

无所不能的商人是北美殖民地的第二大企业家群体。如保罗·里维尔是殖民地首屈一指的金银匠,他最早开五金商店,从事跨大西洋的货物买卖,同时销售自制的铁制品、铜制品和银产品。1803年,他65岁时利用积蓄2.5万美元、一笔贷款和美国政府提供的1.9万磅铜,制造出一台轧板机生产铜片,获得大量政府铸造装甲板和大炮的合同。他制造的螺旋和铜件在质量和工艺上都被认为是无与伦比的,经受住了时间考验。又如托马斯·汉考克,他在21岁时开始经营小生意,从英国和欧洲

---

① 布朗家族发家致富后创建了如今美国著名的高等学府之一布朗大学。
② 〔美〕拉里·施韦卡特、莱恩·皮尔森·多蒂:《美国企业家——三百年传奇商业史》,王吉美译,译林出版社,2013,第29页。

进口图书,以及鲸油、鲸骨及相关产品,逐渐成为波士顿图书贸易的大商人,同时兼营服装、茶叶和食品等,他还开始使用赊账和汇票等交易方式,方便商品交易。

企业家群体是充满竞争和动态变化的,财富阶梯也是经常变动的,新来的企业家可以挑战老的企业家,财富积累和失去都很快。而那些自耕农、小店主、熟练工匠,以及医生、律师和牧师等少数城市专业人士,实际上是自己做老板。尽管他们没有纯粹的资本,但在企业和工作场所中可以独立获得收益,对农民和一些工匠来说,自家的孩子就是最大的人力资本。在城镇中还有大量油漆工、玻璃工、铁匠和其他独立企业主,他们的共同点就是不断创新和开拓。

(二) 早期工业化时期的创新和企业家精神

独立战争和南北战争是美国历史发展的重要分水岭。新国家刚刚成立,百废待兴,给企业家提供了很多创新创业的历史机遇,美国犹如白纸一般,等待企业家发挥聪明才干书写发展奇迹。他们打破殖民地时代传统的农业和商业发展的均衡状态,为新国家注入新的发展动力。

这一时期最大的创业和市场机会来自运输(包括公路、汽船、运河、铁路)和通信、金融、农业耕种(主要是南方地区)、农机具(如轧棉机、犁具和收割机)、棉纺织、缝纫机、机械制造和钟表,以及轻武器生产等领域,在这些产业领域成长起一批企业和企业家,创造了富有特色的美国生产体系。

许多商人和企业家参加了独立战争,虽然财富受到较大损失,但这些人也积极参与战后关于商业法规的制定。如费城金融家罗伯特·莫里斯,在战争期间他经营商业企业,但也参与新国家建设,并取得相应回报。1781年邦联国会(1789年之前,美国实行邦联制)请求莫里斯帮助解决国家金融问题,他担任美国的金融总管,提议国家颁发特许状成立首家商业银行(北美银行,1781),制定金融发展计划,强调维护国家信用,参加制宪会议和美国宪法的制定。

约翰·雅各布·阿斯特是这一时代成功的商业和企业家代表。他20岁时从德国来到纽约,从事过屠夫、烤制品售卖员、皮毛商店员工和乐器零售商等工作;1786年开始单独做毛皮生意,兼营乐器;1799年至

1800年，开始经营印度和中国的茶叶、丝绸和棉布等海外贸易业务；1808年成立美国毛皮贸易公司。其生意范围东及印度农村，西及美洲山野中独行猎人的帐篷。1794年，阿斯特就已经从毛皮贸易中获得25万美元的个人财富。通过其自身财力、政治影响力，以及商业策略摧毁与其竞争的个人或弱小企业，同时与美国政府保持良好的关系，阿斯特逐步垄断国内和海外的皮毛贸易。后来又不断拓展毛皮贸易地域空间，并建立管理层级，最后成为美国最有名的商人之一。

尽管其最终的竞争对手是美国政府和大量的独立贸易商，但阿斯特仍然在其所擅长的业务领域展开创新。在英美第二次战争期间，阿斯特因买卖美国国债获利。1815年至1834年间，阿斯特与中国的海外贸易和毛皮贸易达到顶峰，建立庞大的国外贸易体系，同时获得毛皮贸易的垄断地位。据不完全估计，在1817年至1834年，阿斯特从毛皮贸易公司的经营中"以分红、利息和代理费的形式获得的收入，不少于100万美元，也许将近200万美元"①。

1834年，阿斯特从毛皮贸易中全身而退，转而投资纽约的地产和金融业，结束老式商人的生活。在铁路、银行、保险公司、旅馆、戏院和不动产方面的投资，使阿斯特向新式商人过渡。其实早在1791年，阿斯特就拥有第一美国银行的股份，他参与了第二美国银行的筹建，并代表政府成为管理者之一，同时是第二美国银行纽约分行的主席。他购买了十几家银行的股份。在1816年至1838年，阿斯特先后成为4家保险公司管理委员会成员。他还投资运河和铁路产业，买卖各级政府发行的债券。阿斯特最大的一项投资是房地产，整个纽约曼哈顿几乎都是他的房地产投资所建成的。到1848年去世时，阿斯特成为纽约最大的地主和美国最富有的人，估计拥有2000万美元的财产，阿斯特家族也因而成为美国首富。

在早期商业冒险中，不少商人开辟保险业市场。如1752年本杰明·富兰克林在费城创办火灾保险社，随后保险公司开始在美国兴起，到1800年，已经有33家保险公司，其中包括费城的北美保险公司

---

① 〔美〕小阿尔弗雷德·D. 钱德勒、托马斯·K. 麦克劳、理查德·S. 特德洛：《管理的历史与现状》，郭斌主译，东北财经大学出版社，2001，第38页。

(1790)、马萨诸塞的火灾和海事保险公司(1795)和纽约保险公司(1796)。

1820年至1850年是美国企业家的创业爆发期。在收费公路和运河修建过程中,涌现出许多企业家和商人。如罗伯特·富尔顿首次把蒸汽机运用到轮船上,并凭借政府授权建立轮船运输公司。到19世纪中期,五大湖和密西西比河上的轮船都由寻找到商机的企业家和商人掌控。如科尼利厄斯·范德比尔特不仅经营国内航线,也与政府资助的航运公司竞争国际航线,并最终打败竞争对手,成为这一时期航运业的大企业家。他凭借个人力量降低蒸汽轮船的运输费用,使普通消费者有能力乘坐得起轮船,他发家致富后投资于铁路建设,成为铁路行业叱咤风云的投资家。

1828年,美国商人菲利普·托马斯获得修建巴尔的摩—俄亥俄铁路的特许状,积极推动美国铁路修建进程。在铁路建设中,一位名为马提亚斯·鲍德温的装订工探索出更好的机车驱动方式,这使他成为美国机车制造的佼佼者。

虽然在铁路建设中少不了政府的影子和投资银行家的角色,但也有凭借自己实力修建出低成本、高质量,以及经济和社会效应都不错的铁路的企业家,詹姆斯·希尔就是其中的代表。他出生于加拿大,靠打工起家,并在一次事故中失去右眼,1878年他收购一家快要破产的铁路公司而涉足铁路修建。希尔的修路方式与其他获得政府补贴的铁路公司不同,那就是在路线选择上,他选的是持久、安全和高效的线路,而不是看风景的线路。修铁路时他给那些想要在铁路边修建农场的定居者每人支付10美元。为了让这些定居者事业繁荣,他还从英国进口7000多头牛,免费分给沿线的拓荒者。他还建立起实验农场用来培育和繁殖种子和家畜,发展新型农业技术,以适应北方大平原各州干旱贫瘠的土地。竣工后,希尔修建的铁路不仅运营良好,且利润可观。这次铁路投资的成功刺激希尔继续从事铁路建设,并将企业改名为"大北方铁路公司"。

由公路、运河和铁路组成的全国运输网络不断扩张,将相距甚远的地区连接起来,信息传播加快。为适应这一发展趋势,具有语言障碍的鞋匠和商人亨利·威尔斯尝试开辟邮件快递服务。1845年他与合伙人在纽约开办一家递送公司,公司业务一直向西延伸到辛辛那提、底特律和芝加哥。1850年与合伙人建立美国运通公司和富国公司（如今美国富国银行的前身机构之一），提供驿马快信服务。由于威尔斯企业的激烈竞争，美国政府的邮政资费不得不下调。

创新创业的机会也惠及很多小企业。1850年至1870年，在纽约州波基普西的劳动者大军中，大约有20%的人开始经营小商店。而西部贸易市场建立后有很多小商贩变成小店主，后又有不少小店主发展为银行家或矿业公司老板。

在前述棉纺织和机械制造等领域（详见第3章），塞缪尔·斯莱特、弗朗西斯·卡伯特·洛厄尔、惠特尼、辛格等人是企业家中的佼佼者，他们开创了美国的棉纺织和机械制造业，推动了工业革命的机械化进程，以及标准化、零部件可互换、大规模生产模式的形成。

弗雷德里克·图尔多抓住新的创业机会，成为第一个制造和贩卖冰块的企业家。从1805年开始他尝试多种制造和储藏冰块的方法，但都失败了。最后在1825年发明切冰机，申请技术专利，并开办冰块公司，取得初步成功。1838年，图尔多制冰市场已经从美国南方延伸到加尔各答和中东地区。他不仅修建储藏冰块的仓库，还指导当地居民制造小型冰箱。正是他发明的制冰技术改变了美国人的饮食选择和时间，从而改变了美国人的饮食文化。

机械制造细分领域的创新机遇被海因里希·施坦威和琼纳斯·奥的斯抓住。施坦威是德国移民，1850年随家人来到纽约，1853年开办施坦威父子钢琴制造公司，在20年时间里树立钢琴制造品牌和声誉，成为钢琴制造企业家。

奥的斯于1853年成立奥的斯公司，1854年为了展示其设计成果，他在纽约举办的一次展览会上，不惜以生命做赌注向世人展示其成功制造的升降机（即平台式起重机）。直到1857年才成功卖出一台机器（据说这台机器一直工作到1984年）。1861年奥的斯去世后，奥的斯家族不仅延续企业经营，还不断创新起重机技术，并不断扩大企业规模。19世纪末期，奥的斯电梯实现广泛应用。如今对于居住在高层的居民来说，电梯是不可或缺的设备。

农业机械制造领域的企业家塞勒斯·麦考密克于1834年发明一台获得专利的收割机，1840年改良技术设计并卖出第一台机器，成为美国早期杰出实业家。他不仅建立了农业综合企业，还继续通过纵向整合优化公司经营管理，1856年麦考密克公司生产出4000台收割机。为了让农民能够买得起收割机，他通过分期付款方式为农民提供消费信贷，从而释放出农民的购买力。同时他还聘请销售员演示机器操作细节，提供周到的售后服务。1903年麦考密克公司与另一家公司合并组成麦考密克·迪尔国际收割机公司，成为美国如今著名的跨国企业。

（三）全面工业化时期的创新和企业家精神

1865年至1920年是美国全面工业化建设时期，企业家在美国社会中普遍受到尊重，成功的企业家（如卡内基）被认为是实现美国梦的代表，企业家精神得到自由释放，政府也积极实施培育企业家精神的各项举措，在土地政策、采矿和测绘，以及金融制度等方面提供支持，但后期的政府管制政策对企业家精神产生重要影响。

企业家们打破之前小规模企业的竞争状态，大力兴办新企业，并在大规模生产和分销、企业组织形式和技术发明重组等方面表现出强烈的创新和企业家精神。特别是铁路网的扩张及西部领土和资源被纳入全国经济体系，为社会创造出巨大的获利机会，美国人如饥似渴地抓住这些机遇。

内战的爆发使国债销售规模不断扩大，成就了著名的债券销售大亨杰伊·库克。1862年他创办自己的企业，后来成为投资银行家，以及美国金融业的主角，主导19世纪后期金融资源的配置方式。

在连续性生产技术领域，詹姆斯·杜克公司利用机械动力和自动卷烟机批量生产香烟，1890年成立美国烟草公司，不久该公司就控制了美国烟草90%的市场份额；"腌菜大亨"利·海因茨的腌制食品、坎贝尔的"金宝汤"在内战结束后引入市场，迅速赢得消费者认可。1837年威廉·普洛克和詹姆斯·甘布尔创建宝洁公司，运用机械化生产方式，达到较高的生产效率，并使用新型广告技术和营销手段。1887年，宝洁公司成为美国第一批制定利润共享计划的企业之一。

出身于普通家庭的古斯塔夫·斯威夫特在牲畜屠宰行业进行创新，1875年他运用流水线屠宰方式，加工分割各种肉类，然后用冷藏技术和冷冻车进行运输和销售。出于经营动机，斯威夫特充分利用猪牛身上的每个部位，开发出许多副产品，如胶水、肥料、牛肉膏和骨类制品，以及皮鞋、手套和棒球护具等，几乎可以实现百分之百的利用率，他曾自豪地说："我们利用了猪的所有部分，只是没能利用猪的呼噜声。"①

在机械设备和钢铁制造等领域，乔治·威斯汀豪斯对火车制动设备进行了很多改进和发明，1868年他发明的压缩空气制动器拯救了无数人的生命，1873年发明的空气制动装置应用于1万多辆火车和汽车，1886年成立西屋电气公司，制造控制交流电所必需的装置，并研发出一套变压器和发电机系统。安德鲁·卡内基于1861年投资钢铁业，1864年成立库克罗普斯钢铁公司。他精于管理变革，成功消除传统业主控制的组织结构与新型职业经理人管理的组织结构之间的差异，成为19世纪美国最伟大的"白手起家"的成功企业家。

在这一时期，钢铁、电力、化学和汽车等新兴产业涌现出无数的尖端发明，企业家们不断推动技术知识向前沿领域发展，并显著改变了美国社会的发展进程。众多的发明家提出新的技术理念，创办众多的新企业，以至于这段时期常被视为独立发明家和企业家发展的黄金时代。

南北战争结束后，美国南方地区也出现创新和企业家精神。1860年南方大约有3万家制造企业，1870年增加到5万家，1890年达到6万家。南方企业家往往从铁路行业起家，创建传统的制造业企业，从而引发建筑业的繁荣。19世纪80年代南方地区的铁路里程增长了108.6%，1879年至1881年铁路投资超过1.5亿美元。

邓恩公司在1865年至1879年间提供给弗吉尼亚州的贷款记录中包含了1000家企业的信息，其中220多家是由黑人经营的，南方地区出现了两位杰出的黑人企业家。一位是安德鲁·杰克逊·伯德，出身于奴隶家庭，后来他发明耕犁、旋转式蒸汽机和"珍妮耦合器"；另一位是伊利亚·麦考伊，他在77岁时改良气闸润滑剂并获得专利，并在1920年创办自己的公司。

在19世纪晚期的激烈竞争环境下，企业为了生存不得不努力跻身技术前沿。有的企业是通过购买或专利权许可来获得任何可能对其业务至关重要的专利发明，只有少数企业设立企业内部实验室，投入资金进行

---

① 〔美〕拉里·施韦卡特、莱恩·皮尔森·多蒂：《美国企业家：三百年传奇商业史》，王吉美译，译林出版社，2013，第154页。

技术研发，如通用电气公司和美国电话电报公司，不过效果没有达到预期，企业关注的是解决技术难题，关注点转向增量和适应性创新，而更基础和更具破坏性的创意受到抑制。事实证明，在整个20世纪独立发明者和小公司仍是激进的新技术创意的沃土。

这一时期的企业家精神也不都是正面的，新寻租机会随处可见。州和地方政府持续不断的经济干预鼓励寻租者利用公费来中饱私囊。如城市"机器"（政党）政治①体制中，"机器"与移民之间的共生关系中就出现相关的腐败丑闻。当联邦监管兴起后，能够"俘获"政府监管部门的大企业成为受益者。

但总的来看，美国人对企业家的态度还是敬重的，创新机会仍然向普通人开放。大量农民可以迁往那些敞开双臂热情欢迎定居者的西部新垦土地，探矿者到处寻找金矿或其他贵重矿物，发明者申请并获得成千上万项新技术创意专利，商人在新创企业将这些创意转变成具体商品（或设备），并不断扩大现存企业规模，金融家则创造各种新途径来满足企业日益增长的资金需求。该时期许多人都能实现显著的向上迁移，无疑是受到企业家精神的持久激励②。

（四）变革时代和电子化时期的企业家精神

在两次世界大战以及战后经济恢复发展时期，企业家精神面临不同于以往的外部环境，要打破旧的均衡状态，就要找到新的创业机会。

为政府的战争动员服务对大多数企业家来说是一次绝好的发展机会。老牌企业可以利用已有的技术优势参与政府的指导性生产计划，生产常规产品，或选择增加那些有明确军事需求的产品产量（可获政府补贴）。如橡胶工业的百路驰公司选择继续生产橡胶，固特异公司选择成为飞机制造商，以回应政府的国防计划。同时，备战也为知名的新进入企业创造大量机会。

面对大众消费时代，企业必须满足新的社会需求，为了吸引更广泛的

---

① 城市"机器"政治（"machine" politics）是指19世纪60年代在美国城市中兴起的政党政治，在19世纪末至20世纪初发展到全盛时期。

② 〔美〕戴维·兰德斯、乔尔·莫克、威廉·鲍莫尔编著《历史上的企业家精神——从古代美索不达米亚到现代》，姜井勇译，中信出版社，2016，第472页。

客户群体，以及同房地产和汽车企业抢夺居民消费支出，即使老字号企业也不得不改变其生产线，以创新为手段，加入设计等新的专业知识，并同客户建立新型反馈机制。不少企业行动起来，努力创新服务客户。

可以发挥企业家精神的行业，一是飞机、汽车制造，以及参与这两大新兴行业的基础设施建造商、原材料和零部件供应商；二是电气化行业，主要由电动设备、电影业及改变娱乐和广告业的电子消费产业等构成。无线电及衍生出来的电子设备和文化服务业（广播电视和广告业）无疑是高增长行业，是创业机会的最大来源，也是能够得到投资者青睐的行业。

推动这些行业发展（不管是在技术上还是在资金上）的企业家，如电气先驱者和大城市电力公司的公认领军者塞缪尔·英萨尔（Samuel Insull，1859—1938），已将其在一战前企业获得的收益用于新投资。在电视广告、电视机制造和唱片制作，以及代理权和维修服务等领域涌现出大量可以发挥企业家精神的机遇。美国饭店业（凯蒙斯·威尔逊）、快餐业（雷·克罗克）和音乐界（贝里·戈迪）等的新企业家悄然崛起。

30年代的经济大危机淘汰了不少经营不善的企业，面对长期经济萧条、生产率下降及其对失业的影响，企业家创新主要是如何自我调节，有意识地致力于企业的合理化和提升经营效率，主要发展逻辑集中于科学创新，即发明出能够重启经济发展的新产品。

二战期间，政府通过大型企业高效实现政府干预指导和最优化措施。成功的企业家和创业公司（采购企业家）必须善于与政客和政府采购官员打交道，充当政府供应商的大企业被称为"主承包商"，主要依靠政府研究合约支撑其研发项目，并将较小的项目转包给其他分包商。战时为政府的军事需要服务，使一些技术依赖型大企业（如通用和福特）扭亏为盈。拥有研发实验室的大公司，如西屋电气公司、通用电气公司和美国无线电公司等，则服务于战争需要的大型秘密科研项目①，贡献其工程和研究人员及项目管理专业知识，并为战后经济发展创造大量机会。

在战后和冷战时期（1945—1974），美国经历持续不断的国家动员，

---

① 如麻省理工学院的雷达项目、哈佛大学的无线电项目、芝加哥大学和洛斯阿拉莫斯市的曼哈顿计划等。

实现相对稳定的强调最优化的经济均衡。企业发展逻辑是最大化现有工厂产出，新的创业机会主要是在房地产开发①（军人复员返乡、社会流动和郊区化）、以全职家庭主妇为特征的核心家庭的消费需求（更多人拥有更多的可支配收入），以及处于增长的大众娱乐行业（更多人拥有更多的休闲时间）。

这一时期的企业家精神有其不同的形态，在许多行业，大企业与小企业之间形成新型的共生关系，涌现出不同类型的企业家，如具备国防相关领域专业知识和技能的技术型企业家，以及根据自己的研究项目创建新企业但往往仍保留大学教职的学院型企业家。对于这些新型企业家，政府赞助不仅提供必备资金和专门知识，还满足稳定、可预测且通常无关乎成本的需求。

战时政府部门、大学和私营企业形成的"三方架构"，在和平时期被果断地纳入军方的命令控制模式。服务于军方、政府机构和消费品市场的指定技术，通过一套后来被称为"大科学"的新型中介组织体系获得融资支持，科学界（科学家被视为学院型企业家）要继续优先服务于军事方面的优先事项，企业研究实验室是该新型创新体系中的一个重要环节。战前的企业研究实验室主要集中于工业和消费品行业，包括人造纤维、电话系统和照明设备，以及摄影和玻璃器皿等。在战后时期，国家工业科研能力的一小部分面向民用，相当大一部分则被配置到国防应用领域，美国国防部和军方各下属机构控制着研究议程。参与联邦政府心理健康计划的玛丽·斯威策（Mary Switzer）、重塑美联储的马里纳·埃克尔斯等被视为政府企业家②。

由于战争的影响，企业与政府结成利益共同体，大企业以政府承包商形式成为采购企业家，政府的角色是资助"大科学"研究。对大企业来说，创新并不是这一时期的重要优先事项，但军方所需的特定高科技企业及能将军事技术转化为民用产品的交叉行业企业除外，这一创新市

---

① 联邦政府提供的住房贷款使许多人第一次买得起房子，为住房建筑行业创造了大量创业机会，其中以大西洋中部地区的莱维顿镇和旧金山的戴利城最为突出，且在全美各地郊区随处可见。
② 〔美〕戴维·兰德斯、乔尔·莫克、威廉·鲍莫尔编著《历史上的企业家精神——从古代美索不达米亚到现代》，姜井勇译，中信出版社，2016，第486—499页。

场似乎是无穷无尽的。

个人和企业创新活动更狭隘地进一步聚焦于技术。但在所有设计技术领域，包括通信、电子产品、新材料和计算机技术等，采购企业家都有着诱人机会，特别是计算机和基于计算机的技术（即信息技术），渗透到各企业，对新进入企业和小型企业来说，创业机会最多的领域主要聚集在以计算机为核心的信息设备周围。

1948年至1953年是计算机行业发展的窗口机遇期。当时将计算机设备投入商业运作所需的资金数量足够小，以至于在那些能获得资金且已建立起分销网络的大型老牌企业抢得机遇和建立新产能之前，新进入企业就能在这一技术领域站稳脚跟。三类企业涉足新兴计算机产业，即电子公司、IBM公司和创业型初创企业。其中IBM公司还孵化了被其分拆出来的企业家，如曾多年担任公司销售主管的罗斯·佩罗（H. Ross Perot），他1962年离开IBM公司并创建自己的公司，即电子数据系统公司，该公司主要为政府机构提供数据处理服务。

冷战时期的许多高科技企业家都起步于某个主导实验室。在东海岸有与麻省理工学院携手的林肯实验室和贝尔实验室，以及美国无线电公司培养的企业家，聚集在波士顿128号公路的科技园区，开展集群创新。在西海岸的硅谷地区，在政府国防工业的带动下，高科技企业家从生产电子元件的无线电业余爱好者起家，创建诸如生产微波管的硅谷公司、仙童半导体公司和英特尔公司等高科技企业，成为另一个科技研发和制造中心。位于硅谷的施乐公司设立的帕洛阿尔托研究中心（PARC，1970），是一个肩负长期特殊任务的公司实验室，成为重启美国创新体系的重要机构和高科技企业的"孵化器"，孵化出诸如奥多比（Adobe）、苹果和微软等创新型企业。

这一时期，由于联邦政府的非军事机构（如社会保障机构、国内税收机构、美国宇航局等大型机构）的数据处理系统呈扩张之势，它们也获得了和平时期采购企业家迫切需要的巨额投资。大部分科研项目需要高科技公司完成，使其获得源源不断的资金支持，创新活力得以激发出来。

（五）信息化和数智化新时代的企业家精神

20世纪70年代后经济"滞涨"、以放松管制为特征的新自由主义改革,以及全球化和信息化的蓬勃发展趋势,为美国企业家和个人创造了大量可以发挥企业家精神的机会。

创业发展的硅谷模式被视为美国私人企业家精神的象征,直到80年代仍与斯坦福大学一起为军方业务提供服务,高科技企业备受投资者青睐。原来在大企业工作,或在大企业实验室从事科研工作的科学家威廉·休利特和戴维·帕卡德(惠普公司创始人)、史蒂夫·乔布斯和史蒂夫·沃兹尼亚克(苹果公司创始人)、保罗·艾伦和比尔·盖茨(微软公司创始人),以及迈克尔·戴尔等,因为不满原公司官僚气氛,开始出走创建企业,为新兴高科技企业树立了榜样。

80年代后个人电脑问世,比尔·盖茨和史蒂夫·乔布斯等人引领个人电脑革命,杰夫·贝佐斯则利用互联网打造全新的商业模式。英特尔公司是这一代最成功的创业公司之一,事实上其创始人就以极不寻常的方式来组织研发活动,他聘用了许多博士,却把他们分派到生产一线,并在公司所有业务部门设置研究机构。

一些老牌公司在非军方技术领域仍扮演着创业公司的角色。如明尼苏达矿业与制造业公司(3M公司)以通过鼓励研究人员成为公司体系内的企业家,而给市场带来大量新产品著称于世;以"惠普之道"著称的惠普公司,通过保持较小的业务单元,并将大量权力下放给上进心强的年轻经理人,来鼓励创造力和新形式的公司创业;康宁公司引进各种各样基于玻璃配方和专利工艺相结合的颇具技术挑战性的新产品①。

"婴儿潮"一代不断抵制大公司的科层制和越来越疲弱的安全保障及产品的千篇一律,喜欢小生产商的多样化,以及进口产品和放松管制产业的低价格,同时还要求更大程度的社会监管,如清洁饮用水和清新空气、消费者保护、产品安全和各种各样的环境监管。对此联邦政府削减军方研发经费,并将政府管制转向能源和生活方式等方面,把监管体系的重点转向卫生、安全和公平就业机会。航空、通信和公用事业等领域也在放松管制后吸引到大量创业企业,如微波通信公司和西南航空公司很快就向在位的行业领导型企业发起挑战,并凭自身实力把握发展机

---

① 〔美〕戴维·兰德斯、乔尔·莫克、威廉·鲍莫尔编著《历史上的企业家精神——从古代美索不达米亚到现代》,姜井勇译,中信出版社,2016,第511页。

遇，跻身行业主导地位。同时电信业的放松管制也催生一批新的供应商。

企业家的创业机会随信息技术成本的持续下降及向更小民用领域的普及而不断涌现。在基于计算机的新信息技术组合方面，也产生许多有待企业家开发的崭新应用领域。

80年代后美国政府实施的三方面重要举措给创业者提供了越来越开放的创新环境，释放了越来越大的企业家精神施展的范围。

一是国会要求政府实验室和私营企业一同分享其技术发明，这样就使基于新兴生物科学、新材料及高级软件和信息学等技术应用形式的创业机会越来越向大众开放。

二是冷战结束后，政府解密较多非常规武器技术，包括数据库技术、动画和游戏的计算机成像、超级计算机、卫星技术和航天器等，这些解密的技术随时可依托创业企业实现商业化运作。这是一个非常大的创新机会，经验丰富的企业家都能看到这一点。如曾被苹果公司解雇的史蒂夫·乔布斯就依托其中的一些技术创立新公司内克斯特（Next）和皮克斯（Pixar）。

三是长期以来被隔绝在政府实验室里的技术，连同许多相关领域富有进取心的研究人员和专业知识一起对私人投资者开放。

此外，受益于对非军方研究项目不断增加的联邦资助，农业、药物、疾病研究、制药工业、生物技术、基因工程和医疗设备等成为新的创新领域，不少新创企业设立并成长起来。如基因泰克公司（Genentech）和安进公司（Amgen）等生物科技初创企业很快成长为制药业的主要参与者；赛雷拉基因公司（Celera Genomics）和克雷格·文特尔公司（Graig Venter）等都是由学院型企业家建立的。

同时，创业企业的开放软件运动促进美国创新体系的形成。如施乐公司无偿授权的以太网标准、IBM公司生成的个人电脑软件的开放代码方法，以及美国在线（AOL）、苹果、亚马逊、易趣、思科和谷歌等企业的软件开放行为等。

21世纪以来美国企业和企业家开始引领数字经济和人工智能的新发展浪潮，苹果、亚马逊、Alphabet（谷歌母公司）、微软、IBM、英特尔、惠普、脸书（元宇宙）、思科、甲骨文、特斯拉和英伟达等大型美国高科技企业，正在引领信息技术、大数据、云计算、人工智能、空间技术和软件等方面的技术创新。

创新是美国企业家非常鲜明的品质，美国企业家群体是多样化的，具有各种背景，有接受过高等教育的，有的只是贫穷的移民，大多数是白手起家，因此很难下一个笼统的定义。但是生产型企业家精神才会推动经济增长和生产率的提高，而非生产型企业家精神对经济贡献不多，甚至会抑制经济产出，但非生产型企业家精神有时会有助于企业家社会地位的提升。在美国企业发展史上，各种企业家类型都不同程度地存在，但只有生产型企业家、创新型企业家才是经济社会的重要推动力量。

二 企业创新发展与产业迭代变化主要特点

200多年来，在三次科技革命的技术创新驱动下，在工业革命的不同阶段，不同产业依次更替发展和演变，不同行业的企业先后兴起和发展，形成独特的美国式企业发展路径。

（一）先有企业后有国家与政企间的互动性

与欧美国家不同的是，美国是先有企业，后有国家，欧美国家特许经营的殖民探险企业成为美国社会的主要奠基者。在殖民地建立后，再由殖民者个人或家庭根据当地的资源禀赋，从满足当地人们的生活和生产需求出发创建各种商贸企业、农场、手工作坊和矿产开发企业等。

美国企业兴起于殖民地时代的商贸企业，经历独立战争和早期工业化时期的草创发展、19世纪60年代后开始的全面工业化建设时期的蓬勃发展阶段，在20世纪初发展成为实力超强的垄断大企业。在第二次世界大战结束后的第三次科技革命中，美国企业在新兴的电子化、信息化和数字化产业领域开始一轮又一轮的技术创新，引领企业经营、产业发展和经济增长的方向。

在此长期演进发展过程中，形成政企之间的密切互动关系，以及利益共同体。政府需要企业为其制定的各项政策提供服务，并为企业（尤其是幼稚产业的企业）发展提供各方面支持和保障，而企业也确实需要政府提供的各种资源和良好的创新和营商环境。

政府影响企业发展的方式多种多样，其中比较有效的包括订单采购、财政补贴、研发投入、科研项目、引导政策，以及制定法律法规、实行政府规制和直接干预等。而企业会根据自身情况和实力，选择以合适的方式与政府建立长期的合作关系。其中战争[①]和出现重大国际事件（如冷战）时期的政企关系是最为密切的，参与的企业都能获得最大利益，许多新兴科技也是在战争中研发出来的。

在这个政企共同体中，有时政府的行为像企业，有时企业的行为像政府。因此企业家具有多种类型，包括政府型企业家、采购型企业家、创新型企业家、学院型企业家和技术型企业家等。企业家是经济中的决策者，这个群体不仅包括传统的企业主经营者和新近出现的纯管理者阶层，也包括队伍不断壮大的政府官僚和技术专家。

（二）技术和产业迭代与企业形成的交互性

创新性是不同时期美国各类企业的共同特点。创新就是改变资源的产出，以及改变来自资源而且被消费者所获取的价值与满足[②]。尽管熊彼特式企业家不一定拿自己的金钱冒险，但开创企业天生就是一种冒险活动。

在三次科技革命中，美国企业都是科技创新的主体，每个企业的兴起和生存都有其独特的新技术，同时不断创造出更多新技术，充分体现熊彼特所谓"创新"的含义，即打破企业原来没有发展的生产"循环运行"的均衡，建立一种新的生产函数（新组合），不断地从内部革新经济结构。企业不断开发新的产品，采用新的生产方式，开辟新的市场，找到新的供应来源，处于一种垄断地位等，因此，技术创新、产业迭代与不同时期企业的发展形成交互性影响关系（见表12-1）。

[①] 美国历史发展过程中的重大战争包括独立战争（1774—1781）、第二次英美战争（1812—1815）、南北战争（1861—1865）、美西战争（1898）、两次世界大战（1917—1918、1942—1945）、朝鲜战争（1950—1953）、越南战争（1961—1975）和海湾战争（1991）等。

[②] 〔美〕彼得·F. 德鲁克：《创新与创业精神》，张炜译，上海人民出版社，2002，第40页。

表 12-1　技术创新、产业迭代与不同时期的企业类型

时期	技术创新	主导产业	企业类型	代表性企业
前工业革命时期（1774年之前）	传统商业技术、农业耕种技术	农业、商业	特许经营企业私人企业	伦敦公司、弗吉尼亚公司、哈德逊湾公司等
第一次科技革命第一次工业革命（1774—1865）	机械化（纺织、铁路技术、机械制造技术等）	纺织、机械、交通运输、金融服务业等	业主制企业合伙制企业特许经营法人企业	斯莱特纺纱厂、波士顿制造公司、杜邦公司、花旗银行、巴尔的摩—俄亥俄铁路公司、伊利铁路公司等
第二次科技革命第二次工业革命（1865—1945）	电气化、铁路、电报、石化和制药技术	铁路、电报电缆、钢铁、化学和制药、电气和电器制造、汽车等	股份制企业垄断大企业	美国烟草、美孚石油、美国钢铁、西屋电气、通用电气、福特汽车、波音公司等
第三次科技革命第三次工业革命（1946—2000）	电子化、信息化、微电子技术、半导体技术、计算机技术、航天技术、核能技术等	电子、半导体、计算机、信息化产业	新创企业股份制企业大规模企业	惠普公司、IBM公司、英特尔公司、微软公司、苹果公司、谷歌公司、甲骨文公司等
第四次科技革命第四次工业革命（2001年至今）	人工智能、大数据、数字化技术、区块链、5G和6G通信技术等	信息和数据、人工智能、云计算、区块链、5G通信、数字经济	新创企业股份制企业大规模企业	脸书（元宇宙）、思科、亚马逊、Space X、特斯拉、英伟达等

注：本表是作者根据本研究成果的主要内容而制作。

表 12-1 显示，在五个不同历史时期，技术创新和产业迭代是推动企业从机械化、电气化、信息和电子化到人工智能阶段的发展演进的两个主要因素。

在第一次科技革命中，技术创新是推动力，蒸汽机、机械纺织、铁路技术和工厂制度等都是由英国企业家和发明家创造的，美国企业没有赶上技术的原创发明，重点是模仿和应用技术创新成果，兴起纺织、机械制造、交通运输和金融服务等行业的众多代表性企业，如塞缪尔·斯莱特在罗得岛州创建的具有先进技术的纺织工厂、洛厄尔在马萨诸塞州成立的波士顿制造公司等。

在机械制造领域，在既有技术条件下，发明家惠特尼创造零部件可互换、标准化和大规模生产方式，尽可能节省劳动力，最后形成具有美国特色的制造体系。后来美国制造体系应用到很多行业，包括轻型机械制造、重型机械制造、高精确度机械制造等，并在汽车制造中得到推广

应用，成就了汽车制造业中的福特、通用和克莱斯勒等企业。

在第二次科技革命中，后发追赶型工业化国家美国成为技术创新的主导国家之一。电力和汽车技术虽不是美国人发明的，但在电气化制造、电力应用、汽车制造、化学和制药等高新技术领域，美国企业家和发明家走在技术创新前沿，取得突破性的创新成就。

在钢铁、石油、橡胶和汽车等行业，美国企业一般采取先行者的发展战略。先行者通常要创造强大的进入壁垒，然后确定它们的战略边界，这些企业多半是多元化生产商。而先行者通常借助规模经济和范围经济获得的利益来降低成本，由此创造进入壁垒。

在化学品生产领域，在挑战欧洲已有竞争者过程中，美国企业很快取得创新技术优势；新产生的科技产品都建立在化学科学和工程学的新学识基础上，美国大多数化学品制造公司在这些新产品的商品化过程中是先行者和第一推动者。如20世纪初，在制造新型烈性炸药技术和产品开发方面，杜邦公司成为世界范围内的先行者和美国的领导型企业。在应用新的电解技术从盐水中提炼生产氯化钠、合成氯和工艺过程开发方面，道化学品公司成为美国第一推动者，美国氨基氰公司则是采用德国许可授权的先进的电解工艺制造氰化物的首家美国公司，孟山都公司在合成食品和香料产品等更为专业化的有机物研发方面奠定美国企业的学习基础，而传统行业企业和中小企业大多采取追随者的发展战略。

电气化时代技术创新的代表企业，如通用电气公司、IBM公司、福特汽车公司等成为这一轮科技革命的集大成者。其中通用电气公司在50年代之前取得的重大技术发明有电扇（1902）、水轮发动机（1918）、越洋无线电系统（1918）、便携式X光机（1920）、涡轮增压器（1921）、磁控真空管（1921）、美国第一套家用电视（1927）、美国第一个喷气式发动机（1941）、第一套飞机自动驾驶系统（1943）和J47喷气发动机（1949）等。

1957年通用电气公司在能源开发领域处于领先地位，建立世界第一家核电厂；在60年代美国实施的阿波罗登月计划中，通用电气公司有6000多名员工为其努力工作；1971年通用电气公司制造出世界上第一个可便携的空调；通用电气公司研发出西格玛磁共振成像技术，以及利用计算机断层扫描的身体检查设备，使人体成像更加快捷和安全。

在第二次科技革命中，新的生产技术改变了烟草、谷物、威士忌、糖、植物油及其他食品的加工方法；化学技术创新带来石油精炼，以及金属和原料生产的革命，带来全新的化学工业，可以生产人造染料、纤维和化肥；内燃机技术带来机器制造业（轻机器如缝纫机、农用和办公机器，重机器如电梯、冷冻设备、印刷设备等）的大发展；石油输送管道技术的采用给美国企业带来潜在成本优势，标准石油公司花巨资投资管道建设，最后标准石油联盟发展成为石油托拉斯组织。

在第三次科技革命中，美国企业在计算机、半导体、信息化和数字化技术领域占据技术领先优势，惠普、英特尔、苹果等科技大企业成为其中的佼佼者。在90年代兴起的科技型企业中，谷歌、亚马逊、脸书等互联网企业成为重要代表企业。这些不同科技革命时代兴起的企业，都成为技术创新的主体，引领产业的迭代更新和发展方向，帮助美国建设成创新型国家，发展由高新技术创新驱动的创新型经济。

在第四次科技革命中，美国企业进一步引领智能化工业4.0的技术创新。2012年美国启动"先进制造业国家战略计划"（再工业化），提出发展先进生产技术平台、先进制造工艺及设计与数据基础设施等，核心是通过信息技术来重塑工业格局，激活传统产业。从CPU、系统、软件、互联网等信息端，通过大数据分析等工具自上而下来重塑制造业，与德国从制造业出发，利用信息技术等自下而上改造制造业的思路有所不同。近年来美国互联网和ICT业巨头与传统制造业领导厂商携手合作，如美国通用电气公司、思科、IBM公司、美国电话电报公司、英特尔公司等80多家企业成立工业互联网联盟，计划重新定义制造业的未来，并在技术、标准和产业化等方面做出一系列前瞻性布局，重心是工业互联网，而谷歌等高科技企业则向机器人、无人驾驶、新能源汽车等领域渗透。

在技术创新、产业迭代与企业演进过程中，很难分清其中的先后因果逻辑关系，双向互动和多频共振是常态，发展新产业并不是要淘汰旧产业和传统产业，而是找到每个产业应有的位置，完成产业的自我更新换代。

（三）企业和新技术与产业和企业的迭代性

一项新技术的发明往往就是创业企业的起点，如：铁路、汽车和飞机技术的发明推动了现代交通运输业的波浪式发展，造就了无数大型现代企业（如纽约-伊利铁路公司、宾夕法尼亚铁路公司、福特汽车公司、通用汽车公司、波音公司，以及众多的航空运输公司等）；电报、电话和无线电技术的发明，成就了西联电报公司、美国电话电报公司、美国无线电公司和美国广播公司等企业；电气化技术的发明使美国通用电气公司、西部电气公司和IBM公司等成为制造业的核心企业；计算机和电子信息技术的出现更是使一批明星级的企业（如惠普公司、英特尔公司、微软公司、苹果公司等）成为推动社会进步的主要力量；互联网、大数据、人工智能技术的兴起，使一批更新的高科技企业（如思科、雅虎、谷歌、亚马逊和脸书等）迅速成长起来。这些拥有硬核技术的企业，成长于技术创新，又推动技术创新，成为新技术研发的集合体、美国重要的经济主体。

实际上，一部美国企业演进发展史就是美国技术创新的发展史，也是产业动态更替的发展史，是美国工业化和经济发展的缩影。在不同历史时期，美国企业发展的重点领域不同，主导产业也会随着企业发展演变和时代变迁更替。

在殖民地时期，商贸企业、农场和家庭手工业是经济主体，万能商人敢于冒险，承担商业活动中的不确定性，发挥社会资源配置的重要作用，农业和商业是当时的主导产业；在工业化早期阶段，万能商人逐步被实业家所替代，实业家引领产业发展方向，关注的是收费公路、运河、航运和铁路建设，以及金融、西部大开发和商贸服务领域的投资机会，纺织、机械制造、交通运输、农业，以及金融和商贸服务业成为主导产业；在电气化阶段，电气制造业、石油、化学和制药等成为主导产业，而传统制造业和交通运输业也在新技术条件下继续发展；在电子化和信息化时代，创造出以消费电子、计算机、半导体和软件为核心的主导产业，推动美国形成创新驱动型经济发展模式；在工业4.0发展阶段，美国企业继续探索高科技和关键性技术，把人工智能、云计算、大数据、智能制造和数字经济塑造成未来的主导产业。

经济发展具有动态更替性，主导产业更替过程也推动了产业结构的变化。在19世纪中后期之前是农业、制造业和服务业的产业结构（即一二三结构）。1869—1878年，第一产业占50%，第二产业占36%，第三产业占 14%；1884 年后美国工业净产值开始超过农业净产值；1900 年美国基本完成工业化；1920 年前后，工业人口超过农业人口。

20 世纪 50 年代后逐步形成制造业、农业和服务业的产业结构（即二一三结构），50 年代后第一、第二产业在 GDP 中的占比不断下降。其中第二产业占比 1947 年为 25.6%，1957 年为 26.9%，1967 年为 25.2%，1977 年为 21.6%，1987 年为 17.1%，而对应年份第一产业占比分别为 8.2%、4%、2.7%、2.5% 和 1.7%，第三产业占比分别为 10.4%、13.1%、14.2%、15% 和 17.7%[1]。90 年代后三二一产业结构更为突出，第一产业占 GDP 比重 1992 年为 1.6%，1995 年为 1.3%，1997 年为 1.3%，2000 年为 1%，对应年份第二产业占比分别为 15.7%、15.9%、15.4% 和 14.5%，第三产业占比分别为 18.6%、18.7%、19.2% 和 19.7%[2]。

美国企业的技术创新也是从模仿和"偷学"开始的，但并没有止步于此，而是结合美国资源禀赋和交通运输等的具体情况，走具有美国特色的自主性技术创新道路，然后在此基础上，加强突破性和颠覆性的技术创新，最后在第三次科技革命时期走上原创性技术创新和引领式技术创新道路，成为世界各国新兴技术创新和应用的领先国家，并不断推动美国产业更新换代，增加经济发展中的高新技术含量。

在工业 4.0 发展阶段，美国产业发展的重点是工业互联网所涉及的基于机器、设备、集群，以及网络而构建的广阔物理世界，引领一场工业互联网的革命，而工业互联网主要涵盖工业智能机器、高级分析和工作人员三大领域[3]，传统的和新创的高科技企业都会加入这一新的技术创新浪潮之中。

---

[1] Robert E. Yuskavage and Mahnaz Fahim-Nader, "Gross Domestic Product by Industry for 1947-86 New Estimates Based on the North American Industry Classification System", *Survey of Current Business*, December, 2005, BEA, p.71.

[2] Robert E. Yuskavage and Yvon H. Pho, "Gross Domestic Product by Industry for 1987-2000 New Estimates on the North American Industry Classification System", *Survey of Current Business*, November, 2004, BEA, p.38.

[3] 纪成君、陈迪：《"中国制造 2025"深入推进的路径设计研究——基于德国工业 4.0 和美国工业互联网的启示》，《当代经济管理》2016 年第 2 期，第 50—55 页。

（四）企业发展的垄断性与多元化和国际化

列宁认为，美国是典型的垄断资本主义，形成众多垄断性大企业。1900年垄断企业数量为185家，1907年是250家；垄断大公司在1904年占美国企业总数的23.6%，1909年占比为25.9%；1904年和1909年，垄断企业就业人数分别占工人总数的70.6%和75.6%；1904年和1909年，垄断企业产值分别占美国总产值的73.7%和79%[①]。

1882年标准石油托拉斯合法成立后，1900年组成煤油托拉斯，资本总额达到1.5亿美元；1882—1907年，盈利总额为8.89亿美元。托拉斯模式成功运作后被其他企业所模仿，如1884年组建的美国棉油公司，1889年其生产部分组成7家炼油厂，收购4家肥皂厂、4家油脂厂、50家轧棉厂、52家原油厂，沿铁路线拥有广泛收购网络，业务延伸到运输车队。到1890年，该企业的分销网络扩展到海外市场，产品涉及棉籽油、牲畜饲料和肥料，以及食物油、黄油、洗衣粉、肥皂等，成为一家全业务及一体化的大型垄断企业[②]。1901年组建的美国钢铁公司，员工超过21万人；1902年生产960万吨钢，其钢产量占美国全部钢产量的56.1%；其矿石开采量1901年占美国全部开采量的43.9%，1980年占46.3%[③]。

其他先后组建的托拉斯包括：1885年组建的国家亚麻籽油托拉斯，1920年被解散；1887年组建的美国国家铅业托拉斯，控制着美国80%的白铅、70%的红铅、60%的酸、15%的亚麻籽油的市场；1887年组建的美国糖业托拉斯；80年代组建的美国威士忌托拉斯；1903年组成的酒类产销一体化企业；1887年组建的美国畜牧业托拉斯；1890年组建的国家绳业协会。

在投资银行家主导下，通过大规模企业并购活动，美国组建更多大型垄断企业。1890年至1917年共合并组建278家资产规模达到2000亿

---

① 《列宁选集》第一卷，人民出版社，1972，第745—748页。
② Alfred D. Chandler, Jr., *The Visible Hand: The Managerial Revolution in American Business*, Harvard University Press, Thirteenth Pringting, 1995, p.326.
③ 《列宁选集》第一卷，人民出版社，1972，第746页。

美元的大型企业①，有236家是制造业和加工企业，其中173家集中在六大产业，包括金属原料（39家）、食品（36家）、交通运输设施（29家）、机械制造（24家）、石油（24家）和化学（21家）。20世纪初美国垄断大企业得到迅速发展，主宰和控制了美国主要产业的生产和销售活动，从而改变了企业组织和经营模式，以及财富创造和分配方式。

这些垄断大企业具有超强控制能力，开创了美国大企业时代，成为技术、能源、资本和管理密集型企业，并与影响其变革的技术和产业形成良性互动关系。由职业经理人管理的多部门大企业，大部分是垄断企业，且持续营业至今，对美国经济、政治、社会和企业管理理论等产生深远影响。

到20世纪末期，美国最大的公司中几乎有一半是创立于1880年至1930年的垄断企业。90年代中期美国世界500强企业中，19世纪80年代成立的有53家，90年代成立的有39家，20世纪初成立的有52家，1910年至1920年成立的有45家，1920年至1929年成立的有58家②。21世纪以来其中一些大型垄断企业（如通用电气公司、IBM公司、波音公司等）仍继续活跃在第四次工业革命中。

采取多元化经营的企业一般都是垄断大企业，它们集规模化、一体化、多职能和集权化管理于一身，普遍利用范围经济优势，其内在激励因素是企业的主要职能单位在生产、经销和研发方面具有范围经济能力，代表当时企业组织的发展趋势。多元化经营战略分为相关多元化和非相关多元化两种。前者与市场或技术有关，管理结构属于多部门结构；后者跨行业、以弱势参与竞争，这些企业不能从相关的规模和范围经济中获得利益。

美国垄断企业的多元化经营基本上集中于食品、化学，以及机械制造领域的领头公司，它们通过海外投资和介入相关产品生产经营来扩张。如生产具有商标包装的食品和消费化学制品（如肥皂、涂料、药品及类似产品），以及烟草产品的企业，更多依赖广告宣传，较少依靠具体产品

---

① Alfred D. Chandler, Jr., *The Visible Hand: The Managerial Revolution in American Business*, Harvard University Press, Thirteenth Pringting, 1995, pp. 332, 346.
② 〔美〕托马斯·K.麦克劳：《现代资本主义：三次工业革命中的成功者》，赵文书、肖锁章译，江苏人民出版社，2006，第347页。

营销服务和流通设施，在生产、营销和管理方面的投资比其他行业要小，容易进行多元化经营。

采取多元化发展战略的企业需要在公司总部建设一支有经验的管理团队，他们能为若干个产品系列进行监测和分配资源，导致企业管理结构的变化。这些企业多采用多部门的组织管理结构。一个部门负责一个产品系列，或在一些情况下负责一个地区的生产和销售。这种经营模式为企业提高了经营效率，为产业的合理化调整，以及新型的资本密集型产业结构的建立奠定了基础。

国际化是企业在地理上扩张的一种经营战略，主要是为了打入远方的市场，为企业继续利用其竞争优势提供相关途径。当然还要考虑到在其他国家扩大市场份额，降低生产成本，包括生产初级和中间产品的成本，运输、销售、关税和其他管理的成本，并在那些市场上销售自己的产品。

20世纪初之前，美国企业主要立足于国内市场，1914年垄断企业开始进行海外投资和拓展国际市场，开始实施国际化发展战略，这是从国内垄断向国际垄断的延伸。在美国垄断企业中，具有大规模生产能力和竞争优势的领先企业首先走出国门，如缝纫机、办公用的计算机、农业机械和汽车等行业的大企业；具有比较竞争优势的电梯和印刷机制造等行业的先行者企业，则先在国外市场经销，然后进行本地化生产。这些企业利用管理职能专长和组织能力，把销售组织先是延伸到欧洲，紧接着延伸到欠发达工业地区。到1914年几乎2/3的美国前200家垄断大企业都是通过在国外建厂来支撑其营销组织的，如食品加工、烟草、石油、橡胶、化学、纸张、玻璃和金属制造等行业的企业，通过产销一体化很快就发展成为具有比较竞争优势的跨国企业。

美国企业善于利用范围经济效应，实施多元化和全球化经营布局。钱德勒认为，企业的规模经济反映了通过公司的综合学习基础使某种产品商品化的速度和容量（总通过能力）增加，单位成本下降；而范围经济或者联合成本指的是对一个以上产品系列使用相同的材料、设备、人员和知识，同时总通过能力从研究与开发向生产、营销和分配移动[1]。

---

[1] 〔美〕小艾尔弗雷德·钱德勒:《塑造工业时代：现代化学工业和制药工业的非凡历程》，罗仲伟译，华夏出版社，2006，第10页。

20年代后美国企业扩张和发展主要依赖技术、资本和管理等核心要素，多元化和国际化是美国大型垄断企业获得全球竞争优势的主要战略，如汽车、电气、零售连锁店和快餐连锁店等行业的多部门垄断企业一直注重全球化布局，在世界各地开设分支机构，实施跨国经营模式。

（五）企业组织制度变革的法人化与分权化

随着企业规模的扩大，以及经济环境的变化，企业组织也会改变。在现代企业发展过程中，企业组织形式演进大都沿着从业主制、合伙制，到股份公司制和综合大型企业的路径发展，美国企业组织的发展也不例外。

直到1840年，无论是商业企业还是制造企业都普遍采用业主制和合伙制，在木材和金属加工业、采矿业、印刷和建筑业等生产领域基本是单一部门的小企业，且大都采取专业化生产模式。企业规模不大，且都是个人或家庭经营，业主制和合伙制企业通常也是家族企业，是当时主要的企业组织形式。最有影响的合伙企业就是那些从事跨国经营的家族企业，如新英格兰地区的布朗家族、宾夕法尼亚州的潘恩家族等。企业所有者就是管理者，而管理者就是企业主自己。尤其是农业领域，大部分的经营主体都是小型家庭农场，1938年美国家庭农场数量多达680万家。后来数量不断减少，到1974年下降到230万家，但到2002年仍保持有210万家，2003年销售额小于1万美元的家庭农场占农场总数的57.2%[①]。

美国联邦政府成立后，授权州政府给商业经营主体颁发特许经营执照，产生一大批特许经营的股份制企业。1790年就已出现40家公司，此后每10年数量都有增加。一般而言，每张特许状都是州立法机构制定的专门性法案。但从1811年起，纽约州通过无须专门合法特许状就可注册成立制造业相关领域公司的通用规则，到19世纪中叶，美国绝大多数州已颁布注册一般性公司的法律，设立企业相对简单，但直到19世纪70年代一般性公司都没有盛行开来，不过这种公司的法人资格是得到确

[①] 〔美〕詹姆斯·W.布罗克主编《美国产业结构》，罗宇等译，中国人民大学出版社，2011，第6—7页。

认的。

19世纪末20世纪初,美国各州不断简化组建公司所需的申报条件,并对公司的合法行为施加越来越少的限制。如新泽西州在1888年通过一部更宽松的普通公司注册法,该法律允许某公司持有其他公司的股票。在其他州,大型企业不得不采取信托等手段来合并企业。在这场公司特许状竞争中,某些州政府为了获得更多的颁发特许状的行政收入,纷纷颁布更为宽松的法律,特拉华州最终成为这场"贩卖"特许状竞争的赢家[1]。在此背景下,19世纪90年代后企业产权形式发生重大变化,股份公司大行其道。股份公司分为私人股份制和公众股份制两种,其中一些股份公司出现少量的领薪职业经理。

交通运输行业的铁路企业是较早采用公司制的企业。其主要原因是铁路公司规模比较庞大,其建设所需要的巨额资金也绝非单个企业家、家族或合伙人的小集团所能够承担的。所以铁路公司从一开始就采用股份公司形式。不过最初的铁路公司与一般企业一样,其内部经营权与所有权是合二为一的。公司治理都是由大股东或其代理人控制,如巴尔的摩-俄亥俄铁路公司成立之初,首任总裁和财务主管分别是公司的两大股东,即巴尔的摩银行家菲利浦·托马斯和乔治·布朗。在电报和电话行业,公司制形式也由来已久,如西部联合公司就采取公司制形式建立全国性的商业组织系统,在很长一段时间里都是美国最大的商业组织之一。

股份制所具有的组织和竞争优势,使其成为后来企业经营发展的主流模式。19世纪末期,在股份制基础上,美国企业开始向大型化和综合化方向发展,出现卡特尔、托拉斯和控股公司等组织形式。

开始时每个企业都试图利用价格优势打击对手,并以损害对手的方式增加自己的市场份额。随着企业间的影响和依赖程度的提高,价格竞争受到较大限制。许多企业试图通过共谋形式来抵制削价的尝试也未能成功,这些企业不得不走上正式合并和收购的道路。但价格联盟形式的卡特尔只是暂时的,而托拉斯形式又受到美国反托拉斯法的限制,只能是权宜之计。因此必须把各成员公司合并成为法律所承认的单一实体

---

[1] 〔美〕戴维·兰德斯、乔尔·莫克、威廉·鲍莫尔编著《历史上的企业家精神——从古代美索不达米亚到现代》,姜井勇译,中信出版社,2016,第454页。

（控股公司）才能达到竞争效果。

19世纪末20世纪初，美国企业发生的兼并浪潮席卷制造业中的大多数企业，它们纷纷转而采取公司制组织形式，尤其是控股公司，以及高度集中和企业联盟模式。在企业合并浪潮下，各行业都形成不少大型垄断企业或企业集团，并在接下来的数十年中长久地支配着企业的发展。法人股份制是企业向现代大型工业企业转型的重要途径，股份制企业成为超越个人生命的企业组织形式，也是美国企业的主要组织形式。

美国企业内部管理制度的演变体现了从集权到分权的发展过程。从1790年至19世纪40年代，美国工商企业、金融企业和交通运输企业开始从传统单一部门的企业组织形式，即U型企业向专业化经营转变。

U形结构是美国农业社会的主要组织形式，万能商人就是企业主，或充当企业主的资金提供者，其对应的企业产权形式是业主制或合伙制，所有者就是经营者，往往规模较小，企业内部分工不是那么明确，权力集中于业主，这是一种集权式的管理制度。

专业化企业的出现结束了带有个人色彩的万能商人的统治地位，代之而起的是中间商人，如进出口商、批发商、拍卖商、银行出纳人员、保险业人员和经纪人等，整个商业获得都是这些中间商、运输商和金融家完成的。他们都专于某种货物的运输或资金借贷，专业化更强，效率更高。诸如商人银行、公司制银行、保险公司、收费公路、运河公司、海运公司和货运公司等都属于专业化企业。

专业化企业依赖市场机制来协调物品和服务的生产和分配，这种市场协调功能在19世纪40年代是不断提高的，但贸易和商业扩张及专业化并没有带来根本的制度创新。在1840年至1880年，由于铁路修筑的快速发展、电报和电话技术的发明和应用，以及无烟煤的开采和使用，以市场协调机制和中小企业为主的传统经济平衡被打破。1850年后全国交通和通信网络的基本完成加速市场扩张，蒸汽动力取代自然动力和畜力，美国企业发展和管理制度出现新变化。一些大型工商企业开始雇用领薪经理，而铁路企业开始采用层级管理模式。后来铁路企业的管理模式被很多行业的企业所效仿。

19世纪末20世纪初，美国企业组织出现H型结构（Holding Company），这是从传统单一部门和专业化经营转变而来的重要形式。H型结构即控股公司结构,严格来说并不是一种新的企业组织结构,而是企业集团的组织形式,是企业合并运动中出现的一种新型组织结构。这类企业持有子公司或分公司部分或全部股份,下属各子公司具有独立法人资格,是相对独立的利润中心。

控股公司依据其所从事活动的内容可分为纯粹控股公司和混合控股公司。纯粹控股公司是指只掌握子公司的股份,支配被控股子公司的重大决策和生产经营活动,而本身不直接从事生产经营活动的公司。混合控股公司指既从事股权控制,又从事某种实际业务经营的公司。H型结构中包含U型结构,构成控股公司的子公司往往是U型结构。这是在19世纪末20世纪初美国企业横向联合和合并浪潮中采用的组织结构,但不能被一般企业所采用,只能是过渡性组织结构。

从20世纪初到20世纪20年代,大型垄断企业开始探索分权式管理模式。如杜邦公司建立自治分部式管理结构,通用汽车公司探索事业部制的分权管理模式,新泽西标准石油公司建立多分部的分权组织架构,西尔斯·罗巴克公司建立渐进式分权管理体制,从而完成企业管理制度从集权向分权过渡的重要环节。其中通用汽车公司的事业部制M型组织结构,最具有代表性。M型组织结构是一种矩阵式的组织结构,类似美国联邦制的分权管理模式。

在M型组织结构下,通用汽车公司的每个部门都设有材料处、制造处、工程处、销售处以及市场营销处,这些处是各部门完成自给自足的业务过程所必需的。公司首席执行官及其顾问的职责是为各部门分配资金,选择领导,审批部门扩张计划,并保护公司免受外来冲击。企业管理层控制经营活动越来越困难,只好将权力下放给其下属部门。

30年代至80年代,事业部制的M型组织结构被其他企业,特别是从事海外经营活动的大型企业所效仿,以适应产品多样化和市场多样化。因此,M型组织结构长期以来都是企业组织结构的标准形式。

多部门分权式的M型组织结构进一步促进了市场的多样化,同时产生对职业经理人的大量需求,推动了企业内部的研发与创新。部分美国企业每年用于开发新产品的费用约占年销售额的10%,重要设备折旧率每年达20%—30%,这种分权式组织结构可以保证企业积累较多新产品开发费用,有能力进行更高和更新技术产品开发和设备更新,使美国大企业在垄断竞争中获得比较优势。因此，M型组织结构企业使美国完成了从家族资本主义向管理资本主义的转变，并在世界市场进行经营，为美国经济强国地位的确立奠定重要基础。

三 技术创新和产业迭代与企业发展的经验

无论是从企业组织与外部的联系来看，还是从企业组织内部来看，美国企业的演进发展都具有一定规律性和历史经验，主要包括以下五个方面。

（一）把握技术创新和产业的动态变化过程

企业在推动经济变革方面发挥核心作用，关键是要对技术和产业发展变化有深刻的感知和行动。如交通运输和通信技术创新拓展产业和企业边界，美国交通运输技术发生多次重大技术创新，主要在于提高运输速度，降低物流和人流的成本，从最初修筑收费公路开始，直到后来的汽车和飞机的发明、制造和普遍使用，都是沿着这样的路径发展，其结果是拓宽企业发展空间，不断出现新兴产业。

特别是铁路建设技术的进步，不仅带动了铁路建设其他技术的发明和改进，而且对经济重建和地区经济一体化，以及工商企业重组都产生了重要影响。因为铁路建设刺激所产生的巨大需求，以及铁路发展所提供的高效廉价的运输服务，使许多工业企业的生产和销售规模不断扩大。汽车普及化和飞机广泛应用，更是把美国经济带入高速发展时代，企业生产和销售的地域和空间限制得以消除，区域化和全国经济一体化成为可能。汽车的出现及随之而来的对汽车轮胎的大量需求，进一步促进橡胶工业发展，橡胶行业的先行者企业很快形成全球寡头垄断格局。

能否捕捉到技术创新和产业发展变化脉搏，关键要看科学技术创新和应用机制，这涉及技术研发主体是个人还是企业。

美国内战前的发明创造大部分是通过个人实现的，个人既积极参与到发明中去，又积极为其发明寻找商业上的运用机会。但在19世纪后期，由于技术日趋复杂，支持专利技术交易的机构不断发展，发明家变得越来越专业化，出现"独立发明家的黄金时代"。发明家与企业家一样都雄心勃勃，知道如何从发明创造中获利。然而20世纪初期，当发明越来越依靠密集型资本支持时，发明家发现他们越来越难以独立存在，必须与企业建立长期依存关系。而一些工业企业也顺应形势，建立专门的工业研究实验室，并招聘那些受过大学教育且具有专业技能的人加盟，贝尔公司、通用电气公司、美国无线电公司等成为技术创新和研发的组织和推动者。

美国企业把握和组织了绝大部分20世纪通用技术的研发和产业发展过程，如电动机的广泛应用和不断改进、固定传送带的发明和运用、电磁波通信技术、石油燃料驱动的内燃机，以及以微电子为基础的数字计算机，代表从电气化向电子化的技术革新与传播的动态变化过程。因此，美国能在这些技术和产业领域长期保持绝对竞争优势。

2008年金融危机后，随着信息、文化和教育产业群的发展，美国企业再次把握到围绕第四次工业革命的高端技术产业发展方向，纷纷引领互联网和信息产业的发展。以谷歌为代表的企业率先发展无人驾驶汽车技术，以及人工智能、芯片和云计算等，以特斯拉为代表的高科技企业则开发星链技术、航空航天技术，探讨如何开发宇宙和移民火星的计划等，新的科技创新和产业发展的动态更替已箭在弦上。

在技术创新道路上，美国企业的实践经验是，从模仿性创新发展到自主性和原创性创新，再到突破性创新、颠覆性创新和引领式创新，后发工业化国家具有一定后发优势，但要结合自身国情，创造性地对现有技术加以利用，关键是不能沉溺于模仿，要转到自主创新上来。

（二）协调利益主体竞争和营造包容性环境

利益主体是指在经济利益上具有一致性的行为主体及其构成的集合。作为新创国家，美国加强了制度性建设，以保障各类市场主体能够公平竞争。1789年通过的美国宪法就限制各州主权，确保在国内的共同市场中，地方性的创业企业能在障碍较少的环境下发展壮大，服务于全国性市场。1790年颁布首部专利法，规定专利申请的实质性审核制，但后来审核工作量太大，只好改为注册制。1836年的《专利法》规定由某领域的技术专家负责审核拟申请专利发明的新颖性和实用性，确立了如今美国专利体系的主要特征。该专利法既微妙平衡了垄断，以鼓励技术发明，又传播了新创意，以促进知识增长，还放宽了专利的适用性，以推动创新。

19世纪八九十年代，联邦政府加强对经济活动的规制，如1887年设立州际商业委员会，1890年通过《谢尔曼法》等一系列监管立法，以反对商业垄断和贩卖假货，保护不同经营主体和消费者利益。

美国政府奉行自由主义原则，认为国家允许企业家自由发挥才能就是对经济增长和发展的最大鼓励，政府主要责任是确保投资渠道的畅通无阻，以使资本流向有利可图的投资领域。经济生活是私人之事，政府只需给企业家精神提供辅助和支撑，经济增长主要依赖企业家。但在创业活动方面需要协调不同利益主体的竞争，以及创新人才与平庸之辈的相互交融。同时在社会上营造企业家受到尊重的社会氛围，使人确信跻身社会上层的途径就是要开创自己的事业，在不断扩张的共同市场的舞台上参与公平竞争。

美国是一个高度竞争的社会，市场经济观念深入人心，各类企业主体能够找到各自位置，他们之间的竞争合作也塑造了包容性营商环境。正如通用汽车公司首席执行官查尔斯·威尔逊在20世纪50年代所说的那样，对通用汽车公司有利的事情，对整个国家也有利，包括劳工、政府和美国企业的其他利益相关者①。

19世纪末20世纪初，美国经历大规模的企业合并后，发展了托拉斯组织的企业经营和管理制度，垄断大企业虽然主宰了美国经济各个方面，但也能够与众多中小企业在各自经营轨道上遵循不同的经营原则，各司其职，形成"大企业"与"中小企业"双重结构，即由职业经理人管理的大型公司构成经济的"中心"，而由业主经营的中小厂商构成经济的"外围"②。

在"中心"部分，大型公司多半是形成寡头垄断格局的产业群，价格竞争不是最主要的生存和发展途径，大部分经济活动是在企业内部进行的，管理这只"看得见的手"取代市场机制。而在"外围"部分，则

---

① Richard Sylla, "How the American Corporation Evolved Over Two Centuries", *Proceedings of the American Philosophical Society*, Dec., 2014, Vol. 158, No. 4, pp. 354-363.
② 〔美〕斯坦利·L. 恩格尔曼、罗伯特·E. 高尔曼主编《剑桥美国经济史》第二卷，王珏、李淑清主译，中国人民大学出版社，2008，第293页。

是一些小的、竞争性结构的产业群，竞争与合作成为小企业的生存之道。"外围"部分的经济活动主要是在市场上进行的，中小企业必须与大企业进行合作，在与大企业的合作中，要面临较多竞争者，为了生存就必须降低成本，这是中小企业的生存之道。

在垄断性大企业占主导地位情况下，中小企业一般集中于劳动密集型产业，如出版、印刷、木材、家具、纺织、服装、皮革，以及季节性而又专业化的食品加工业等，不具备规模经济和范围经济，单一部门小工厂反而会取得价格和成本优势，因此，美国中小企业同样可以获得繁荣发展的机会。除私营企业外，国有企业也有发展空间，弥补市场发展之不足，提供某些经济发展基础，以及公共事业性质的职能和服务。

虽然大企业起着决定性作用，但小企业也占据着重要地位，对维持美国经济的稳定发展起到至关重要的作用。利益主体的多元化有利于释放各方面能量，创造更多的社会财富。

（三）重视企业实践总结与创新管理理论

美国企业善于总结经营管理的实践经验，重视管理理论创新和系统化。19 世纪 70 年代，由于经济萧条，市场需求下降，更多企业家开始关注企业组织管理问题，而不仅是生产技术，一批又一批身处企业经营管理一线的管理者开始思考企业管理问题。

如亨利·汤（1844—1924）是美国工程师、管理学家和企业家，1868 年与人合伙创办耶尔-汤制造公司并担任总经理达 48 年。1886 年他在《作为经济学家的工程师》一文中提出基本的管理问题，即管理效率与效果问题、工作组织与工厂中的社会组织（工人的组织）问题、市场中决定的（消费者决定的）价值与技术上的成就等。亨利·汤开始系统研究管理任务与管理工作的关系，强调管理的重要性，认为管理应该是一门独立科学，工程师应发挥管理职能成为经济学家，他还提出一种激励职工的收益分享制度。

在企业管理经验总结和理论化过程中，弗雷德里克·W. 泰勒是其中的杰出代表。从 19 世纪 80 年代开始，作为企业中层管理人员，泰勒先后在米德维尔钢铁公司和伯利恒钢铁公司的车间里展开对"工作"的研究。经过对"金属切削""搬运铁块""铲掘实验"等持续近 30 年的研究和经验总结，泰勒探索出一系列科学管理规律，并于1911年出版《科学管理原理》，提出车间管理的"泰勒制"，以及以效率为核心的科学管理理论，成为现代管理学上第一个系统化理论。

泰勒针对19世纪末美国企业普遍存在的"磨洋工"和效率低下问题，提出一系列革命性管理理论，解决体力劳动者的生产效率问题。他的科学管理理论成为工业化时代提高效率的有效方法[①]，使得管理学开始成为一个独立学科，泰勒由此被称为"科学管理之父"。

科学管理原理及具体管理方法在企业的应用，如科学地挑选和培训工人、时间和动作的标准化、差别计件工资制、职能工长制和例外原则等，被称为"泰勒制"。在第一次世界大战期间，泰勒制不仅促进了美国经济发展，还具有国际性影响。如法国陆军部所管辖的工作都必须研究和应用泰勒科学管理原理，并建立"泰勒主义"组织加以普及和推广；在苏联，泰勒制也受到普遍欢迎。

泰勒的科学管理理论发表后，在理论探讨上得到不少学者支持，形成以泰勒为中心，旨在提高工业和企业效率的群星璀璨的专家队伍，包括亨利·劳伦斯·甘特、弗兰克·吉尔布雷斯和莉连夫妇、莫里斯·库克、亨利·丹尼森等。关于泰勒科学管理原理中的效率与公平、成本与收益，以及利润与福利的辩证处理，福特汽车公司在实践中做出很好诠释。该企业实施的"福特制"和"5美元工资制"改变了美国工人的工作和生活方式，同时实现了低成本和高效益，为社会创造了财富。

通用汽车公司的职业经理人斯隆，基于该企业丰富的垂直一体化和控股公司发展经验，设计出总部集权，各事业部分权的组织和多部门管理模式，形成通用制，有助于企业的高效运营。1924年至1927年，通用汽车公司市场占有率从18.8%上升到43.3%，1928年利润达到惊人的7646.8万美元，该公司一直稳居汽车行业的领导地位[②]。斯隆设计的通用制成为20世纪美国企业组织管理的标配模式。

[①] 〔美〕弗雷德里克·泰勒：《科学管理原理》，马风才译，机械工业出版社，2010，第22—33页。

[②] 〔美〕艾尔弗雷德·D.钱德勒：《战略与结构：美国工商企业成长的若干篇章》，北京天则经济研究所、北京江南天慧经济研究有限公司选译，云南人民出版社，2002，第171页。

彼得·德鲁克在1943年开始对通用汽车公司进行历时18个月的调查研究，最后出版《公司的概念》一书，阐述有关组织、管理和工业社会的重要问题。他认为企业是一个以满足社会需要为目的，把人们联合起来的社会机构，首次把管理部门视为一个具有特定功能和特定职责的特定机构，这是"局外人"对企业组织内部进行仔细观察的研究成果。该著作把管理开创为一门学科和一个研究领域，把组织确立为一个独立的实体，把对组织的研究确立为一门新科学，揭示一个组织的实际运作、面临的挑战和问题及基本原理[1]。

美国管理学家乔治·梅奥（1880—1949）主持在西部电气公司进行的霍桑实验[2]的后期调研工作，创立早期行为科学理论的"人际关系学说"，由此推动不同于科学管理"理性人假设"的管理理论研究，形成基于社会人假设的行为科学理论。1945年梅奥出版《工业文明的人类问题》，研究主题是人类社会的协调与平衡。他认为工业社会的根本问题是工业飞速发展导致社会的反常状态。工业革命后社会在物质和技术方面的进步和成就巨大，但正是这种进步和成就使社会失去原有协调与平衡机制，因此要使人类社会协调和平衡地发展，必须关注组织中人的问题[3]。

曾经担任美国电话电报公司高级经理人的切斯特·巴纳德（1886—1961），最后成为美国著名管理学家，被称为"现代管理理论之父"。他还创立企业并担任总裁，担任过4年美国洛克菲勒基金会董事长。他不仅是优秀的企业管理者，还是一位富有创新思想的理论家，创建了管理学中的社会系统学派，用社会学观点来研究管理问题，认为社会各级组织都是一个协作系统，进而把企业组织中人的相互关系看成一种协作系统。

---

[1] 〔美〕彼得·德鲁克：《公司的概念》，罗汉等译，上海人民出版社，2002，前言第1—4页。

[2] 霍桑实验（Hawthorne Studies，1924—1932）是一项以科学管理的逻辑为基础的实验，主要在美国西部电气公司位于芝加哥的西塞罗霍桑工厂（Hawthorne Plant）进行，从1924年开始到1932年结束，在将近8年的时间内前后共进行过两个回合，梅奥主持了后期的研究工作。

[3] 〔美〕乔治·梅奥：《工业文明的人类问题》，陆小斌译，电子工业出版社，2013，第45—78页。

上述这些来源于实践的管理理论开创了现代管理学理论体系，来源于企业经营管理实践的理论又成为指导新企业管理实践的思想和理论工具。

（四）基业长青企业要构建核心文化价值观

吉姆·柯林斯等认为，创建一家恒久伟大的公司和基业长青的企业，就要建立一个比个人使命更伟大、更持久的组织，就必须扎根于一套永恒的核心价值观，为利益之外的追求而生存，并能以内生的力量不断自我更新。

高瞻远瞩的公司能够从烦琐的做法和商业谋略中分离出永恒不变的核心价值观和经久不衰的使命。如惠普公司，就非常清楚地区分了哪些是核心价值观和永恒不变的东西，哪些是应该应时而变的，它一直让公司员工明白，运营方式、文化标准和商业谋略的变革并不意味着惠普失去"惠普风范"的核心精神。在 1995 年年度报告中，惠普公司把其比喻为一个陀螺仪。这个陀螺仪被用来引导船舶、飞机和卫星，其特点是外围的轴架可以自由运动，而核心的圆盘却稳定不动。与此相似的是，惠普公司的核心也存在着稳定的品质，并引领着公司员工继续领导和适应技术与市场的变迁[①]。

基业长青企业都有核心价值理念。如成立于 1902 年的美国 3M 公司从一家小企业发展成为世界 500 强企业，从一开始就确定了创新和合作精神。其核心理念包括：创新意味着你不得扼杀一个新产品的创意；绝对正直；尊重个人首创精神及个人成长；产品质量及可靠性；宽容诚实的错误；企业真正的业务是解决问题[②]。波音公司的核心理念包括：领导航空工业，永为先驱；应对重大挑战与风险；产品安全与品质；正直

---

① 〔美〕吉姆·柯林斯、杰里·伯勒斯：《基业长青》，真如译，中信出版社，2009，第 X—XII、9 页。
② 3M 公司原名为明尼苏达州采矿和制造公司，英文名为 Minnesota Mining and Manufacturing Company，该企业在科学、技术和营销创新上不断努力，取得经营成功，1969 年宇航员在第一次登月中使用 3M 公司产品；每年在全球获得约 3000 项专利，其中在美国获得的专利超过 500 项，2014 年发布第十万项专利；连续 64 年经营业绩增长，超过 100 年支付股息，连续 16 年成为道·琼斯平均工业指数成分股。

与合乎伦理的业务；吃饭、呼吸、睡觉时念念不忘航空事业①。

企业家精神诠释了基业长青企业的文化价值力量。新教伦理是美国北部殖民地的核心价值观，新教徒企业家在创业过程中很好地实践了天职和禁欲主义的伦理观，由此形成坚韧不拔的品质，以及洞若观火的远见和行动的能力，即企业家精神。这种企业家精神在不同行业部门普遍存在，无论是早期的商业和农业，还是工业革命时代的制造业、后工业化时代的服务业，以及智能化时代的高科技产业。这种稀缺的资源，才是社会经济发展的内核部分。

企业家精神属于企业文化和制度层面的内容，从根本上属于上层建筑的东西。经济基础决定上层建筑，而上层建筑会对经济基础具有反作用。企业家精神提供从事经济活动的动因。一是解除社会对于经济活动的偏见，使创业成为一件光荣的事情，激发经济活动的动力，提高企业家在等级社会中的社会地位；二是它所提供的敬业精神和创新精神等直接成为企业家创业的精神动力。

企业家精神一方面为企业家提供一套从事经济活动的伦理规范，如重契约、诚信、公平交易、以正当手段获取财富等，与现有经济法律制度相辅相成，成为对企业家经济行为的软性约束，对减少交易成本、完善市场规则起着不可替代的维护作用；另一方面为企业家提供个人生活的伦理原则，使企业家即使富有也不去挥霍纵欲，而是节俭节制，避免企业家走掠夺投机—暴发挥霍—衰亡崩溃的老路，保证企业家有饱满的情绪、顽强的斗志和足够的财力进一步创业。企业家精神提倡经济行为的规范化伦理和节俭的个人生活准则，向社会传递着一种积极奋斗的价值观，有利于塑造蓬勃向上的社会文化。

（五）重视新型能源技术研发和实际应用

每次科技革命都会涉及动力源的技术创新，不同的动力源对工业选址、企业组织和社会生产力等诸多方面都会产生重要的影响。

当蒸汽动力应用到纺织业后，美国纺织厂的选址和纺织业布局就不

---

① 〔美〕吉姆·柯林斯、杰里·伯勒斯：《基业长青》，真如译，中信出版社，2009，第 Ⅹ—Ⅻ、77 页。

会局限于新英格兰地区位于河流附近的城镇,而是可以进入中西部地区。制造业也可以向更远离城市的地区转移,产业发展可以不受季节性水力的影响,棉纺织业和毛纺织业可以进行大规模的标准化生产。原来的水力纺织厂和手工作坊逐步被替代,企业经营方式也走向大规模的流水线模式,并成为19世纪70年代以后制造业的主要形式,美国制造业由此进入快速发展时期,并在地域上进行重新分布,从新英格兰和东北部各州向美国中西部地区转移。

在中西部的五大湖地区,发展最快的是伊利诺伊州和印第安纳州。19世纪后半期,中西部地区制造业的性质发生根本改变。在1860年之前,该地区最大的产业是以农产品为原料的消费品制造业,之后则是以重工业为基础和以金属为原料的制造产业,而且这些产业所具有的独特优势一直保持到20世纪,中西部地区因此成为美国最大的制造业中心。

19世纪末期电被发现及应用于企业作为主要动力源后,企业资本更多的是用于机器设备更新,而不是兴建厂房,资本和技术密集度大为提高。电力的使用不仅使工厂选址具有更大的灵活性,也使工厂内部生产流程在设计上具有同样的灵活性;电力使许多行业的企业规模变得更小更优,因为电力的可分割配置可以在动力使用上降低成本,节约资金,同时极大地增加生产的可持续程度;电力新能源不仅改变了工厂内部机械的加工方法,使许多金属品、化学品的生产方法发生变革,而且促进了大规模生产经营方式的发展,工厂的资本密集度得以提高。

目前,世界正处于第四次工业革命之中,能源动力越来越多样化,如电的来源就有煤电、水电、核电、风电和其他可再生能源发电,且越来越倾向于绿色可再生能源。根据美国能源署统计数据,截至2022年,美国发电用的能源中,煤炭占12.03%,天然气占37.11%,石油占24.71%,NGPL(天然气加工的液化气)占7.74%,核能占8.05%,再生能源占8.3%,等等;消费最多的仍是石油和天然气,占比分别为35.32%和33.41%,核能和再生能源消费占比分别是8.05%和8.09%[①]。

我国计划在2050年完成"双碳"目标,这对未来汽车、石油、煤

---

① EIA, U. S. Energy Flow, 2022, Monthly Energy Review, https://www.eia.gov/totalenergy/data/flow-graphs/total-energy.ph.

炭、绿色产业、电子、信息和数据等新产业，以及相关企业发展的影响将是长久性的。在能源动力转换和约束条件下，绿色环保型的技术创新，将推动企业的绿色发展动能，以及产业的迭代更替，企业和产业所在地区将会形成新的经济发展中心。

四 企业演进发展的历史借鉴与政策性启示

本书各章分析的美国所有代表性产业和企业，都是经济发展中的巨大增量部分，是创新技术应用的重要成果，多数产业在特定时期发挥过支柱和主导产业作用，不少企业成为百年老店和如今美国的500强企业。总结美国企业发展演变中的有益经验，对当今我国企业的发展具有重要的历史借鉴和政策启示作用。

（一）促进企业创新和制造产业的转型升级

企业创新和制造业是两个重要关键词。企业既是经营主体，也是创新主体，只有始终确保和强化企业在科技创新中的主体地位，才能推动创新型国家建设。企业创新不仅体现在研发投入、技术创新活动和创新绩效方面，还体现在企业内部的创新制度和机制方面。

美国大型高科技企业不仅研发投入大，技术发明专利数量庞大，而且不少企业（贝尔公司、通用电气公司等）很早就设立工业实验室。在40年代至70年代，洛克希德·马丁公司设立臭鼬工厂（1943），IBM公司（1945）和惠普公司（1966）设立创新实验室，施乐公司设立帕罗奥图研究中心（PARC，1970）等。21世纪以来，美国大部分领先企业，如亚马逊、沃尔玛、甲骨文、谷歌等都设立企业内部研究实验室。如60年代末贝尔实验室就雇用1.5万名员工，其中约1200人拥有博士学位，有14名诺贝尔奖获得者和5名图灵奖获得者；80年代初杜邦公司在其中央实验室雇用约6000名员工，其研发预算超过10亿美元[①]。这些做法是非常值得我国的高科技企业借鉴的。

---

① 程都：《美国制造业创新结构的变化及对我国制造业创新发展的启示》，《全球化》2022年第1期，第98—106、116页。

在美国企业发展演进中,制造业企业发挥了技术创新的关键作用,这类企业的升级换代推动了企业转型和可持续经营,从而造就了不同时代的引领式企业。

第二次英美战争后美国制造业发展获得重大突破,19世纪中后期以来制造业获得长期发展,直到20世纪50年代都处于上升发展状态,成为美国国民经济的核心组成部分,造就了美国长期的经济繁荣。

美国制造业工人的比重从1860年的13.8%上升到1910年的22.1%,制造业产值在国民经济中的比重从1869年的大约23%上升到1910年的33%[1]。到1860年大约有37%的工人在制造业中就职,在19世纪后期,差不多一直保持这样的水平。同时,贸易和运输业吸纳最多的工人,约占工人总数的32%;服务业(包括金融、保险、房地产、商业服务和政府部门)提供的就业比例占20%左右[2]。到20世纪初,美国人均收入和工业的人均产出均超过英国,成为世界上制造业领先国家。

根据美国1947年《标准工业分类系统》和1997年《北美工业分类系统》的统计分析,美国制造业是一个涵盖非常广泛的生产领域,分为两大部分。

一是耐用消费品(产品使用周期达到或超过3年)的生产行业,包括木材和林木产品加工业、家具制造和相关机器的制造行业、石头和玻璃加工业、初级金属加工业、金属产品加工业、工业用机器制造业、电气及相关电气设备的制造业、机动车和有关设备的制造业、其他交通运输工具的制造业、生产工具及有关设备的制造业、其他的机器制造业等11类。

二是非耐用消费品的生产行业,包括食品加工行业、烟草生产行业、纺织机器制造业、制衣业、有关机器制造业、造纸以及纸产品加工业、印刷和出版业、化学及化学制品的生产行业、石油和煤炭生产行业、橡胶和塑料产品的生产行业、皮革和皮革制品制造业等10类[3]。

---

[1] 〔美〕斯坦利·L.恩格尔曼、罗伯特·E.高尔曼主编《剑桥美国经济史》第三卷,蔡挺等主译,中国人民大学出版社,2008,第278页。

[2] 〔美〕斯坦利·L.恩格尔曼、罗伯特·E.高尔曼主编《剑桥美国经济史》第二卷,王珏、李淑清主译,中国人民大学出版社,2008,第10、153—154页。

[3] U. S. Census Bureau, Statistical Abstract of the United States: 2000, Section 26, Manufacture, p. 733, http://www.Census.gov/prod/2001 pubs/statab/sec26.pdf.

因此，美国制造业范围是非常广泛的，包括机器制造、钢铁生产、汽车制造、飞机制造、食品加工、纺织和服装行业等。但在80年代后，随着第三产业迅速发展，金融产业群成为主导产业，大力发展虚拟经济和服务经济，最后导致制造业空洞化，大量制造产业沦为"夕阳产业"，在国民经济中比重越来越低，最后导致曾经造就美国经济繁荣的五大湖一带工业区整体衰落，变成一片"铁锈地带"，失业工人大为增加，不仅引起严重的社会问题，也使制造业回归成为难以在短期内解决的问题。美国制造业占比的变化很好地诠释了制造立国、制造强国和产业富国的真理，实体经济与虚拟经济、制造业与服务业要有合适的比例结构。

反观我国的情况是，我们一直是以制造业为主的经济发展模式，这是立国之本。因为制造业中的硬核技术才是经济发展的底气，在没有完成工业化和现代化任务时，制造业都应该是优先发展的，制造业企业的技术创新对一个大国来说，重要性是不言而喻的，不能因为短期利益和短视而放弃制造业在国民经济中的核心地位。大国经济地位是由制造业的实力来决定的，国民财富来源于技术创新和企业的创造，制造业的技术创新对我国发展创新型经济具有重要借鉴意义。

（二）加强基础设施投资和先行发展

基础设施投资是社会总需求的重要组成部分，是经济社会发展的基石，是直接生产部门持续运转的基本条件，建设基础设施不仅具有经济效益，还有社会效益、生态效益和安全效益。

独立之后，美国政府就非常重视基础设施的投资建设和先行发展。政府关注的基础设施建设包括交通运输（收费公路、铁路、运河、海运、高速公路、飞机和机场建设等）、通信（如电报、电话、邮政）、物流（快递和仓储），以及国家标准、认证认可和质量管理制度等。

基础设施建设会催生更多的基础设施新产业和企业。如前述的铁路、高速公路和航空等交通运输产业的发展，使企业获得规模经济效应；又如1787年至1914年，由于美国印刷业和出版业的空前扩张，信息密集型行业（如征信业和人寿保险业）得以兴起，科学、技术和教育领域中许多重要创新才得以实现。

再如1775年美国建立的邮政系统，需要驿站、邮局、马车和人，到

19世纪20年代发展到顶峰状态时,邮政系统首次作为国内最大的、政治上最强有力的、管理最复杂的组织之一而被人们广泛了解和认识。1828年美国建成全国性邮政网络,拥有全世界最大的邮政网络,主要传送报纸和信件,信息流通量大为增加。后来邮政系统开始传送杂志和政府文件,并覆盖到全国范围,为美国企业获取经营信息、开拓大众市场、统一社会文化、动员社会舆论等发挥了不可替代的作用。

我国政府历来非常重视基础设施建设。目前我国处于世界领先的高铁、5G、电子商务等技术类似于美国19世纪的铁路、电报和电话线路建设,以及邮政快递产业等。因此加强基础设施建设,有助于整合国内统一市场网络,加速经济建设步伐,加快国内市场"内循环"。

特别是当前我国正在开展以信息数字化基础设施为核心的"新基建"。如新一代信息技术演化生成的基础设施,以5G、物联网为代表的通信网络基础设施,以人工智能、云计算、区块链为代表的新技术基础设施,以数据中心、智能计算中心为代表的算力基础设施;深度应用互联网、大数据、人工智能等技术,支撑传统基础设施转型升级而形成的融合基础设施;智能交通基础设施、智慧能源基础设施等;支撑科学研究、技术开发、产品研制的具有公益属性的创新基础设施;重大科技基础设施、科教基础设施和产业技术创新基础设施等。这些基础设施的投资和先行建设,是未来产业和企业发展不可或缺的条件,将助推这些新领域企业的创新发展。

(三)发挥有为政府对企业发展的推动作用

在技术创新和产业迭代与企业发展变迁中,美国政府一直没有缺位,其作用主要体现在制度建设、政府制定相关支持政策,以及实施具体支持举措等方面。

联邦体制是美国政府制定的具有竞争性的制度形式,包括联邦制的各层次机构之间、州与州之间、城市与城市之间、镇与镇之间、各级政府之间的相互补充,相互替代。联邦制的三级政府之间流行的竞争发展模式是符合美国经济快速发展的利益的。专利制度和关税制度也是美国政府制定的有利于促进企业发展的两个重要制度。前者依照美国宪法中的商业条款产生,即通过规定在一定时间内保障发明家对其各自的发明拥有排他性的权利,以促进科学研究和使用技术的进步;后者直接与制造业利益集团相关,在早期工业化时期,美国联邦政府采取关税保护政策使棉纺织业和钢铁行业的受益最大,其次是玻璃业、造纸业、纤维产品业和陶瓷业。此外,联邦政府制定的移民和殖民政策解决了劳动力问题,并与领土征购政策相互补充。

自联邦政府建立伊始,美国就制定了相应的支持制造业和产业发展的政策。汉密尔顿提出的关于制造业的报告指出,制造业的增长和发展将产生大量的收益,建议通过向特殊进口商品征收关税以提高其相对价格,从而支持国内生产者;鼓励以移民方式增加劳动力,大量使用未充分就业的妇女和儿童以补充劳动力;引入专利制度以鼓励发明和创新。此外,政府还针对制造商制定了诸如人力资本政策(包括教育政策、移民政策)、土地政策、货币和银行政策、保障财产的法律,以及政府对发明创造和技术进步的鼓励政策等,对制造业发展起到关键作用。

在土地资源分配上,联邦政府颁布了一系列法令,如1785年、1787年、1796年、1800年、1804年、1820年《土地法》,以及1862年《宅地法》、1916年《畜牧业宅地法》等。政府获得土地的方式是征购和私有化,先通过军事和政治手段,为国家增加新领土,然后再进行征购,把土地出售给私人,自然资源很快变为经济资源(土地市场)。

美国联邦政府以赠地方式支持私人铁路建设。如1850年政府将250万英亩(10117平方千米)的土地授予伊利诺伊州中央铁路公司,大西洋铁路和太平洋铁路公司被授予4900万英亩(198296平方千米)土地,北太平洋铁路公司得到4200万英亩(169968平方千米)土地,联合太平洋铁路公司得到近2000万英亩(80937平方千米)土地,中央太平洋铁路公司获得1200万英亩(48562平方千米)土地[①]。铁路规划是由州政府和地方政府进行的,地方政府通过提供资金来影响铁路线路的规划,州和地方政府的援助就是提供土地征用权,通过公共土地赠予路权,并以贷款认购铁路公司债券。

在非制造业部门,美国政府制定的有关政策,如建立高效的资本市

---

① 〔美〕斯坦利·L.恩格尔曼、罗伯特·E.高尔曼主编《剑桥美国经济史》第三卷,蔡挺等主译,中国人民大学出版社,2008,第220页。

场、货币和银行制度、公共财政等,对产业发展产生重要影响。政府不仅是金融制度的建立者,也是金融制度的受益人。州和地方政府从其批准的金融机构中取得大量税收收入,各级政府从证券市场上借款筹资,大大加快了美国经济发展进程。

有为政府的作用还体现在对市场主体的规制和管制上。如1887年创立的州际商业委员会〔ICC,1995年废除后,该委员会职能转移给地面运输委员会(Surface Transportation Board)〕,联邦政府试图对跨州贸易进行监管。1890年通过的《谢尔曼法》目的是保护农民的利益,以限制生产企业制定垄断价格,以及界定商业的不合法行为。但该法案也存在一些漏洞,为此美国最高法院不得不对该法案有关条款进行修正和解释。这些法规及法律解释对现代工业企业的产生和持续发展发挥了重要影响。一是该法只对企业合并持反对态度,不鼓励企业的松散联合以控制价格和产出,反对的是企业联合,但不反对以控股公司和通过收购股票形式合并企业的行为,这就鼓励合法的企业合并;二是该法不鼓励纯粹垄断,但不反对寡头垄断,以此鼓励一定程度的竞争。因此,直到第一次世界大战时,尽管政府采取了不少限制产业集中的措施,但是立法和法院裁决似乎一直落后于现实的企业行为,大型企业的增长和产业集中一直在持续。

美国政府与企业、产业发展的互动关系说明,完全竞争的自由市场经济只是经济发展中的特例,有管理的市场经济才是常态。政府从来不会对国家经济发展袖手旁观,从国家战略利益出发,政府这只"看得见的手",会出现在合适的地方,以合适方式推动、支持和规制产业和企业发展。在未来全面建设中国现代化过程中,我国政府也要充分利用好这只"看得见的手",发挥有为政府的作用,为我国关键技术创新、产业转型升级和企业发展制定相应发展战略并为其保驾护航。

(四)创造和夯实企业扩张发展的基础条件

企业发展虽然取决于内部的创新和经营管理,但外部的市场、人口因素(人力资本)和国民收入等基础条件也是不可或缺的。

长期以来美国企业主要是依靠国内市场的需求发展起来的,尽管出口的重要性不断提高,但美国大部分制造商品主要是用于满足国内市场需求。早在1824年美国众议院院长克莱就呼吁，美国政府必须赶快让真正的美国政策付诸实践；在将目光盯住海外市场的同时，必须开拓国内市场，进一步扩大国货在国内市场的占有率；必须与外国的（贸易保护主义）政策对抗，将美国过去对外国工业的支持转移到促进国内工业的发展上[①]。在这样的大环境下，美国政府长期实施贸易保护主义政策，以此来保证企业的国内市场需求，棉纺织业、钢铁业和汽车业是受益行业，只有当企业发展壮大后才积极开拓国际市场。

国内市场的重要性可从美国人口增长看出来。1774年美国人口约为235.4万人，1799年增长到529.7万人，1860年是3144.4万人，1910年增长到9197.2万人，约为1860年的3倍。从1774年至1910年，美国人口增长近40倍。1920年人口增长到1.067亿人，1970年突破2亿人[②]。目前美国人口超过3.33亿人，劳动力人口为1.58亿人，这是一个非常庞大的国内市场。有人才有市场，有人才有消费需求，人口的适度增长是保证市场需求的重要因素。

我们要意识到人口因素（包括人力资本）对企业和产业发展的重要性。目前我国人口数量呈下降趋势，这对我国企业发展的市场优势非常不利，要谨防人口持续负增长及其导致的大众消费萎缩。没有旺盛的消费需求，如何进行扩大再生产？没有高素质的劳动人口和人力资本优势，经济也难以可持续发展。

只有拥有较大比例可支配收入的消费人群，才能产生真实的消费需求。在整个19世纪，美国国民总收入年均增长率为3.0%到4.0%，远高于英国和其他欧洲国家，与20世纪相比，19世纪美国经济增长主要归功于要素供给的增多，而不是技术进步。在劳动力、自然资源和资本这三个主要生产要素中，劳动力供给增长对19世纪的经济增长做出最大贡献，其重要性是资本积累的2倍，是自然资源存量增加的5倍。但美国只有人均国民收入增长才能维持企业生产的不断扩张。当生产与收入（财富）分配不相适应时，就会导致经济内在矛盾，引发经济危机。

---

① 〔美〕托马斯·K. 麦克劳：《现代资本主义：三次工业革命中的成功者》，赵文书、肖锁章译，江苏人民出版社，2006，第338页。
② 〔美〕斯坦利·L. 恩格尔曼、罗伯特·E. 高尔曼主编《剑桥美国经济史》第二卷，王珏、李淑清主译，中国人民大学出版社，2008，第10、107页。

在人口增长和人均收入增长条件下，消费者的购买力才能不断提高，国内市场规模才能不断扩大。城市化进程加快使得市场更为集中，而运输成本和沟通成本下降则导致市场扩大。由于美国国内消费品市场规模不断扩大，许多大型企业都是优先满足国内市场需求的消费品生产企业。

截至2023年第三季度，以当前美元计算的美国个人收入增加1953亿美元，年增长率为3.5%，美国50个州和哥伦比亚特区的收入都有所增长，而美国整体增长5.9%；收入变化的百分比从得克萨斯州的8.3%到北达科他州的1.3%不等，其中零售业是39个州经济增长的主要贡献者，非耐用品制造业是3个州经济增长的主要贡献者[①]。

国民收入增长是维持国内市场大循环、企业扩大生产的重要因素。当前我国要注意提高国民收入水平，特别是中低收入人群的收入水平，促进县域经济的发展升级，这样才能促进企业扩大再生产，推动企业从"卑微"之处找到商机，使经济各组成部分得到充分发展。

美国企业发展主要依赖技术创新、资本投入和管理等核心因素，产业的迭代更替对企业发展也具有反作用。同时，基础设施、人口和市场需求、金融服务、国民收入和政府作用等外部因素，对企业和产业发展也会产生广泛影响。

---

① 美国经济分析局（BEA），Gross Domestic Product by State and Personal Income by State, 3rd Quarter 2023, https://www.bea.gov/news/2023/gross-domestic-product-state-and-personal-income-state-3rd-quarter-2023。

结　论

本研究成果运用经济学、管理学、历史学等社会科学的理论和分析方法，从技术创新和产业迭代视角，通过纵横切面的分析和研究，探讨美国企业的发展历程、动力机制和驱动因素及对美国经济社会的影响，得出以下研究结论。

（1）企业与技术创新和产业迭代的交互影响成为彼此的驱动力。企业的创建和发展随着技术创新节奏而展开，由此引起相关产业兴起，不同经济发展阶段主导产业的迭代更替促进经济增长和社会进步，技术、企业、产业、经济增长和社会进步形成内部联动的正反馈机制，产业迭代更替并没有把之前发展过的产业淘汰掉，而是升级和优化，最后使美国拥有强大的企业群体、具有竞争优势的产业群和居于领先地位的科学技术。

（2）美国企业的发展是系统化因素作用的结果。除技术和产业因素外，政府、金融、消费需求、基础设施、企业家精神、人口和收入水平，以及宏观经济环境等，都以不同途径间接推动技术创新，为企业可持续经营和产业转型升级提供有利外部条件。

（3）企业与政府形成利益共同体。企业的市场行为离不开政府的支持和规制，企业在为政府提供的各种服务中获得稳定利润和市场，政府则通过制度建设、制定相关政策（如土地政策、移民政策、科技研发政策）、采购补贴等，引导企业为国家发展战略服务。企业领导人有时像政府企业家，而政府的行为有时像企业，政府与企业的共生使美国从殖民地的农业国发展成为工业国和经济强国。

（4）美国企业探索实践了技术创新的有效路径。在四次科技革命和工业革命中，美国企业走出一条从技术引进和模仿创新到自主创新、原创性创新，再到突破性创新、颠覆性创新和引领性创新的发展路径；技术创新主体从早期个体发明者转到领先企业（工业研究实验室），再到技术创新体系（个体、企业、政府、科研机构等的联合体），这给后发国家的技术创新路径选择和企业发展的价值取向提供了重要参考和经验借鉴。

（5）创新和企业家精神是企业基业长青的秘诀。创新贯穿于企业演进发展的始终，成为每个企业和企业家，甚至每个普通人的基因。企业不仅专注和引领技术创新，而且是制度创新的探索者、企业管理创新的践行者、管理理论创新的先行者。正是创新和企业家精神给新兴的一穷二白的美国创造了无数新的产业、新的生产和生活方式，以及巨额国家财富。创新和企业家精神是企业可持续经营发展的关键，也是国家长盛不衰的不二法宝。

（6）企业是经济增长和国强民富背后的重要支撑力量。企业兴，则产业兴；企业强，则国强。大国兴衰与企业的兴替密切相关，其中制造企业是国之重器，是强国之基。当今美国国强民富的背后是由各行业的各类具有科技竞争力的企业支撑的，既有位列世界500强的百年老店，也有各行业中独具特色的众多中小企业，尤其是高科技企业，它们成为美国建设科技强国和制造强国，保持其霸权地位，以及助推经济高质量增长的基础性支撑力量。

作为后发工业化国家的典型，在工业化建设和经济发展过程中，美国企业的技术创新路径选择、产业发展的动态变化和迭代更替、基础设施的先行建设、政府的积极作为，以及有利于创新和企业家精神的营商环境的塑造等经验做法，为正在全面进行现代化建设的我国提供了重要的历史借鉴和参考价值。

参考文献

一 中文文献

白建才、戴红霞、代保平:《美国:从殖民地到惟一超级大国》,三秦出版社,2005。

包亚明:《游荡者的权力:消费社会与都市文化研究》,中国人民大学出版社,2004。

陈润:《财富浪潮:美国商业200年》,中华工商联合出版社,2017。

程都:《美国制造业创新结构的变化及对我国制造业创新发展的启示》,《全球化》2022年第1期,第98—106、116页。

程如烟:《从联邦研发资金投入看美国政府科技布局》,《世界科技研究与发展》2022年第6期,第846—856页。

戴吾三:《贝尔实验室创建记》,《科学》2017年第3期,第33—36页。

邓鹏:《一本书读懂美国商业史》,浙江大学出版社,2013。

董瑜:《美国史学界关于美国建国初期商业组织的研究》,《史学月刊》2010年第8期,第5—14页。

封凯栋、李君然、付震宇:《隐藏的发展型国家藏在哪里?——对二战后美国创新政策演进及特征的评述》,《公共行政评论》2017年第6期,第65—85、210—211页。

付成双:《哈德逊湾体系与圣劳伦斯体系争夺北美毛皮资源的斗争》,《史学月刊》2015年第2期,第112—122页。

海尔瀚、唐塞丽:《波音公司品牌发展战略对我国军工企业品牌建设的启示——从军机大鳄到民机巨擘的成功转型》,《军民两用技术与产品》2017年第17期,第8—11、15页。

韩毅:《美国工业现代化的历史进程(1607—1988)》,经济科学出版社,2007。

韩毅:《美国经济史(17—19世纪)》,社会科学文献出版社,2011。

何顺果:《美国历史十五讲》,北京大学出版社,2007。

和文凯、曾晓萱:《美国半导体产业发展初期中小型公司创新研究》,《科学研究》1995年第4期,第9—14页。

黄时进:《国家创新体系中产业政策的引领对策研究——以集成电路产业为例》,《长沙理工大学学报》(社会科学版)2020年第2期,第102—109页。

黄苏:《战后美国产业结构变化的主要趋势》,《世界经济》1986年第6期,第75—79页。

黎海波:《美国政府扶持科技型中小企业技术创新的经验》,《国际技术经济研究》2005年第4期,第24—27页。

李剑鸣:《殖民地时期美国史研究中的若干重要问题》,《史学月刊》2001年第4期,第75—80、90页。

李文明:《美国杰出公司企业文化研究》,科学出版社,2018。

李义芳:《19世纪后期美国石油工业的兴起及影响》,《长江大学学报》(社会科学版)2009年第1期,第117—120页。

李寅:《重塑技术创新优势?——美国半导体产业政策回归的历史逻辑》,《文化纵横》2021年第4期,第50—60、158页。

李哲、杨晶、朱丽楠:《美国国家创新体系的演化历程、特点及启示》,《全球科技经济瞭望》2020年第12期,第7—11页。

林柯、吕想科:《路径依赖、锁定效应与产业集群发展的风险——以美国底特律汽车产业集群为例》,《区域经济评论》2015年第1期,第108—113页。

林立强、陈守明:《中西比较视域下的中国企业史管理学范式研究》,《东南学术》2020年第1期,第184—200、248页。

林立强:《美国企业史方法论研究:缘起、现状与趋势》,《福州大学学报》(哲学社会科学版)2019年第5期,第46—54页。

刘春香:《美国硅谷高科技产业集群及其对中国的启示》,《工业技术经济》2005年第7期,第35—36、39页。

刘凤环:《美国消费社会的形成——美国耐用消费品革命的划时代意义》,《济南大学学报》(社会科学版)2015年第1期,第87—90页。

刘洪、佘金凤、张丽立：《影响科技园区持续发展的因素分析——硅谷与波士顿 128 号公路相比较的经验》，《中国软科学》1999 年第 1 期，第 86—89 页。

刘静：《美国国防部资助的实验室体系架构》，《国防科技》2019 年第 3 期，第 41—45 页。

刘天骄：《英国与其北美殖民地关系的法理分析——从特许状切入》，《江淮论坛》2016 年第 5 期，第 129—134 页。

刘新、曾立、肖湘江：《美国关键和新兴技术国家战略述评》，《情报杂志》2021 年第 5 期，第 26—33 页。

刘秀萍、凌晓华：《试论近代西方两次科技革命》，《甘肃科技》2005 年第 10 期，第 215—216 页。

罗钢：《探索消费的斯芬克斯之谜》，中国社会科学出版社，2003。

潘冬晓、吴杨：《美国科技创新制度安排的历史演进及经验启示——基于国家创新系统理论的视角》，《北京工业大学学报》（社会科学版）2019 年第 3 期，第 87—93 页。

彭剑锋主编《IBM：变革之舞》，机械工业出版社，2013。

彭剑锋主编，白洁、江珊、言飞龙著《波音：全球整合，集成飞翔》，机械工业出版社，2013。

彭剑锋主编《苹果：贩卖高科技的美学体验》，机械工业出版社，2013。

蒲实、高伟东：《悲情城市底特律》，《中国中小企业》2022 年第 1 期，第 63—68 页。

钱颖一：《创新源于企业家精神》，《新经济导刊》2010 年第 11 期，第 12—13 页。

沈桂龙：《美国创新体系：基本框架、主要特征与经验启示》，《社会科学》2015 年第 8 期，第 3—13 页。

宋玉华等：《美国新经济研究——经济范式转型与制度演化》，人民出版社，2002。

唐俊德：《美国"硅谷"的由来和发展》，《科学学与科学技术管理》1983 年第 8 期，第 44—46 页。

涂永红：《巨人之死：雷曼兄弟》，中国金融出版社，2009。

王宏、骆旭华：《美国政府技术采购促进战略性新兴产业发展分析》，

《商业研究》2010年第11期,第99—103页。

王慧:《可转让存单对金融创新的启示》,《金融理论与实践》2004年第1期,第63—64页。

王萍:《拜登政府国防科技创新的"新举国体制"》,《当代美国评论》2023年第3期,第42—65页。

王晓德:《美国现代大众消费社会的形成及其全球影响》,《美国研究》2007年第2期,第48—67页。

王紫琳、田闯:《消费对技术创新的影响》,《科技经济市场》2008年第9期,第88—89页。

巫云仙:《GE:只有太阳与之竞争的企业会倒下吗?》,《清华管理评论》2018年第5期,第90—100页。

巫云仙、陈芑名:《美国是否有国有企业?》,《金融博览》2022年第7期,第24—27页。

巫云仙:《毛皮贸易·殖民探险·并购 现代大型百货集团——哈德逊湾公司是这样炼成的》,《清华管理评论》2017年第9期,第67—75页。

巫云仙:《美国银行制度变迁中联邦政府与地方势力的博弈探析——以银行业的数量变化为中心》,《政治经济学评论》2015年第2期,第81—106页。

巫云仙:《美国政府发展新兴产业的历史审视》,《政治经济学评论》2011年第2期,第93—109页。

巫云仙:《星巴克公司:人与咖啡的无限联接》,《清华管理评论》2016年第10期,第88—99页。

吴承明:《经济学理论与经济史研究》,《经济研究》1995年第4期,第3—9页。

吴蔚:《美国经济增长方式分析》,《世界经济》1999年第12期,第69—74页。

吴湘宁:《国家创新体系:美国经济和科学技术领先的源泉》,《中国国际战略评论》2016年,第193—210页。

夏智义:《世界第一大化工公司——美国杜邦公司》,《现代化工》1983年第4期,第59—83页。

徐丰、叶雪琰、王若达：《美国高技术产业补贴政策体系探析——以半导体产业为例》，《美国研究》2022年第5期，第86—116、7页。

许凯文：《十九世纪美国五大湖区工业经济崛起探析》，《新经济》2021年第10期，第44—49页。

薛敬孝、张天宝：《技术进步促进产业结构变化的一般方式和现代特点》，《世界经济与政治论坛》2002年第4期，第10—14页。

严剑锋《美国支持航空工业发展的政策及启示》，《航空制造技术》2011年第13期，第58—61页。

杨英辰：《技术创新与大众消费文化》，《自然辩证法研究》1992年第7期，第30—34页。

杨尊伟：《美国大学科技园发展的影响因素与成功经验——"128公路"和"硅谷"案例研究》，《中国高校科技》2021年第4期，第48—52页。

游恒：《试析美国托拉斯的典型——美孚石油公司发展和演变》，《史学集刊》1989年第2期，第56—63页。

曾智泽：《美国政府培育发展新兴产业的经验》，《现代产业经济》2013年第Z1期，第69—72页。

张建新：《从"七姐妹"到"新七姐妹"：国际能源体系的权力转移》，《国际观察》2013年第6期，第71—77页。

张京南：《波音公司：2020年航天发展研究》，《中国航天》2021年第1期，第42—48页。

张隆高、张晖、张农编著《美国企业史》，东北财经大学出版社，2005。

张欣妍：《美国国土安全部"硅谷创新计划"研究》，《中国安防》2022年第11期，第108—112页。

郑伟民主编《衰落还是复兴——全球经济中的美国》，社会科学文献出版社，1998。

郑先炳：《解读花旗银行》，中国金融出版社，2005。

中央电视台《大国崛起》节目组编著《美国》，中国民主法制出版社，2006。

钟坚：《美国硅谷模式成功的经济与制度分析》，《学术界》2002年第3期，第224—242页。

周海源：《国家创新体系立法的美国实践及其启示》，《中国软科学》2019 年第 3 期，第 13—19 页。

朱世达：《关于美国中产阶级的演变与思考》，《美国研究》1994 年第 4 期，第 39—54、5 页。

二　译著

〔美〕阿道夫·A. 伯利、加纳德·C. 米恩斯：《现代公司与私有产权》，甘华鸣、罗锐韧、蔡如海译，商务印书馆，2005。

〔美〕阿尔弗雷德·D. 钱德勒、〔瑞〕彼得·哈格斯特龙、〔瑞〕厄尔扬·瑟尔韦编《透视动态企业：技术、战略、组织和区域的作用》，吴晓波、耿帅译，机械工业出版社，2005。

〔美〕阿尔弗雷德·D. 钱德勒：《信息改变了美国：驱动国家转型的力量》，万岩、邱艳娟译，上海远东出版社，2008。

〔美〕阿伦·拉奥、皮埃罗·斯加鲁菲：《硅谷百年史：伟大的科技创新与创业历程（1900—2013）》，闫景立、侯爱华译，人民邮电出版社，2014。

〔美〕阿瑟·林科、威廉·卡顿：《1900 年以来的美国史》（全三册），刘绪贻等译，中国社会科学出版社，1983。

〔美〕埃里克·冯·希普尔：《技术创新的源泉》，柳卸林等译，科学技术文献出版社，1997。

〔美〕埃米莉·S. 罗森堡：《消费资本主义和冷战的终结》，李珍珍、张玉青译，《中外文论》2019 年第 2 期，第 230—245 页。

〔美〕艾伯特·赫希曼：《经济发展战略》，潘照东、曹征海译，经济科学出版社，1991。

〔美〕艾尔弗雷德·D. 钱德勒：《规模与范围：工业资本主义的原动力》，张逸人、陆钦炎、徐振东译，华夏出版社，2006。

〔美〕艾尔弗雷德·D. 钱德勒：《战略与结构：美国工商企业成长的若干篇章》，北京天则经济研究所、北京江南天惠经济研究有限公司选译，云南人民出版社，2002。

〔美〕艾尔弗雷德·D. 钱德勒主编《大企业和国民财富》，柳卸林主译，北京大学出版社，2004。

〔美〕艾尔弗雷德·斯隆:《我在通用汽车的岁月:斯隆自传》,刘昕译,华夏出版社,2014。

〔美〕奥利弗·E.威廉姆森、西德尼·G.温特编《企业的性质》,姚海鑫、邢源源译,商务印书馆,2010。

〔美〕巴纳德:《经理人员的职能》,王永贵译,机械工业出版社,2007。

〔美〕巴特利特:《新美国经济:里根经济学的失败与未来之路》,钟晓玲等译,中国金融出版社,2013。

〔美〕鲍勃·卢茨:《绩效致死:通用汽车的破产启示》,张科译,中信出版社,2013。

〔法〕鲍德里亚:《消费社会》,全志钢译,南京大学出版社,2014。

〔美〕本·巴鲁克·塞利格曼:《美国企业史》,复旦大学资本主义国家经济研究所译,上海人民出版社,1975。

〔美〕本杰明·沃特豪斯:《美国商业简史》,张亚光、吕昊天译,中信出版社,2018。

〔美〕彼得·查普曼:《最后的财富帝国:雷曼兄弟走过的一个半世纪》,张艳云译,中信出版社,2011。

〔美〕彼得·德鲁克:《创新与企业家精神》,蔡文燕译,机械工业出版社,2021。

〔美〕彼得·德鲁克:《公司的概念》,罗汉等译,上海人民出版社,2002。

〔美〕彼得·德鲁克:《管理的实践》,齐若兰译,机械工业出版社,2022。

〔美〕彼得·德鲁克:《21世纪的管理挑战》,刘毓玲译,机械工业出版社,2006。

〔英〕彼得·马什:《新工业革命》,赛迪研究院专家组译,中信出版社,2012。

〔英〕布莱恩·罗伯茨、娜塔莉·伯格:《向世界零售巨头沃尔玛学应变之道》,崔璇译,中国电力出版社,2014。

〔美〕布莱克福德:《美国小企业史》,刘鹰、何国卿译,浙江大学出版社,2013。

〔美〕C.赖特·米尔斯:《白领:美国的中产阶级》,杨小东等译,浙江人民出版社,1987。

〔美〕查尔斯·A. 比尔德、玛丽·R. 比尔德：《美国文明的兴起》（上），许亚芬译，商务印书馆，2010。

〔美〕查尔斯·A. 比尔德：《美国宪法的经济观》，何希齐译，商务印书馆，2012。

〔美〕查尔斯·埃利斯：《高盛帝国》，卢青、张玲、束宇译，中信出版集团，2015，第38页。

〔美〕查尔斯·费什曼：《沃尔玛效应》，张桦译，中信出版社，2007。

〔美〕戴维·兰德斯、乔尔·莫克、威廉·鲍莫尔编著《历史上的企业家精神：从古代美索不达米亚到现代》，姜井勇译，中信出版社，2016。

〔美〕丹尼尔·雷恩等：《西方管理思想史》（第6版），孙健敏译，中国人民大学出版社，2013。

〔美〕凡勃仑：《有闲阶级论》，蔡受百译，商务印书馆，2009。

〔美〕菲利普·L. 茨威格：《沃尔特·瑞斯顿与花旗银行——美国金融霸权的兴衰》，孙郁根等译，海南出版社，1999。

〔美〕弗兰克·H. 奈特：《风险、不确定性与利润》，安佳译，商务印书馆，2010。

〔美〕弗兰克·道宾：《打造产业政策：铁路时代的美国、英国和法国》，张网成、张海东译，上海人民出版社，2008。

〔美〕弗雷德·布洛克：《被隐形的美国政府在科技创新中的重大作用（上）》，张蔚译，《国外理论动态》2010年第6期，第58—64页。

〔美〕弗雷德里克·泰勒：《科学管理原理》，马风才译，机械工业出版社，2010。

〔美〕福克纳：《美国经济史》（上、下），王琨译，商务印书馆，1964。

〔美〕富兰克林：《富兰克林经济论文选集》，刘学黎、耿全民译，商务印书馆，2007。

〔美〕郭士纳：《谁说大象不能跳舞》，张秀琴等译，中信出版社，2010。

〔美〕哈罗德·文·B. 克里夫兰德、托马斯·F. 候尔塔斯等：《花旗银行：1812—1970》，郑先炳译，中国金融出版社，2005。

〔美〕吉姆·柯林斯、杰里·伯勒斯：《基业长青》，真如译，中信出版社，2009。

〔美〕杰弗里·琼斯、黄蕾：《全球企业史研究综论》，徐淑云译，《东南学术》2017年第3期，第2—13、246、249页。

〔美〕杰里米·阿塔克、彼得·帕塞尔：《新美国经济史》（上、下），罗涛等译，中国社会科学出版社，2000。

〔美〕杰里米·里夫金：《第三次工业革命》，张体伟、孙豫宁译，中信出版社，2012。

〔美〕克莱顿·克里斯坦森：《创新者的窘境》，胡建桥译，中信出版社，2014。

〔美〕肯尼斯·霍博、威廉·霍博：《清教徒的礼物》，丁丹译，东方出版社，2016。

〔美〕拉辛斯基：《苹果：从个人英雄到伟大企业》，王岑卉译，上海财经大学出版社，2013。

〔美〕理查德·R.纳尔逊、悉尼·G.温特：《经济变迁的演化理论》，胡世凯译，商务印书馆，1997。

《列宁选集》第一卷，人民出版社，1972。

〔美〕伦德尔·卡尔德：《融资美国梦——消费信贷文化史》，严忠志译，上海人民出版社，2007。

〔美〕罗伯特·F.埃贝尔、阿尔伯特·N.林克：《企业家精神理论史》，熊越译，广西师范大学出版社，2023。

〔美〕罗伯特·斯莱特：《忠于你的事业：沃尔玛传奇》，黄秀媛译，中信出版社，2018。

〔美〕罗伯特·威廉·福格尔：《苦难的时代：美国奴隶制经济学》，颜色译，机械工业出版社，2016。

《马克思恩格斯选集》第一卷，人民出版社，1972。

〔德〕马克思：《政治经济学批判》，中共中央马恩列斯著作编译局译，人民出版社，1976。

〔德〕马克思：《资本论》第一卷，人民出版社，1975。

〔德〕马克斯·韦伯：《韦伯作品集XII：新教伦理与资本主义精神》，康乐、简惠美译，广西师范大学出版社，2007。

〔美〕马克·威廉姆斯：《雷曼兄弟之殇——无约束的系统性风险》，关继成译，中国金融出版社，2014。

〔英〕马歇尔：《经济学原理》（上卷），朱志泰译，商务印书馆，1964。

〔美〕迈克尔·赫德森：《保护主义：美国经济崛起的秘诀（1815—1914）》，贾根良等译，中国人民大学出版社，2010。

〔美〕尼古拉·埃尔潘：《消费社会学》，孙沛东译，社会科学文献出版社，2005。

〔美〕普莱斯·费希拜克、罗伯特·希格斯、加里·利贝卡普等：《美国经济史新论：政府与市场》，张燕、郭晨、白玲译，中信出版社，2013。

〔美〕乔纳森·格鲁伯、西蒙·约翰逊：《美国创新简史：科技如何助推经济增长》，穆凤良译，中信出版社，2021。

〔美〕乔纳森·休斯、路易斯·P. 凯恩：《美国经济史》（第7版），邸晓燕、邢露等译，北京大学出版社，2011。

〔美〕乔治·梅奥：《工业文明的人类问题》，陆小斌译，电子工业出版社，2013。

〔美〕让·鲍得里亚：《消费社会》，刘成富、全志钢译，南京大学出版社，2014。

〔美〕沙伊贝、瓦特、福克纳：《近百年美国经济史》，彭松建、熊必俊、周维译，中国社会科学出版社，1983。

〔美〕山姆·沃尔顿、约翰·休伊：《富甲美国：沃尔玛创始人山姆·沃尔顿自传》，杨蓓译，江苏文艺出版社，2015。

〔美〕施密特等：《重新定义公司：谷歌是如何运行的》，靳婷婷、陈序、何晔译，中信出版社，2015。

〔美〕斯米尔：《美国制造：国家繁荣为什么离不开制造业》，李凤海、刘寅龙译，机械工业出版社，2014。

〔美〕斯坦利·L. 恩格尔曼、罗伯特·E. 高尔曼主编《剑桥美国经济史》（1—3卷），巫云仙、王珏、蔡挺等译，中国人民大学出版社，2008。

〔法〕索尔曼：《美国制造在文明与现实之间》，王新连译，中央编译出版社，2006。

〔美〕汤姆·彼得斯、罗伯特·沃特曼：《追求卓越》，胡玮珊译，中信出版社，2009。

〔美〕特纳：《美国边疆论》，董敏、胡晓凯译，中国对外翻译出版公司，2012。

〔法〕托克维尔：《论美国的民主》（上卷），董果良译，商务印书馆，1997。

〔美〕托马斯·K. 麦克劳：《现代资本主义：三次工业革命中的成功者》，赵文书、肖锁章译，江苏人民出版社，2006。

〔美〕托马斯·迪巴科：《美国造：美国企业的进取和创新精神》，戴彬译，生活·读书·新知三联书店，1989。

〔美〕W. W. 罗斯托：《经济增长的阶段：非共产党宣言》，郭熙保、王松茂译，中国社会科学出版社，2001。

〔美〕威廉·鲍莫尔：《企业家精神》，孙智君译，武汉大学出版社，2010。

〔英〕维克托·迈尔-舍恩伯格、肯尼思·库克耶：《大数据时代：生活、工作与思维的大变革》，盛杨燕、周涛译，浙江人民出版社，2013。

〔美〕沃尔顿、罗考夫：《美国经济史》（第 10 版），王珏等译，中国人民大学出版社，2013。

〔美〕沃尔特·弗里德曼：《当代美国企业史研究的三大主题》，郑舒翔译，《东南学术》2017 年第 3 期，第 14—24 页。

〔美〕小艾尔弗雷德·D. 钱德勒：《看得见的手：美国企业的管理革命》，重武译，商务印书馆，2014。

〔美〕小艾尔弗雷德·钱德勒：《塑造工业时代：现代化学工业和制药工业的非凡历程》，罗仲伟译，华夏出版社，2006。

〔英〕亚当·斯密：《国民财富的性质和原因的研究》（上卷），郭大力、王亚南译，商务印书馆，2004。

〔英〕伊迪丝·彭罗斯：《企业成长理论》，赵晓译，上海三联出版社、上海人民出版社，2007。

〔美〕约翰·S. 戈登：《财富的帝国》，董宜坤译，中信出版社，2007。

〔美〕约翰·S. 戈登：《伟大的博弈：华尔街金融帝国的崛起》，祁斌译，中信出版社，2013。

〔美〕约瑟夫·熊彼特：《经济发展理论》，何畏、易家详等译，商务印书馆，1991。

〔美〕詹姆斯·W. 布罗克主编《美国产业结构》，罗宇等译，中国人民大学出版社，2011。

三 外文文献

Alfred D. Chandler, Jr. , "The Beginnings of 'Big Business' in American Industry", *The Business History Review*, Spring, 1959, Vol. 33, No. 1, pp. 1-31.

Alfred D. Chandler Jr. , *The Epic Story of the Consumer Electronics and Computer Industries*, Harvard University Press, 2005.

Alfred D. Chandler, Jr. , The Railroads: Pioneers in Modern Corporate Management, *The Business History Review*, Spring, 1965, Vol. 39, No. 1, pp. 16-40.

Alfred D. Chandler, Jr. , *The Visible Hand: The Managerial Revolution in American Business*, Harvard University Press, 1977, 1995.

Alvin C. Gluek, Jr. , "Industrial Experiments in the Wilderness: A Sidelight in the Business History of theHudson's Bay Company", *The Business History Review*, Winter, 1958, Vol. 32, No. 4, pp. 423-433.

Angel Kwolek-Folland, "Gender, the Service Sector, and U. S. Business History", *The Business History Review*, Autumn, 2007, Vol. 81, No. 3, pp. 429-450.

Ann M. Carlos and Frank D. Lewis, "Trade, Consumption, and the Native Economy: Lessons from York Factory, Hudson Bay", *The Journal of Economic History*, Dec. , 2001, Vol. 61, No. 4, pp. 1037-1064.

Arthur H. Cole, "Aggregative Business History", *The Business History Review*, Autumn, 1965, Vol. 39, No. 3, pp. 287-300.

Augustin Cerveaux, "Taming the Microworld: DuPont and the Interwar Rise of Fundamental Industrial Research", *Technology and Culture*, April 2013, Vol. 54, No. 2, pp. 262-288.

Ben B. Seligman, "The Potentates: Business and Businessmen in American History", Review by: William T. Doherty, *The Journal of Southern History*, Nov. , 1971, Vol. 37, No. 4, pp. 676-677.

Benjamin Waterhouse, *The Land of Enterprises*, *A Business History of the United States*, Simon & Schuster, 2017.

Brad Lookingbill, "Making Business History: An Annotated Bibliography", *American Studies International*, October 1997, Vol. 35, No. 3, pp. 4-22.

Brent Tarter, "Making History in Virginia", *The Virginia Magazine of History and Biography*, 2007, Vol. 115, No. 1, pp. 2-55.

Byron H. Levene, "Lincoln and McCormick: Two American Emancipators", *The Wisconsin Magazine of History*, Winter, 1958 - 1959, Vol. 42, No. 2, pp. 97-101.

Carl E. Prince and Seth Taylor, "Daniel Webster, the Boston Associates, and the U. S. Government's Role in the Industrializing Process, 1815 - 1830", *Journal of the Early Republic*, Autumn, 1982, Vol. 2, No. 3, pp. 283-299.

Caroline E. Macgill and a Staff of Collaborators, *History of Transportation in the United States Before* 1860, The Carnegie Institution of Washington, Washington, 1917.

Charles J. Kennedy, "The Early Business History of Four Massachusetts Railroads", *Bulletin of the Business Historical Society*, Mar., 1951, Vol. 25, No. 1, pp. 52-72.

Charles L. Sanford, "The Intellectual Origins and New-Worldliness of American Industry", *The Journal of Economic History*, Mar., 1958, Vol. 18, No. 1, pp. 1-16.

Christopher McDonald, "Western Union's Failed Reinvention: The Role of Momentum in Resisting Strategic Change, 1965 - 1993", *The Business History Review*, Autumn, 2012, Vol. 86, No. 3, pp. 527-549.

Clayton M. Christensen, "The Rigid Disk Drive Industry: A History of Commercial and Technological Turbulence", *The Business History Review*, Winter, 1993, Vol. 67, No. 4, pp. 531-588.

Dallas Municipal Archives, Record Group 04 - 3: *Utilities and Franchises—Telephone and Telegraph Services, Southwestern Telegraph and Telephone Company*, 1904, 1913-1917 (Collection 91-026).

Daniel Nelson, "The History of Business in America", OAH Magazine of History, Fall, 1996, *Business History*, Vol. 11, No. 1, pp. 5–10.

Danny Miller, "The Correlates of Entrepreneurship in Three Types of Firms", *Management Science*, Jul., 1983, Vol. 29, No. 7, pp. 770–791.

David D. Lee, "Herbert Hoover and the Development of Commercial Aviation, 1921–1926", *The Business History Review*, Spring, 1984, Vol. 58, No. 1, pp. 78–102.

David Hochfelder, "Constructing an Industrial Divide: Western Union, AT&T, and the Federal Government, 1876–1971", *The Business History Review*, Winter, 2002, Vol. 76, No. 4, pp. 705–732.

David R. Meyer, "Formation of Advanced Technology Districts: New England Textile Machinery and Firearms, 1790–1820", *Economic Geography*, March 1998, Vol. 74, pp. 31–45.

Douglas Gomery, "Film and Business History: The Development of an American Mass Entertainment Industry", *Journal of Contemporary History*, Jan., 1984, Vol. 19, No. 1, pp. 89–103.

Edward Sherwood Meade, "The Genesis of the United States Steel Corporation", *The Quarterly Journal of Economics*, Aug., 1901, Vol. 15, No. 4, pp. 517–555.

Edwin J. Perkins, "The Entrepreneurial Spirit in Colonial America: The Foundations of Modern Business History", *The Business History Review*, Spring, 1989, Vol. 63, No. 1, pp. 160–186.

Elizabeth M. Bacon, "Marketing Sewing Machines in the Post–Civil War Years", *Bulletin of the Business Historical Society*, Jun., 1946, Vol. 20, No. 3, pp. 90–94.

E. Merrick Dodd, "The Evolution of Limited Liability in American Industry: Massachusetts", *Harvard Law Review*, Sep., 1948, Vol. 61, No. 8, pp. 1351–1379.

Francis J. Bremer, "John Winthrop and the Shaping of New England History", *Massachusetts Historical Review*, 2016, Vol. 18, pp. 1–17.

Frederick S. Carney, "On McCormick and Teleological Morality", *The Journal of Religious Ethics, Spring, 1978, Vol. 6, No. 1, pp. 81-107.

Frederic S. Mishkin, *The Economics of Money, Banking, and Financial Markets*, Pearson, 13th Edition, 2022.

Gardiner C. Means, "The Growth in the Relative Importance of the Large Corporation in American Economic Life", *The American Economic Review*, Mar., 1931, Vol. 21, No. 1, pp. 10-42.

George E. Ellis, "Hudson Bay Company, 1670-1870", *Journal of the American Geographical Society of New York*, 1886, Vol. 18, pp. 127-136.

George Wise, "A New Role for Professional Scientists in Industry: Industrial Research at General Electric, 1900-1916", *Technology and Culture*, Jul., 1980, Vol. 21, No. 3, pp. 408-429.

Grace Lee Nute, "The American Fur Company's Fishing Enterprises on Lake Superior", *The Mississippi Valley Historical Review*, Mar., 1926, Vol. 12, No. 4, pp. 483-503.

Hal Bridges, "The Robber Baron Concept in American History", *The Business History Review*, Spring, 1958, Vol. 32, No. 1, pp. 1-13.

Harry N. Scheiber and Stephen Salsbury, "Reflections on George Rogers Taylor's 'The Transportation Revolution, 1815-1860': A Twenty-Five Year Retrospect", *The Business History Review*, Spring, 1977, Vol. 51, No. 1, pp. 79-89.

Helen Anne Curry, "Industrial Evolution: Mechanical and Biological Innovation at the General Electric Research Laboratory", *Technology and Culture*, October 2013, Vol. 54, No. 4, pp. 746-781.

Horace Montgomery, "John Buchanan McCormick, Ballad Singer of Many Talents", *The Pennsylvania Magazine of History and Biography*, Apr., 1968, Vol. 92, No. 2, pp. 239-248.

H. Robert Baker, "Creating Order in the Wilderness: Transplanting the English Law to Rupert's Land, 1835-51", *Law and History Review*, Summer, 1999, Vol. 17, No. 2, pp. 209-246.

Ismail Erturk, Julie Froud, Sukhdev Johal, Adam Leaver and Karel William, *Financialization at Work: Key Texts and Commentary*, Routledge, 2007.

James A. Ward, "Power and Accountability on the Pennsylvania Railroad, 1846-1878", *The Business History Review*, Spring, 1975, Vol. 49, No. 1, pp. 37-59.

James Laichas, "Business and Public History: The Insurance Industry", *The Public Historian*, Spring, 1980, Vol. 2, No. 3, pp. 52-59.

James V. Joy, Jr., "Eli Whitney's Contracts For Muskets", *Public Contract Law Journal*, December 1976, Vol. 8, No. 2, pp. 140-156.

Jeffrey Nash, Frederic Howe, Winkler Davis, Pestana Mires, *The American People: Creating a Nation and a Society*, Pearson Inc., 2008.

Jeremy Atack, Michael R. Haines, Robert A. Margo, "Railroads and the Rise of the Factory: Evidence for the United States, 1850-70", NBER Working Paper 14410.

Jerry W. Markham, *A Financial History of the United States, From Christopher Columbus to the Robber Barons* (1492-1900), M. E. Sharpe, 2002.

J. McAllister, "Colonial America, 1607-1776", *The Economic History Review*, May 1989, Vol. 42, No. 2, pp. 245-259.

Joel Sabadasz, "The Development of Modern Blast Furnace Practice: The Monongahela Valley Furnaces of the Carnegie Steel Company, 1872-1913", *The Journal of the Society for Industrial Archeology*, 1992, Vol. 18, No. 1/2, pp. 94-105.

John B. Davenport and Dan Rylance, "Sources of Business History: The Archives of the Hudson's Bay Company", *The Business History Review*, Autumn, 1980, Vol. 54, No. 3, pp. 387-393.

John Chamberlain, *The Enterprising Americans: A Business History of the United States*, Institute for Christian Economics, Tyler, Texas, 1991.

John Chamberlain, "The Enterprising Americans", *The Institute for Christian Economics*, 1991, pp. 188-189.

John D. Haeger, "Business Strategy and Practice in the Early Republic: John Jacob Astor and the American Fur Trade", *Western Historical Quarterly*, May 1988, Vol. 19, No. 2, pp. 183-202.

John F. Stover, "The Pennsylvania Railroad's Southern Rail Empire", *The*

Pennsylvania Magazine of History and Biography, Jan., 1957, Vol. 81, No. 1, pp. 28-38.

John Lewis, "American Railroad and Corporation Reports, Vol. IV", *The American Law Register and Review*, Aug., 1892, Vol. 40, No. 8, pp. 553-556.

John P. Davis, "The Union Pacific Railway", *The Annals of the American Academy of Political and Social Science*, Sep., 1896, Vol. 8, pp. 47-91.

Joseph S. Davis, "Charters for American Business Corporations in the Eighteenth Century", *Publications of the American Statistical Association*, Dec., 1916, Vol. 15, No. 116, pp. 426-435.

Joseph S. Davis, "Essays in the Earlier History of American Corporations", *The American Political Science Review*, Aug., 1917, Vol. 11, No. 3, pp. 589-590.

Joshua D. Wolff, *Western Union and the Creation of the American Corporate Order, 1845-1893*, New York: Cambridge University Press, 2013.

Julius Rubin, "Canal or Railroad? Imitation and Innovation in the Response to the Erie Canal in Philadelphia, Baltimore, and Boston", *Transactions of the American Philosophical Society*, New Series, 1961, Vol. 51, No. 7, pp. 1-106.

Kim McQuaid, "Young, Swope and General Electric's 'New Capitalism': A Study in Corporate Liberalism, 1920-33", *The American Journal of Economics and Sociology*, Jul., 1977, Vol. 36, No. 3, pp. 323-333.

Lizabeth Cohen, *Consumers'Republic: The Politics of Mass Consumption in Postwar America*, Westminster: Knopf Publishing Group, 2003.

Louis Galambos and Jeffrey L. Sturchio, "Pharmaceutical Firms and the Transition to Biotechnology: A Study in Strategic Innovation", *The Business History Review*, Summer, 1998, Vol. 72, No. 2, pp. 250-278.

Louis Galambos, "State-Owned Enterprises in a Hostile Environment: The U. S. Experience", in Pier Angelo Toninelli (ed.), *The Rise and Falls of Stated-owned Enterprise in the Western World*, Cambridge University Press, 2000, pp. 273-302.

Louis Galambos, "Technology, Political Economy, and Professionalization: Central Themes of the Organizational Synthesis", *The Business History Review*, Winter, 1983, Vol. 57, No. 4, pp. 471-493.

Mansel Blackford, "American Manufacturing, 1850-1930: A Business History Approach", *OAH Magazine of History*, Jan., 2010, Vol. 24, No. 1, pp. 17-22.

Mansel G. Blackford, "Small Business in America: A Historiographic Survey", *The Business History Review*, Spring, 1991, Vol. 65, No. 1, pp. 1-26.

Marc Egnal, "The Economic Development of the Thirteen Continental Colonies, 1720 to 1775", *The William and Mary Quarterly*, Apr., 1975, Vol. 32, No. 2, pp. 191-222.

Martin Horn, "A Private Bank at War: J. P. Morgan & Co. and France, 1914-1918", *The Business History Review*, Spring, 2000, Vol. 74, No. 1, pp. 85-112.

Martin Horn, "J. P. Morgan & Co., the House of Morgan and Europe 1933-1939", *Contemporary European History*, Nov., 2005, Vol. 14, No. 4, pp. 519-538.

Martin Stack, "Local and Regional Breweries in America's Brewing Industry, 1865 to 1920", *The Business History Review*, Autumn, 2000, Vol. 74, No. 3, pp. 435-463.

Mary A. O'sullivan, "Living with the U. S. Financial System: The Experiences of General Electric and Westinghouse Electric in the Last Century", *The Business History Review*, Winter, 2006, Vol. 80, No. 4, pp. 621-665.

M. C. Jensen and W. H. Meckling, "Theory of the Firm: Managerial Behavior, Agency Costs and Ownership Structure", *Journal of Financial Economics*, 1976, Vol. 3, No. 4, pp. 305-360.

Merritt Roe Smith, "John H. Hall, Simeon North, and the Milling Machine: The Nature of Innovation among Antebellum Arms Makers", *Technology and Culture*, Oct., 1973, Vol. 14, No. 4, pp. 573-591.

Michael French, "Structural Change and Competition in the United States Tire

Industry, 1920 – 1937", *The Business History Review*, Spring, 1986, Vol. 60, No. 1, pp. 28–54.

Michael S. Raber, "Conservative Innovators, Military Small Arms, and Industrial History at Springfield Armory, 1794–1918", *The Journal of the Society for Industrial Archeology*, 1988, Vol. 14, No. 1, pp. 1–22.

N. S. B. Gras, *Business and Capitalism: An Introduction to Business History*, Bulletin of the Business Historical Society, June 1939, Vol. 13, Issue 3, p. 43.

N. S. B. Gras, Carl H. Pforzheimer, *The Massachusetts First National Bank of Boston, 1784 – 1934*, Cambridge, Massachusetts: Harvard University Press, 1937.

N. S. B. Gras, Henrietta M. Larson, *Casebook in American History*, New York: F. S. Crofts & Co. , 1939.

N. S. B. Gras, "The Oldest American Business Corporation in Existence", *Bulletin of the Business Historical Society*, Apr. , 1936, Vol. 10, No. 2, pp. 21–24.

Patrick G. Porter, "Origins of the American Tobacco Company", *The Business History Review*, Spring, 1969, Vol. 43, No. 1, pp. 59–76.

Pauline Maier, "The Revolutionary Origins of the American Corporation", *The William and Mary Quarterly*, Jan. , 1993, Vol. 50, No. 1, pp. 51–84.

Paul R. Lucas, "Colony or Commonwealth: Massachusetts Bay, 1661 – 1666", *The William and Mary Quarterly*, Jan. , 1967, Vol. 24, No. 1, pp. 88–107.

Preston E. James, "The Blackstone Valley: A Study in Chorography in Southern New England", *Annals of the Association of American Geographers*, Jun. , 1929, Vol. 19, No. 2, pp. 67–109.

Richard N. Langlois, "External Economies and Economic Progress: The Case of the Microcomputer Industry", *The Business History Review*, Spring, 1992, Vol. 66, No. 1, pp. 1–50.

Richard Sylla, "How the American Corporation Evolved Over Two Centuries", *Proceedings of the American Philosophical Society*, Dec. , 2014, Vol. 158, No. 4, pp. 354–363.

Robert A. East, "Business Enterprise in the American Revolutionary Era", Review by: Chester W. Wright, *Journal of Political Economy*, Apr., 1939, Vol. 47, No. 2, pp. 285-287.

Robert B. Davies, "Peacefully Working to Conquer the World: The Singer Manufacturing Company in Foreign Markets, 1854-1889", *The Business History Review*, Autumn, 1969, Vol. 43, No. 3, pp. 299-325.

Robert C. Kenzer, "The Black Businessman in the Postwar South: North Carolina, 1865-1880", *The Business History Review*, Spring, 1989, Vol. 63, No. 1, pp. 61-87.

Robert MacDougall, "Long Lines: AT&T's Long-Distance Network as an Organizational and Political Strategy", *The Business History Review*, Summer, 2006, Vol. 80, No. 2, pp. 297-327.

Rutland Railroad Co., *Reports of the Managers of the Rutland Railroad Co. to the Stockholders with the Official*, Proceeding of the Meeting at Rutland, January 30th and 31st, 1872, Middlebury College, 01-01-1872.

Samuel Eliot Morison, "The Plymouth Colony and Virginia", *The Virginia Magazine of History and Biography*, Apr., 1954, Vol. 62, No. 2, pp. 147-165.

Samuel Williston, "History of the Law of Business Corporations before 1800. II.", *Harvard Law Review*, Nov. 15, 1888, Vol. 2, No. 4, pp. 149-166.

Scott Michaelsen, "John Winthrop's 'Modell' Covenant and the Company Way", *Early American Literature*, 1992, Vol. 27, No. 2, pp. 85-100.

S. D. Smith, "The Market for Manufactures in the Thirteen Continental Colonies, 1698-1776", *The Economic History Review*, Nov., 1998, Vol. 51, No. 4, pp. 676-708.

Shaw Livermore, "Unlimited Liability in Early American Corporations", *Journal of Political Economy*, Oct., 1935, Vol. 43, No. 5, pp. 674-687.

Sheldon Hochheiser, "The American Telephone and Telegraph Company: AT&T Archives", in Fritz Froehlich (ed.), *The Encyclopedia of Telecommunications*, Vol. 1, New York: Marcel Dekker Inc., 1990.

Simeon E. Baldwin, "American Business Corporations before 1789", *The American Historical Review*, Apr., 1903, Vol. 8, No. 3, pp. 449-465.

Susie J. Pak, "Reputation and Social Ties: J. P. Morgan & Co. and Private Investment Banking", *The Business History Review*, Winter, 2013, Vol. 87, No. 4, pp. 703-728.

Thomas A. Edison, "The Success of the Electric Light", *The North American Review*, Oct., 1880, Vol. 131, No. 287, pp. 295-300.

Vermont Central Railroad Co., *Sixth Annual Report of the Directors and Treasurer of the Vermont Central Railroad Company*, Prepared for the Stockholders Meeting, August 27, 1851, Middlebury College, 08-27-1851.

Wesley Frank Craven, "The Dissolution of the London Company for Virginia", *The American Historical Review*, Oct., 1931, Vol. 37, No. 1, pp. 14-24.

William J. Baumol, "Entrepreneurship: Productive, Unproductive, and Destructive", *Journal of Political Economy*, Oct., 1990, Vol. 98, No. 5, pp. 893-921.

William J. Baumol, "The Microtheory of Innovative Entrepreneurship", Review by Gail L. Cramer, *American Journal of Agricultural Economics*, October 2011, Vol. 93, No. 5, pp. 1410-1412.

William R. Swagerty, "The Leviathan of the North: American Perceptions of the Hudson's Bay Company, 1816-1846", *Oregon Historical Quarterly*, Winter, 2003, Vol. 104, No. 4, pp. 478-517.

W. L. Morton, "The North West Company: Pedlars Extraordinary", *Minnesota History*, Winter, 1966, Vol. 40, No. 4, pp. 157-165.

后　记

　　2013年，我在社会科学文献出版社出版了"外国企业史"丛书的首部著作《德国企业史》。在此过程中，责任编辑陈凤玲建议我撰写一部关于美国企业史的专著。当时，我深知这一研究领域的广阔性与复杂性，也意识到完成这样一部著作将面临怎样的挑战。然而，我认识到学术界对于美国企业的研究还不够深入，存在不少空白，在未来的持续学习与耐心研究过程中，我可以逐步积累学术成果；如果能够在条件成熟时有幸获得国家相关科研项目的支持，研究将更加系统和深入。2014年，我正式启动美国企业史相关研究，并于2018年获批国家社科基金后期资助项目——"美国企业发展的历史演进：技术创新和产业迭代的视角"（项目编号：18FJL004）。

　　项目获批后，我全力投入研究工作。首先，系统梳理国内外关于美国企业史的相关文献，构建研究框架；其次，搜集并整理与案例企业及关键产业发展相关的数据与资料，以支撑实证分析；再次，深入研习企业史研究的方法论与经典理论，并将其有机融入本书的分析体系。在日常教学中，我尝试将研究成果融入课程内容。例如，在"外国经济发展史"课程的美国经济史部分以及"企业史通论"课程的美国企业专题中，我向学生介绍了最新的学术进展，同时鼓励研究生在毕业论文选题时关注与美国企业发展相关的主题。此外，我的同事陈芑名与曾江先后加入本研究项目，并在共同编辑出版《企业史评论》集刊的过程中，加深了对美国企业史研究现状及企业发展逻辑的理解。

　　2020年，受全球疫情影响，我未能赴境外开展实地调研。面对这一挑战，我通过海外学术同行及亲友的协助，收集了大量关键文献与研究资料。在科研条件受限的情况下，我克服诸多困难，最终如期完成既定研究目标。2022年底至2023年，我完成了初稿，并顺利通过课题结项评审。此后，经过多轮修订与完善，最终形成定稿，并提交出版。从2014年正式启动研究，到2024年成稿、2025年出版，整个研究历程跨越十余年。这一过程不仅促使我在外国经济史与企业史研究领域不断深入探索，也使我积累了丰富的实证案例，并尝试通过本书向读者呈现美国企业演进的历史脉络及其具体图景。

在此，我谨向全国哲学社会科学工作办公室表示诚挚感谢，感谢其对本项目的立项支持与资助。同时，感谢在项目评审、结项过程中给予指导的各位匿名专家，正是他们的专业评议与严谨治学精神，使本书得以顺利推进。感谢社会科学文献出版社陈凤玲编审的长期支持，以及所有在本书出版过程中提供帮助的同仁与朋友。

美国企业史研究涉及的问题纷繁复杂，本书仅对其中部分内容进行了探讨。由于研究视角与科研条件的限制，书中难免存在不足之处，敬请学界同仁与广大读者批评指正。